차별화와 경쟁우위 창출을 위한

가격설정의 원리

송재도

북넷

머리말

가격은 기업이 생산해낸 가치의 직접적인 표현이며, 수익의 근원이다. 학자에 따라 다르겠지만 기업의 마케팅 활동을 가치의 생성, 전달, 설득활동으로 정의한다. 이러한 모든 활동들은 결국 가치를 증가시키는 행위로 가격에 반영된다. 이런 관점에서 보면 가격은 기업활동의 결과이자 목표처럼 생각된다.

다른 관점에서는 가격을 기업의 목표라기보다 수단으로 인식한다. 마케팅에서는 시장을 통제하는 수단으로서 마케팅믹스를 제품(Product), 유통(Place), 프로모션(Promotion), 가격(Price)으로 정의한다. 이 경우 가격은 여러 수단의 하나이다. 그러나, 마케팅믹스 중 가격을 제외하면 모두가 비용의 지출항목이며, 기업에 수입을 가져오는 것은 가격뿐이다. 이를 고려하면 가격이라는 주제는 경영학에서 상당히 중요하고 특수한 것이다.

한편 경제학을 다루어본 독자들은 가격이 생산과 소비를 결정하는 핵심변수임을 기억할 것이다. 생산자는 가격과 비용을 비교하여 제품을 생산할지 여부를 결정하고 소비자는 가격과 가치를 비교하여 제품의 구매를 결정한다. 결국 가격은 경제를 움직이는 보이지 않는 손이라고 할 수 있다.

따라서 가격결정원리를 이해하는 것은 기업경영의 핵심 수단과 경제운영의 원리를 파악하는 데 크게 기여한다. 그런데 경영학과에서 가격이라는 주제가 별도의 과목으로 다루어지는 경우가 거의 없다. 또한 경제학에서는 가격을 중요 변수로 다루지만 매우 추상화(단순화)된 모형 속에 존재하는 가격은 현실과 다소 거리가 있게 느껴진다.

사실 가격이라는 주제를 다루기 위해서는 기업의 전략적 의사결정의 원칙과 과정을 이해해야만 한다. 또한 합리적인 인간의 선택을 다루는 경제학, 소비자들의 심리적 반응에 많은 관심을 가지는 마케팅의 소비자행동 분야, 그리고 가격결정에 중요한 영향을 미치는 원가를 산출하기 위한 재무 · 회계분야가 종합적으로 어우러져야만 한다. 그런데 한국의 대학교육의 현실은 이러한 학문 분야들이 각기 독립적으로 인식되고, 각자의 분야를 제한적으로 정의하고 있어 각 분야에서 축적된 가격 관련 연구들을 통합적으로 정리하여 제공하지 못했다.

그러나, 저자가 생각하기에 가격이라는 주제를 다루기 위해 이들 분야 모두에서 전문가가 될 필요는 없다. 도리어 가격이라는 주제를 통해 다양한 분야의 기초적이며, 핵심적인 개념들을 종합적으로 이해할 수 있다고 생각한다. 이 책은 경제학원론을 이해할 수 있는 정도의 기초지식을 가진 학생들과 실무자들을 대상으로 가격설정을 위한 기본적인 개념과 논리체계를 제공하기 위해 집필되었다.

책의 제목을 고민하면서 '이윤의 극대화를 위한'과 '차별화와 경쟁우위 창출을 위한'의 두 가지 부제를 놓고 잠시 고민하였다. 통상 경제학에서는 주어진 수요곡선 하에서 이윤의 극대화를 위한 가격 설정이 주로 다루어진다. 그러나 가격수준과 구조에 따라 기업의 표적시장은 상당히 달라질 수 있다. 또한 단위당 가격을 적용하는 것이 일반적인 산업에서 리스(Lease)와 같이 사용기간에 따라 가격을 책정하는 방식을 사용한다면 상당한 차별화 요인이 된다. 소비자들에 대한 다양한 정보를 축적하고 활용하는 CRM(Customer Relationship Management) 기법들을 통해 다양한 가격차별을 적용할 수 있다면 기업에게 상당한 경쟁우위를 제공할 수 있다. 다른 모든 마케팅 믹스들과 같이 가격은 기업의 차별화와 경쟁우위 창출에 기여한다. 가격을 추상적인 개념이 아닌 구체적인 시장에 대한 통제수단으로 이해하고 다양한 목적으로 활용하는 것이 바람직하다.

이 책은 가격이라는 주제를 중심으로 마케팅, 경제학, 재무 및 회계분야의 통합적 접근을 시도하고 있으며, 실용서이자 가격이라는 주제를 체계적으로 이해하기 위한 교재로서 집필되었다. 본 서는 여러 관련 학문영역들에서 가격과 직접적으로 관련된 개념들을 기초 수준부터 재정리하고 이후 논제들을 풀어나가는 형태로 서술하여 하나의 독립적인 체계를 갖추어 보고자 노력하였다. 서술 과정에서 상당한 기초지식을 요하는 주제들은 별도로 묶어 별첨(박스)의 형태로 제시하였고 본문에서는 이에 대한 직관적인 의미를 서술하는 방식을 취함으로써 비전공자들도 내용을 쉽게 접근할 수 있도록 구성하고자 노력하였다. 본문에서 별첨은 본문과의 연관성이 높지 않으나 참고가 될 사례나 이론 또는 본문의 상세한 이해를 위한 수리적 분석들을 포함하였다.

이 책 1부는 가격결정의 주된 고려요인인 소비자들이 인지하는 가치, 원가, 경쟁을 세부적으로 다루며, 이들 요인들을 마케팅전략의 논리체계를 통해 통합하고자 하였다. 제1부의 제6장은 여러 가지 상황에서의 가격결정 절차들을 설명하고 있으며, 제1부의 내용을 집약하고 제2부에 대한 도입부의 역할을 한다. 제1부는 대체로 가격구조의 문제를 다루지 않고 가격 수준을 결정하기 위한 논리들에 집중하고 있다. 제2부에서는 가격차별, 수익관리(Yield Management), 동태적 가격관리, 보완재의 고려와 같은 구체적인 이슈를 다루었다. 이러한 이슈들은 대체로 소비자, 시간, 장소에 따라 상이한 가격을 제시하는 가격차별의 문제들과 관련되어 있다. 한편 제2부는 제13장에서 기업 간 거래에서의 가격, 제14장은 소비자들의 가치인식과 관련된 조사방법론과 가격규제 이슈들도 다루고 있다.

저자는 경영학과에서 학사, 석사, 박사를 마쳤으나 경제학을 전공하신 지도교수님을 모시고 경제학적인 방법론을 주로 학습하였다. 또한 대학에서 마케팅을 주로 강의하고 있으며, 재무관리의 강의도 경험하였다. 이러한 경험들이 여러 분야들을 통합적으로 이해하는데 도움이 되었다고 생각하며, 이러한 경험들을 가장 잘 활용할 수 있는 분야를 가격이라고 생각하고 있다. 이 교재는 아직 부족한 부분이 많으며, 이를 개선하여 독자들에게 더 유용한 책으로 발전시키는 것이 저자의 향후 과제로 남아있다.

아무쪼록 이 책이 가격이라는 주제를 올바르게 이해함으로써 현실에 대한 이해와 기업경영의 효율화에 기여하기를 바라며 올바른 가격의 선택은 기술적인 분석과 창의력에 기반해야 한다. 본 서는 가격이라는 수단을 이해하기 위한 이론적 틀과 기본적인 분석방법을 제공하는데 목적을 두고 있으며, 이러한 이해와 독자들의 산업에 대한 통찰력, 창의력이 결합할 경우 기업성과의 향상에 큰 기여를 할 수 있을 것이라고 생각한다. 또한 경제현상을 이해하는데 중요한 시사점을 얻을 수 있을 것이다.

끝으로 이 책을 출간하는데 큰 도움을 주신 권오영 교수님, 김재형 학생, 그리고 도서출판 북넷 사장님을 비롯한 직원 여러분들께 감사의 말을 전하고 싶다. 또한 항상 힘이 되어 주는 가족들에게도 사랑의 말을 전한다.

2013년 5월
학교 연구실에서
송 재 도

목 차

제 1 장 서 론

제 2 장 가치와 소비자들의 가격 반응

제 3 장 가치 · 가격평가의 심리적 측면

제 4 장 제품의 원가

제 5 장 경쟁의 관리

제 6 장 가격결정의 실무적 절차

제 7 장 가격차별

제 8 장 장기관점의 동태적 가격관리

제 9 장 단기관점의 동태적 가격관리

제 10 장 서비스산업에서의 가격전략 : 수익관리

제 11 장 보완재와 결합상품

제 12 장 이부제요금, 정액요금

제 13 장 기업 간 거래 및 소매점의 가격관리

제 14 장 소비자 반응의 조사 및 가격규제

부 록

제1부 가격의 이해

제1장 서 론
제2장 가치와 소비자들의 가격 반응
제3장 가치 · 가격평가의 심리적 측면
제4장 제품의 원가
제5장 경쟁의 관리
제6장 가격결정의 실무적 절차

제1장 서 론

1. 산업환경의 변화
2. 가격의 역할 및 특성
3. 가격과 관련된 학문분야
4. 가격결정에의 영향요인
5. 이 책의 구성

01 산업환경의 변화

주변 사람들에게 가격이라는 주제에 대해 물으면 이를 매우 단순한 문제로 치부하거나 너무 난해한 문제로 생각하는 경우로 대별된다. 전자는 가격을 설정할 때 산업의 관행 또는 경쟁자의 가격수준을 추종할 수밖에 없다고 생각하거나 특별한 기준이 없어 직관적인 방식으로 결정하는 경우를 생각하는 듯하다. 김상훈(2004)에는 '막해팅'이라는 용어가 등장한다. 마케팅이란 일단 해보고 반응을 보아가며 조정해 나가는 것이라는 의미이리라. 가격을 직관적으로 결정하는 방식은 이러한 시행착오(Trial and Error)적 방식이라고 볼 수 있다. 그러나 이러한 방식은 사업을 운에 맡기는 경우이거나 지나치게 단순하게 생각하여 이윤 증대의 기회를 상실하는 것이다.

많은 학자들은 제품의 원가(단위당 생산비용), 가치(소비자들의 지불의사가격), 경쟁자 가격의 세 가지 요인을 고려하여 가격이 결정되어야 한다고 말한다. 이윤을 얻기 위해서는 원가보다 가격이 높아야 하므로 원가를 고려해야 함은 자명하다. 또한 제품이 판매되기 위해서는 소비자들의 지불의사가격보다 높을 수 없으며, 경쟁사 제품의 가격도 제약으로 작용한다. 그런데 이들 세 가지 요인들은 생각보다 명확하게 정의되기 어려우며, 깊이 고민할수록 다양한 의미로 해석된다. 또한 각 요인들이 주어졌을 때 이를 어떻게 응용하여 가격을 결정해야 할지 막연해지는 경우들이 많다. 가격을 매우 어려운 문제로 생각하는 사람들은 가격의 문제를 깊이 고민해 보고도 명확한 답을 찾지 못한 경우라고 생각된다.

사실 경제 내 경쟁의 강도가 약하고 생산조직도 매우 단순하던 시절에 가격은 상대적으로 다루기 용이한 주제였을 것이다. 혼자서 바늘을 만들어 판다고 생각해 보자. 집에서 일을 하고 간단한 몇몇 공구를 구비한다면 고정비용(생산량과 무관하게 발생하는 비용)은 그다지 크지 않다. 철사를 사오는 재료비, 자르고, 갈아서 바늘을 만드는 인건비가 제품원가의 대부분을 차지할 것이다. 이 경우 바늘 한 개당 원가를 산출하는 문제가 그다지 복잡하지 않다. 또한 바늘이라는 제품이 생산자마다 그다지 차이가 없어 타 생산자들의 가격과 다른 가격을 설정한다는 것도 쉽지 않을 것이다. 결국 시장에서 주어진 가격으로 팔며, 숙련된 생산자는 이윤을 얻고 그렇지 못하면 근근히 먹고사는 단순한 상황이다.

그런데 현대의 산업은 이렇게 단순하지 않으며, 점점 복잡도가 증가하고 있다. 가격결정의 문제와 관련하여 중요한 산업의 경향들을 언급하자면 아래와 같다.

① 대규모 고정비가 투입되는 산업들에서 제품원가는 생산량에 따라 변동한다.
② 경쟁이 심화됨에 따라 기업들은 차별화를 추구해야만 한다.
③ 제품의 가치는 소비자, 장소, 시간에 따라 상이하게 인지된다.
④ 인터넷을 비롯한 정보시스템의 발전은 개인화된 가격을 보편화시키고 가격의 변동성을 증가시키고 있다.
⑤ 많은 경우 개별 제품이 아니라 다수의 제품이 결합된 시스템으로 소비가 이루어진다.
⑥ 경제 내에서 서비스 비중이 증가하고 있으며, 서비스의 경우 가격산출지표(Metrics of Price : 제품이나 서비스의 가격을 매기는 단위)의 다양성, 수요와 공급의 일치 문제 등 가격결정의 고려요인이 증가한다.

이러한 경향들이 가격결정의 문제에 어떠한 이슈를 발생시키는지 개별적으로 살펴보자.

첫 번째, 대규모 초기투자가 필요한 산업영역들이 확대되고 있다. 바늘산업에서는 변동성 인건비가 매우 큰 비중을 차지하고 있음으로 인해 제품의 개별원가를 산출해 내는데 어려움이 없었다. 그런데 대규모 설비를 구매하여 자동화된 생산시스템을 갖추었다면(1억 원 가정) 이제 변동성 인건비는 사라지고 변동성 원가는 철사 재료비에 불과할 것이다. 제품원가의 대부분은 생산량과 무관하게 이미 투자된 고정비에 의해 결정되는 상황이다. 만약 이 생산시스템을 통해 1개의 제품을 판매했다면 제품 1개의 원가는 1억 원 수준이 될 것이다. 반면 1억 개를 판매했다면 개당 원가는 1원(고정비 1억 원 / 1억 개)에 가까워질 것이다. 결국 높은 수준의 고정성 원가에 의해 판매량에 따라 제품의 개당 원가가 큰 폭으로 변동하게 된다. 판매량을 정확히 예측할 수 있다면 제품의 개당 원가를 파악할 수 있을 것이나 판매량은 가격에 따라 변동할 것이다. 결국 가격이 원가를 결정하는 것이지 원가를 통해 가격이 결정되지 않는다. 현대 경제에서는 연구개발과 고정성 생산비, 유통망 등 제품이 생산량과 무관한 고정성 비용의 비중이 압도적으로 높게 나타난다.

두 번째, 경쟁의 심화는 기업들에게 차별화의 압력으로 작용한다. 차별화는 자사 제품에

타사 제품과는 다른 특징이나 특성을 부여하는 것을 의미한다. 만약 기업들이 동일한 제품을 생산한다면 경쟁은 오직 가격을 통해서만 수행될 것이다. 조금이라도 낮은 가격을 제시하는 기업이 대다수 수요를 차지할 것이다. 경쟁사와 다른 특성을 부여함으로써 자사 제품을 선호하는 소비자 집단(세분시장)을 창출할 수 있어야만 가격경쟁에서 탈피하여 이윤을 창출할 수 있다. 차별화의 수단은 다양하게 개발되고 있다. 제품의 특성 이외에도 브랜드의 이미지, 유통망의 특성, 사후서비스와 같은 연관 서비스 등 기업의 창의력에 따라 무수히 개발될 수 있다. 뒤에서 다루겠지만 가격구조도 차별화의 수단이 된다. 앞서 가격결정 방식으로 경쟁사를 추종하는 방식도 있음을 언급하였다. 그러나 기업이 추구하는 것이 차별화라면 상이한 제품을 판매하는 경쟁사의 가격을 추종한다는 것은 납득할 수 없는 일이다.

세 번째, 별첨 1.1의 베이딩 에이프 사례는 소비자들이 가치를 인식하는 방식이 상당히 다양함을 보여주는 것이다. 이 브랜드의 디자인이나 품질이 객관적으로 모든 사람들에게 선호되는 것은 아니다. 그러나 희소성이라는 특성이 특정 세분시장에서는 그 제품의 가치를 확신시키고 높은 가격을 지불하게 만든다. 100년 이상의 역사를 가진 미국의 할리 데이비슨(Harley-Davidson)은 모터사이클 시장의 강력한 브랜드이다. 이 회사의 경우 생산능력이 늘어나는 수요를 감당하지 못하는 상황에서도 생산능력을 보수적으로 증가시켜왔다. 이로 인해 수요자들은 구매를 위해 대기를 해야 했고 이러한 대기는 브랜드의 신비감을 조성하는데 기여했다고 평가받는다. 소비자들이 지각하는 희소성을 극대화하여 제품의 인지가치를 극대화한 것이다. 분석가들은 할리 데이비슨이 컬트문화를 창조함으로써 제품의 가치를 창출한다고 설명하고 있다.[1] 할리데이비슨의 V자형 2기통 엔진은 심장을 울리는 소리를 낸다며 열광하는 소비자도 있지만 너무나 시끄럽다는 사람도 있다. 최근 고가의 명품들은 제품의 본질적인 기능과는 구별되는 주관적 요소들을 활용해 자사의 제품을 차별화한다. 이러한 요인들에 대해 객관적이고 대다수가 공유하는 화폐적 가치를 부여하는 것은 불가능해 보인다. 현대 소비자들의 가치 인식은 불확실하고 다양하다. 또한 가치는 소비자별로 다를 뿐 아니라 장소와 시간에 따라 역시 상이하게 인지된다. 동일한 제품이 백화점, 할인마트, 대리점, 온라인 쇼핑몰 등 다양한 접점에서 판매될 수 있으며, 어디서 판매되는지에 따라 소비자들이 인지하는 가치는 크게 달라진다. 또한 동일한 제품이 신상품으로 소

---

1) '로버트 하틀리, 장대련(2011) 마케팅 서바이벌: 세계기업들의 도전, 성공과 실패, 명인문화사', Chap 9 참조.

별첨1.1

베이딩 에이프(Bathing Ape, 의류브랜드) 사례[2)]

일본의 의류브랜드인 베이딩 에이프는 젊은이들을 대상으로 하는 캐주얼 브랜드로 1993년 출시되었다. 출시 이후 이 브랜드는 소비자들이 결코 쉽게 손에 넣을 수 없는 제품으로서 이미지를 구축하였고 그 결과 희소성을 통해 브랜드의 명성을 유지하고 있다.

베이딩 에이프는 출시되는 모든 제품들을 한정판매 한다. 소비자들이 누군가가 입고 있는 멋진 베이딩 에이프의 티셔츠를 입고 있는 것을 보았다면 아마도 그 제품은 이미 품절된 상태일 것이다. 또한 베이딩 에이프의 매장들은 대부분 무척 찾기 힘들고 그 매장이 베이딩 에이프의 매장이 맞는지 의심할 정도로 간판이나 표지가 없다. 대부분 매장들에서는 제품별로 한사람 앞에 하나만을 판매하며, 방문한 소비자와 사이즈가 맞지 않으면 판매하지 않는다. 홈페이지 또한 그 브랜드에 대해 자세한 설명을 하고 있지 않다.

결국 소비자들 입장에서는 구매하기도 쉽지 않고 쉽게 관찰되지도 않는 브랜드이다. 그러나 많은 소비자들이 아무나 갖지 못하는 이 희소한 브랜드에 열광한다. 많은 산업들에서 대부분 사람들이 선호하고 채택하는 제품들이 소비자들의 제품에 대한 두려움, 불확실성, 의심(FUD Factor라고 한다 : Fear, Uncertainty, Doubt)을 감소시켜 더 큰 성공을 불러일으킨다. 또한 소비자들의 불편 요소를 최대한 감소시키는 것이 마케팅의 기본 방향일 것이다. 그러나 베이딩 에이프는 정보제공을 최소화 하고 구매의 불편요소를 제거하지 않고 도리어 조장하고 있다. 이렇듯 통상적인 마케팅 방식과는 반대의 방식으로 사업을 운영함으로써 높은 가치를 인정받고 있는 것이다.

개될 때와 이월상품이 되었을 때 인지되는 가치의 차이는 매우 크다. 소비자별로 인지되는 가치가 상이하고 상황에 따라 변화한다면 가치에 따라 가격을 결정하는 것은 너무나 어려워 보인다. 그러나 이러한 가치의 다양성을 활용하는 수단도 발전하고 있다.

네 번째, 인터넷을 비롯한 정보시스템의 발전은 개인화된 가격을 보편화시키고 가격의 변동성을 증가시키고 있다. 앞서 가치의 인식이 소비자별로, 장소와 시간에 따라 다름을 언급하였다. 기업들은 각 소비자집단별, 시점별, 장소별로 다르게 인지되는 가치를 측정해 내고자 하며, 이를 통해 매출/이윤을 극대화 하고자 한다. Microsoft의 Office 제품은 전문가판과 학생판이 상당히 다른 가격에 판매된다. 이는 원가의 차이를 반영하는 것이 아니다. 이미 전문가판을 개발했다면 일부 기능이 제거된 학생판에 추가적인 개발비가 들지 않

2) '문영미(2010), 디퍼런트, 살림Biz'의 7장에서 제시된 사례이다.

으며, CD에 파일을 저장만 하면 제품이 완성되는데 원가의 차이가 있을 이유가 없다. 단지 소득수준과 그 제품을 통해 얻는 가치의 차이를 반영해 다른 가격을 적용하는 것이다.

유통망과 시점별로 다른 가격을 적용하여 이윤을 증가시키는 사례들도 관찰할 수 있다. 정재영(2011)에서는 Price 2.0이라는 개념을 제시하면서 이를 "개별 고객의 컨텍스트(Context)에 최적화되어 제시되는 유연한 가격"이라고 정의하였다. 기업들은 CRM(Customer Relationship Management), SCM(Supply Chain Management) 등의 시스템을 통해 외부 환경의 변화를 빠르게 인지하고 반응할 수 있게 되었으며, 소비자들 또한 각종 정보통신기기를 통해 기업들의 단기적인 가격 변화를 인지하고 활용할 수 있게 되었다. 스마트폰과 같은 기기는 고객의 정보를 기업들에게 전달하고 고객에게 최적화된 제품과 가격을 제시하는 응용소프트웨어들을 탑재함으로써 고객의 컨텍스트에 따른 상이한 가치를 가격에 반영하는 역할을 할 수 있다. 한 음식점의 특정 메뉴에 대해 부여하는 가치가 소비자별로, 현재의 지리적 위치, 동반자의 유무 등에 따라 상이하다면 이를 반영하여 그때마다 다른 가격을 적용하는 것이 가능한 것이다. 결국 동일한 제품에 대해 상이한 가격들이 공존하고 시간에 따라 변화해 간다. 복잡한 가격구조가 발생하며, 이를 최적화 하기 위해 정교한 가격결정시스템이 관리되고 있는 것이다. 향후 가격은 더욱 유연하고 역동적으로 변화할 것이다.

다섯 번째, 많은 경우 개별 재화 · 용역이 아니라 다수의 상품이 결합된 시스템으로 소비가 이루어진다. 프린터와 토너, 핸드폰과 이동전화 서비스, 면도기와 면도날 같이 반드시 같이 쓰여야만 하는 제품들이 있다. 또한 인터넷과 IPTV, 인터넷 전화(VoIP)와 같이 별개로 이용될 수 있으나 같은 기업에게 구매하면 가격이나 서비스 품질에 차이가 발생하는 경우도 있다. 때로는 노트에 광고가 결합되면서 노트가 공짜로 판매되기도 한다. 이는 광고와 노트의 결합이다. 인터넷 포털에서의 검색서비스, 신문이나 TV를 소비자들이 공짜로 이용할 수 있는 것은 광고와 서비스가 결합되어 제공되기 때문이다. 독자들 중에는 의외로 여행을 갔다가 머릿니를 옮아오거나 그런 가족을 본 적이 있는 분들이 많을 것이다. 이를 제거하기 위해 참빗을 구하려고 했다면 요즘에는 쉽지 않은 일이다. 대신 쉽게 발견할 수 있는 것이 머릿니 제거 키트이다. 이 제품에는 머릿니 제거 샴푸와 서캐(머릿니의 알)을 제거하기 위한 젤과 참빗 및 기타 용품들이 포함되어 하나의 시스템으로 판매되고 있다. 플라스틱으로 만들어진 조잡한 참빗이 별개로 판매되었을 경우 얼마의 가격이 설정되었을까? 아마도 매우 쌌을 것임은 물론, 제품으로서의 생존에 의문이 들었을 것이다. 그러나 일종의 결합상품 또는 시스템으로 판매된 참빗은 기업에게 상당한 이윤을 제공했을 것으로 짐작된다. 오늘날 수많은 제품들에서 별개로 소비될 때와 다른 제품과 같이 소비될 때 상이한 가치가 부여되는 현상이 관찰된다. 저자가 지적하고자 하는 바는 개별 제품의 가격은 다른 제품의 가격과 연관성 속에서 결정되어야 할 경우가 많다는 것이다.

여섯 번째, The World Factbook 2007에 따르면 GDP에서 서비스 부문이 차지하는 비중은 미국의 경우 78%, 일본의 경우 73%였다. 한편 대한민국의 경우 57%, 중국의 경우 40%가 서비스 부문에서 창출되었다.[3] 특이한 경제구조를 가진 몇몇 작은 국가들을 제외하고는 경제발전의 정도가 높은 국가들에서 서비스 산업의 비중이 높게 나타난다. 대한민국의 시계열 자료를 살펴볼 때에도 서비스 산업의 비중이 크게 증가해 왔음을 확인할 수 있으며, 향후에 더욱 그 비중이 증가할 것이다. 그런데 서비스 산업에서는 가격과 관련하여 물리적 재화와는 다른 특수한 이슈들이 발생한다. 통상 물리적 재화의 가격은 개당 얼마라는 식으로 정해지지만 서비스에서는 가격산출지표(가격의 적용 대상 또는 가격을 부과할 때 사용하는 단위)가 다양하게 나타난다. 여러분이 변호사로부터 상담을 받았다고 생각해 보라. 어떻게 대가를 지불하는 것이 타당하다고 생각하는가? 상담을 받은 시간에 비례하여 가격을 산정하는 것이 가장 보편적인 방식일 것이다. 그러나 여러분이 얻어가는 가치가 시간과 비례한다고 생각되는가? 또는 변호사의 투입 정도가 시간에 비례하는가? 여러분은 오랜 시간 상담을 받고서도 아무런 해결책을 얻지 못할 수 있으며, 변호사도 상식적인 수준의 질문과 응답으로 그다지 노동 강도가 세지 않다고 생각할 수 있다. 여러분은 질문의 수 또는 문제의 해결 여부와 같은 다른 유형의 가격산출지표를 사용하는 것이 합리적이라고 생각할 수 있다. 동일한 서비스에 대해 이용 시간, 원재료 투입량, 산출물의 양 등 다양한 가격산출지표를 이용할 수 있으며, 의사결정자들은 산업의 관행에서 벗어나 창의적인 사고를 할 필요가 있다.

한편 서비스는 재고로 저장할 수 없다. 물리적 재화의 경우 수요보다 공급이 많다면 재고로 보관하고, 공급보다 수요가 많을 때 재고를 소진하는 방식으로 수요와 공급을 일치시킬 수 있다. 만약 재고로 저장할 수 없다면 초과 수요가 발생할 때 기업은 매출의 기회를

3) Central Intelligence Agency, https://www.cia.gov/library/publications/the-world-factbook/fields/2012. Lovelock et al.(2009) P.7에서 재참조.

상실하게 되며, 초과 공급이 발생할 때에는 생산용량을 놀려야만 하는 비효율이 발생한다. 따라서 생산용량이 정해질 경우 수요를 가능한 생산용량에 비슷하게 맞출 필요가 있다. 여러분들은 항공산업 등에서 비수기(Non-peak Period)에 가격을 낮추고 성수기에(Peak Period) 가격을 높이는 사례를 자주 접했을 것이다. 이는 가격을 통해 수요와 공급을 일치시키려는 노력이라고 볼 수 있다. 이러한 가격설정 방식을 수익경영(Yield Management)이라고 칭하는데 그 기법들이 매우 정교하게 발전하고 있다.

이상은 가격이라는 이슈를 복잡하고 또 깊이 고민해야할 문제로 만드는 환경의 변화를 정리한 것이다. 각 이슈들은 이후 별도의 장으로 설명되는 주제들과 밀접한 연관성을 가지고 있다. 아무튼 이번 절에서는 독자들이 가격이라는 이슈가 산업의 관행 또는 경쟁자의 가격수준을 추종하거나 직관적인 방식으로 해결하기에는 지나치게 복잡하고 개선의 여지가 많은 문제임을 인식하기를 기대한다. 가격과 관련하여 기업에게 선택 가능한 대안은 매우 다양하며, 가격의 수준과 구조를 개선함으로써 기업성과와 산업의 구조가 근본적으로 변화될 수 있다.

02 가격의 역할 및 특성

통상적으로 가격은 소비자들이 제품을 구매할 때 그 대가로 지불하는 화폐량을 의미한다. 경영 또는 경제학을 공부한 경험이 있는 독자들은 가격이라는 개념을 자주 접했을 것이다. 경영학을 구성하는 대표적인 분야로서 마케팅에서는 기업이 시장에서 원하는 반응을 획득하기 위하여 이용할 수 있는 통제 가능한 수단들을 마케팅믹스(Marketing Mix)라고 하며, 통상 4P로 불리는 제품(Product), 유통(Place), 판매촉진(Promotion) 그리고, 가격(Price)이 포함된다. 여기서 기업이 시장에서 원하는 반응이란 이윤극대화, 매출의 확대, 점유율 증대 등을 포함하며, 기업의 목적과 관련된 것이다. 가격은 이러한 기업 목적의 달성을 위한 핵심적인 통제수단에 포함된다.

별첨1.2 **제품의 제공 대가**

이 책에서는 가격을 제품의 대가로서 지불받는 화폐량으로 정의하고 있다. 그런데 기업이 제품을 제공하는 대가가 반드시 화폐인지에 대해 다시 생각해볼 여지가 많다. 약국에서는 박카스와 같이 소비자들이 자주 접하고 가격수준을 익숙히 알고 있는 제품을 원가에도 못 미치는 낮은 가격에 판매하는 경우를 볼 수 있다. 이런 상품을 미끼상품이라고 하는데 이 제품을 싸게 팔아 그 약국이 전반적으로 가격수준이 낮다는 인식을 심어주고 자주 방문하도록 유도하려고 시도한다. 결국 이런 제품을 제공하는 대가는 화폐라기보다(원가에 비해 가격이 낮으므로) 소비자들의 충성도와 관심이라고 할 수 있다. 기업은 이렇게 확보된 충성도와 관심을 통해 다른 제품의 판매 및 이윤을 증가시킬 수 있는 것이다.

한편 인터넷시대에 들어와서는 정보 자체 또는 정보를 주고받을 수 있는 플랫폼이 기업이 제공하는 제품(서비스)이 되고 있다. 그런데 이런 서비스들의 경우 소비자들이 가격을 지불하는데 익숙치 않다. 또한 어느 정도 이용자가 모이면 이용자들이 자체적으로 정보를 생성하고 이용자가 이용자를 부르는 현상이 관찰된다. 따라서 서비스를 무료로 제공하여 이용자들을 모으는 것을 목적으로 삼아 사업이 운영되는 경우가 많다. 실제 기업의 수익은 제공하는 서비스로부터 직접적으로 발생하지 않고 이용자에게 광고를 제공하거나 확보된 이용자 정보를 활용하는 등의 형태로 창출된다.

따라서 제품 제공의 대가로 고객의 관심, 시간, 시장의 평판, 고객정보 등 비화폐적인 형태가 주목받고 있다. 이러한 현황을 반영하여 이두희(2006)의 경우 가격이라는 개념 대신 커미트먼트(Commitment)라는 개념을 제시하고 있으며, 이 개념은 화폐적 대가인 가격 뿐 아니라 관심, 정보 등 비화폐적 대가인 퍼미션(Permission)을 포함하고 있다.

한편 Kotler(2003)에서는 기업의 마케팅 활동을 가치를 생성, 전달, 설득하는 활동으로 정의하고 있다. 이러한 정의는 앞서 언급한 마케팅믹스와 밀접한 관계를 가지고 있다. 가치를 생성한다는 것은 소비자가 필요로 하는 제품 또는 서비스를 생산하는 것과 주로 관련이 있으며, 마케팅믹스 중 제품과 주로 관련된 것이다. 또한 가치의 전달은 생성된 가치 즉, 제품을 소비자들이 손쉽게 획득하여 이용할 수 있도록 하는 것을 의미하며 유통과 주로 연관될 것이다. 마지막으로 가치를 설득한다는 것은 제품이 가지는 가치를 널리 알려 구매를 유도하는 것으로 판매촉진과 관련된다고 볼 수 있다. 이러한 논의에서는 결국 기업의 마케팅 활동을 가격을 제외한 마케팅믹스의 세 가지 요소로 설명한 것으로 이해할 수 있다. 유독 가격만이 이러한 정의에서 배제되어 있는데 이는 가격의 중요성이 낮기 때문이라기보다 가격이 가지는 독특한 특성을 반영한 것이라고 보아야 한다.

기업이 가치를 생성, 전달, 설득하는 것은 근본적으로 기업의 목적을 달성하기 위한 것이며, 통상 기업의 목적은 이윤극대화로 설명된다. 기업은 이러한 목적을 달성하기 위해 매출을 발생시켜야 하며, 매출의 발생은 가격과 판매량에 의해 설명된다. 그리고, 앞서 언급된 마케팅믹스의 세 가지 항목은 소비자들이 높은 가격을 지불하면서도 많이 구매할 수 있도록 하기 위한 수단들이라고 볼 수 있다. 정리하자면 마케팅믹스 중 제품, 유통, 촉진은 매출의 발생을 위한 기업의 희생 즉, 비용 측면과 관련된 것이다. 반면 가격은 궁극적인 목적 즉, 이윤 발생의 근원이 되는 매출과 관련된 항목이다. 가격은 기업이 생산해낸 가치의 직접적인 표현이며, 수익의 근원으로 마케팅믹스 중에서도 구별되며, 가장 중요한 항목이라고 할 수 있다.

그런데 이러한 논의를 잘못 이해하면 가격 및 매출은 여타의 마케팅믹스의 결과로서 얻어지는 것이며, 그 자체를 기업이 통제하기 어렵다는 느낌을 받을 수 있다. 좋은 물건을 만들고 많은 사람들이 모이는 장소에 물건을 진열한다면 그리고, 제품의 장점을 알기 쉽게 설명해 낸다면 높은 가격과 많은 판매량은 뒤따라올 수 밖에 없지 않겠는가? 마치 우리가 시험성적이 중요하다고 해도 시험성적을 직접 통제하기 보다는 예습과 복습, 연습문제의 풀이를 통해 실력을 배양해야 하듯이 높은 가격보다는 가격의 근원에 관심을 기울이는 것이 더 중요하지 않겠는가? 그러나 앞서 언급하였듯이 가격은 그 자체로 중요한 시장 통제 수단이다. 이를 이해하기 위해서 다음의 네 가지 측면을 생각해 보라.

① 가격은 타 마케팅믹스들의 수준에 의해 결정되는 비용과 상충관계(Trade-off)를 갖는다.
② 여타 마케팅믹스의 수준이 결정된 상황에서 가격과 판매량 간에 상충관계가 존재한다.
③ 가격은 소비자가 인지하는 가치에 직접적인 영향을 미친다.
④ 가격은 기업이 추구하는 세분시장에 대한 천명이다.

첫 번째, 가격은 타 마케팅믹스의 수준에 의해 결정되는 비용과 상충관계(Trade-off)를 갖는다. 제품 또는 서비스에 특정 기능을 추가할 경우 비용이 증가하지만 그에 따라 소비자로부터 더 높은 가격을 기대할 수 있게 된다. 더 접근성이 편리한 유통망을 확충하고 대

그림 1-1 마케팅믹스의 수준에 따른 비용, 가치의 변화

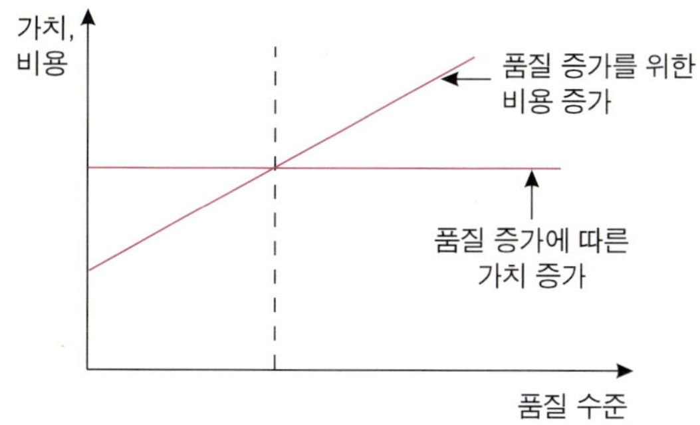

규모 광고활동을 수행하는 것 또한 비용의 증가를 수반하지만 그 결과 더 높은 가격을 받을 수 있을 것이다. 반대로 기업들은 더 미케팅믹스의 수준을 감소시켜 비용을 감소시키려 할 경우 가격의 인하라는 희생을 수반하게 될 것이다. 따라서 여타 마케팅믹스의 수준을 결정함에 있어 가격과의 상충관계를 항시 고려해야 한다.

[그림 1-1]은 제품(품질)을 예로 이러한 상충관계를 도식적으로 표현하고 있다. 기본적인 제품을 만들어 놓고 제품의 품질을 조금 증가시키는 데에는 비용의 증가가 크지 않다. 그러나 품질이 상당히 높아진 상황에서 추가로 품질을 끌어올리는 데에는 비용의 증가가 클 것이다. [그림 1-1]에서 품질 수준이 낮을 경우 품질 증가를 위한 비용증가에 비해 가치의 증가가 큰 것은 이를 반영한 것이다. 결국 특정 수준(점선으로 표현된 품질 수준)까지는 비용의 증가가 가치 즉, 소비자로부터 받을 수 있는 가격의 증가 대비 낮을 것이며, 이를 넘어서면 가치 증가 대비 비용 증가가 더 커질 것이다. 정리하자면 가격을 높게 받기 위해 품질을 증가시키려면 비용이 소요되며, 품질의 향상은 가치의 증가가 비용의 증가 대비 높은 경우에만 합리화 될 수 있다.

두 번째, 여타 마케팅믹스의 수준이 결정된 상황에서는 가격과 판매량 간의 상충관계가 고려되어야 한다. 가격의 하락은 더 많은 사람이 더 많은 양을 구매하게 만든다. 따라서 다른 모든 마케팅믹스의 수준이 주어져 있더라도 가격수준의 조정만으로도 판매량이 변화하고 이윤 또한 변동하게 된다. 이러한 관계는 가격에 대한 소비자들의 반응 뿐 아니라 경쟁기업의 반응과도 연관되어 있다. 경쟁자가 제시하는 가격 대비 낮은 가격을 제시할 경우 경쟁자는 그 이상으로 가격을 낮출 수 있을 것이다. 반대로 가격을 올릴 때에는 경쟁사의

반응이 다를 것이다. 가격의 변화는 경쟁자와 소비자의 반응을 유발하며, 기업성과에 중요한 영향을 미친다.

세 번째, 가격은 소비자가 인지하는 가치에 직접적인 영향을 미친다. 여러분이 특정 제품에 대한 구체적인 정보를 가지고 있지 않은 상황에서 가게에 들를 경우 점원들은 어느 정도 가격대의 제품을 찾으시는지 질문하곤 한다. 소비자로서 독자들은 해당 제품군에서 고가를 형성하고 있는 제품들은 평균적 제품들이 가지지 못하는 특수한 기능, 뛰어난 성능을 보유할 것이라고 암묵적으로 가정한다. 만약 기업이 높은 성능을 보유한 제품을 출시하고서도 낮은 가격을 제시할 경우 고기능/고성능을 선호하는 소비자들은 그 제품을 고기능/고성능 제품의 범주에 포함시키지 않을 수 있다. 또한 일부 소비자들은 제품에 본인들이 인지하지 못하는 하자가 있지 않을까 의심하는 상황도 발생한다. 가격은 기업이 제품을 통해 응당 받아야 하는 대가, 가치의 천명이다. 기업 스스로 평가하는 제품의 가치 수준이 소비자들에게 강한 영향력을 행사하리라고 보아야 한다.

네 번째, 가격은 기업이 추구하는 세분시장에 대한 천명이다. 동일한 제품에 대해 소비자들마다 인지하는 가치의 수준이 다를 수 있다. 요즘에는 세련되고 화려한 디자인의 자전거가 많이 출시되고 있다. 그런데 자전거는 생활과 운동을 위한 생활 필수품인가? 또는 자신의 개성을 표출하는 수단인가? 만약 보편적인 자전거와 유사한 수준으로 가격이 책정된다면 기업은 이를 단지 제품의 속성(디자인)이 향상된 보편적인 제품으로 선언하는 것이다. 반면 높은 가격을 책정한다면 개성의 표출 수단으로서 디자인에 높은 가치를 부여하는 소비자들을 대상으로 판매를 하겠다는 의지가 표명되는 것이다. Gucci의 핸드백이 모방제품과 같은 가격으로 시장에 진열되어 있다면 아무리 품질이 뛰어나도 이를 명품(Prestige Good)으로 인식하지 않을 것이다. 통상 가격은 제품의 포지셔닝(제품에 대한 소비자들의 지각)과 기업이 목표하는 세분시장(표적시장)에 많은 영향을 미친다.

이상의 내용을 정리하자면 가격은 마케팅믹스의 한 항목으로서 유일하게 가치의 실현과 관련된 것이다. 여타의 마케팅믹스들은 비용을 유발하는 항목으로 궁극적으로 높은 가격과 많은 판매량을 통해 기업이윤에 봉사하는 반면 가격은 그 자체로 기업의 매출에 직접적인 영향을 미친다. 또한 여타 마케팅믹스는 수준이 증가할 경우 가격수준이 상승하는 관계가 있으며, 여타 마케팅믹스의 수준은 가격의 수준과 연계되어 검토되어야 한다. 마지막으로 가격은 그 자체로 판매량, 소비자들이 인지하는 가치의 수준에 영향을 미치며, 기업이 추구하는 세분시장 즉, 표적시장을 결정한다.

이상에서 논의된 것은 가격의 역할과 기본적인 특성이라고 할 수 있다. 한편 박종오(2008)에서는 위에서 언급된 사항들 이외에 세 가지의 추가적인 특성을 제시하고 있다.

① 가격은 다른 마케팅믹스들에 비해 쉽게 변경할 수 있다. 일단 개발된 제품을 개선하거나 수정할 경우 적지 않은 시간과 비용이 소요되며, 유통망의 경우에도 한번 구축되면 이를 변화시키는데 상당한 어려움이 있다. 그에 반해 가격변경은 매장의 가격표만을 변경함으로써 실행될 수 있다. 온라인 쇼핑몰의 경우 가격의 조정이 더 용이할 것이다.

② 다른 마케팅믹스들에 비해 소비자들과 경쟁자들의 빠른 반응을 가져온다. 제품의 특징이나 유통경로를 변경하더라도 소비자들이 이러한 변화를 깨닫기 까지는 상당한 기간이 소요되지만 가격의 변경은 변화를 인지하기 용이하며, 그 영향이 매우 직접적이다. 이러한 특성으로 말미암아 경쟁자들도 가격의 변경에 민감하게 반응하기 쉽다. 더욱이 다른 마케팅믹스들의 경우 경쟁자들이 모방하기 어려운 경우도 있으나 가격의 경우 모방이 매우 용이하다.

③ 가격 그 자체는 쉽게 바꿀 수 있지만 가격 이미지는 쉽게 바꿀 수 없다. 앞서 가격이 소비자들이 인지하는 가치에 직접적인 영향을 미칠 수 있다고 언급한 바 있다. 일단 싼 가격에 판매되면 소비자들은 그 제품을 낮은 가치로 인식하기 쉬우며, 그렇게 형성된 제품의 이미지는 쉽게 변경되지 않는다.

이상의 논의들을 종합해 보면 가격은 쉽게 변경할 수 있는 반면 매우 직접적이고 장기적인 영향을 미친다. 따라서 가격결정은 매우 신중하게 이루어져야 하며, 가격과 관련된 개념들을 체계적으로 이해하고 활용해야만 한다.

03 가격과 관련된 학문분야

어떤 현상을 이해하고자 할 때 이를 설명하는 다양한 관점들을 개별적으로 이해하고 이를 통합하는 노력이 필요하다. 가격은 현대경제의 운영에서 그 중요성이 매우 크며, 광범위하게 사용되는 용어인 만큼 경제 · 경영의 세부 학문분야들에서 이를 중요하게 다루고 있으며, 가격이라는 주제를 이해하는데 중요한 시사점들을 제공하고 있다. 그러나 개별 학문분야들은 각기 관점이 상이하여 가격의 일정 측면만을 부각하여 설명하는 한계점을 가지고 있다. 그러나 한국에서는 각 세부 학문분야들이 독립적으로 인식되고 있으며, 학자들도 각자의 분야를 제한적으로 정의하고 있음으로 인해 각 분야에서 축적된 가격 관련 연구들을 통합적으로 정리하여 제공하지 못하고 있다. 각 분야를 통합적으로 이해하는 것은 매우 중요하며, 이 책은 그러한 목적으로 집필된 것이다.

저자가 생각하기에 기업경영의 입장에서 가격과 가장 밀접한 관계를 갖는 학문분야들은 경제학, 마케팅, 재무 · 회계분야라고 생각된다. 본격적으로 가격이라는 주제를 논하기에 앞서 각 학문분야들에서 가격을 바라보는 관점과 특성들을 부족하나마 살펴보는 것이 의미가 있다고 생각된다.

3.1 경제학과 가격

주류경제학에서는 경제학을 사람들이 필요로 하는 재화와 용역을 어떻게 생산 · 분배 · 소비할 것인지를 다루는 학문으로 정의하고 있다. 이 때 가격은 생산자와 소비자들에게 생산과 소비의 의사결정에 영향을 미치는 신호(Signal)의 역할을 한다. 생산자는 비용 대비 가격이 높아 생산을 통해 이윤을 증가시킬 수 있을 때 생산을 하게 된다. 또한 소비자는 가격 대비 가치가 높아 소비를 통해 순효용을 창출할 수 있을 때만 소비를 한다. 결과적으로 가격이 존재한다면 누가 명령하지 않아도 자연히 누가 얼만큼 생산하고 소비할지 결정된다. 소비를 위한 소득의 분배도 생산요소(노동, 자본, 토지)의 상대가격에 의해 결정되는 것으로 이해하고 있다. 한편 시장기능이 제대로 작동한다면 가격의 변화는 항상 생산자와 소비자 이익의 합계(사회후생)가 극대화 되도록 조정하는 역할을 수행한다고 본다. 결국 가격은 경제활동을 통제하고 조정하는 핵심 역할을 수행하며, 경제를 움직이는 보이지 않는 손이라고 할 수 있다.

따라서 경제학에서 경제운영의 원리로서 가격이 심도 있게 연구되어 왔다. 또한 국가정책의 입안자 또는 경영자의 입장에서 사회후생이나 이윤을 극대화하기 위한 가격정책에 대한 연구가 활발히 이루어지고 있으며, 구체적으로 가격차별, 정액제/종량제, 결합상품, 가격할인 등 다양한 가격구조들의 특성들과 기업성과에의 영향들에 대한 연구들이 축적되고 있다.

그러나 이러한 주류경제학의 연구성과들은 합리적 인간의 가정 하에서 이루어진 것들로 감성적 측면과 제한된 합리싱 하에서 행동하는 사람들의 특성을 제대로 반영하지 못하는 한계점을 가지고 있다. 사람들이 항상 경제적 이익을 극대화하기 위해 행동한다는 가정은 지나친 단순화일 것이다. 또한 기업경영을 바라보는 관점도 구조 · 행위 · 성과(SCP Model : Structure · Conduct · Performance Model)라는 도식적인 형태로 이해한다. 즉, 산업구조가 기업의 최적 행위를 결정하며, 구조와 기업의 행위가 결합되어 기업의 성과(이윤)가 결정된다고 보는 것이다. 그러나 기업경영에 있어 창의력에 기반한 혁신의 중요성은 익히 공감되고 있다. 구조 · 행위 · 성과의 구조 하에서는 이러한 혁신을 고려하기 어렵다.

가격의 이슈를 다룸에 있어 사람들의 감성과 제한된 합리성의 문제를 고려해야 하며, 기업의 경우 가격의 적용 대상, 가격구조 등에서 창의력을 발휘함으로써 기업의 성과를 개선시킬 수 있음에 주목해야 한다.[4] 한편 경제학의 경우 수리적 모형들이 많이 이용되고 있으며, 모형들의 복잡성으로 인해 일반인들이 경제학의 학문적 성과들을 쉽게 이해하고 활용하는데 어려움이 있다. 이 책에서는 경제학 분야에서 창출해온 성과들을 더 직관적이고 이해하기 쉬운 형식으로 설명하고자 노력하고 있다.

4) 최근에는 제한된 합리성과 의사결정에서의 편향성에 관심을 두는 분야로 행동경제학이 주목받고 있다.

3.2 마케팅에서 바라보는 가격

Kotler, Armstrong(2012)에서는 마케팅을 '기업이 고객을 위해 가치를 창출하고 강한 고객관계를 구축함으로써 그 대가로 고객들로부터 상응한 가치를 얻는 과정'이라고 소개하고 있다. 또한 마케팅에서는 기업의 마케팅전략을 STP(Segmentation, Targeting, Positioning)라는 논리구조로 이해하고 있다. 기업의 마케팅전략 수립 과정을 시장을 여러 가지 기준으로 세분화(Segmentation)하고 기업이 추구해야할 표적시장(Target Market)을 선정한 후 포지셔닝(제품에 대한 소비자들의 지각)을 결정하는 과정으로 이해하는 것이다. 이때 포지셔닝은 소비자들의 마음 속에서 경쟁제품들과 비교해 자사 제품들이 가지는 우위요소를 결정하는 것으로 이해할 수 있으며, 제품, 유통, 판매촉진, 가격과 같은 마케팅믹스들을 통합적으로 관리함으로써 목표한 포지셔닝을 실현할 수 있다고 설명하고 있다.

이러한 관점에서 가격은 기업의 전략을 실현하는 수단으로써 인식되고 있으며, 경제학에서 가격이 핵심적인 주제가 되어왔던 것과는 상당히 다른 관점이라고 생각된다. 이런 관점은 기업의 전략(상위의사결정)과 가격의 관계를 규정함으로써 가격결정의 실용적 절차, 과정을 제시한다. 가격은 기업의 전략 하에서 다른 마케팅믹스들 간의 관계를 고려하여 통합적으로 결정되어야 함을 설명하고 있는 것이다.

한편 마케팅 분야에서는 심리학의 학문적 성과들을 중시하여 받아들이고 있으며, 소비자들의 행동과 관련하여 감성, 제한된 합리성의 영향에 많은 관심을 두고 있다. 불완전한 정보 하에서의 의사결정, 사회 · 개인 · 심리적 특성에 따른 시장세분화 방법론 등 경제학에서 다루고 있지 못한 주제들이 다루어지고 있다.

이러한 관점은 가격과 관련해 많은 시사점들을 줄 수 있다. 그러나 상황에 따라 달라지는 소비자들의 감성적 측면을 중심으로 소비행위를 인식하는 데에는 한계가 있다고 생각된다. 합리성을 전제한 경제학적인 접근을 기준으로 삼아 마케팅 분야에서 다루어지는 상황 특수성을 결합하여 사고하는 것이 필요하다고 생각된다.

한편 마케팅 분야에서는 개별 기업과 소비자 간 관계에 집중한 논의가 많으며, 기업들 간 경쟁의 상호작용에 대한 고려가 상대적으로 미흡하다고 생각된다. 경제학 분야에서 이러한 경쟁을 구조적으로 이해하려는 연구들이 많으며, 이 또한 양 분야의 통합적 이해를 필요로 하는 이유라 하겠다.

3.3 재무 · 회계분야의 필요성

회계는 경영자, 투자자 등이 자원배분에 대한 합리적 의사결정을 위해 필요한 경제적 실체(기업)에 대한 유용한 재무적 정보를 제공하는 활동으로 정의된다. 특히 이러한 정보들을 화폐적 단위로 표현한다는 특징을 갖는다. 또한 재무에서는 이러한 회계정보들을 활용한 의사결정기법들을 다루고 있다.

직관적으로 볼 때 어떤 제품의 출시 여부를 결정하거나 가격을 설정하기 위해서 원가수준을 파악하는 것이 의미가 있을 것이다. 앞에서도 이미 언급하였듯이 현대 경제에서 제품의 원가를 측정하는 것은 상당히 어려운 일이며, 체계적인 회계활동의 뒷받침없이는 이를 파악할 수 없다. 한편 가격에 대한 의사결정자들은 회계정보를 통해 제품의 원가를 파악하고 의사결정이 기업의 재무적 성과(비용, 이윤 등)에 어떤 영향을 미치는지 이해하고 활용할 수 있어야만 한다. 따라서 회계와 재무에 대한 기본적인 이해가 필요하다. 결국 회계와 재무분야는 가격을 다루기 위한 기초과목에 해당하며, 특히 원가 및 관리회계분야에 대한 이해가 필수적이다. 이 책의 제4장에서 가격이라는 주제를 다루기 위한 기본적인 회계 · 재무분야의 지식들을 제공할 것이다.

한편 재무에서는 증권이라는 특수한 제품에 대한 가격결정원리들을 집중적으로 다루고 있다. 채권이나 주식과 같은 증권은 본질적으로 미래에 발생하는 현금(화폐)에 대한 청구권이라고 할 수 있다. 따라서 증권의 가격설정에서는 미래 현금에 대한 정보, 불확실성을 현재 가격에 반영하는 기법 및 시장의 반응이 주된 관심 대상이다. 결국 일반적인 제품들의 가격결정원리와는 상당히 다른 특성을 갖는다. 본 서에서는 통상적인 제품의 가격을 다룰 것이며, 증권의 가격결정문제에 관심을 갖는 독자들은 재무관리나 투자론과 같은 분야를 별도로 공부할 필요가 있다.

정리하자면 경제학, 마케팅, 재무 · 회계분야는 상호 보완적이며, 가격의 이해를 위해서 통합적으로 접근될 필요가 있다. 그러나 가격을 다루기 위해 이 모든 분야에 대한 전문가가 될 필요는 없다. 이 책은 각 분야들에서 가격과 관련된 핵심적인 개념들을 추려서 체계적으로 정리하고자 하는 시도이며, 경제 · 경영분야의 기본적인 지식을 가지고 있는 독자라면 각 영역들을 가격을 중심으로 통합적으로 이해할 수 있을 것으로 생각한다.

04 가격결정에의 영향요인

가격설정을 위해서는 다양한 요인들을 통합적으로 고려할 필요가 있다. [그림 1-2]는 가격결정을 위해 고려되어야 하는 요인들을 요약적으로 보여주고 있다. 여기서 기본적 고려요인은 가장 직접적인 영향을 미치는 요인들을 포함한다. 기업의 전략은 기본적 고려요인을 이해하고 활용하는 방향성을 제시한다. 기타 보완적 고려요인들은 최종 가격의사결정에서 세부적인 조정을 위해 고려되는 이슈들이다.

4.1 가격의사결정의 대상 : 가격산출지표, 구조, 수준

우리는 가격을 생각할 때 제품의 단위당 가격을 주로 떠올린다. 그러나 동일한 제품을 판매하면서도 가격을 적용하는 대상은 상이할 수 있다. 예를 들어 복사기가 통상적인 방식으로 판매되면 복사기의 소유권, 사용권이 모두 소비자에게 이전되며, 이 두가지 권리가 가격의 대상이다. 그러나 복사기를 임대(Lease)해 주는 경우 소유권은 판매자가 가지고 있으면서 제품의 사용권만을 제공하게 된다. 이 경우 가격의 적용 대상은 사용권을 보유하는

그림 1-2 가격결정 요인

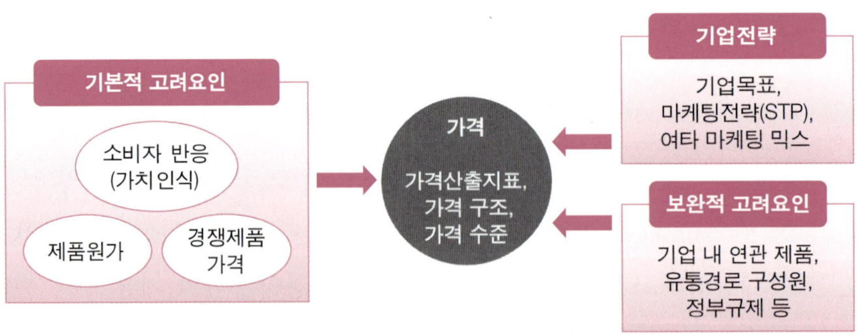

기간이 된다. 다른 임대방식에서는 복사량을 산출·저장하는 장치를 삽입하여 복사량에 따라 가격을 적용하기도 한다. 이러한 가격의 적용 대상 또는 가격을 부과할 때 사용하는 단위를 가격산출지표라고 한다. 일반적인 가격산출지표는 소유권과 사용권이 이전되는 제품단위라 할 수 있다.

한편 주어진 가격산출지표에 적용하는 가격은 얼마(수준)만으로 정의되기도 하지만 조금 더 복잡한 요소들을 포함하는 경우들이 있다. 우리가 사용하는 이동전화요금은 가입시에 지불하는 가입비, 월단위로 고정적으로 지불하는 기본료(Lump-sum Fee or Fixed Price)와 분당 이용요금(Variable Price, Marginal Price)으로 구성된다. 이 외에도 구매량에 따라 가격이 달리 적용되거나, 구매자의 신분(학생, 일반인 등)에 따라 가격이 달라지는 경우, 인터넷과 전화와 같이 다수의 제품들을 결합하여 구매할 때 상이한 가격이 적용되는 경우들을 볼 수 있다. 따라서 가격은 단순히 수준만으로 표현되지 않을 수 있으며, 다양한 요소들의 결합 즉, 가격구조로 이해되어야 할 경우가 많다. 즉, 상이한 가격요소들이 결합되어 가격구조를 형성하게 되며, 각 구성요소들은 상호작용하면서 제품의 판매량과 매출에 영향을 미친다.

상이한 유통망, 시점에 따라 다양한 가격이 적용되는 경우도 있으며, 이 또한 가격구조로 이해되어야 한다. 피아노가 백화점에서 판매되는 경우와 지역 대리점에서 판매되는 경우 소비자 가격은 다르게 형성된다. 또한 출시 이후 가격은 고정되는 것이 아니라 시간에 따라 변동하게 된다. 장소(유통망)와 시점별 상이한 가격은 각 장소와 시점의 판매량에 상호 영향을 미치며, 기업은 전체적인 이윤수준을 극대화 하기 위해 상이한 가격들을 조율해야 한다.

정리하면 가격의 이슈는 단지 가격수준을 결정하는 문제가 아니며, 가격 적용 대상(산출지표)과 가격구조가 결정된 이후 수준이 조율되어야 한다. 이 책의 제2부에서 다양한 가격구조의 문제들이 다루어진다.

4.2 기본적 고려요인

[그림 1-2]에서 가격결정의 세 가지 기본적 고려요인을 소비자의 반응(가치 인식), 제품

원가, 경쟁제품가격으로 제시하였다. 소비자의 반응이란 개별 소비자 차원에서는 가격변화에 따른 구매여부 또는 구매량의 변화를, 시장 전체 차원에서는 구매자 수와 구매량의 변화를 의미한다. 개별 소비자 입장에서 제품의 가치보다 가격이 높으면 제품을 구입할 이유가 없다. 따라서 개별 소비자가 인식하는 가치는 그 소비자 입장에서 제품가격의 상한으로 작용한다. 시장 차원에서는 이러한 개별 소비자들의 가치와 가격에 대한 비교 결과가 집산되어 나타난다. 결과적으로 가격변화가 구매자 수와 구매량에 영향을 미치게 되는 것이다. 이러한 논리에 따르면 소비자들의 반응은 기본적으로 제품에 대한 가치인식을 반영한다고 볼 수 있다.

그런데 소비자들이 인지하는 제품의 가치는 여러 가지 관점으로 표현될 수 있다. 제품의 소비로부터 얻는 효용 제품을 다시 판매할 때 얻게 되는 가치를 의미하는 교환가치, 제품가격의 높고 낮음을 평가하는 기준으로서의 준거가격(Reference Price)과 같이 상이한 가치 표현의 방식들이 있으며, 이를 제2장과 제3장에서 다룰 것이다.

경쟁사 제품의 가격 역시 제품의 가격을 제약하는 요인이다. 만약 동일한 제품을 경쟁사 대비 높은 가격에 판매한다면 아무도 구매하지 않을 것이며, 경쟁사 제품의 가격이 제품가격의 상한으로 작용하게 된다. 그러나 만약 경쟁사 제품보다 더 높은 품질을 제공한다면 경쟁사 제품의 가격보다 품질 증가의 가치만큼 높은 가격을 부과할 수 있다. 통상 기업들이 생산하는 제품들은 상이한 속성들을 보유하고 있으며, 이를 제품 차별화라고 표현한다. 결국 경쟁사 제품의 가격과 경쟁사 제품 대비 차별화 요인이 자사 제품가격에 중요한 영향을 미치게 된다. 앞서 가치의 개념에서 교환가치나 준거가격의 개념은 소비자가 경쟁제품을 고려해 판단한 가치의 개념이라고 볼 수 있다.

이상의 개념들은 경쟁사 제품의 가격이 주어진 경우에 적용할 수 있다. 그런데 실제 가격 결정에서는 자사 제품의 가격은 경쟁기업의 가격에 영향을 미치고, 경쟁사의 가격은 자사 가격에 다시 영향을 미치는 동태적인 관계가 나타난다. 따라서 가격을 둘러싼 경쟁의 성격을 이해할 필요가 있다. 이러한 개념들은 제5장에서 다루어질 것이다.

다음으로 기업이 이윤을 창출하기 위해서는 제품의 원가보다 높은 가격에 판매해야만 한다. 따라서 제품의 원가는 가격의 하한으로 작용한다. 그런데 원가의 개념 또한 다양하게 존재하며, 의사결정 상황에 따라 고려하는 원가의 개념이 달라져야만 한다. 원가의 다양한 개념과 이의 활용은 제4장에서 다루어질 것이다.

가격을 결정하는데 있어 위의 세 가지 요인은 모두 중요한 역할을 한다. 그러나 그 중 출발점을 고르라면 소비자들의 가치 인식이 꼽힐 것이다. 가격을 마케팅믹스의 하나로 본다면 가격결정 전에 마케팅 전략에 해당하는 STP(시장세분화, 표적시장 선정, 포지셔닝)가 결정되어야 한다. 가격을 비롯한 마케팅믹스들은 결정된 포지셔닝을 실현하는 수단이 되는 것이다. 그런데 포지셔닝은 대략적인 가격수준을 염두에 두고 정해지는 것이라 볼 수 있다. 스포츠카에 관심이 있는 소비자들에게 '스포츠와 스피드를 즐기는 젊은 층을 위한 3,000cc의 스포츠카'라는 포지셔닝을 제시하면 그 가격이 얼마정도 될지 상당히 정교하게 예측할 수 있다. 즉, 포지셔닝이 결정되면 그 제품에 대해 소비자들이 인식할 가치 수준이 결정되는 것이다. 이후 마케팅믹스 단계에서 결정되는 가격은 대략적인 수준을 구체적인 수치로 확정하는 것으로 볼 수 있다.

이렇듯 포지셔닝과 그에 따른 소비자들의 가치 인식에 따라 가격을 정하는 방식을 가치기반 가격설정(Value-based Pricing)이라고 한다. 그런데 여기서 소비자들의 가치 인식은 사실상 경쟁제품들의 가격을 염두에 둔 것이라고 볼 수 있다. 위의 스포츠카의 예에서도 소비자들은 유사한 차종 즉, 경쟁제품들이 가격에 기초해 예상 가격을 떠올렸을 것이다. 원가는 기획된 제품과 가격 하에서 이윤을 창출할 수 있는지 검증하고, 최종적인 가격을 확정하는데 이용된다. 결국 경쟁과 원가가 종합적으로 고려된다.

그런데 많은 경우 기업들은 원가에 일정 수준의 마진(Margin)을 더하는 식의 원가기반가격설정(Cost-based Pricing)을 사용하고 있다. 원가기반가격설정은 적용이 용이하지만 소비자들의 가치 인식이나 경쟁사의 가격을 체계적으로 고려할 수 없는 부적절한 방식이다. 우리는 소비자의 반응, 제품의 원가, 경쟁을 차례로 검토한 후 제6장에서 포괄적인 가격결정의 절차를 다룰 것이다.

4.3 기업의 전략 및 보완적 고려요인

통상 기업의 목표는 이윤극대화라고 설명된다. 그러나 기업의 목표는 구성원들에게 구체적인 의사결정 지침의 역할을 해야 하며, 이윤극대화보다는 더 구체적인 형태를 갖는다. 매출 또는 점유율의 극대화, 품질에서의 선도적 지위 추구, 기업의 생존 등이 예시가 될 수 있다. 사실 이윤극대화는 다소 모호한 개념일 수 있다. 보통 기업은 장기간 존속한다고 보기 때문에 이윤극대화에서 이윤은 장기 이윤을 의미한다. 그런데 현재와 미래의 이윤은 상충관계를 갖는 경우가 많다. 마진을 줄여 매출을 극대화하는 경우 현재(단기) 이윤은 감소하나 점유율을 늘려 규모의경제를 확보함으로써 미래의 이윤을 증가시킬 수 있다. 브랜드 인지도나 선호도를 증가시키기 위한 대규모 광고 역시 단기이윤을 감소시키되 미래의 이윤을 증가시킬 수 있다. 그런데 희생된 단기이윤 대비 미래의 이윤 증가가 더 큰 것인지 확신하기 쉽지 않으며, 상위 경영자들의 전략과 가치관에 따라 다른 판단이 가능하다. 결국 (장기)이윤극대화의 구체적인 방법으로서 기업의 목표가 달라질 수 있는 것이다. 아무튼 정의된 기업의 목표는 가격결정에 중요한 영향을 미친다. 매출 또는 점유율의 극대화를 추구하는 경우 가격을 낮추고 가격경쟁을 시도할 개연성이 크다. 반면 품질에서의 선도적 지위를 추구하는 경우 소비자들에게 고품질을 확신시키는 높은 가격을 제시하는 것이 바람직할 것이다. 이러한 기업의 구체적 목표는 기업의 마케팅전략에 반영되며 가격을 포함한 마케팅믹스에 영향을 미친다. 구체적인 마케팅믹스의 결정단계에서는 마케팅믹스 간 상호 대체성을 고려한 조율이 필요해진다.

한편 특정 기업이 상호 대체적(경쟁관계 : 한 제품이 많이 팔리면 다른 제품이 적게 팔리는)이거나 보완적(보완관계 : 한 제품의 판매증가가 다른 제품의 판매를 증가시키는)인 다수의 제품들을 생산하는 경우를 볼 수 있다. 이 경우 개별 제품이 아닌 제품군 전체에서의 이윤극대화를 추구할 필요가 있다. 제품들 간 대체성에 대한 논의는 제6장에서, 보완성과 관련된 논의는 제11장에서 주로 다루어질 것이다.

정리하자면 가격설정은 기본적 고려요인에 의해 규정되는 가격의 선택 범위 안에서 기업의 목표 또는 전략 및 다른 제품들과의 관계를 고려해 구체적인 수치가 확정되는 과정을 거친다고 볼 수 있다. 그러나 여기서 유의할 점은 대다수 고려요인들이 외부적으로 주어지는 환경적 요인은 아니며, 기업의 행위를 통해 부분적으로 통제될 수 있는 대상이라는 점이다. 소비자들이 인식하는 가치 수준이나, 원가, 경쟁제품가격 모두 기업의 선택에 의해 영향을 받는 것이다. 그런 의미에서 [그림 1-2]는 도식적인 이해를 위한 단순화된 표현이다. 이에 대한 깊이 있는 논의는 추후로 미루겠다.

한편 [그림 1-2]에는 기타의 보완적 고려요인들도 같이 정리되어 있다. 앞서 기본적 고려요인들은 가격에 가장 주되게 영향을 미치는 요인들을 설명한 것이다. 그런데 기업이 놓인 환경에 따라 추가적인 요인들이 고려되어야 할 경우가 많다. 대표적인 것이 유통망과의 관계이다. 기업이 직접 제품을 유통하거나 유통망의 협상력이 약한 경우 이는 중요한 이슈가 아니다. 그러나 대형 유통점에 납품을 하는 경우라면 유통망과의 관계, 협상력의 수준이 제품의 가격결정에 매우 중요한 영향을 미친다. 이와 관련된 이슈들은 제13장에서 다룰 것이다. 또한 가격설정과 관련한 정부의 규제가 존재한다. 지나친 마진을 설정한다거나 기업간 담합, 소매가격 유지에 대한 문제 등 가격과 관련한 다양한 규제요인들을 이해하고 합법적인 선에서 가격결정이 이루어지기 위해 이에 대한 이해가 필요하다. 이에 대해서는 제14장에서 다룰 것이다.

05 :: 이 책의 구성

4절에서 가격결정에 영향을 미치는 요인들을 설명하면서 각 요인들을 이 책의 어떤 부분에서 논하게 될지 언급하였다. 이를 다시 한번 정리한다.

이 책은 크게 두 부분으로 구성되어 있다. 제1부에서는 기본적 고려요인들을 차례로 설명하고(제2장~제5장) 이를 종합하여 가격설정 절차를(제6장) 설명할 것이다. 제1부는 가격구조나 보완적 고려요인을 다루지 않고 단위당 가격을 설정하는 단순한 구조를 다루며, 이 과정을 통해 가격 이슈에 대한 기본적인 이해를 증진시키고자 한다. 특히 제6장은 제1부를 마무리 하면서 기본적 고려요인들과 기업의 전략을 반영하여 실제 가격을 설정하기 위한 구체적인 지침을 제공할 것이다. 독자들의 입장에서는 제2장에서 제5장의 내용이 이후의 내용들보다 더 난해하게 느껴질 수도 있을 것이다. 그러나 이 내용들이 이후 내용들을 더 깊이 이해하는데 큰 도움을 줄 것이다.

제2부는 다양한 가격구조의 문제를 다룰 것이다. 제7장에서 다루어지는 가격차별은 제품, 소비자, 시간별로 다른 가격이 적용되는 가격구조의 문제를 다루는데 기초가 되는 기본 논리들을 설명한다. 이후 제8장~제12장까지는 가격차별의 상황별 응용에 해당한다고 볼 수 있다. 이를 통해 독자들은 현실에서 주로 관찰되는 가격구조들의 특성과 활용방식을

표 1-1 이 책의 목차

대분류	목 차
제1부 가격의 이해	제1장. 서론
	제2장. 가치와 소비자들의 가격 반응
	제3장. 가치 · 가격평가의 심리적 측면
	제4장. 제품의 원가
	제5장. 경쟁의 관리
	제6장. 가격결정의 실무적 절차
제2부 가격전략의 응용	제7장. 가격차별
	제8장. 장기관점의 동태적 가격관리
	제9장. 단기관점의 동태적 가격관리
	제10장. 서비스산업에서의 가격전략: 수익관리
	제11장. 보완재와 결합상품
	제12장. 이부제요금, 정액요금
	제13장. 기업 간 거래 및 소매점의 가격관리
	제14장. 소비자 반응의 조사 및 가격규제

습득할 수 있을 것이라 생각한다.

한편 제조업자들은 유통망을 통해 제품을 판매함으로써 소매가격을 직접 통제하지 못하는 경우가 많으며, 이 경우 도매가격을 통해 소매가격에 간접적인 영향을 미친다. 제13장 기업 간 거래의 가격관리는 이와 관련된 이슈를 다룬다. 마지막 제14장은 가격이론의 적용에 필수적인 소비자 반응의 조사방법론과 가격의 보완적 고려요인 중 하나인 가격규제의 문제를 정리하고 있다.

한편 대부분 장의 마지막에는 '핵심주제 및 키워드'와 '생각해볼 문제'가 포함되어 있다. 이 내용들은 각 장에서 꼭 기억해야할 용어들과 이해되어야 할 논제들을 정리한 것이다.

별첨1.3 이 책에서 사용될 경제학의 기본 개념들

이 책은 가격이라는 주제를 중심으로 경영 · 경제의 분야들을 통합적으로 다루고 있다. 논의를 위해 필요한 기본적인 개념들의 대부분은 본문에서 그 정의를 제시하고 있어 책을 차분히 따라가면 이해가 가능하리라 생각된다. 그러나 일부 수리적 분석의 경우 기초지식이 없는 독자들은 이해가 다소 난해할 수 있다. 수리적 분석들은 별첨으로 묶어 별도로 제시하였으며, 본문은 수리적 분석의 직관적 의미를 중심으로 설명함으로써 이에 익숙치 않은 독자들도 이 책을 탐독하는데 문제가 없도록 작성하였다. 본문에서 별첨은 본문과의 연관성이 높지 않으나 참고가 될 사례나 이론 또는 본문의 상세한 이해를 위한 수리적 분석들을 포함한다.

그러나 그래프를 이용한 분석은 본문을 이해하는데 필수적인 경우들이 있으며, 그래프를 활용한 분석을 이해하기 위한 최소한의 지식을 공유하는 것이 필요하다고 생각된다. 여기서는 이윤극대화와 관련된 개념들과 소비자들의 순효용 및 그 합계인 소비자잉여, 이윤과 소비자잉여의 합계인 사회후생의 개념들을 그래프를 이용한 분석과 연계하여 설명하고자 한다. 차근히 살피면 그다지 어렵지 않은 내용이므로 독자들은 인내심을 가지고 이해해주기를 바란다.

우선 기업의 이윤극대화 원리를 그래프를 통해 이해해 보자. [그림 1-3]에는 냉장고와 같은 내구재 산업의 수요곡선이 그려져 있다. 수요곡선 자체는 소비자들이 제품을 소비할 때 얻게 되는 효용(지불의사

그림 1-3 독점에서의 이윤극대화 가격

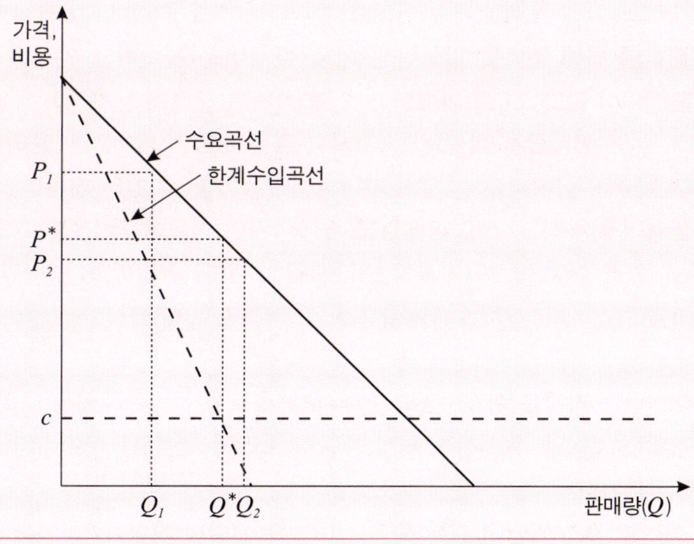

가격)을 반영하는 것으로 해석할 수 있다. 개별 소비자들의 효용은 모두 다르며, 가장 높은 효용을 얻는 소비자부터 효용이 가장 낮은(0인) 소비자들까지의 효용수준을 X축(수평축)의 원점부터 차례로 표시하면 우하향하는 수요곡선이 나타난다. 이제 가격이 특정 수준, 예를 들어 P^*로 주어진다면 효용 또는 지불의사가격이 P^*보다 높은 소비자들이 구매할 것이다. 수요곡선에서 P^*에 대응되는 구매량은 Q^*이다. 이는 효용이 P^*보다 높은 소비자들의 수가 Q^*임을 반영하는 것이다.

이 예에서는 내구재를 다루고 있으므로 소비자들은 제품 한 단위 이상의 구매를 고려하지 않으며, 수요곡선에 의해 표현되는 효용은 한 단위 제품 사용에서 발생하는 효용을 의미한다. 경제학에서는 제품 한 단위에서 발생하는 효용을 한계효용(Marginal Utility)이라고 하며, 결국 수요곡선은 한계효용을 반영하고 있고 가격이 주어지는 경우 판매량(수요량)을 표현하는 것으로 이해할 수 있다.

이제 산업 내에 하나의 기업(독점기업)만이 존재하는 상황에서 이윤을 극대화하기 위한 가격을 고려해 보자. 이윤극대화를 이해하기 위해서는 우선 한계수입(Marginal Revenue)이라는 개념을 먼저 살펴보아야 한다. 한계수입이란 제품을 한 단위 더 판매했을 때 증가하는 수입을 의미한다. 간단히 생각해 보면 제품을 한 단위 더 판매하면 가격만큼 수입이 증가할 것이다. 그러나 제품을 더 판매하기 위해서는 조금이라도 가격을 낮추어야 한다. 따라서 Q를 판매할 수 있는 가격에서 제품 한 단위를 더 판매하기 위해 가격을 낮춘다면 낮아진 가격(ΔP)과 Q의 곱만큼($\Delta P \times Q$) 수입의 감소가 발생한다. 결과적으로 제품을 한 단위 더 판매하면 가격만큼 수입이 증가하고 마진의 감소(ΔP)에 따른 수입 감소가 발생하여 $P-\Delta P \times Q$ 만큼 수입이 증가한다. 이를 한계수입이라 부르는 것이다. 모든 Q에 대해 한계수입을 정의하여 곡선으로 표현하면 한계수입곡선이 된다. 선형의 수요함수라면 한계수입곡선은 [그림 1-3]의 굵은 점선과 같이 표현된다. Q가 0인 상황에서는 마진 감소에 따른 수입 감소가 없으므로 수요곡선과 Y축의 교점 즉, $Q=0$에서의 가격이 한계수입이 된다. 따라서 $Q=0$에서는 수요곡선과 한계수입곡선이 만나게 된다. 그러나 Q가 증가함에 따라 마진 감소에 의한 수입 감소가 발생해 한계수입은 수요곡선보다 아래에 나타나게 된다.

이제 제품 한 단위 생산에 의해 추가로 발생하는 비용(한계비용)을 c라고 가정해 보자. 이는 [그림 1-3]에서 수평선으로 표현되어 있다. Q_1의 판매량과 P_1의 가격을 생각해 보자. Q_1의 판매량에서 한계수입은 한계비용보다 크다. 이는 판매량을 한 단위 증가시킬 경우 수입의 증가가 비용의 증가보다 큼을 의미한다. 즉, 가격을 조금 낮추어 판매량을 증가시키면 이윤이 증가할 수 있는 것이다. 반면 Q_2의 판매량에서는 한계수입보다 한계비용이 더 크므로 판매량을 증가시키면 이윤이 감소한다. 이를 반대로 해석하면 가격을 조금 올려 판매량을 줄임으로써 이윤을 증가시킬 수 있음을 의미한다. 이러한 논리를 생각해 보면 한계수입과 한계비용이 같아지는 Q^*의 판매량을 P^*의 가격을 통해 달성하는 것이 이윤을 극대화 시키는 것이다.

정리하면 이윤을 극대화하는 가격은 한계수입과 한계비용이 같아지는 판매량을 구하고 이에 대응하는 가격을 구함으로써 결정되는 것이다. 여기서는 독점 상황을 고려해 설명하였지만 이러한 원리는 다른 산업구조에서도 동일하게 적용된다.

한편 이렇게 결정된 가격의 결과 기업이 얻는 이윤은 어떻게 표현될 것인가? 기업은 P^*의 가격에 Q^*를

그림 1-4 이윤과 소비자잉여

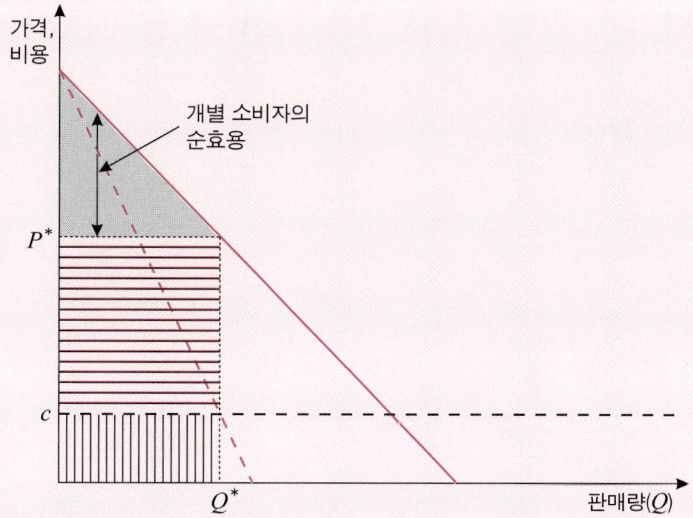

팔았으니 매출은 $P^* \times Q^*$가 될 것이다. 이는 [그림 1-4]에서 가로줄무늬 사각형과 세로줄무늬 사각형을 합한 면적에 해당한다. 반면 기업은 제품의 판매를 위해 $c \times Q^*$의 비용(그림의 세로 줄무늬 사각형 면적)을 지불했으므로 기업의 이윤은 $(P^*-c)Q^*$가 될 것이며, 그림에서는 가로줄무늬 사각형의 면적으로 표현된다.

소비자들의 경우 한계효용보다 가격(소비자들의 비용)이 낮은 경우에만 구매했을 것이다. 따라서 한계효용과 가격의 차이만큼 순효용(효용과 가격의 차이)이 발생한다. [그림 1-4]에서 양방향 화살표로 그려진 직선의 길이가 해당 소비자의 순효용이다. 그렇다면 구매한 소비자들의 순효용의 합계는 어떻게 표현될 것인가? 이는 한계효용이 P^*보다 높은 소비자들의 순효용의 합계가 될 것이며, 수요곡선 상에 표현된 한계효용과 가격의 차이를 0에서 Q^*까지 적분한 값으로 표현되며, 그림에서는 회색빛 삼각형의 면적에 해당한다. 경제학에서는 거래에서 발생한 소비자들의 순효용의 총 합계를 소비자잉여라고 표현한다. 또한 기업의 이윤과 소비자잉여의 합계를 사회후생이라고 하며, 이는 거래의 결과 사회 전체에서 발생한 이득이라고 할 수 있다.

이렇게 정의된 사회후생은 수요곡선과 한계비용이 만나는 점에서 판매량과 가격이 결정될 경우 극대화된다. 이 경우 사회후생은 [그림 1-5]의 회색빛 삼각형의 면적과 같아진다. 수요곡선은 한계효용을 반영하므로 제품의 소비를 통해 발생한 사회적 효용은 회색 삼각형과 격자무늬 직사각형의 면적의 합계에 해당하며, 이러한 소비를 위한 비용이 격자무늬 직사각형 면적에 해당하기 때문이다. 만약 가격이 한계비용보다 낮아진다면 추가적인 소비의 한계효용은 이를 생산 · 판매하기 위한 비용보다 높아지므로 사회후생

그림 1-5 사회후생의 극대화

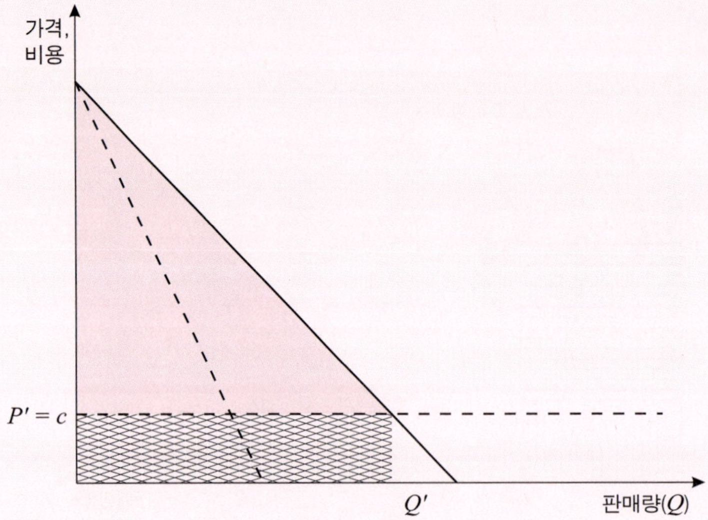

이 감소한다. 반면 가격이 한계비용보다 높아지면 구매량이 감소하여 한계효용이 한계비용보다 큼에도 소비가 발생하지 않는 경우가 생겨 역시 사회후생이 감소하는 것이다. [그림 1-4]에서 사회후생은 회색빛 삼각형(소비자잉여)과 가로무늬 삼각형(기업의 이윤)의 합계이며 이는 [그림 1-5]의 사회후생보다 낮게 나타나는 것이다.

생각해볼 문제

1) 가격설정의 문제를 중요하고 어렵게 만드는 산업환경의 변화는 무엇인가?

2) 마케팅믹스의 하나인 가격이 다른 요인들과 구분되는 특성들은 무엇인가?

3) 가격을 다루는데 있어 경제학, 마케팅, 재무 · 회계의 각 분야의 주된 기여점은 무엇인가?

4) 가격의사결정은 어떤 의사결정 사항들을 포함하는가?

5) 가격의사결정에 영향을 미치는 요인들에는 어떠한 것들이 있는가?

제2장 가치와 소비자들의 가격 반응

1. 가치의 다양한 개념
2. 시장의 입장에서 살핀 가치
3. 시장의 세분화

01 가치의 다양한 개념

소비자들의 의사결정 즉, 가격에 대한 반응은 가치와 가격의 비교에 의해 정해진다. 우리는 어떤 제품의 가격을 보았을 때 가격이 싼지, 비싼지를 평가한다. 이러한 평가를 가치와 가격의 비교라고 할 수 있으며, 비싸다고 생각되면 구매를 포기하고 싸면 구매하는 것이다.

그런데 싸다는 의미는 크게 두 가지로 해석될 수 있다. 하나는 그 제품을 구매해서 얻을 수 있는 만족감이 가격보다 크다는 의미이다. 두 번째는 그 제품의 가격이 다른 제품의 가격보다 낮다는 것으로, 타제품과 비교한 상대적 의미이다. 그렇다면 구매의사결정에서 어떤 의미가 중요한 것일까?

마케팅에서는 제품의 구매의사결정을 [그림 2-1]과 같이 다섯 가지 단계로 표현한다. 소비자들은 배고픔이나 갈증과 같은 내적인 자극이나 TV광고, 친구가 가진 물건과 같은 외적 자극을 통해 특정 제품의 구매를 고려하는 문제인식의 단계를 거친다. 이후 그 제품의 가격, 대체재(경쟁제품) 및 대체재의 가격, 성능과 같은 정보를 탐색하기 시작한다. 그런데 정보탐색의 초기에 그 제품이 나에게 주는 만족감 보다 그 제품의 가격이 지나치게 높다면 정보의 탐색을 포기할 것이다. 반면 만족감이 더 크다면 적극적으로 정보를 탐색하고 여러 대안(대체재)들 중 가장 높은 가치를 주는 제품을 선택할 것이다. 즉, 해당 제품의 가치와 가격의 비교가 일차적으로 진행되고 이후 제품 간 상대적인 비교가 진행된다고 생각할 수 있다.

결국 가격과 비교되는 가치의 개념은 구매의사결정 단계와 상황에 따라 달라질 수 있으며, 다양한 가치의 개념들을 정확히 이해할 필요가 있다. 이 책에서는 가치의 표현으로 효

그림 2-1 소비자들의 구매의사결정 과정

문제인식 → 정보탐색 → 대안평가 → 구매결정 → 구매 후 행동

표 2-1 가치의 다양한 표현

개 념	정 의	비 고
효용 (사용가치)	특정 상품을 통해 얻을 수 있는 금전적인 이득, 심리적 만족 등	주관적 가치, 대체재 고려 안함
교환가치	특정 상품이 화폐 또는 다른 상품과 교환되는 비율	객관적 가치, 대체재 고려
준거가격	어떤 가격에 비교해 볼 수 있는 다른 형태의 가격으로 제품의 가격이 비싼지 여부의 평가 기준	대체재를 고려한 주관적 가치
지불의사가격	제품 구매에 지불할 수 있는 최대 금액	위 세 가지 개념을 포괄

용(Utility : 사용가치, Usage Value), 교환가치(Exchange Value), 준거가격(Reference Price), 지불의사가격(Willingness-to-pay)과 같은 용어들이 사용될 것이다. 〈표 2-1〉은 이러한 가치의 표현들을 개략적으로 설명하고 있다.

대체재를 정의하기 어려운 경우 즉, 독점적 제품의 경우 제품의 구매에 따른 만족감(효용)과 가격의 비교가 구매를 결정한다. 반면 동일한 제품이 여러 기업에 의해 판매되는 경우 제품의 교환가치는 시장에서 가장 싼 제품의 가격이 되며, 가격과 교환가치의 비교가 주된 역할을 한다. 그런데 유사한 대체재들이 존재하여 제품들 간 차별화된 속성에 대한 가치판단이 필요한 경우, 또는 소비자가 제품들의 가격에 대한 정보를 파악하지 못하는 경우 소비자 입장에서 교환가치를 객관적으로 정의할 수 없다. 이 경우 준거가격의 개념이 사용된다. 사실 완전한 대체재가 존재하며, 완전한 정보가 주어지는 경우 교환가치와 준거가격은 동일한 의미를 가지게 된다. 마지막 지불의사가격은 유보가격(Reservation Price)이라고도 하며, 소비자들이 제품 구매에 지불할 수 있는 최대 금액을 의미한다. 지불의사가격은 경우에 따라 효용, 교환가치, 준거가격 중 하나를 의미하는 것으로 볼 수 있다. 이제 각 가치의 개념을 상세히 살펴보자. 그 내용이 다소 난해하게 느껴질 수 있으나 가치의 개념을 명확히 이해하는 것은 가격 문제를 다룸에 있어 필수적인 것이다.

1.1 효 용

효용은 사용가치를 표현하는 것으로 제품의 소비에서 발생하는 만족감을 화폐적으로 표현한 것이다. 어떤 제품을 구매한다는 것은 소비자가 효용의 대가로 가격을 지불한다는 것이다. 이 때 효용과 가격의 차이를 순효용이라고 한다. 순효용은 구매를 통해 소비자가 얻은 추가적인 효용을 의미하며, 순효용이 양의 값을 가져야만 구매가 정당화 될 수 있다.

효용 및 순효용의 개념은 소비자들이 어떤 제품군(Product Category)의 구매를 적극적으로 고려할지 여부를 결정하는데 중요한 역할을 한다. 이 책에서 제품군이란 상호 경쟁적인 관계에 있는 대체재들의 집합을 의미하는 것이다. 소비자에게 어떤 필요(문제인식)가 발생했을 때 항상 정보탐색의 과정을 밟는 것은 아니다. 정보의 탐색 자체가 시간과 비용이 드는 것이므로 우리는 필요의 강도가 클 경우에만 정보탐색에 나서는 것이다. 또한 정보탐색의 과정도 여러 단계를 거치기 쉽다. 대략적인 정보의 탐색을 통해 적극적으로 구매를 검토할지를 생각해 보는 것이다. 이러한 초기 정보탐색의 결과 이 제품군의 가격이 자신의 효용보다 높으면 순효용이 음의 값이 되어 그 제품군에 대한 탐색을 중지할 것이다. 즉, 초기 탐색에서 효용이 일차적인 비교대상이 되며, 이후의 구매의사결정과정의 진행 여부가 결정되는 것이다.

경우에 따라서는 아마도 비싸겠지 하던 제품이 생각보다 싸기 때문에 구매의사결정과정이 촉발되기도 한다. 비싸리라고 생각했던 넷북(Netbook : 미니노트북)의 가격이 30만 원 이하가 된 것을 보고서야 제품의 구체적인 탐색에 나서기도 하는 것이다. 이 경우는 제품의 가격이 효용보다 낮음이 확인되는 경우라고 할 수 있다.

정리하자면 효용과 가격의 비교가 제품군의 구매여부에 주로 영향을 미친다. 구매 여부

그림 2-2 가치의 개념들과 구매의사결정과정

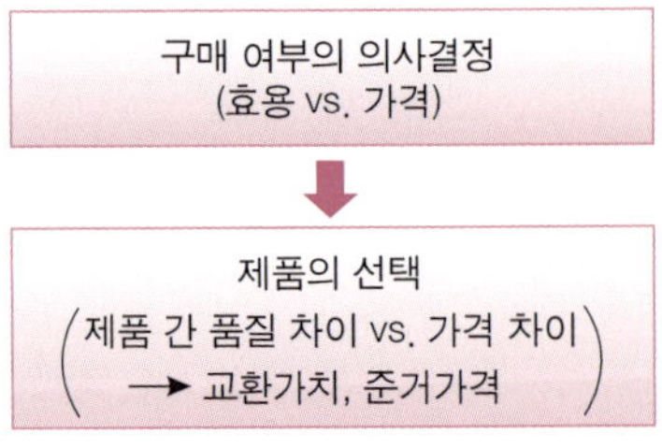

의 판단은 제품의 선택과는 다른 차원의 문제이다. 제품의 선택은 해당 제품군 내에서 어떤 제품이 가장 높은 순효용을 발생시키는지의 상대적 비교의 문제이다. 한편 어떤 제품에 대체재가 없는 경우라면 선택의 문제는 발생하지 않는다.

그런데 효용은 매우 주관적인 개념으로 소비자가 그 구체적인 값을 판단하기 어려우며, 실제 소비자의 제품 선택 과정을 설명하기에 적합지 않다. 따라서 이후 설명될 교환가치 또는 준거가격의 개념들이 중요한 의미를 갖는다. 아래에서 특정 제품의 효용(화폐적으로 표현된)이 어떻게 결정되는지 생각해 보자.

경제학에서는 모든 의사결정자(소비자)들이 효용을 합리적으로 측정하여 인식하는 것으로 가정하나 실제 개인의 효용 인지는 그다지 합리적이지 않으며, 상황의존적이다. 예를 들어 여러분이 해외여행의 가치를 화폐로 측정하는 상황을 고려해 보자. 어떤 독자는 감각이 느끼는 만족감을 화폐로 표현하는 것이 본질적으로 불가능한 것이라고 주장할 수 있다. 그러나, 여러분은 동일한 만족감을 주는 다른 형태의 소비와 비교함으로써 효용을 산출할 수 있다. 예를 들어 배우자의 생일선물로 명품 핸드백보다 해외여행이 더 좋겠다고 생각하는 사람에게는 해외여행의 효용은 명품 핸드백의 가격에 비교될 것이며, 수백만 원이 될 수 있다. 반면 당장의 끼니를 걱정하는 사람에게는 해외여행을 보내주는 대신 1주일 식사비를 주는 것이 비교 가능한 효용을 줄 수 있을 것이다. 이 경우 해외여행의 효용은 1주일 식사비 10만 원 수준이라고 평가될 수 있다.

정리하자면 유사한 만족감을 주는 다른 형태의 제품 가격을 통해 여러분들은 제품의 만족감, 효용을 화폐적으로 표현할 수 있게 되는 것이다. 이 때 유사한 만족감을 주는 제품에 대한 평가는 개인마다 크게 다르다는 점에 유의해야 한다. 특히 소득수준에 따라 상당한 차이가 있을 것이다. 또한 소비자들이 어떤 제품을 보았을 때 비교되는 대상을 무엇으로 떠올리는지도 역시 중요할 것이다. 만약 iPad나 Galaxy Tab과 같은 Tablet PC를 보고 누군가는 첨단 스마트폰과 노트북을 합쳐놓은 것과 같다고 생각한다면 스마트폰과 노트북 가격의 합계 수준인 100만 원 이상의 효용을 떠올릴 수 있다. 반면 누군가는 전화로서의 기능은 의미가 없다고 생각하면서 넷북과 유사하다고 생각한다면 30만 원 수준을 떠올릴 수 있을 것이다.

별첨 2.1 무차별곡선과 효용의 평가

경제학에서는 소비자의 선호, 가치평가를 무차별곡선을 통해 설명한다. 현실에서 소비되는 제품의 종류는 매우 많으나 간단히 두 가지 제품(x와 y)만을 고려하여 무차별 곡선의 개념과 소비자의 가치평가를 논의해 보자.

[그림 2-3]의 개별 우하향곡선 위에 있는 모든 점들은 소비자들에게 동일한 효용을 제공하는 제품묶음의 집합이며, 이를 무차별곡선이라 부른다. 무차별곡선이 우하향하는 모습으로 그려지는 것은 어떤 제품의 소비량이 늘어나면 그에 상응하는 만큼 다른 제품의 소비가 줄어들어야 동일한 효용을 얻기 때문이다. 또한 어떤 제품의 소비량이 많아지면 이 제품의 상대적 가치가 감소하는 한계효용체감의 법칙이 작용하며, 기울기가 점차 감소하는(원점을 기준으로 볼록한) 형태로 곡선이 그려진다. 이러한 무차별곡선은 무수히 많이 그려질 수 있으며, 원점에서 멀어질수록 소비량이 많음을 의미하므로 더 높은 효용수준을 의미한다($u_1<u_2<u_3$). 이제 무차별곡선 상의 한 점에서 각 제품의 한 단위 소비에서 발생하는 효용(한계효용 : Marginal Utility)을 MU_x와 MU_y라 생각해 보자. 그 점에서 무차별곡선의 기울기는 MU_x/MU_y가 된다. 즉, x한 단위 소비가 늘어 MU_x의 효용이 늘어나면 MU_x/MU_y만큼 y의 소비를 줄여야 동일한 효용을 얻게되는 것이다. 이 때 MU_x/MU_y를 한계대체율(MRS : Marginal Rate of Substitution)이라고 한다.

이제 무차별곡선이 주어진 경우 효용극대화를 논의하기 위해 예산선을 고려해 보자. 소득이 M으로 주어지고 두 재화의 가격이 P_x와 P_y로 주어진 경우 재화 x와 y의 최대 구매량은 M/P_x와 M/P_y로 나타난다. 이를 고려하면 [그림 2-3]의 실선은 주어진 소득으로 구매할 수 있는 최대의 상품묶음들을 표현하는

그림 2-3 무차별곡선과 효용극대화

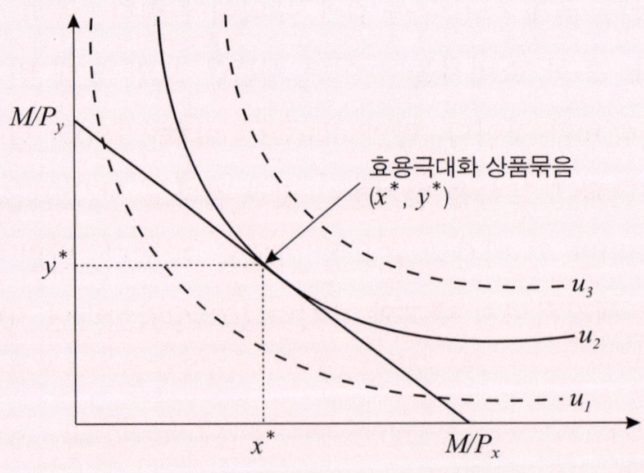

예산선이 된다.

예산선이 주어진 경우 효용을 극대화하는 상품묶음은 예산선과 무차별곡선이 접하는 점으로 표현된다. 즉, 예산선 안에서 가장 바깥에 있는 무차별곡선 상의 점을 선택하는 것이다. 이러한 효용극대화의 조건은 가격비율 P_x/P_y와 한계대체율 MU_x/MU_y가 같아야 한다는 것이다. 이를 식으로 표현하면

$$MU_x/MU_y=P_x/P_y \rightarrow MU_x/P_x=MU_y/P_y$$

로 나타난다. 이는 결국 두 제품에서 화폐 한 단위가 주는 효용이 같아야 함을 의미한다. 이는 소비자의 효용극대화에서 매우 중요한 의미를 가진다. 만약 화폐 한 단위가 주는 효용이 제품 x에서 더 많다면 소비자는 제품 x의 소비를 더 늘려야만 하는 것이다.

한편 이러한 결과는 지불의사가격의 평가방식을 이해하는 데에도 도움이 된다. 제품 x의 가치는 $P_x=P_y \times MU_x/MU_y$로 표현될 수 있다. 결국 어떤 제품의 가치를 화폐적으로 표현할 때 다 제품의 가격과 효용 수준의 비교를 사용할 수 있는 것이다. 만약 두 제품이 주는 효용 수준이 같다면 제품 y의 가격을 제품 x의 효용에 대한 화폐적 표현으로 볼 수 있다.

1.2 제품의 선택과 준거가격

통상 특성 제품군 내에는 다수의 제품들 즉, 대체재들이 존재하며, 제품의 선택문제가 발생하게 된다. 단 한 종의 제품만이 존재하며, 양의 순효용을 얻을 수 있는 경우에도 소비자는 지금 사야할지 미래에 사야할지를 고민하게 된다. 넓은 의미에서 보면 동일한 제품에서도 현재에 구매되는 제품과 미래에 구매되는 제품을 대체재로 이해할 수 있다.

경제학에서는 어떤 제품군에서 특정 제품을 선택하는 문제를, 각 제품에 대한 순효용을 구해보고 그 중 가장 순효용이 높은 제품을 선택하는 것으로 설명한다. 이러한 설명은 매우 합리적인 것이지만 실제 소비자들이 이런 방식으로 행동한다고 생각되지 않는다. 순효용을 산출하는 과정에서 가격은 관찰 가능한 것이지만 효용 수준을 결정하는 것은 쉽지 않다. 소비자 입장에서는 많은 인지적 노력이 투입되는 것이며, 상이한 속성들을 보유한(차별화된) 제품들에 대해 일일이 효용을 구한다고 보기 어렵다.

일단 어떤 제품군에 대한 구매를 결심했다면 이제부터는 제품이 주는 상대적인 가치의 차이만을 고려하면 되는 것이지 절대적인 만족 수준을 고려할 필요는 없다. x와 y를 선택

할 때 x의 지불의사가격은 70이고 가격은 50이며, y의 지불의사가격은 80이고 가격은 55이므로 y를 선택한다고 결정하는 방식을 다음과 비교해 보라. y가 x보다 10만큼 더 좋은데 가격은 5만큼만 더 비싸니 y를 선택할 것이다. 후자는 상대적인 가치의 차이만을 본 것이며, 이 경우에 의사결정이 더 단순해진다.

한편 소비자들은 효용을 극대화하기 보다 허용 가능한 수준의 효용을 얻는 것으로 만족하는 것이 일반적이다. 사소한(저관여) 제품들의 경우 하나의 제품을 보고 어떤 기준을 통해 만족스러우면 사고 아니면 다른 가게를 찾아가는 단순한 의사결정 방식을 사용한다. 또한 중요하게 생각하는(고관여) 제품을 구매할 때에도 모든 제품들에 대해 깊이 고민하는 것이 아니라 단순한 기준을 통해 대부분 대안(대체재)들을 걸러내고 둘 또는 세 가지 제품 간 비교를 수행한다.

제품 간 상대적인 비교를 하는 경우나 단순히 허용 가능한 거래인가를 판단하는데 사용되는 기준이 준거가격이라고 할 수 있다. 준거가격이란 어떤 제품의 가격이 비싼지, 싼지를 평가하는 기준이라고 할 수 있으며, 경우에 따라서는 제품의 예측 가격이라고 정의하기도 한다. 후자의 정의도 실질적으로 앞의 정의와 유사한 의미를 갖는다. 이제 준거가격이 어떻게 형성되고 이용되는지를 구체적으로 살펴보자. 그런데 준거가격의 형성은 제품의 특성에 따라 크게 달라진다. 따라서 제품의 특성을 분류하는데 사용하는 기준을 먼저 논의해 보겠다.

1. 관여도와 제품의 분류

관여도(Involvement)란 제품의 구매와 관련한 지각된 위험의 수준을 의미한다. 이러한 지각된 위험에 영향을 미치는 요인들로 제품의 가격과 기능의 중요성, 사회적 가시성, 사전 경험, 관심의 정도 등을 들 수 있다. 비싼 제품의 경우 잘못된 선택을 했을 때 소비자들의 손실이 크므로 위험이 크다고 할 수 있다. 그러나, 싼 제품이라도 관여도가 높을 수 있다. 자녀가 구매하는 가판대 위의 간식거리를 생각해 보면 매우 싸지만 자녀들의 건강에 영향을 미칠 수 있으므로 부모 입장에서 위험을 느끼고 제품의 포장상태나 유통기한, 제조사 등의 정보를 면밀히 살펴볼 것이다. 이는 제품 기능의 중요성이 관여도에 영향을 미치는 예라 하겠다. 또한 옷이나 시계, 핸드폰과 같이 남들에게 보여지는 제품들은 소비자의 사회적 위신에 영향을 미칠 수 있으므로 관여도가 크다고 하겠다. 마지막으로 제품을 자주 구매하여 사용해 보았다면 그 제품에 대해 충분히 이해하고 있으므로 인지되는 위험의 수준이 낮아지며, 관여도도 낮아진다.

이러한 관여도의 개념이 중요한 것은 관여도의 수준에 따라 소비자들의 구매의사결정 과정이 달라질 수 있기 때문이다. 관여도가 높은 제품을 고관여 제품이라고 하는데 이 경우 구매의사결정에 많은 시간과 노력이 투입된다. 위험을 크게 인식하므로 제품의 선택에 신중을 기하는 것이다. 반면 관여도가 낮은 저관여 제품의 경우 구매의사결정에 시간과 노력을 많이 투입하지 않으며, 정보의 탐색이나 대안평가와 같은 절차가 생략되는 경우가 많다.

2. 고관여 제품의 준거가격 형성

꼭 필요한 상황에서 볼펜 한 자루의 효용은 1만 원으로 평가될 수 있을 것이다. 그러나, 근처 슈퍼에서 1천 원의 가격에 볼펜이 판매된다면 옆사람에게 1만 원을 주고 볼펜을 사려고 하지는 않을 것이다. 즉, 제품 A(옆사람이 가진 볼펜)의 가격을 고려할 때 제품 A와 동등한 효용을 주는 대체재 중 가장 낮은 가격으로 획득할 수 있는 제품 B(슈퍼에서 판매되는 볼펜)의 가격이 중요한 역할을 하게 되는 것이다. 이러한 제품 B의 가격을 교환가치 또는 경제적 가치라고 부른다.

교환가치는 제품 A를 구매하여 시장에 되판다면 제품 B의 가격보다 더 높게 판매할 수 없으리라는 측면에서 붙여진 이름이다. 제품 B를 통해 동일한 효용을 얻을 수 있다면 제품 A를 제품 B의 가격보다 높은 가격에 구매할 사람이 없을 것이다. 이러한 개념은 앞서 효용을 제품을 획득, 소비함으로써 얻는 만족감이라는 의미에서 사용가치라고 부르는 것과 구별된다.

그런데 앞서 효용을 화폐적으로 표현할 때 동일한 만족감(효용)을 주는 다른 형태의 제품의 가격을 고려한다고 하였는데 이를 생각하면 효용과 교환가치는 동일한 개념이라고 생각할 수 있다. 그러나, 효용을 정의할 때 동일한 효용을 준다는 의미는 동일한 양의 효용을 주는 제품을 생각한 것이다. 앞서 언급한 해외여행과 한끼니 식사 또는 해외여행과 명품가방의 비교와 같은 경우이다. 그러나, 교환가치의 경우 비교는 동일한 형태와 기능을 제공하는 대체재의 가격과의 비교를 의미하는 것이다. 결과적으로 지불의사가격은 비교대상의 설정이나 가치 수준이 매우 넓은 범위에서 나타날 수 있는 매우 주관적인 개념인 반면 교환가치는 상대적으로 객관성을 가진 가치의 개념이다.

한편 여러분이 어떤 제품을 구매하려고 할 때 그 교환가치보다 가격이 높다면 그 제품이 비싸다고 생각할 것이며, 다른 제품 또는 다른 가게에서 제품을 구매하려고 할 것이다. 그런 의미에서 교환가치는 제품이 싼지 비싼지를 판단하기 위한 기준점인 준거가격의 역할을 하게 된다.

이 때 준거가격은 기회비용(Opportunity Cost)의 개념을 반영하고 있다. 기회비용은 어떤 대안을 선택할 때 포기되어야 하는 가장 큰 효용을 의미한다. 여러분이 지금 눈앞의 제품을 구매할 경우 교환가치에 살 수 있는 기회를 포기하고 이를 선택하는 것이다. 따라서 가격이 교환가치보다 더 싸다면 기회비용보다 더 높은 효용을 얻을 수 있는 것이며, 구매해야 하는 것이다.

그런데 이러한 설명은 제품군 내에 동일한 효용을 주는 대체재들만이 존재하는 상황을 염두에 둔 것이다. 그러나, 시장에는 대체성을 가지나 형태적으로나 기능적으로 상이하여 동일한 효용을 제공하지 않는 다수의 차별화된 경쟁제품들이 존재한다. 이 경우 준거가격의 형성을 위해서는 추가적인 고려가 필요하다.

동질적이지 않은 대체재가 존재하는 경우 준거가격의 형성 역시 기회비용의 개념과 결부된다. 소비자는 고려되는 제품 이외에 가장 높은 효용을 주는 대체재(차선의 선택)의 가격을 생각할 것이다. 만약 모두 동질적인 제품들만 고려되고 있다면 결국 가장 싼 제품의 가격 즉, 교환가치가 준거가격이 될 것이다. 그러나, 차선의 선택이 상이한 속성을 가진 제품이라면 그 상이한 속성이 제공하는 효용의 차이를 고려해야 한다.

여러분이 해변에서 가판대에서 판매하는 콜라를 발견했다고 생각해 보라. 갈증을 느끼면서 가격을 생각해 볼 수 있다. 어느 정도 걸어가면 슈퍼에서 1천 원에 콜라를 살 수 있다. 이 상황에서는 슈퍼의 콜라가 차선의 선택이 될 것이다.

이제 여러분은 가판대에서 콜라를 사면 걸어가는 시간과 노력을 절감할 수 있으며, 그 정도면 2천 원은 더 줘도 될 것이라고 생각할 수 있다. 결국 여러분의 준거가격은 차선의 제품의 가격 1천 원과 상이한 속성에서 발생하는 추가적 가치 2천 원의 합계인 3천 원으로 준거가격을 형성할 것이다. 실제 가판대에서의 가격을 이와 비교하여 싼지, 비싼지를 판단하리라. 그런데 막상 제품을 만져보니 슈퍼의 콜라에 비해 시원하지 않다면 여러분은 준거가격을 수정할 것이다. 미지근한 콜라를 2천 원에 구매할 것이라고 생각한다면 이제 준거가격은 2천 원이 되는 것이다.

콜라 구매의 편리성이나, 시원함의 차이와 같은 차별화된 속성에 의해 추가되거나 감소되는 가치를 차별화가치라고 한다. 이 차별화 가치는 차별화된 속성에 따라 양의 값이 될 수 있고 음의 값이 될 수도 있다. 결국 준거가격은 다음과 같이 형성될 것이다.

준거가격 = 차선의 제품의 가격 + 양의 차별화 가치 - 음의 차별화 가치

만약 동질적인 대체재들만 있다면 차별화 가치는 고려되지 않으며, 준거가격은 차선의 제품의 가격 즉, 교환가치로 매우 객관적인 가치가 된다. 한편 동질적이지 않은 대체재에서 고려되는 준거가격은 교환가치와는 달리 주관성을 갖는다. 여러분이 슈퍼까지 걸어가는 비용을 2천 원으로 생각하더라도 다른 사람들은 1천 원 또는 1만 원의 비용으로 평가할 수 있다. 따라서 가판대의 콜라를 여러분이 3천 원으로 평가한다고 해서 다른 사람들에게 3천 원에 팔 수 있다고 생각할 수 없는 것이다. 이는 차별화 가치의 평가가 사람마다 다른 주관성을 갖는 것이기 때문이다.

한편 준거가격은 앞서 설명된 효용과도 분명히 다른 개념이다. 효용은 주관적인 사용가치를 반영하는 것이며, 특정 제품에 대해 절대적인 형태로 결정된다. 그러나, 준거가격은 대체재의 가격에 의존하는 상대적인 개념이다. 다만 비동질적인 제품이 비교될 경우 차별화 속성의 효용 수준을 판단하게 되지만 이는 전체 효용에 대한 판단이 아니라 상이한 속성이 주는 효용의 차이만을 고려하는 것이다.

여기서 정의된 준거가격의 개념은 상대적인 것이므로 반드시 대체재(차선의 제품)가 존재하는 경우에만 형성될 수 있다. 그런데 유의할 점은 소비자별로 차선의 제품에 대한 판단이 달라질 것이라는 점이다. 해변의 콜라에 대한 차선의 제품을 꽤 떨어져 있는 슈퍼의 콜라로 생각할 수도 있지만 호텔 바(Bar)에서 판매되는 콜라를 생각할 수도 있다. 결국 준거가격의 개념을 적용할 때에는 상당히 동질적인 소비자들(세분시장)을 대상으로 해야 하며, 상이한 세분시장의 준거가격은 상당히 달라질 수 있음도 고려해야 한다.

그런데 고관여 제품이면서 제품의 대체재가 없거나 정의되기 힘든 경우들도 있다. 신제품이 대표적인 예일 것이다. Tivo라는 제품을 생각해보자. Tivo는 1999년에 출시된 DVR(Digital Video Recorder)로 TV를 보는 중에 생방송을 일시 정지할 수도 있고, 되감기, 빨리감기, 느린동작으로 보기 등을 할 수 있으며, 비디오 테이프 없이 30시간을 녹화할 수 있다. 즉, 내가 원하는 TV 프로그램을 내가 원하는 시간에 볼 수 있게 해주는 획기적인 상품이었다. 여러분은 이 제품의 대체재를 무엇이라고 생각하는가? 통상적인 VTR이나 DVD 플레이어를 떠올릴 수도 있고, IPTV의 개념과도 관련된 듯 하다. 여러분은 대체재를 정의하기 힘들뿐 아니라, 대체재 대비 차별적인 속성을 제대로 이해하지 못하기 때문에 차별화가치를 평가하는 것도 매우 어려워 보인다.

그러나 이 제품은 가격도 비싸고 이의 구매는 친구들 사이에 화제꺼리가 될 수 있는 고관여 제품이다. 소비자는 구매의사결정을 위해 신중히 가격과 가치를 비교할 것이다. 무엇인가 비교할 대상(기회비용)을 찾고 차별화 가치를 분석하려고 한다. 여기서 중요한 점은 기업이 제품을 어느 범주로 정의하여 소개하는지가 준거가격을 정의하는데 중요한 역할을 한다는 것이다. 만약 IPTV를 대체하는 기계라고 소개했다면 IPTV 2년 가입비(제품의 내용연수를 2년이라고 생각한다면)와 비교하고 IPTV보다 편리하거나 불편한 점을 고려할 것이다. 반면 "이제 VTR은 필요 없습니다"라고 소개했다면 VTR로부터 출발하여 준거가격이 형성될 수 있다. 제품을 어떤 범주에 포함시키도록 유도하는지가 준거가격의 형성에 영향을 미치는 것이다. 이를 통상 프레이밍(Framing)이라고 한다.

프레이밍이란 분류의 틀(Frame of Categorization)에 영향을 주어, 새로운 아이디어나 상품을 마케터가 원하는 상품군에 분류하도록 하는 커뮤니케이션 기법이다.[1)] 관련된 예로 우리가 통상 모바일 인터넷이라고 부르는 핸드폰 상에서의 데이터 서비스를 조기에 정착시킨 일본의 DoCoMo는 이를 '모바일 인터넷'으로 정의할지 아니면 '인포테인먼트'로 정의할지에 대해 크게 고민했다고 한다. 결국 인포테인먼트로 정의하여 학생층을 포함한 젊은 이들에게 즐겁고 사용하기 쉬운 서비스로 인식시킬 수 있었고 상당한 성공을 거두었다고 한다.

이 두 가지 대안에서 소비자들이 어떻게 준거가격을 형성했을지 생각해 보기 바란다.

---

1) '김상훈(2011), 하이테크 마케팅, 박영사' P345 사례 등을 재편집.

3. 저관여 제품의 준거가격 형성

앞서 준거가격을 형성하는 과정을 차선의 제품의 가격과 차별화가치로 설명하였다. 이러한 과정은 상당히 합리적인 절차로 보인다. 그러나, 여러분이 제품을 선택할 때 항상 가장 싼 가게를 찾아보거나 속성이 다른 제품들을 비교 · 평가하는 것은 아니다. 앞서의 설명은 고관여 제품을 전제로 한 것이다.

여러분이 동네 문방구에서 스케치북을 산다고 생각해보자. 문방구에서는 하나의 브랜드만을 판매하며 천 원의 가격을 제시하였다. 여러분은 이 가격을 어떻게 평가하겠는가? 만약 다른 문방구의 가격 또는 다른 브랜드 가격을 알고 있다면 그 가격과 디자인이 더 예쁜지, 종이의 질은 어떤지를 고려하여 판단할 것이다. 그러나, 대체재 가격을 알고 있거나 다른 문방구를 찾아가 가격을 확인할 소비자가 그리 많지 않아 보인다. 아마도 대다수 소비자는 '예전에도 그 정도 가격이었던 것 같고 통상 어린이용 물품이 천 원 정도 하지!'라고 생각하며, 구매하지 않겠는가? 일부 소비자는 얼마 전 인터넷 쇼핑몰에서 500원에 산 기억을 떠올리면서 너무 비싸다고 생각하고 돌아설 수 있다.

이 예에서 저자가 말하고자 하는 바는 많은 제품들에서 소비자들은 차선의 제품을 정의하고 차별화가치를 평가할 만큼 신경을 쓰지 않는다는 것이다. 이러한 제품 유형을 저관여 제품이라고 하는 것이다. 이 경우 과거 동일 제품의 구매경험에서 얻은 제품의 가격대를 준거가격으로 생각하기 쉽다. 저자는 동네 슈퍼에 비해 편의점의 아이스바 가격이 크게 높다는 것에 놀란 적이 있다. 그런데 슈퍼에서만 사던 소비자 또는 편의점에서만 사던 소비자는 불만을 느끼지 않는다. 형성된 준거가격이 다르기 때문이다. 저자의 경우 아이스바에 대해서 두 가지 준거가격을 가지고 있다. 다만 슈퍼나 할인점을 방문하기 힘든 경우에만 편의점에서 구매하며, 일반적으로는 슈퍼를 이용한다. 저관여 제품의 경우 과거에 구매했던 가격이 준거가격의 형성에 핵심적인 역할을 한다.

저관여 제품인데 동일한 제품을 구매한 경험이 없다면 준거가격은 어떻게 형성될 것인가? 빨리 구매행위를 마치는 것이 중요한 저관여 상품인데 문제는 비싸고 싸고를 평가할 경쟁제품의 가격이나 과거의 구매경험이 없는 것이다. 이 경우 소비자들은 가격을 파악할 수 있는 유사제품을 떠올리기 쉽다. '노트가 500 원 하던데 스케치북이면 천 원은 하겠지. 종이컵을 예전에 30 원씩 팔던데 플라스틱 컵이 종이컵 10개 가격보다는 비싸지 않을까?'

와 같은 식이다. 즉, 유사제품의(유사성은 매우 주관적이나) 과거 구매경험이 큰 영향을 미칠 것이다. 이를 생각하면 저관여 제품의 경우에도 경쟁 제품 대비 차별화, 구매상황 등이 고려된다고 할 수 있다. 다만 고관여 제품에서와 같이 정확한 정보의 탐색·비교의 과정이 생략된 것으로 이해할 수 있다.

한편 저관여 제품이라는 용어를 설명하면 아마도 대다수 독자들이 가격이 싼 제품을 생각할 것이다. 그러나, 상당히 비싼 제품의 경우에도 저관여 제품이 될 수 있다. 예를 들어 좀 특별한 체형을 지닌 사람이 특정 브랜드의 양복이 자신에게 꼭 맞는다고 생각하고 있으며, 반복적으로 그 브랜드의 양복만을 구매한다고 생각해 보자. 이 소비자는 새로 양복을 구매할 때 그 브랜드를 선택하는데 그다지 고민을 하지 않을 것이다. 즉, 반복적 구매로 그 제품의 품질이나 효용에 대해 상당한 경험을 축적한 경우 비싼 제품일지라도 저관여 제품이 될 수 있다. 이 경우 소비자들이 생각하는 준거가격은 어느 수준이 될 것인가? 역시 과거에 구매했던 가격이 될 것이다. 동일 공급자와 지속적으로 거래하는 경우 과거가격이 준거가격 형성에 지대한 영향을 미칠 것이다.

정리하자면 저관여 제품에서는 동일 또는 유사 제품의 과거 구매경험에서 형성된 가격대가 준거가격에 중요한 영향을 미친다는 것이다. 고관여 제품의 경우와 차이점은 적극적으로 대체재를 고려하지 않으며, 차별화가치의 평가도 매우 직관적인 방식으로 이루어진다는 점이다.

1.3 가치의 개념들과 구매의사결정

준거가격은 과거의 구매경험, 대체재 등의 고려 하에서 소비자가 느끼는 해당 제품의 적정 가격이라고 볼 수 있다. 이는 앞서 효용이 그 제품 자체에서 발생하는 사용가치를 고려했던 것과는 차이가 있다. 대체로 효용은 어떤 제품군에 대한 구매 여부의 판단 또는 독점적인(대체재가 없는) 제품의 구매의사결정과 관련이 있는 것으로 생각해야 한다. 반면 준거가격은 여러 가지 상호 대체적인 제품들(제품군)이 있는 상황에서 특정 제품의 구매여부와 주로 관련된 것이다.

이상에서 설명된 효용과 준거가격의 개념이 [그림 2-4]에 축약되어 있다. 그림에서는

그림 2-4 가치의 개념과 구매의사결정

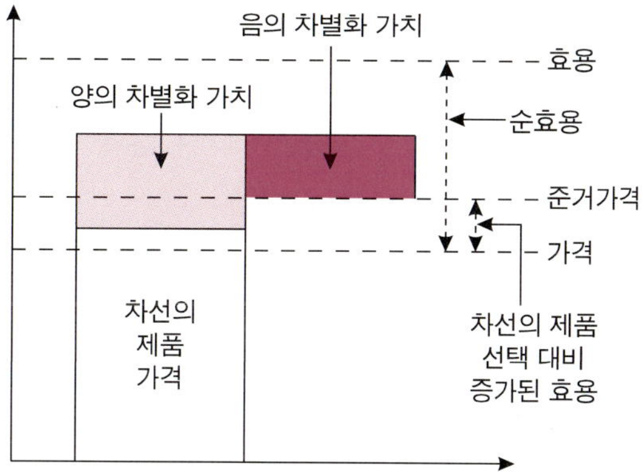

가격 대비 효용이 높으며, 준거가격보다 제품의 가격이 낮아 제품이 선택되는 경우를 보여주고 있다. 이 때 소비자의 순효용은 효용과 가격의 차이가 되며, 차선의 제품을 선택하는 경우 대비 증가된 효용은 준거가격과 가격의 차이로 표현된다.

그런데 제품의 선택과 관련된 개념들인 효용, 준거가격, 가격의 세 가지 값의 관계는 다양하게 나타날 수 있다. 세 가지 수치가 주어질 경우 세 수치의 순서에는 여섯 가지 경우가 있을 것이다. 〈표 2-2〉에는 각 값의 크기 순서에 따른 구매의사결정을 보여주고 있다. 가격이 효용 및 준거가격 모두보다 높은 두 가지 경우에서는 소비자가 구매할 것이라고 기대할 수 없다. 반면 가격이 효용 및 준거가격 모두보다 낮은 두 가지 경우에서는 해당 소비자가 그 제품을 구매할 것이다. 다음으로 가격이 효용보다 낮고 준거가격보다 높은 수준이라

표 2-2 지불의사가격, 준거가격, 가격의 크기에 따른 의사결정

값들의 순서	의사결정
가격 〉 효용 〉 준거가격	구매를 포기
가격 〉 준거가격 〉 효용	
효용 〉 준거가격 〉 가격	구매
준거가격 〉 효용 〉 가격	
효용 〉 가격 〉 준거가격	다른 제품 구매
준거가격 〉 가격 〉 효용	관심을 가지나 구매를 포기

면 소비자는 고려되는 제품이 아니라 차선의 제품을 구매할 것이다. 마지막의 경우는 가격이 준거가격보다 낮고 효용보다 큰 경우이다. 예를 들어 BMW 500시리즈의 가격이 3천만 원일 경우 대학생이 느끼는 가격의 평가와도 같은 상황이다. 이 경우 학생은 가격이 생각보다 싸다고 느끼지만 이 자동차를 구매하지 않을 것이다. 아마도 향후 소득이 발생하고 자산이 축적되어야만 구매가 발생할 것이다.

이상은 개별 소비자가 제품의 가치를 평가할 때 사용될 수 있는 가치의 개념들을 정리한 것이다. 이러한 설명은 다소 도식적인 측면이 있다. 앞서 개략적으로 설명한 바 있으나 효용과 준거가격의 개념들을 응용할 때에는 상당한 주의가 필요하다. 우선 준거가격의 정의 자체는 명확하나 소비자들이 준거가격을 형성하는 방식은 제품의 특성이나 상황, 개인의 특성에 따라 상이할 것이다. 따라서 특정 제품의 준거가격 수준은 소비자 및 상황에 따라 넓은 범위에서 나타날 수 있으며 상이한 특성의 소비자들을 집단으로 분류하고 이러한 집단별로 준거집단을 추정하는 것이 바람직하다. 이는 뒤에서 다시 설명될 세분시장의 개념과 연관된다.

한편 기업은 소비자들이 인지하는 준거가격을 기업에게 유리한 방향으로 즉, 높은 수준으로 유도할 수 있음에 주목해야 한다. 앞서 언급하였듯이 과거에 존재하지 않았던 제품이라면 그 제품을 어떤 제품 범주에 포함시키는지 즉, 프레이밍 방식에 따라 준거가격이 달라진다. 또한 반복적인 구매가 이루어지는 저관여 제품의 경우 과거의 가격 수준이 중요한 역할을 한다. 현재 가격을 올릴 경우 소비자들이 미래에 인지할 준거가격은 높아질 수 있다. 따라서 기업은 프레이밍 방식의 선택이나 장기간에 걸친 가격 수준을 계획함으로써 소비자들의 준거가격에 영향을 미칠 수 있다. 또한 기업이 차선의 제품 가격과 차별화 가치를 객관적인 자료를 통해 제시할 수 있다면 소비자들이 제품의 가치를 높게 인식할 수 있도록 유도할 수 있다. 반면 대체성이 높은 경쟁제품이 존재하는 경우 준거가격의 개념은 상당한 객관성을 가질 수 있다.

1.4 지불의사가격 및 소비자의 이용량 의사결정

앞서 효용 및 준거가격을 고려한 제품의 선택에 대해 살펴보았다. 그런데 앞의 논의에서는 개인별 제품 구매량에 대해서는 고려하지 않았다. 통상 TV나 자동차, 의류와 같이 한번 구매하면 상당 기간 재구매가 이루어지지 않는 내구재(Durable Goods)의 경우 해당 제품군 내에서 어떤 제품 또는 브랜드를 선택할 것인가의 의사결정이 핵심이 되며, 구매량 또는 이용량이라는 개념을 적용할 필요가 없다. 그러나, 식료품이나 담배, 또는 이동전화서비스와 같은 비내구재 또는 단용재(Non-durable Goods, Single-use Goods)의 경우 브랜드의 선택 이외에 구매량 의사결정이 중요한 이슈가 된다.

비내구재의 구매량 의사결정을 단순화 하여 살펴보기 위해 우선 소비자가 해당 제품군에서 특정 제품 또는 브랜드를 이미 선택한 상황을 고려해 보자. 제품의 선택이 이루어진 후에 소비자는 주어진 제품으로부터의 순효용을 극대화하기 위해 구매량을 결정하는 것으로 이해할 수 있다. 이 때 순효용은 제품의 사용을 통해 얻어지는 추가적 효용으로 효용에서 비용(가격)을 제외한 값이다. 한편 구매량 의사결정의 설명을 위해 한계효용(Marginal Utility)의 개념을 사용할 것이다. 한계효용 또한 사용가치에 해낭하는 개념이며, 효용이 사용량을 고려치 않은 일반적 개념이라면 한계효용은 사용되는 제품들에서 마지막 한 단위가 주는 사용가치를 의미하는 것이다.

여러분이 선반 위의 복숭아를 사기로 한 후 몇 개를 살 것인가 결정해야 하는 상황을 고려해 보자. 통상 음식들은 첫 번째 한입에서 높은 효용이 발생한다. 그러나, 소비량이 늘어날 경우 추가되는 효용은 첫 번째 한입 대비 떨어지기 마련이다. 또한 어느 이상 소비할 경우 도리어 음의 효용을 제공하기도 한다. 따라서 한계효용은 제품의 소비량이 커질수록 감소한다고 생각된다. 이를 경제학에서는 한계효용체감의 법칙(Law of Diminishing Marginal Utility)이라고 한다. 이러한 한계효용체감의 법칙을 고려하여 복숭아의 구매량 의사결정을

그림 2-5 한계효용과 구매량의 선택

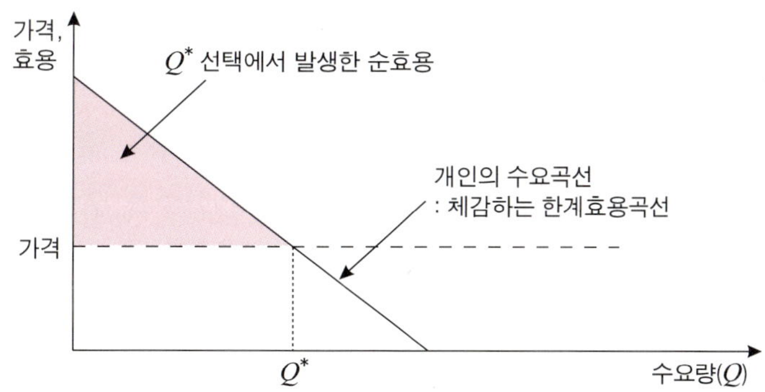

다시 생각해 보면 [그림 2-5]와 같이 표현된다.

[그림 2-5]에는 개인 차원의 수요곡선이 제시되어 있다. 이 때 수요곡선 상의 한 점의 높이는 해당 수요량에서의 지불의사가격(Willingness-to-pay)을 의미한다. 앞서 지불의사가격은 제품 구매에 지불할 수 있는 최대 금액을 말하며, 상황에 따라 효용 또는 교환가치, 준거가격을 의미한다고 설명한 바 있다. 또한 수요곡선상의 한 점의 Y축으로부터의 수평거리는 해당 가격에서의 수요량을 의미한다. 개인의 수요곡선상에서는 지불의사가격이 각 구매량에서의 한계효용을 의미하는데 만약 가격이 주어질 경우 가격보다 한계효용이 높을 때 까지는 소비가 이루어지므로 가격의 수평선과 수요곡선이 만나는 점에서 수요량이 결정된다.

그런데 2.2절의 [그림 2-6]에 나오는 완전경쟁에서의 개별 기업의 수요곡선은 수평선으로 그려진다. 이 경우 수요곡선의 높이 즉, 지불의사가격은 교환가치 또는 준거가격을 의미한다. 완전 대체재들이 존재하는 상황이므로 시장의 가장 낮은 가격 대비 높은 가격에서는 아무도 구매하지 않을 것이다. 결국 지불의사가격은 수요량과 무관하게 교환가치 즉, 시장의 가장 낮은 가격으로 정해지는 것이다. 결국 지불의사가격이 의미하는 바가 달라져야 함을 알 수 있다. 독점, 산업 차원, 개인을 다루는 수요곡선에서는 지불의사가격이 효용 또는 한계효용을 의미한다고 볼 수 있다. 그러나, 경쟁이 존재하는 경우 개별 기업의 수요곡선은 대체재의 영향이 반영되어 구매자의 효용(사용가치)을 그대로 반영하지 않으며 교환가치 또는 준거가격을 반영한다.

정리하자면 수요곡선 상의 한 점의 높이는 모든 경우에서 지불의사가격을 의미한다고 볼 수 있으나 그 구체적 의미는 상황에 따라 달라짐에 유의해야 한다. [그림 2-5]에서 구매량 의사결정은 순효용을 극대화하는 것으로 이해할 수 있다. 순효용의 극대화는 한계효용이 가격과 같아질 때 까지(Q^*) 소비함으로써 달성된다. 앞서 제품의 가격이 효용보다 낮고 준거가격보다 낮아야만 해당 제품이 선택될 것이라고 설명하였다. 그런데 일단 제품이 선택되면 한계효용이 가격과 같아지는 구매량이 선택되며, 결과적으로 마지막 단위의 한계효용과 가격이 같아지게 된다. 따라서 가격이 증가할수록 구매량은 작아진다.

02 시장의 입장에서 살핀 가치

만약 우리가 개개의 소비자들마다 상이한 가격을 부과할 수 있다면 이러한 개인 차원의 가치 평가가 중요한 의미를 지닐 것이다. 각 소비자의 지불의사가격을 파악하여 이윤을 극대화하는 가격을 결정해야 한다. 이러한 상황은 대체로 산업재를 판매하는 경우에 가능하다. 예를 들어 이동전화 교환기를 납품하는 회사라면 이동전화사업자별 입장을 분석하여 상이한 가격을 설정하고 판매가격을 비밀에 부쳐 다른 기업과의 거래에 영향을 미치지 않도록 하는 방식의 거래가 가능할 것이다. 그러나 통상적인 소비재의 경우 기업은 다수의 소비자를 대상으로 단일한 가격을 설정하게 된다. 이 경우 문제가 되는 것은 소비자별로 상이한 지불의사가격을 가지고 있다는 점이다. 따라서 소비자들 간 지불의사가격의 차이가 발생하는 원인을 살피고 소비자들을 세분화하기 위한 개념들을 다룰 필요가 있다.

2.1 가치의 차이 원인

소비자들의 지불의사가격은 소득의 수준, 제품을 통해 추구하는 편익의 내용, 사용빈도, 비금전적 비용의 차이 등에 따라 다르게 나타난다. 첫 번째, 소득 수준의 차이에 대해서는 앞서 충분히 설명되었다. 두 번째, 제품을 통해 추구하는 편익의 내용은 물리적 용도, 사회적 지위나 자기개념의 표상과 같은 소비 목적의 차이를 반영하는 것이다. 땀을 잘 흡수하고 배출하는 의류의 경우 어떤 소비자는 출퇴근시 입고 다니면서 쾌적함을 느끼는 정도이겠지만 자주 산행을 하는 소비자에게는 그 이상의 가치를 가질 것이다. 또한 그 의류를 통해 사회적 지위를 과시하고자 하는 소비자와 필수적인 기능만을 필요로 하는 소비자가 느끼는 특정 제품의 가치는 달라질 수밖에 없다. 특히 개성적인 디자인은 그를 통해 자기개념을 표출하고자 하는 소비자에게는 높은 가치를 지니나, 그렇지 않는 소비자는 독특한 디자인을 부담스러워 하고 도리어 효용을 감소시킬 수 있다.

세 번째, 사용빈도 또한 효용, 지불의사가격에 큰 영향을 미친다. 자동차를 주말에 레저용으로만 쓸 수 있는 소비자와 항시 출퇴근 용도로 사용해야 하는 소비자가 느끼는 효용의 차이는 매우 클 것이다.

마지막으로 비금전적 비용은 시간비용(탐색, 수송, 대기 등), 물리적 비용(피로감, 불편 등), 심리적 비용(정신적 노력, 지각된 위험, 인지부조화, 두려움 등), 감각비용(오감에 주는 불쾌감 등)과 같은 요인들이 포함된다.[2] 이러한 비금전적 비용은 특히 사람을 대상으로 하는 서비스의 경우 크게 나타나지만 모든 제품의 구매와 사용, 처분 과정에서 나타나게 되며, 개인 및 상황적 특성이 크게 영향을 미친다. 또한 제품과는 직접 관련성이 없는 사용자의 지각된 비용이 포함될 수 있다. 예를 들어 극장에 가고자 하는 부부에게는 운전, 주차, 아이들을 위한 도우미 등 다양한 비용이 추가되게 된다. 이러한 비용들은 소비자들이 인지하는 가격을 제외한 비용들로 순효용의 인식에 영향을 미친다,

한편 준거가격의 경우 앞서 언급한 것과 같이 개인의 과거 경험에 크게 의존하며, 개인별로 다를 것이다. 또한 구매상황에서 떠올리는 비교 가능한 제품들의 가격이 영향을 미친다. 개인별로 차선의 제품으로 고려되는 제품이 모두 다를 것이며, 이 때 지불의사가격에 미치는 각종 변수들이 영향을 미칠 것이다. 차별화 가치 또한 동일한 이유로 개인별로 상이할 것이다.

결과적으로 소득의 수준, 제품을 통해 추구하는 편익의 내용, 사용빈도, 비금전적 비용의 차이 등에 의해 개별 소비자가 평가하는 지불의사가격은 각기 다르게 나타날 수밖에 없다.

2.2 단일 시장 모형

1. 수요곡선의 이해

통상 기업들은 다수의 소비자들을 하나의 시장으로 인식하여 가격을 부과한다. 이 때 시장이란 대상 제품의 잠재적 소비자집단을 의미한다. 이제 시장을 단위로 소비자들이 인식

2) Lovelock et al.(2011) P145 참조.

하는 가치와 주어진 가격에서의 시장의 반응을 검토하는 기본적인 방법론으로 수요곡선을 이해할 필요가 있다.

통상 수요량이란 가격이 주어졌을 때 소비자들이 구매하고자 하는 총량을 의미한다. 또한 수요 또는 수요곡선(수요함수)이란 가격대별 수요량을 종합적으로 표현한 곡선이라고 할 수 있다. 수요량을 결정하는 가장 중요한 요인으로 개별 수요자가 예상하는 제품으로부터의 편익 또는 효용, 대체재 · 보완재의 가격, 소득, 수요자의 규모를 들 수 있다. 이 때 수요함수는 통상 해당 제품의 가격 외에 다른 요소들이 주어져 있다고 보고 구하게 되며 아래의 식과 같이 표현된다.

$$Q_D = f(P\ ;\ P_R,\ M,\ N)$$

여기서 P는 가격을, P_R은 대체재 · 보완재의 가격, M은 소득, N은 수요자의 수를 의미한다. 만약 P_R, M, N이 주어져 있다면 개별 소비자는 지불의사가격이 가격 대비 높은지 여부에 의해 수요 여부를 결정할 것이다. 따라서 통상 수요함수는 P가 감소할수록 수요량 Q_D가 증가하는 것으로 표현된다. 이는 가격이 낮아질수록 효용을 낮게 평가하는 사람들도 양의 순효용을 얻기 때문이다. 한편 개별 소비자 입장에서 제품의 사용량에 따라 효용이 감소하는 한계효용체감의 성격으로부터 이를 이해할 수도 있다. 즉, 수요량에 따라 효용이 감소한다면 가격이 낮아질 경우 구매량이 증가할 수 있는 것이다.

이러한 수요함수를 그림으로 표현한 것이 수요곡선이며 다양한 유형의 수요곡선이 [그림 2-6]에 표현되어 있다. 수직 · 수평의 수요곡선은 예외적인 것이며, 대체로 우하향하는 즉, 가격의 하락에 따라 수요량이 증가하는 형태가 나타난다. 독점이나 산업단위에서 수요곡선상의 각 점은 해당 수요량에서의 한계효용을 의미한다. 수요량 Q_1이 주어진 경우 이에 대응하는 Y축 값은 시장에서 Q_1의 소비가 발생할 때 마지막 단위의 한계효용 값을 의미한다. 이를 역으로 해석하면 가격이 P_1으로 제시될 경우 Q_1만큼의 소비에 대해서는 한계효용이 가격 P_1보다 높으며, P_1의 가격에서는 Q_1의 소비 즉, 수요량이 발생한다.

그림 2-6 수요곡선

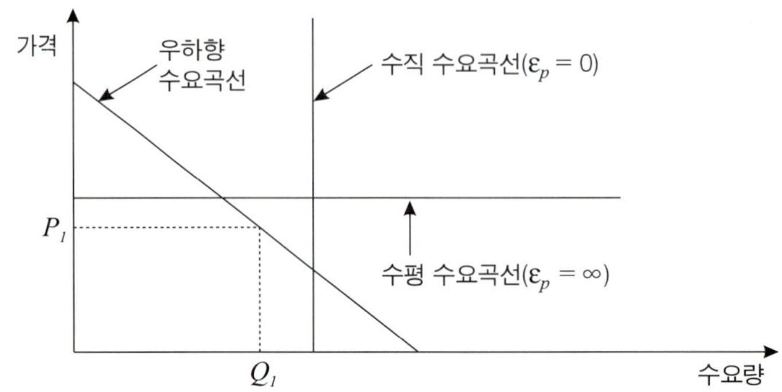

2. 수요곡선의 특성 이해(탄력성)

이러한 수요곡선은 가격수준에 따른 수요량을 표현함으로써 시장의 특성 즉, 소비자들의 가치 평가를 집약적으로 표현한 것이다. 그러나 현실적으로 특정 시장에서 모든 가격대에 대한 수요량을 추정한다는 것은 불가능하다. 현실적으로는 특정 가격수준에서의 수요량 및 그 가격수준에서 가격 변화가 수요량에 미치는 영향에 관심을 집중하게 된다. 현실적으로 고려되기 어려운 극단적으로 높은 가격대와 낮은 가격대에 대한 정보는 의사결정에 불필요한 것들이다.

이 때 특정 가격수준은 수요 분석을 위한 기준점의 의미를 가지며, 두 가지 경우를 상정할 수 있다. 첫 번째, 이미 제품이 상용화되어 시장에서의 판매경험을 가지고 있다면 현재 지배적인 가격수준이 분석의 기준점이 될 수 있다. 두 번째, 신제품으로 시장에서 출시된 경험이 없다면 시장조사 등을 통해 적정하다고 판단되는 가격수준이 기준점이 될 것이다. 이제 기준이 되는 가격수준과 관찰된 수요량 또는 추정되는 수요량을 정의하였다면 기준가격에서 가격이 조정될 때 수요량의 변화 수준을 추정하는 것이 필요하다. 가격변화에 따른 수요량 변화수준을 표현하는 개념이 수요의 가격탄력성이다. 가격탄력성의 개념을 수식으로 표현하면 아래와 같다.

$$\varepsilon_P = -\frac{\text{수요량의 변화율}}{\text{가격의 변화율}} = -\frac{\Delta Q_D / Q_D}{\Delta P / P} = -\frac{\Delta Q_D}{\Delta P} \cdot \frac{P}{Q_D} \approx -\frac{dQ_D}{dP} \cdot \frac{P}{Q_D}$$

위 가격탄력성의 식을 보면 가격의 변화율을 분모로 수요량의 변화율을 분자로 표현하고 있다. 이 때 가격의 변화가 일정 크기를 가지는 경우 Δ로 표기하고 미분개념의 매우 작은 변화가 일어날 경우($\Delta P \rightarrow 0$) d를 붙여서 표기하고 있음에 유의하기 바란다. 한편 (−) 부호가 삽입되어 있는데 이는 가격이 증가할 때 수요량이 감소하는 것이 보편적이므로 가격탄력성을 양의 값으로 표현하기 위해 삽입된 것이다. 또한 분모, 분자가 모두 변화율의 형태로 표현되어 있으므로, 탄력성 개념은 가격이나 수량의 단위에 영향을 받지 않게 된다. 따라서 저가의 껌과 같은 상품과 자동차와 같은 고가 상품 간 탄력성의 비교가 가능해 진다. 만약 선형의 수요함수 Q_D=10,000−5P의 선형 수요함수를 고려하며, 가격이 P=1,000에서 P'=1,001로 변화된다면 수요의 가격탄력성은 아래와 같이 결정된다.

$$\varepsilon_P = - \frac{\text{수요량의 변화율}}{\text{가격의 변화율}} = - \frac{(-5/5000)}{(1/1000)} = 1$$

이 때 유의할 점은 선형 수요함수에서는 가격을 증가시키면 가격탄력성이 높게 나타난다는 점이다. 동일 수요함수에서 가격이 P=1,500에서 P'=1,501로 변화된다면 수요의 가격탄력성은 3이 된다. 또한 가격이 P=500에서 P' =501로 변화된다면 수요의 가격탄력성은 0.33이 된다. 이는 ΔP가 동일할 때 가격의 증가는 분모의 값을 감소시키고 반대의 경우 분모의 값을 증가시키는 것이 원인임을 알 수 있다. 중요한 점은 가격탄력성은 수요곡선 상의 위치에 따라 달라진다는 점이다.

한편 수요곡선의 형태는 시장별로 상이하며, [그림 2−6]에서는 특수한 형태의 수요곡선들도 제시되어 있다. 수요곡선이 수평선으로 나타나는 경우(기울기가 0에 가까운 음의 값인 경우로 해석할 수 있다.) Y축과 곡선의 접점에서 조금만 가격이 변동하여도 수요량이 0 또는 무한대로 나타나므로 가격탄력성이 무한대(∞)라고 할 수 있다. 수요곡선은 산업단위, 기업단위, 개별 소비자 단위 각각에서 구해질 수 있는 것이다. 수평적인 수요곡선은 완전경쟁적인 산업에서 기업단위의 수요를 나타내는 곡선이므로 유의하여 기억할 필요가 있다. 만약 다수의 기업이 동일한 제품을 생산한다면 시장에서 형성된 가격 대비 높은 가격을 설정할 경우 해당 기업 제품에 대한 수요량은 0이 될 것이며, 시장 가격 대비 낮은 가격을 설정한다면 수요량은 공급가능 물량 대비 매우 높은 상황이 될 것이다. 이러한 상황을 개념적으로 수평의 수요곡선으로 표현하는 것이다. 또한 수직의 수요곡선은 가격이 변동해도 수요량에 변화가 발생하지 않는 경우로 가격탄력성이 0으로 표현되며, 극단적인 필수재를 의미한다. 예를 들어 아무리 가격이 비싸도 반드시 일정 양의 쌀을 수요해야 하는 상황이라면 수직의 수요곡선으로 표현된다.

정리하자면 수요곡선의 특징을 집약적으로 표현하는 것이 기준가격에서의 수요량과 해당 가격수준에서의 탄력성이다. 관심의 대상이 되는 가격수준에서의 수요량과 그 수준에서 가격의 변화가 수요량에 미치는 영향을 이해함으로서 대부분 의사결정의 문제가 해결될 수 있다. 앞서 언급하였듯이 특정 제품의 가격탄력성은 특정 가격 수준에서 측정된 값을 의미하는데 일반적으로 시장에서 관찰되고 있는 가격수준에서 측정된 가격탄력성을 의미하는 것으로 보아야 한다.

이렇게 측정된 탄력성이 1보다 큰 경우 '탄력적'(Elastic), 1보다 작은 경우 '비탄력적(Inelastic)이라고 한다. 이러한 가격탄력성 수준은 가격 변화 시 수입(Revenue)의 증감을 반영하며, 가격의 조정에서 중요한 의미를 갖는다. 수입 또는 매출을 R이라고 정의할 때 아래의 식을 살펴보자.

$$R=P\times Q \rightarrow \frac{dR}{dP}=Q+P\frac{dQ}{dP}=Q+Q\frac{P}{Q}\frac{dQ}{dP}=Q(1-\varepsilon_P)$$

이 식을 살펴보면 $\frac{dR}{dP}$ 즉, 가격의 인상 시 수입의 변화수준은 가격탄력성에 반비례함을 알 수 있다. 이는 가격탄력성이 높은 경우 작은 가격인상에도 판매량이 크게 감소한다는 점에서 직관적으로 이해될 수 있을 것이다. 만약 가격탄력성이 1인 경우 가격이 1% 증가할 때 수요량은 1% 감소하여 가격과 판매량의 곱 즉, 수입에는 변화가 없게 된다. 만약 가격탄력성이 1보다 작은 경우 가격 증가 시 가격증가율 대비 판매 감소율이 낮아 수입은 증가하며, 1보다 큰 경우는 수입이 감소할 것이다. 이러한 내용을 이해한다면 독점 기업이 설정한 최적 가격에서 수요탄력성은 1보다 높을 것임도 이해할 수 있을 것이다.[3)]

3) 독점기업은 이윤을 극대화하는 가격을 설정할 것인데 만약 탄력성이 1보다 작은 경우 가격 인상을 한다면 수입이 증가하고 감소된 수요량에 의해 생산비용이 감소할 것이므로 이윤은 증가한다. 따라서 탄력성이 1보다 큰 수준에서는 계속해서 가격을 인상할 유인이 발생하며, 이 상황에서는 이윤이 극대화 되지 못한다.

이상을 통해 수요함수의 특성을 반영하는 가격탄력성에 대해 개략적으로 이해하였다. 탄력성의 개념에는 가격탄력성 이외에도 소득탄력성과 교차탄력성 등이 있는데 이 책에서는 이의 설명을 생략한다. 관심이 있는 독자들은 경제학 서적을 참고하기 바란다.

3. 대체재와 가격탄력성

가격탄력성에의 영향요인들을 살펴보면 대체재 또는 대체성이라는 개념이 핵심적인 요인이 됨을 알 수 있다. 대체재란 해당 제품 대신 소비해도 얻는 만족에 별 차이가 없는 제품을 의미하며, 그러한 속성을 대체성이라고 한다.

① 경쟁제품 혹은 대체품이 없거나 소수인 경우 소비자들은 가격이 증가해도 대체재를 찾지 못하므로 가격탄력성이 낮다.

② 제품이 경쟁제품과 비교하여 독특한 특성을 갖는 경우 상대적으로 대체성이 약해지므로 위 ①의 논리와 유사하게 가격탄력성이 낮아진다.

③ 소비자의 구매습관 변화가 서서히 발생되는 경우 탄력성이 낮아진다. 예를 들어 특정 소프트웨어에 익숙한 소비자가 동일 기능의 다른 소프트웨어 사용법을 학습하기에 추가적인 노력이 필요하다면 가격이 인상되어도 쉽게 타 제품을 선택하기 어렵다. 또한 쌀의 가격이 크게 올라도 한국인들은 쌀의 소비를 쉽게 줄이지 못한다. 이런 경우에는 가격탄력성이 낮다.

④ 소비자들이 고가격을 고품질과 연관시켜 고가격 제품을 기꺼이 구매하고자 하는 경우 가격탄력성이 낮아진다.

⑤ 분석 기간이 긴 경우 탄력성이 증가한다. 석유는 대체가 쉽지 않은 필수재로서 가격탄력성이 매우 낮다고 평가된다. 그러나 장기적으로는 석유를 덜 사용하는 자동차의 개발, LED 조명 등의 개발을 통해 석유를 덜 사용하는 제품들로의 대체가 발생한다. 결과적으로 단기에서는 탄력성이 낮은 제품도 장기에는 탄력성이 증가한다.

①, ②의 경우 직접적으로 대체성을 언급하고 있으며, ③에서도 학습비용이나 관습적인 이유 등으로 대체재의 선택이 어려운 즉, 단기적으로 대체재를 찾기 어려운 경우를 의미하고 있다. 또한 ④의 경우 마케팅 관련 과목에서 전문품(Specialty Good)으로 언급되는 제

품유형과 밀접한 관련이 있다. 전문품은 상표 또는 해당 제품이 독특한 특성을 가지고 있어 소비자가 쉽게 식별할 수 있으며, 대체재가 별로 없는 제품을 의미한다. 구찌(Gucci)나 에르메스(Hermes)와 같은 명품 패션브랜드나 BMW, 렉서스(Lexus)와 같은 제품들은 그 차별적 속성을 인정받고 있으며, 비싼 가격이 이러한 차별적 속성을 표상하고 있는 것으로 받아들여진다. 결과적으로 이를 대체할 수 있는 대체재가 그다지 존재하지 않는 경우이다.[4] 마지막 ⑤는 대체성을 결정하는데 시간이 중요한 의미가 있음을 보여준다. 단기에서는 대체성이 낮은 제품들도 장기적으로는 대체성이 높아진다. 석유의 의존도가 낮은 기술의 개발이 그 예가 된다. 때로는 기호의 변화가 역할을 한다. 만약 쌀 가격이 오른다면 단기적으로 밥을 위주로 하는 식습관이 쉽게 변화하기 어렵지만 점차 빵과 같은 다른 대체재를 찾게 되고 결과적으로 장기에서는 식습관과 기호를 변화시킬 수 있는 것이다.

탄력성을 결정짓는데 대체성의 개념이 주로 언급되었는데 실제 대다수 경제학 교재들에서는 가격의 변경이 수요량에 영향을 미치는 원인을 해당 제품과 대체재 간의 상대가격의 변화로 설명하고 있다. 즉, 가격의 인하는 대체재 대비 가격이 낮아졌음을 의미하며, 대체재의 소비를 줄이고 해당 제품의 소비를 증가시킴으로 인해 수요량이 늘어난다는 것이다.[5] 따라서 밀접한 대체재가 많은 경우 가격인하의 효과가 크며, 가격탄력성이 높게 나타날 것이다.

4. 대체재와 수요함수의 정의

한편 대체재의 정의는 수요를 정의하는 방식에 따라 달라진다. 수요 또는 수요함수는 기업단위 또는 산업단위에서 정의될 수 있으며, 산업단위의 수요도 산업의 정의에 따라 상이한 수준으로 정의될 수 있다. 예를 들어 소형 전기자동차만 생산하는 기업이 해당 제품의 수요함수를 정의한다면 이 때 주로 고려되는 대체재는 동일한 유형의 경쟁사에서 출시되는

4) 마케팅에서 제품을 분류하는 하나의 방식으로 편의품(Convenience Good), 선매품(Shopping Good), 전문품(Specialty Good)의 분류가 사용된다. 편의품은 자주 구매되고 소비자가 제품구매에 최소한의 시간과 노력을 투입하는 제품을 말하며, 선매품은 고객들이 가격, 품질 등 객관적으로 비교가능한 속성들을 중심으로 다수의 경쟁 제품을 비교하여 구매하는 제품이다. 반면 전문품은 이미 확립된 제품이미지를 통해 소비자들로부터 높은 충성도를 이미 확보한 브랜드의 제품에 해당된다.

5) 경제학에서 가격인하의 효과를 대체효과와 소득효과로 설명하고 있으며, 대체효과가 본문에 언급되었다. 소득효과는 가격의 인하로 인해 주어진 소득으로 구매할 수 있는 제품의 수량이 증가하게 되며, 이로 인해 수요량이 증가할 수 있음을 의미한다.

전기자동차와 일반 소형승용차 정도일 것이다. 반면 소형승용차의 수요함수를 정의한다면 이는 산업단위의 수요함수가 될 것이며, 이 때 주로 고려되는 대체재는 중형승용차 및 대형승용차 등이 될 것이다. 마지막으로 승용차의 수요함수를 정의할 경우에는 주로 고려되는 대체재가 기차나 비행기와 같은 다른 형태의 교통수단이 될 것이다. 따라서 수요함수를 고려할 때에는 그 목적에 비추어 적합한 대체재가 고려되어야 한다.

이러한 논의와 관련하여 대체재를 ① 동일 형태의 경쟁사 제품, ② 다른 형태의 동일한 기능을 하는 제품, ③ 다른 형태와 다른 기능을 가지나 동일한 목적을 수행하는 제품과 같이 세 가지 단계로 구분하여 정의할 수 있다. 예를 들어 영화관을 고려해 보자. A영화관은 기업 수준에서 수요함수를 고려할 때 지리적으로 인접한 타 영화관과의 대체관계를 주로 고려할 것이다. 반면 영화관 산업을 고려할 때에는 TV나 컴퓨터, DMB를 활용한 영화시청과의 대체관계를 고려해야만 한다. 이 때 TV나 컴퓨터, DMB를 활용한 영화시청은 형태는 다르나 영화의 시청이라는 동일 기능을 수행한다. 그러나 여가활용이라는 관점에서 산업을 정의한다면 리조트산업이라던가 요식업 등과의 대체성이 고려되어야 한다. 리조트, 요식업 등은 완전히 다른 형태와 기능을 가지나 여가활용이라는 상위 목적을 공유하고 있는 것이다.

이상의 설명은 수요함수의 추정과정에서 수요 또는 시장을 어떻게 정의하느냐에 따라 고려되는 대체재의 범위가 매우 상이해짐을 이해하기 위한 것이다. 이러한 논의를 조금 다르게 해석한다면 특정 브랜드의 제품 또는 산업의 가격수준이 연관된 대체재의 가격수준에 의해 제약받게 됨을 이해할 수 있다. 서울–부산 간 항공여행 가격을 고려해 보자. 항공여객과의 대체재로는 자동차나 기차가 고려될 것이다. 자동차를 예로 든다면 서울–부산간 유류비용, 고속도로 통행료, 자동차 감가상각 등 금전적 비용의 수준은 항공여행의 가격에 직접적인 영향을 미칠 것이다. 여기에 승용차 운전자의 피로, 추가적인 소요시간과 같은 비금전적 비용, 부산에 도착해서 승용차를 이용할 수 있다는 추가적인 효용 등을 고려하면 항공여행 가격이 경쟁력이 있기 위한 수준을 고려할 수 있다. 또한 소비자 유형별로 추구하는 가치에 차이가 있음을 고려하면 가격수준별로 항공여행 이용을 선호하는 소비자 집단이 달라질 수 있고 이는 항공여행의 수요함수 추정과 연계될 것이다. 한편 이러한 사고는 KTX 서울–부산 노선의 개통이 국내 항공여행산업에 어떤 영향을 미칠지 추정하는 기본적인 방법론이 될 것이다. 반면 저가항공사들의 국내여행 가격을 고려한다면 승용차나 KTX

의 이용과의 대체성을 고려하는 것은 분석의 범위를 지나치게 넓히는 것이다. 이 때의 관심사항은 일반적인 항공서비스의 가격과 서비스의 차이를 고려한 가격수준이 될 것이다. 마지막으로 특정 저가항공사의 경우 경쟁 저가항공사와의 가격수준 및 서비스 차별화 내용이 고려될 것이다.

다시 정리하자면 수요함수의 추정과정에서 수요 및 대체재의 정의 방식이 중요하다. 기업, 산업, 또는 더 넓은 정의에서의 산업에서와 같이 고려되는 제품의 정의가 달라짐에 따라 고려되는 대체재의 개념이 달라져야 하는 것이다. 또한 구체적인 가격수준의 고려에서도 가장 밀접한 대체재의 가격수준과 제공하는 편익의 차이를 고려하는 것이 많은 시사점을 제공한다.

03 시장의 세분화

앞서 단일시장 모형에서는 대상 제품의 잠재적 소비자집단을 하나의 시장으로 보아 단일한 가격을 설정하는 경우를 고려한 분석방법을 소개하였다. 이 경우 실질적으로 고려되는 가격수준과 그 상황에서의 탄력성이 주된 관심의 대상이 된다고 설명하였다. 그러나 이 경우 시장을 하나의 집단으로 인식함으로 인해 시장을 상세히 이해하는데 한계가 있다. 시장을 상이한 선호를 갖는 다수의 세분시장으로 구성되어 있는 것으로 이해하고 세분시장을 분류하여 각 세분시장의 특성을 검토할 경우 많은 시사점을 얻을 수 있다. 앞서 소비자들의 준거가격은 모두 상이할 것이라고 설명하였으나 모든 개별 소비자들을 분석의 대상으로 삼는 것은 불가능하므로 유용한 수준에서 시장을 세분화 하여 이 세분시장 단위로 소비자 집단의 특성과 준거가격의 수준을 검토하는 것이 의미가 있다.

마케팅원론을 공부한 바 있는 독자들은 마케팅전략의 핵심 과정을 시장세분화, 표적시장 선정, 포지셔닝(STP : Segmentation, Targeting, Positioning)의 절차로 기억하고 있을 것이다. 이 때 시장세분화와 표적시장 선정은 해당제품의 잠재구매자 집단을 정의하는 것으로 이해할 수 있다. 자동차 시장이라면 거의 전 국민을 포함할 수 있으나 소형차 시장은 실용성을 추구하는 자동차 시장의 부분집합을 의미하는 것으로 보아야 한다. 이렇게 잠재구매자 집단을 더 구체적인 방식으로 정의하고 좁혀나감으로써 기업은 제품의 특성을 표적시장에 최적화 시키고 마케팅 자원을 효율적으로 활용할 수 있게 된다.

이러한 세분시장의 개념은 신제품의 수요예측에도 사용될 수 있다. 각 세분시장은 차별적인 욕구를 가지며, 동일한 제품 특성에 대해 상이한 가치를 인식한다. 따라서 세분시장별로 준거가격이 다르게 나타날 수 있다. 신제품의 수요를 예측할 때 세분시장별 준거가격을 예측한다면 가격 수준에 따라 어느 세분시장까지 구매가 가능한지를 판단할 수 있다. 한편 가격전략 차원에서 시장세분화를 더욱 주목해야 하는 이유는 잠재적 소비자집단을 몇 개의 집단으로 구분하여 각기 상이한 가격을 적용함으로써 이윤의 증가를 꾀할 수 있다는 점이다.

1. 세분시장과 가격차별

가격차별이 이윤을 증가시키는 원리는 매우 단순하다. A라는 사람은 100원을 지불할 의사가 있고 B라는 사람은 60원의 가격을 지불할 의사가 있다. 이 경우 60원에 판매하면 두 사람에게 총 120원의 매출을 얻을 수 있다. 반면 100원에 판매한다면 A에게만 판매가 가능해 100원의 매출이 발생한다. 높은 마진을 추구하여 가격을 증가시킬 경우 그 제품의 가치를 낮게 인식하는 잠재적 소비자들의 이탈이 발생하며(수요량의 감소), 가격을 낮출 경우 마진이 감소한다. 그렇다면 가치를 높게 인식하는 소비자들에게는 높은 가격을, 가치를 낮게 평가하는 소비자들에게는 낮은 가격을 적용하면 높은 마진과 많은 판매량을 동시에 추구할 수 있을 것이다. 즉, A에게는 100원에 B에게는 60원에 판매할 수 있다면 총 160원의 매출이 발생하게 되는 것이다. 이렇듯 동일한 제품에 상이한 가격을 적용하는 것을 가격차별이라 하는데 이에 대해서는 제2부에서 세부적으로 다룰 것이다.

이번 절에서는 가격차별을 시행하기 위해 소비자집단을 세분화 하는 방법론을 검토할 것이다. 이러한 관점에서의 세분화는 제품의 표적시장을 다른 가격으로 접근할 수 있는 하위집단으로 구분함을 의미하는 것이다. 목적은 가격차별을 통해 표적시장 내에서 최대의 마진과 수요량을 추구하는 것이다. 별첨 2.2는 동일한 복합기를 판매하면서도 단순 판매가격, 리스 가격, 이용량에 따른 사용료와 같은 선택적인 가격을 제시하는 사례를 보여주고

별첨2.2

복합기 시장에서의 가격차별 사례

복사, 프린트, 팩스 기능 등을 포괄하고 있는 고성능 복합기의 경우 가격이 수백만 원 대에 달하여 중견 기업들에서도 부담이 될 수 있는 장비이다. 이 때 표적시장으로 고려되는 기업체 소비자들 중 일부는 관리상의 문제 등으로 제품의 구매보다는 리스(Lease) 형식으로 임대료를 지불하는 것을 선호하는 경우가 있다. 그렇다면 표적시장을 구매선호 세분시장과 리스선호 세분시장으로 구분하는 것이 가능할 것이다.

일반적인 판매와 리스 서비스를 같이 제공함으로써 복합기 제조업체들은 각 세분시장의 욕구를 충족시켜 판매량을 증대시킴은 물론 리스에서의 총 지불가격(사용기간 동안 지불하는 임대료의 합계)을 구매방식보다 높게 설정함으로써 제품의 단위당 마진을 증가시킬 수 있다.

한편 일부 기업들은 고성능 복합기의 편리함을 선호하지만 사용량이 많지 않아 구매를 주저할 수 있다. 이 세분시장의 경우 판매나 일반적인 리스 방식 대비 가격을 상당히 낮추어야만 제품을 이용할 것이다. 그러나 가격의 인하는 수요를 증대시키지만 제품 당 마진을 감소시키게 된다. 따라서 리스의 임대료를 기간이 아닌 복사량에 따른 사용료의 형태로 가격을 부과하는 것을 고려할 수 있다. 이 방식에서는 사용량이 적은 세분시장에게만 낮은 가격이 적용된다. 사용량이 많은 세분시장의 소비자들은 이용량에 따라 가격이 정해진다면 구매나 일반 리스보다 더 많은 비용을 지불하게 되어 이용량에 따른 사용료를 선택하지 않음에 주목해야 한다.

결국 사용량이 많아 지불의사가격이 높은 소비자들은 구매나 일반적인 리스방식으로 제품을 사용하고, 사용량이 적어 지불의사가격이 낮은 소비자들은 복사량에 따른 사용료 방식으로 제품을 사용하게 된다. 즉, 타 세분시장에서의 가격을 인하하지 않고 새로운 세분시장으로 판매를 확대하는 것이다. 이러한 방식은 캐논을 비롯한 복합기 업체에서 보편적으로 이용되는 가격차별 방식이다.

있다. 결과적으로 판매 대상 표적시장을 구매선호 세분시장과 리스선호 세분시장, 소량 이용 세분시장으로 세분화 하여 각기 다른 방식의 가격체계를 적용함으로써 마진과 수요량의 증대를 동시에 달성하고 있다.

별첨 2.2에서 독자들이 주의 깊게 보아야 할 점은 여러 가지 가격체계 중 선택이 가능한 선택적 가격 하에서는 다음의 두 가지 조건이 만족되어야 한다는 점이다. 첫 번째, 각 세분시장이 각기 상이한 욕구를 보유하고 있는 차별적인 소비자집단이어야 한다. 두 번째, 각 세분시장의 소비자들은 자신에게 주어진 가격체계를 선호하고 타 세분시장을 위한 가격체계를 선호해서는 안 된다. 이 중 두 번째 조건은 경제학에서 자발적 선택조건(Self-selection Constraint) 또는 유인합치성(Incentive Compatibility)이라고 하는데 이에 대한 구체적인 설명은 제7장에서 다루어질 것이다.

이상의 논의를 조금 다른 사례를 통해 논의해 보자. 과거 특정 브랜드의 개인용 프린터는 두 가지 형태의 사양으로 제공되었다. 하나의 사양은 단지 일반 사양에 프린트 속도를 저감시키는 장치를 추가하여 제공된 것이었다. 단순히 생각하면 장치를 추가하여 품질을 떨어뜨리는 행위는 상상하기 어려운 것이다. 그러나 시장에는 고품질의 제품을 선호하는 세분시장과 다소 품질이 떨어지더라도 저비용을 선호하는 세분시장이 존재하고 있다. 두 세분시장에 동일한 가격으로 판매하기 위해서는 가격을 상당히 낮추어야 하는 상황이다. 또한 상대적으로 저가인 개인용 프린터에 리스방식이나 사용료 방식을 적용하기는 어려운 상황이다. 결과적으로 기업은 저비용 선호 세분시장에 낮은 가격으로 판매하기 위해 프린트 속도를 의도적으로 저감시킨 제품을 판매하게 된 것이다. 그래야만 정상제품을 고가로 판매할 수 있기 때문이다. 상이한 세분시장에 상이한 가격으로 판매하기 위해 상이한 사양의 제품을 생산하는 것이다. 이와 유사한 사례로 인텔(Intel)사는 저가용 CPU 브랜드로 셀러론 칩을 출시하였는데 이 칩은 팬티엄 칩을 기반으로 하되 수치보조처리기가 꺼져있는 상태로 출시되는 것으로 알려져 있다.[6)]

개인용 프린터 사례는 동일한 상품을 다른 가격으로 판매하는 고성능 복합기 시장의 가격차별과는 다소 다른 측면이 있다. 개인용 프린터의 경우 기본 제품에 다른 특성을 부여해 다수의 상이한 버전(Version)을 제시함으로써 가격차별과 유사한 효과를 내고 있는 것이다. 이러한 형태를 버저닝(Versioning)이라고 한다. 위에서 제시된 버저닝에서는 저비용 선호와 품질선호의 상이한 욕구를 통해 세분시장이 구분되었으며, 프린트 속도와 가격의 상충관계를 통해 자발적 선택의 조건을 만족시키고 있다.

2. 세분시장과 가격장벽

복합기와 프린터의 두 가지 사례에서 자발적 선택 조건을 만족시키기 위해 상이한 가격부과 방식, 프린트 속도의 차이가 이용되었는데 이를 가격장벽이라고 한다. 가격장벽은 모든 소비자들이 낮은 가격을 이용하지 못하게 하는 특성을 의미하는 것으로 가격구조 또는

6) '네이글, 호건, 송기홍(2006), 프라이싱 전략, 거름', P59 참조.

가격수준에 따른 서비스, 제품의 특성 차이 등이 이용될 수 있다. 복합기 사례나 수량할인과 같은 경우는 가격구조가 가격장벽으로 이용되는 경우이다. 또한 개인용 프린터의 속도 저감장치, 팬티업 칩에서의 수치보조처리기 등은 서비스, 제품의 특성 차이가 가격장벽이 되는 사례이다. 버스요금이 학생과 일반인에게 다르다면 나이가 가격장벽이 된 것이다.

다양한 가격장벽 유형이 존재할 수 있음은 창조적인 세분화 및 가격차별을 통해 마진과 판매량을 동시에 증가시킬 수 있음을 의미한다. 마케팅 과목을 수강해본 독자들은 시장세분화와 표적시장 선정을 위해 〈표 2-2〉에서 제시된 것과 같은 다양한 기준으로 시장을 구분할 수 있음을 알고 있을 것이다. 이 과정에서 사용된 기준들은 소비자들을 제품의 사양, 커뮤니케이션 채널에 대한 반응도, 유통망 선호, 가격민감도와 같이 마케팅믹스 전반에 대해 상이한 선호와 반응을 보이는 집단으로 세분화하기 위한 것이다. 즉, 해당 제품에 대해 높은 가치를 부여하고 경쟁사 제품들 대비 해당 제품을 더 매력적으로 평가하는 잠재적 구매자를 선정하는 작업이라고 할 수 있다.

그러나 일단 표적시장 선정을 통해 해당 제품의 잠재구매자 집단을 선정한 이후 가격차별을 위한 시장 세분화에서는 가격민감도가 핵심적인 주제가 됨을 명심해야 한다. 이 때 가격민감도란 가격수준이 해당 제품의 선택 여부에 영향을 미치는 정도를 의미하며, 가격탄력성이 높은 경우 가격민감도가 높다고 해석할 수 있다. 가격차별을 위한 시장 세분화는 가격민감도가 상이한 소비자들을 구분하는 과정이라고 이해할 수 있다. 또한 가격장벽은 가격민감도가 높은 집단과 낮은 집단에 실제 다른 가격을 적용하기 위한 수단이라고 볼 수 있다. 〈표 2-2〉에 제시된 소비자들의 특성 중 오른편은 더 고급의 제품 특성(기능, 품질, 서비스)을 요구하게 하는 소비자들의 특성과 관련된다. 이러한 특성은 비싼 가격을 감수하도록 하는 즉, 가격민감도를 낮게 만드는 특성이다. 또한 〈표 2-2〉의 오른편에 있는 기준들도 가격민감도에 따른 시장세분화에 응용될 수 있다. 버스 요금이 학생과 노인에게 할인

표 2-2 시장 세분화를 위해 사용되는 기준

소비자의 특성을 기준으로 한 시장세분화	제품 이용과 관련된 변수를 이용한 시장세분화
· 지리적 특성 · 인구통계적 특성 · 사이코그래픽 변수	· 사용량 · 상표충성도 · 추구하는 효용의 특이점

되는 것은 인구통계를 이용해 시장을 세분화 하고 가격차별을 적용한 경우이다.

한편 가격장벽으로 활용되는 수단들은 경제적 가치와 주로 관련된 것들과 사회심리적 가치와 연계된 것들로 구분될 수 있다. 프린터나 팬티엄 칩에서의 작동속도와 같은 요인들은 사용자의 시간가치나 업무에서의 활용가능성 등 직접적으로 비용을 감소시키거나 가치를 증대시키는 문제 즉, 경제적 가치와 주로 관련된 것들이다. 반면 신상품 의류가 얼마 지나지 않아 낮은 가격으로 판매되어 유행에 민감한 소비자들과 둔감한 소비자들을 가격차별하는 경우, 동일 제품이 백화점과 같은 고급유통망에서 비싼 가격으로 판매되는 경우 등은 사회 · 심리적 가치와 연관된 것으로 볼 수 있다. 또 다른 가격장벽의 분류 방식은 유형제품과 관련된 것과 부가적 속성에 관련된 것의 구분이다. 작동속도, 이미지 해상도와 같은 유형은 유형제품(제품 자체)과 관련된 것이며, 특별 서비스의 이용 가능성, 유통망, 구매단위 등은 물리적 세품 이외의 부가석 속성에 관련된 것이다. 요금부과방식 같은 경우는 가격의 지불 방식이라는 부가적 속성과 관련된 것으로 볼 수 있다.

정리하자면 세분화와 가격차별을 통해 가격민감도가 낮아 높은 가격에도 제품을 구매하려는 집단에게는 높은 가격을, 가격민감도가 높은 집단에게는 낮은 가격을 제시하여 높은 마진과 판매량의 증대를 동시에 추구할 수 있다. 이 때 가격장벽은 가격민감도가 낮은 집단을 가격민감도가 높은 집단에게 부과된 낮은 가격으로부터 격리시키는 역할을 하는 것이다.

한편 가격차별은 기업에게 추가적인 비용을 발생시킬 수 있다. 가격민감도가 높은 소비자들에게 차별적인 높은 가격을 제시하기 위해 차별적인 서비스, 고급 유통망, 추가적 사양 등의 가격장벽을 구축하기 위해서는 비용이 발생하는 것이다. 따라서 가격차별을 통해 얻을 수 있는 추가적인 이윤이 이러한 비용을 정당화할 수 있는 경우에만 가격차별이 의미가 있다. 따라서 효과적인 소비자의 세분화 방법, 가격장벽의 개발은 가격차별의 성공에 중요한 역할을 한다.

핵심 주제 및 키워드

- 지불의사가격(Willingness-to-pay)
- 유보가격(Reservation Price)
- 준거가격(Reference Price)
- 관여도(Involvement)
- 순효용(Net Utility)
- 한계효용(Marginal Utility)
- 프레이밍(Framing)
- 수요함수(Demand Function)
- 가격탄력성(Price Elasticity)
- 대체재(Substitutes)
- 세분시장(Market Segment)
- 표적시장(Target Market)
- 포지셔닝(Positioning)
- 가격차별(Price Discrimination)
- 버저닝(Versioning)
- 가격장벽(Price Fences)

생각해볼 문제

1) 구매의사결정의 단계 또는 상황별로 주로 영향을 미치는 가치의 개념을 정리해 보시오.

2) 관여도의 수준에 따른 준거가격 형성 방식의 차이를 설명하시오?

3) 지불의사가격, 준거가격, 가격의 크기에 따라 어떤 의사결정들이 가능해 지는가?

4) 소비자들의 제품 선택과 구매량 의사결정의 차이점은?

5) 수요곡선의 특성을 요약하는데 사용되는 핵심 요인들은?

6) 가격탄력성에 영향을 미치는 제반 요인들을 정리하시오.

7) 제품의 정의에 따라 대체재의 범위가 달라질 수 있음을 설명하시오.

8) 세분시장의 개념을 가격차별의 문제와 연계하여 설명하시오.

제3장 가치 · 가격평가의 심리적 측면

1. 심리적 요인의(제한된 합리성) 중요성
2. 커뮤니케이션
3. 가치/품질지표로서의 가격
4. 가격과 기타 마케팅믹스의 관계
5. 프레이밍
6. 공정성의 지각

많은 경우 소비자들의 가치평가는 주관적이고 불확실하며, 상황요인의 작은 변화만으로 가치 수준이 상당히 다르게 인식될 수 있다. 우선 저관여 제품들의 경우 소비자들은 소비행위에 제한된 시간만을 투입하며, 결과적으로 각 제품의 가치를 엄밀하게 평가하지 않는다. 일부 저관여 제품들의 경우 아예 가치평가 과정 자체가 생략되고 단지 습관적인 방식 또는 다양성을 추구하는 방식으로 소비행위가 발생하기도 한다. 실제 대표적인 저관여 제품인 껌의 경우 자일리톨이나 졸음방지 등의 기능성 성분의 포함 여부, 제품의 포장방식, 유통망의 유형 등에 따라 가격의 편차가 매우 크게 나타난다. 이 때 성분이나 포장방식 등이 제품의 가치에 얼마나 많은 영향을 미치는 지에 대해 평가를 시도해본 독자들의 비중이 얼마나 될지에 대해 스스로 질문해 보기 바란다. 결국 소비자들은 기업이 제시하는 가치수준을 받아들이는 경우가 많을 것이다. 제품을 누가, 어떤 방식으로 소개하는가에 따라 가치평가는 상당히 달라질 것이다.

한편 고관여 제품에서는 제품의 품질 또는 가치의 평가가 구매의사결정에 핵심이 될 것이다. 제품의 소비가 본인과 가족의 건강에 영향을 미칠 것이라고 생각되는 경우, 남들에게 자주 보여주는 제품이라 본인의 사회적 평가에 영향을 미칠 수 있는 경우, 금융상품과 같이 금전적 손실이 발생할 수 있는 경우 등은 소비자가 구매와 관련하여 금전적, 심리적 위험을 크게 느끼는 상황으로 제품의 품질에 대한 평가가 중요해지는 것이다. 이 때 소비자가 인식하는 제품의 품질을 간단한 질문이나 검색을 통해 파악할 수 있다면 품질의 평가 문제는 단순한 이슈가 될 것이다. 그러나 제품 품질의 평가는 다양한 개별 속성들에 대한 평가의 조합으로 이루어지며, 어떤 속성들은 소비자들이 평가하기 상당히 어렵다.

흔히 제품의 속성들을 탐색속성(Search Attribute), 경험속성(Experience Attribute) 그리고, 신뢰속성(Credence Attribute)으로 구분한다. 탐색속성은 제품의 사양을 검색을 통해 파악함으로써 그 속성을 이해하고 평가할 수 있는 경우를 말한다. USB 메모리의 저장용량, 크기, 무게와 같은 속성이 이에 해당할 것이다. 경험속성은 실제 제품을 이용해 보아야만 파악이 가능한 속성을 말한다. 경험속성이란 우리가 영화의 감독과 배우, 투입된 비용 등을 아무리 검색해도 영화가 얼마나 재미있는지는 실제 관람해야만 알 수 있는 그런 경우이다. 마지막으로 신뢰속성은 사용해보아도 정확히 파악하기 어려운 속성으로 건강식품, 변호사나 의사의 자문과 같은 경우가 예가 될 수 있다. 제품의 속성들 중 경험속성과 신뢰속성의 비중이 크다면 소비자가 제품의 품질을 평가하기 어려워진다.

만약 제품의 품질평가가 어렵고 객관적인 방식으로 이루어질 수 없다면 소비자들은 기업이 제시하는 가치평가에 상당부분 의존하게 될 것이다. 특히 신제품의 경우 그 제품의 가치를 소비자들이 인식하기에 상당히 어려움이 있다. 우리가 익숙하게 사용하고 있는 제품들 대다수는 초기에 광범위한 마케팅과 홍보가 제공되고 나서야 시장에서 받아들여진 것들이다. 또한 오랫동안 제품을 사용해본 사람일지라도 공급자가 가치를 알리려고 노력하지 않으면 제품의 가치에 대해 확신하지 못하는 경우가 많다. 우리는 동대문에서 싸게 팔리던 의류가 상표만 달리하여 고급 매장에서 비싼 가격으로 팔리는 경우를 보기도 한다. 결국 기업은 소비자가 스스로 가치를 인식하도록 방치하는 대신 가치를 설득하기 위해 노력해야만 한다.

저자가 강조하고자 하는 바는 소비자들이 인식하는 가치나 품질은 상황적 요인에 크게 영향을 받는다는 점이다. 또 그 상황적 요인의 상당 부분은 제품의 포장(제품), 구매장소(유통망), 점원의 제품소개나 할인의 제공(프로모션)과 같이 기업이 통제할 수 있는 마케팅믹스들(4P)에 해당한다. 결국 기업은 마케팅믹스들을 적절히 조합함으로써 높은 가치를 끌어내야만 한다.

우리는 이미 제2장에서 프레이밍의 개념을 살펴본 바 있다. 이 외에도 장기간에 걸친 가격수준을 계획 · 관리하는 방식 그리고, 객관적인 가치의 근거자료 제시 등을 통해 소비자들의 준거가격을 기업에게 유리한 방식으로 유도할 수 있음을 언급하였다. 본 장에서는 우선 경제학에서 가정하고 있는 합리성 가정의 한계를 간단히 설명하고 이후 제품의 가치에 영향을 미치기 위한 프로모션과 프레이밍, 그리고 공정성에 대한 지각과 같은 주제들을 세부적으로 다룰 것이다.

01 심리적 요인의(제한된 합리성) 중요성

주류 경제학에서 사람은 합리적인 계산이나 추론에 따라 행동한다고 본다. 그러나 실제 사람들의 행동은 경제학에서 가정되는 것과는 사뭇 다르다. 경제학에서 가정하는 합리성은 목적에 대한 합리성과 목적 달성을 위한 선택 과정에서의 합리성을 모두 의미한다.

목적에 대한 합리성이란 기호 또는 취향이 명확하고 모순이 없고 불변해야 함을 말한다. 예를 들어 A보다 B가 좋고 B보다 C가 좋다면 항상 A보다 C가 좋아야 한다. 그러나 현실에서 개인의 기호는 변화하며, 일관성이 없는 경우가 많다. 목적에 대한 합리성이 있다면 금연이나 다이어트에 실패하는 일이 있을 수 없다. 무엇이 자신에게 도움이 되는지를 판단하고 그에 따라 일관된 행위를 해야 하나 현실의 인간은 그렇지 못한 것이다. 또한 자신의 이익을 극대화하는 것이 아니라 타인의 감정과 편익을 고려하는 이타적인 행위를 하기도 한다. 결국 인간의 행위에서는 합리성 이외에도 감정이나 직감이 중요한 역할을 한다.

목적달성을 위한 선택의 과정에서도 합리성의 가정이 적용되지 못하는 경우가 많다. 그 주된 이유로 의사결정을 위한 정보가 제한적으로 주어지며, 설사 모든 정보가 제공되더라도 계산능력의 한계로 인해 정보를 적절히 이용하지 못한다는 점이 지적된다. 이미 도입부에서 탐색속성, 경험속성 그리고, 신뢰속성의 개념을 설명한 바 있는데 이러한 개념들은 소비자들이 선택의 시점에 충분한 정보를 가지고 있지 못함을 가정하고 있는 것이다. 경험속성이나 신뢰속성은 구매 이전에 그 품질을 파악할 수 없는 속성들을 의미한다. 설사 특정 제품이 모두 탐색속성으로 이루어져 있다 해도 관련 정보를 모두 탐색하여 파악하는 것은 현실적으로 지나친 비용을 유발한다.

주어진 정보의 활용 문제와 관련하여 Prabhu and Tellis(2000)의 연구는 상당한 시사점을 제공한다. 이 연구에서는 LA에서 런던까지 가는 비행기편의 선택에 대해 반복적인 실험을 실시하였다. 실험에서 소비자들은 기본적으로 가격이라는 비용을 지불하며, 만약 비행기의 출발이 지연될 경우 이에 따른 불편(화폐로 환산된 비용)을 감수해야 한다고 가정되었다. 가격의 경우 정보가 명확히 제공되나 출발 지연은 확률적인 문제로 소비자들이 경험에

표 3-1 소비자들의 정보 학습 유형

유 형	유형의 행태	피실험자들의 비율
학습자 (Learner)	초기에 최선의 선택을 하지 못하였으나 점차 최선의 선택에 근접해 가는 소비자	6.7%
조기 학습자 (Early Learner)	초기부터 최선의 선택을 하고 이를 유지하는 소비자	22.5%
비학습자 (Nonlearner)	초기에 최선의 선택을 하지 못하였으며, 이를 개선하지 못한 소비자	61.8%
헛갈린 학습자 (Confused Learner)	일관된 선택을 하지 못하고 계속적으로 잘못된 시도를 하는 소비자	9.0%

따라 어떤 항공사가 출발 지연의 가능성이 높은지를 판단해야 한다. 이러한 상황에서 가격과 지연에 따른 불편의 합계를 최소화하도록 요구받은 소비자들의 행태를 분석하였다. 분석에서는 소비자들의 행태를 네 가지 유형으로 분류하고 그 비율을 제시하였다. 그 결과는 〈표 3-1〉에 제시되어 있다.

위 연구결과를 살피면 불완전 정보 상황에서 주어진 정보(경험)를 효과적으로 사용해 최선의 선택을 하는 피실험자들의 비율은 학습자와 조기 학습자를 합하여 29.2%에 불과했으며, 대다수가 선택을 반복해도 최선의 선택에 이르지 못했다. 또한 많은 소비자들이 중간 가격대의 항공사를 선택하거나(32%), 이전 선택에서 지연이 없으면 선택을 유지하고 지연이 있으면 항공사를 바꾸는 방식(22%)과 같이 매우 간단한 선택기준을 사용했던 것으로 조사되었다.

제시된 연구는 하나의 사례로 일반화하기에 무리일 수 있으나 소비자들이 정보를 확실히 알고 합리적으로 행동할 것이라고 가정하는 것이 실패 원인이 될 수 있음을 보여준다. 경제학자들은 개별 소비자들의 선택이 완전히 합리적이지 않더라도 시장 전체의 선택은 모두가 합리적인 행동을 하는 경우와 같아질 수 있다고 주장하기도 한다. 그러나 위의 연구에서는 가격과 출발 지연을 종합적으로 판단할 때 매우 낮은 성과를 보이는 항공사들도 일정 점유율을 유지하는 결과를 보였다.

결국 제한된 합리성이나, 감정, 직관이 미치는 영향을 정확히 이해하지 못한다면 소비자들의 선택을 제대로 이해할 수 없다. 물론 합리성을 가정하고 있는 연구들을 무시해서는 안된다. 합리성의 가정을 통해 예측된 결과를 하나의 준거점으로 보고 실제 인간의 행동이 미치는 영향을 추가로 고려하는 것이 적절한 접근법이라고 생각된다.

02 커뮤니케이션

대체로 가격은 품질 또는 소비자들에게 인지되는 가치에 비해 객관적인 정보로 간주되며, 제한된 합리성의 문제는 주로 인지되는 가치와 더 관련성이 높다. 만약 소비자들이 가

별첨3.1 가격과 커뮤니케이션 간 일관성 : Estee Lauder와 Ultima II[1)]

유명 화장품 브랜드로서 Estee Lauder와 Ultima II는 1988년, 1989년 각기 Future Perfect와 Megadose라는 모이스처라이저를 출시하였다. 이 두 제품 이외의 5개 브랜드의 모이스처라이저들이 1온스 당 $1.7~8.13이었던데 비해 이 두 제품들의 가격은 $25 수준으로 고가 제품으로 포지셔닝 하였다. 그런데 Future Perfect는 매우 성공적이었던데 비해 Megadose는 매우 실망스러운 판매실적을 보였다. 한 가지 주목해야 할 사항은 이 두 제품을 포함해 언급된 7개 브랜드에 대한 화학적 성분 분석 결과 뚜렷한 품질차이가 나타나지 않았다는 점이다. 그러나 여성 소비자들을 대상으로 두 제품에 대한 광고와 포장 품질에 대한 평가가 시행되었는데 Future Perfect가 전반적인 우위를 보이는 것으로 평가되었다. 특히 소비자들에게 구체적인 속성들을 이용해 두 제품을 평가해달라고 요청했을 때 Future Perfect가 압도적인 우위를 보였다. 그렇다면 두 제품의 성패를 결정지은 요인은 무엇일까?

주요 여성잡지에서의 광고 노출을 비교했을 때 Future Perfect가 50% 더 많았다. 여성잡지에서 Future Perfect는 4색 인쇄의 2면 광고를 사용했으나 Megadose는 흑백의 1면 광고를 사용하였다. 전반적으로 소비자들은 Megadose의 흑백 광고를 상대적인 품질 열위 지표로 인지했던 것으로 생각된다. 또한 Future Perfect는 Estee Lauder 브랜드의 명성을 연계시켜 신제품의 품질을 확신시켰던 반면 Megadose는 Ultima II 브랜드를 노출시키지 않았다.

결과적으로 Future Perfect의 성공은 소비자들에게 품질우위에 대한 일관적인 커뮤니케이션을 제공한 결과로 생각된다. 이미지 광고, 제품 진열, 유통망, 포장 등이 제품 품질에 대한 신호(Signal)가 되며, 이들에 대한 투자가 제품 품질에 대한 신뢰에 영향을 미친다.

치를 정확히 평가할 수 없다면 소비자들은 간단한 단서(Signal 또는 Cue)를 이용하여 품질을 평가하기 쉽다. 이 때 대표적인 단서로 사용되는 것이 기업이 제공하는 광고나 유통망의 품질 등이다. 또한 가격수준, 할인의 빈도와 같이 가격 자체가 단서가 되기도 한다. 이 책에서는 우선 커뮤니케이션과 가격의 효과를 차례로 검토한다.

효과적인 프로모션 즉, 커뮤니케이션은 소비자들이 인지하는 제품의 가치를 증가시킨다. 가치, 품질을 평가하기 위한 정보가 충분히 제공되지 않으며, 정보가 있어도 이를 평가하는데 필요한 전문성이 부족한 경우가 많다. 많은 경우 공급자가 가치를 알리려고 노력하지 않으면 소비자들은 제품의 가치에 대해 확신하지 못하며, 기업이 적극적으로 가치를 설득하면 더 높은 가격을 지불한다. 따라서 높은 가격을 받기 위해서는 적절한 커뮤니케이션 계획이 수립되어야 한다.

인지되는 가치의 향상을 위한 구체적인 커뮤니케이션 방안을 검토하기 위해서 우선 가치를 유발하는 속성의 유형들을 소비자 관점에서 이해할 필요가 있다.[2)]

가치를 유발하는 속성들의 분류는 [그림 3-1]에 요약되어 있다. 우선 가치의 유형으로 경제적 가치와 심리적 가치의 구분이 유용하다. 경제적 가치는 수익의 증대나 비용의 감소를 유발하는 경우를 말하며 산업재의 경우 경제적 가치의 비중이 큰 경우가 많다. 반면 심리적 가치는 기쁨, 지위, 건강, 외모, 안심, 개인적 충만감과 같은 요인들과 결부되어 있으며, 소비재의 경우에 주로 심리적 가치가 차지하는 비중이 크다. 경제적 가치는 대체로 객관적이고 계량적인 방식으로 측정될 수 있으며, 소비자를 설득함에 있어 계량적 자료를 제시하는 것이 매우 효과적이다. 반면 심리적인 가치는 매우 주관적이며, 측정될 수 없는 경우가 대부분이다. 대체로 경제적 가치는 객관적인만큼 소비자가 이를 인지할 수 있도록 지원하는 방안이 고려되어야 한다. 반면 주관적인 심리적 가치의 경우 프로모션을 포함한 마케팅믹스를 통해 그 가치가 증폭되거나 심지어 창조될 수 있는 것이다.

한편 가치를 인지하기 위해서는 가치를 유발하는 속성을 소비자들이 이해해야 한다. 그런데 제품이 보유하는 속성들은 각기 상이한 특성을 가지며, 이에 따라 소비자들의 속성에 대한 이해 용이성에 차이가 발생한다. 앞서 제품의 속성들을 탐색속성, 경험속성 그리고, 신뢰속성으로 구분한 바 있다. 제품의 속성이 매우 복잡하거나 경험속성과 신뢰속성의 비중이 높은 경

1) Monroe(2002)의 P84~85 편집 인용.
2) 이와 관련하여 '네이글, 호건, 송기홍(2006), 프라이싱 전략, 거름', 제5장을 주로 참조하였다.

그림 3-1 가치와 속성의 유형

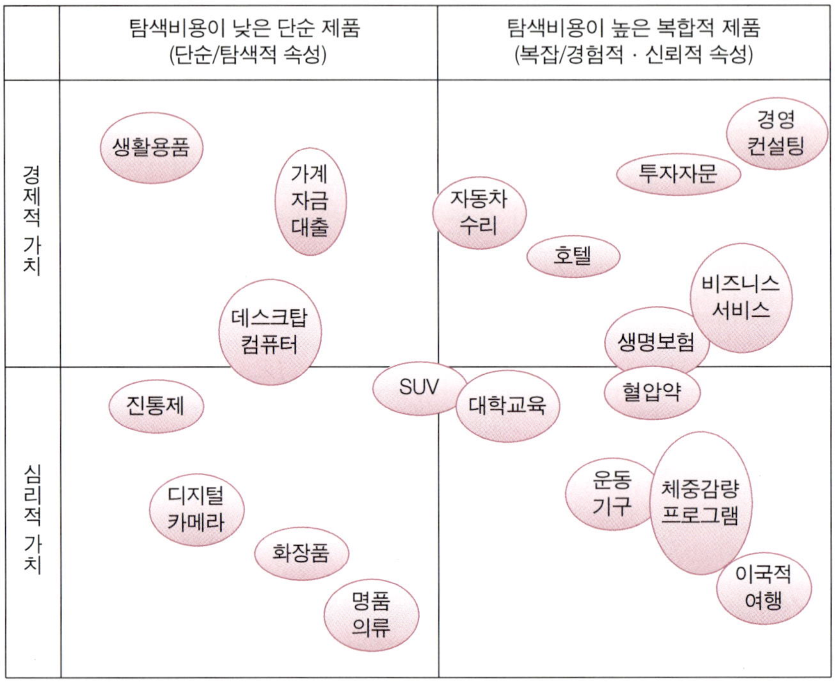

자료원 : '네이글, 호건, 송기홍(2006), 프라이싱 전략, 거름', P.193의 도표 재편집.

우 소비자들이 제품의 속성을 이해하기 어려우며, 탐색비용이 증가할 것이라고 생각된다.

[그림 3-1]은 가치의 유형과 탐색비용을 기준으로 제품들을 예시적으로 분류해 놓은 것이다. 경제적 가치의 단순제품의 경우 제품의 경제적 가치의 근거를 명확히 제시하는 것이 프로모션의 주가 되어야 한다. 제품의 속성을 쉽게 이해할 수 있으며, 그 가치가 객관적으로 인식될 수 있으므로 가치를 정량적으로 제시하고 그 근거를 납득시키기가 용이한 것이다. 경제적 가치의 복합적 제품의 경우 경제적 가치를 확신시키는 것이 과제가 된다. 경제적 가치를 납득시키기에 소비자들의 전문성이 낮고 비용이 많이 들 것임을 고려해야 한다. 따라서 신뢰할 수 있는 전문가나 유명인사들을 광고에 활용하거나, 시장점유율이나 재구매율이 높다는 사실을 알리는 등의 활동을 통해 신뢰성을 높이는 것이 필요하다. 또한 소비자 입장에서 얻을 수 있는 경제적 가치를 예시적으로 정리해 보여주는 것도 의미가 있을 것이다. 예를 들면 기업은 자사가 제공하는 자동차 엔진 노폐물 제거제를 사용하면 엔진의 효율이 증가해서 20만 원의 연료비를 절감할 수 있고 엔진 관련 수리비를 10만 원 가량 절

별첨3.2

가치제안에서 다루어야 하는 속성들

경쟁제품 대비 차별화된 특성을 부각시키는 것은 제품의 가치를 인지시키는데 매우 중요하다. 제2장에서 다룬 고관여 제품의 준거가격 설정에서 차별화 가치의 개념이 중요한 역할을 했음을 기억해 보라. 그런데 이 개념을 커뮤니케이션 전략에 적용함에 있어 간단하지만 중요한 이슈가 있다. Anderson, Narus, and Rossum(2006)에서는 가치제안의 방식을 아래의 세 가지 유형으로 제시하고 있다. 독자의 입장에서 어떤 방식이 효과적일지 판단해 보라.

① 모든 긍정적인 속성 · 편익들을 제시
② 경쟁제품과 차별화 되는 긍정적인 속성 · 편익들만을 제시
③ 표적시장 소비자들이 중시하는 하나 또는 두 속성에 집중

①과 ②의 비교에 대해서 여러분은 광고 매체의 특성을 생각해 보아야 한다고 생각할 수 있다. 지면이 허용한다면 긍정적인 속성 · 편익들을 모두 제시하는 것이 옳지 않을까? 그러나 소비자들은 수많은 광고의 홍수 속에 살고 있으며, 지나치게 많은 정보를 제시하는 것이 도리어 소비자가 제품을 기억하는데 방해된다는 것이 일반적인 견해이다. 설사 다수의 속성을 제시한다고 해도 핵심적인 소수의 속성을 눈에 띄게 제시하고 더 관심을 가지는 소비자들이 상세한 내용을 살필 수 있도록 배치하는 것이 효과적이다.

③의 경우 소수의 속성에 집중하는데, 경쟁제품 대비 우월하지 못한 속성들도 표적시장 소비자들이 중요하다고 생각한다면 포함시켜야 한다는 의미이다. 대체로 기업이 제시하고 싶은 정보와 소비자가 알고 싶은 정보는 다를 수 있다. 소비자가 알고 싶은 정보는 자신이 중요하게 생각하는 속성에 관한 것이다. 기업 입장에서 차별화된 속성이라도 소비자 입장에서는 별 의미가 없을 수 있다. 또한 경쟁사 제품과 같은 속성이라도 소비자입장에서 중요한 속성이라면 문제가 없는지 확신시킬 필요가 있다.

결국 위 논문에서는 ③의 방식이 가장 효과적이라고 주장하고 있다. 소수의 소비자들이 중요시하는 속성에 대해 확신을 제공하는 것이 중요하다. 설사 경쟁사 제품보다 우월하지 않은 속성이라도 강조할 필요가 있다. 경제적 가치의 복잡한 제품의 경우에 대해서 저자는 이 논문의 주장에 동의한다. 기타의 경우에 대해서도 유사한 질문을 해보는 것이 의미 있다.

감할 수 있다고 명확히 표현해 주는 것이 도움이 된다는 것이다.

심리적 가치의 경우 대체로 사회 · 문화적 영향을 많이 받음을 고려해야 한다. 사회 · 문화적 트랜드에 적합한 제품들은 소비자들에게 쉽게 받아들여진다. 또한 기업은 제품의 인지가치를 증가시키기 위해 트랜드를 창조하기도 한다. 예전에 두부는 가까운 슈퍼에서 구

매하는 저관여 제품의 대표적인 사례였다. 그러나 참살이(Well-being)에 대한 관심이 증가되면서 유기농, 국내산 콩의 활용은 훨씬 비싼 가격을 정당화하는 속성이 된다. 또는 커피의 보완재로서 프림의 특정 성분에 대해 유해성 논란을 일으킴으로써 고가의 프림이 판매될 수 있게 된다. 심리적 가치의 단순한 제품의 경우 제품의 속성 차이를 소비자들이 쉽게 인지할 수 있다. 이 경우 관건은 해당 속성으로부터 심리적 가치를 쉽게 연관지을 수 있도록 하는 것이다. 예를 들어 한 정장 브랜드는 우아하게 정장을 갖춰입은 최고경영자가 다음과 같은 메시지를 전달하는 광고를 했다. "올바로 선택한 양복이 당신에게 성공을 가져다주지는 못할지 모르지만, 잘못 선택된 양복은 당신의 기회를 제한할 것입니다." 고성능 타이어의 경우라면 이를 가족의 안전과 결부시키는 방식이 유용할 것이다. 마지막으로 심리적 가치의 복합적 제품에서는 소비자들이 제품의 차이를 인지하기 어렵다는 것이 이슈가 된다. 이 경우에도 전문가나 유명인사들을 광고에 활용하거나, 시장점유율이나 재구매율이 높다는 점을 알리는 것이 유용하다. 또한 샘플의 제공이나, 구전의 활용 등이 고려되어야 한다.

03 가치/품질지표로서의 가격

소비자들의 구매의사결정을 가치와 가격의 비교라고 생각할 때 가격은 가치와 별개의 것이고 비교 대상이라고 인식하기 쉽다. 그러나 소비자들은 가격을 가치와 결부지어 가격이 높으면 가치 역시 높을 것이라고 인식하기 쉽다. 이러한 사고를 과거 구매경험에서의 가격이 준거가격으로 인식될 수 있다는 제2장에서의 논의와 결부지어 생각하는 독자도 있을 것이다. 과거에 구매했던 가격을 준거가격으로 인식하는 경우는 제품과 관련된 금전적, 심리적 위험도가 크지 않은 저관여 제품에서 주로 발생한다. 즉, 품질에 대한 면밀한 평가가 이루어지지 않고 구매의사결정이 이루어지는 경우라고 할 수 있다. 또한 비싸고 위험부담이 있지만 소비자가 특정 브랜드에 애호도를 형성하여 반복적으로 구매하는 경우도 저관여 상황이라고 볼 수 있다. 이 경우는 소비자들이 품질을 신뢰하여 품질의 평가가 구매의사결정에 관여하지 않는 상황이다. 정리하자면 제2장에서 설명된 과거 가격이 준거가격으로 인식되는 상황은 품질의 평가와 직접적인 연관성을 갖는 것은 아니다.

소비자의 구매의사결정에서 가치 또는 품질의 평가가 중요한 역할을 하는 경우는 고관여 제품들의 경우이다. 고관여 제품들 중 단순하며, 탐색적 속성이 강한 제품의 경우 소비자들이 가치 평가에 어려움을 겪지 않으므로 상대적으로 이슈가 크지 않다. 그러나 제품이 복잡하고 경험/신뢰속성이 많이 포함되는 경우 소비자들은 가치의 평가에 어려움을 겪을 수 있다. 이 경우 소비자들은 세부적인 속성들을 평가하기보다 가치 · 품질을 표상하는 대리지표(Proxy)를 통해 가치를 판단할 수 있다. 고급 유통망, 브랜드의 명성, 가격과 같은 것들이 가치를 표현하는 지표가 될 수 있을 것이다. 사실 가치를 평가하는 과정에 많은 비용이 수반된다면 이러한 지표의 사용은 합리적인 선택이다.

가격이 가치의 지표가 되리라는 사고에는 어느 정도 근거가 있다. 기본적으로 가격은 원가를 반영하고 있으며, 높은 원가는 높은 품질과 가치를 수반할 것이라고 생각하는 것이 자연스럽다. 또한 가격은 소비자들의 수요(지불의사가격)를 반영한다. 높은 가격은 많은 소비사들이 그 제품을 신호함(또는 높은 지불의사가격을 부여함)을 의미하는 것으로 반아들여질 수 있는 것이다. 경제학의 논리대로 가격이 비용과 소비자들의 지불의사가격을 반영한다면 가격은 가치의 훌륭한 지표가 될 수 있다. 또한 소비자들은 가격이 가치를 반영하고 있음을 경험적으로 알고 있다. 물론 이는 예외가 존재하는 통계적인 경험이다.

한편 상당수 제품들은 구매와 소비과정이 타인에게 노출된다. 따라서 구매와 소비과정은 사회적 상호작용의 의미를 지닌다. 어떤 의상이나 자동차가 소비자의 준거집단(구매행동에 영향을 미치는 공식적 · 비공식적 집단들)에게 받아들여지지 않는 경우 소비자는 사회적 위험에 직면하게 된다. 반면 어떤 제품은 준거집단에게 자신의 부와 사회적 지위를 과시하는 수단이 되기도 한다. 이런 측면을 고려하면 비싼 제품, 특히 많은 사람들이 비싸다는 것을 알고 있는 제품은 그 자체로 가치를 지닌다고 볼 수 있다.

한편 최저수용가격(Lowest Acceptable Price)이라는 개념도 존재한다. 제품의 가치를 정확히 판단하지 못하는 소비자들이 제품가격이 지나치게 싸면 제품에 하자가 있는 것으로 판단하고 구매를 거부하게 되는데 이 때 경계가 되는 가격수준을 최저수용가격이라고 칭하는 것이다. 예를 들어 평균적인 두부의 가격보다 낮은 가격의 익숙지 않은 브랜드의 제품에 대해서 여러분은 유기농 제품이 아닐 것이고, 국산 콩을 사용하지도 않았을 것이라고

속단하기 쉽다.

이런 요인들을 생각해 보면 많은 소비자들이 가격을 품질의 지표로 사용할 수 있음을 납득할 것이다. 만약 가격이 가치 또는 품질의 지표로 사용된다면 가격의 상승이 수요량의 증가를 초래할 수 있다. 유필화(2010, P246)에서는 타 논문들을 인용하여 스타킹, 잉크, 전기면도기 등에서 가격을 올려 판매가 증가되는 경우가 관찰되었다고 하였다. 결국 가격이 품질의 지표가 되는 상황에서는 가격의 상승이 판매량을 증가시킬 수도 있음을 의미하는 것이다.

그러나 가격을 품질의 지표로 사용하는 경우는 주로 소비자들이 제품의 품질을 평가할 수 있는 정보를 그다지 가지고 있지 못하는 경우이다. 소비자들이 제품의 품질을 객관적으로 평가하기 위해 부담해야 하는 다양한 비용(경제적, 시간적)이 필요 이상으로 크다고 판단되는 경우에 가격을 품질의 지표로 사용하는 경향이 있으며, 소비자들이 제품에 대해 더 잘 알게 되면 가격 이외의 정보를 이용해 품질을 평가한다고 한다.

품질평가 정보가 많지 않은 상황에서 가격을 품질 지표로 이용하기 때문에 기업들이 이를 악용할 수 있는 개연성도 크다. Tellis and Wernerfelt(1987)에서는 1,200개의 내구성, 비내구성 소비재 범주들에 대해 가격과 품질에 대한 상관계수를 조사하였는데 많은 제품 범주에서 상관성이 뚜렷하지 않았으며, 일부에서는 상관계수가 음의 값으로 나타나기도 하였다.[3] 소비자들의 불완전한 정보 상황이 기업들에 의해 악용될 수 있는 것이다. 〈표 3-1〉에서 설명된 내용도 이와 관련성이 높다.

그러나 품질의 지표로서 가격을 잘못 사용할 경우 기업에게 장기적으로 상당한 손실이 발생할 수 있다. 일반적으로 구매의사결정 이후에는 소비와 제품에 대한 평가의 과정이 뒤따른다. 소비자가 기대한 가치를 얻게 되는 경우 그 제품에 긍정적인 태도를 형성하게 되며, 반복적인 구매를 기대할 수 있다. 그러나 기대된 가치 대비 실제 경험된 가치가 낮을 경우 소비자들은 실망하게 되고 해당 제품, 기업에 부정적인 태도를 형성하게 된다. 또한 이러한 부정적 태도를 구전(Word of Mouth)을 통해 타인에게 전파하기도 한다.

한편 독자들은 기대된 가치보다 경험된 가치가 더 높다면 매우 성공적인 상황이라고 생각할 수 있다. 그러나 이 경우 또한 기업에게 바람직한 상황은 아니다. 기업은 더 높은 가

3) Prabhu and Tellis(2000)의 P32에서 재인용.

격(기대가치)를 제시했어야 하며, 추가적인 이윤의 기회를 상실한 것이다. 또한 기대보다 높은 가치를 경험한 어떤 소비자들은 자신의 기대에 적합한 더 싼 다른 제품을 찾아가기도 한다.

중요한 점은 가격을 인상시켜 판매량이 증가하는 상황은 기존 가격설정이 가치를 제대로 반영하지 못하였기 때문이거나 일시적으로 소비자를 현혹한 결과라고 보는 것이 더 타당할 것이다. 기업이 제시하는 가치수준 및 가격은 제품의 실제 품질을 반영해야 한다. 그럼에도 불구하고 소비자들의 가치에 대한 기대나 사후적으로 경험된 가치가 객관적이고 불변적인 것이 아님에 주목해야만 한다. 최고급 승용차의 가치가(사후적, 경험된) 일반 중형 자동차 가치보다 얼마나 높은지를 누가 평가할 수 있는가? 적절한 제품의 속성, 유통망, 프로모션과 결합된 높은 가격은 높은 인지된 가치를 가져올 수 있다. 앞서 과거의 가격이 준거가격으로 사용될 수 있다고 했는데 신제품이 초기에 높은 가격으로 성공적으로 진입했을 경우 기업에게 장기적으로 높은 수익을 제공하게 된다.

04 가격과 기타 마케팅믹스의 관계

2절에서는 프로모션과 가치의 인식을 주로 논의하였다. 이 때 인지된 가치를 향상시키기 위해 커뮤니케이션 비용을 지출하는 것과 가격의 인하는 상호 대체적인 성격을 갖는다. 이러한 관계는 제품과 유통망에도 그대로 적용된다. 유통망 투자를 통해 고급 이미지와 편리성을 제공하면 제품의 인지된 가치를 높이고 소비자들이 높은 가격을 받아드리게 만들 수 있다. 또 하나의 마케팅믹스인 제품 또는 제품의 사양도 동일하다. 제품의 품질을 향상시키면 더 높은 가격을 부과할 수 있을 것이다.

따라서 기업은 가격을 제외한 마케팅믹스들에 대한 투자/비용의 증가와 그에 따른 소비자들의 인지가치 증가, 매출 증가를 비교하여 적정 수준을 결정해야 한다. 그 기본 원리는 제1장의 [그림 1−1]과 동일하다.

한 가지 유의해야 할 점은 각각의 마케팅믹스에 대한 의사결정이 독립적으로 이루어지지 않는다는 점이다. 마케팅믹스들은 기업이 마케팅전략 수준에서 정의한 포지셔닝을 달성하기 위한 수단이다. 앞서 포지셔닝을 제품에 대한 소비자들의 지각으로 정의한 바 있다. 이러한 포지셔닝은 그 자체로 제품 특성, 가격수준, 유통망의 품질, 커뮤니케이션의 중요 특성들을 모두 내포하고 있다고 보아야 한다. 따라서 포지셔닝의 정의는 가격을 포함한 마케팅믹스들에 대한 통합적인 의사결정을 포함하는 것으로 보아야 한다. 포지셔닝 이후 개별 마케팅믹스에 대한 의사결정은 주어진 포지셔닝 하에서 구체적인 수준, 방법론을 확정하는 단계로 이해되어야 한다.

이러한 주장은 경영학, 마케팅분야에서 매우 일반적인 견해임에도 실제 가격의사결정자들은 여타의 마케팅믹스들이 주어진 것으로 가정하고 가격을 별도로 결정하려는 경우가 많다. 마케팅믹스들은 상호 대체적 관계를 가지며 통합적으로 고려되야 한다.

저자가 또 하나 강조하고자 하는 것은 통상 가격이 마케팅믹스 중 가장 변화가 용이하며, 가격인하가 빠른 판매량 증가를 가져옴에도 불구하고 가격의 인하는 매우 신중해야 한다는 점이다. 가격의 인하는 소비자들의 준거가격 또는 가치인식을 변화시켜 기업에게 장기적으로 부정적인 영향을 미치기 쉽다. 또한 경쟁자들이 존재할 경우 가격전쟁을 발생시켜 산업 전반의 이윤율을 하락시킬 수도 있다. 가격의 인하보다는 여타 마케팅믹스의 활용을 통해 소비자들에게 높은 가치를 인식시켜 판매를 증가시키는 것이 기업의 장기적 이윤 측면에서 훨씬 더 바람직하다. 소비자들이 인지하지 못하는 경쟁사 제품 대비 차별화된 요소들을 알리고 그 가치를 높게 설득시키는 것이 가격인하에 우선하여 고려되어야 한다.

05 프레이밍

소비자행동 분야에서는 실질적으로 동일한 정보를 어떤 형태로 전달하느냐에 따라 소비자들의 반응이 달라질 수 있다고 보고 있다. 이에 따라 가격정보를 소비자들에게 효과적으로 전달함으로써 매출과 이익을 극대화하는 수단들이 연구되어 왔다. 이 때 정보의 전달 방법을 프레이밍(Framing)이라고 한다.

예를 들어 3,000만 원짜리 제품을 30만 원 할인한다고 하는 경우와 1% 할인한다고 할 경우 소비자의 반응이 동일할 것인가? 다른 반응을 발생시킨다면 이는 전통적인 주류 경제학 이론으로는 설명될 수 없다. 합리적인 소비자에게는 30만 원의 할인과 1%의 할인이 동일한 영향을 미쳐야 할 것이다. 그러나 현실에서 소비자들은 제한적인 합리성을 가지고 행동하며, 합리적 의사결정과 비교할 때 편향된 행동을 한다는 것에 대다수 독자들이 동의할 것이다.

따라서 합리성의 가정과 별개로 인간이 실제로 어떻게 선택하고 행동하는지 또 그 결과로 어떤 사회현상이 발생하는지를 고찰하고자 하는 학문적 경향이 존재하며, 이러한 연구들은 행동경제학(Behavioral Economics) 분야에서 집약되고 있다.[4] 이번 절에서는 앞서 제시한 정보의 제공방식 즉, 프레이밍과 관련한 연구들에서 중심적 역할을 담당하는 프로스펙트 이론(Prospect Theory)을 소개하고 이 이론이 가격전략 분야에서 어떻게 응용되는지를 살펴볼 것이다.

5.1 프로스펙트 이론

프로스펙트 이론은 가치이론 또는 기대이론이라고도 불리고 있는데 전통적 경제학의 효용함수와 대비되는 가치함수(Value Function)가 그 이론의 핵심에 있다. 도리오 노리오(2007) "행동경제학"의 설명을 간략히 정리하여 가치함수의 특성을 살펴보자. 프로스펙트 이론에서는 [그림 3-2]와 같은 S자형 가치함수를 제시하고 있다.

이 가치함수에는 두드러진 세 가지 특성이 포함되어 있다. 첫 번째는 '준거점 의존성'이다. 소비자가 느끼는 가치는 절대적인 부(富)의 수준에 의존하는 것이 아니라 어떤 준거점([그림 3-2]의 원점)을 기준으로 한 이득과 손실의 평가에 의해 결정된다. 예를 들어 두사람이 최근 한 달간 자신의 금융자산 증감에 관한 보고를 받았다. A는 자산이 4,000만 원에서 3,000만 원으로 줄어들었고, B는 1,000만 원에서 1,100만 원으로 늘었다. 절대적인 부의 수준은 A가 많겠지만 둘 중 누가 더 행복하냐고 묻는다면 대부분 B가 더 행복할 것이라고

4) 행동경제학은 Kahneman and Tversky(1979)의 출간을 기점으로 탄생되었다고 회자된다. Kahneman은 행동경제학의 성립과 관련한 공헌으로 2002년 노벨 경제학상을 수상하였다.

그림 3-2 가치함수

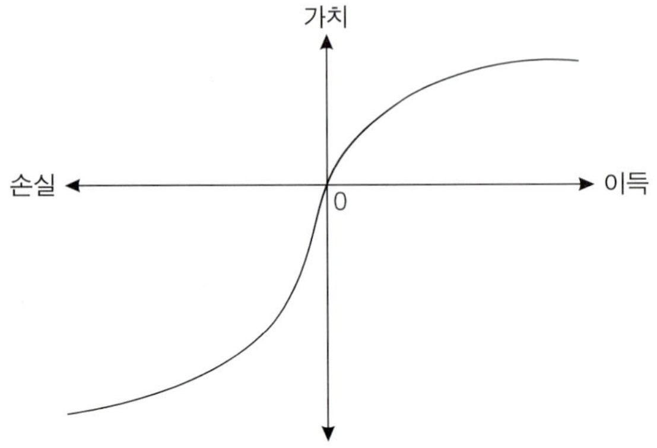

답할 것이다. 이는 두 사람이 기존에 가지고 있던 부의 수준 즉, 준거점이 다르기 때문이다. 가치 또는 행복의 수준을 결정짓는 것은 부의 수준이 아니라 부의 변화 즉, 준거점을 기준으로 한 이득과 손실에 의해 결정된다는 것이다.

두 번째 특성은 '민감도 체감성'이다. 이는 [그림 3-2]의 가치함수에서 이득 또는 손실의 크기가 증가할수록 기울기의 절대값이 작아짐을 말하는 것이다(선형이 아닌 S자형). 다르게 표현하면 이익이나 손실이 작을 때에는 가치가 민감하게 변화하나, 클 때에는 그 민감성이 감소한다는 것이다. 이는 주류경제학의 한계효용 체감의 법칙과 일맥상통하는 것이다. 여러분에게 1억 원이 생겼을 때에 비해 2억 원이 생겼을 때 두 배의 행복감을 느끼는가? 2억 원이 더 좋기는 하겠지만 그 가치의 증가는 상대적으로 작을 것이다.

세 번째 특성은 '손실 회피성'이다. 손실은 금액이 같은 이득보다도 더 강하게 평가된다는 것이다. [그림 3-2]에서는 같은 크기의 이득과 손실에서 이득의 가치 대비 손실의 음의 가치가 훨씬 크게 그려져 있다. 대부분의 사람들은 무엇인가를 얻는 것보다는 잃지 않는 것에 더 관심이 있다.

이러한 가치함수의 특성이 보편적으로 적용될 수 있는지에 대해 많은 실증적 연구들이 진행된 바 있으며, 현실적으로 상당한 의미를 가지는 것으로 평가되고 있다. 이러한 가치함수의 특성 중 준거점 의존성과 손실 회피성은 전통적 주류 경제학의 효용이론에서는 고려하지 않았던 것이다.

이러한 프로스펙트 이론 또는 가치함수를 통하여 가격전략과 관련한 많은 시사점을 얻을 수 있다.

① 이득의 민감도 체감성을 고려하면 복수 이득은 분리하여 제시해야 한다. 헬스클럽의 이용료를 할인해 준다면 연간 12만 원을 1회에 할인해주기 보다는 매월 1만 원씩 할인해 주는 것이 좋다.

② 손실의 민감도 체감성을 고려하면 복수 손실은 통합하여 제시해야 한다. 여행상품을 판매할 때 숙박과 교통비를 각기 나누어서 지급받기보다 패키지로 묶어서 가격을 제시하는 것이 소비자가 지각하는 손실을 줄여준다.

③ 손실이 이득보다 큰 경우 손실과 이득을 분리해야 한다. 민감도 체감성에 의해 손실은 규모 대비 작게 인식되고, 별개로 인식하는 이득은 규모 대비 상대적으로 높게 인식될 것이기 때문이다. 예를 들어 차사고로 100만 원의 수리비가 나왔는데 20만 원을 길에서 주은 경우가 단지 사고로 80만 원을 수리비로 지불한 경우보다 덜 불행하게 느껴진다는 것이다. 80만 원의 추가비용만을 받기보다는 100만 원의 추가비용을 받고 20만 원의 혜택을 주는 것이 손실을 적게 인식시킬 것이다.

④ 이득이 손실보다 크거나 같은 경우 이득으로 손실을 상쇄시키는 것이 좋다. 이는 주로 손실회피성과 관련된 것이다. 만약 복권으로 100만 원을 받았는데 길에서 지갑의 20만 원을 잃어버렸다면 가족들에게는 복권으로 80만 원을 받았다고 말하는 편이 가족들을 더 행복하게 할 수 있다. 부수적인 100만 원의 혜택을 더 주고 가격을 20만 원 더 받기 보다는 80만 원의 혜택을 제공하는 것이 더 큰 이득으로 인식될 것이다.

위의 시사점들은 경우에 따라 결합되어 응용될 수도 있다. 만약 기업들이 여러 제품과 서비스를 묶어서 판매한다면 소비자가 얻는 혜택에 대해서는 각각을 조목조목 명시적으로 제시하고, '하나의 가격으로 이 모든 것을 다 드린다'는 방식으로 가격을 제시하는 것이 인지되는 이득을 증가시키고 인지되는 손실(비용)을 감소시키는 방식이다. 즉, '이득은 나누고 손실을 합하라'라는 원칙을 제시할 수 있다.

한편 네 번째 시사점을 조금 다르게 해석하면 가격에 대한 저항을 줄이려면 이를 손실로 인식시키기 보다는 사라진 이득으로 인식시키는 것이 바람직하다는 것이다. 만약 은행이 어떤 상품에 가입하면 높은 이자를 주는데 대신 수수료를 추가로 내야 한다면 수수료에 해당하는 만큼 이자를 낮추는 것이 더 타당한 방식이 된다. 수수료는 손실로 인식되는 반면 이자의 감소는 이득의 감소로 인식될 것이며, 손실회피성을 고려하면 이 두 가지가 다른 크기로 인식된다는 것이다. 손실이 더 커서 손실을 제거할 수 없는 상황(세 번째 시사점)이라면 손실을 별도로 제시하는 것이 바람직하다.

이러한 가치함수의 시사점들은 미묘한 심리적 효과에 의해 발생하는 것들이다. 객관적인 경제적 가치의 관점에서만 생각한다면 이러한 시사점들이 다소 억지스럽게 느껴질 수도 있다. 또한 상황에 따라 다른 반응이 나타날 수 있을 것이라고 생각된다. 실제 프로스펙트 이론에 대한 논문들을 살피면 모든 사람들이 앞에 제시한 시사점과 동일하게 느끼는 것이 아니라 통계적으로 더 많은 사람들이 그렇게 느끼는 것으로 표현된다. 그러나 이 점이 프로스펙트 이론의 핵심이다. 소비자들은 같은 거래라 해도 여러 가지 다른 방식으로 인식할 수 있으며, 이에 따라 다른 반응을 보일 수 있다. 소비자들이 인식하는 방식 즉, 프레이밍을 조작함으로써 기업에게 유리한 행동을 끌어낼 수 있는 것이다. 이러한 반응들은 매우 미묘한 것이며, 소비자들의 행동을 깊이 있게 이해해야만 이윤극대화에 응용될 수 있다.

5.2 프레이밍을 이용한 가격전략

프레이밍의 개념을 활용하여 가격을 더 낮게 인식시키고 판매를 증진시키려는 연구들이 활발히 이루어지고 있다. 이제 이러한 연구들 중 이해가 용이하고 현실에서 쉽게 응용될 수 있는 몇 가지 연구들을 소개해 보도록 한다.

1. 외부 준거가격과 내부 준거가격

앞서 준거가격은 어떤 가격에 비교해 볼 수 있는 다른 형태의 가격이며, 가격의 높고 낮음을 평가하는 기준이 된다고 설명한 바 있다. 그런데 Biswas and Blair(1991)에서는 준거가격을 다시 외부준거가격과 내부준거가격으로 구분하여 설명하고 있다. 지금까지 설명하였던 준거가격은 소비자가 내적으로 인식하고 있는 준거가격으로 내부 준거가격에 해당한다. 그런데 기업이 소비자들에게 준거가격을 제시할 수 있으며, 이러한 준거가격을 통해 소비자가 인지하는 내부 준거가격을 끌어올릴 수 있다. 이 때 기업이 제시하는 준거가격을 외부 준거가격이라고 할 수 있다.

앞서 우리는 기업이 제품과 관련된 기회비용과 차별화 가치를 객관적인 자료를 통해 제시할 수 있다면 소비자들이 제품의 가치를 높게 인식할 수 있도록 유도할 수 있다고 설명한 바 있다. 예를 들어 자동차 엔진 노폐물 제거제를 사용하면 20만 원의 연료비 절감과 10만 원의 수리비 절감이 가능하다고 주장한다면 이 기업은 이 제품의 가치를 30만 원으로 제시한 것이며, 이를 외부 준거가격이라고 이해할 수 있다. 소비자는 이러한 주장을 모두 받아들이지 않더라도 제품의 효과에 대해 어느 정도 수긍하면서 본래 가지고 있던 내부 준거가격을 상향 조정할 수 있는 것이다.

그런데 이러한 외부 준거가격의 개념은 조금 더 교묘한 방식으로 사용되기도 한다. 우리는 소매점에서 실제 판매가를 적고 그 옆에 작게 비싼 정상 판매가를 적어둔 경우를 자주 보곤 한다. 이 때 실제 판매가는 소비자가 내부 준거가격과 비교하여 싼지 여부를 평가해야 하는 대상이다. 반면 상대적으로 높은 정상가격은 소비자들의 내부 준거가격을 높이는 역할을 한다. 소비자가 그 제품의 가격을 정확히 알지 못하는 상황 즉, 내부 준거가격이 형성되어 있지 않은 상황에서는 높은 정상가격으로 인해 실제 지불하는 가격을 싸게 느낄 수 있는 것이다. 어떻게 보면 동일 비용을 지불하면서 정상가격 대비 할인을 받았다는 추가적인 이득을 인식할 수도 있다.

만약 정상가격으로 구매하는 소비자가 거의 없다면 정상가격은 단지 높은 외부 준거가격으로서 소비자를 현혹하는 역할만을 한다고 보아야 한다. 여러 개의 신용카드를 들고 다니는 것이 보편화된 상황에서 일부 제품들에서는 신용카드 할인을 못 받는 상황이 특이한 경우가 되기도 한다. 이런 경우 할인 이전의 가격은 기업이 제시하는 외부 준거가격으로 생각될 수 있다. 좀 더 비공식적인 경우로 '옆 가게에서는 10만 원인데 우리는 9만 원에 드려요'와 같이 가격을 제시하기도 한다.

2. 분리 프레이밍

'하루에 260원이면 암 걱정 끝'이라던가 장기 할부가 가능한 경우 등에서는 제품 또는 서비스의 총 가격 대비 일 또는 월 지불금액이 강조되고 있다. 이러한 광고들은 소비자들이 지불해야 할 금액을 나누어 제시함으로써 소비자가 지각하는 가격과 관련된 손실을 줄이려는 것으로 볼 수 있다. 이 보험을 위해 하루에 260원이라는 금액을 10년간 내야 한다면 그 금액은 대략 100만 원에 가깝다. 소비자들은 총 금액에 대해서는 부담스럽게 느끼지만 하루에 260원이라면 매우 사소한 금액이라고 인식하고 그 정도는 지불할 수 있다고 생각할 수 있다. 이러한 전략을 Gourville(1998) 등에서는 Pennies–a–Day(PAD) 전략 또는 분리 프레이밍 이라고 칭하고 있으며, 반대로 총액을 제시하는 경우를 통합 프레이밍이라고 한다.

Gouville은 분리 프레이밍이 소비자들의 구매의도를 증가시키는 과정을 [그림 3–3]과 같이 정리하고 있다. 소비자들은 제품의 가격을 하루에 얼마라는 식의 분리금액으로 제시할 경우 그 금액 수준을 일상적으로 소비할 수 있는 사소한 지출 수준 즉, 버스요금이나 자판기 커피와 같은 가격과 비교한다고 생각된다. 만약 그 금액을 사소한 지출과 같은 범주로 인식할 경우 즉, 동화(Assimilation)가 발생할 경우 소비자들은 그 제품을 구매할 만 하다고 생각할 것이다. 결국 분리 프레이밍은 소비자들의 싸다 비싸다를 평가하는 방식을 기업에게 유리한 방식으로 변화시키는 것이다.

그러나 사소한 지출 범주에 동화되지 않는 대조(Contrast)가 발생할 경우 도리어 제품의 구매의도를 감소시킬 수 있다. 예를 들어 4,000만 원 가량의 고급 승용차를 생각해 보자. 여러분은 자동차 가격을 총액으로 인식하는데(통합 프레이밍) 익숙하고 비싸다는 것을 익히 알고 있다. 즉, 준거가격이 4,000만 원 수준에 형성되어 있을 수 있다. 그런데 이 자동차를 10년간 사용할 수 있다고 가정하고 분리 프레이밍으로 가격을 제시할 경우 1년에 400만

그림 3–3 분리/통합 프레이밍에서의 가격 수용

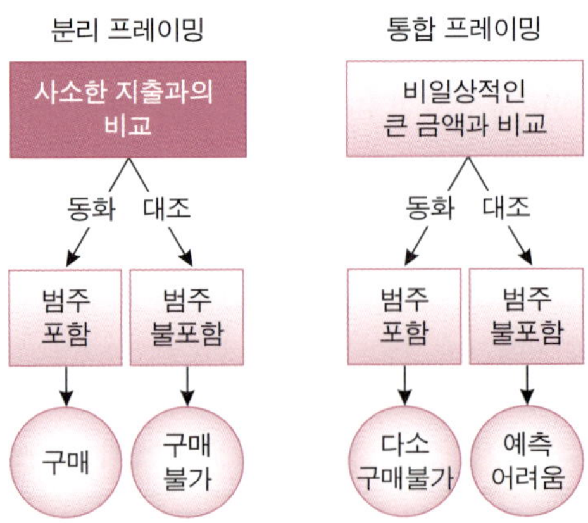

원 또는 하루에 1.1만 원 수준의 금액을 지출해야 한다는 표현될 것이다. 그렇다면 매일 사용하지도 않는 자동차를 위해 하루 두 끼니 식사 값에 해당하는 지출이 매일 발생한다는 것이다. 기름값 등 유지/보수비용을 제외하고도 말이다. 통합 프레이밍 즉, 4,000만 원이라는 금액이 제시되었을 경우와 상당히 다른 느낌을 받을 수 있다. 사소한 지출에 동화되지 못하고 대조가 일어날 경우 도리어 분리 프레이밍에서 구매의도가 감소할 수 있다.

한편 분리 프레이밍에 대한 논의는 앞서 설명된 프로스펙트 이론과 상치되는 면이 있다. 즉 손실을 분리해서 제시할 경우 소비자들은 손실을 더 크게 인지할 수 있는 것이다. 주된 차이점은 분리 프레이밍에서 분리된 금액이 사소한 지출로 인식될 경우 총 금액의 크기와는 별개로 부담을 작게 인식하는 경향이 있다는 것이다.[5)] 앞서 지적한 바와 같이 이러한 이론들은 사람의 심리를 다루는 것으로 미묘한 차이가 결과에 상당한 차이를 가져올 수 있음에 유의해야 한다.

3. 비례적 가격평가 : 절대금액 vs. 상대금액

앞서 외부 준거가격의 개념을 설명하면서 기업들이 정규가격, 또는 다른 가게의 가격 대비 더 낮은 가격이라고 소개하는 방식 즉, 가격을 할인해서 제시하는 방식을 사용하고 있음을 언급하였다. 그런데 할인을 제시하는 방법에 따라 소비자가 인지하는 할인의 크기가 다를 수 있다는 연구들도 있다.

송재도(2010a)에서는 기업들이 결합상품을 판매하는 경우를 다루고 있다. 예를 들어 5천 원/월의 집전화와 3만 원/월의 초고속 인터넷을 모두 특정 기업으로부터 결합하여(Bundling) 이용할 경우 5천 원/월을 할인하여 3만 원/월에 제공한다고 생각해 보자. 동일한 5천 원의 할인을 '결합상품으로 가입 시 집전화를 공짜로 드립니다'라고 제시할 경우와 '3만 5천 원/월에서 5천 원을 할인합니다'라고 제시할 경우 어느 쪽에 더 긍정적인 느낌을

5) 송재도, 조은성(2011)에서는 분리금액이 상당히 커서 사소한 지출에 동화되지 못하는 경우에도 분리 프레이밍이 구매의도를 높일 수 있는 가능성을 제시하고 있다. 예를 들어 미국의 플로리다 지역의 어학연수가 1년에 1,800만 원이라고 생각해 보자. 광고문구는 플로리다 해변의 캠퍼스와 같이 해외여행을 떠올리게 하는 형태라고 생각해 보자. 이 때 하루 5만 원이라고 분리 프레이밍을 제시할 경우 서울에서 하루 생활비도 몇 만 원은 드는데 5만 원 수준으로 플로리다 해변에서 즐길 수 있다면 괜찮은 조건이라고 생각할 수 있지 않겠는가? 즉, 분리금액을 유사한 효용수준과 단위기간을 갖는 서비스(이 경우 해외 여행)의 가격수준과 비교하여 평가할 수 있다는 것이다. 결과적으로 분리 프레이밍의 효과는 서비스의 특성과 광고 문구에 의해 소비자들이 어떤 비교 대상을 상기하는가에 따라 달라질 수 있다고 주장하는 것이다.

받는가? 설문을 통한 실험의 결과 집전화를 공짜로 제공한다고 제시하는 경우에 구매의도가 더 높게 나타났다.

이러한 효과가 발생할 수 있다는 근거로 가장 널리 알려진 것이 Weber-Fechner 법칙이다. 이 법칙은 외부 자극에 대한 강도(Intensity)의 인지는 자극의 절대 크기가 아니라 상대적인 비율에 의존한다는 비율 의존성(Proportionality)을 의미한다. 10억 원짜리 집을 살 때 1천만 원을 깎아준다는 제안이 대단한 할인이라고 생각되지 않는다. 그러나 2천 원짜리 노트를 1천 원 깎아준다고 하면 횡재를 한 것 같은 느낌을 받는 것이다.

앞서 언급한 결합상품의 경우 할인의 대상을 무엇으로 인지시키는지를 조작하여 할인의 비중을 달리 인지하게 만드는 방식이다. 어떤 방식을 사용하던지 할인율을 높게 인지시키는 것이 할인의 효과를 극대화하는 방법이 된다.

그러나 Weber-Fechner 법칙 또는 비율의존성이 항상 적용될 것이라고 볼 수만은 없다. 우리는 프레이밍이라는 개념을 통해 동일한 정보도 표현 방식을 달리함으로써 소비자의 인지를 기업에게 유리하게 유도할 수 있음을 언급하였다. 기업이 절대금액을 중심으로 가격을 설명하면 소비자들이 절대금액을 통해 할인을 인지할 가능성도 증가한다. 이제 3,000만 원짜리 제품을 30만 원 할인하는 경우를 생각해 보자. 절대금액 30만 원을 할인한다고 제시할 때와 1%를 할인한다고 제시할 때에 소비자의 반응이 어떠할지를 생각해 보자. Heath et al.(1995)의 연구에 따르면 본래 가격이 높은 제품에 대해서는 할인의 절대금액이 커도 할인율은 높지 않으므로 할인율보다는 절대금액으로 제시하는 것이 소비자들의 구매의도를 더 증가시킬 수 있다고 한다. 즉, 1%라는 할인율은 그다지 크지 않게 느끼더라도 30만 원이라는 금액은 크게 느끼고 구매를 위한 좋은 기회라고 판단한다는 것이다. 반대로 2만 원짜리 제품을 1만 원 할인하는 경우에는 50% 할인한다고 제시하는 것이 더 효과가 클 수 있다. 할인의 절대금액은 작아도 비율이 높다면 비율을 전면에 제시하는 것이 더 효과적이라는 것이다. 기업은 소비자들의 인식 방식을 기업에게 유리한 방식으로 유도할 수 있다.

06 공정성의 지각

6.1 공정가격모형

우리는 소비행위를 하면서 감정적인 대응을 하는 경우가 많다. 어떤 주유소가 다른 주유소들보다 리터당 가격을 10원 비싸게 받는 경우 어떤 소비자들은 먼 주유소까지 찾아가서 기름을 넣는다. 이 때 50리터를 넣는다면 500원을 절약하는데 먼 곳에 가기 위해 추가로 드는 기름 값이나 차의 감가상각, 시간비용 등을 다 따져보면 과연 이러한 행동이 합리적일까? 일부 소비자는 단지 비싸게 파는 주유소가 괘씸하다는 생각에 이런 행동을 한다고 생각된다. 어떤 월간지가 인터넷 상에서 기사를 유료로 서비스 하는 경우 소비자들이 이에 저항하는 경우도 있다. 정보는 공유되어야(공짜로) 하는 것이라고 주장하면서 감정적으로 분노하기도 하는 것이다. 그러나 기사를 만드는 쪽에서는 비용이 들고 이 비용을 회수해야만 한다. 월간지를 가판대에서 사는 경우는 돈을 지불하는 것을 당연히 생각하면서도 왜 인터넷에서 유료로 팔면 분노해야 하는 것인가? 월간지 가격이 종이 값과 인쇄비만 포함하는 것은 아니지 않는가?

경제적, 합리적 인간은 제품으로부터 얻는 효용에서 비용을 차감한 순효용을 극대화하는 것으로 생각된다. 그러나 일반적인 소비자들은 완벽한 경제적 · 합리적 인간이 아니다. 소비자들의 행동을 이해하고 기업이 제시하는 가격을 받아들이게 하기 위해서는 소비자들의 감성적, 심리적 요인들을 이해할 필요가 있다. 이 때 중요하게 고려되어야 하는 것이 공정성의 개념이다.

사라 맥스웰(2009) '가격차별의 경제학'에서는 개인적 공정성과 사회적 공정성의 개념을 분리하여 제시하면서 소비자들의 가격에 대한 반응을 [그림 3-4]와 같이 모형화 하고 있다. 이를 공정가격모형이라고 하는데 David Messik과 Cristel Rutte에 의해 개발된 모형이다.

여기서 개인적 공정성이란 주로 무엇이 정상적인 행동인지를 설명하는 기술적 규범에 대

그림 3-4 공정가격모형

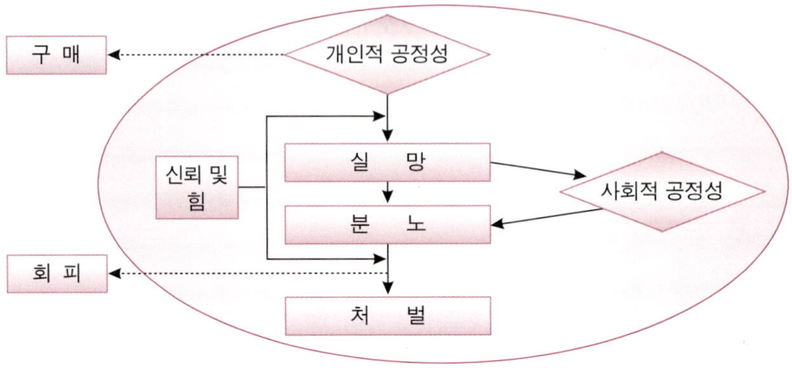

한 판단이라고 설명된다. 통상 인터넷에서의 정보는 공짜이고, 아이스바의 가격은 1,000원 이하이다. 또한 통상 한국에서는 음식점에서 팁을 내지 않으며, 핫도그를 먹을 때 케첩의 가격은 받지 않는다. 기술적 규범은 관행이나 과거의 반복적 경험 등에 의해 형성되는 것이며 소비자들의 기대를 형성한다. 개인적 공정성은 어떤 의미에서는 개인의 기대를 만족시키는 싼 가격을 말한다. 앞서 언급된 개념으로 설명하면 소비자들이 가지는 준거가격에서의 이탈 정도를 판단하는 문제이다. 본인이 예상했던 또는 알고 있던 가격에 비해 비싸다고 생각되는 경우 소비자들은 개인적 공정성이 위반된 것이라고 생각한다.

반면 사회적 공정성이란 단지 정상적일 뿐만 아니라 어떤 일이 행해지고 어떤 일이 금지되어야 하는지를 지정하는 규정적 규범을 말한다. 단골 소비자는 할인을 받아야 하며, 소비자의 상황을 이용해 폭리를 취해서는 안된다. 가격은 비용에 기반하며, 가격은 품질을 반영해야 한다. 규정적 규범은 어느 정도 사회적 합의가 이루어진 것이라는 의식에 기반하고 있으며, 이를 위반할 경우 단지 비정상적인 것이 아니라 나쁜 일을 한 것이라고 인식된다.

공정가격모형에서는 만약 어떤 가격이 기술적 규범과 달라 개인적 공정성을 위반할 경우 소비자들은 실망하게 되고 그 이유를 찾아 불만을 해소하려 한다고 설명한다. 즉, 제시된 가격이 의외로 비쌀 경우 소비자들은 실망하고 그 이유를 찾고자 한다. 이제 비용이 올랐다거나, 새로운 기능이 추가되었다 등의 이유를 찾게 되고 사회적 공정성이 만족된다면 개인적 공정성의 판단을 수정할 것이다. 그러나 그 원인이 기업이 단지 이윤을 높이기 위한 것이었다고 판단되면 높은 가격은 사회적 공정성을 위반한 것으로 판단하게 되며, 분노하게 된다. 어떤 소비자들은 불공정한 기업을 처벌하기 위해 소비자보호원에 신고를 하기도 하고 기업에 대한 비판을 블로그에 올리기도 한다.

이 절의 앞에서 제시하였던 주유소를 생각해 보자. 가격이 높은 경우 소비자는 일단 주변 가격보다 높아 개인적 공정성에서 실망하게 된다. 이후 다른 주유소와 비용이 차이가 날 것 같지 않으며, 단지 주유소 사장이 폭리를 취하기 위한 것이라고 생각되면 분노를 하고 이를 처벌하기 위해 설사 개인적으로는 손해일지라도 다른 주유소를 찾아나서는 것이다. 온라인 상의 유료 정보도 통상 온라인 정보가 무료이므로 개인적 공정성을 위반한 것으로 생각된다. 그런데 어떤 이는 정보를 만들고 포털에서 유지관리하기 위해 비용이 들므로 사회적 공정성을 어긴 것이라고 생각지 않고 받아들일 수 있다. 반면 어떤 이는 지식과 정보를 가진 자는 이를 무료로 공유해서 사회에 공헌해야지 이를 통해 수익을 얻는 행위는 사회적 공정성을 위반한 것이라고 판단하여 분노하기도 한다. 사회적 공정성의 판단에 다른 규범이 적용될 수도 있다는 것이다.

이러한 공정가격모형을 살펴보면 기업이 제시하는 가격이 소비자들에게 쉽게 받아들여지기 위해서는 기존의 관행 또는 가격수준, 소비자가 예상하는 준거가격에서 크게 벗어나서는 안된다는 점을 인식할 수 있다. 만약 제시한 가격이 이를 만족하지 않아 개인적 공정성을 위배할 수 있다고 생각된다면 소비자들이 쉽게 납득할 수 있는 사유를 가지고 있어야만 한다. 즉, 소비자들이 적어도 사회적 공정성을 위배하지는 않았다고 판단할 수 있어야 한다. 조금 다른 관점에서는 소비자들이 개인적 공정성을 위배한 기업의 동기에 대해 선함 여부를 판단한다고 설명되기도 한다. 만약 증가된 이윤을 통해 사회공헌사업을 한다거나 직원들의 임금을 높여주기 위한 '선한 동기'에 의한 것이라고 생각된다면 소비자들은 사회적 공정성에 위배되지 않는다고 생각할 것이다. 반면 시장에 공급이 부족한 상황을 이용해 이윤을 높이려는 것이면 '나쁜 동기'로 인식하여 사회적 공정성을 위배한 것이라고 생각될 것이다. 여러분은 이동전화회사들이 이윤을 남기면서도 높은 가격을 유지하는 원인을 미래에 통신시설을 확충하기 위한 자원을 모으기 위한 것이라고 주장하는 것을 들어본 적이 있을 것이다. 이는 사회적 공정성을 위배하지 않는 사유가 있다고 주장하는 것이다.

한편 [그림 3-4]에는 신뢰 및 힘이라는 개념이 포함되어 있다. 만약 기업이 오랜 동안 사회공헌 사업으로 명성을 쌓고 있으며, 그간 공정한 거래를 해왔다는 신뢰가 구축되었다면 설사 현재 개인적 공정성이 위배되었다고 생각하더라도 뭔가 이유가 있으리라는 식으로

별첨3.3 신뢰와 시장의 존재 가능성 : 역선택(Adverse Selection)

제품의 속성들을 탐색속성, 경험속성, 신뢰속성으로 구분하여 설명한 바 있다. 만약 특정 제품에 경험속성이나 신뢰속성이 많은 경우 소비자들이 제품의 품질을 확인하기가 어렵다. 그런데 소비자가 제품의 품질을 확인할 수 없는 경우 시장이 존립할 수 없는 경우가 발생한다.

예를 들어 중고차 시장의 경우 소비자가 제품의 품질을 믿고 샀다가 문제가 발생하는 경우를 흔히 보았을 것이다. 만약 특정 차종의 2012년식 자동차가 중고차 시장에서 평균적인 품질을 반영해 1,000만 원에 판매되고 있다고 생각해 보자. 소비자들이 제품의 품질을 전혀 파악할 수 없다면 어떤 자동차가 시장에 출시될 것인가? 평균적인 중고차보다 높은 품질(성능)을 유지하고 있는 소유자는 1,000만 원에는 팔지 않으려 들 것이다. 반면 평균 이하 품질의 자동차들은 이 가격에 팔리면 다행이라며 시장에 나올 것이다. 이제 이러한 현상을 중고차 구매자들이 이해하고 있다면 1,000만 원에 중고차를 살 것인가? 대부분 낮은 가치의 자동차를 구매하게 될 것이므로 이 가격에는 구매를 안 할 것이다. 결국 가격이 하락해야만 거래가 발생할 수 있다. 그러나 가격이 하락한다고 이 문제가 해소될 것인가? 역시 하락한 가격 대비 낮은 품질의 제품들만 중고차 시장에 출시될 것이다. 그 결과 하락한 가격에도 소비자들은 구매를 안 할 것이다. 결국 아무리 가격이 낮아져도 거래는 발생할 수 없다.

역선택(Adverse Selection)이라는 용어는 시장에서 바람직하지 않은 선택만이 발생한다는 의미에서 붙여진 이름이다. 위의 예에서는 나쁜 품질의 자동차들만이 시장에 나오는 상황을 의미한다. 이런 상황에서 시장이 존립할 수 있으려면 어떤 조치가 필요한가? 중고 자동차 시장에서는 구매자들이 품질을 확인할 수 있게 하거나 판매자가 좋은 품질의 자동차를 판매한다는 명성을 얻어야만 한다. 신뢰를 확보할 수 있는 수단을 보유하거나 이미 확보된 신뢰가 있어야만 시장이 기능할 수 있는 것이다.

신뢰의 문제와는 다소 거리가 있으나 역선택의 문제로 자주 거론되는 보험시장을 생각해 보자. 소비자들이 충분히 합리적이라면 암보험 상품은 암을 가질 확률이 높은 사람들만 가입할 것이다. 결국 보험료를 높여야 하고 이 경우에는 암 발생 확률이 더 높은 사람들만 가입할 것이다. 결국 보험료는 계속 올라가야만 한다. 이 경우 암보험 시장이 성립하기 위해서는 암에 걸릴 확률이 높은 사람들을 걸러내는 수단이 필요하다. 지나치게 노령인 경우 또는 과거 병력이 있는 사람들을 배제하는 방식은 이러한 시도라고 보아야 한다.

받아들여지기 쉽다는 것이다. 한편 이러한 신뢰를 쌓지 못하고 도리어 나쁜 명성을 가지고 있는 기업에 대해서는 개인적 공정성의 판단이 매우 민감한 반응을 초래할 수 있을 것이다. 힘의 개념은 기업이 독점기업이고 그 제품 이외의 대안이 없는 경우라면 소비자들은 공정성의 판단에 적극적으로 임하지 않을 것임을 의미하는 것이다.

개인적 공정성과 관련된 기술적 규범들은 관행, 경험과 많은 관련성을 가짐을 언급한 바 있다. 대체로 상당 기간 유지되어온 가격에 대해서는 공정성의 이슈가 크게 발생하지 않는다. 개인적 공정성의 문제가 가장 첨예하게 나타나는 상황은 가격의 인상이나 새로운 수수료를 부과하는 상황이다. 제품의 수명주기가 긴 제품들에서는 시간의 경과에 따라 인건비, 원재료 가격 상승 등 가격인상 요인이 발생하는 것이 지극히 상식적일 것이다. 그러나 가격의 상승에 대한 소비자들의 반응은 지극히 냉담하다. 소비자들의 개인적 공정성의 판단은 직관적이고 감성적인 것으로 그 원인을 고려하지 않는다. 이는 마치 실제 기업들의 이윤추구 행위에 대한 소비자들의 본능적 대응처럼 느껴진다. 물론 이후 사회적 공정성의 판단이 소비자들의 실망과 분노의 수준에 영향을 미칠 것이나 부정적 영향을 제거한다는 것은 생각하기 어렵다. 이런 가격인상 상황에서 발생하는 공정성의 문제를 가격저항이라고 한다.

6.2 공정성의 인식과 가격 인상

고정가격모형을 고려하면 가격이 인상될 경우 개인적 공정성의 위배를 피하기 어려울 것이다. 설사 원가인상 등 사회적 공정성 관점에서 문제가 없더라도 소비자들은 일단 실망감을 느끼게 될 것이다. 또한 일부 소비자들은 적극적으로 가격 인상의 원인을 알아보고 납득하기도 하지만 상당수 소비자들이 단지 해당 브랜드를 외면하기도 한다. 따라서 원칙적으로 가격인상이 공정한 것으로 인식되도록 커뮤니케이션 하는 방식을 고려해야 하나 가격인상이 가격저항이라는 부정적인 결과를 수반할 것임을 반드시 인식해야만 한다.

이를 고려하면 가격인상 조치가 소비자들에게 가시적으로 드러나지 않도록 하는 것이 가장 효과적인 방법이다. 실질적으로 가격이 인상된 것이나 그렇게 보이지 않는 다양한 경우들이 존재한다. 통상적으로 많은 기업들이 판매촉진을 위해 일시적인 가격할인을 실시하는데 이러한 가격할인을 줄이기만 해도 상당한 가격인상 효과가 발생한다. 또한 상당수 기업들이 하나의 제품 범주(카테고리) 내에 다양한 가격대의 제품을 판매하고 있다. 일반적으로 저가의 제품들이 마진이 낮게 나타나는데 이러한 저마진 제품들의 생산량을 줄이거나 없애는 것도 결과적으로 가격인상 효과를 가져온다. 때로는 가격을 인상하기 보다 제품의

별첨3.4 원가 인상의 역설: 항공사들의 부가서비스 유료화[6]

항공산업의 경우 지난 수십년간 규제완화, 저가 항공사의 진입 등의 과정을 거치면서 경쟁이 심화되었으며, 가격과 산업의 이윤율이 크게 하락하고 있었다. 한편 인터넷의 발달은 항공사들이 여행사를 거치지 않고 소비자들에게 직접 판매하여 수수료 절감을 가격인하에 반영토록 하는 계기가 되었으며, 항공권 판매를 중계하는 전문 업체(Site)들의 출현과 소비자들의 가격비교 역량 증가와 같은 요인들이 가격 하락을 촉진하였다.

결과적인 가격의 하락은 항공사들의 경영을 악화시키는 상황이었는데 2008년 국제 유가의 급격한 상승은 항공업계에 큰 위기로 작용하였다. 항공유는 항공기 운영비용에서 가장 큰 비중을 차지하는데 2007년 배럴(barrel)당 $50 이하였던 유가가 2008년 $150 가까이 상승하였으니 그 영향은 매우 지대한 것이었다. 이러한 원가 상승에 대응하여 항공사들은 여행객 수하물에 추가요금을 부가하는 등 운임 외 부가요금들을 신설하였다. 소비자들의 입장에서 이러한 신설 요금들은 불쾌한 것이었으나 국제 유가의 상승이 사회적 이슈가 되는 상황에서 큰 저항을 불러일으키지 않았다.

그런데 주목할 점은 2008년 유가가 최고치에 이른 수개월 이후 유가는 2007년 수준으로 다시 인하되었으나 신설된 요금들은 유지되었다는 점이다. 또한 이러한 관행이 받아들여지면서 많은 항공사들이 이후 다양한 부가서비스들을 유료화 시켰다. 기내에서 샌드위치를 비롯한 음료들이 유료화 되었고 이전에 유료화 되었던 주류들의 가격도 크게 상승하였다. 항공권을 전화로 예매할 경우에도 추가 수수료를 물게 되었으며, 유료 기내 인터넷 서비스가 도입되었다. 이제는 모든 탑승객들이 이용하지 않는 부가서비스들에 대해서는 유료화 하는 것이 관행이 되는 상황이다. 이러한 관행은 이용자와 비이용자 간 형평성이라는 관점에서 사회적 공정성에 부합하는 측면도 있다. 그러나 우리가 주목할 점은 부가서비스의 유료화가 사회적으로 용인되었던 일시적인 상황이 이를 관행화 시키고 결국 기업들의 수익성 향상에 상당히 기여하는 계기가 되었다는 점이다.

용량을 조금씩 줄이거나 더 저렴한 원료를 사용하기도 한다.

만약 가격을 명시적으로 인상해야 하는 상황이라면 가격의 인상이나 수수료의 부가는 소비자들이 대수롭게 여기지 않을 수준으로 조금씩 점진적으로 진행되는 것이 바람직하다. 가격의 인상을 하나의 자극으로 생각할 때 그 자극의 수준이 임계치(Threshold) 이하인 경우 소비자들은 명확히 인지하지 않거나 대수롭지 않은 문제로 생각하기 쉽다. 이는 가격인

6) Lusch, Dunne, and Carver(2011) P5 참조.

하의 경우 소비자들의 직접적인 반응을 불러일으키기 위해 임계치 이상으로 인하하는 것과 반대의 상황이다.

가격의 인상이 가급적 소비자들에게 인지되지 않도록 하는 것이 최선의 방법이며, 이상의 논의는 그 구체적인 방법들을 예시한 것이다. 이런 관점에서 생각하면 가격 인상의 이유를 소비자들에게 커뮤니케이션 한다는 것은 그다지 바람직하지 않다. 가격의 인상을 명확히 드러나게 하는 방식인 것이다. 따라서 가격인상의 폭과 소비자들의 반응을 고려하여 상당한 저항이 발생할 것으로 예상되는 경우에나 가격인상 원인을 적극적으로 커뮤니케이션 해야 한다.

일반적으로 무료 서비스의 유료화, 신규 수수료의 부가, 급격한 가격의 인상과 같이 임계치를 초과하는 가격인상 상황에서는 사회적 공정성을 만족시키기 위한 적절한 사유가 제시되는 것이 좋다. 가장 대표적인 방식이 유료화 전후의 원가요인 변화를 직관적 · 가시적으로 제시하는 것이다. 한편 가격 인상의 사유를 세시하는 것과 함께 소비자들에게 추가적 가치를 제공하는 것이 바람직하다. 상대적으로 적은 수준이라도 품질, 서비스의 증가와 같은 고객가치 증가요인이 수반되는 것이 바람직하다. 대학과 같은 공공시설의 주차료가 유료화 될 때 주차관리시설과 같은 가시적 요소의 도입은 원가의 상승을 인지시키고 향후 주차 혼잡도의 감소와 같은 추가적 편익을 암시함으로써 가격저항을 감소시키게 된다. 설사 이러한 요인이 전체 가격상승을 설명하지 못한다 하더라도 사유의 존재 여부는 중요한 차이를 낳는다. 또한 가격상승이 합리화 될 수 있는 사회적 여건을 활용하는 것도 중요하며, 이와 관련하여 별첨 3.4를 살펴보기 바란다.

가격수준의 변동 외에 가격구조를 변경하는 경우에도 이러한 기술적 규범의 문제가 고려되어야 한다. 예를 들어 음식점에서 1만 원의 가격을 책정하던 것을 음식값 9천 원, 종업원 서비스 이용료(Tip) 1천 원으로 변경하는 경우를 고려해 보자. 동일한 가격이지만 팁을 주는 것은 한국인들에게 익숙하지 않은 일이며, 소비자들은 개인적, 사회적 공정성을 따져볼 수 있다. 실질적으로 동일한 가격이면서도 저항을 불러올 수 있는 것이다. 이런 경우 공정성의 지각 문제는 앞서 언급된 프레이밍의 문제와 연관된다. 즉, 가격을 음식에 대한 대가로 인식시키는가 아니면 종업원의 서비스도 포함된 것이라고 인식시키는가의 차이를 고려하고 이에 대한 소비자의 반응을 예상해 보아야 하는 것이다.

핵심 주제 및 키워드

- 탐색속성(Search Attribute)
- 경험속성(Experience Attribute)
- 신뢰속성(Credence Attribute)
- 제한된 합리성(Bounded Rationality)
- 경제적 가치
- 심리적 가치
- 품질지표
- 최저수용가격(Lowest Acceptable Price)
- 프레이밍(Framing)
- 프로스펙트 이론(Prospect Theory)
- 가치함수(Value Function)
- 외부 준거가격(External Reference Price)
- 분리 프레이밍(Pennies-a-Day Framing)
- Weber-Fechner 법칙(비율의존성)
- 공정가격모형
- 개인적 공정성
- 사회적 공정성

생각해볼 문제

1) 식당의 여러 속성들을 탐색속성, 경험속성, 신뢰속성으로 구분하여 설명하시오.

2) 불완전한 정보나 제한된 합리성의 상황에서 소비자들이 이용하는 의사결정 방식들에는 어떤 것들이 있는가?

3) 은행 대출, 화장품, 경영컨설팅, 해외여행을 대상으로 가치의 속성과 유형이 어떻게 다른지 생각해 보고 그에 따른 효과적인 커뮤니케이션 방안을 고려해 보시오.

3) 신제품의 가격을 높게 책정하는 경우 기대되는 효과에는 어떤 것들이 있는가?

4) 가격경쟁 상황에서 첫 번째, 가격인하를 통한 맞대응과 두 번째, 광고 확대 또는 부가서비스의 추가와 같은 기타 마케팅믹스 수준을 증가시키는 두 유형의 차이점을 생각해 보시오.

5) 가치함수의 형태를 결정짓는 주된 가치인식의 특성 세 가지는 무엇인가?

6) 가치함수가 가격이론에 주는 시사점에 대한 새로운 사례들을 생각해 보시오.

7) 프레이밍을 이용한 가격전략의 유형들에는 어떠한 것들이 있는가?

8) 고가의 의약품에 대한 소비자들의 반응 유형들을 공정가격모형을 응용하여 정리해 보시오.

제4장 제품의 원가

1. 원가의 구성요소
2. 원가 관련 경제적 개념
3. 독점에서의 가격설정과 원가개념의 의미
4. 원가와 이익의 개념
5. 생산수준에 따른 원가변동
6. 원가에 기반한 가격 분석
7. 원가구조의 선택가능성 및 가격전략에의 의미

기업이 영업활동을 통해 발생시키는 이윤은 매출에서 비용을 차감함으로써 계산될 수 있다. 만약 비용이 매출을 초과한다면, 다시 말해 제품 한 개당 평균적인 비용이 가격을 초과한다면 영업활동의 결과는 손실이 될 것이다. 따라서 가격이 평균비용을 초과해야 하며, 가격 설정에서 비용을 고려해야 함은 자명해 보인다. 그런데 가격전략에서 비용에 대한 엄밀한 이해가 뒷받침되지 않는 한 비용의 고려가 자칫 부적절한 의사결정의 원인이 될 수 있다. 본 장에서는 비용을 구성하는 제반 요소들을 정리하고 비용의 개념이 가격전략에 어떻게 활용되는지를 검토하고자 한다.

통상 비용이라는 용어와 원가라는 용어가 혼용되고 있다. 비용은 이미 대가를 치르고 획득한 후 사용을 완료하여 미래의 수익창출능력이 없는 부분으로 소멸원가에 해당한다. 반면 자산은 대가를 치르고 획득되어 미래의 수익창출에 사용될 수 있는 미소멸원가를 의미한다. 제품 생산에 투입된 가치들은 제품이 판매되지 않은 상태라면 자산의 형태로 인식되며, 판매되었으면 매출 획득의 대가로 지출된 비용으로 인식되므로 투입된 가치를 모두 포괄하는 의미에서는 원가라는 용어를 사용하게 된다. 결과적으로 원가라는 용어는 비용을 포괄하는 것이다.

이러한 엄밀한 의미를 생각하면 이미 판매된 제품이 이윤을 창출하였는지를 고려할 때에는 비용이라는 용어가 타당하며, 판매할 제품의 가격을 고려한다면 원가라는 개념이 사용되는 것이 더 타당하다. 그러나 관용적으로 이 두 가지 용어는 혼용되는 경우가 많으며, 이 책에서도 원가와 비용이라는 용어를 혼용하여 사용할 것이다.

한편 원가라는 용어는 다양한 대상에 적용될 수 있는 개념이다. 특정 제품의 생산 외에도 광고캠페인, 영업활동과 같은 활동들이 원가대상(Cost Objective)이 될 수 있다. 그 중에서 가격전략과 관련해서는 제품원가가 주로 고려된다. 제품원가는 특정 제품 한 단위의 생산과 판매를 위해 포기한 자원 즉, 비용을 의미한다. 이 장에서 언급하는 원가는 주로 제품원가를 의미하는 것으로 파악하기 바란다. 또한 특별한 언급 없이 사용되는 원가는 제품의 제조와 판매에 사용되는 모든 원가들이 포함된 총원가를 의미하는 것이다. 이와 관련된 개념들을 차례로 살펴보자.

01 원가의 구성요소

흔히들 "카페에서 판매하는 커피 원가가 백원이나 될까?"라는 질문을 한다. 아마도 커피를 제조하는데 드는 비용은 미미한데도 가격이 너무 비싸다는 생각을 반영하는 것이다. 이러한 생각의 문제점은 원가의 범위를 지나치게 좁게 인식하고 있다는 것이다 통상 제품의 원가는 제품을 생산하는데 드는 직접적인 비용만을 포함하는 것이 아니다.

원가에는 〈표 4-1〉이 보여주는 것과 같이 제조원가와 영업원가가 포괄된다. 제조원가는 제품의 생산과 관련하여 제품이 최종적으로 완성될 때까지 발생한 모는 원가를 의미한다. 반면 영업원가는 제품이 완성된 이후 제품을 판매하면서 부담한 비용과 회사를 관리/운영하기 위해 부담한 비용을 포함하고 있다. 한편, 원가는 특정 제품의 생산과 판매에 전용된 비용인 직접비와 다수의 상이한 제품이 생산과 판매에 공통으로 사용된 비용인 간접비(공통비)가 포함된다. 앞서 커피의 원가를 백원이라고 말한 것은 아마도 직접/제조원가만을 고려한 결과일 것이다. 커피와 녹차의 생산과 서비스에 공통으로 봉사하는 직원의 인건비와 물을 끓이기 위한 장비 등은 간접비로 원가에 포함되어야만 한다. 또한 카페의 경우 서비스를 위한 매장 공간 관련 비용도 간접비에 포함되어야만 한다. 기업이 이윤을 창출하기 위해서는 개별 제품의 가격이 직접제조원가 이외에 간접 및 영업비의 회수에도 기여해야만 한다.[1)]

표 4-1 제품원가의 범위

	제조원가		영업원가 (판매비와 관리비)
직접비	직접재료비	직접노무비	직접영업비
간접비(공통비)	간접재료비	간접노무비	간접영업비
	기타 경비		

1) 노무비와 같은 경우 이미 사용된 노동가치의 대가로 지불되므로 비용으로 인식하는 것이 자연스럽다. 그러나, 장비나 건축물과 같은 자산의 경우 생산과 서비스에 이용되지만 여전히 그 자산의 형태가 유지되고 있다. 이 경우 시간의 경과와 자산의 활용에 따라 감소된 자산의 가치를 비용으로 반영하게 되며, 이를 감가상각비라고 한다. 결국 자산의 경우 제품원가에는 소멸원가 즉, 감가상각비 부분이 반영된다.

그림4-1 단계적 원가의 개념

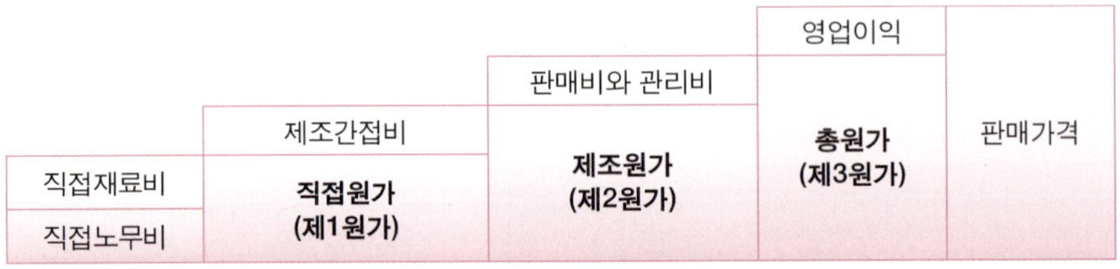

한편 제조원가에는 직접재료비, 직접노무비, 제조간접비가 포함된다. 직접재료비와 직접노무비는 해당 제품 생산에 전용된 재료비와 인건비를 의미하는 것이다. 이와 대비하여 제조간접비에 포함되는 간접재료비나 간접노무비는 다수의 제품에 공통으로 이용되는 재료비와 인건비를 의미하는 것이다.

이러한 원가의 구성항목들을 파악하였다면 [그림 4-1]이 보여주는 것과 같은 다양한 원가의 개념을 이해할 수 있을 것이다. 각 원가의 개념은 포함하는 원가의 구성항목에 따라 단계적으로 제시된 것이다.

직접원가의 경우 해당 제품에만 전용된 비용들이 포함되며, 아래의 식과 같이 한 단위 제품생산에 사용된 평균적 직접원가로 구해진다. 제조원가와 총원가도 마찬가지로 평균원가의 개념이다.

$$\text{직접원가} = \frac{\text{직접재료비 총액} + \text{직접노무비 총액}}{\text{생산단위 수}}$$

평균적 원가를 구하는 이유는 첫 번째, 통상 개별 제품 한 단위가 독립적으로 생산되지 않고 일정 공정을 거쳐 다수 단위의 제품이 생산되기 때문이다. 정유공정이 한번 가동되면 수천 드럼(Drum)의 가솔린이 생산될 것이다. 두 번째, 특정 한 단위의 원가가 아닌 평균적인 제품원가가 관심의 대상이 되기 때문이다. 첫 번째 가솔린 한 드럼과 두 번째 한 드럼이 제조원가가 다르다 해도 팔리는 가격은 같을 것이다.

제조원가는 다수의 상이한 제품에 공통으로 사용된 제조간접비를 파악하여 이를 개별 제품에 배부하고 배부된 제조간접비를 직접원가에 합산하는 과정을 통해 산출된다. 제조간접비는 본질적으로 다수의 상이한 제품에 사용되어 개별 제품의 생산에 투입된 가치를 구

표 4-2 원가배부기준

간접비 유형	배부기준
노무활동과 관련된 원가	종업원 수, 노무시간, 직접노무원가
기계작업과 관련된 원가	기계작업시간 등
공간과 관련된 원가	점유면적 등
서비스와 관련된 원가	서비스 사용량, 사용기간 등

분해내는 것이 불가능하거나 비효율적인 비용들이 포함된다. 따라서 제조간접비의 배부는 투입된 가치를 적절히 반영할 수 있는 특정 변수 즉, 배부기준을 사용해 진행된다. 〈표 4-2〉는 간접비의 유형별로 사용가능한 배부기준들을 정리하고 있다. 특정 제품에 배부된 간접비는 다시 해당 제품의 수량으로 나누어져 한 단위 제품에 할당되는 제조간접비를 구하게 된다. 참고로 제조간접비에는 특정 제품에만 사용된 직접비에 해당하나 그 규모가 크지 않아 직접비로 분류하여 처리하는 것이 비효율적인 비용들도 포함시키는 방식이 실무적으로 널리 사용됨을 기억해 두자.

마지막으로 총원가에는 영업원가(판매비와 관리비)가 추가로 반영된다. 영업원가에도 직접비와 간접비가 포함되어 있으므로 앞서 설명된 직접비의 할당 및 간접비의 배부과정을 통해 총원가를 구할 수 있다.

한편 손익계산서를 살펴본 경험이 있는 독자들은 매출원가라는 항목을 본 기억이 있을 것이다. 앞서 설명된 제조원가는 통상 해당 회계기간 동안 생산된 제품들의 원가를 반영한 것이다. 이 때 생산된 제품들은 판매되기도 하고 재고로 보유되기도 한다. 매출원가는 해당 기에 판매된 제품들의 제조원가를 의미하는 것이다. 따라서 전기에 생산되어 재고로 남아있다가 판매된 제품들의 제조원가와 이번 기에 생산되어 판매된 제품들의 제조원가가 매출원가를 구성한다.

이상에서 언급된 사항들은 제품원가의 산정을 위한 기초 개념들만을 정리한 것이며, 실제 제품원가의 산출에서는 미완성 제품을 의미하는 재공품, 불량품을 의미하는 공손품과 같이 특별한 관심을 가지고 처리해야 하는 이슈들이 존재한다. 원가의 산출을 위한 더 세부적인 사항들은 원가회계 교재들을 참고하기 바란다.

별첨4.1 간접비 배부의 이슈

손익계산서에는 다양한 원가의 개념들이 분류되어 제시됨을 뒤에서 살필 것이다. 그런데 손익계산서는 통상 기업 단위에서 작성된다. 기업이 하나의 제품만을 생산한다면 손익계산서가 제공하는 정보는 해당 제품에 대한 비용정보를 포괄하며, 가격 설정에 유용하게 활용될 수 있다. 그러나 대다수 기업들은 다수의 제품을 생산하며, 모든 제품에서 발생하는 영업결과들을 집약한 손익계산서는 개별 제품에 대한 정보를 제공하는데 한계가 있다. 개별 제품의 가격설정을 위한 유용한 정보를 제공하기 위해서는 개별 제품단위에서 매출과 원가가 산출되어야만 한다.

개별 제품단위의 원가를 산출하는데 있어 가장 중요하며, 이슈가 되는 부분이 간접비 또는 공통비의 배부이다. 이석영, 유상열(2004, P107)에 의하면 업종별 차이가 있으나 총원가 중 간접비의 비중이 85% 이상이라고 한다. 이렇듯 높은 비중을 차지하는 간접비의 배부기준이 무엇인지에 따라 각 제품의 원가가 달라지며, 결과적으로 가격설정 등 의사결정에 영향을 미치게 된다. 부적절한 간접비 배부의 결과 기업에 경제적으로 기여하고 있는 제품이 적자를 발생시키는 원인으로 지목되어 판매가 억제되거나 퇴출될 수 있으며, 실제 기업가치를 감소시키는 제품이 계속 생산될 수 있는 것이다.

한편 간접비 배부를 의도적으로 왜곡하는 경우도 발생한다. 가격정책에서 정부 규제의 영향을 많이 받고 있는 통신산업에서는 특정 사업자가 경쟁적인 서비스(시외전화, 초고속인터넷)와 독점적인 서비스(시내전화)를 동시에 제공하는 경우가 있다. 이 때 독점적 서비스의 높은 가격을 정당화 하고 경쟁서비스에 대해 낮은 가격을 책정하기 위해 간접비를 의도적으로 독점적 서비스에 많이 배부하는 경우가 발생할 수 있다. 규제상황이 아닌 경우에도 전략적으로 특정 제품, 사업의 수익성을 높게 포장하기 위해 간접비의 배부에 왜곡이 발생할 수 있다. 이러한 원가 배부의 왜곡은 잘못된 의사결정을 통해 효율성을 저해하는 원인이 된다.

02 원가 관련 경제적 개념

01절에서는 원가회계에서 주로 다루어지는 제품원가의 개념과 산출방식들을 설명하였다. 그런데 경제학 또는 관리회계분야에서는 이러한 원가정보를 다른 방식으로 분류하고 개념을 부여함으로써 다양한 시사점을 제공하고 있다. 통상 원가를 발생시키는 원인을 원

그림4-2 **고정비와 변동비**

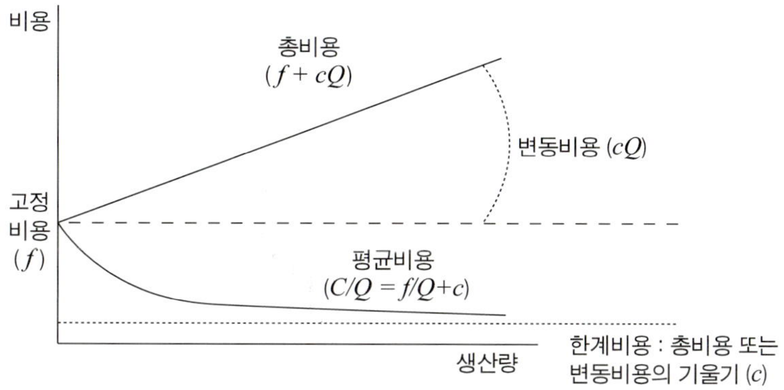

가동인이라고 하며, 원가동인의 수준에 따른 원가의 변화를 원가행태라고 한다. 우리는 생산량 또는 판매량을 원가동인으로 보고 원가행태를 주로 다루는데, 이 때 가장 핵심적인 개념이 변동비(Variable Cost)와 고정비(Fixed Cost)의 구분이다.[2)]

총원가 중 생산량의 변동에 따라 증감하는 부분을 변동비라고 하며, 생산량의 변화에도 불구하고 변화하지 않는 원가를 고정비라고 한다. [그림 4-2]에서는 생산량 수준에 따른 총비용을 예시하고 있으며, 이 경우 제품원가는 총비용을 해당 생산량으로 나누어 구해지는 평균비용(총원가)으로 인식할 수 있다.

변동비는 생산이 이루어질($Q>1$) 경우에만 발생하는 원가로 생산량의 증가에 따라 증가한다. 변동비를 구성하는 원가(변동원가)로는 직접재료비, 직접노무비, 판매커미션 등이 포함될 것이다. 고정비의 경우 생산량이 0인 경우에도 발생하며(Y절편), 생산량의 증가에 영향을 받지 않는 부분이다. 고정비를 구성하는 원가(고정원가)에는 감가상각비, 재산세, 임차료, 관리직의 봉급, 연구개발비, 광고비 등이 포함된다. 한편 전기료, 판매원의 보상액과 같은 원가항목은 고정비와 변동비 두 요소를 모두 포함하는 경우가 있으며 이러한 유형을 혼합원가라고 한다. 예를 들어 전력료의 경우 생산에 사용되지 않더라도 월 기본료를 내야 하며, 이러한 기본료는 고정비에 포함되어야 하며, 사용량에 따라 추가로 내는 이용료는 변동비에 포함된다. 판매원의 경우에도 기본 급여를 주고 판매량에 따라 추가 인센티브가

2) 광고캠페인에 대한 원가를 고려하고 있다면 광고 시간이 원가동인이 될 수 있으며, 판매촉진활동에 대한 원가를 고려한다면 판매촉진활동의 수준이 원가동인이 된다. 본서에서는 주로 가격과 판매량의 문제를 다루므로 대부분의 경우 판매량을 원가동인으로 볼 것이다.

주어진다면 각각은 고정비와 변동비에 포함될 것이다.

이 때 변동비와 고정비의 범위는 고려되는 판매량의 변화 수준에 따라 달라진다. 예를 들어 하루에 100대의 오디오를 조립할 수 있는 공정라인을 고려해 보자. 하루 100대 이하의 생산수준에서 생산량의 변화를 고려할 때에는 이 기계의 구입비(감가상각비)는 고정비에 포함되어야 한다. 그런데 해외수출을 고려하게 되어 생산량을 하루 500대 수준으로 증가시키는 문제를 고려하는 상황에서는 이 기계의 구입비는 변동비에 포함시켜 고려되어야 한다. 따라서 변동비와 고정비의 구분 또는 원가행태는 특정 생산범위 하에서 정의되는 것으로 이해되어야 하며, 고려되는 생산범위는 의사결정의 유형에 따라 달라짐을 이해해야 한다. 공장 내에서 기계설비의 증설을 고려하는 상황에서는 기계설비는 변동비의 범주에 포함된다. 또한 그 제품의 생산을 위해 공장을 신축할지 여부를 고려한다면 공장건물 자체도 변동비의 범주에 포함된다. 통상 고정비의 범주가 변화되지 않는 판매량의 변화 수준을 원가범위라고 한다. 우리가 어떤 유형의 비용을 고정비와 변동비로 구분할 때에는 특정 원가범위를 가정하고 있는 것이다.

변동비와 관련된 개념으로 제품 한 단위의 생산 증가가 발생시키는 비용의 증가를 한계비용(MC : Marginal Cost)이라고 하는데 이는 경제학에서 매우 중시되는 개념이다. 한계비용은 변동비용의 기울기([그림 4-2]에서의 c)를 의미하는 것이다. [그림 4-2]에서는 기울기가 상수로 주어졌지만 변화하는 값이라면 한계비용이 마지막 한 단위의 변동비용의 기울기를 의미한다. 또한 한계비용과 유사한 개념으로 증분비용(Incremental Cost)은 생산량의 변동이 상당히 큰 경우(ΔQ) 발생되는 비용의 변화(ΔC) 또는 비용의 변화율($\Delta C/\Delta Q$)를 의미한다. 통상 작은 수준의 생산량 변화를 고려할 때에는 한계비용, 상당한 수준의 생산량 변화를 고려할 때에는 증분비용이라는 개념을 이용한다.

한편 고정비는 다시 매몰비용(Sunk Cost, 회피불가능원가)과 비매몰비용(Non-sunk Cost, 회피가능원가)으로 구분될 수 있다. 매몰비용이란 이미 지출되어 회수가 불가능한 비용으로 향후의 의사결정에 영향을 미치지 않는 비용을 의미한다. 예로서 다른 기업에게 되팔 수 없어 당장 처분한다고 해도 회수가치가 0인 이미 구입된 기계장비를 생각해 보자. 기업이 생산량을 조정(기계를 추가로 투입하지 않아도 되는 한도에서)하거나 생산을 포기하더라도 이 기계장비와 관련된 미래의 현금흐름은 변화되지 않는다. 생산량을 늘려도 추가적인 기계구입비용이 발생하지 않으며, 생산을 중단하여 장비를 처분한다고 해도 회사로 유입되는 가치는 없는 상황인 것이다. 앞서 언급된 고정원가 유형 중 유형자산의 감가상각비, 기지불 또는 지불이 확정된 임차료 등의 상당 부분은 매몰비용의 성격을 갖는다. 예를 들어 재무상태표(과거 대차대조표) 상에 1억 원으로 기장된 기계의 경우 시장에서 처분할 경우 0.1억 원을 회수할 수 있다면 0.9억 원은 매몰비용에, 0.1억 원은 비매몰비용에 해당하는 것으로 보아야 한다. 반면 재산세, 관리직의 봉급 등은 경영의사결정에 따라 향후의 지출 여부를 통제할 수 있으므로 비매몰비용에 해당한다.

〈표 4-3〉은 앞서 설명된 원가행태에 따른 원가의 분류를 요약하고 있다. 이러한 원가의 개념적 분류가 의미를 갖는 이유는 고려되는 의사결정 상황에 따라 회수되어야 하는 원가의 범위가 달라진다는 점이다.

예를 들어 소규모의 가격인하를 계획하고 있는 의사결정자는 가격인하 및 생산량의 증가에 의해 발생하는 매출의 변화와 비용의 증가를 비교해야 한다. 이 때 비용의 증가는 변동비에서만 발생하는 것이므로 전체 비용 중 변동비만이 관심의 대상이 된다. 이 때 변동비 중에서도 고려되는 생산량 변화에 의해 유발되는 변동비 변화분이 관심의 대상이 되는데 그 변화량이 상당히 작은 경우 한계비용이 고려된다. 그러나 생산량의 변화가 커서 일부 생산설비(소량의 생산량 변화에서는 고정비로 분류되던 비용)의 추가가 고려되는 경우 이러한 생산설비도 변동비용에 포함되게 되며, 이런 상황에서 증분비용의 개념이 사용되는 것이다.

표 4-3 원가행태에 따른 원가분류

<table>
<tr><th></th><th colspan="2">원가유형</th><th>정의</th><th>고려되는 의사결정 상황</th></tr>
<tr><td rowspan="4">회수가능비용</td><td colspan="2">변동비용</td><td>생산이 이루어질(Q〉1) 경우에만 발생하는 원가로 생산량의 증가에 따라 증가하는 비용</td><td rowspan="2">소규모 생산량 변화</td></tr>
<tr><td></td><td>한계비용</td><td>제품 한 단위의 생산 증가가 발생시키는 비용의 변화</td></tr>
<tr><td></td><td>증분비용</td><td>생산량의 변동이 상당히 큰 경우(ΔQ) 발생되는 비용의 변화(ΔC) 또는 비용의 변화율($\Delta C/\Delta Q$)</td><td>상당 규모의 생산량 변화</td></tr>
<tr><td rowspan="2">고정비용</td><td>비매몰고정비용
(회피가능원가)</td><td>매몰되지 않은 고정비용</td><td>해당 제품의 생산 여부</td></tr>
<tr><td>회수불가능비용</td><td>매몰비용
(회피불가능원가)</td><td>이미 지출되어 회수가 불가능한 비용으로 향후의 의사결정에 영향을 미치지 않는 비용</td><td>해당 제품의 이윤 기여 여부 또는 신사업 진입 여부</td></tr>
</table>

만약 회사가 해당 제품의 생산 유지 여부를 결정해야 한다면 고려되는 원가의 범위는 변동비용과 비매몰고정비용이 된다. 만약 사업을 폐지하게 된다면 변동비용이 발생치 않게 되며, 관련 자산을 매각하여 비매몰고정비용을 회수할 수 있다. 따라서 기업이 해당 제품을 통해 발생시키는 매출이 변동비용과 비매몰고정비용의 합계보다 작다면 기업은 사업을 유지하는 것보다 폐지하는 것이 이윤극대화에 도움이 된다. 이 때 매몰비용은 사업을 폐지하여도 회수할 수 없는 원가이므로 고려되지 않는 것이다. 전체적으로 볼 때 변동비용과 비매몰고정비용은 판매량을 감소시키거나 제품생산을 포기하고 퇴출함으로써 회수될 수 있는 비용이다.

마지막으로 매몰비용까지를 포함한 총비용과 매출의 비교를 통해 해당 제품의 생산과 판매가 이윤을 발생시키는지 여부를 평가하게 된다. 이러한 개념의 이윤을 회계적 이윤이라고 하며, 투입된 모든 유형의 비용이 고려되는 것이다. 이러한 회계적 이윤 개념에서는 경제적 의사결정에 영향을 미쳐서는 안되는 매몰비용이 고려되고 있다는 점에서 문제가 있다. 그러나 사업에의 진입여부를 고려하는 상황에서는 매몰비용이 없는 상황(기 투자된 비용이 없음)이므로 회계적 비용이 의미를 갖게 된다.

그러나 사업에의 진입여부를 의사결정 할 때에도 회계적 비용과 경제적 비용은 다른 것이 일반적이다. 통상 회계적 비용과 대비되는 개념으로 경제적 비용은 앞서 언급된 매몰비용의 문제 외에 기회비용(Opportunity Cost)의 반영이라는 특징을 갖는다. 만약 여러분이 특정 사업을 위해 1억 원을 사용하였다면 회계적 비용을 1억 원으로 볼 수 있다. 그러나 사업의 착수 여부를 결정할 때에는 예상 매출을 회계적 비용과 비교하는 것은 타당한 방식이 아니다. 이 1억 원을 다른 사업에 투자하여 2억 원의 매출을 얻을 수 있다고 생각해 보자. 그렇다면 고려되는 사업을 착수할 경우 다른 사업에서 벌 수 있는 2억 원이 사라지는 것으로 이해하는 것이 타당하다. 따라서 고려되는 사업으로부터의 매출과 2억 원을 비교하는 것이 타당하다. 그러한 의미에서 다른 사업으로 얻을 수 있는 매출 2억 원을 기회비용 또는 경제적 비용이라고 칭한다.

03 독점에서의 가격설정과 원가개념의 의미

앞서 원가 관련 경제적 개념들을 살펴보는 과정에서 고정비용의 경우 해당제품의 생산 여부 또는 해당 제품의 이윤 기여 여부를 판단하는데 고려됨을 언급하였다. 명시적으로 언급하지는 않았으나 이는 가격의 변경과 이에 따른 생산량의 변화가 기업성과에 미치는 영향을 고려할 경우에는 고정비용이 고려되지 않고 변동비용만이 고려됨을 의미하는 것이다. 이를 이해하기 위해 독점에서의 이윤극대화 가격설정을 검토해보도록 하자.

[그림 4-3]은 한계수입곡선(MR : Marginal Revenue Curve)과 c로 표현된 한계비용곡선이 만나는 점에서의 판매량 Q^*와 이 판매량에서의 가격 P^*가 독점기업의 판매량 및 이윤극대화 가격이 됨을 보여주고 있다. 이러한 원리는 제1장의 별첨 1.3에서 이미 설명된 바 있으나 다시 한번 내용을 정리하도록 한다.

한계수입은 판매량이 한 단위 증가할 때 수입(매출)의 증가 또는 감소량을 의미하는 것이다. [그림 4-3]에서 가격을 $P^/$에서 P^*로 인하할 경우 가격의 인하에 의해 마진이 감소한

그림4-3 독점에서의 이윤극대화 가격

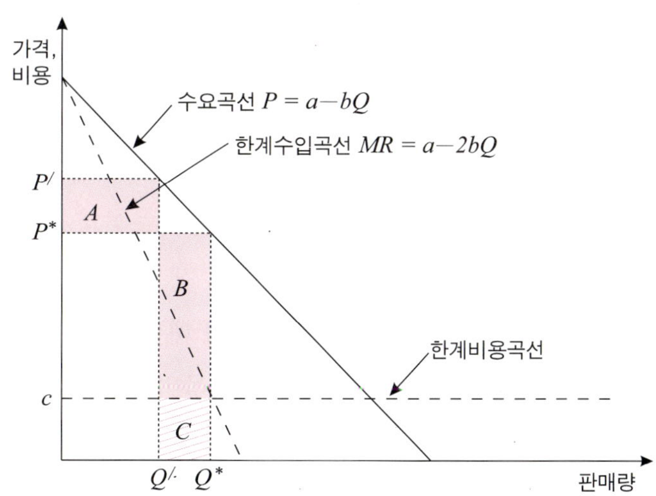

다. 이러한 마진의 감소에 의한 수입 감소가 그림의 사각형 A로 표현되어 있다. 반면 가격인하에 따른 판매량의 증대로 인해 수입이 사각형 B와 C의 합계만큼 증가한다. 따라서 가격인하에 따른 매출의 증감은 $B+C-A$로 표현될 것이다. [그림 4-3]에서 한계수입곡선은 판매량이 한 단위 증가할 경우(미분개념) $B+C-A$의 값을 표현하고 있다고 이해할 수 있다.

한편 이윤극대화를 논하기 위해서는 가격인하에 따른 수입의 변화 외에 비용의 변화도 함께 고려해야 한다. 가격을 P'에서 P^*로 인하하는 경우 비용의 변화는 판매량 증가에 따른 변동비 증가를 반영하며 그림에서는 사각형 C의 면적으로 표현된다. 한계비용곡선은 판매량이 한 단위 증가할 경우 C의 면적 즉, 한계비용을 반영한다.

이제 이윤의 변화는 수입 증가와 비용 증가의 차이에 의해 결정될 것이다. 즉, $B+C-A$가 C보다 크다면 이윤이 증가할 것이며, $B+C-A$가 C보다 작다면 이윤이 감소할 것이다. 따라서 이윤의 극대화는 가격 하락에 의해 더 이상 이윤이 증가하지 못하는 상황 즉, $B+C-A$와 C가 같아질 때 발생한다. 이러한 논리를 미분개념에서 생각할 때 한계수입과 한계비용이 같아지는 상황에서 이윤극대화가 발생한다고 말하는 것이다.

한편 이를 조금 다른 관점에서 생각한다면 $B-A=0$에서 이윤이 극대화 된다고 할 수 있다. 사각형 B는 가격 하락에 의한 공헌이익(Contribution Margin)의 증가(수입의 증가와 비용의 증가의 차이)를 의미하며, 사각형 A는 가격의 하락에 의한 공헌이익의 감소(마진의 감소)를 의미하는 것이다. 따라서 이윤의 극대화는 가격변동에 따른 공헌이익의 변동이 없는 상황에서 발생한다고 할 수 있다.

이상의 설명에서 중요한 점은 비용측면에서는 생산량 변화에 따라 변화되는 변동비용(한계비용)만이 고려된다는 것이다. 즉, 증가되는 변동비용과 증가되는 수입(매출)만을 고려해야 한다는 것이다. 고정비용은 생산량의 변동에는 영향을 받지 않으므로 생산량 변동에 따른 이윤의 변화에 영향을 미치지 않는 것이다. 만약 고려되는 생산량 변화가 상당히 크다면 기존에는 고정비용으로 인식되던 비용이 일부 증분비용화 되어 고려될 수 있다.

앞서 설명하였듯이 고정비용은 해당제품의 생산 여부 또는 해당 제품의 이윤 기여 여부를 판단하는데 고려되는 것이다. 생산 여부에 대한 의사결정이 이루어질 때에는 아직 고정비용 투자가 이루어지지 않은 상황이므로 매몰비용이 없다고 보아야 하며, 향후에 발생할 고정비용을 포함한 총비용이 고려되는 것이다. 총비용과 매출을 비교해 흑자가 가능해야만 생산이 정당화 될 수 있다.

한편 이미 생산에 참여하고 있는 상황에서 제품 생산의 중단 여부를 판단해야 하는 상황이라면 고정비용 중 비매몰비용(회수 가능 고정비용)과 변동비용만을 고려해서(매몰비용을 제외) 흑자 여부를 판단하는 것이 필요하다. 매몰비용을 고려한 총비용 대비 적자(회계적 이윤 입장에서의 적자)라도 경제적 비용(매몰비용을 제외한) 관점에서 흑자가 된다면 생산을 유지하는 것이 생산을 포기하고 장비를 매각하는 것 대비 타당한 것이다.

별첨 4.2에서는 독점에서의 이윤극대화 가격설정을 수리적으로 보여주고 있다. 여기서 주목할 것은 이윤극대화 가격에서 마진율($\frac{P^* - C'(D(P^*))}{P^*}$: 분자는 가격과 한계비용의 차이)은 가격탄력성의 역수에 해당한다는 것이다. 이는 가격탄력성이 낮을수록 마진율이 증가함을 의미한다. 이를 역탄력성 법칙(Inverse Elasticity Rule)이라고 한다. 탄력성이 높으면 가격 인하 시 판매량이 크게 증가한다. 따라서 가격을 인하할 유인이 크며, 마진율이 낮게 나타날 것이다. 역탄력성 법칙은 이러한 직관을 반영하는 것이다.

독점에서는 경쟁제품이 없으므로 가격을 인상해도 수요량이 크게 감소하지 않는다. 즉, 기업입장에서 볼 때 가격탄력성이 낮게 나타나는 것이다. 결과적으로 독점기업의 마진은 상당히 클 수 있는 것이다. 반대의 경우에 해당되는 완전경쟁은 제5장에서 다룰 것인데 역탄력성 규칙을 가지고 그 결과를 예측할 수 있다. 완전경쟁에서는 시장의 경쟁기업들이 매우 많고 동질적인 상품을 판매하므로 시장가격보다 조금만 가격을 낮추어도 그 기업의 수요량이 크게 증가한다. 따라서 가격탄력성이 매우 크다고 볼 수 있으며(무한대), 이윤극대화 가격에서 마진율은 0이 된다. 즉, 가격이 한계비용과 같아지는 것이다.

한 가지 주의할 점은 마진의 개념이 상황에 따라 다를 수 있다는 점이다. 어떤 경우에는 가격과 평균비용의 차이를 마진으로 정의한다. 위 역탄력성 법칙에서는 마진을 가격과 한계비용의 차이로 정의하고 있으며, 고정비용이 반영된 평균비용을 사용하는 경우와 다름에 유의해야 한다.

---

3) 위의 미분식은 $dD(P)/dP$와 같이 표기하였다. 식에서 변수가 하나밖에 없는 경우에는 이와 같이 표기하는데 제2장에서 탄력성을 설명할 때 이 기호를 사용하였으므로 일관성을 위해 이와 같이 표기하였다. 그러나 식에 변수가 여러 개가 있을 때 하나의 변수로 미분하는 경우를 편미분이라고 하며 이 경우에는 d 대신에 ∂를 관례적으로 사용한다.

별첨4.2 독점에서의 이윤극대화 가격(역탄력성 법칙)

독점에서의 이윤극대화 원칙을 살피기 위해 다음의 수요곡선과 비용곡선을 살펴보자.

$$Q=D(P)\ :\ D^{\prime}(P)=\frac{dD(P)}{dP}<0$$

$$C=C(D(P))\ :\ C^{\prime}(D(P))=\frac{dC(D(P))}{dD(P)}<0$$

$D^{\prime}(P)<0$은 가격의 상승이 수요량을 감소시킴을 의미하므로 통상적인 우하향 수요함수를 의미한다. 또한 $C^{\prime}(D(P))$는 판매량 한 단위 증가가 발생시키는 비용을 의미하므로 한계비용을 의미하며, $C^{\prime}(D(P))>0$은 한계비용이 양의 값을 가짐을 의미한다.

이제 이윤식을 정의하면

$$\Pi=PD(P)-C(D(P))$$

가 되며, 이를 가격 P로 미분(Differentiation)하여 미분식이 0이 되도록 하는 P^{*}를 구하면 이 값이 이윤을 극대화하는 가격이 된다.

$$D(P^{*})+P^{*}D^{\prime}(P^{*})-C^{\prime}(D(P^{*}))D^{\prime}(P^{*})=0$$

$$\frac{P^{*}-C^{\prime}(D(P^{*}))}{P^{*}}=-\frac{1}{D^{\prime}(P^{*})}\frac{D(P^{*})}{P^{*}}=\frac{1}{\varepsilon_{P}}$$

위 식에서 맨 좌측 항의 분자는 가격과 한계비용의 차이이며, 한계비용을 통해 정의된 마진에 해당한다. 이를 가격으로 나누었으므로 좌측 항은 마진율이 된다. 한편 우측 항은 $D^{\prime}(P)=\frac{dD(P)}{dP}$를 대입하여 생각하면 제2장에서 정의된 가격탄력성 ε_{P}의 역수가 된다. 결과적으로 마진율은 탄력성의 역수로 표현됨을 의미하는 것이다. 이러한 이윤극대화 가격의 특성을 역탄력성 규칙(Inverse Elasticity Rule)이라고 한다.

한편 미분을 사용한 이윤극대화 가격의 도출 방식을 좀더 쉽게 살피기 위해 선형의 수요함수($P=a-bQ$)와 비용함수($C(Q)=cQ+f$)를 가정하여 이윤극대화 가격을 구해보자. 위에서는 바로 P로 미분하여 이윤극대화 가격을 구하였지만 본문에서의 설명과 같은 맥락에서 설명하기 위해 이윤극대화 Q를 먼저 구하고 이로부터 이윤극대화 가격을 도출하는 방식으로 정리한다.

$\Pi = PQ - cQ - f \rightarrow \Pi = (a - bQ)Q - cQ - f$

위의 이윤식은 매출(PQ)에서 비용($cQ+f$)을 제외하여 구해진 것이며, $P=a-bQ$를 대입하여 우측에 표기된 이윤함수가 구해졌다. 이제 판매량이 한 단위 증가할 때 매출과 비용의 변화는 이윤식을 판매량 Q로 미분함으로써 아래와 같이 구해진다.

$$\frac{\partial \Pi}{\partial Q} = (a - 2bQ) - c^{3)}$$

이 때 우항의 앞의 항은($a-2bQ$)는 판매량 한 단위 증가에 따른 매출액 증가분 즉, 한계수입에 해당되며, 뒤의 항(c)은 비용증가분 즉, 한계비용에 해당된다. 이윤극대화 생산량은 이윤의 미분값이 0이 되는 Q^*에 의해 결정되며, 이윤극대화 가격은 수요함수에 Q^*를 대입함으로써($P^*=a-bQ^*$) 결정된다.

$$Q^* = \frac{a-c}{2b},\ P^* = \frac{a+c}{2}$$

04 원가와 이익의 개념

기업의 이익은 매출에서 비용을 차감함으로써 구해진다. 그런데 이미 원가 또는 비용의 개념이 다양하게 존재하며, 개념에 따라 포괄하는 비용의 범위도 다름을 이해하였을 것이다. 그렇다면 매출에서 차감되는 비용의 개념에 따라 이익도 다양한 형태로 정의될 수 있을 것이다.

〈표 4-4〉는 손익계산서의 일반적인 형태를 보여주고 있다. 여기서 매출총이익은 매출액에서 매출원가를 차감한 것이다. 이 매출원가는 [그림 4-1]의 제조원가에 대응하는 개념이다. 두 개념 모두 직접제조원가와 제조간접비를 포함하며, 판매비와 관리비를 포함하

4) 중단사업손익이란 해당 회계기간 중에 퇴거한 사업과 관련된 이익 또는 손실을 의미한다. 중단사업손익 또한 영업외이익과 같이 미래의 이윤을 예측하는데 반영되어서는 안되는 손익이므로 별도로 취급하는 것으로 이해된다. 중단사업손익은 특수한 경우에 나타나는 것으로 본문에서 설명하지 않았다.

표 4-4 손익계산서의 구성

A회사 : 제 X기(XX.1.1~XX.12.31)	(단위 : 천 원)
Ⅰ. 매출액	16,100
Ⅱ. 매출원가	8,855
Ⅲ. 매출총이익	7,245
Ⅳ. 판매비와 관리비	5,345
1. 기타 판매비와 관리비	4,945
2. 감가상각비	400
Ⅴ. 영업이익	1,900
Ⅵ. 업업외손익(이자비용)	110
Ⅶ. 법인세비용차감전 계속사업손익	1,790
Ⅷ. 법인세 비용(40%)	716
Ⅸ. 계속사업이익	1,074
Ⅹ. 중단사업손익[4)]	0
XI. 당기순이익	1,074
주당순손익	1,074

지 않는다는 점에서 동일하나, 제조원가는 해당 기(회계기간)에 생산된 제품들에 대한 원가이며, 매출원가는 해당 기에 판매된 제품들의 원가를 의미한다는 점에서 차이가 있다. 손익계산서의 매출은 그 해에 판매된 제품에 의해 발생하는 것이니, 원가 역시 그 해에 판매된 제품에 국한하여 인식해야 하는 것이다. 따라서 해당 기에 생산된 제품들의 제조원가에서 해당 기 말에 재고로 남은 제품들의 원가를 제외하고 해당 기 초에 재고로 남아있던 제품들의 원가를 더해 매출원가를 구하는 것이다.

영업이익은 매출총이익에서 추가로 판매비와 관리비를 제외한 것이다. 판매비와 관리비는 간접비이면서 제품 생산에 관련된 것이 아니므로 매출원가와 제조원가의 개념에서와 같이 생산된 제품과 판매된 제품의 차이를 고려할 필요가 없으며, 해당 기에 지출된 모든 관련 비용이 반영된다. 영업이익에서 고려하는 원가는 판매비와 관리비를 포함하므로 [그림 4-1]의 총원가에 해당한다. 이렇게 구해진 영업이익이 특정 제품 또는 사업의 성과를 판단하는 데에 중요한 지표가 된다. 영업이익은 제품 판매에 따른 매출과 제품의 생산 및 판매에 관련된 비용을 인식하여 기업의 주되고 반복적인 영업활동의 결과를 반영하는 것이며, 기업의 미래 이익수준을 예측할 때 영업이익을 사용하는 것이 타당하다.

법인세차감전손익은 영업이익에서 업업외 손익을 반영한 것이다. 영업외손익에는 보유한 자산(기계장치 등의 자산, 유가증권, 외환 등)의 처분에서 발생하는 이익이나 손실, 명예퇴직 시행을 위 퇴직급여, 재해손실과 같은 비일상적인 이익과 손실이 포함된다. 이를 생각하면 업업외손익을 반영할 경우 해당 기의 특수한 상황들이 반영됨을 알 수 있다. 앞서 영업이익이 미래의 이익 수준을 예측하는데 적합한 개념이라고 한 것은 이러한 상황 특수성을 반영하지 않는 것이 예측에서 바람직하기 때문이다. 한편 업업외손익에는 이자비용이 포함되는데 사업상 자금의 조달이 필수적임을 고려하면 이자비용은 일상적인 지출이라고 할 수 있는데 이를 업업외비용으로 인식하는 것에 의문을 가질 수 있다. 그러나 이자비용은 자본구조(자기자본과 타인자본의 비율)에 영향을 받음으로 영업이익이 사업의 본질적인 특성만을 반영하도록 하기 위해 업업외손익에 포함시키는 것으로 이해된다. 또한 전체 투입자본(차입금/외부자본 포함)이 창출한 이윤을 고려할 때에는 영업이익을, 자기자본(주주의 투입 자본)이 창출한 이윤을 고려할 때에는 영업이익에서 이자비용을 차감한 값을 사용하는 것이 이론적으로 타당하다.

이제 법인세차감전손익에서 법인세 비용을 추가로 차감하면 당기순이익이 구해지며, 이는 해당 기의 특수성과 자본구조(차입금에 대한 이자 등) 그리고, 세금을 모두 반영한 이익이라고 할 수 있다. 당기순이익이 기업이 해당 기에 획득한 실제 이익이다.

이상을 통해 손익계산서에 나타나는 비용의 개념들과 그에 대응하는 이익개념을 살펴보았다. 이러한 회계적 비용과 이익의 개념은 널리 활용되고 있으므로 충분히 이해할 필요가 있다. 그러나 우리가 경영의사결정을 하는 경우 회계적 비용과 이익의 개념을 사용하는 것이 부적절할 수 있으며, 때문에 별도로 경제적 이익의 개념을 위의 2절에서 설명한 것이다. 회계적 비용을 보여주는 손익계산서에는 고정비용과 변동비용 그리고, 고정비 중 매몰비용과 비매몰비용이 구분되어 표현되지 않는다는 점이 이슈가 된다. 앞서 설명된 이윤극대화 의사결정을 위해서는 손익계산서의 비용을 재구성할 필요가 있다. 위에서 설명된 손익계산서는 재무회계 즉, 외부에 보고할 목적으로 작성되는 것이다. 의사결정을 위한 회계는 원가회계 또는 관리회계분야에서 별도로 다루어지며, 그 일부가 제1절에서 설명되었다.

한편 경제적 비용과의 차이로 대표적인 것이 자기자본에 대한 기회비용을 반영하는지 여부이다. 앞서 영업이익에는 타인자본에 대한 비용 즉, 이자가 반영되어 있지 않았다. 또한 모든 회계적 이익 개념 안에는 자기자본에 대한 기회비용이 반영되지 않았다. 그러나 투입된 모든 자금은 이 사업에 쓰이지 않았을 경우 다른 사업에 투입되어 수익을 창출하였을 것이라고 보아야 한다. 적어도 은행에 맡겨두면 은행이자 만큼의 수익을 얻을 수 있는 것이다. 따라서 기회비용을 반영하는 경제적 이익 개념에서는 추가로 자기자본에 대한 기회비용를 차감해야 한다.[5)] 통상 영업이익에서 타인자본에 대한 비용(이자비용) 및 자기자본에 대한 기회비용을 반영한 것을 경제적부가가치(EVA : Economic Value Added)라고 한다. 만약 어떤 사업에서 경제적부가가치가 양의 값을 가지면 수익성이 있다고 생각한다. 즉, 주주 입장에서 투입된 자금이 차선의 대안에 투입된 경우 대비 높은 수익을 제공했다는 것이다.

이렇게 자기자본의 기회비용까지를 반영한 경제적부가가치의 개념을 생각한다면 '이익을 얻기 위해 가격이 평균비용보다 높아야 한다'라고 할 때 비용에는 자기자본의 기회비용까지 반영되어 있어야만 적절한 것이다. 실제로 전력산업과 같이 정부가 원가수준으로 가격을 통제하는 경우 원가에는 반드시 자기자본에 대한 기회비용(투자보수)이 반영된다.

05 생산수준에 따른 원가변동

5.1 규모의경제와 최소효율규모

어떤 기업의 원가를 고려함에 있어 총비용의 개념 이외에 제품 한 단위의 비용에 관심을 가질 경우가 많다. 가격이 제품단위당 가격으로 설정될 경우가 많으므로 가격에 대응되는 원가의 개념은 한 단위 제품의 생산 · 판매에 소요된 비용 즉, 평균 단위당 비용이 된다. 이때 관심을 가지고 보아야 할 점은 고정비용이 존재할 경우 평균비용은 제품의 판매량에 따라 민감하게 변화한다는 것이다.

판매량이 작아 고정비용이 소수의 판매량에 배부될 경우 평균비용은 상당히 높은 수준이 될 것이다. 만약 한계비용이 상수(Constant)로 주어져 있다면 평균비용은 제2절의 [그림 4-2]에서와 같이 초기에 급격히 감소하다가 그 감소 수준이 점점 줄어들고 판매량이 매우

5) 자기자본에 대한 비용은 통상 무위험 이자율에 위험프리미엄을 반영하여 산출한다.

큰 수준에서는 한계비용에 수렴하게 된다. 이렇듯 판매량이 증가함에 따라 평균비용이 감소하는 현상을 규모의경제(Economies of Scale)라고 한다.

규모의경제가 발생하는 원인을 주로 고정비의 존재에서 찾게 된다. 제품과 공정의 개발을 위한 R&D비용, 공장과 기계설비 등의 자산, 관리자의 인건비 등 판매량과 무관하게 소요되는 고정비가 존재할 경우 판매량의 증가는 평균비용의 감소를 초래한다. 또한 대규모 생산은 분업을 가능케 한다. 현재에도 최고급 승용차들이 가내수공업과 같은 형태로 소수의 인원에 의해 생산되는 경우를 볼 수 있다. 이 경우 대규모 고정설비를 갖춰 대량생산을 하는 경우 대비 대당 생산비용이 매우 높을 수밖에 없다.

한편 [그림 4-2]에서 보여주고 있는 원가행태는 한계비용이 상수로 변화하지 않는 경우를 가정하고 있다. 이 경우 어떤 판매량에서도 판매의 증가는 평균비용의 감소를 발생시킨다. 그러나 이러한 원가행태는 현실을 단순화 해서 표현한 것이며, 일정한 판매량 범위 하에서만 의미가 있다. 현실적으로 고정성 생산설비가 주어진 경우 판매량이 일정 수준 이상으로 증가할 때 한계비용은 증가할 것이다. 10대의 재봉틀을 가지고 생산할 수 있는 옷의 적정 규모가 100벌/하루라고 생각해 보자. 만약 하루에 150벌을 생산해야 하는데 고정설비가 증가하지 못한다면 결국 초과근무수당을 주고 야간작업을 해야 할 것이다. 이 경우 인건비의 차이로 야간에 생산되는 옷의 한계비용은 주간 생산에 비해 높을 것이다. 주어진 고정비 하에서 생산 불가능한 판매량에서는 한계비용이 무한대로 나타날 것이다. 따라서 고정비가 주어진 경우 한계비용은 일정 수준 이상에서 증가하는 모습을 보일 것이며, 이 경우 평균비용의 변화를 [그림 4-4]가 보여주고 있다.

그림에서는 한계비용이 증가하는 경우 평균비용이 상승하는 구간이 발생함을 보여주고 있다. 평균비용은 판매량에 분산된 고정비(f/Q)와 한계비용의 총 합계를 판매량으로 나눈 값($\sum_{i=1}^{Q} c_i/Q$)의 합계로 표현된다. 직관적으로 평균비용보다 한계비용이 낮다면 판매량의 증가가 평균비용을 감소시키며, 한계비용이 더 높다면 판매량 증가가 평균비용을 증가시킨다. 결과적으로 평균비용이 가장 낮은 판매량은 한계비용과 평균비용이 같은 점이 된다. 이 판매량을 최소효율규모(Minimum Efficient Scale)라고 한다.

각 산업에는 주어진 기술 하에서 최적의 생산설비 규모가 존재한다. 이 최적의 생산설비 규모는 고정비의 수준을 결정하며, 주어진 고정비 하에서 평균비용을 최소화 하는 생산량 즉, 최소효율규모가 존재하는 것이다. 이 최소효율규모에서의 평균비용이 그 산업이 달성할 수 있는 최소 평균비용이 된다. 만약 최소효율규모의 수배에 해당하는 생산이 이루질 경우 최적의 생산설비 규모를 복수로 운영하는 것이 효율적이며, 결과적으로 평균비용을 더 감소시키지는 못한다. 결과적으로 최소효율규모 이하의 판매량에서는 규모의경제 즉, 판매량 증가에 따른 평균비용 감소가 발생한다. 반면 최소효율규모 이상에서는 판매량 증가가 평균비용을 변화시키지 않거나, 평균비용을 증가시키는 규모의 불경제(Diseconomies of Scale)를 발생시킨다. 따라서 최소효율규모를 파악하는 것은 해당 산업 또는 기업의 원가행태를 파악하는데 중요한 의미가 있다.

또한 최소효율규모는 산업구조를 결정하는데 중요한 의미가 있다. [그림 4-4]에서와 같이 수요량과 최소효율규모의 차이가 크지 않거나 최소효율규모가 수요곡선의 우측에 있는 경우를 생각해 보자. 이 경우 점유율이 높은 기업은 점유율이 낮은 기업보다 항상 낮은 평균비용을 달성한다. 따라서 원가우위를 가지고 경쟁사를 도태시킬 수 있다. 결국 이런 산업에서는 하나 또는 소수의 기업만이 생존 가능하다. 항공산업, 자동차산업, 반도체산업 등은 최소효율규모가 매우 커서 전세계적으로 소수의 기업만이 생존하는 경우에 해당한다. 최소효율규모와 수요곡선(시장규모)을 파악하면 산업구조(생존가능한 기업 수)를 대략적으로 예측할 수 있다.

한편 규모의경제와 연관된 개념으로 범위의경제(Economies of Scope)라는 개념이 있다. 범위의경제란 두 제품을 두 기업이 따로 생산하는 것보다 한 기업이 두 제품을 동시에 생산함으로써 평균비용이 감소할 수 있다는 개념이다. 규모의경제가 한 제품의 생산량이 증

그림 4-4 변동비 변화를 고려한 평균비용

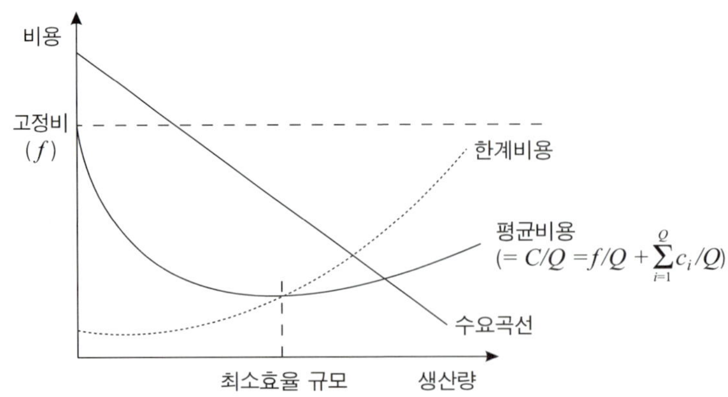

가함에 따라 나타나는 것이라면, 범위의경제는 다수의 제품을 포괄하여 총 생산량이 증가함에 따라 발생하는 것이다. 범위의경제는 다수의 제품이 공통의 생산요소를 공유하기 때문에 발생하는 것이다. 즉, 하나의 고정설비가 두 가지 제품 생산에 모두 이용된다면 고정비를 두 제품이 공유하면서 규모의경제와 유사한 현상이 나타나는 것이다. 이러한 현상은 생산설비 이외에도 공통의 브랜드, 유통망, 기술 등에서 모두 나타날 수 있다.

5.2 생산경험과 원가의 관계

규모의경제개념에 따르면 일단 산업 내에서 가장 높은 점유율을 달성하고 나면 원가우위를 달성할 개연성이 높아진다. 그런데 높은 점유율이 원가우위를 발생시키는 기제(Mechanism)로 규모의경제 외에 경험효과(Experience Effect)가 있다.

경험효과란 생산공정에 있는 작업자들이 생산과정을 반복하면서 작업효율성을 높이는 방법을 고안하고, 낭비와 비효율을 없앰으로써 생산성을 높이기 때문에 발생하는 원가의 절감 효과이다. 이러한 경험효과는 누적 생산량이 증가함에 따라 발생하는 것으로 인식되며, 앞서 규모의경제가 특정 기간 동안의 생산량에 영향을 받는 것과 구별된다. 즉, 축적된 경험은 공정을 개선하거나 제품 재설계를 통해 생산비용을 절감할 수 있게 해준다는 것이다.

일반적으로 경험효과는 생산공정 및 제품의 개선에서 발생하므로 생산공정이 복잡할수록, 또는 부품 수가 많을수록 큰 경향이 있다고 본다. 반도체나 항공기 제작산업 등이 경험곡선 효과가 크게 나타난다는 것은 이러한 경향을 반영한다. 기존 연구에 따르면 반도체산업에서는 누적 생산량이 두 배가 됨에 따라 평균비용이 30%씩 감소한다고 한다.[6] 또한 경험효과는 냉장고 생산에서부터 보험산업, 장거리전화산업에 이르기까지 상당히 보편적으로 나타남이 발견되었다.

이러한 경험효과는 누적 생산량이 증가함에 따라 발생하는 효과이다. 따라서 점유율뿐 아니라 상품을 생산하기 시작한 시점에도 영향을 받는다. 즉, 선발기업이 먼저 생산을 시작해 경험효과를 창출할 수 있다면 후발기업에 비해 원가측면에서 유리해진다. 이러한 원

6) 장세진(2007) P104, 283 참조.

가 우위가 낮은 가격을 가능하게 하고 낮은 가격이 높은 점유율로 이어진다면 경험효과를 가중시킴은 물론 규모의경제도 발생시켜 원가우위를 고착시킬 수 있다. 대체로 규모의경제와 경험 효과는 되도록 빨리 시장에 진입하고 낮은 가격을 통해 점유율을 높이는 전략을 선호하게 만든다.

06 원가에 기반한 가격 분석

앞서 제1장에서는 가격의 설정 시 소비자들이 제품에 부여하는 가치, 제품의 원가, 경쟁의 세 가지 요소가 종합적으로 고려되어야 함을 언급하였다. 그러나 많은 산업에서 원가를 주로 고려한 가격설정방식이 이용되고 있으며, 원가에 기반한 가격설정방식을 이해하는 것이 나름의 의미가 있다. 본 절에서는 우선 원가구조에 기반하여 정상이윤(자기자본의 기회비용을 반영한 이윤 0의 상태)을 획득할 수 있는 가격과 판매량을 추정하기 위한 손익분기점분석(Break-even Analysis)과 원가에 기반한 가격설정방식들을 설명하도록 한다.

6.1 손익분기점분석

앞서 손익분기점분석(Break-even Analysis)을 원가구조에 기반하여 정상이윤을 획득할 수 있는 가격과 판매량을 추정하기 위한 기법으로 소개하였다. 이 때 정상이윤은 기업의 회계적 이윤(자본의 기회비용 또는 목표수익률이 반영되지 않은)이 자본의 기회비용과 동일한 경우를 의미한다. 그러나 통상의 손익분기점분석은 회계적 이윤이 0이 되는 가격과 판매량을 의미하기도 한다. 이러한 분석은 새로운 시장에 진입하는 상황 또는 신제품을 출시하는 상황에서 그 산업의 속성과 제품의 수익성을 개략적으로 판단해 보는 수단으로 활용된다.

손익분기점분석의 설명을 용이하게 하기 위해 간단한 가정 하에서 이윤함수를 정의하면 다음과 같다.

$$\Pi = PQ - cQ - f$$

Π=이윤, P=제품 1단위 가격, Q=판매량, c=한계비용(상수 가정), f=고정비용

이 식에서 PQ는 매출을 의미하며, $cQ+f$는 총비용에 해당한다. 이제 기업의 비용이 c와 f에 의해 정의되었다면 손익분기점분석은 이윤 Π를 0으로 만드는 P와 Q를 정의하는 것이라고 생각할 수 있으며, 손익분기점분석의 절차를 설명하면 아래와 같다.

① 가격수준 P를 설정한다.
② 주어진 P 하에서 이윤을 0으로 만드는 손익분기판매량 Q^B를 구한다.
③ 고려된 가격수준 P에서 손익분기판매량 Q^B의 달성 가능성을 검토한다.

①에서 설정되는 가격수준은 현재 시장에서 보편화된 가격수준, 유사제품 또는 해외시장에서의 가격수준, 표적시장의 준거가격 추정 등을 통해 예측된 가격수준이다. 다음으로 ②단계 즉, 손익분기판매량을 구하는 과정에서는 앞서 제시된 이윤함수에서 Π를 0으로 놓고 사전에 정의된 c, f, 그리고 P를 대입하여 아래의 식을 통해 Q^B를 구하게 된다.

$$Q^B = \frac{f}{P-c}$$

이 식에서 우항의 분모 $P-c$는 단위당 공헌이익(Contribution Margin)이라고 불린다. 공헌이익은 가격이 주어진 상태에서 제품 1단위의 추가판매가 이윤을 증가시키는 수준을 의미하는 것이다. 판매가 1단위 증가하면 매출이 P만큼 증가하며, 비용 중 고정비용에는 변화가 없고 변동비용이 c만큼 증가한다. 따라서 $P-c$에 해당하는 이윤증가가 발생하는 것이다. 위 식을 다른 방식으로 정리하면 $(P-c)Q^B=f$라고 쓸 수 있는데 이 때 좌항은 총 공헌이익이라고 정의될 수 있다. 따라서 손익분기판매량은 총공헌이익이 고정비를 회수할 수 있는 수준의 판매량을 의미하는 것이다. [그림 4-5]는 이러한 관계를 설명하고 있다. 손익분기판매량 Q^B에서 매출과 총비용, 공헌이익과 고정비가 같게 나타난다.

②단계에서 구해진 손익분기판매량은 가격 P가 주어진 상황에서 적어도 손해를 보지 않

그림 4-5 손익분기점분석

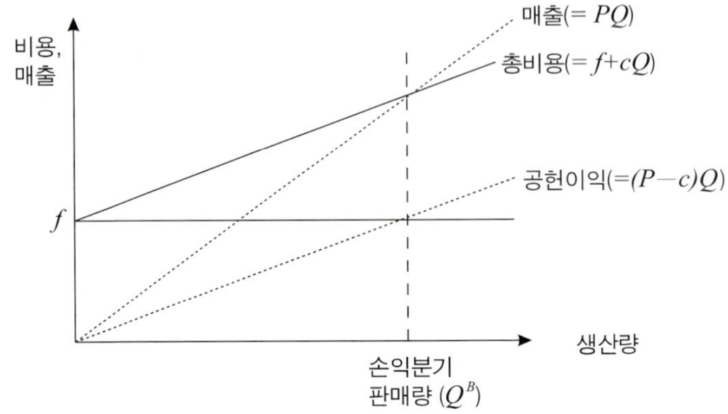

기 위해 팔아야 하는 수량을 의미하며, 최소한의 목표를 의미한다고 볼 수 있다. 이러한 목표가 달성 가능한 수준인지를 판단해 봄으로써 그 제품의 시장성을 개략적으로 파악할 수 있다.

만약 개략적 검토를 통해 구해진 손익분기판매량을 실현하기 어렵다고 판단할 경우 분석자는 ①의 단계에서 설정한 가격수준 외에 여러 가지 가격수준에서 손익분기판매량을 구해보고 그 중 실현가능성이 높은 가격과 판매량의 조합들을 검토해 보는 과정을 거칠 수 있다. 즉, 여러 가지 가격수준에서 위의 ②, ③의 단계를 반복해 보는 것이다.

이러한 손익분기점분석은 산업의 기술적 속성을 반영하는 원가에 기반하여 기업의 생존 즉, 최소한의 이윤을 위한 목표가격과 판매량을 제시하는 의미가 있다. 또한 손익분기점에 대한 정보를 통해 산업 또는 해당 기업의 특성을 개략적으로 이해할 수 있으며, 특정 산업에의 진입을 고려하는 상황에서는 이 정보가 중요한 의미를 갖는다. 또한 가격설정 과정에서도 어느 정도 참고될 수 있다.

그러나 손익분기점분석에서는 수요함수를 정확히 고려하는 것이 아니라 주어진 가격에서 손익분기판매량의 달성 가능성을 개략적으로 검토한다. 만약 해당 제품의 수요함수를 명확히 반영하여 가격수준별로 예상판매량을 구하고 이를 통해 가격대별 이익규모를 파악할 수 있다면 이는 가격설정을 위한 핵심적인 정보가 될 것이며, 이윤극대화 가격을 바로 구할 수도 있다. 그러나 가격대별 수요수준을 정확히 반영하는 수요함수의 추정이 어려우므로 이러한 손익분기점분석이 실무적으로 많이 사용되고 있다.

한편 손익분기점분석의 설명과정에서 공헌이익이라는 개념이 등장하였는데 이 개념은 가격전략에서 매우 중요한 의미를 지니므로 이를 다시 한번 설명하고 넘어가자. 총 공헌이익은 $(P-c)Q$으로 정의되었는데 이는 고정비용을 고려하지 않은 기업의 이윤을 표현하는 것이다. 실제 기업이 판매량 결정을 통해 이윤을 극대화 하고자 할 경우 고정비용은 고려되지 않음이 앞서 설명되었다. 즉, 기업의 이윤극대화는 공헌이익 극대화와 동일한 의미이다. 따라서 판매량과 가격의 결정에서는 고정비용이 고려되지 않음과 공헌이익 중심으로 사고해야 함을 추가로 강조한다.

6.2 원가기반가격설정

원가기반가격설정 방식은 기본적으로 원가의 회수 또는 요구되는 이윤을 달성할 수 있는 가격수준을 결정하는 방식이다. 이 때 요구되는 이윤은 절대금액으로 정의되거나, 비율의 개념으로 정의될 수 있다. 선자의 개념에서의 가격실징 방식을 목표이익기격설정(Target Profit Pricing)이라고 하며, 후자의 개념을 이용한 방식을 원가가산가격설정(Mark-up Pricing) 또는 목표수익률가격설정(Target Return Pricing)이라고 한다.

앞서 6.1절에서 제시된 이윤함수의 기호들을 사용하여 각 가격설정 방식을 설명하면 아래와 같다.

① 목표이익가격설정

목표이익 Π^*와 목표 판매량 Q^*가 정책적으로 정해졌으며, c 및 f 또한 사전적으로 정해져 있는 것으로 가정하여 목표이익을 달성하기 위한 P^{TP}를 아래의 식을 통해 산출한다.

$$P^{TP}=\frac{\Pi^*}{Q^*}+\frac{cQ^*+f}{Q^*}$$

이 식에서 우변의 마지막 항 $(cQ^*+f)/Q^*$은 제품의 단위당 평균비용에 해당한다. 따라서 P^{TP}는 평균비용에 목표이익을 달성하기 위한 마진 Π^*/Q^*을 더한 것으로 이해할 수 있다.

이 때 Π^*/Q^*는 제품의 단위당 목표이익으로 해석할 수 있다.

② 원가가산가격설정

제품의 평균원가에 요구되는 마진율(Mark-up Rate, Percent Margin)을 적용하여 가격을 산출한다. 이 때 마진은 가격과 평균비용의 차이로 정의된 것이다. 한편 평균비용을 구하기 위해서는 판매량이 사전에 정의되어야만 하는데 앞서와 같이 Q^*가 정책적으로 정해진 것으로 가정한다. 이제 역시 정책적으로 정해진 마진율 M^*이 주어진다면 요구되는 마진율을 달성하기 위한 가격 P^M은 아래와 같이 구해진다.7)

$$P^M = (1+M^*)\frac{cQ^*+f}{Q^*}$$

③ 목표수익률가격설정

기업이 목표하는 투자수익률 R^*를 사전에 정의하고 이를 달성하기 위한 가격을 산출한다. 이 때 문제가 되는 것은 투자수익률의 적용대상이 되는 투자액을 정의하는 것이다. 이러한 투자액은 해당 제품의 생산과 판매에 투입되어 다른 목적으로 사용되지 못하는 자원을 의미한다. 주주의 입장에서 본다면 재무상태표에서의 자본, 채권자를 포함한 전체 자금의 제공자 입장에서는 총자본(총자산)이 투자액이 될 것이다. 목표수익률가격설정을 적용하기 위해서는 기업이 정책적으로 정하는 투자액의 범위와 그에 해당하는 투자액 I, 투자수익률 R^*가 사전에 정의되어야 한다.8) 또한 이 경우 역시 평균비용이 정의되어야 하며 이를 위해 Q^*가 정책적으로 정해진 것으로 가정한다.

$$P^{TR} = R^*\frac{I}{Q^*} + \frac{cQ^*+f}{Q^*}$$

---

7) 여기서는 마진율을 평균비용 대비 마진(가격-평균비용)이 차지하는 비용으로 정의하여 가격산출식을 제시하였다. 그러나, 마진율을 가격에서 마진이 차지하는 비율로 정의할 수 있으며, 이 경우 가격의 산출식은 $P^M = \frac{1}{(1+M^*)}\frac{cQ^*+f}{Q^*}$ 으로 표현된다.

8) 투자액을 자본으로 볼 경우 자기자본에 대한 목표수익률만을 고려한다. 반면 투자액을 총자산으로 볼 경우 평균적인 타인자본비용(평균적 이자율)과 자기자본에 대한 목표수익률을 종합적으로 고려한 가중평균자본비용(WACC : Weighted Average Cost of Capital)이 사용되어야 한다. 이와 관련된 상세 내용은 재무관리 관련 도서를 참조하라.

이상의 세 가지 원가기반가격설정 방식들을 살펴보면 가격은 평균비용에 마진을 더함으로써 결정된다. 이 때 마진은 목표이익을 달성하기 위한 단위당 목표이익 $\frac{\Pi^*}{Q^*}$, 평균비용에 마진율이 적용된 값 $M^*\frac{cQ^*+f}{Q^*}$, 또는 단위당 투자액에 목표투자수익률이 적용된 값 $R^*\frac{I}{Q^*}$ 으로 정의되고 있다. 따라서 이들 가격설정 방식은 본질적으로 동일한 특성들을 공유하고 있으며, 다만 기업의 목표가 어떤 방식으로 정의되었는지에 따라 변형되는 것으로 이해할 수 있다.

이러한 원가기반가격설정 방식은 실무적으로 많이 쓰이고 있는데 그 원인으로 다음과 같은 특성들을 들 수 있다.

① 원가기반가격설정은 사용이 간편하다.
② 원가는 소자들이 인식하는 가치나 경쟁상황 대비 객관성이 높은 자료이므로 원가에 기반한 가격은 대내 · 외적으로 그 근거가 명확하다는 장점을 갖는다.
③ 산업 내 기업 간 비용구조가 유사하며, 마진율이 관행적으로 정해지는 경우에는 이러한 원가기반가격설정 방식은 암묵적 담합(Implicit Collusion)을 발생시키는 원인이 될 수 있다. 즉, 일정 마진율을 달성할 수 있는 가격 이하로 가격이 인하되는 것을 억제하는 역할을 할 수 있다.

그러나 원가기반가격설정 방식에 대해 다음과 같은 문제점이 지적되고 있다.

① 원가에 의해 산출된 가격에서 사전에 정의된 목표 판매량 Q^*가 달성된다는 보장이 없다. 실제 판매량이 Q^*와 달라진다면 목표한 이윤을 달성할 수 없다. 또한 이 방식에서는 원가를 통해 가격을 정하고자 하나 원가는 가격에 영향을 받는 순환논리 또는 논리적인 모순이 발생한다. 이러한 문제점을 보다 명확히 하기 위해 경쟁이 심화되는 경우를 생각해 보자. 경쟁이 심화될 경우 판매량이 감소하게 되며, 판매량의 감소는 평균원가의 상승을 유발할 것이다. 이는 [그림 4-4]에서 최소효율규모 이하 범위에서 평균비용의 변화를 고려하면 쉽게 이해될 것이다. 이 경우 원가기반가격설정 방식

에서는 가격을 인상해야 할 것이다. 그러나 경쟁이 심화되는 상황에서 가격을 인상하는 것은 추가적인 판매량 감소와 평균원가의 상승을 유발할 것이며, 이를 올바른 의사결정으로 보기 어렵다. 반대로 시장이 호황국면에 접어들어 수요가 증가할 경우 평균원가는 감소하게 될 것이다. 그러나 이러한 상황에서 가격을 인하하는 것이 바람직하다고 생각되지 않는다. 원가기반가격결정은 종종 바람직한 의사결정과 반대의 결과를 낳을 수 있다.

② 통상 기업에서 목표이익이나 목표수익률을 정의하여 운영원리로 삼는 경우가 많다. 그러나 기업의 본질적인 목표는 사전에 정의된 이익이나 수익률을 달성하는 것이 아니라 이익을 극대화하는 것이다. 원가기반가격설정 방식이 아닌 여타의 방식으로 이윤을 증가시킬 수 있다면 원가기반가격설정 방식을 고집할 이유가 없는 것이다. 만약 목표이익이나 수익률이 실제 소비자의 가치인식이나 경쟁상황을 고려한 이윤극대화의 논리에 의해 결정된다면 원가기반가격설정 방식은 이윤극대화의 수단이 될 수 있다. 그러나 원가기반가격설정에서는 최적의 목표이익이나 수익률을 결정할 수 있는 논리적 기반을 제시하고 있지 않다. 특히 경쟁사의 가격수준에 대한 고려가 포함되지 않은 것은 중요한 문제점이다.

③ 원가기반가격설정 방식에서 고려하는 원가는 일반적으로 고정비용을 고려한 평균비용이다. 앞서 이미 고정비용의 상당 부분은 매몰비용으로 경영의사결정에 영향을 미치지 않아야 함을 설명하였다. 또한 매몰비용이 아니더라도 고정비용은 진입/퇴출의 의사결정이 아닌 판매량이나 가격의 결정에 관한 의사결정에 영향을 미치지 않아야 한다. 기업의 이윤극대화 가격은 한계비용만을 고려하여 결정되어야 한다.

이러한 원인으로 원가기반가격설정 방식은 이윤추구를 목적으로 하는 기업에게는 바람직하지 않은 것으로 생각된다. 실제 원가기반 가격결정을 사용하는 기업들은 산출된 가격수준에 기초하여 소비자의 가치인식 및 경쟁, 여타 마케팅믹스 수준을 고려해 목표 판매량(Q^*)을 달성할 수 있는지를 판단해 보고 가격수준을 다시 조정하는 절차를 거쳐야만 한다.

한편 유의해야 할 점은 전력, 통신산업 등 사회간접자본(Social Overhead Capital)으로 인식되며, 국가가 요금설정에 관여하는 기업들 즉, 이윤의 극대화가 아닌 서비스의 원활한 공급 또는 이용의 활성을 목적으로 운영되는 기업들의 경우 원가기반가격설정 방식이 적용되어야 한다는 점이다. 이러한 산업들은 이윤을 위해 가격을 인상시켜 이용을 저해하는 행위가 바람직하지 않다는 사회적 공감이 형성된 경우라고 할 수 있다. 그러나 적정 수준의 투자를 유도하기 위해서 회계적 비용과 자본의 기회비용을 회수할 수 있는 수준의 가격은 유지되어야만 한다. 결과적으로 이들 산업에서는 원가기반가격설정에서 마진을 자본의 기회비용을 회수할 수 있는 수준으로 정의하는 가격설정 방식이 주로 사용된다.

07 원가구조의 선택가능성 및 가격전략에의 의미

앞에서는 의사결정 과정에서 비용구조가 주어진 것으로 가정하였다. 그러나 기업은 비용구조를 선택할 수 있음을 고려해야 한다. 의류기업들을 예로 들자면 재봉틀만을 구비하고 주로 노동력을 동원하여 의류를 생산하는 방식과 설비투자를 통해 대부분의 공정을 자동화 하고 최소한의 인력만으로 의류를 생산하는 방식을 선택할 수 있다. 전자의 기술은 변동비용에 해당하는 노무비의 비중이 높을 것이며, 후자의 기술은 상대적으로 건물, 기계설비와 같은 고정비의 비중이 높을 것이다. 이러한 고정비와 변동비 간 대체성은 흔히 발견된다. 판매의 경우에도 인적판매에 의존하여 제품을 홍보하는 경우와 TV광고를 통해 제품을 홍보하는 것이 가능하며, 전자는 변동비용, 후자는 고정비용으로 분류된다. 이러한 비용구조의 선택가능성은 기업경영에 매우 중요한 의사결정 대상이며, 가격전략에서도 의미가 크다.

[그림 4-6]에서는 특정 제품을 생산 · 판매하는 두 가지 기술을 예시하고 있다. 기술 A의 경우 설비를 적게 갖추고 주로 인력을 통해 생산하는 경우로 고정비용 f_A가 상대적으로 작고 한계비용 c_A가 큰 경우이다. 반대로 기술 B는 고성능 설비를 갖추고 최소한의 인력만을 투입하는 경우로 고정비용 f_B가 상대적으로 크고($f_A < f_B$) 한계비용 c_B는 상대적으로 낮은($c_A > c_B$) 상황을 보여주고 있다. 이러한 두 기술에 기반한 총비용을 살피면 두 기술에서 동일한 총비용을 발생시키는 판매량(Q^B)이 존재하며, 이를 기준으로 판매량이 적은 경우 A기술이, 판매량이 많은 경우 B기술이 총비용이 낮게 나타남을 알 수 있다.

그림 4-6 기술의 선택과 기업의 이윤

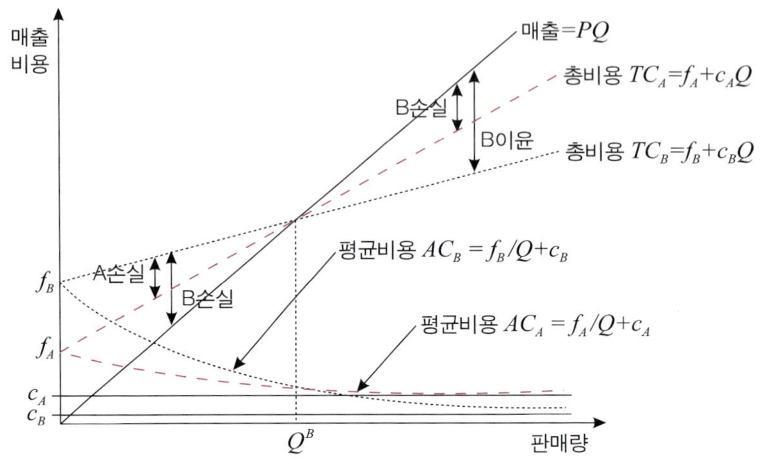

이제 기업의 기술 선택 또는 비용구조의 선택이 기업이윤에 미치는 영향을 검토해보자. 첫 번째, 고정비의 비중이 높은 기술에서 이윤에 대한 불확실성이 상대적으로 크다. 이러한 효과를 재무관리분야에서는 레버리지효과(Leverage Effect)라고 한다. 이를 이해하기 위해 두 기술의 총비용이 같아지는 점(Q^B)에서 매출과 총비용이 같아지는 가격 P를 고려해 보자. [그림 4-6]에서는 이 가격을 고려하여 매출(=PQ)이 그려져 있다. 이제 손익분기점을 기준으로 상대적으로 판매량이 증가하는 경우와 감소하는 경우를 비교해 보자. 매출량이 커 이윤이 발생하는 경우를 보면 B기술을 사용할 때 이윤이 더 크게 나타난다. 반면 매출량이 작아 손실을 보는 경우에는 B기술을 사용하는 경우 그 손실이 더 크게 나타난다. 이와 같이 고정비의 비중이 상대적으로 큰 경우에는 매출량 수준에 따른 이윤의 변동폭 즉, 위험이 크게 나타나는 것이다.

두 번째, 판매량이 상당히 큰 경우 고정비의 비중이 높은 기술에서 평균비용이 낮게 나타나며, 규모의경제(Economies of Scale) 효과가 높게 나타난다. 평균비용의 산식 $f/Q+c$을 살펴보면 고정비용은 판매량에 분산되므로 판매량이 많은 경우 평균비용이 한계비용 c에 수렴하는 것이다. 이러한 특성은 기업의 가격전략과 밀접한 관계가 있다. 개별 기업의 생산규모 대비 시장의 규모가 상당히 큰 상황에서 A기술을 사용하고 있는 기업들과 B기술을 사용하고 있는 기업들이 경쟁하는 상황을 고려해 보자. 제품은 동질적이어서 소비자들은 가격이 낮은 기업의 제품을 선택한다고 가정한다. 각 경우 기업들이 적자를 보지 않으면서 낮출 수 있는 가격의 하한은 평균비용의 수렴점인 한계비용 $c_i(i=A, B)$가 될 것이다. 이제 전면적인 가격경쟁이 발생할 경우 A기술을 사용하는 기업들은 한계비용이 $c_A(> c_B)$로 B기술을 사용하는 기업들 대비 높으므로 결국 퇴출될 수 밖에 없다. 특정 상황을 고려하여 설명하였으나 대체로 고정비의 비중이 높은 기술들이 규모의경제를 향유하는데 긍정적인 측면이 있으며, 대량생산을 통해 낮은 가격을 달성하기 용이하다.

한편 규모의경제 또는 가격의 하한의 개념과 관련하여 앞서 언급하였던 매몰비용의 개념을 생각해보자. 일반적으로 고정비를 발생시키는 자산들은 해당 기업이 사용하지 않을 경우 시장에서 처분하더라도 본래의 가치를 회수하기 어렵다. 따라서 고정비를 구성하는 상당 부분은 매몰비용에 해당하는 것으로 생각할 수 있다. 언급하였듯이 매몰비용은 회계적 비용으로 잡히나 경제적 의사결정에는 영향을 미치지 않는 비용이다. 따라서 가격전쟁이 발생할 경우 고정비의 비중이 높은 기업들은 매몰비용을 제외한 비용 관점에서 변동비의 비중이 높은 기업 대비 낮은 비용으로 경쟁하는 효과가 나타난다. 이러한 상황을 퇴출장벽으로 설명하기도 한다. 고정비 비중이 높은 기업들은 해당 기업을 처분할 경우 손실이 커지며, 결과적으로 퇴출이 어렵고 가격전쟁이 발생할 경우 더욱 강하게 저항하게 된다. 이러한 측면은 대다수 경제에서 대규모 설비를 갖춘 대기업의 비중이 증가하는 상황을 설명할 수 있는 한 요인이다.

핵심 주제 및 키워드

- 직접원가
- 제조원가
- 영업원가
- 간접비
- 총원가
- 원가배부기준
- 고정비(Fixed Cost)
- 변동비(Variable Cost)
- 원가범위
- 한계비용(Marginal Cost)
- 증분비용(Incremental Cost)
- 매몰비용(Sunk Cost)
- 기회비용(Opportunity Cost)
- 공헌이익(Contribution Margin)
- 역탄력성 법칙(Inverse Elasticity Rule)
- 매출원가
- 매출총이익
- 영업이익
- 당기순이익
- 경제적 부가가치(Economic Value Added)
- 규모의경제(Economies of Scale)
- 최소효율 규모(Minimum Efficient Scale)
- 범위의경제(Economies of Scope)
- 경험효과(Experience Effect),
- 손익분기점분석(Break-even Analysis)
- 원가기반가격설정(Cost Based Pricing)
- 목표이익가격설정(Target Profit Pricing)
- 원가가산가격설정(Mark-up Pricing)
- 목표수익률가격설정(Target Return Pricing)

생각해볼 문제

1) 총원가를 구성하는 원가요소들에는 어떤 것들이 있는가?

2) 가격의 변화, 신규 시장 진출, 신제품의 도입 여부, 기존 도입 상품의 경제성 분석에서 각기 고려해야 하는 원가의 범위를 제시하시오.

3) 경제적 비용과 회계적 비용의 차이를 설명하시오.

4) 이윤을 극대화하는 판매량 결정에서 한계수입과 한계비용의 개념이 어떻게 적용되는지 설명하시오.

5) 기업의 수요함수가 탄력성이 높은 경우 기업의 마진 수준은 어떻게 나타날 것인가? 역탄력성 법칙을 통해 설명하시오.

6) 손익계산서에 나타나는 다양한 이익의 개념을 설명하시오.

7) 최소효율 규모 개념을 이용해 규모의경제, 원가우위의 달성 가능성을 설명하시오.

8) 손익분기점분석과 원가기반가격설정의 한계점을 설명하시오.

9) 고정비가 높은 기술의 채택이 가격경쟁에 미치는 영향을 설명하시오.

제5장 경쟁의 관리

1. 완전경쟁과 독점적경쟁
2. 동질적 제품하의 과점경쟁
3. 차별화와 교체비용, 경쟁우위
4. 신제품의 수용과 제품수명주기

제4장에서 원가의 경제적 개념들을 설명하는 과정에서 독점을 대상으로 이윤극대화 가격이 어떻게 설정되는지 설명하였다. 이 경우 기업은 원가(한계비용)와 소비자들이 인지하는 가치(수요함수 및 그에 따른 한계수입)만을 고려하고 있었다. 독점기업을 가정하였으므로 경쟁에 대한 고려가 이루어지지 않은 것이다. 그러나 오늘날 대다수 산업에서는 치열한 경쟁이 발생하고 있으며, 순수한 독점이라고 할 수 있는 산업은 그다지 많지 않다.

경쟁은 자사 제품의 잠재소비자들이 선택할 수 있는 대체재의 존재로부터 발생한다. 대체재가 존재할 경우 기업은 잠재소비자가 자사 제품을 선택하게 만들기 위해 대체재 대비 높은 가치(효용)를 제공해야만 한다. 이를 위해 기업들은 자사 제품을 표적집단에 최적화시켜 적어도 표적집단 내 잠재소비자들에게는 더 나은 가치를 제공하도록 노력하며, 유통망이나 촉진활동의 개선을 시도하기도 한다. 그러나 제품 자체나 유통망의 변화는 단기간에 이루어지기 어려우며, 더 높은 가치를 제공하기 위한 손쉬운 방법으로 가격수준의 조정이 고려될 경우가 많다. 촉진에서도 일시적인 가격할인 등 가격수단이 자주 활용된다. 이를 고려하면 경쟁이 개별 기업의 가격전략에 중요한 영향을 미칠 것임은 자명하다.

본 장에서는 경쟁이 가격전략에 미치는 영향을 검토하기 위해 경쟁의 유형별로 시장에서 설정되는 가격수준이 어떻게 달라지는지를 검토한다. 또한 제품 차별화나 교체비용의 존재가 경쟁 및 가격에 미치는 영향을 논의할 것이며, 제품수명주기에 따른 경쟁의 양상 변화도 살펴볼 것이다.

01 완전경쟁과 독점적경쟁

1.1 완전경쟁시장

독점과 가장 대조되는 산업구조는 완전경쟁이라고 할 수 있다. 특정 산업이 완전경쟁 상태에 있다고 보기 위해서는 1) 산업 내에서 공급되는 제품들이 완전히 동질적이어서 소비자들은 조금이라도 낮은 가격의 제품을 선택하고, 2) 산업 내 경쟁기업이 매우 많아 개별 기업의 가격설정이 산업의 전반적인 가격수준에 영향을 주지 않아야 하며, 3) 기술 등의 정보가 완전히 공유되고 있으며, 4) 산업내 진입/퇴출장벽이 없어야 한다는 조건이 만족되어야 한다. 첫 번째 조건은 기업이 가격을 시장의 전반적인 수준보다 높일 경우 해당 기업의 수요량은 0이 되며, 시장의 전반적 수준보다 낮출 경우 수요량이 급격히 증가하여, 개별 기업의 수요곡선이 수평선 형태를 갖게 됨을 의미한다. 두 번째 조건은 시장 내 무수한 기업들이 존재해 개별 기업의 생산량 변화가 전체 시장의 가격에 영향을 미치지 못함을 의미한다. 개별 기업이 가격을 올릴 경우 단지 그 기업의 판매량이 0이 될 것이다. 반면 가격을 낮추어도 개별 기업의 적정 생산량의 한계 또는 비용구조로 인해 판매량이 시장에 영향을 미칠 만큼 증가할 수 없는 상황이다. 세 번째 조건은 정보의 유통, 공유로 인해 특정 기업이 더 우월한 즉, 낮은 비용을 달성하는 기술을 채택하지 못함을 의미한다. 네 번째 조건에서 언급된 진입/퇴출장벽이란 대규모 자본, 진입을 제한하는 특별한 기술, 정부의 인·허가, 유통망의 필요성 등 산업의 진입이나 퇴출에 높은 비용을 유발시키는 요인들을 말하는 것으로 완전경쟁 상황에서 이 조건이 의미하는 바는 추후에 설명한다.

해당 기업의 한계비용이 판매량의 증가에 따라 상승하는 상황을 가정하면 개별 기업의 수요곡선과 비용곡선은 [그림 5-1]과 같이 표현된다.[1] 그림에서 한계수입곡선은 수요곡선과 동일하게 수평선으로 그려진다. 이는 제품을 한 단위 더 판매하여도 가격에 변화가

그림 5-1 완전경쟁에서 개별 기업의 가격선택과 이윤

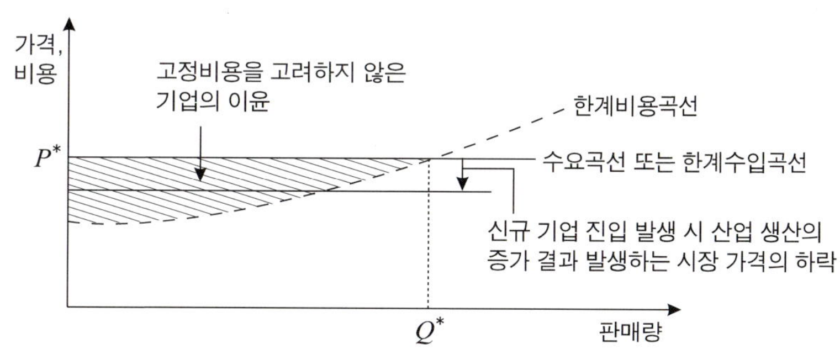

1) 한계비용이 판매량 증가에 따라 감소하거나 수평적인 상황은 규모의경제가 존재하는 상황을 의미한다. 즉, 고정비용까지 고려할 때 판매량의 증가시 평균비용이 감소한다. 이러한 규모의경제가 존재하는 상황에서는 완전경쟁 상황이 발생할 수 없으며, 우상향하는 한계비용곡선을 가정하였다.

없으므로(경쟁 기업의 수가 매우 많아 한 기업의 판매량 변화가 시장의 전반적 가격에 영향을 미치지 못하는 상황) 한계수입은 가격과 동일해지는 것이다. 앞서 제4장 독점에서의 이윤극대화 가격설정에서 설명된 것과 같이 개별 기업의 이윤극대화 판매량은 한계수입곡선과 한계비용곡선이 만나는 판매량에서 결정되며, 이윤극대화 가격은 시장의 전반적 수준과 같게 된다.

그렇다면 시장의 전반적 가격은 어떻게 결정될 것인가? 앞서 완전경쟁의 조건 중 세 번째 조건인 진입/퇴출장벽이 없어야 한다는 것은 초과이윤이 가능한 경우 언제라도 새로운 기업들이 진입할 수 있고 정상이윤을 획득할 수 없으면 언제든지 시장에서 퇴출할 수 있다는 것을 의미한다. [그림 5–1]에서 설명된 개별 기업의 이윤극대화 판매량과 가격의 결과 발생하는 개별기업의 이윤은 [그림 5–1]의 빗금친 면적에서 고정비용을 뺀 부분에 해당한다.[2] 만약 시장에 참여하고 있는 기업들이 양의 이윤(초과이윤)을 얻고 있다면 새로운 기업들이 이 초과이윤을 추구하여 진입할 것이다. 그렇다면 시장 전체의 기업 수가 증가하면서 공급량의 증가가 발생할 것이다.

[그림 5–1]은 개별 기업 차원에서의 수요곡선을 보여주고 있으나 시장 전체의 입장에서 수요곡선은 일반적인 수요함수와 같이 우하향하는(가격의 하락에 따라 수요량이 증가하는) 모양을 갖는다. 기존 기업들의 초과이윤은 신규 진입을 초래하고 결과적인 판매량 증가는 가격의 하락을 발생시킨다. 그 결과 [그림 5–1]에 표현된 것과 같이 시장가격(개별 기업의 수요곡선 또는 한계수입곡선)의 하락이 발생하고 결국 개별 기업들의 판매량 감소를 초래한다. 정리하자면 개별 기업의 판매량은 감소하나 기업 수의 증가에 의해 산업의 판매량은 증가하는 것이다. 이러한 과정은 개별 기업들이 정상이윤(이윤 0)만을 얻어 추가적인 시장진입이 발생하지 않을 때까지 진행된다.

반대로 시장에서 주어진 가격의 결과 [그림 5–1]에 의해 표현되는 개별 기업들의 이윤(빗금친 면적에서 고정비용을 차감한)이 음의 값을 갖게 된다면 기업들의 퇴출이 발생할 것이며, 이러한 퇴출은 잔존 기업들이 정상이윤을 얻을 수 있을 때까지 발생할 것이다. 결과적으로 산업의 가격수준은 산업 내 기업들이 정상이윤만을 얻을 수 있도록 조절된다는 것이다.

완전경쟁 상황이 경제학에서 중요하게 생각되는 것은 가격이 한계비용에서 설정되어 사회후생이 극대화 되며(사회후생 극대화의 개념은 제1장의 별첨에서 다루어졌다), 개별 기업들이

2) 그림에서 P^*와 Q^*의 곱에 해당하는 면적이 기업의 매출이며, 0에서 Q^*까지 한계비용곡선 이하에 해당하는 면적이 기업의 총변동비용에 해당한다. 따라서 기업의 이윤은 빗금 친 면적에서 고정비용을 뺀 부분이다.

별첨 5.1 진입장벽

장세진(2007)에 의하면 진입장벽이란 기존 기업들이 잠재적 진입기업에 대해 갖는 우위를 의미한다. 대규모 자본이나 유통망의 필요성과 같은 요인들은 신규 기업들이 시장에 참여하는데 장애요인으로 작용한다. 더욱이 이미 투입된 생산설비나 유통망에서 발생한 비용들이 매몰비용화 된 경우 기존 기업들은 이러한 비용을 더 이상 고려하지 않게 되지만 신규 기업들 입장에서는 비용으로 고려되어야 하며, 경제적 비용 관점에서 기존 기업들이 비용우위를 갖게 된다. 또한 이미 점유율을 확보한 기업들은 규모의경제로 인해 낮은 원가를 달성할 수 있으며, 생산경험의 축적에 의한 경험효과 또한 기존 기업들이 상대적으로 낮은 원가를 달성하는 원인이 된다. 이 외에도 시장진입에 정부의 허가를 필요로 하는 경우 정부규제가 진입장벽으로 작용하며, 특허나 저작권 등의 제도 또한 진입장벽이 될 수 있다.

반면 신규 진입기업들이 항상 경쟁열위를 갖는 것만은 아니다. 신규 기업들은 새로운 기술이나 경영능력, 새로운 브랜드를 가지고 성공적으로 진입하기도 한다. 기존 기업들은 매몰된 비용이나 고착화된 문화 등으로 인해 혁신을 받아들이는데 상대적으로 불리한 입장에 서기도 하는 것이다.

한편 위에서 언급된 진입장벽을 발생시키는 요인들은 퇴출장벽과도 관련된다. 특정 기업이 시장에서 퇴출될 경우 이미 구축된 경쟁우위 요인들을 버려야 하며, 이의 구축과 관련된 비용들을 모두 회수할 수 없음으로 인해 퇴출과 관련된 비용이 발생하게 되는 것이다. 이러한 진입장벽과 퇴출장벽의 수준은 산업별로 상이하며, 그에 따라 산업의 구조가 상이하게 나타날 수 있다.

자본의 기회비용만을 회수(정상이윤만을 획득)할 수 있도록 조절된다는 점 때문이다. 결과적으로 효율적인 생산과 소비가 발생하게 된다. 이 때 가격은 누군가에 의해 결정되는 것이 아니며, 시장에서 기업과 소비자들이 이윤과 효용을 극대화하기 위한 행동들이 집약된 결과로 나타나는 것이다. 완전경쟁이론은 시장의 자율성과 효율성을 설명하는 핵심적인 모형이다. 한편 앞서 설명된 완전경쟁 상황에 대한 조건은 다소 엄밀하게 정의된 것이다. 실제 산업 내 지배적 기업이 없고 군소기업들이 난립되어 있는 상황은 대체로 완전경쟁 상황과 유사한 속성을 가진다고 볼 수 있다. 따라서 완전경쟁 상황의 이해는 현실에서도 큰 의미를 갖는 것으로 보아야 한다.

그런데 완전경쟁 상황에서 가격결정과 관련하여 주목할 점은 개별 기업들은 시장 전반의 가격을 살펴보고 그 가격을 받아들이는 방식으로 행동함으로써 최상의 결과를 얻을 수 있다는 점이다. 즉, 개별 기업은 가격설정 권한이 없는 것과 동일하다. 따라서 완전경쟁에서는 가격전략이라는 개념이 성립되지 않는다. 그러나 군소기업들이 난립된 상황이라고 해도 개별 기업은 차별화를 통한 이윤의 상승을 추구하는 것이 정상적이다. 경제학에서 설명하는 완전경쟁이론은 산업의 전반적인 상황을 예측하는데 중요한 의미가 있으나 기업전략의 관점에서는 유용한 이론이라고 보기 어렵다.

1.2 독점적경쟁시장

독점적경쟁 상황은 동네 구멍가게와 같은 경우이다. 이러한 산업들에서는 군소기업들이 난립되어 있으나 상호 차별화되어 있거나 지역적 특성으로 인해 일정 수준 독점적인 속성을 갖는다(차별화의 개념은 과점경쟁에서 자세히 설명될 것이다). 이러한 차별화와 부분적 독점성은 완전경쟁의 조건에서 제시된 제품들의 동질성 조건이나 가격설정에의 영향력이 없다는 조건과 구별되나, 기술적 조건이 동일하다는 점과 진입/퇴출장벽이 없다는 점은 완전경쟁과 동일하다.

독점적 경쟁 하의 기업들은 차별화와 지역적 독점성으로 인해 가격을 변화시킬 때 극단적으로 판매량이 변화하지 않는다. 즉, 개별 기업의 수요곡선이 수평선이 아니라 우하향곡선으로 표현되는 것이다. 이러한 상황에서 개별 기업들은 각자의 이윤극대화 가격을 설정하고 독점력을 강화하기 위한 차별화를 추구한다.

그러나 독점적경쟁 상황에서는 완전경쟁과 같이 진입장벽이 없다. 따라서 산업 내 기업들이 초과이윤을 얻을 수 있는 상황에서는 새로운 기업들이 진입하여 경쟁이 치열해지고 결국 산업의 평균적 이윤은 완전경쟁 상황과 같이 정상이윤과 같아진다. 음식점이나 치킨집 같이 소규모 자본으로 창업이 가능한 분야들은 대체로 독점적 경쟁과 유사한 상황으로 평가된다.

완전경쟁이나 독점적경쟁을 묘사하는 경제학 모형은 결국 산업 내 기업들이 정상이윤 이상을 얻을 수 없다고 설명하고 있다. 그러나 완전경쟁의 경우에도 산업이 성숙하기 이전에 빨리 진입한 기업들은 단기적으로 초과이윤을 얻을 수 있으며, 독점적경쟁 상황에서도 차별화를 통해 다른 기업 대비 경쟁우위를 창출할 수 있다면 역시 초과이윤을 얻을 수 있다. 단지 완전경쟁이나 독점적경쟁에서는 차별화에 대한 모방이 용이하여 장기간 지속될 수 없으며, 진입장벽이 낮아 초과이윤의 기회가 매우 단기적인 상황을 가정하고 있는 것이다. 그럼에도 불구하고 개별 기업의 경영자들은 산업환경의 변화에 빠르게 대응하고 차별화를 통한 초과이윤을 추구해야만 한다.

02 동질적 제품하의 과점경쟁

현실에서 경쟁이 없는 순수한 독점이나 완전경쟁적인 산업을 찾기란 쉬운 일이 아니다. 그런 의미에서 과점경쟁(Oligopoly) 상황은 현실적 시사점이 가장 높으나 이론적 체계화가 가장 까다롭다. 과점경쟁의 상황은 마치 축구공을 다투는 두 선수의 상황과 같다. 한 선수의 행동은 다른 선수의 행동의 예측에 기반하며, 다른 선수 또한 그 선수의 행동을 예측하여 움직이는 상황이다. 이렇듯 전략적 상호작용의 결과에 의해 성과가 결정되는 상황을 다루는 기법을 게임이론이라고 한다. 이번 절에서는 과점경쟁의 특징을 가장 잘 보여주는 몇 가지 게임모형들을 제시해보도록 한다.

우선 상대적으로 단순한 형태의 과점경쟁으로 두 개의 기업이 동질적인 제품을 생산하는 경우를 살펴보자. 이러한 상황에서 각 기업이 어떠한 행동방식(전략)을 보이는지에 따라 경쟁의 결과는 사뭇 달라진다. 아래에서는 버트란트(Bertrand)경쟁, 꾸르노(Cournot)경쟁, 스타캘버그(Stackelberg)경쟁의 세 가지 유형을 살펴볼 것이다.

2.1 버트란트경쟁

첫 번째 제시되는 경쟁의 형태는 2개의 기업이 동질적인 제품을 생산하여 가격경쟁을 벌이는 형태로 버트란트경쟁이라고 불리는 상황이다. 이의 설명을 위해 간단한 게임모형을 제시할 것인데 이 모형은 널리 알려진 죄수의 딜레마(Prisoner's Dilemma) 상황과 동일한 구조이다.

2개의 기업이 상호 동질적인 제품을 생산하고 있어 소비자들이 조금이라도 싼 가격을 제시하는 기업의 제품을 구매하는 상황을 고려해 보자. 이 때 양 기업이 모두 동일한 가격을 제시하면 양 기업은 해당 가격에서의 수요량을 양분하며, 만약 한 기업이 더 낮은 가격을 제시하면 그 가격에서의 모든 수요량을 낮은 가격의 기업이 얻게 되는 상황을 가정할 수 있다. 이제 양 기업이 P'와 $P'-\varepsilon(\varepsilon>0)$ 중 하나를 선택하는 상황을 고려해 보자. P'는 독점가격보다 낮으며, $P'-\varepsilon$는 양 기업에 공통적으로 적용되는 한계비용 c보다 크다($P'-\varepsilon>c$)고 가정한다.

이러한 가정 하에서 양 기업의 가격선택 결과 발생하는 이윤은 상대방 기업의 선택에 영향을 받게 된다. 〈표 5-1〉은 양 기업의 가격선택의 결과 발생하는 성과를 상황별로 보여주고 있다.

〈표 5-1〉 각 칸의 왼쪽 값은 기업1의 이윤을, 오른쪽 값은 기업2의 이윤을 표시하고 있다. 이 때 $\Pi_{P'-\varepsilon,\ P'}$는 하나의 기업이 상대기업의 가격 P'보다 낮은 가격 $P'-\varepsilon$을 제시하여 시장수요를 모두 전유하는 경우 낮은 가격을 제시한 기업의 이윤이다. 반면 $\Pi_{P'}$는 양 기업이 모두 P'의 가격을 제시하여 수요량을 양분한 경우 각 기업의 이윤으로 산업이윤 $2\Pi_{P'}$는 $\Pi_{P'-\varepsilon,\ P'}$보다 높지만 개별 기업의 $\Pi_{P'}$는 $\Pi_{P'-\varepsilon,\ P'}$보다 낮다. 다음으로 $\Pi_{P'-\varepsilon}$는 $P'-\varepsilon$의 가격에서 수요량을 양분한 경우 개별 기업의 이윤이며, 가격인하로 인해 $\Pi_{P'}$보다는 작다(P'는 독점가격보다 낮으므로). 마지막으로 한 기업은 $P'-\varepsilon$을 나머지 기업은 P'를 선택했을 때 P'를 선택한 기업은 수요량이 0이며, 이 기업은 고정비용만큼 손실을 입게 된다. 따라서 〈표 5-1〉에 표기된 이윤들은 아래의 관계를 갖는다.

$$-f<0<\Pi_{P'-\varepsilon}<\Pi_{P'}<\Pi_{P'-\varepsilon,\ P'}$$

표 5-1 가격 선택에 따른 양 기업의 성과

		기업 2	
		P'	$P'-\varepsilon$
기업 1	P'	$\Pi_{P'}, \Pi_{P'}$	$-f, \Pi_{P'-\varepsilon,\ P'}$
	$P'-\varepsilon$	$\Pi_{P'-\varepsilon,\ P'}, -f$	$\Pi_{P'-\varepsilon}, \Pi_{P'-\varepsilon}$

세부적인 수요함수와 비용함수에 따라 각 이윤 값이 어떻게 정의되는지는 별첨 1.2 참조를 살펴보기 바란다. 이제 이런 상황에서 각 기업은 어떤 선택을 하는 것이 최적인지를 고려해 보기 위해 다음의 내쉬균형의 개념을 생각해 보자.[3)]

- 내쉬균형(Nash Equilibrium) : 상대방의 선택에 대해 나의 선택이 최선이며, 상대방 입장에서도 나의 선택에 대해 상대방의 선택이 최선이 되는 참여자들의 선택 조합

내쉬균형의 개념이 만족되는 선택의 조합에서는 각 기업이 현재의 선택을 변경시키지 않을 것이다. 상대방이 선택을 유지한다고 생각할 경우 내가 선택을 변경하면 나의 이윤이 감소할 것이기 때문이다. 따라서 일단 내쉬균형 상태에 도달하면 이 상태가 변화되지 않을 것이라고 보아야 하며, 내쉬균형은 각 참여자들의 행동에 대한 예측으로 활용될 수 있다. 특히 특정 상황에서 내쉬균형이 하나만 존재한다면 예측치로서 내쉬균형이 중요한 의미를 갖는다.

이제 제시된 상황에서 기업1은 기업2가 P'을 선택할 경우 $P'-\varepsilon$를 선택해야만 더 높은 이윤을 얻게된다. 또한 기업2가 $P'-\varepsilon$를 선택하는 경우에도 $P'-\varepsilon$를 선택할 때 더 높은 이윤을 얻게 된다. 따라서 기업1은 기업2가 어떤 선택을 하던지 $P'-\varepsilon$를 선택하는 것이 합리적이다. 같은 논리에 의해 기업2도 기업1이 어떤 선택을 하던 $P'-\varepsilon$를 선택하는 것이 합리적이다. 결과적으로 양 기업 모두 $P'-\varepsilon$를 선택하게 되며, 양 기업이 $P'-\varepsilon$를 선택하는 것이 내쉬균형이 된다.[4)]

분석의 결과를 살펴보면 두 기업 모두 높은 가격 P'를 선택할 경우 두 기업 모두 $P'-\varepsilon$를 선택하는 상황 대비 각자의 이윤이 높아진다. 그러나 한 기업이 P'를 선택할 경우 나머지 기업은 항상 가격을 낮출 유인이 있으며, 이를 고려하면 양 기업 모두 $P'-\varepsilon$를 선택하는 것이 합리적인 상황이 되는 것이다. 결과적으로 양 기업 모두 이윤이 감소하는 상황이 발생하게 된다.

한편 이러한 분석은 P'가 한계비용 c보다 높은 경우 항상 적용된다. 기업1이 P'를 제시

3) 내쉬균형은 이 개념을 정립한 John Forbes Nash Jr.의 이름에서 붙여진 것이다. Nash 는 게임이론의 정립에 대한 공헌으로 노벨경제학상을 수상하였으며, 그의 삶이 Beautiful Mind라는 영화로 만들어져 일반인들에게도 널리 알려진 학자이다.

4) 상대방의 전략에 상관 없이 나의 선택안 중 가장 높은 성과를 가져다 주는 선택을 강우월전략(Strictly Dominant Strategy)이라고 한다. 각 참여자들에게 강우월전략이 존재한다면 강우월전략의 조합이 내쉬균형이 된다. 이 경우에서는 양기업에게 모두 $P'-\varepsilon$가 강우월전략이다.

별첨 5.2 버트란트경쟁에서 기업들의 성과

수요함수는 선형($Q=a-bP$)이며, 각 기업의 비용함수 역시 선형($C=cQ$)으로 주어진 경우를 가정해 보자($a>bc$: 가격이 한계비용인 경우 수요량이 양의 값이 된다는 조건). 고정비용은 매몰비용으로 간주하여 고려하지 않는다. 양 기업의 가격이 같은 경우 수요량을 양분하고, 한 기업의 가격이 낮은 경우 수요량을 낮은 가격의 기업이 모두 얻게 됨을 가정하였으므로 각 기업의 이윤은 아래와 같이 표현된다.

$$If\ P_1=P_2,\ \Pi_i=P_i(a-bP_i)/2-c(a-bP_i)/2=(P_i-c)(a-bP_i)/2$$
$$\text{and } If\ P_i>P_j,\ \Pi_i=0 \text{ and } \Pi_j=(P_j-c)(a-bP_j)$$

만약 본문에서와 같이 양 기업이 P'와 이보다 아주 조금 낮은 가격 $P'-\varepsilon$ 중 하나를 선택하게 되면 각 선택조합에 따른 이윤은 아래와 같이 주어진다.

$$\Pi_{P'}=(P_i-c)(a-bP_i)/2$$
$$\Pi_{P'-\varepsilon,\ P'}=(P_i-\varepsilon-c)(a-b(P_i-\varepsilon))$$
$$\Pi_{P'-\varepsilon}=(P_i-\varepsilon-c)(a-b(P_i-\varepsilon))/2$$

또한 위 값들의 관계는 아래와 같음을 확인할 수 있다.

$$0<\Pi_{P'-\varepsilon}<\Pi_{P'}<\Pi_{P'-\varepsilon,\ P'}$$

이제 $P'-\varepsilon$가 한계비용 c보다 높기만 하다면 기업은 상대기업보다 낮은 가격을 선택하여 판매량을 증대하는 것이 합리적이다. 결국 c보다 높은 가격에서는 적어도 한 기업이 가격을 낮출 유인이 있어 내쉬균형이 되지 못한다. 반면 양 기업이 한계비용 c를 선택한다면 내쉬균형의 조건이 만족된다. 그러나 양 기업의 이윤은 0(정상이윤)이 된다($\because P_i-c=0$).

할 것으로 생각되면 기업2는 $P'-\varepsilon$를 선택하려고 한다. 기업2의 행동을 예측한다면 기업1은 $P'-\varepsilon$보다 더 낮은 가격을 선택해야만 한다. 결국 양 기업의 가격이 한계비용 c까지 하락하게 된다. 반면 양 기업이 모두 한계비용 c에 가격을 설정할 경우 가격을 더 낮춘다면 판매량의 증가에서 발생하는 매출 증가보다 비용 증가가 더 커지므로 더 이상 가격을 인하할 유인이 없어진다. 또한 가격을 올리면 판매량이 0이 되므로 가격을 올릴 유인이 없어진다.

결과적으로 동질적인 기업들이 가격경쟁을 할 경우 양 기업 모두 한계비용 c에서 가격을 설정하고($P1=P_2=c$) 정상이윤만을 얻게 되는 상황이 내쉬균형이 된다.[5] 통상적으로 과점경쟁은 완전경쟁 상황보다 경쟁이 덜할 것으로 생각되지만 기업 간 가격경쟁 상황에서는 완전경쟁과 동일한 상황이 발생할 수 있음을 보여주는 것이다. 이는 통상 죄수의 딜레마라고 불리는 상황이다.

2.2 꾸르노경쟁

과점상황의 경쟁결과가 항상 버트란트경쟁과 동일하지는 않을 것이다. 게임이론을 통해 과점상황을 설명하는 다른 유형의 모형으로 꾸르노경쟁(Cournot Competition) 모형이 있다.

꾸르노경쟁은 양 기업이 가격 대신 판매량을 의사결정변수로 삼는 경우이다. 양 기업의 판매량이 주어지면 수요함수에 의해 시장에서의 단일한 가격이 주어지는 경우를 가정한 것이다. 따라서 꾸르노경쟁에서는 버트란트경쟁과 같이 수요량을 양분하거나 한 기업이 모두 얻게 되는 극단적인 상황이 발생하지 않는다. 기업 1의 판매량이 정해져 있을 경우 기업 2의 생산량 변화는 산업 전체의 생산량과 시장가격을 변화시켜 이윤에 영향을 미친다. 상대방의 수요를 모두 침탈해 가는 상황은 아닌 것이다.

그렇다면 양 기업은 상대방의 생산량이 주어질 경우 그만큼(상대 기업에 의해 만족된 수요) 줄어든 시장수요 하에서 이윤을 극대화하는 가격을 선택하게 될 것이다. 이 경우 가격이 한계비용 수준까지 떨어지면 자신의 이윤도 크게 감소하므로 가격이 극단적으로 떨어질 만큼 생산을 하지는 않을 것이다. 양 기업이 모두 이러한 입장을 취할 경우 시장의 가격은 한

5) 별첨 5.2에서 가정한 선형의 비용함수 하에서 가격이 한계비용 c 결정되면 양 기업의 이윤은 $-f$가 된다. 이에 대해 일부 독자들은 비현실적인 결과라고 생각할 수 있다. 그러나 고정비용이 모두 매몰비용이라면 양 기업은 퇴출하는 것과 가격 c에서 사업을 유지하는 것에 차이가 없으며, 이러한 균형이 유지될 수 있다. 만약 앞서의 완전경쟁에서와 같이 한계비용이 판매량 증가에 따라 상승하는 상황을 가정한다면 가격이 한계비용에서 결정되더라도 양의 이윤이 발생할 수 있다. 본 절에서는 단지 설명의 용이성을 고려하여 한계비용이 판매량에 따라 변동하지 않는 선형 비용함수를 가정하고 있다.

별첨 5.3 꾸르노경쟁에서의 내쉬균형

판매량이 양 기업의 의사결정변수인 상황이며, 가격은 양 기업의 판매량이 주어지면 수요함수에 의해 결정된다. 수요함수는 버트란트경쟁에서와 동일하게 선형수요함수($Q=a-bP$)를 가정하는데 아래의 이윤식에서는 $P=a/b-Q/b(Q=Q_1+Q_2)$로 정리하여 대입할 것이다. 비용함수는 역시 버트란트경쟁에서와 같이 $C=cQ$를 가정한다($a>bc$). 이제 각 기업의 이윤함수는 아래와 같이 주어진다.

$$\Pi_i=\left(\frac{a}{b}-\frac{Q_i+Q_j}{b}\right)Q_i-cQ_i=\left(\frac{a}{b}-\frac{Q_i+Q_j}{b}-c\right)Q_i$$

이제 이윤함수 Π_i를 의사결정변수 Q_i로 미분하면

$$\frac{\partial\Pi_i}{\partial Q_i}=\frac{a}{b}-\frac{2Q_i+Q_j}{b}-c$$

로 정리된다. 이제 Q_j가 주어졌을 때 $\partial\Pi_i/\partial Q_i=0$을 만족시키는 Q_i가 기업 i의 최선의 선택이 된다. 이 때 $\partial\Pi_i/\partial Q_i=0$은 아래와 같이 정리된다.

$$Q_i=\frac{a-Q_j-bc}{2}$$

이 식은 Q_j가 주어진 경우 기업 i의 최선의 선택을 정의하는 것으로 반응함수(Reaction Function)라고 하며, 이를 그래프상에 그리면 반응곡선이라고 한다. 이제 기업 1과 2의 반응함수의 연립방정식의 해 또는 두 반응곡선의 교점이 꾸르노경쟁 하에서의 유일한 내쉬균형이(꾸르노균형) 된다. 즉, 양 기업 입장에서 상대방의 선택에 대해 최선의 선택이 되는 판매량 조합이 되는 것이다. 꾸르노균형에서 양 기업의 생산량과 가격은 아래와 같다.

$$Q_1^*=Q_2^*=\frac{a-bc}{3},\ P^*=\frac{a+2bc}{3b}$$

이 때 $a>bc$의 조건에 의해 $P^*>c$가 만족되며, 양 기업의 이윤은

$$\Pi_1=\Pi_2=\frac{(a-bc)^2}{9b}$$

이 된다.

계비용보다 높게 나타날 것이다.

그러나 독점에서의 이윤극대화 가격보다 꾸르노 균형에서의 가격은 낮아진다. 독점가격에서는 산업 차원에서 마진 감소로 인한 이윤감소와 판매량 증가에 의한 이윤증가가 같게 나타난다. 양 기업이 독점가격에서의 수요량의 절반씩을 생산한다고 생각해 보자. 이 때 한 기업이 생산량을 증가시키면 가격과 각 기업의 마진이 하락할 것이다. 그런데 이 기업은 증가된 판매량에 따른 이윤증가는 모두 자신이 얻지만 마진의 감소에 의한 이윤 감소는 양 기업이 나누는 상황이다. 결과적으로 독점가격에서는 양 기업 모두 판매량을 증가시킬 유인이 발생한다.

결과적으로 꾸르노경쟁에서의 내쉬균형 가격은 독점가격보다 낮고 한계비용보다는 높은 상황으로 나타나며, 양 기업 모두 버트란트 가격경쟁의 상황보다 더 높은 이윤을 얻게 된다. 별첨 5.3은 꾸르노경쟁에서의 내쉬균형 도출을 수리분석을 통해 엄밀하게 설명하고 있다.

2.3 스타켈버그경쟁

스타켈버그경쟁에서의 내쉬균형 도출 역시 참조 5.4에서 상세히 설명하고 있다. 스타켈버그경쟁에서도 꾸르노경쟁에서와 마찬가지로 의사결정변수가 판매량이다. 핵심적인 차이는 양 기업중 한 기업이 선도자(Leader)의 역할을 하고 나머지 한 기업은 추종자(Follower)의 역할을 한다는 점이다. 선도자는 판매량을 먼저 결정하고 추종자는 상대방의 판매량을 주어진 것으로 보고 최선의 판매량을 선택한다. 이런 상황에서는 선도자가 추종자의 선택을 예측하고 이를 반영하여 자신의 판매량을 결정할 수 있다. 앞서 버트란트경쟁이나 꾸르노경쟁에서는 양 기업 모두 상대방의 의사결정을 주어진 것으로 가정하고 의사결정을 하므로 양 기업 모두 추종자가 되는 상황을 가정한 것이다.

추종자의 입장에서는 상대기업이 판매량을 늘리면 지나친 가격하락을 억제하기 위해 자신의 판매량을 줄이는 것이 최선의 전략이 된다. 그런데 선도자는 자신이 판매량을 늘리면 상대방이 판매량을 낮출 것임을 예측하고 있으므로 자신의 판매량을 상대적으로 늘리려고 할 것이다. 이를 고려하면 선도자는 많은 판매량을 선택하여 상대적으로 높은 이윤을 달성

참조 5.4 스타켈버그경쟁에서의 내쉬균형

스타켈버그경쟁에서는 꾸르노경쟁에서와 마찬가지로 판매량이 양 기업의 의사결정변수이다. 다만 차이점은 기업1(선도자)이 먼저 판매량을 정하고 기업2(추종자)가 이를 관찰한 후 최선의 판매량을 선택한다는 점이다. 앞서 버트란트경쟁이나 꾸르노경쟁은 양 기업이 동시에 의사결정변수를 선택하는 상황을 가정했던 것이다(양 기업이 추종자). 이 경우 선도자인 기업1은 자신의 선택에 따라 추종자인 기업2가 어떤 선택을 할지를 예측하고 이에 기반하여 최선의 판매량을 결정한다.

수요함수와 비용함수는 앞서와 동일하게 $P=a/b-Q/b(Q=Q_1+Q_2)$와 $C=cQ$를 가정한다($a>bc$). 이 경우 각 기업의 이윤함수는 꾸르노경쟁에서와 동일하게 아래와 같이 주어진다.

$$\Pi_i=\left(\frac{a}{b}-\frac{Q_i+Q_j}{b}\right)Q_i-cQ_i=\left(\frac{a}{b}-\frac{Q_i+Q_j}{b}-c\right)Q_i$$

이제 Q_1이 주어진 상황에서 기업2의 판매량 선택은 꾸르노경쟁에서의 반응함수와 동일하게 나타난다. 즉, $\partial\Pi_2/\partial P_2=0$에 의해

$$Q_2=\frac{a-Q_1-bc}{2}$$

으로 나타나는 것이다. 이제 선도자 기업1은 이 반응함수를 위에서 정의된 이윤함수에 대입한 후 $\partial\Pi_1/\partial Q_1=0$을 만족하는 Q_1을 선택하게 될 것이다. 기업1의 이윤식과 미분식을 정리하여 최선의 판매량 Q_1^*를 구하면

$$\Pi_1=\left(\frac{a}{b}-\left(Q_1+\frac{a-Q_1-bc}{2}\right)/b-c\right)Q_i$$

$$\frac{\partial\Pi_1}{\partial Q_1}=\frac{2a}{2b}-\frac{a+2Q_1-bc}{2b}-c$$

$$Q_1^*=\frac{a-bc}{2}$$

가 된다. 이제 기업2의 반응함수에 Q_1^*를 대입하여 Q_2^*를 구하고, 수요함수에 Q_1^*와 Q_2^*를 대입하면 아래와 같이 균형가격을 구할 수 있다.

$$Q_2^*=\frac{a-bc}{4},\ P^*=\frac{a+3bc}{4b}$$

이제 구해진 각 기업의 생산량과 가격을 고려하면 각 기업의 이윤은

$$\Pi_1 = \frac{(a-bc)^2}{8b}, \ \Pi_2 = \frac{(a-bc)^2}{16b}$$

이 된다. 균형가격은 $a>bc$의 조건에 의해 꾸르노균형에서의 가격보다 낮음을 알 수 있다. 한편 기업1의 생산량이 기업2에 비해 2배 많으며, 기업1의 이윤이 기업1의 이윤보다 커진다. 또한 꾸르노균형과 비교할 때 기업1은 꾸르노균형에서보다 이윤이 높으며 기업2는 꾸르노균형에서보다 이윤이 낮아진다.

하며, 추종자는 상대적으로 낮은 판매량과 이윤을 달성하게 된다. 그러나 양 기업 모두 버트란트경쟁에서와 같이 극단적으로 이윤이 감소하지는 않는다. 선도자 역시 지나치게 높은 판매량을 정할 경우 양 기업 모두 지나치게 낮은 가격에 의해 이윤이 감소할 것임을 예측하기 때문이다.

이러한 스타켈버그경쟁은 점유율이 상대적으로 높아 시장지배력을 확보하고 있는 기업과 기타 군소기업들 간의 경쟁을 묘사하는 것으로 이해할 수 있다. 군소사업자들은 지배적 사업자와 직접적인 경쟁을 회피하며, 지배적 사업자의 행동을 관찰하여 이를 주어진 것으로 보고 이윤극대화를 추구할 수 있다. 많은 과점산업에서 선도기업(높은 점유율)과 기타 추종자(낮은 점유율)가 공존하는 상황을 볼 수 있으며, 이를 스타켈버그경쟁으로 설명할 수 있다.

2.4 동질적 제품의 과점경쟁 상황 정리

이상에서는 동질적인 제품을 생산하는 기업 간 과점경쟁을 설명하는 모형들을 개괄하였다. 버트란트경쟁에서는 극단적인 가격경쟁의 결과 가격이 완전경쟁에서와 마찬가지로 한계비용까지 떨어질 수 있음을 보였다. 또한 꾸르노경쟁에서는 상대적으로 완화된 경쟁상황을 묘사하고 있으며, 독점에서보다는 가격이 낮으나 완전경쟁에서보다는 가격이 높은 결과가 나타났다. 이 두 가지 경우는 양 사업자가 대등한 관계에서 경쟁을 하는 경우를 살피고 있다. 마지막으로 설명된 스타켈버그경쟁에서는 기업 간 관계가 비대칭적인 즉, 선도자와 추종자가 구분되는 상황을 설명하고 있다. 한편 경쟁기업들이 담합을 하게 되면 독점적인 가격을 설정하여 산업이윤을 극대화 한 후 이 이윤을 나누는 상황도 발생할 수 있다. 단순히 언급하자면 과점경쟁에서는 기업 간 관계에 따라 독점적인 가격이나 완전경쟁적인 가격 그리고, 그 중간의 가격 모두가 발생 가능한 것이다.

아래에서 소개할 모형은 게임이론에서 촉발전략(Triggering Strategy)이라고 불리는 개념을 포함하고 있는 것으로 이를 앞서 버트란트경쟁의 경우와 비교하여 생각해보기 바란다. 기업1과 2가 매 달 가격을 결정하여 고시하며, 기업1의 행동은 전기의 기업2의 행동에 따라 다음과 같이 결정된다고 생각해 보자.

① 정상국면 : 전 달에 기업2가 가격을 독점가격 이상으로 설정하였다면 독점가격을 선택한다.
② 보복국면 : 전 달에 기업2가 가격을 독점가격 미만으로 설정하였다면 이후 무조건 한계비용 수준에서 가격을 선택한다.

기업2가 기업1의 전략을 이해하고 있으며, 기업2도 이러한 전략을 채택하고 있다면 양 기업의 전략은 내쉬균형의 조건을 만족한다. 양 기업 모두 독점가격에서 가격을 올리거나 낮추면 이윤이(보복국면에서의 미래이윤까지를 고려하여) 감소하게 된다. 결과적으로 시장에서는 항상 독점가격이 유지되고 양 기업은 독점적인 이윤을 양분하게 될 것이다. 이러한 촉발전략은 현실에서 가격전쟁에 즉각적이고 강력한 대응을 하겠다는 신호를 상대 기업들에게 전달함으로써 실행되며, 가격전쟁을 미연에 방지하기 위한 방법으로 많은 서적들에서 소개된다. 이러한 촉발전략은 암묵적 담합을 발생시키는 방법이 될 수 있다. 명시적인 담합은 불법적인 것이지만 파괴적인 가격경쟁을 억제하는 것은 산업의 성장에 긍정적인 측면도 있다.

이러한 논의들의 중요한 시사점은 과점경쟁에서 가격은 기업 간 관계에 크게 영향을 받는다는 것이다. 기업 간 점유율을 지향한 가격경쟁이 치열해질 경우 산업의 전반적인 가격수준이 하락하여 모든 기업들의 이윤이 감소하기 쉽다. 점유율을 높이기 위한 가격의 인하가 경쟁사의 대응을 유발하지 않는다면 기업이윤에 도움이 될 수 있으나 앞서 버트란트 가격경쟁에서 언급한 것과 같이 경쟁사가 동일 수준으로 가격을 인하할 경우 모두의 이윤이 감소하는 죄수의 딜레마 상황이 발생한다. 따라서 지나친 경쟁을 회피하고 산업의 가격수준을 일정 수준으로 유지하는 것이 기업들의 중요한 관심사가 된다. 다음 소절에서 다룰 차별화나 교체비용과 같은 개념들은 구조적으로 가격경쟁을 감소시키는 방식이 될 것이다.

03 차별화와 교체비용, 경쟁우위

3.1 차별화의 효과

앞서 동질적인 제품을 생산하는 기업 간 경쟁을 다루었으나 현실적으로 기업들이 완전히 동질적인 제품을 생산하는 경우란 극히 드물다. 제품의 기능적인 측면, 제품의 유통망이나 애프터서비스와 같은 포괄적 제품(확장제품)의 관점, 또한 광고 등 제품에 대한 커뮤니케이션 과정에서 형성되는 브랜드 이미지 등 다양한 측면에서 소비자들은 제품들의 차별성을 인식하고 있다. 이러한 차별성의 인식으로 인해 소비자들은 각기 상이한 선호를 형성하게 된다. 이러한 상이한 선호가 가격경쟁에 어떤 영향을 미치는지 이해하기 위해 Hotelling(1929)에 의해 제시되었던 간단한 모형(수평적차별화모형 또는 Hotelling모형)을 살펴보자.

[그림 5-2]의 수평선을 동네의 중앙 대로라고 생각해 보라. 2개의 약국이 대로의 양 끝에 위치해 있다. 만약 두 약국의 제품구색이나 서비스, 가격이 모두 동일하다면 소비자들은 본인의 집에서 가까이 위치한 약국을 이용할 것이다. 그림의 $\hat{x}$이 거리의 중앙이라면 좌측에 위치한 소비자들은 약국 A를, 우측에 위치한 소비자들은 약국 B를 이용하여 두 약국의 시장은 $\hat{x}$을 중심으로 나누어질 것이다. 이제 약국 A의 사장이 약품 가격을 일괄적으로

그림 5-2 차별화와 제품의 선택

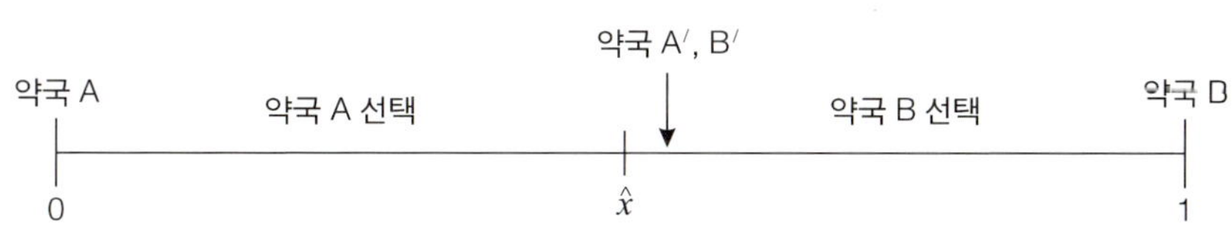

100원씩 올렸다고 생각해보자. 이 경우 중심부에 위치하고 있는 약국 A의 기존 소비자들 중 일부는 조금 멀더라도 싼 가격의 약국 B를 이용할 것이다. 그러나 약국 A에 상당히 근접한 거리에 있는 소비자들은 이동하는데 걸리는 비용을 고려해 여전히 약국 A를 이용할 것이다. 결과적으로 시장점유의 기준점이었던 $\hat{x}$가 좌측으로 이동할 것이다. 반면에 두 약국이 모두 동일 위치(A', B')에 존재한다고 생각해 보자. 이 경우에는 모든 소비자들이 조금이라도 낮은 가격을 제시하는 약국을 이용하게 될 것이다.

이러한 단순한 모형을 통해 우리는 제품차별화의 의미를 직관적으로 이해할 수 있다. 위에서는 소비자 위치와 약국 위치의 차이를 거리로 설명하였다. 이제 이 수평선이 소비자들의 선호를 의미한다고 생각해 보자. 예를 들어 좌측 끝단에는 작고 휴대하기 편리한 핸드폰을 선호하는 소비자가 위치하고, 우측 끝단에는 넓은 액정과 다양한 기능을 선호하는 소비자가 있다고 생각해보자. 중심부에 위치하는 소비자들은 두 가지 형태의 핸드폰에 선호가 불분명함을 의미한다. 이제 상이한 형태의 단말기를 각각 판매하는 두 기업은 가격을 일부 조정하더라도 자신의 제품에 대한 선호가 명확한 소비자들에게는 판매를 유지할 수 있다. 즉, 일정 수준의 독점력을 확보하는 것이다. 이 때 독점력이란 가격을 통제하는 능력을 의미하는 것이다. 반대의 경우 즉, 동일한 형태의 단말기를 생산하는 두 기업은 경쟁사보다 조금이라도 높은 가격을 제시할 경우 버트란트경쟁에서와 같이 시장 전체를 상실하게 될 것이며, 이 경우 전혀 독점력을 가지지 못한 것이라 이해할 수 있다.

정리하자면 기업은 제품을 차별화(Differentiation) 함으로써 독점력을 확보할 수 있다. 이는 자사 제품을 선호하는 소비자집단을 확보하여 상대적으로 높은 가격을 설정하더라도 일정 수준의 수요량을 확보할 수 있음을 의미한다. 시장을 세분화하고 표적시장을 선정한 후 표적시장에 최적화된 제품을 출시하는 방식은 기본적인 마케팅적 사고방식인데 이러한 방식은 결국 차별화를 통해 독점력을 확보하기 위한 방안이라고 해석할 수 있다.

경제학에서는 위의 경우와 같이 소비자별로 상이한 제품을 선호하는 유형을 수평적 차별화(Horizontal Differentiation)라고 한다. 반면 품질의 차이의 경우 모든 소비자들이 높은 품질을 선호한다. 이와 같이 모든 소비자들이 하나의 형태를 선호하는 경우를 수직적 차별화(Vertical Differentiation)라고 한다. 예를 들어 구찌(Gucci) 핸드백과 이름없는 브랜드의 핸드백이 같은 가격이라면 모든 소비자들이 구찌 핸드백을 선호할 것이다. 이러한 수직적 차별화도 수평적 차별화와 본질적으로 유사한 기능을 한다. 저가 · 저품질 핸드백의 가격

별첨 5.5 우리 나라 구두시장에서의 수직적 차별화[6)]

대개 기업들이 생산하는 제품 간 속성의 차이에는 소비자들 간 상이한 선호를 추종하는 수평적 차별화와 품질의 차이에 기반한 수직적 차별화의 성격이 뒤섞여 있다. 이런 중에도 수직적 차별화의 성격을 명확히 보여주는 사례들은 기업이 특정 가격대를 선언함으로써 포지셔닝을 달성하는 경우라 하겠다.

1980년대 말의 한국의 구두시장은 크게 고가시장과 저가시장으로 나누어져 있었다. 저가시장 제품들은 소규모 독립 점포들을 중심으로 유통되고 있었으며, 소비자들에게 품질에 대한 신뢰를 제공하기 어려운 상황이었다. 반면 고가시장은 매스미디어 광고에 기반하여 브랜드를 구축한 기업들이 대리점을 통해 점유하고 있었다. 그러나 시장에는 품질에 대한 신뢰를 제공하되 지나치게 비싸지 않은 중가의 실용적인 제품에 대한 욕구가 존재하고 있었다. 이러한 중가시장의 규모는 [그림 5-3]에서와 같이 4,000억 원 수준으로 추정되었다.

이런 상황에서 1988년 가을 경림상사는 미스 · 미스터라는 2만 원대 구두를 내놓으면서 중가시장에 침투하여 크게 성공하였다. 뒤늦게 이 시장의 잠재력을 알게 된 경쟁사들은 서둘러 이 시장에 뛰어들었으며(엘칸토의 브랑누아, 금강의 레스모아), 경림상사는 이 시장을 브랜드 하나로는 방어하기 힘들다고 판단하여 해피워크라는 또 하나의 브랜드를 출시하였다. 이후 경림상사는 에스콰이어에 합병되었으나 여전히 중가시장은 구두시장의 한 세분시장을 점유하고 있다.

위와 유사한 사례들은 쉽게 관찰된다. 핸드백 시장에도 명품(Prestige)을 포방하는 브랜드 외에도 매스티지(Masstige : Mass + Prestige) 제품을 표방하거나 상대적으로 저가로 포지션된 브랜드들이 존재한다. 이러한 가격대와 연관된 포지셔닝은 수직적 차별화의 개념과 밀접하게 관련된다. 기업들은 경쟁사들이 존재하지 않으나 상당한 잠재 규모를 가지고 있는 비어있는 가격대를 추구함으로써 경쟁사들로부터 차별화 할 수 있다.

그림 5-3 가격으로 나누어본 우리 나라의 구두시장

1988년 여름		1990년 여름
고가구두 (에스콰이어, 금강, 엘칸토)	시장규모 2,000~3,000억	고가구두 (에스콰이어, 금강, 엘칸토)
	시장규모 3,500~4,500억	중가구두 (미스 · 미스터, 해피워크, 브랑누아, 레스모아)
저가구두 (동네 구두방, 염천교의 구두방들)	시장규모 1,500~2,000억	저가구두 (동네 구두방, 염천교의 구두방들)

6) 유필화(2010)의 제4장 p.113의 내용을 수정 · 보완하였다.

이 조금 내려간다고 해서 고가를 선호하는 소비자들이 이를 구매하려고 들지는 않을 것이다. 마찬가지로 고가 · 고품질 핸드백 제품의 가격하락도 저가 선호 소비자들의 선택을 변화시키지는 못한다. 가격의 조정을 통한 매출증대 노력은 저가와 고가에 대한 선호가 다소 불분명한 소비자들을 대상으로 하는 것이다.

현실에서 제품들 간의 차이가 순수하게 수평적 차별화 또는 수직적 차별화에 해당하지는 않을 것이며, 두 가지 요소가 복합적으로 작용할 것이다. 그러나 중요한 것은 제품의 차이는 상이한 선호에 기반하여 충성소비자를 확보하는 수단이 된다는 것이다. 차별화가 존재하는 경우 가격경쟁은 전체 소비자를 대상으로 하기보다 선호가 다소 모호한 한계소비자([그림 5-2]의 $\hat{x}$ 주변의 소비자)를 대상으로 하는 것이다. 결과적으로 차별화는 가격경쟁의 영향을 제한하게 되며, 차별화의 강도가 클수록 기업들의 독점력은 증가한다.

3.2 교체비용

교체비용(Switching Cost)이란 소비자가 현재 사용하는 제품이나 서비스가 아닌 다른 제품이나 서비스로 전환할 때 발생하는 비용이다. 이러한 비용에는 현금의 지불 뿐 아니라 시간이나 노력, 감정적 피로와 같이 매우 주관적인 비용까지 포함된다. 앞서 제품차별화의 이슈 또한 타 제품을 선택하기 위해서 자신의 선호를 포기해야 한다는 측면에서 교체비용의 개념과 연관된다. 그러나 이번 절에서 논의하는 교체비용의 개념은 소비자들의 초기 제품선택에는 영향을 미치지 않으나 일단 선택하여 사용하기 시작하면 이후의 제품선택에 영향을 미친다는 점에서 차별화의 문제와 구별될 수 있다. Klemperer(1995)의 경우 교체비용의 유형을 여섯 가지로 구분하여 설명하였는데 저자는 이를 재편집하고 망외부성을 포함시켜 다음의 여섯 가지 유형을 제시한다.

① 공급자 전환에 따른 거래비용(Transaction Cost) : 은행 교체 시 발생하는 해약수수료, 이동전화 서비스에서의 가입비, 각종 수속비용 등이 예가 될 수 있다. 또한 전환에 의해 마일리지와 같은 장기가입자 할인이나 기존 구매에 의해 발생한 쿠폰 등을 통한 할인을 포기해야 한다면 이러한 비용도 거래비용에 포함될 수 있다. 또한 새로

운 제품에 대한 품질을 확신하지 못하는 경우 제품의 속성을 파악하기 위해 상당한 탐색비용(Search Cost)이 발생할 수 있다.

② 학습비용 : 기존 제품에 익숙한 소비자가 새로운 제품을 사용하기 위해서는 사용법을 새로 익혀야 한다. 특정 회사의 핸드폰 자판 배열은 여타 회사의 자판과 다른 경우가 있다. 이러한 자판의 차이에 익숙해지기 위한 노력이 학습비용에 해당한다. 특정 소프트웨어나 웹사이트의 메뉴구조 등의 차이도 학습비용을 유발하는 원인이다.

③ 기존 장비와의 호환성(Compatibility) : 특정 제품은 여타 제품들과 함께 시스템으로 이용되는 경우가 많다. 컴퓨터와 주변기기 또는 카메라의 다양한 구성요소, 면도기와 면도날과 같은 제품들은 보완재 관계를 가지고 이용되는 것이다. 이러한 시스템 제품의 한 구성요소를 바꾸는 경우 호환성의 문제로 제반 주변기기의 변경을 유발하여 교체비용을 증가시키게 된다.

④ 매몰비용(Sunk Cost) : 현재 사용하고 있는 제품 또는 공급자와 관계에서 매몰비용이 발생하였다면 이 또한 교체비용으로 작용한다. 어떤 제품을 구매하여 사용하고 있는 상황에서 더 효율적인 제품이 출시되었다고 생각해 보자. 새 제품의 효용은 U_N이며 가격은 P_N이라면 새 제품의 구매에서 발생하는 순효용은 U_N-P_N이 될 것이다. 기존 제품의 효용은 $U_O(U_O<U_N)$일 때 기존 제품을 계속 사용한다면 순효용은 얼마가 될 것인가? 기존 제품의 가격은 이미 지불되어 매몰비용화 되었다면 U_O가 순효용이 된다. 결과적으로 $U_O<U_N$이어도 기존 제품을 유지하는 것이 더 높은 순효용을 줄 수 있다. 새로운 제품의 구매는 이미 지불된 매몰비용으로부터 발생하는 효용을 포기하게 만들며, 이 효용이 교체비용으로 작용하는 것이다. 한편 앞서 학습비용이나 기존 장비와의 호환성도 이러한 매몰비용의 개념으로 설명될 수 있다. 이미 학습에 지불된 비용이나 호환성을 가지는 보완재들에 대해 지불한 비용은 매몰비용이므로 교체비용에 포함되는 것이다.

⑤ 심리적 교체비용 또는 비경제적 브랜드 충성도 : 사용하던 제품을 변경할 때 발생하는 감성적, 심리적 비용을 말한다. 특정 제품을 사용하고 있었고 선호하던 중에 경쟁사 제품이 가격할인을 제공할 경우 제품 품질에 별 차이가 없겠지 또는 다른 장점도 있을 것이라는 식으로 기존 자신의 선호를 조정해야 하는 경우가 있다. 이러한 선호의 조정 과정에서 심리적 부조화를 느낄 수 있으며, 이 또한 비용으로 간주되는 것이

다. 또한 기존 서비스 제공자와의 개인적 친밀감도 이러한 심리적 비용을 증가시킬 수 있다. 통상 소비자들은 사용하던 브랜드에 대해 일정 수준의 충성도를 보유하는데 제품의 교체 시 인지부조화를 느끼며, 이를 조정하기 위한 심리적 비용을 지출한다.

⑥ 망외부성(Network Externality) : 망외부성은 해당 제품의 사용자가 늘어날수록 그 제품의 가치가 증가하는 현상을 의미한다. 통상 우리가 사용하는 컴퓨터 자판은 QWERTY자판이라고 불리운다. 이 자판에 익숙한 사용자는 대부분의 컴퓨터를 이용하는데 문제가 없다. 그러나 새로운 배열의 자판을 선택하여 사용한다면 다른 컴퓨터를 사용하는데 상당한 불편을 겪게 될 것이다. 신제품의 경우 초기에 망외부성을 향유하기 어려우며, 이러한 요인이 교체비용으로 작용한다. 또한 여러분이 Daum Cafe에서 활동하고 있었으며, 많은 인터넷 상의 지인들을 보유하고 있었다면 이후 Naver 블로그로 옮겨갈 때 기존 이용자 네트워크를 버리고 새로운 네트워크를 형성해야만 한다. 기존 보유하던 망외부성을 버려야만 하며, 이것이 비용으로 인식되는 것이다. 이러한 망외부성에 대해서는 제8장 동태적 가격관리에서 더 상세히 다룰 것이다.

이상에서 교체비용의 대표적인 유형들을 제시하였으나 교체비용은 이보다 훨씬 다양한 형태로 발생할 수 있다. 교체비용은 제품 선택의 변경에 의해 포기해야 하는 편익이나 추가되는 비용 모두를 의미하는 것이다.

이러한 교체비용은 이미 특정 제품을 이용하고 있는 소비자들에게 차별화와 유사한 작용을 한다. 경쟁사 제품 대비 가격을 증가시켜도 그 가격의 차이가 교체비용보다 작다면 이용자들은 선택을 변경하지 못하는 것이다. 교체비용에 의해 소비자들의 선택이 제약받는 현상을 고착효과(Lock-in Effect)라고 한다. 교체비용의 증가는 기업의 독점력 즉, 가격에 대한 통제력을 증가시킨다.

한편 교체비용은 기존 지배적 사업자와 소규모 사업자 또는 신규사업자에게 비대칭적으로 작용한다는 점에 관심을 두어야 한다. 교체비용과 이에 따른 고착효과가 존재한다면 소규모 사업자 또는 신규사업자가 접근할 수 있는 잠재소비자의 범위에 제한이 생긴다. 반면 지배적 사업자는 교체비용에 의해 여타 경쟁자로부터 확보된 소비자들을 효과적으로 방어할 수 있다. 기업들은 경쟁에 있어 가격을 인하시키는 방식으로 수요를 확보하기보다 교체비용을 상승시키거나 하락시키는 방식을 적극적으로 이용할 필요가 있다. 과거 이동전화산업에서 지배적 사업자의 점유율 감소를 위한 정책의 하나로 번호이동성제도가 도입되었던 것은 널리 알려진 사실이다. 지배적 사업자의 가입자들이 타 사업자로 이동할 경우 기존에 사용하던 번호를 변경해야 한다는 것은 상당한 교체비용이다. 후발사업자들이 이를 극복하기 위해 가격을 인하하기보다 정책적 압력을 통해 번호이동성제도를 도입하는 것이 효과적인 수단이었을 것이다. 반면 지배적 사업자의 경우 가입자 간 통화에 할인을 제공하거나 장기가입자에 대한 할인을 제공하는 등 교체비용을 증가시키기 위한 수단들을 동원한다.

3.3 차별화, 교체비용 및 가격경쟁

많은 경영학 서적에서 경쟁우위란 개념을 언급하고 있다. 경쟁우위란 단순하게 표현하자면 경쟁사 제품 대비 높은 가치를 제공할 수 있는 역량을 의미하는 것이다. 경쟁상황에서는 어떤 세분시장에서라도 경쟁우위가 있지 않다면 매출과 이윤의 창출이 불가능하다. 가격전략의 관점에서 경쟁우위란 제품이 제공하는 효용과 소비자들이 지불하는 비용(가격)의 차이가 경쟁사 제품 대비 높다는 의미로 해석할 수 있다. 따라서 자사 제품의 가격은 경쟁사 제품이 제공하는 편익과 가격에 의해 제약받게 된다.

이러한 개념은 앞서 소비자가 비교대상으로 삼는 가격수준을 의미하는 준거가격의 개념과 밀접하게 관련된다. 자사 제품의 가격이 소비자의 준거가격보다 낮아야만 제품의 판매를 유도할 수 있을 것이다. 가격전략과 관련하여 경쟁을 논하고 있는 이 시점에서 준거가격의 개념을 다시 논의하는 것이 의미가 있다. 순수한 독점 상황이 아니라면 이러한 준거가격의 설정 과정에 경쟁 제품 또는 대체재가 강력한 영향을 미친다. 제2장에서 이미 설명하였듯이 준거가격은 다음의 산식을 통해 정해진다.

준거가격 = 차선의 제품 가격 + 양의 차별화 가치 - 음의 차별화 가치

준거가격의 개념적 산식에서 차선의 제품가격이란 고려되는 제품 이외에 가장 큰 순효용(순효용 = 사용가치 - 가격)을 주는 제품의 가격을 의미하는 것이다. 즉, 준거가격은 가장 밀

접한 경쟁제품에 의해 정해지는 것이다. 그러나 기업은 차별화를 통해 경쟁제품의 가격으로부터 어느 정도의 자유를 얻게 된다. 이를 앞에서는 차별화 가치라고 표현한 것이다. 제품 혁신을 통해 자사 제품에 새로운 기능을 부가하거나 품질을 상대적으로 증가시킴으로써 플러스 차별화 가치를 확보하면 더 높은 가격과 마진을 추구할 수 있는 것이다. 반면 제품의 기능을 삭제하거나 품질을 낮추는 경우 마이너스 차별화 가치가 발생한다. 그러나 품질의 저하가 비효율성에 의한 것이 아니라 마이너스 차별화 가치 이상의 원가절감을 발생시킬 수 있다면 이 또한 기업의 마진 증가에 기여할 수 있다.

한편 앞서 차별화의 개념을 설명하면서 차별화가 자사 제품에 대해 모든 소비자들의 선호를 증가시키는 행위만을 의미하지 않음을 언급하였다. 표적시장의 선택과 이에 최적화된 제품의 생산은 자사의 표적시장에 포함된 소비자들에게 플러스 차별화 가치를 부여하게 된다. 반면 표적시장과 상이한 소비자집단에게는 도리어 음의 차별화 가치를 만들 수 있다. 이 경우 차별화는 잠재시장의 범위를 좁히면서 표적시장에서의 독점력을 높이는 행위라고 할 수 있다. 전반적인 품질을 향상시키는(수직적 차별화) 경우는 다른 해석이 가능할 것이라고 생각할 수 있으나 이 또한 고급 제품을 선호하는 세분시장에서의 독점력을 증가시키기 위한 행위로 이해해야 한다. 품질의 향상에는 추가적 비용이 지불되며, 저가 제품을 선호하는 소비자집단은 추가적 품질의 가치보다 비용의 증가가 더 크다고 생각할 것이다. 차별화는 본질적으로 표적시장에의 집중을 의미하는 것이다.

차별화와 반대되는 개념으로 표준적인 즉, 시장 전반을 대상으로 하는 제품전략도 고려할 수 있다. 이는 말하자면 [그림 5-2]의 호텔링 모형에서 거리의 중심에 약국을 짓는 경우이다. 이 경우 전체소비자를 평균해 볼 때 가장 가까운 거리에 위치하게 된다. 그러나 대다수 기업들이 이 위치를 선호할 것이므로 경쟁이 심화되기 쉽다. 또한 특정 세분시장에 특화된 제품들에게는 경쟁열위가 발생할 것이다. 따라서 시장 전체를 석권하고자 하는 기업들은 특정 세분시장에 특화된 다수의 제품을 출시하는 것이 일반적이다. 대다수 자동차 회사들이 소/중/대형 세단과 SUV(Sport Utility Vehicle)를 각각 생산하는 것을 볼 수 있다. 마케팅에서는 표준적인 하나의 제품으로 시장을 공략하는 전략을 비차별화 마케팅, 복수의 세분시장을 대상으로 상이한 제품을 출시하는 전략을 차별화 마케팅 그리고, 하나의 세분시장에 집중하는 전략을 집중화 마케팅이라고 한다. 경쟁이 치열한 대다수 시장에서는 세분시장의 고려가 필수적이다. 한편 차별화와 집중화 마케팅의 선택은 대체로 기업이 보유한 자원의 수준에 의해 결정되는 경우가 많다.

앞서 언급된 교체비용은 소비자들이 인식하는 준거가격에 영향을 미치는 것으로 보기 어렵다. 다만 이미 자사 제품을 선택한 소비자 입장에서 준거가격보다 교체비용에 해당하는 만큼 가격이 증가하여도 여타 제품을 선택하지 못하게 하는 역할을 한다. 이 경우 소비자들은 가격이 비싸다고 느낌에도 불구하고 그 제품의 사용을 유지하게 되는 것이다. 예를 들어 특정 회사의 장비로 생산설비를 구축한 기업에게 장비 제공 회사는 매우 비싼 유지보수 비용을 청구할 수 있다. 그 기업은 장비를 교체하기에는 지나친 교체비용이 들기 때문에 비싼 유지보수 비용을 수용할 수밖에 없는 것이다. 이러한 현상을 고착효과로 언급한 바 있다.

경쟁을 다루는 이번 장에서 차별화 및 교체비용에 대한 논의를 상세히 진행한 것은 차별화와 교체비용이 경쟁으로부터 자유로워지는 근본적인 수단이 되기 때문이다. 가격경쟁에의 대응을 다루는 도서들에서는 전술적인 측면에서 가격경쟁을 다루는 경우가 많은데 전략적, 구조적으로 가격경쟁을 원천적으로 방어하는 것이 더 중요하다고 생각된다. 경영전략 분야에서 저명한 Michael E. Porter의 경우 기업의 본원적인 전략을 [그림 5-4]와 같이 구분하고 있다.

경쟁우위의 유형으로는 차별화를 통해 소비자들에게 차별적인 가치를 제공하거나, 동일한 제품이라도 제조원가를 경쟁사 대비 낮추어 원가우위를 확보하는 두 가지 방식이 고려된다. 또한 경쟁우위를 얻는 시장의 범위를 특정 세분시장으로 할 것인가 시장 전반으로 할 것인가에 따라 경쟁범위를 구분할 수 있다. 이러한 두 가지 측면의 선택에 따라 크게 원가우위, 차별화, 집중화의 세 가지 본원적 전략(Generic Strategy)이 구분된다.

그림 5-4 Porter의 세 가지 본원적 전략

		경쟁우위	
		원가우위	차별화 우위
경쟁 범위	넓은 범위	1. 원가우위	2. 차별화
	세분된 범위	3. 집중화 3a. 원가 집중화	3b.차별적 집중화

이러한 본원적 전략을 추구하고 이것이 성공적으로 이루어질 경우 기업은 구조적으로 가격경쟁으로부터 상당한 자유를 얻게 된다. 앞서 상세히 언급했듯이 차별화를 통해 기업은 독점력 즉, 경쟁사 대비 가격을 올릴 수 있는 역량을 갖게 된다. 또한 경쟁기업이 가격경쟁을 촉발해도 상당한 점유율을 유지할 수 있는 것이다.

차별화와는 상당히 다른 개념이지만 생산과 유통의 효율화를 통해 경쟁사보다 낮은 원가를 확보하는 경우 또한 경쟁사의 가격경쟁 시도를 원천적으로 봉쇄한다. 경쟁사가 제품을 원가수준에서 판매한다 해도 이 기업은 낮은 원가로 인해 마진을 얻을 수 있으므로 궁극적인 가격경쟁의 승자가 될 것이며, 도리어 경쟁사는 가격경쟁을 회피하고자 노력할 것이다. 결국 가격경쟁에 대한 본질적인 대책은 경쟁우위를 확보하는 것이다.

한편 많은 기업들이 시장점유율에 지대한 관심을 기울이는데 시장점유율은 기업의 경쟁우위가 반영되어 얻어지는 것으로 이해해야 한다. 차별적 가치와 원가우위에 의해 점유율이 높아지는 것은 자연스러운 결과이다. 그러나 본원적인 경쟁우위가 아니라 경쟁사들도 쉽게 모방할 수 있는 가격인하를 통해 점유율을 확보하고자 한다면 죄수의 딜레마 상황과 같이 산업의 전반적인 마진(수익률)만을 감소시키는 결과를 낳을 개연성이 큰 것이다. 만약 전략적인 차원에서 가격을 인하하여 궁극적으로 높은 점유율을 달성하거나 경쟁사를 퇴출시켜 규모의경제를 통한 원가우위를 달성할 수 있다면 이는 긍정적으로 고려할만 하다. 그러나 이러한 고려에서도 산업이 규모의경제에 영향을 많이 받는지, 경쟁사의 대응역량(자금력이나 여유 생산능력 등)이 얼마나 되는지에 대한 판단이 선행되어야 한다.

04 신제품의 수용과 제품수명주기

소비자들은 신제품에 노출되었을 때 바로 구매하지 않으며, 최초로 제품에 노출되는 순간부터 최종 구매에 도달할 때까지 여러 심리적 단계를 거치게 된다. 이러한 심리적 과정을 수용과정(Adoption Process)이라고 한다. 또한 신제품이 표적시장의 소비자들에게 확산되는 과정을 신제품확산이라고 한다. 수용과정이 개별 소비자 차원에서 신제품에 대한 반응을 다루는 것이라면 신제품확산은 표적시장 차원에서 신제품의 반응을 다루는 것이라고 볼 수 있다.

한편 제품수명주기(PLC : Product Life Cycle)는 신제품이 시장에 출시된 후에 판매량이 성장하고 성숙과정을 거쳐 결국 쇠퇴하여 사라질 때까지 제품의 매출액과 이익의 변화 상태를 수명주기 단계별로 구분해 놓은 것을 말한다. 신제품확산이 제품 출시 이후 시간의 경과에 따른 수용자 수의 증가를 다루는 것이라면 제품수명주기는 매출과 이익을 다루고 있는 것이다. 이러한 개념들은 상호 연관된 것이며, 시간의 경과에 따라 기업이 고려해야 하는 요인들이 어떻게 변화하는지를 이해하여 대처하는데 도움을 줄 수 있다.

4.1 신제품 수용과 확산[7)]

전통적인 수용과정모형에 의하면 개별 소비자들은 인지, 관심, 평가, 시용구매, 수용의 다섯 가지 단계를 거치는 것으로 설명된다.

① 인지(Awareness) : 소비자는 광고 또는 구전에 의해 신제품에 대한 정보를 처음으로 접하게 된다.

② 관심(Interest) : 소비자는 신제품 광고나 구전에 반복적으로 노출됨에 따라 제품에 대한 관심을 보이게 되며, 신제품이 어떤 혜택을 제공하는지에 대해 추가적인 정보를 탐색한다.

③ 평가(Evaluation) : 소비자는 신제품이 자신의 욕구를 어느 정도 충족시켜줄 수 있는지, 제품을 구매할 가치가 있는지를 판단한다. 이러한 판단에 의해 신제품에 대한 태도를 형성하고 시용구매 여부를 결정한다.

④ 시용구매(Trial) : 신제품 구매 시 소비자는 구매에 수반되는 위험을 인식하기 때문에 신제품의 성능에 대한 확신이 설 때까지 시용구매를 하게 된다.

⑤ 수용(Adoption) : 시용구매된 상품의 사용에서 얻어지는 경험을 토대로 그 제품을 다시 평가하게 된다. 평가의 결과가 긍정적이면 그 제품을 수용하여 정기적으로 구매를

7) 수용과정모형의 경우 '안광호, 권익현, 임병훈(2012), 마케팅, 제5판 , 북넷' 제9장을 참고하였으며, 수명주기모형의 경우 김상훈(2004)의 제3장을 참조하였다.

하며, 부정적인 경우 수용이 발생하지 않는다.

개인적 차원에서 위의 과정을 통해 수용 여부가 결정된다면, 시장 전체의 차원에서는 제품을 수용하는 수용자들의 범위가 점차로 확대되어 가는 확산의 과정을 거치게 된다. Rogers(1995)의 기술수용주기모형의 경우 이러한 수용의 과정에서 신제품을 수용하는 데에 걸리는 시간에 따라 소비자들을 [그림 5-5]와 같이 5개 수용자 군(Adopter Category)으로 분류하였다. 이러한 분류는 대체로 제품의 속성이 매우 새롭고 소비자들의 소비행태에 변화를 발생시키는 혁신제품에서 적합하다고 생각된다.

[그림 5-5]에서 보여주는 바는 신제품이 출시된 초기에는 그 제품을 수용하는 소비자들이 많지 않으나 일정 시점을 지나면서부터 급격히 수용자가 증가하며, 이후 다시 신규 수용자가 감소한 후에 시장이 포화에 도달한다는 것이다. 신규 수용자 수의 변화 추이를 일반화하고 있는 것이다. 그런데 [그림 5-5]에서 주목해야 할 점은 수용시점별로 소비자들의 특성이 상당히 다르다는 점이다. 이들 다섯 가지 수용자 군의 특성을 개략적으로 살펴보면 다음과 같다.

① 혁신자(Techies) : 신제품을 가장 먼저 수용하는 이들은 기술에 대해 남들보다 잘 알고 있으며, 새로운 기술을 누구보다 먼저 습득하려는 경향을 가진 기술애호가(Techies)들이다. 이들은 제품의 새로운 속성들을 이해하고 제품의 기술적 완성도를

그림 5-5 수용 시점에 따른 수용자의 분류

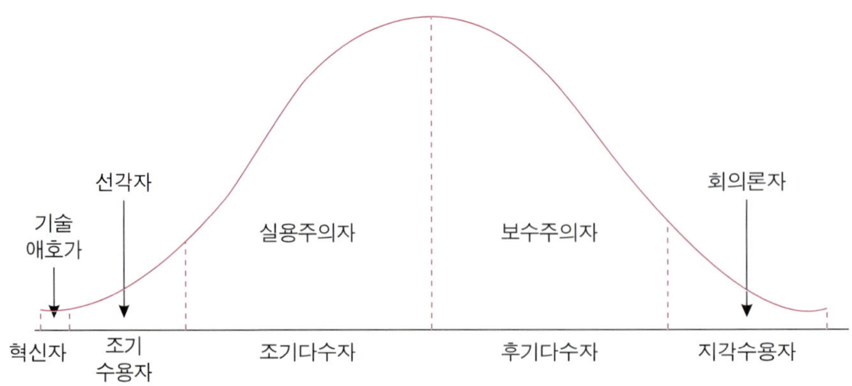

평가하는 집단이라고 할 수 있다. 이들이 열광할 수 있는 획기적인 속성(Wow Factor)이 존재하고 그 기술적 완성도가 높을 경우 혁신자들에게 수용이 이루어지며, 다음 단계로 확산이 발생할 수 있다.

② 조기수용자(Early Adopter) : 이들은 신제품을 통해 남들보다 앞서가고자 하는 선각자(Visionaries)라고 할 수 있다. 대체로 소득과 교육수준이 높으며, 젊고 활발한 경향을 보인다. 이들은 제품을 통해 새로운 효익을 얻고자 시도하며, 이후의 소비자들에게 오피니언 리더(Opinion Leader)로서의 역할을 수행한다. 이들이 제품을 성공적으로 이용하여 생산성 향상과 같은 개인적 목적을 달성하면 구전효과(Word of Mouth)가 발생하면서 시장이 본격적으로 성장할 수 있다.

③ 조기다수자(Early Majority) : 이들은 실용주의자(Pragmatist)라고도 불린다. 혁명적인 변화보다는 점진적인 변화에 따른 생산성 향상과 유지 가능한 경쟁우위를 추구한다. 또한 위험을 회피하는 성향이 있어 검증된 성과를 요구하며, 많은 사람들이 지지하는 베스트셀러를 선호한다. 즉, 조기수용자들이 명시적인 효용을 얻는 모습을 관찰한 이후에나 수용이 이루어지는 집단이다.

④ 후기다수자(Late Majority) : 이들은 절반 이상의 고객들이 수용한 이후에나 제품을 수용하는 보수주의자(Conservatives)에 해당한다. 대체로 남들보다 지나치게 뒤떨어지지 않는 정도에 만족하며, 가격에 민감하다.

⑤ 지각수용자(Laggards) : 이들은 회의론자(Skeptics)라고도 불린다. 변화를 싫어하여 신제품에 부정적 입장을 취하며, 마지막 제품의 수용자들이다.

이와 같이 시점에 따라 신제품을 수용하는 집단들의 특성이 상이하다는 것은 매우 중요한 시사점을 제공한다. 신제품의 확산과 관련하여 주목해야 하는 개념이 캐즘(Chasm)이다. 캐즘이란 혁신자와 조기수용자들로 구성되는 초기시장과 본격적인 성장기를 갈라놓는 지점을 말한다. 많은 신제품들이 기술적 흥미나 새로운 효용을 추구하는 초기시장에서 어느 정도 판매를 달성하나 이후 본격적인 성장을 이루지 못하고 시장에서 사라진다. 이는 초기시장에서 제품의 실용성을 입증하지 못하여 실용주의자에 해당하는 조기다수자들의 수용을 이끌어내지 못하기 때문에 생기는 현상이다.

앞서 언급된 Tivo 그리고, 초고속인터넷, 스마트폰, MP3 등 이제는 우리에게 익숙하나

별첨5.6 캐즘(Chasm) 뛰어넘기 : 보울링 앨리(Bowling Alley)전략

캐즘은 혁신자와 조기수용자들로 구성된 초기시장과 조기다수자들 간 성향의 차이에 의해 발생하는 것으로 이해된다. 불확실성을 감내하고 제품을 구매하는 초기시장과는 달리 조기다수자들은 검증된 성과를 추구한다. 따라서 초기시장에서 명확한 성공사례들을 제시함으로써 조기다수자들이 성공사례들을 관찰하고(구전효과) 이를 통해 제품에 대한 확신을 가질 수 있게 해야 한다.

이러한 초기시장에서의 성공사례 구축과 관련하여 보울링 앨리 전략이 언급된다. 이는 초기시장에서 표적시장을 명확히 정의하고 이에 집중해야 함을 의미한다. 하나의 표적시장에서의 성공은 다음 표적시장 진입을 위한 성공사례, 교두보의 역할을 할 수 있다. 성공적인 표적시장의 진입이 단계적으로 이루어지면 조기다수자들에게 확신을 심어줄 수 있으며, 결과적으로 캐즘을 뛰어넘을 수 있다는 것이다.

정의된 표적시장에서 성공을 위해서는 완전완비제품(Whole Product)이 필요하다. 완전완비제품이란 표적시장 고객이 가지고 있는 문제에 대한 완전한 해답(Solution)을 의미한다. 기업이 제시하는 본원적 제품 자체만으로는 고객의 문제를 해결하지 못하는 경우가 있다. MP3를 판매할 때 음원을 확보할 수 있는 수단을 제공하지 못한다면 그 제품이 판매되기 어렵다. 이렇듯 본원적 제품 외에 이의 적절한 활용을 위한 부가적인 서비스, 제품들이 통합적으로 제공되어야 한다는 것이다.

소비생활을 크게 변화시킨 혁신적인 제품들의 사례가 무수히 많다. 이러한 제품 또는 서비스들은 그 혁신성 만큼 빠르게 소비자들에게 받아들여졌을 것이라고 생각되나 실제 이들 제품들의 상당수는 출시되어 소비자들에게 받아들여지기까지 상당히 오랜 시간이 소요되었다. 실제 팩스(Fax)의 기초기술이 발명되고 특허를 받은 것은 1843년이며, 이 원리를 이용한 AT&T의 서비스가 시작된 것은 1925년이었다고 한다. 그러나 1980년대 중반이 되어서야 팩스가 급격히 대중적으로 확산되었다고 한다. 2000년대 초반에 PDA와 같이 스마트폰과 유사한 단말기들이 이동전화사업자들에게 중요한 의미를 지님을 파악하고 그 보급을 시도하였으나 지속적으로 실패하다가 애플의 아이폰이 2007년에 출시되면서 본격적으로 성장기를 맞이하였다. 이렇듯 많은 신제품들이 오랜 기간 캐즘으로 말미암아 위기를 맞이하고 일부 기업들은 그 과정에서 퇴출되기도 한다.

이러한 기술수용주기의 개념을 통해 가격전략과 관련한 다양한 시사점을 얻을 수 있다. 이에 대한 논의는 제품수명주기 이후 설명하기로 한다.

4.2 제품수명주기

제품수명주기(PLC : Product Life Cycle)는 신제품이 시장에 출시된 후에 판매량이 성장하고 성숙과정을 거쳐 결국 쇠퇴하여 사라질 때까지 제품의 판매량과 이익의 변화를 단계별로 구분해 놓은 것이다. 제품수명주기의 단계에 따라 소비자들의 제품에 대한 인식, 경쟁의 강도, 원가가 다르게 나타날 수 있으며, 이에 따라 기업의 마케팅믹스 선택도 달라져야만 한다. 따라서 기업은 제품수명주기의 각 단계에서 나타나는 특성을 충분히 이해하고 그에 따른 적절한 의사결정을 해야 한다.

가장 일반적인 형태라고 생각되는 제품수명주기의 형태는 [그림 5-6]과 같다. [그림 5-6]에서 매출액이 정점에 이르는 지점까지는 S자 모양의 곡선이 나타난다. 이러한 S자 형태의 곡선은 초기에 수용자 수 증가가 작다가 성장기에 크게 증가한 이후 성숙기에 접어들면서 다시 감소하는 [그림 5-5]의 수용 시점에 따른 수용자 분류의 곡선을 반영한 것이라고 볼 수 있다. 매출액이 정점을 지난 이후에는 새로운 대체재의 출현 등으로 인해 고객들이 이탈하는 현상이 나타나 매출액이 감소되며 궁극적으로 제품은 시장에서 퇴출될 것이다. 반면 제품의 지속적인 개선이나 혁신이 이루어질 경우 성숙기 이후 다시 새로운 성장기를 맞이할 수도 있다.[8)]

그림 5-6 제품수명주기상의 매출액과 이익의 변화

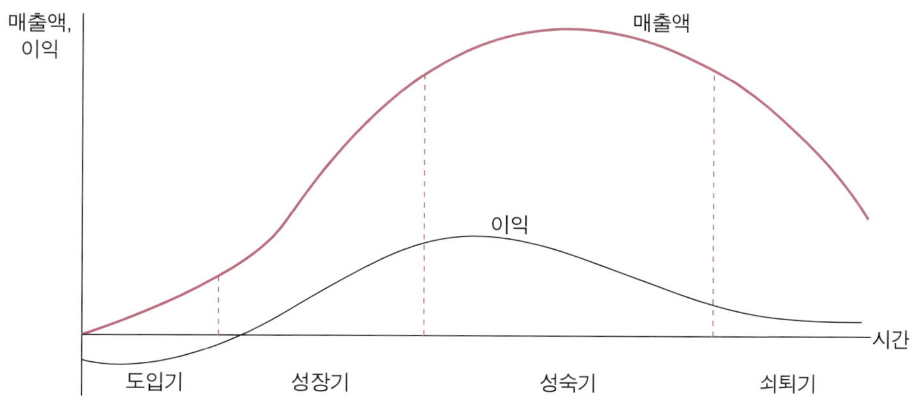

8) '안광호, 권익현, 임병훈(2012), 마케팅, 제5판, 북넷' 제9장에서는 이러한 새로운 성장기가 주기-재주기형 또는 연속성장형과 같은 제품수명주기를 만들어내는 것으로 설명하고 있다.

한편 제품수명주기는 분석의 수준에 따라 그 기간과 형태가 달라질 수 있음에 유의해야 한다. 제품군(Product Category : 맥주, 전화기, 세탁기 등)의 경우 제품수명주기가 전형적인 S자 형태를 보이며, 수명주기의 길이가 매우 길다. 그러나 개별 브랜드 수준에서는 수명주기가 짧고 그 형태가 다양하게 나타날 수 있다. 특히 이러한 제품수명주기의 형태가 주어진 것이 아니라 기업의 적극적인 노력에 따라 달라질 수 있는 것임에 유의해야 한다.

전형적인 제품수명주기를 가정할 때 각 수명주기 단계의 특징과 대응전략을 요약한 것이 〈표 5-2〉이다. 도입기 대응전략의 초점은 제한된 표적시장 안에서 성공사례를 구축하면서 시장을 확대하는 것이며, 이를 통해 캐즘을 뛰어넘고 성장기에 도달하는 것이다. 성장기에는 점차로 증가하는 경쟁을 고려하여 점유율을 확대해 가는 시장침투전략이 필요하다. 성숙기에는 확보된 시장점유율을 방어해 가면서 이윤을 회수하는 것이 중요해진다. 마지막 쇠퇴기에는 비용을 최소화하면서 이윤의 회수 및 퇴출을 준비하던가, 제품의 개선과 새로운 용처, 소비자의 개발을 통한 재성장을 추구하는 방법이 선택되어야 한다.

표 5-2 각 제품수명주기 단계의 특징과 대응전략

		도입기	성장기	성숙기	쇠퇴기
특징	판매	낮다	빨리 는다	천천히 는다	줄어든다
	이익	적거나 없다	가장 많다	줄어든다	적거나 없다
	경쟁자 수	아주 적다	늘어난다	많다	줄어든다
마케팅 전략	전략의 초점	시장의 확대	시장의 침투	시장점유율의 방어	생산성 향상
	유통	제한됨	표적시장 전반에 걸친 확대	표적시장 전체	유통망의 축소
	가격	높은 원가와 초기시장의 낮은 가격민감도를 반영해 높음	원가에 비해 상대적으로 낮은 가격	원가의 하락과 경쟁을 반영해 낮은 수준을 유지하나 일부 차별적 고가제품 도입	
	제품	문제점의 보완	개선	차별화	원가절감
	판매촉진의 주된 목표	제품의 인지	경쟁사 대비 우위요소 설득	차별화	제품 존재의 상기

출처 : 유필화(1998) 가격정책론, 박영사의 P143을 수정, 편집

4.3 가격전략에의 시사점

개인의 수용과정모델을 기술수용주기 및 제품수명주기 모형과 결합해 보면 제품의 도입기에는 제품의 인지, 관심, 평가 및 시용구매를 유도하는 것이 가격전략의 중요한 목표가 됨을 알 수 있다. 소비자들은 제품의 혁신성이 높고, 기존의 소비행태를 크게 바꾸어야 하는 경우 제품의 수용에 심리적 장애요인을 느끼기 쉽다. 이러한 장애요인들을 FUD요소라고 표현하기도 하는데 신제품에 대한 두려움(Fear), 불확실성(Uncertainty), 의심(Doubt)을 표현하는 개념이다. 초기시장의 구성자들이 기술의 수용이나 새로운 효용의 탐색에 적극적인 소비자들이기는 하나 제품에 대한 이해가 부족하고 FUD를 가진 상황에서 이를 제거해 주기 위한 시용을 유도하는 것이 중요한 과제가 되는 것이다. 이를 위해 무료 샘플(Sample)의 제공, 저가의 임대, 완전완비제품의 제공을 위한 부가서비스와의 패키지(Package)판매와 같은 전략을 고려하는 것이 중요하다. 소프트웨어의 경우 무료의 베타버전(Beta Version)이나 쉐어웨어(Shareware)를 제공할 수도 있을 것이다. 그러나 혁신자나 소기수용사들은 가격에 민감도가 상대적으로 낮은 소비자들이라는 점도 고려되어야 한다. 따라서 시용을 유도하기 위한 전략과는 별개로 수용단계에서 적용되는 가격이 낮을 필요는 없다. 초기의 높은 비용을 회수하기 위해 높은 정규 가격을 적용하되 이와는 별도의 시용유도 수단들이 동원되어야 한다는 것이다. 높은 정규가격은 제품의 준거가격을 높게 유지시키기 위한 전략이라고도 생각할 수 있다.

무사히 캐즘을 뛰어넘고 성장기에 도입하면 시장은 자연스럽게 확장되어 나갈 것이다. 상당수 소비자들이 이미 제품을 인지하고 관심을 가지고 있다. 또한 타 소비자들의 제품소비 과정을 지켜보면서 제품에 대해 잠정적인 평가도 이루어진 상황이라고 볼 수 있다. 따라서 수용을 촉진하기 위한 가격전략이 필요해진다. 더욱이 성장기에는 시장의 잠재적 수익성을 파악하고 경쟁자들이 점차로 진입하기 시작한다. 제8장에서 다시 논의될 것이나 경쟁을 염두에 둘 경우 초기에 점유율을 높이는 것이 소비자들의 제품 애호도 증가와 구전효과 등을 통해 이후의 판매를 증진시킬 수 있다. 또한 점유율 확대는 규모의경제나 생산경험의 축적 등을 통해 제품의 원가를 낮추는 역할을 한다. 따라서 점유율 확대를 위한 침투전략을 고려해야 한다. 결국 표준화된 제품을 낮은 가격에 제공함으로써 경쟁사 진입 전에 시장을 확대하고 높은 점유율을 확보하는 것이 중요한 목표가 된다.

성장기를 거치면서 많은 모방제품들이 경쟁사들에 의해 출시된다. 또한 제품에 대해 익숙해진 소비자들은 제품의 부가적인 속성이나 고도화된 품질을 요구하게 된다. 따라서 성장기의 후반부 및 성숙기 단계가 되면 제품에 새로운 기능을 부가하고 성능이 향상된 다양한 차별화 제품이 필요하게 된다. 가격에 포함되는 마진은 이러한 차별화를 반영하여 다소 높아질 수 있다. 그러나 생산경험의 축적 등으로 인해 원가가 낮아지므로 차별화에 따른 마진이 추가되더라도 가격수준은 성장기 수준을 유지하거나 더 낮은 상황이 될 수 있다. 한편 향후 시장이 쇠퇴기를 겪게 될 것을 예상한다면 점유율 확대와 같이 미래를 위한 투자보다는 이윤을 회수하는데 관심을 가져야 한다. 다만 심화된 경쟁을 고려한다면 점유율에 대한 방어적 자세도 필요한 시기이다.

마지막으로 쇠퇴기에는 비용을 최소화하면서 이윤의 회수 및 퇴출을 준비하던가, 제품의 개선과 새로운 용처, 소비자의 개발을 통한 재성장의 선택이 필요해진다. 새로운 성장을 모색하지 않는 상황이라면 비용의 점진적 절감은 자발적 퇴출을 위한 준비의 수순이라고 생각할 수 있으며, 이윤의 회수가 가격전략의 핵심이 되어야 한다.

핵심 주제 및 키워드

- 완전경쟁(Perfect Competition)
- 진입장벽(Entry Barrier)
- 독점적경쟁(Monopolistic Competition)
- 과점(Oligopoly)
- 버트란트(Bertrand)경쟁
- 꾸르노(Cournot)경쟁
- 스타켈버그(Stackelberg)경쟁
- 내쉬균형(Nash Equilibrium)
- 촉발전략(Triggering Strategy)
- Hotelling 모형
- 수평적 차별화(Horizontal Differentiation)
- 수직적 차별화(Vertical Differentiation)
- 교체비용(Switching Cost)
- 고착효과(Lock-in Effect)
- 본원적 전략(Generic Strategy)
- 캐즘(Chasm)
- 수용과정(Adoption Process)
- 제품수명주기(Product Life Cycle)

생각해볼 문제

1) 완전경쟁에서 가격과 기업의 이윤 수준을 결정하는 핵심 기제는 무엇인가?

2) 완전경쟁과 독점적경쟁의 시사점을 기업의 이윤발생 가능성을 중심으로 적어보시오.

3) 과점경쟁의 다양한 모형들을 통해 과점경쟁에서 기업 이윤이 다양하게 나타날 수 있는 근본 원인을 적으시오.

4) Hotelling모형을 통해 차별화가 기업에게 독점력을 제공하는 원인을 설명하시오.

5) 수평적 차별화와 수직적 차별화의 개념적 차이는 무엇인가?

6) 교체비용이 기업에게 독점력을 줄 수 있는 이유는 무엇인가? 교체비용을 발생시키는 방법에는 어떤 것들이 있는가?

7) 본원적 전략의 개념을 통해 가격경쟁을 회피하기 위한 전략적, 구조적 수단을 설명하시오.

8) 수명주기 단계별로 가격전략의 주안점을 설명하시오.

제 6 장 가격결정의 실무적 절차

1. 가격결정의 절차
2. 포지셔닝 단계에서의 가격의 고려
3. 가격의 결정
4. 가격 조정
5. 경쟁사의 가격인하 대응
6. 가격정책 : 가격산출지표

가격과 기타의 마케팅믹스들 간에는 상호 대체적인 관계가 존재한다. 기업이 제품의 기능을 향상시킬 경우에도 소비자들의 지불의사가격이 증가한다. 동대문 시장에서 팔리던 의류가 백화점에서 팔릴 경우 역시 가격이 크게 올라간다. 광고를 통해 제품의 가치를 높게 인식시키는 경우도 마찬가지이다. 따라서 다른 모든 요소가 고정된 것으로 보고 가격을 설정하는 경우 기업은 이윤증대의 기회를 상실할 수 있으며, 가격과 기타의 마케팅믹스를 통합적으로 고려할 필요가 있다.

더 근본적인 문제는 가격을 포함한 마케팅믹스의 계획 즉, 통합적 마케팅 프로그램은 기업의 마케팅전략을 실현하는 수단이라는 점이다. 여기서 마케팅전략이란 시장 세분화, 표적시장 선정, 포지셔닝(STP : Segmentation, Targeting, Positioning)을 포괄하는 것으로 생각할 수 있다. 마케팅전략의 최종 산출물인 포지셔닝은 추구하는 표적시장 내에서 어떤 차별화된 가치를 제공할 것인지를 의미하는 가치제안에 대한 결정이다. 즉, 포지셔닝이 결정되면 가치의 내용과 수준이 결정되며, 대략적인 가격수준(준거가격)이 결정되는 것으로 볼 수 있다. 만약 마케팅전략 수준에서 의사결정이 잘못되어 제품이 소비자에게 제공하는 가치 대비 원가가 높은 상황이 발생한다면 최적 가격의 설정은 손실 최소화 의사결정이 될 뿐이다. 이를 고려하면 가격의사결정은 마케팅전략 단계에서 출발한다고 보아야 한다.

이번 장에서는 새로운 제품을 기획하는 단계에서부터 가격에 대한 고려가 어떻게 이루어지는지를 체계적으로 살필 것이다. 또한 이미 판매되고 있는 제품에 대해 다양한 환경적 요인의 변화를 반영해 가격을 조정해야 하는 경우가 있으므로 이를 고려한 가격결정 절차도 살필 것이다. 특히 경쟁사의 가격경쟁에 대응하기 위한 다양한 방법론도 제시할 것이다. 우선 제품 기획단계에서부터 출발하는 포괄적인 절차를 설명하고 의사결정 상황별로 더 논의를 심화시키도록 한다.

01 가격결정의 절차

가격결정의 절차는 의사결정 상황에 따라 크게 달라진다. 그러나 제품의 기획단계에서부터 가격을 확정하는 단계까지의 전반적인 절차를 살펴보는 것이 포괄적인 이해를 도울 수 있다. 절차를 서술하기에 앞서 몇 가지 고려요인들을 살펴보자.

앞서 제4장에서는 재무적 접근이라고 볼 수 있는 원가기반가격설정의 문제점을 지적한 바 있다. 원가에 마진을 더하는 방식에는 시장과 경쟁자에 대한 고려가 반영되지 않으며, 결과적으로 이윤을 극대화하는 논리를 제공하지 못한다. 경쟁사 대비 가격경쟁력을 가질 수 있는지, 원가산출에 고려된 목표 판매량이 달성될 수 있는지가 보장되지 않는다. 그렇지만 점유율이나 매출을 중시하는 마케팅적 관점도 문제가 있다. 판매 중심의 낮은 가격 또한 이윤극대화를 보장하지 못하며, 때로는 판매할수록 손실이 발생하기도 한다. 가격설정은 소비자가 인지하는 가치와 경쟁 및 원가가 부여하는 제약을 종합적으로 고려해야 한다. 그러나 다양한 관점의 종합적 사고는 복잡성을 야기하며, 단계적으로 문제에 접근할 필요가 있다. 가치, 원가, 경쟁 중 하나를 꼽으라면 가치가 가장 우선순위에 있다고 생각되며, 가격결정 절차 또한 소비자들이 인지하는 가치에서 출발하는 것이 바람직하다.

다음으로 가격은 마케팅믹스의 구성요소이며 마케팅전략을 실행하는 수단임을 인식해야 한다. 따라서 가격결정의 절차는 일반적인 마케팅전략의 수립 절차를 따르게 된다. 우선 시장 세분화, 표적시장, 포지셔닝 계획이 결정되어야 한다. 이후 개별 마케팅믹스들이 통합적 마케팅계획으로서 결정된다. 그런데 마케팅전략의 핵심 구성요소인 포지셔닝은 표적시장에 제공할 가치를 의미한다. 이 때 제공되는 가치는 소비자들의 지불의사가격 또는 적용 가능한 가격수준을 내포한다고 보아야 한다. 즉, 제품의 기획 또는 포지셔닝 단계에서 대략적인 가격이 결정되고 이후의 절차는 이를 구체화 하는 과정이라고 이해해야 한다. 아래에서 설명되는 절차는 통상적인 마케팅계획 수립 절차와 유사하나 가격을 중심으로 서술된 것이다.

① 시장세분화 : 잠재소비자들을 세분화하고 세분화된 시장의 프로파일을 작성한다. 이를 통해 각 시장의 독특한 욕구와 준거가격의 수준, 규모가 파악되어야 한다.

② 표적시장 및 포지셔닝 결정 : 표적시장 및 차별화된 가치를 결정한다. 이 때 가능한 가격수준과 가치를 제공하는데 소요되는 비용을 개략적으로 판단하여 목표수익이 달성될 수 있는지 검토되어야 한다.

③ 제품기획과 원가수준의 파악 : 포지셔닝의 실현을 위한 제품 설계와 고정, 변동비 등 원가의 세부항목을 파악한다.

④ 가격정책 수립(가격산출지표와 가격구조) : 가격의 적용 대상 즉, 가격산출지표는 제품단위 뿐 아니라 이용 기간, 사용량 등 다양할 수 있다. 또한 세분시장별로 상이한 가격이 적용되거나 가격이 기본료와 이용료 등 다수의 항목으로 구성되는 등 가격구조도 다양한 선택이 가능하다. 목표하는 세분시장들의 특성을 감안하여 가격정책을 결정한다.

⑤ 가격수준 결정 : 가격정책 하에서 이윤을 극대화하는 가격수준을 결정한다.

⑥ 가격의 최적화 : 이윤극대화 관점의 가격은 기타 요인들을 고려하여 조정되어야 한다. 기업의 목표, 여타 마케팅믹스, 기업 내 연관 제품, 기타 외부요인 등이 반영된다.

이상의 절차는 일종의 순환적 과정으로 이해되어야 한다. 포지셔닝 계획이 수립된 이후에도 구체적인 마케팅믹스 계획 단계에서 문제점이 발견되면 포지셔닝의 수정이 발생한다. 또한 가격정책이 수립된 이후에도 가격수준의 결정 단계에서 정책이 변경될 수 있는 것이다.

이후의 설명을 통해 위에서 제시된 절차와 개념들이 구체화 될 것이다. 그런데 설명의 편의와 실용적 목적을 위해 위 절차를 그대로 따르지 않고 의사결정 상황별로 서술될 것이다. 우선 제품단위당 가격 형태의 가격산출지표와 가격차별이 없는 단일 가격이 적용되는 상황을 가정하여 논의를 진행한다.

02 포지셔닝 단계에서의 가격의 고려

2.1 가치기반 가격결정

앞서 설명된 가격설정의 절차에서는 표적시장 결정 및 포지셔닝이 가격설정 과정에 선행함을 보여주고 있다. 정확히 말하자면 포지셔닝은 가격수준을 염두에 두고 진행되어야 한다. 포지셔닝 단계에서 가격을 고려하는 것이 중요한 직관적 이유는 포지셔닝 자체가 가격을 내포하는 경우가 많기 때문이다. 예를 들어 명품 가방으로 포지셔닝을 계획할 경우 대부분 여성들은 어느 정도 가격이어야 명품이라는 인식이 가능한지 유사한 판단을 할 것이다. '스포츠와 스피드를 즐기는 젊은 층을 위한 3,000cc의 스포츠카'라고 포지셔닝 할 경우 표적시장의 소비자들은 어느 정도 가격수준을 예상할 수 있다. 결국 대부분의 포지셔닝은 그 자체로 표적시장 소비자들에게 특정 수준의 준거가격을 떠올리게 만든다는 것이다.

따라서 포지셔닝 이후 통합적 마케팅 프로그램에서 다루어지는 가격의사결정은 포지셔닝전략이 함축하고 있는 일정 가격수준 내에서 구체적인 수치를 확정하는 단계라고 보아야 한다. 어찌보면 포지셔닝 단계에서 설정된 가격수준을 달성하기 위해 마케팅믹스들의 세부적 사항들을 조정하는 것이라고 볼 수 있다. 이러한 개념을 이해하기 위해 다음의 사례를 생각해 보자.

스와치, 오메가, 론진 등은 스와치그룹(Swatch Group Ltd.)이 보유하고 있는 다수의 시계 브랜드의 일부이다. 이 회사는 1970년대에 일본, 홍콩 등에서 생산되는 저가 시계들에 의해 큰 타격을 입었다. 이 회사는 생존을 위해 저가의 시계를 고려할 수밖에 없는 상황이었다. 고민의 결과 시계를 옷에 따라 바꿔 차는 패션 소품으로 포지셔닝하여 $40 수준의 저가 시계를 출시하기로 하였다. 이 가격대는 일본이나 홍콩 시계에 비해 다소 높은 수준으로 충동구매를 일으킬 수 있을 정도로 저렴하지만 싸구려라는 이미지를 주지 않을 정도로 선택된 것이다. 이렇게 포지셔닝이 결정된 이후 구체화된 브랜드 명은 패션소품의 포지셔닝에 적합하게 Second Watch를 줄여서 스와치(Swatch)로 지어졌다. 또한 $40 수준의

그림 6-1 가치기반 가격결정과 원가기반 가격결정

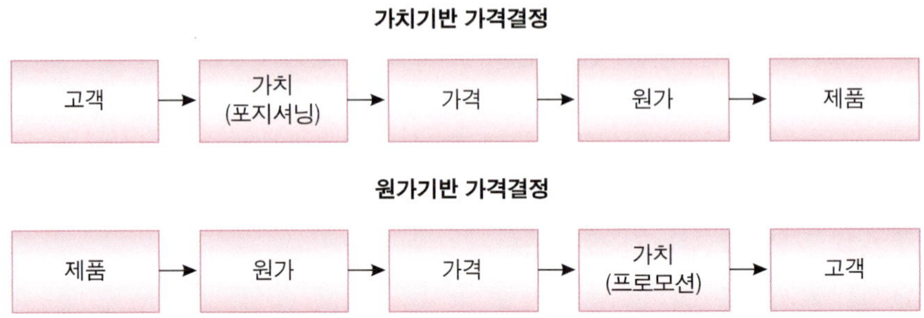

가격대와 필요한 이윤율을 고려하여 시계의 디자인이 개발되었다. 이를 가능하게 하기 위해 소재를 가죽이나 금속을 사용하지 않고 플라스틱을 이용하는 형태로 진행하였다. 또한 시계의 내부 장치들도 극적으로 단순화시키고 제조공정을 혁신하여 직접인건비 비중을 30%에서 10% 수준으로 감소시킬 수 있었다. 이렇게 출시된 스와치는 광적인 반응을 불러일으켰고 스위스 시계산업을 다시 부흥시키는 계기가 되었다.[1]

스와치의 사례에서는 포지셔닝 단계에서 제품이 표적시장에 제공할 가치 수준과 이를 고려한 가격이 이미 결정되었다. 이후 목표한 가치와 가격수준을 달성하기 위해 제품의 디자인이 설계되는 방식을 취하고 있다. 이러한 접근방식을 가치기반 가격결정(Value-based Pricing)이라고 칭한다. [그림 6-1]에서는 가치기반 가격결정의 절차를 원가기반 가격결정과 비교하여 보여주고 있다. 가치기반 가격결정에서는 소비자의 욕구를 이해하고 그로부터 제공될 가치 즉, 포지셔닝이 결정되고 그에 따라 가격수준이 결정됨을 보여주고 있다. 이렇게 결정된 가격수준에 적정 이윤을 고려하여 제품의 원가수준이 결정된다. 마지막으로 제품 디자인의 개발은 목표한 가치와 원가수준을 달성하는 방식으로 수행되어야 한다. 원가가 가격을 결정하는 방식과는 반대의 논리이다.

가치기반 가격결정은 제품과 원가가 주어진 것으로 보고 가격을 설정하는 원가기반 가격결정과는 근본적으로 다른 개념이다. 별첨 6.1의 이리듐 사례에서 보듯이 소비자가 받아들일 수 있는 가격대를 고려하지 않고 제품이 개발될 경우 제품이 시장에서 판매될 수 있으리라 장담할 수 없다. 제품과 원가가 이미 확정된 상황이라면 이윤창출이 가능한 가격과

1) '김병도(2003), 코카콜라는 어떻게 산타에게 빨간 옷을 입혔는가? : 위기를 돌파하는 마케팅, 21세기 북스' P216 등 참조.

별첨 6.1 이리듐(Iridium) 프로젝트의 실패

모토롤라(Motorola)에 의해 주도되었던 이리듐 프로젝트는 통신산업에서 유명한 사례로 1999년 상용화된 시스템이다. 이 프로젝트는 66개의 저궤도 위성을 통해 사막이나 오지를 포함해 전세계 어디에서든 단일 시스템을 통해 이동전화를 가능하게 한다는 야심찬 계획이었다. 당시 셀룰라(Cellular) 방식의 이동전화들은 글로벌 로밍 서비스가 불완전한 상태였으며, 이리듐의 이러한 포지셔닝이 핵심 경쟁대상인 일반적인 셀룰라 이동전화 방식과 비교할 때 차별화 요소를 가짐은 분명하다.

그런데 이리듐시스템은 위성주파수의 특성상 자동차, 건물 안에서는 통화가 되지 않았다. 당시 엔지니어들은 시스템의 원가를 고려하면 단말기 가격은 대당 $3,000가 될 것으로 예측했으며, 통화료도 $3/Min 이상이 될 것으로 보고 있었다. 이러한 고가의 시스템 특성상 기업의 고위급 임원들이 핵심 표적시장으로 고려되었다. 여러분은 이 사업의 결과를 어떻게 예상하는가? 시스템이 제공하는 가치제안과 일반석인 이동전화의 가격을 고려할 때 지불의사가격 또는 준거가격이 얼마나 될 것으로 생각하는가?

상용화 이후 이 시스템은 완전한 실패로 끝났다. 소비자들은 일반적인 이동전화 대비 지나치게 비싼 이 시스템을 이용하지 않았다. 포지셔닝 단계에서 소비자들의 지불의사가격과 소요되는 원가에 대한 철저한 검증이 없었기에 이후 아무리 가격을 포함한 마케팅 프로그램을 최적화 해도 사업의 운명을 바꿀 수 없었다.

판매량의 하한선이 정해진 것으로 보아야 한다. 잘못된 포지셔닝과 제품개발 이후에 목표판매량이 달성되지 못하는 상황임을 확인하게 된다면 이미 투입된 비용들은 회수되기 어려워진다. 프로모션을 통해 목표 판매량을 달성하기 위한 노력을 시도하기도 하나 포지셔닝이 근본적으로 잘못된 경우 이를 만회하기 어려우며, 손실만 누적시킬 가능성이 크다. 소비자의 가치 또는 지불의사가격을 사전적으로 고려하지 않는 방식은 일종의 도박과 같다.

따라서 포지셔닝 단계에서 적정 가격대를 명확히 하고 이윤을 확보할 수 있는 원가가 달성 가능한지를 점검하는 것이 필요하다. 앞서 언급된 스와치 및 별첨 6.2에 언급된 초저가 자동차 나노(Nano) 등에서는 포지셔닝 단계에서 가격대와 필요한 원가수준을 정의하고 이를 제품의 설계와 공정의 혁신을 통해 실현한 사례들이다. 물론 경우에 따라 제품의 원가(제조원가)가 크게 문제가 되지 않는 경우도 있다. 명품 가방과 같은 차별화 포지셔닝에서는 제조원가보다는 커뮤니케이션 전략이나 유통망 등이 더 중요한 역할을 하며, 제조원가 이외의 판매비와 관리비의 비중이 상당히 크게 나타난다. 이 경우에는 제품의 설계가

별첨 6.2 인도의 반값 자동차 나노(Nano)[2)]

인도의 타타(Tata Group)는 2009년 초저가 자동차 나노를 선보였다. 인도의 뭄바이에서는 비가 자주 오는 날씨임에도 언제나 긴 스쿠터의 행렬이 끊이지 않으며, 개중에는 여러 명의 아이를 포함한 전 가족이 하나의 스쿠터에 매달려 다니는 모습도 흔하게 볼 수 있다. 안전하고 날씨에 영향을 덜 받는 자동차에 대한 욕구는 절실해 보였다. 문제는 대다수 잠재고객들의 소득수준에 맞는 즉, 현재 스쿠터를 몰고 있는 가족들이 구매 가능한 저렴한 자동차의 개발이었다. 타타는 포지셔닝 단계에서 스쿠터 가격의 5배 수준인 $2,500의 가격을 목표로 삼았고 이를 목표로 개발을 진행하였다. 이 가격은 당시 구매 가능한 최저가 자동차의 절반 수준이었다.

이러한 대중적인 초저가 자동차는 판매량을 기존 자동차들에 비해 극적으로 증가시켜 규모의경제를 가능하게 할 것이며, 대당 마진도 상당히 낮추는 박리다매 방식의 전략을 가능하게 할 것이라는 계산이 있었다. 그러나 이러한 가치제안을 실현하기 위해서는 대폭적인 비용절감 노력이 필요했으며, 자동차의 설계, 생산, 유통방식에 대폭적인 변화가 필요했다. 타타는 기존 자동차의 설계관행에 영향을 덜 받을 것으로 생각되는 젊은 엔지니어들로 팀을 구성했다. 이 팀을 통해 부품의 수를 극적으로 감소시켰다. 또한 부품의 외부조달 비율을 증가시킴과 동시에 공급업체의 수를 대폭 감소시켜 거래비용을 절감하고 규모의경제 효과를 증가시켰다. 각 부품들은 모듈의 형태로 일단 조립된 후 지역적으로 분산되어 있는 조립공장들에 배송됨으로써 생산공정과 제품의 유통비용을 크게 감소시킬 수 있었다. 결국 목표한 포지셔닝, 가치제안에 충실한 제품을 생산해낼 수 있었다.

총원가에 미치는 영향이 크지 않을 것이다. 그러나 역시 포지셔닝을 달성하기 위해서는 이를 가능케 하는 커뮤니케이션, 유통망 투자가 수반되어야 한다. 역시 마찬가지로 포지셔닝을 가능케 하는 원가수준(판매비 · 관리비를 포함하는 총원가)의 검토가 필요해지는 것이다.

한편 제4장에서 원가에 대해 상세히 다룬바 있으며, 고정비가 존재할 경우 제품원가는 판매량에 따라 변화함을 이해할 것이다. 결국 정의된 가격과 이윤율을 달성하기 위한 원가는 예상되는 판매량 수준에 따라 달라진다.

따라서 포지셔닝 단계에서는 표적시장의 크기와 정의된 가격수준에서의 판매량 예측이 이루어져야 한다. 가격수준과 판매량에 대한 예측이 주어진다면 목표하는 이윤 수준까지

---

2) Johnson et al.(2008) 참조.

고려하여 목표 원가수준이 정의될 수 있다. 이제 주어진 가치와 원가수준을 달성할 수 있는 제품 디자인과 생산공정이 가능할 것인가를 판단할 필요가 있다. 문제는 목표한 가치와 원가수준이 실현가능하지 않은 경우이다. 이 경우 포지셔닝 전략에 문제가 있는 것으로 위에서 설명된 절차를 반복적으로 진행하면서 포지셔닝 전략을 현실화해야 한다. 이런 관점에서 제1절에서 설명된 ①~③의 과정은 순환적 과정으로 이해되어야 한다.

2.2 원가우위와 차별화 우위

원가절감의 문제를 다룰 때 김위찬, 르네 마보안 교수가 저술한 '블루오션 전략'에서 제시되었던 전략 캔버스 개념이 매우 유용하다.[3] 제5장에서는 마이클 포터가 제시한 세 가지 본원적 전략을 설명한 바 있다. 세 가지 본원적 전략은 원가우위, 차별화, 집중화로 구분되었으며, 집중화 전략이 다시 원가 집중화와 차별적 집중화로 구분되었다. 따라서 이 개념에서는 원가우위와 차별화의 선택이 핵심이 된다고 볼 수 있다. 마이클 포터는 기업이 차별화와 원가우위를 동시에 추구할 경우 어느 하나도 뚜렷한 경쟁우위가 되지 못하는 모호한 상태(Stuck in the Middle)에 빠지게 된다고 주장하였다. 즉, 원가우위를 추구하는 기업은 제품의 차별화를 희생하여 전적으로 비용절감에 모든 역량을 투입해야 된다고 본 것이다. 반대로 차별화를 추구할 경우에는 상당한 원가의 인상을 감수해야 한다. 그러나 김위찬 교수는 원가우위와 차별화를 동시에 추구하는 것이 가능하다고 보았다.

대중적인 와인으로 높은 명성을 축적한 카셀라 와인즈(Casella Wines)의 옐로테일(Yellow Tails) 사례를 예로 생각해 보자. [그림 6-2]는 옐로테일의 전략 캔버스(Strategy Canvas)를 보여주고 있다. 전략캔버스란 산업의 핵심 경쟁요인들을 x축에 표시하고 산업의 핵심 기업들의 각 경쟁요인들에 대한 수준을 y축에 표시한 그래프이다. 이를 살펴보면 산업의 중요 브랜드들이 마이클 포터의 본원적 전략 개념에 충실하게 고가와인 부류와 저가와인 부류가 뚜렷하고 일관적인 차이를 보이고 있다. 즉, 고가와인들은 모든 요인들에서 고품질의 차별화 전략을 추구하고 저가와인들은 모든 요인들에서 원가우위전략에 초점을

3) 김위찬, 르네 마보안(2005), Chap 2 참조.

그림 6-2 옐로테일의 전략캔버스

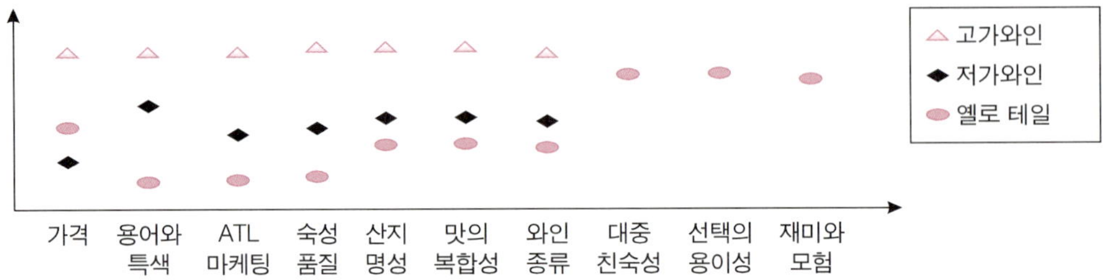

맞추고 있는 것이다. 그러나 옐로테일의 경우 기존 산업의 경쟁요인들에 대해서는 매우 명확한 원가우위전략을 추구하지만 대중친숙성, 선택의 용이성, 재미와 모험과 같은 새로운 경쟁요인들에 대해 상당한 투자를 통해 우위를 보이고 있다. '블루오션'에서는 새로운 경쟁요인을 도입함으로써 기존 경쟁의 틀에서 탈피해야 함을 강조하고 있다. 한편 새로운 경쟁우위 요인을 도입하면서 해당 요인들에 자원을 집중하고 기타 요인들의 원가를 절감함으로써 차별화와 원가우위를 동시에 추구할 수 있다고 생각한다.

앞서 포지셔닝에서 제시되는 가치를 달성하면서도 설정된 가격수준에 원가를 맞추기 위해서는 전략적 선택이 필요할 수 있다. 김위찬, 르네 마보안 교수는 이를 위해 ERRC 구성표를 작성해 볼 것을 제안한다. 개개의 특성 · 기능을 제거(Eliminate), 감소(Reduce), 증가(Raise), 창조(Create)의 네 가지 유형으로 분류하여 기존과는 다른 가치를 창출하되 원가의 감소를 추구하는 것이다.

2.3 가치수준 평가

앞서 포지셔닝은 표적시장 소비자들이 지각할 가치의 수준 또는 가격수준을 어느 정도 내포할 것이라고 주장한 바 있다. 포지셔닝을 소비자들에게 제시하는 가치제안이라고 볼 경우 소비자들은 해당 가치에 부합하는 가격수준을 떠올릴 것이라고 보는 것이 타당하다는 것이다. 이와 관련하여 제2장에서 언급한 준거가격의 개념을 다시 정리해 볼 필요가 있다.

준거가격이란 어떤 제품의 가격이 비싼지, 싼지를 평가하는 기준이라고 정의되었다. 소비자들은 어떤 제품을 보았을 때 그 제품의 가격을 예측할 수 있으며, 이 예측가격과 실제

가격을 비교함으로써 가격이 싸고 비싼지를 평가한다. 이 때 예측가격은 경쟁제품 또는 가장 밀접한 대체재의 가격에 크게 영향을 받는다. 제2장에서는 차선의 제품가격이라는 용어를 사용하였는데 상호 유사한 의미를 갖는다. 유사한 포지셔닝 즉, 유사한 기능, 품질, 디자인을 갖는 제품과 비교하여 그 제품의 가격을 예측할 수 있다. 여기에 비교 대상 제품 대비 차별화된 요소를 고려하여 준거가격을 조정하게 된다. 이를 정리하여 다음과 같이 준거가격의 식을 제시한 바 있다.

준거가격 = 차선의 제품가격 + 양의 차별화 가치 - 음의 차별화 가치

위에서 제시한 식은 주로 고관여 제품의 준거가격을 설명한다. 저관여 제품의 경우 소비자들이 차선의 제품에 대해 명시적으로 고려하지 않는 경우가 많다. 주로 동일 제품 또는 유사 제품의 구매경험으로부터 기억된 가격이 준거가격의 역할을 수행한다. 그러나 이 경우에도 제품에 차별적인 요소가 있다면 이를 고려하여 기억된 가격에 대한 조정이 수행될 것이다. 이러한 준거가격의 개념은 포지셔닝전략 수립 시 소비자들의 지각된 가치를 예측하기 위한 수단으로 사용되어야 한다. 기획하고자 하는 제품의 핵심 경쟁제품을 정의하고 그 제품과의 차별화 요인을 고려함으로써 소비자들의 준거가격을 파악할 수 있을 것이다.

그런데 기존에 존재하는 대체재를 정의하기 어려운 완전한 신제품인 경우 앞서 설명된 준거가격의 개념이 적용되기 힘들다고 생각할 수 있다. 그러나 어떤 제품도 대체재가 없는 경우를 생각하기 어렵다. 제2장에서 대체재를 ① 동일 형태의 경쟁사 제품, ② 다른 형태의 동일한 기능을 하는 제품, ③ 다른 형태와 다른 기능을 가지나 동일한 목적을 수행하는 제품의 세 가지 단계로 구분하여 설명한 바 있다. 영화관을 예로 들자면 ②의 유형은 TV나 컴퓨터를 생각할 수 있으며, ③의 유형은 요식업이나 리조트가 될 수 있다. 어떤 제품이든 동일한 목적을 수행하는 제품이 있을 것이다. 이러한 제품들은 넓은 의미에서 대체재로서 경쟁관계에 있다. 가장 밀접한 대체재를 정의함으로써 앞서 설명된 준거가격의 개념을 적용할 수 있다.

한편 기업이 제품을 소비자들에게 소개할 때에는 제품을 특정 범주로 제시하게 된다. 소비자들은 어떤 제품을 볼 때 이를 특정 범주에 포함시켜 이해한다. 따라서 제품의 범주화에 영향을 미치는 것은 중요한 마케팅 의사결정이 되며, 제2장에서 이를 프레이밍 개념으

로 설명한 바 있다. 핸드폰을 이용한 인터넷 접속을 모바일 인터넷으로 정의할지 인포테인먼트로 정의할지에 따라 소비자들이 그 제품에 대해 예상 · 인지하는 주된 가치, 친숙함, 사용 용이성이 달라지게 된다. 앞서 예로 들었던 스와치도 생각해 보기 바란다. 전통적인 시계는 보석매장에서 판매되는 제품이었다. 스와치는 패션소품으로 정의되었고 의류매장이나 스와치 전문매장을 통해 판매되면서 기존과는 전혀 다른 프레이밍을 적용하였다. 밀접한 대체재가 존재하는 경우 프레이밍의 문제는 상대적으로 중요성이 낮다. 그러나 새로운 제품일수록 프레이밍의 문제는 중요해진다. 프레이밍에 따라 표적시장과 경쟁 대상이 달라진다. 역시 소비자들이 느끼는 준거가격도 달라질 것이다. 새로운 신제품이라면 제품을 어떤 범주로 정의하고 무엇이 주된 대체재, 경쟁제품이 될 지를 정의해야만 한다. 또한 이러한 개념 정의는 목표하는 가격의 정의에 중요한 영향을 미친다.

한편 소비자들의 가치 지각은 세분집단별로 상이할 수 있음을 고려해야 한다. 만약 표적시장이 다수의 세분시장으로 구분되어 있다면 각 세분집단별 준거가격을 파악하고 목표하는 수요규모와 이윤수준을 고려하여 가격수준을 정의해야 한다.

03 가격의 결정

포지셔닝 단계에서 설정된 가격수준은 대략적인 범위를 결정한 것으로 원가를 고려하여 수익성 관점에서의 타당성을 검토한 것이다. 이제 가격은 마케팅믹스 계획 단계에서 구체화 되어야 한다. 포지셔닝 즉, 제품기획 단계에서는 대략적인 방향만이 정해진 상황이었지만 제품 및 공정에 대한 설계가 완료되면 제품의 세부 사양과 비용함수가 확정된다. 또한 프로모션 수준이나 유통망 계획이 구체화되어 수요에 대한 예측이 정교해지며, 마케팅믹스들 간 대체성을 고려한 세부 조정이 필요해진다.

제1장에서 가격의 결정을 위해서는 소비자들이 인지하는 가치, 원가, 경쟁이 종합적으로 고려되어야 한다고 설명한 바 있다. 또한 포지셔닝 단계에서 준거가격의 개념을 통해 대략적인 가격수준을 설정할 수 있다고 하였다. 이 때 대략적인 가격수준은 표적시장의 준거가

격수준을 반영한다. 실질적으로 소비자들이 인지하는 가치와 경쟁이 반영된 것이다. 준거가격의 결정 과정에서 가장 밀접한 경쟁대상의 가격이 중요한 역할을 하고 있으며, 차별화 요인에 대해 소비자들이 인지하는 가치를 반영하였기 때문이다. 이러한 준거가격에 근거해 원가를 반영한 수익성의 검토가 이루어졌다면 가격결정을 위한 기본적인 검토 즉, 가치, 경쟁, 원가의 검토가 이루어진 것으로 볼 수 있다. 이제 대략적으로 정의된 가격수준에서 구체적인 수치적 대안들을 수립하고 이를 확정하는 단계가 진행되어야 한다. 이 과정에서 가치, 원가, 경쟁 이외의 추가적인 요인들이 검토된다.

3.1 가격 대안의 분석

1. 이윤극대화 가격

이윤극대화 가격결정의 핵심 논리는 한계수입곡선과 한계비용곡선이 만나는 점에서 판매량과 가격이 결정된다는 것이었다. 이는 생산량을 한 단위 증가시킬 때 늘어나는 수입(한계수입)이 늘어나는 비용(한계비용)보다 높다면 판매량을 증가시켜야 하며, 반대의 경우 판매량을 감소시켜야 하기 때문이었다. 이러한 원리는 산업구조와 무관하게 항시 적용될 수 있다. 차이는 한계수입곡선의 형태이다. 독점에서는 판매량 증가에 의한 매출 증가와 함께 마진의 하락에 의한 매출 감소를 반영하여 우하향하는 한계수입곡선이 나타난다. 완전경쟁에서는 개별 기업의 판매량 증가가 시장 가격의 하락을 발생시키지 않으므로 수요곡선과 한계수입곡선이 동일하게 수평선으로 나타났다. 한계비용 곡선은 고정비는 포함하지 않으며, 판매량 증가 시 변동비의 증가분을 의미한다.

만약 수요함수가 명확히 정의된다면 설명된 원리에 따라 이윤극대화 가격을 설정할 수 있다. 그러나 일반적으로 수요함수를 추정하는 것은 상당히 어려운 일이다. 따라서 몇 가지 가격 대안을 설정하고 각 대안에서 발생하는 이윤을 분석하여 대안들을 비교평가하는 방법이 사용될 수 있다.

가격대안의 수립 방식은 상황에 따라 달라질 수 있다. 표적집단이 다수의 세분집단으로 구성되며, 각 세분집단들에서 준거가격의 수준이 상당히 다를 수 있다. 그렇다면 각 세분집단의 준거가격들이 각각 가격 대안으로 고려되어야 한다. 이렇게 설정된 가격 대안들에 대한 기본적인 분석이 이루어지고 이후 세밀한 수치의 조정이 진행될 수 있다. 반면 표적 집단이 대체로 균질적이라면 하나의 준거가격을 중심으로 바로 세밀한 수치의 조정이 진행될 수 있다. 두 경우의 차이는 가격 대안들이 상당한 수치적 차이를 보이는지 여부일 뿐이다. 각 대안을 분석하는 기본적인 방식은 동일하며, 〈표 6-1〉과 같은 형식으로 정리된다.

〈표 6-1〉에서 제시된 비용분석표는 우선 가격 대안에서 예측된 수요량을 보여준다. 또한 가격과 내부적으로 확인된 비용함수를 응용하여 수입(매출), 비용, 이익수준을 제시하며, 추가로 손익분기 판매량을 제시한다. 손익분기 판매량은 제4장에서 설명된 손익분기점 분석을 통해 구해진다. 가격의사결정에서는 고정비용은 반영되지 않는다고 했으나 〈표 6-1〉에서 총비용과 이윤은 이를 반영하였다. 이는 기업에서 회계적 비용 사용이 관행화되어 그에 익숙하므로 관행을 따른 것이다. 이 경우 고정비용은 모든 상황에서 동일하므로 각 대안별 이윤의 차이는 고정비용의 포함 여부와 무관하게 동일하다. 가격의 선택에는 대안별 상대적 차이가 중요하며, 〈표 6-1〉에서 이윤 대신 고정비용을 제외한 공헌이윤을 사용하는 것도 가능한 방법이다. 공헌이윤을 사용할 경우 제4장에서 다룬 고정/공통비용의 배분 이슈를 고려할 필요가 없어진다는 점에서 편리한 면이 있다.

그런데 각 가격대안과 해당 수요량이 예측된다면 수요함수도 추정할 수 있으며, 이를 통해 이윤극대화 가격을 바로 구할 수 있다. 그러나 수리적으로 이윤극대화 가격만을 구하는 것보다 가격분석표를 만들어보는 것이 의미 있다. 우선 손익분기 판매량은 위험의 수준을

표 6-1 가격분석표 : 상이한 가격에 따른 손익분기 수요량, 이익 분석

(1) 가격	(2) 예상 수요량*	(3) 손익분기 판매량	(4) 총수입 (1)·(2)	(5) 총비용*	(6) 이익 (4)–(5)
1,100	3,100	3,077	3,410,000	3,387,500	22,500
1,050	3,300	3,243	3,465,000	3,412,500	52,500
1,000	3,500	3,429	3,500,000	3,437,500	62,500
950	3,700	3,636	3,515,000	3,462,500	52,500
900	3,900	3,871	3,510,000	3,487,500	22,500

*예상 수요량은 '$Q=7500-4P$'를 가정하여 산출하였으며, 총비용은 고정비용 3,000,000과 한계비용 125를 가정하여 '총비용 =3,000,000+125Q'를 이용하여 산출하였다.

평가하는데 도움이 된다. 가격분석을 위해 사용된 수요량은 단지 추정된 것이며, 불확실성을 내포하고 있다. 주어진 가격에서 시장의 불확실성을 감안하여 손익분기 판매량이 달성 가능한지를 판단해 보는 것은 의사결정이 주는 위험의 수준을 평가할 수 있게 한다. 수요함수 추정에서 사용된 가정보다 더 보수적인 상황에서 손익분기 판매량이 달성 가능한지를 판단해볼 필요가 있다. 한편 〈표 6-1〉은 양의 이윤을 달성할 수 있는 상황을 예시한 것이다. 상황에 따라서는 이윤이 음의 값이 나타날 수 있으며, 이 경우 손익분기를 달성하기 위해 예측 수요량 대비 얼마나 더 판매를 증가시켜야 하는지 판단이 필요할 때도 있다.

한편 가격의사결정은 단지 이윤극대화만을 고려하지 않는다. 가격분석표에서 제시된 이윤은 일정 기간만을 고려한 단기이윤이며, 장기이윤 극대화를 위해서는 점유율이나 미래의 준거가격과 같은 요소들이 고려되어야 한다. 또한 개별 제품단위에서의 이윤극대화가 아니라 기업이 생산하는 다양한 제품들의 총 이윤을 극대화 할 필요가 있다. 이러한 요인들을 고려하면 가격분석표에 제시된 단기이윤의 극대화 이외에도 기타 고려요인들을 반영하여 가격이 조정될 수 있다. 여타 요인을 고려해 이윤극대화 가격을 조정할 경우 가격분석표를 통해 단기이윤을 어느 정도 희생해야 하는지 파악할 수 있다. 이제 가격의사결정에서 고려될 기타 요인들을 검토해 보자.

3.2 기타 고려요인

1. 기업의 목표

기업의 목적은 통상 이윤극대화로 설명된다. 이 때 이윤은 장기이윤으로 이해되는 것이 맞으며, 장기이윤 극대화를 위한 현재의 전략은 단기이윤 극대화, 시장점유율, 매출의 확대, 고객과의 관계 구축 등 다양한 형태가 될 수 있다. 특히 시장점유율과 매출의 확대가 단기이윤보다 중시되는 경우가 많다. 시장 중심의 목표들은 장기적인 이윤극대화에 공헌한다고 해석할 수 있으나, 많은 기업들에서 기업의 존속과 성장 자체를 궁극적인 목표로 삼기도 한다. 따라서 이윤극대화와는 사뭇 다른 의사결정이 이루어지는 경우가 많다. 예를 들어 기업이 장기 이윤극대화를 위해 원가우위를 추구하는 전략을 사용한다면 단기이윤을 희생하더라도 가격을 낮추어 점유율 증가를 추구해야 한다. 반면 고가 제품으로 차별화를 추구한다면 높은 가격을 설정하고 이를 설득하여 소비자들의 준거가격 수준을 끌어올릴 필요가 있다. 이러한 장기이윤 극대화의 문제는 제8장에서 더 자세히 다룰 것이다.

2. 마케팅전략과 여타 마케팅믹스

다음으로 기업의 마케팅전략에 기초하여 여타 마케팅믹스들과의 조정이 필요하다. 가격의 구체적인 설정 단계에서는 제품의 세부 사양을 변경할 수 없다고 보아야 한다. 그러나 프로모션과 유통에 대해서는 가격과 연계하여 조정될 수 있다. 〈표 6-1〉과 같은 가격분석표는 특정 프로모션 수준과 유통망의 범위가 주어진 것을 가정하여 구해진 것이다. 만약 이러한 가정이 크게 변한다면 수요량의 추정이 크게 달라지며, 가격에 대한 의사결정도 달라질 것이다. 예를 들어 자체 대리점을 통해 유통할 것을 가정한 상황과 추가로 할인점 납품을 하는 경우는 매우 다른 상황이다. 결국 상황별로 가격분석표는 상당히 다른 결과들을 보여줄 것이다.

일반적으로 프로모션과 유통의 대략적인 형태는 가격과 마찬가지로 포지셔닝 단계에서 정해지는 것이 타당하다. 따라서 세부적인 가격결정 상황에서 프로모션 및 유통계획이 근본적으로 변화되는 것은 일반적인 상황이 아니다. 그러나 큰 틀 안에서 여러 가지 대안들이 존재하며, 각 경우의 수요규모에 상당한 차이가 발생한다면 각각의 상황에 대해 가격분석표를 만들어보고 의사결정을 하는 것이 바람직하다. 이 때 가격분석표에는 각 상황별 프로모션, 유통망 관련 비용의 차이가 포함되어 제시되어야 할 것이다. 한편 이미 출시된 제품의 포지셔닝 변경을 계획하는 등 상당한 변화를 추구하는 경우라면 역시 가격분석표를 새로이 만들어 비교할 필요가 있다.

3. 제품라인 : 제품들 간 대체 · 보완 관계

기업들은 일반적으로 다수의 연관된 제품을 생산한다. 샴푸를 생산하는 기업은 린스를 같이 생산하는 경우가 많으며, 샴푸 내에서도 비듬 관리를 위한 샴푸, 탈모 관리를 위한 샴푸가 존재할 것이며, 용량별 가격별 다양한 품목들이 생산된다. 샴푸와 린스의 경우는 상호 보완적 관계를 갖는다. 샴푸 내에서의 다양한 품목들 간에는 상호 대체관계가 발생한다. 이렇듯 제품 간 관계가 있을 경우 한 제품의 가격결정은 다른 제품의 판매에 영향을 미치게 된다. 따라서 개별 제품단위에서의 이윤극대화가 아니라 기업이 생산하는 다양한 제품들의 총 이윤 극대화를 추구해야 한다. 아래에서 ①~③은 대체관계(Substitution)의 제품들에 대한 의사결정과 관련된 것이며 ④는 보완관계(Complement)의 제품을 다룬다. 여기서 다루어지는 이슈들을 제품라인(Product Line) 의사결정이라 칭하기도 한다.

① 동일 범주의 다수 제품을 판매하는 원인

하나의 기업이 대체관계에 있는 다수의 제품들을 판매할 수 있다. 기업이 제품 A만을 판매하다가 A를 조금 변형한 B라는 제품을 추가로 생산하는 상황을 생각해 보자. 기존에 제품 A를 구매하던 소비자들 중 일부는 제품 B를 구매함으로써 A의 매출이 감소할 것이지만 B로부터 발생하는 매출은 감소된 매출보다 증가할 것이다. 이는 제품 A와 B가 각기 다른 세분시장의 욕구를 만족시켜 표적시장의 범위를 넓힌 결과로 생각할 수 있다. 결국 기업은 동일 범주 하에서 하나의 제품을 생산하기보다 다수의 제품을 제공함으로써 매출을 증가시킬 수 있다.

한편 제품생산의 고정비가 크고 제품 A와 B간 범위의경제가 작다면 두 개의 제품을 판매할 때 비용이 크게 증가할 수 있다. 이 비용의 증가가 증가하는 매출보다 크다면 두 개의 제품을 판매하는 것은 비효율적이다. 그러나 일반적으로 대체품의 생산에서는 범위의경제가 크게 발생하여 하나의 제품을 두 배 생산하는 경우 대비 비용 증가가 크지 않다. 대부분의 생산설비를 공유하고 일부 부품만을 달리 사용하는 경우를 생각해 보면 납득이 될 것이다. 그렇다면 매출의 증가 대비 비용의 증가가 크지 않아 기업은 동일 범주의 제품 내에서 다수의 제품을 판매하는 것이 이윤을 증가시킬 수 있다.

제품 수를 증가시킬 경우 앞서 설명된 것과 같이 다수의 세분시장의 욕구를 더 잘 충족시킬 수 있다. 또한 소매점에서 더 많은 진열공간을 차지할 수 있게 하여 판매촉진을 강화할 수 있으며, 경쟁자의 진입을 억제하는 데에도 도움이 될 수 있다. 그러나 제품의 수가 지나치게 증가할 경우 소비자들이 제품 간 차이를 구분하기 어려워져 혼란을 느끼게 되고 새로운 제품의 추가가 발생시키는 매출의 증가도 크지 않을 것이다. 따라서 적정 수준의 제품 수를 결정하는 것이 중요한 이슈가 된다.

② 가격수준 및 제품 수의 결정

가격수준 관점에서 적정 제품 수의 의사결정에 대해 Monroe(2002, Chap 15)에서는 1) 최저가격(Low-end Price) 제품 결정, 2) 최고가격(High-end Price) 제품 결정, 3) 제품 간 가격 차이가 정해져야 한다고 설명한다.

일반적으로 최저가격과 최고가격은 상대적으로 더 쉽게 눈에 띄고 잘 기억되므로 중요한 의미를 갖는다. 최저가격은 한계소비자 즉, 제품에 관심을 가지나 구매에 소극적인 소비자에게 큰 영향을 미친다. 따라서 최저가격은 소비자들을 유인하는 효과(Traffic builder)가 있다고 한다. 또한 최고가격은 해당 브랜드의 기술 · 품질 수준을 함축적으로 보여주는 의미가 있어 역시 수요를 유발하는 효과가 있다.

이러한 최저, 최고가격을 결정하기 위해 수용가능 가격대(Acceptable Price Range)의 개념이 유용하다. 제3장에서는 제품가격이 지나치게 싸면 제품에 하자가 있는 것으로 판단하고 구매를 거부하게 되는데 이 때 경계가 되는 가격수준을 최저수용가격이라고 정의한 바 있다. 또한 소비자들은 최대 지불의사가격을 마음속에 가지고 있다. 물론 제품의 사양에 따라 지불의사가격이 달라지겠지만 보통의 소비자들은 어떤 제품군에서 선택할 때 자신이 구매할 제품가격의 상한을 염두에 둘 것이라고 보는 것이 타당하다. 최저수용가격이나 최대 지불의사가격은 소비자별로 다를 수 있으나 기업이 추구하는 표적시장을 고려하여 이를 정의할 수 있다. 이에 따라 수용가능 가격대가 결정되며, 최저가격 제품과 최대가격 제품이 결정될 수 있다.

이제 최저-최고가격 제품 사이에 몇 개의 제품을 생산할 것인지가 결정되어야 한다. 이론적으로는 하나의 제품을 추가할 때 발생하는 매출 증가(증분매출)와 비용의 증가(증분비용)가 같아지는 수준까지 제품의 수를 증가시키는 것이 최적이다. 그러나 증분매출과 증분비용의 예측이 쉽지 않으므로 이보다는 단순한 방식을 생각할 수 있다. 통상 소비자들은 제품 간 작은 차이를 인식하기 어렵다. 예를 들어 한 회사가 20만 원과 21만 원의 컴퓨터용 스피커 모델을 판매한다고 생각해 보자. 아마도 두 모델은 명확한 기능적 차이를 갖지 않으며, 소비자들은 그 차이를 이해하기 위해 다양한 정보를 찾으려 들 것이다. 이는 소비자의 피로를 발생시키고 검색의 과정에서 다른 브랜드의 제품을 선택할 수도 있다. 이러한 문제를 피하기 위해 인지가능 가격차이(Just-noticeable Difference)가 결정되어야 하며, 이로부터 제품의 수가 결정될 수 있다.

여기서 주의해야 할 점은 인지가능 가격차이는 가격수준에 따라 다르다는 점이다. 제3장에서 외부 자극에 대한 강도(Intensity)의 인지가 자극의 절대 크기가 아니라 상대적인 비율에 의존한다는 Weber–Fechner의 법칙을 설명한 바 있다. 이러한 법칙에 따르면 10만 원에서 인지가능 가격차이가 3만 원이었다면, 30만 원에서의 인지가능 가격차이는 10만 원 수준이 된다. 이 경우 최저가격제품 10만 원과 최대가격 제품 40만 원을 고려한다면 10만 원, 13만 원, 17만 원, 23만 원, 30만 원, 40만 원의 6개 제품들을 판매하는 것이 고려될 수 있다.

위와 같은 방식으로 잠재적인 가격수준과 제품 수가 결정되었다면 실제 제품들 간 가격차이를 정당화 할 수 있는 효과적인 품질지표가 존재하는지 판단해야 한다. 스피커의 예에서는 저음용 우퍼(Woofer), 출력, 디자인 등의 조합을 통해 각 가격대의 구체적인 제품사양이 결정될 수 있다.

③ 상향판매(Upsale)

한편 동일 유형의 다수 제품을 제공하는 기업은 가능한 높은 가격대의 제품을 판매하고자 노력할 것이다. 제공되는 제품들 간 품질과 가격의 차이를 결정할 때 이러한 상향판매의 개념이 유용하다. 만약 23만 원과 30만 원의 제품이 존재할 때 23만 원의 제품가격을 25만 원으로 증가시키면 23만 원이었던 제품의 마진이 증가할 뿐 아니라 30만 원의 제품판매가 증가할 수 있다. 물론 17만 원의 제품으로 전환되는 수요도 있을 것이다. 그러나 소비자들이 10~17만 원을 저가제품, 23~40만 원을 고가제품으로 인식한다면 저가제품과 고가제품 간 수요의 이동은 크지 않을 것이다.

정리하자면 기업은 앞에서처럼 10~40만 원의 가격대에서 인지가능 가격차이에 따라 제품들을 균일하게 분포시키기 보다 표적시장 내 세분시장별로 제품군을 분류하여 그 가격차이를 조정할 필요가 있다. 즉, 저가제품군과 고가제품군 간 구별이 명확히 이루어지도록 가격 차이를 조정하는 것을 고려할 수 있다. 또한 각 제품군 내에서 상향판매의 개념을 고려하여 주력판매 제품의 판매를 촉진하는 방식으로 가격을 조정해야 한다. 23만 원의 가격을 25만 원으로 올림으로써 이러한 효과를 발생시킬 수 있다.

또 하나 고려요소는 소비자들이 가격대의 선택에 어려움을 겪는 경우 중간 가격의 제품을 선택하는 경향이 있다는 점이다. 25만 원과 30만 원 사이에서 선택에 어려움을 겪는 소비자들이 40만 원의 제품이 추가되면 쉽게 30만 원의 제품을 선택할 수 있다는 것이다. 여기서 최고가인 40만 원의 제품을 추가하는 것은 기업의 기술 · 품질력을 암시하는 효과와 함께 30만 원 제품으로의 상향판매를 촉진하는 역할을 할 수 있다.

④ 보완관계의 제품

보완관계가 있는 경우 한 제품의 판매가 증가하면 보완관계에 있는 다른 제품의 판매가 증가한다. 따라서 한 제품의 가격을 낮추어 다른 제품의 판매를 증가시킬 필요가 있다. 일반적으로 두 제품이 보완관계에 있으면 독립적인 이윤극대화 가격보다 낮은 가격을 설정하는 것이 전체 이윤을 증가시키게 된다. 특별한 경우에는 하나의 제품을 공짜로 제공하고 관련 제품의 판매를 통해 이윤을 창출하기도 한다. 이동전화 산업에서 단말기가 공짜로 제공되는 경우를 흔히 볼 수 있다. 이는 공짜 단말기를 통해 보완관계에 있는 이동전화 가입을 촉진시키기 위한 것이다. 보완관계에 있는 제품들의 가격설정에 대해서는 제11장 '보완재와 결합상품'에서 심도 있게 다룰 것이다.

4. 기타 외부요인

기업을 둘러싼 환경 내에는 기업의 가격전략에 중요한 영향을 미치는 구성원들이 존재한다. 그 중 유통망 구성원들과 정부 및 NGO(Non-Government Organization)들이 특히 중요하다.

통상 기업들은 다수의 공급자들 및 유통업자들과 협력을 통해 사업을 영위한다. 이러한 관련 업체들은 하나의 시스템을 이루어 최종 소비자들에게 가치를 전달한다. 이런 관점에서 기업의 의사결정은 이해관계를 공유하는 협력업체들을 고려해야만 한다. 특히 현대경제에서 유통업자들의 영향력은 점차 증가하는 상황이다. 위에서 설명된 가격결정원리들은 주로 최종 소비자들에게 판매되는 가격을 염두에 둔 것이다. 그러나 제조업체들은 최종 소비자들에게 판매하는 가격을 직접 결정하지 못하는 경우가 많다. 이 경우 소매업체들이 최종 가격을 결정하며, 제조업체들은 도매가격을 통해 간접적으로 최종 가격에 영향을 미친다. 제조업체들이 최종 가격을 직접 결정하는 경우에도 유통업자들에게 충분한 판매유인을 주기 위해 유통망 마진을 고려하여 의사결정이 이루어져야 한다. 전반적으로 최종적인 가격결정에서 유통망의 반응을 고려한 조정이 필요하다. 유통업자들과 관련된 문제는 제13장 '기업 간 거래'에서 더 상세한 논의가 이루어질 것이다.

정부와 NGO 등은 규제 또는 사회적 압력을 통해 가격결정에 영향을 미친다. 여러분들은 이미 정유산업이나 통신산업, 의료계 등에서 정부가 직접 가격결정에 영향력을 행사하는 경우를 보았을 것이다. 또한 NGO 등은 가격과 관련한 여론을 형성하고 이를 통해 정부를 움직이거나 기업에 직접 영향력을 행사한다. 정부의 직접적인 규제와 관련해서는 제14장에서 다루도록 한다. 일반적인 사회적 압력의 문제와 관련해서는 제4장에서 다루었던 고정가격모형의 개념을 이해하는 것이 중요하다. 석유가격이 올랐을 때 소비자들은 개인적인 차원에서 분노하게 된다. 이를 개인적 공정성의 판단으로 소개하였다. 소비자들이 개인적 공정성에 대한 문제를 느꼈을 때 일부는 가격이 인상된 원인을 이해하고자 하며, 그 이유를 납득하지 못할 때에는 사회적 공정성 차원에서 분노하게 된다. 만약 사회적 공정성이 확보되지 못한다면 개인 차원에서 구매를 하지 않거나 나쁜 구전을 퍼트리는 방식 등으로 기업을 저벌하려 한다. 또한 여론을 통한 사회적 압력이 발생할 수 있다. 따라서 기업은 이윤극대화 뿐 아니라 사회적 공정성을 확보할 수 있는 가격을 선택해야 한다. 특히 통신산업, 의료계 등 사회적 관심의 대상이 되는 산업들에서 사회적 공정성의 개념은 매우 중요하다.

04 가격 조정

이미 가격이 결정된 상황에서 환경의 변화에 의해 가격을 조정해야 할 상황이 발생한다. 제품에 대한 수요, 원가, 경쟁사의 전략 등에서 변화가 발생할 경우 이에 대한 대응이 필요해진다. 통상 가격은 마케팅믹스 중 가장 쉽게 변화시킬 수 있는 수단으로 인식된다. 이는 가격을 변경할 때 단지 가격표, 메뉴판의 변경만으로 가능하며, 결정만 한다면 즉시 실행에 옮길 수 있기 때문이다. 그러나 가격을 올릴 경우 소비자들이 저항하기 쉽다. 또한 가격을 인하할 경우 다시 올리기 쉽지 않음을 생각해야 하며, 가격경쟁을 유발할 수도 있다. 따라서 가격의 조정은 매우 신중해야 할 문제이다.

만약 공급이 부족해지거나 원가가 상승할 경우 가격의 인상을 고려해야 한다. 일반적으로 가격이 인상될 수 있는 상황이라면 가격의 인상은 기업 입장에서 매우 긍정적이다. 예를 들어 기업의 이익률(마진)이 5%라면 1%의 가격인상은 20%의 이익률 증가를 유발한다. 물론 매출은 탄력성이 1 이상일 경우 감소할 수 있다. 그러나 매우 급격한 판매량 감소가 아니라면 매출의 변화와 별개로 이윤을 증가시킬 개연성이 크다. 문제가 되는 것은 제4장에서 소개한 바 있는 소비자들의 가격저항이다. 따라서 가격을 인상할 때에는 가급적 인지하기 어려운 방식으로 진행할 필요가 있다. 이와 관련해서는 제4장의 '공정성의 인식과 가격 인상'에서 상세히 다룬 바 있다.

한편 기업들은 가격의 인하를 통해 점유율을 높이려는 유인을 갖는다. 만약 특정 기업이 가격의 인하를 통해 점유율을 높일 수 있고 이를 통해 장·단기이윤을 증가시킬 수 있다면 이를 긍정적으로 해석해야 할 것이다. 또한 산업의 전반적인 가격 인하가 성장기 산업의 전체적인 수요 확대와 발전에 공헌할 수 있다. 한국의 이동전화산업의 경우 90년대 후반 치열한 단말기 보조금 경쟁을 통해 빠르게 성장하고 원가가 크게 하락하는 경험을 한 바 있다. 그러나 출혈적 가격경쟁이 발생하여 산업 전반의 마진(공헌이익)과 이윤이 감소하는 상황도 많이 발생한다. 특히 산업이 성숙되어 매출의 증가를 꾀하기 어려운 상황에서 가격을 통한 경쟁은 부정적인 결과를 초래하기 쉽다. 또한 가격의 인하 시 제품에 대한 소비자들의 이미지 또는 가치인식을 저하하기 쉬우므로 매우 신중해야 한다. 그러나 기업이 자체적인 전략에 의해 가격을 인하하는 것이 아니라 경쟁사의 가격 인하에 대응하기 위해 가격 인하를 검토해야 하는 상황이 발생한다. 이번 절에서는 가격인하를 중심으로 가격조정의 문제를 다루도록 한다.

1. 계량적 분석

우선 기업이 수요곡선(가격탄력성)에 대해 충분한 정보를 가지고 있다면 가격변경이 기업의 수입과 비용에 미치는 영향을 검토하여 이윤의 증감을 판단하는 것이 필요하다. 그러나 통상 수요함수를 충분히 파악하기 쉽지 않다. 대다수 기업들이 처해있는 상황인 불완전 경쟁 상황에서는 가격이 변경될 때 경쟁기업들의 반응에 따라 개별 기업이 직면하는 수요량이 달라진다. 가격을 인상할 경우 경쟁사들의 가격이 크게 변화하지 않을 것으로 가정하는 것이 가능하다. 그러나 가격인하의 경우 경쟁사들의 반응 수준을 짐작하기 매우 어렵다. 이에 대해서는 제5장에서 다뤄진 바 있다. 따라서 수요함수의 추정은 시장상황 특히 경쟁사의 반응에 대한 정확한 판단에 기초해야 하며 실제로 매우 어려운 일이다.

따라서 가격인하 의사결정을 할 경우 변화하는 수요량을 추정하기보다는 기존과 동일한 이윤을 얻기 위한 목표 판매량을 산출하고 이의 달성 가능성을 검토하는 방식을 사용하는 것이 더 현실적이다. 이런 방식을 간단한 예제를 통해 살펴보자.

A기업은 현재 단위당 10만 원(P)에 1,000(Q_1)단위를 판매하고 있다. 제품의 생산과 관련한 고정비는 5,000만 원이며, 단위당 변동비(한계비용)은 3만 원이다. 이 기업은 현재 가격을 9만 원으로 인하하는 방안을 검토중이다(ΔP=1만 원).

현재 한 단위 판매에서 발생하는 공헌이익($CM1$: Contribution Margin)은 10만 원−3만 원=7만 원이며, 총공헌이익 7만 원×1,000단위=7,000만 원이다. 결과적으로 이윤은 총공헌이익에서 고정비를 뺀 2,000만 원이다. 만약 가격을 9만 원으로 낮춘다면 단위당 공헌이익은 9만 원−3만 원=6만 원이 되며, 기존과 동일한 이윤을 얻기 위해서는 총 공헌이익이 기존과 동일하게 7,000만 원이 되어야 한다. 따라서 판매량은 7,000만 원/6만 원으로 1,167단위가 되어야 한다. 이제 가격 인하 이후 167단위 이상 판매증가가 가능하다고 생각되면 가격을 인하하는 것이 정당화 될 수 있다. 이러한 논리에 따라 동일 이윤을 발생시키는 판매 변화량 ΔQ^*를 구하면 아래와 같다.

$$\Delta Q^*(\text{동일 이윤 판매 변화량}) = -\frac{\Delta P \cdot Q1}{CM_1+\Delta P} \text{ 또는 } \frac{\Delta Q^*}{Q1} = -\frac{\Delta P}{CM_1+\Delta P}$$

위의 좌측 식을 살펴보면 분모는 변화된 단위당 공헌이익이며, 분모와 ΔQ^*(동일 이윤 판매 변화량)의 곱은 판매량 변화에 따른 수입 변화를 의미한다. 반면 분자는 가격변경에 따른 공헌이익의 변화(ΔP)와 기존 판매량의 곱으로 마진 변경에 따른 이윤 변화를 의미한다. 결과적으로 위 등식을 만족시키면 가격변경 결과 동일 이윤을 얻게 되는 것이다. 만약 가격을 인하하는 경우라면 ΔQ^* 이상으로 판매량을 증가시켜야 가격 인하가 정당화 되며, 가격을 인상하는 경우라면 ΔQ^*보다 판매량 감소가 적어야만 하는 것이다.

한편 위 예를 보면 가격의 인하는 10%이지만 최소한 증가시켜야 하는 판매량은 16.7%이다. 만약 가격의 변화율과 판매의 변화율이 동일하면 매출이 변화하지 않는다. 그러나 가격 인하와 판매량 증가는 변동비용의 증가를 초래하므로 가격의 인하율보다 더 많은 판매량 증가가 있어야만 동일한 이윤을 얻을 수 있다. 정확히 하자면 공헌이익의 변화율(1만 원/7만 원)과 판매량 증가율이 같아야만 동일한 이윤을 얻을 수 있다. 위 식에서 우측에 표현된 등식이 이러한 관계를 보여주고 있다. 이 개념을 이해했다면 제4장에서 공헌이익의 개념을 중시하여 설명한 이유를 알 수 있을 것이다. 또한 위 식에서 공헌이익을 정의할 때 한계비용만이 고려되며, 고정비는 고려되지 않았다는 점도 다시 강조한다.[4)]

이상의 논리를 통해 산출된 ΔQ^*를 가격인하를 통해 달성할 수 있는지의 판단이 현실적으로 문제가 된다. 이를 위해 경쟁사의 대응 수준을 시나리오로 작성하여 각 시나리오별로 발생 가능성과 예측되는 판매증가를 추정해 보는 것이 바람직하다. 〈표 6-2〉는 예시적인 것으로 각 시나리오에 따른 예측 판매증가량과 이익 변화량을 보여주고 있다. 마지막 열인 기대이익 변화량은 실현 확률을 고려하여 이익 변화량의 기대값을 구한 것이다. 이러한 표를 통해 가격 인하안의 타당성을 파악할 수 있다. 〈표 6-2〉의 예시에서는 동일 이윤 판매변화량(ΔQ^*)이 200 이하인 상황으로 경쟁사가 동일 수준으로 가격을 인하할 경우 시장 전반의 수요 증가로 기대이익이 증가한다. 그러나 경쟁사가 추가적인 가격인하를 단행한다면 손실이 발생하게 된다. 결과적인 기대이익은 음의 값으로 나타나 가격인하가 타당치 않은 상황이다.

표 6-2 가격 인하에 대한 시나리오 분석

경쟁사 대응 시나리오	실현 확률 (1)	예측 판매증가량	이익 변화량 (2)	기대이익 변화량 $\Sigma(1)\times(2)$
무대응	下 (15%)	300	1,750	-2,750
동일 수준 인하	上 (60%)	200	2,500	
추가 인하	中 (25%)	0	-27,500	

4) 만약 가격인하의 결과 판매량의 변화가 매우 큰 경우 기존에 고정비로 고려되었던 비용 중 일부가 추가로 투자되는 상황이 발생할 수 있다. 이는 고정비용 중 일부가 증분비용화 되는 상황이다. 이 경우에는 증분비용의 증가를 고려하여 동일 이윤 판매량을 산출해야 한다.

이상의 설명에서는 주로 기업이 자발적으로 가격을 인하하는 상황을 염두에 둔 것이다. 이 경우 판매량이나 이익의 변화는 현재 상황을 기준으로 구해질 수 있다. 그러나 경쟁사가 가격을 인하했거나 인하가 예상되어 이에 대한 대응을 검토하는 경우 기준 상황은 현재가 아니다. 자사가 대응을 안 할 경우 경쟁사의 가격인하가 자사에 미치는 영향을 우선 예측해야 하며, 이것이 기준 상황이 된다.

2. 정성적 분석

계량적 분석은 가격에 대한 수요 탄력성 즉, 소비자들의 반응과 경쟁사들의 반응에 대한 예측을 전제로 수행될 수 있다. 이 때 경쟁사들의 반응이 불확실성을 발생시키는 중요 원인이 된다. 이를 검토하기 위해서 여섯 가지 요인들을 고려해 보아야 한다.

① 경쟁구조의 특성 : 일반적으로 시장의 가격탄력성이 큰 경우 경쟁사들의 반응이 강해진다. 제품이 표준화되어 있고, 소비자들이 제품과 가격에 대한 충분한 정보를 보유한 경우 등에서 가격탄력성이 크게 나타난다. 가격탄력성이 크다는 것은 소비자들이 가격에 민감함을 의미한다. 따라서 가격탄력성이 큰 경우 가격인하로부터 기대하는 수요 증가가 클 수 있으나 경쟁사의 대응도 강할 것임에 유의해야 한다.

② 제품의 수명주기 : 성장기에서 가격경쟁은 시장을 빠르게 확대하는데 도움이 되며, 점유율을 빼앗지 않아도 성장이 가능하므로 가격경쟁에 덜 민감할 수 있다. 그러나 성숙 · 쇠퇴기에서 가격경쟁을 촉발하는 기업은 경쟁사들을 퇴출시킬 의도를 가질 수 있으며, 더 민감한 사안이 된다.

③ 경쟁사들의 전략 : 경쟁사들이 차별화전략, 원가우위전략, 집중화전략 중 어떤 전략을 추구하고 있는지 판단이 필요하다. 경쟁사가 원가우위전략을 추구한다면 가격인하가 전면적 가격경쟁을 초래할 수 있다.

④ 자금력 및 제품의 기업 내 위치 : 전면적 가격경쟁이 예상된다면 가격경쟁에서 얼마나 버틸 수 있는지 판단해야 하며, 경쟁사와 자사의 자금력을 비교해 보는 것이 중요하다. 한편 지역적으로, 사업적으로 다각화되어 있는지도 중요한 요인이다. 일본 자동차 기업들의 미국시장 수출 초기에 점유율이 낮은 미국시장에서의 저가격전략이

일본기업들에게는 큰 문제가 되지 않았다. 그러나 미국 기업들은 이에 가격경쟁으로 대응할 경우 기업의 수익력에 더 큰 문제를 발생시켰을 것이다. 또한 모터싸이클에 집중하고 있던 야마하가 자동차를 함께 생산하고 있던 혼다와 가격경쟁에 돌입했을 때 혼다는 자동차 사업에서의 이익을 활용할 수 있었다.

⑤ 추구하는 표적시장 : 경쟁사들이 추구하는 세분시장이 자사와 중복된다면 가격경쟁은 더 직접적인 영향을 미친다. 자사의 표적시장 고객들이 가격에 민감한 집단이라면 가격경쟁의 영향이 더 클 것이다.

⑥ 원가정보, 여유 생산능력 : 경쟁사들이 원가우위가 있는 경우 가격경쟁을 유발하거나 가격인하에 대한 전면대응은 매우 위험하다. 경쟁사의 원가정보를 직접 파악하기 어렵다면 다음과 같은 요인들을 평가해 봐야 한다. 경쟁사의 점유율은 규모의경제, 경험효과에 영향을 미친다. 원자재 · 부품, 유통망의 수직통합은 각 단계에서의 마진 감소나 통합을 통한 효율성의 기회를 제공한다. 공장의 입지는 노동비용과 물류비용에 영향을 미친다. 기타 독특한 기술의 보유 여부 등이 영향을 미칠 수 있다. 또한 경쟁사가 여유생산능력이 있다면 가격경쟁의 유인도 크며, 추가 생산의 비용도 낮게 나타난다. 기존 생산용량 관련 고정비용들의 상당 비율이 매몰비용에 해당하기 때문이다.

이상의 요인들을 통해 경쟁사의 반응을 사전적으로 검토할 수 있다. 한편 기업들은 본격적인 가격인하를 단행하기 전에 일시적인 프로모션 형태로 가격을 할인하여 경쟁사의 반응을 테스트하는 방식을 사용할 수 있다. 한편 소비자 입장에서 볼 때 수요 탄력성 이외에 가격의 인하가 어떻게 해석될 수 있는지를 추가로 생각해 볼 필요가 있다. 원론적으로는 가격의 인하가 가치와 가격의 차이에 해당하는 순가치를 증가시켜 구매량을 증가시킬 것으로 보아야 한다. 그러나 때로는 가격 인하가 낮은 품질에 대한 단서가 될 수 있다. 즉, 제품에 어떤 결함이 있어 판매가 잘 되지 않는 것으로 인식할 수 있다. 또 소비자들은 해당 제품이 곧 새로운 모델로 대체될 것이라고 예측하거나, 가격이 더욱 하락할 수 있으니 더 지켜보겠다고 생각할 수 있다. 따라서 가격을 인하할 때에는 소비자들의 반응에 대한 세밀한 예측과 적절한 커뮤니케이션 계획이 뒷받침되어야 한다.

05 경쟁사의 가격인하 대응

기업 스스로 원가우위전략을 선택하는 경우 또는 제품이 성장기에 있어 가격인하를 통해 시장의 성장을 빠르게 실현할 수 있는 경우 등에서는 가격인하를 주도하는 것이 바람직할 수 있다. 그러나 전략적 선택이 아니라 경쟁사에 의해 주도되는 가격경쟁에 끌려갈 경우 부정적인 결과를 예상할 수 있다. 이번 절에서는 가격경쟁을 사전에 방지하기 위한 전략 및 비가격(Non-price) 대응에 대해 논할 것이다.

5.1 가격경쟁의 사전적 방지

제5장에서는 제품에 대한 차별화, 교체비용의 증가 등의 노력을 통해 가격경쟁에서 탈피할 수 있음을 설명하였다. 이러한 접근은 장기적인 가격경쟁방지전략이며, 단기적 차원에서의 접근방식을 고려할 필요가 있다. 단기적인 접근방식으로 가격인하에 대한 보복 신호, 자사 관련 정보관리, 가격비교가 어렵도록 제품 품목과 가격구조를 유지하는 세 가지 유형을 검토해 본다.

① 기업들이 가격경쟁의 폐해를 상호 공감하고 이를 회피하도록 유도하는 것이 바람직하다. 제5장에서 설명된 버트란트모형은 심각한 가격경쟁이 가져오는 결과를 보여준다. 정태적 관점에서 독점가격 대비 낮은 가격에서는 가격 인하가 항시 산업의 이윤율을 감소시킨다. 그러나 기업들은 상호 보유한 자원에 대한 정보가 부족하고 가격인하에 대한 경쟁사의 반응에 대해 확신을 가지지 못할 수 있다. 따라서 가격경쟁을 시도할 경우 단호한 대응이 가능하며, 가격인하의 목적을 달성할 수 없으리라는 신호를 경쟁사들에게 사전에 전달하는 것이 필요하다.

통상 기업들은 본격적인 가격인하를 단행하기 전에 일시적인 프로모션 형태로 가격을 할인하는 경우가 많다. 이는 크리스마스나 명절과 같은 시점에 수요가 몰리는 상황을 이용하거나, 제2부에서 상세히 설명될 가격차별을 위한 것으로 이해할 수 있다. 그런데 이러한 일시적인 가격할인은 경쟁사의 반응을 파악하는 데에도 유용할 수 있다. 만약 경쟁사의 이러한 움직임에 대해 대처하지 않는다면 경쟁사는 상대방이 구조적으로 가격을 인하하기 어려운 상황 또는 차별화우위를 추구하는 것으로 추론하기 쉽고 본격적인 가격경쟁에 돌입할 수 있다. 이러한 상황을 미연에 방지하기 위해서는 상대의 일시적 가격할인에 강력한 할인으로 대응하는 것이 타당할 수 있다. 물론 이러한 대응이 장기적인 가격인하를 초래하는 것은 바람직하지 않다. 단지 가격경쟁을 통한 점유율의 증대가 가능하지 않음을 과시하는 효과를 추구하는 것이어야 한다. 이와 유사한 개념으로 경쟁사의 가격인하에 대해 최저가 보상이나 동일 가격 제시(Price Matching)와 같은 원칙을 표방하는 것도 경쟁사의 가격경쟁 의지를 꺾어놓는 대안이 될 수 있다. 제5장에서 촉발전략을 설명하였다. 만약 단호한 대응을 할 것임을 경쟁사가 알고 있다면 가격경쟁을 시도하지 않는 것이 최선이 된다. 이상에서 언급한 수단들은 촉발전략 즉, 기업의 대응(보복) 의도를 노출하는 방식이다.

② 가격경쟁을 시도하는 업체들은 구조적인 차원에서 경쟁사의 대응을 예측하기 위해 노력한다. 이러한 예측을 위해 경쟁사가 추구하는 목표, 원가수준, 재무적 자원 등의 정보를 수집할 것이다. 가격경쟁을 고려하는 기업들이 이러한 측면들을 고려한다면 역으로 가격경쟁을 저지하려는 기업은 이러한 정보들을 관리할 필요가 있다. 특히 장기적으로 차별화나 집중화 전략을 추구하더라도 이러한 전략이 현 시점에서 구현되지 않았다면 이러한 전략을 의도적으로 노출시킬 필요는 없다. 또한 자사의 원가가 낮을 것이라는 추측을 유도하는 정보를 유출하는 것이 가격경쟁의 가능성을 완화시키는 수단이 될 수 있다. 또한 기업이 보유한 자금력 또는 자금 동원력, 제휴 관계에 있는 회사 등 기업이 가진 자원의 풍부함에 대한 정보를 제공하는 것도 의미가 있다. 경우에 따라서는 일정 수준의 여유 생산능력을 보유하는 것도 가격경쟁을 억제하는 효과가 있다.

③ 기업 간 가격의 비교가 어렵도록 가격구조를 복잡하게 만듦으로써 가격경쟁을 미연에 방지할 수 있다. 예를 들어 이동전화서비스의 경우 기본료와 통화료의 이부제요금, 이용량에 따른 할인, 친구나 가족 간 할인, 집과 같이 지정된 장소에서 이용할 경

우 할인 등으로 인해 요금구조가 상당히 복잡하다. 이 경우 현재 자신이 가입하고 있는 요금제와 경쟁사의 요금제를 비교하기 어려우며, 어떤 가격이 더 싼지 확신을 못할 수 있다. 결국 기업 입장에서는 가격을 중심으로 한 경쟁을 회피할 수 있을 것이다. 여러 제품을 하나의 가격으로 판매하는 묶음가격의 경우 제품의 가격을 일대일로 비교하기 어렵게 하는 효과가 있다.

한편 여러분들은 유사한 TV 제품인데 대리점, 할인점, 백화점에서 판매되는 제품의 모델명이 다른 경우를 본 적이 있을 것이다. 해당 판매점에서만 보유하는 제품이라면 독점적인 제품으로 가격경쟁에서 자유로울 수 있다. 그러나 모델들 간 차이가 거의 없다면 독점적 제품이라기보다 소비자들의 가격비교를 어렵게 하는 수단으로 작용하고 있다고 생각할 수 있다.

5.2 비가격 대응[5)]

경쟁사가 가격인하를 단행할 때 반드시 가격을 통해 대응해야 하는 것은 아니다. 지향하는 경쟁전략이나 표적시장이 다르다면 대응 자체가 불필요할 수 있다. 또한 가격 이외에 지각된 가치의 증대, 품질 향상, 저가격의 별도 브랜드(Fighting Brand) 출시와 같은 대응 방식이 고려될 수 있다.

이미 제3장에서 다룬 바와 같이 소비자들은 품질에 대한 정확한 정보를 가지고 있지 않다. 따라서 광고, 유통망의 품질, 가격수준, 할인의 빈도와 같은 단서를 통해 품질을 평가하기 쉽다. 가격대응을 하기보다 광고나 유통망에 투자를 증가시킴으로써 자사의 인지된 품질을 향상시키는 것은 경쟁사 제품과의 차별화 강화를 통해 더 긍정적인 효과를 낳을 수 있다.

다음으로 부가서비스를 제공하거나 제품의 품질을 향상시킴으로써 대응할 수 있다. 소비자들의 목적은 가치에서 가격을 뺀 순가치를 향상시키는 것이다. 건설장비, 채광장비를

---

5) Kotler, Philip and Gary Armstrong(2007), 캐터필러 사례는 P354, P402를, 휴블레인 사례는 P372 참조.

생산하는 캐터필러(Caterpillar)는 경쟁사 대비 20~30% 비싼 가격을 유지하지만 전세계 어디든지 48시간 내 부품배달을 보장하는 등의 서비스를 통해 시장을 지배해 왔다. 구매자들 입장에서 고장으로 장비가 멈추어 사업이 지체될 경우 막대한 피해를 입는다. 따라서 낮은 가격의 제품보다는 제품의 품질과 신속한 사후 서비스를 더 선호하는 것이다. 가격인하로 인해 발생할 자원의 상실 대신 제품 자체와 서비스 품질 향상에 투자하는 것을 고려할 필요가 있다.

마지막으로 저가격의 별도 브랜드로 대응하는 방식을 미국의 선도적인 보드카 생산자인 휴블레인(Heublein) 사례를 통해 살펴보자. 이 기업은 경쟁사의 가격인하에 맞서 고급 브랜드와 저가 브랜드를 추가로 출시하였다. 기존 브랜드와 저가 브랜드는 경쟁사의 제품에 대응하고 점유율을 방어하는 역할을 한다. 반면 추가로 출시된 고급 브랜드는 고급 제품을 선호하는 세분시장을 만족시키면서 높은 마진율을 통해 기업의 수익성을 개선시킨다. 흥미로운 점은 기존 브랜드를 포함해 세 가지 브랜드는 맛과 생산원가 면에서 거의 동일했다는 점이다. 실질적인 품질보다 소비자들의 인지품질이 중요하다는 점을 다시 상기할 필요가 있다.

가격의 인하는 장기적으로 소비자들의 준거가격을 하락시키고 기업의 품질투자를 저해할 수 있다. 기업이 차별화전략이나 집중화전략을 추구한다면 반드시 비가격 대응이 고려되어야 한다.

06 가격정책 : 가격산출지표

가격정책의 문제로 가격구조 및 가격산출지표의 문제를 언급했었다. 5절까지의 설명은 하나의 제품에 하나의 가격을 적용하는 경우를 가정하여 진행되었다. 또한 가격산출지표 즉, 가격의 적용 대상 또는 가격을 부과할 때 사용하는 단위로 단위 제품을 염두에 둔 것이다. 그러나 실제 가격정책에서는 다양한 가격구조와 가격산출지표가 고려될 수 있다. 가격구조는 제2부에서 상세히 다루어질 것이며, 여기서는 가격산출지표를 살펴보자.

가격의 적용 대상 또는 가격을 부과할 때 사용하는 단위를 가격산출지표라고 정의하였다. 효과적인 가격산출지표는 1) 판매자의 비용과, 2) 소비자들이 받는 경제적 가치를 반영해야 한다. 판매자에게 비용을 유발시키는 행위에 가격이 부과되지 않으면 소비자들의 무분별한 이용으로 인해 불필요한 비용이 증가될 수 있으며, 비용 유발이 없는 행위에 가격을 부과하면 불필요하게 해당 행위를 억제하게 될 것이다. 가격산출지표가 소비자의 가치를 반영하지 못하는 경우에도 유사한 비효율성을 발생시킨다. 뷔페에서 입장료만 받는 행위를 생각해 보라. 음식을 소비할수록 손님이 얻는 가치와 기업의 비용이 증가하지만 가격이 부과되지 않는다. 결국 과식을 하는 손님들이 생기기 마련이고 기업은 비용이 많이 드는 고급음식을 대접하지 못하게 된다. 이런 문제로 인해 요즘에는 뷔페들도 기본음식은 공짜이나 고급음식들에 대해서는 추가로 가격을 받는 경우가 많다.

기업의 비용과 소비자들의 가치를 정확히 반영하는 가격산출지표를 찾기는 쉽지 않으며, 결과적으로 다수의 가격산출지표를 혼합하여 사용하기도 한다. 이동전화요금이 대표적인 사례이다. 이동전화요금은 가입 시에 지불하는 가입료, 월별 지급하는 기본료, 통화당 지불하는 통화료의 구소로 구성된나. 가입료는 가입 시 발생하는 시류처리 등의 기본 업무와 가입자에 대한 기본 정보를 네트워크와 USIM카드에 등록하여 실제 통화가 가능하도록 하는 절차의 비용을 반영한다. 통화당 지불하는 통화료는 소비자가 발신하는 통화에서 얻는 가치와 통화 시 네트워크 자원을 이용하는 비용을 반영한다. 또한 기본료는 소비자가 항시 전화를 수신할 수 있는 상태를 유지하는 데에서 얻는 가치와 네트워크의 포설, 유지비를 반영하는 것으로 생각할 수 있다. 기본료가 없다면 전화를 가입하고 발신 없이 항상 받기만 하는 소비자는 전혀 가격을 지불하지 않고 서비스 이용이 가능해진다. 결과적으로 이동전화는 가입 여부(가입비), 사용량(통화료), 사용 기간(기본료)을 모두 가격산출지표로 이용한다.

한편 초고속 인터넷에서는 기본료만 지불하고 이용료는 없는 정액요금이 일반적으로 사용된다. 이 때 사회적 문제가 되는 것이 이용자들이 추가적 사용에 대해 비용을 지불하지 않으므로 일부에서 지나치게 많은 자원을 이용한다는 것이다. 상식적으로 100MByte를 사용하는 소비자와 100GByte를 사용하는 소비자가 같은 요금을 지불한다는 것이 쉽게 납득되지 않을 수 있다. 이러한 정액제가 정당화 되는 이유는 교환기에서 집까지 회선을 포설하는 비용이 서비스 제공 비용의 대부분을 차지하며, 이 비용은 소비자의 이용량이 늘어난다고 증가하지 않는 고정비용의 성격을 갖기 때문이다. 물론 이용량이 늘면 라우터(Router) 용량과 백본(Backbone) 비용이 증가하겠지만 그 비중이 상대적으로 낮은 것이다. 이런 상황에서는 Mbyte당 요금과 정액요금의 두 가지 대안 중 정액요금이 더 효율적일 수 있다. 그러나 사용량과 사용기간(기본료)을 함께 가격산출지표로 사용하는 것이 더 합리적일 수 있다. 상대적으로 변동비의 비중이 높은 이동전화의 데이터 요금제에서는 더 많은 데이터를 이용하기 위해 더 비싼 기본료를 내야 하는 정액제(기본료)와 종량제(사용료)의 중간 형태 요금제가 사용된다.

가격산출지표가 이슈가 되는 대부분의 상황은 서비스가 연계되는 경우이다. 아래에서는 서비스에서 이용되는 다양한 가격산출지표의 예시를 보여주고 있다.

① 특정 과업의 성과 : 설비 수리나 의류 세탁 등
② 시설에의 입장 : 콘서트, 스포츠 이벤트, 놀이시설 등
③ 이용 시간 : 변호사 상담, 호텔 숙박 등
④ 관련 화폐적 가치와의 연계 : 매매가 비율로 정해지는 부동산 수수료 등 거래 커미션
⑤ 물리적 자원의 소비량 : 상수도, 천연가스 등
⑥ 거리 : 택시, 물류서비스 등 교통수단

이렇듯 다양한 가격산출지표가 존재하므로 이에 대한 선택에 신중을 기해야 한다. 변호사 상담의 경우 이용 시간에 따라 요금이 부과될 수 있지만 건당이나, 실제 문제가 해결된 경우에만 요금을 부과할 수 있다. 때로는 형사사건과 민사사건의 상담료를 다르게 할 수 있는데 이는 문제의 난이도나 필요한 전문성의 수준을 반영하는 것이다. 가격산출지표에 따라 소비자의 가치나 비용을 더 잘 반영하는 정도가 다를 수 있다. 또한 단 하나의 지표만으로는 가치와 비용을 정밀하게 반영하기 어려우므로 앞서 설명한 이동전화 사례와 같이 여러 가지 지표를 결합시킬 수 있다. 그러나 다수의 지표를 사용할 경우 소비자의 이해와 예측가능성을 떨어뜨리고 관리비용을 증가시킬 수 있음을 고려해야 한다.

일반적인 물리적 제품의 경우 개당 가격이 주로 사용된다. 이는 제품의 판매 이후에 기업에게 추가적인 비용이 발생할 가능성이 낮으며, 소비자들은 제품 이용에서 발생하는 전체 가치를 개당 가격과 비교할 수 있기 때문이다. 물리적인 제품에서 가격산출지표가 이슈

가 되는 경우는 주로 복합기 사례와 같이 임대 방식을 취함으로써 제품이 서비스화 되는 경우 또는 제품에 유지수선과 같은 서비스가 결합되는 경우이다. 이 때 소비자가 인지하는 가치가 중요하다. 서버를 판매할 때 대당 가격을 받을 수도 있지만 데이터 전송량을 기준으로 하거나, 복합기에서 복사된 페이지 수에 따라 가격을 부과하는 경우도 있는 것은 이러한 지표가 실제 소비자들이 얻는 가치를 더 잘 반영할 수 있기 때문이다. 한편 제품의 유지수선이나 부수적인 부품들이 지속적으로 구매되는 경우에는 기본제품에 개당 가격을 부과하면서 추가적인 서비스와 부품에 별도의 가격을 부과하는 구조가 나타난다. 이러한 추가 서비스에 대한 가격 부과는 매출의 증가에도 기여하지만 소비자들이 무료의 서비스를 지나치게 이용하여 비용을 증가시키는 것을 방지하는 역할을 한다.

만약 가치와 비용 간 선택이 필요하다면 많은 경우 가치를 반영하는 가격산출지표가 선호된다. 가격전략의 중요한 과제는 소비자가 얻는 가치의 대부분을 기업의 매출로 연결시키는 것이다. 따라서 소비자가 얻는 가치와 관련성이 높은 가격산출지표를 이용하는 것이 효과적일 수 있다. 이러한 방식을 성과기반 가격산출방식이라고 한다.

한편 하나의 제품에 다ㅋ양한 가격산출지표를 이용하는 것이 가격차별의 수단이 될 수 있다. 이미 복합기에 대해 대당 가격, 기간에 따른 임대료, 복사량에 따른 임대료를 선택하도록 함으로써 상이한 세분시장들을 유인하고 만족시킬 수 있음을 설명한 바 있다. 이동전화를 비롯한 많은 서비스에서 정액제와 건당 이용료를 선택할 수 있도록 하는 것도 유사한 원리이다.

핵심 주제 및 키워드

- 가격결정 절차
- 가치기반 가격결정(Value-based Pricing)
- 전략캔버스(Strategy Canvas)
- 가격분석표
- 제품라인(Product Line)
- 수용가능 가격대(Acceptable Price Range)
- 인지가능 가격차이(Just-noticeable Difference)
- 상향판매(Upsale)
- 가격 조정
- 동일 이윤 판매 변화량
- 가격경쟁
- 가격산출지표(Metrics of Price)

생각해볼 문제

1) 가격결정 절차를 마케팅전략의 수립 절차와 연결하여 설명하시오.
2) 원가기반가격설정과 가치기반가격설정의 차이점을 정리해 보시오.
3) 차별화와 원가우위는 동시에 추구될 수 있는가? 마이클포터의 본원적전략개념과 전략캔버스에서 설명된 개념의 차이점을 정리하시오.
4) 포지셔닝 단계에서 고려되는 가격수준과 준거가격 개념의 관련성을 설명하시오.
5) 프레이밍과 관련하여 포지셔닝과 대체재 정의의 두 가지 이슈의 관련성을 설명하시오.
6) 가치기반 가격결정에서 소비자들이 인지하는 가치, 경쟁, 원가가 어떻게 반영되는지 설명하시오.
7) 가격분석표에서 손익분기판매량의 역할을 설명하시오. 또한 가격분석표가 이윤극대화 이외의 요인들을 고려하는데 어떻게 활용될 수 있는지 설명하시오.
8) 기업이 동일 범주의 다수 제품을 생산하는 이유는 무엇인가? 또한 제품군 내 제품의 수를 결정하는 논리를 설명하시오.
9) 가격 관련 정부규제 또는 사회적 압력의 문제를 제3장에서 다룬 공정가격모형 개념을 이용해 논하시오.
10) 가격인하에 대한 경쟁사의 반응을 예측하기 위한 고려요인들을 정리하시오.
11) 가격경쟁을 방지하기 위한 사전적 방안들과 경쟁사의 가격인하에 대한 비가격 대응방식들을 정리하시오.
12) 가격산출지표를 결정하는 핵심 고려요인 두 가지는 무엇인가?

제2부 가격전략의 응용

제7장 가격차별

1. 가격차별의 정의
2. 가격차별의 유형과 조건
3. 3차 가격차별
4. 2차 가격차별
5. 버저닝

제1부에서는 주로 단위당 단일 가격(Uniform Pricing)을 설정하는 상황을 전제로 논의를 전개하였다. 여기서 단일 가격이란 몇 개를, 어디서, 누가 사던 동일한 가격을 적용하는 것을 말한다. 그러나 많은 산업에서 상황에 따라 다른 가격을 적용하는 경우를 볼 수 있다. 버스에서 노인과 학생들에게 할인을 해준다거나, 동일한 데이터베이스 접속서비스에 대해 도서관 명의로 가입할 경우 개인으로 가입한 경우보다 가격이 훨씬 싼 것을 볼 수 있다. 한편 가격이 기본료와 이용료와 같이 여러 가지의 구성요소로 이루어지거나, 이용량과 무관한 정액제 요금이 적용되기도 하며, 구매량에 따라 가격이 달라지기도 한다. 동일한 제품에 대해 상이한 가격이 적용되거나 유사한 제품이 원가 차이 이상으로 가격차이가 나는 현상은 일반적으로 받아들여지는 현상이다.

이러한 현상의 원인은 가격을 통한 이윤극대화 추구 과정에서 상이한 소비자들의 가치인식 수준에 따라 다른 가격을 적용하고자 시도하기 때문이다. 이를 가격차별이라고 하는데 가격차별은 제2부를 관통하는 핵심 주제어이다. 가격차별이란 동일한 제품에 상이한 다수의 가격을 적용하는 것을 의미한다. 또한 제품과 서비스에 약간의 차이를 두고 원가의 차이 이상으로 다른 가격을 적용할 수도 있으며, 이를 버저닝이라고 한다. 엄밀한 의미에서 버저닝은 가격차별과 다른 개념이지만 같은 목적으로 이용되므로 가격차별의 범주로 이해하기도 한다.

가격차별이 발생하는 근본적인 이유는 세분시장별로 소비자들의 지불의사가격이 다르기 때문이다. 각 세분시장의 지불의사가격을 반영해 상이한 가격을 적용할 경우 매출과 이윤이 증가될 수 있다. 그런데 문제는 일반적으로 사람들은 낮은 가격을 선호한다는 점이다. 따라서 가격차별의 문제는 어떻게 높은 지불의사가격을 가진 사람들이 낮은 가격을 이용할 수 없도록 만드는 지와 관련된다. 이 때 사용되는 수단을 가격장벽이라 한다. 버스의 경우 일반인이 낮은 학생요금을 이용할 수 없게 만드는 나이(신분증)를 가격장벽이라고 볼 수 있다. 제8장 및 제9장에서 다루는 동태적 가격관리에서는 시간이 가격장벽의 역할을 한다. 제10장의 서비스 산업의 가격관리에서 다루는 수익관리는 예약시점 및 좌석위치에 대한 선호가, 제11장의 보완재와 결합상품에서는 보완재의 구매 여부가, 제12장의 이부제요금에서는 이용량이 주로 가격장벽으로 이용된다.

가격차별의 증가는 시장의 변화 트랜드를 반영하는 것이다. 고객들은 차별화된 욕구를 발전시키고 있으며, 기업들은 이를 만족시키기 위해 시장을 더 정교하게 세분화시키고 있다. 세분시장별로 상이한 제품, 유통망, 커뮤니케이션 등 마케팅믹스들을 고객화(Customization)한다. 이 과정에서 가격 또한 세분시장별로 달리 적용되며, 단지 세분시장별 원가의 차이를 반영하는 차원을 넘어 이윤 극대화에 활용된다. 이러한 시장의 변화와 기업들의 대응을 뒷받침하는 마케팅기법으로 CRM(Customer Relationship Management) 즉, 고객관계관리기법의 발전도 눈여겨 볼 필요가 있다. 광의로 볼 때 CRM은 고객만족을 통해 고객과의 관계를 구축, 유지, 확대하는 경영전략을 의미하며, 개별 소비자들의 차별적인 욕구를 만족시키기 위한 모든 기법들이 CRM에 포함될 수 있다. 그렇다면 가격차별도 CRM을 실행하기 위한 수단으로 생각될 수 있다. 한편 협의로 볼 때 CRM은 고객의 충성도를 극대화 하기 위해 개별 고객의 상세한 정보를 관리하고, 고객접점을 관리하는 것으로 정의 된다. CRM을 통해 확보되는 상세한 고객정보는 시장을 세분화하고 가격차별을 실행하는 기반이 된다. 우리는 다양한 고객정보들을 파악하고 이에 기초하여 혁신적 구조의 가격을 제시함으로써 기업 경쟁력과 이윤을 증가시킬 수 있는지 검토해야 한다.

그러나 가격차별은 소비자들의 저항을 발생시킬 수 있다. 코카콜라는 날씨에 따라 자판기에서 판매되는 가격을 달리 적용하는 실험을 했다가 소비자들의 반발에 의해 이를 포기한 바 있다. 온라인쇼핑몰 아마존 또한 동일 DVD를 소비자별로 다른 가격에 판매했다가 가격차이를 환불해 주고 사과문을 발표하였다. 가격차별은 기업에게 중요한 기회이나 이의 실행은 상당한 주의를 요한다. 이번 장에서는 우선 다양한 형태의 가격차별 유형과 원리를 논의해 볼 것이다.

01 가격차별의 정의

가격차별은 동일한 제품 또는 서비스가 소비자, 구매량 등에 따라 다른 가격으로 판매되는 것을 의미한다. 그러나 적용되는 가격이 다르다고 해도 이를 가격차별이라 하지 않는 경우가 있다. 예를 들어 시멘트 생산업체가 가까이 위치한 기업에게는 싼 가격에 멀리 위치한 기업에게는 비싼 가격에 제품을 납품한다면 이를 가격차별이라고 할 수 있겠는가? 그보다는 제품을 납품하기 위해 필요한 수송비용의 차이를 반영해 가격에 차이를 둔 것으로 이해하는 것이 맞을 것이다. 비용의 차이를 반영한 가격의 차이는 가격차별이라고 말하지 않는다. 가격차별의 정의에서 언급한 동일한 제품 또는 서비스라는 의미에는 부대서비스가 포함된 것이며, 물리적 제품이 동일하더라도 서비스의 전달이나 이용과정에 기업이 지출하는 비용에 차이가 발생한다면 동일한 제품이라고 보지 않는다. 요즘 기업용 소프트웨어 기업들은 유지 · 수선 서비스를 온라인 서비스 또는 대면서비스, 24시간 또는 주간서비스에 따라 세분화한다. 동일한 소프트웨어를 판매하더라도 이에 부가되는 유지 · 수선 서비스의 수준이 달라진다면 이를 동일한 제품이라고 볼 수 있겠는가? 동일한 제품이 아닌 경우 비용과 가격이 달라지는 것은 당연하게 생각된다.

한편 동일한 비용을 발생시켜도 제품이 차별화된 경우 다른 가격을 적용하는 것을 가격차별이라고 하지 않는다. 예를 들어 동일한 형태의 빨간색 모자와 파란색 모자가 다른 가격에 팔린다면 이를 가격차별이라 할 수 있는가? 이 두 가지 제품은 사실상 차별화된 제품이며, 상이한 제품이라고 보는 것이 맞다. 두 가지 제품의 생산비는 동일하더라도 빨간색이 유행이어서 대다수 소비자들이 빨간색 모자를 선호한다면 두 가지 모자가 같은 가격에 팔리는 것은 경제학적 논리에 맞지 않는다. 두 가지 모자는 각기 상이한 수요곡선을 마주하고 있다. 결과적으로 다른 가격이 설정되는 것이 도리어 자연스러우며 이를 가격차별이라고 부르지 않는다.

정리하자면 다른 비용을 반영하거나 차별화된 제품에 대해서는 가격차별이라는 용어를 적용하지 않는다. 그러나 여기서 한 가지 유의해서 볼 점이 있다. 여러분이 만약 동일한 위스키인데 한 종류는 일반적인 유리병에 담겨있고 한 종류는 도자기에 담겨져 있다면, 그리고 도자기에 담긴 술이 세 배 비싸다면 이를 어떻게 이해할 것인가? 이것을 제품차별로 이해하여 가격차별의 범주에 집어넣지 않는 것이 타당한 것인가? 사실 위스키의 원가나 가격에서 병이 차지하는 비중은 매우 낮다. 또한 제품의 본질적 속성에 차이가 있다고 보기 어렵다. 이런 경우는 기업이 상이한 세분시장에 상이한 가격을 적용하기 위한 가격장벽으로 제품에 차이를 둔 것으로 볼 수 있다. 이러한 제품차별과 연관된 가격차별은 버저닝(Versioning)이라고 불리는데 이는 별도로 제5절에서 논의하겠다. 다소 개념이 혼란스러울 수 있다. 차별화된 제품들 간 가격 차이를 모두 가격차별이라고 보지 않는다. 그러나 기업이 가격차별을 목적으로 차별화를 실행했다면 이를 버저닝이라고 칭한다는 것이다.

02 가격차별의 유형과 조건[1)]

가격차별은 매우 다양한 형태로 적용되기 때문에 몇 가지 유형을 구분하여 논의하는 것이 의미가 있다. Pigou는 1920년 자신의 저서 The Economics of Welfare에서 가격차별을 1차, 2차, 3차 가격차별로 구분하여 제시한 바 있다.

① 1차 가격차별(First-degree Price Discrimination)은 완전가격차별(Perfect Price Discrimination)이라고도 불린다. 개별 소비자마다 그리고 구매량마다 각기 지불의사가격(최대지불의사가격)에 해당하는 가격을 적용하는 경우를 의미한다. 앞서 개인 차원의 수요곡선을 설명하였으며, 수요곡선은 한계효용체감의 법칙을 반영함을 이해할 것이다. 이제 기업은 소비자가 첫 번째 한 단위를 구매할 때에는 제품 한 단위의 소비에서 발생하는 한계효용 즉, 지불의사가격에 해당하는 가격을 적용한다. 또한 두 번째 단위에 대해서는 두 번째 제품 한 단위에 해당하는 한계효용으로 가격을 요구한다. 이런 방식으로 1차 가격차별에서는 소비자가 얻을 수 있는 모든 효용을 기업이 이윤으로 수취하는 경우이다. 이러한 가격차별은 기업이 소비자 개개인의 수요곡선(모든 소비단위에서의 지불의사가격)을 완전히 알고 있으며, 경쟁압력의 부재 등 협상력에서 완전한 우위를 차지하는 경우에만 가능한 것으로 실제 발생하기 어렵다.

② 2차 가격차별(Second-degree Price Discrimination)이란 재화의 구매량에 따라 가격을 달리 책정하는 것으로 모든 소비자들은 동일한 가격표를 접하지만 구매량에 따라 서로 다른 가격을 적용받게 된다. 예를 들어 무우를 1개 살 때와 2개 묶음으로 살 때

1) '이상규 등(2005), 통신서비스에서의 가격차별연구, 정보통신정책연구원'의 제4절 및 'Tirole(1989), The Theory of Industrial Organization, The MIT Press'의 제3장을 주로 참고하였다.

가격이 달라진다면 소비자들은 실제 각기 다른 가격에 구매를 하게 된다. Pigou의 경우 구매량에 따라 가격이 달라지는 경우만을 의미하였지만 2차 가격차별의 경우 상이한 구매시점, 구매지역에 따라 적용될 수 있다. 또한 뒤에 설명될 상이한 제품사양과 가격차별이 결합되는 버저닝의 경우도 2차 가격차별의 특수한 경우로 이해될 수 있다.

③ 3차 가격차별(Third-degree Price Discrimination)은 특정한 기준에 따라 소비자들을 분리하여 각 집단에 다른 가격을 적용하는 경우를 의미한다. 버스요금이 학생과 일반인에게 달리 적용되는 경우가 이에 해당한다.

이상의 세 가지 가격차별 유형 중 1차 가격차별은 이론적인 것으로 현실에서 적용되기 어려우므로 2차와 3차를 제3절에서 상세히 설명할 것이다. 한편 이러한 가격차별이 적용되기 위해서는 다음과 같은 조건들이 만족되어야만 한다.

① 독점력 : 판매자가 독점력(시장지배력)을 가지고 있어야 한다. 이 때 독점력이란 가격을 통제하는 능력을 의미하는 것이다. 개별 기업이 시장에 전혀 영향력을 미치지 못하는 완전경쟁의 경우 가격차별이 불가능하다. 높은 이윤을 위해 특정 소비자에게 높은 가격을 설정할지라도 그 소비자는 다른 기업의 낮은 가격에 구매할 것이다. 진입장벽이나 차별화로 인해 대체재가 없거나 그 제품에 대한 선호가 매우 높은 경우에만 가격차별이 가능하다.

② 세분화 가능성 : 소비자들을 특성에 따라 둘 이상으로 구분할 수 있어야 한다. 지불의사가격, 가격민감도, 구매량, 구매시점 및 주기 등에서 상이한 특성을 가지는 소비자 집단들이 구분 가능해야 그 특성에 기초한 가격차별이 가능해진다.

③ 재판매 불가능성 : 구매한 제품의 재판매가 가능하지 않아야 한다. 만약 재판매가 가능하다면 낮은 가격을 적용받는 소비자가 대량으로 구매하여 비싼 가격을 적용받는 소비자들에게 일정 마진을 붙여 판매함으로써 기업이 제시하는 높은 가격을 무력화시킬 수 있다.

여기서 두 번째 조건에 대해 유의해 살펴볼 필요가 있다. 소비자들을 구분할 수 있어야 된다는 것은 소비자들이 상이한 특성을 보유하며, 이 특성을 기준으로 소비자들이 구분될 수 있어야 한다는 것이다. 그런데 이 조건은 단지 소비자들을 구분할 수 있어야 함을 의미하지는 않는다. 특성을 기준으로 소비자들이 구분되었을 때 각 소비자집단 즉, 세분시장에 대해 상이한 가격을 적용할 수 있어야 한다는 의미가 포함된다. 여러분들은 제2장 등에서 가격장벽의 개념을 살펴보았다. 위의 조건은 적절한 가격장벽이 존재할 수 있어야 함을 의미하는 것이다.

3차 가격차별에서는 기업이 소비자들을 특정한 기준으로 강제적으로 구분한다. 만약 버스요금을 학생은 500원, 일반인은 1,000원을 받고자 할 경우 일반인이 신분을 속이고 학생요금을 낼 수 있다면 이러한 유형의 가격차별은 가능하지 않다. 버스기사가 외모나 신분증을 통해 어느 요금을 적용할지 식별할 수 있기 때문에 가능한 것이다. 만약 정부에서 암을 가진 환자들에 대해 낮은 버스요금을 적용하겠다고 한다면 암을 가진 사람을 식별하여 강제할 수 있는 수단을 개발하지 않는 한 이의 적용은 어려운 일이다. 또한 여성에게만 낮은 요금을 받겠다고 한다면 아마도 많은 남성들이 반발하지 않을까? 역시 사회적으로 용인되는 강세 수단이 동원되지 않는다면 3차 가격차별은 적용될 수 없다. 즉, 식별가능하고 사회적으로 용인되는 기준이 가격장벽으로 작용하는 것이다. 2차 가격차별의 경우 문제가 더욱 미묘하다. 소비자들이 자발적으로 가격장벽을 수용해야만 하는 것이다. 앞에서 예시된 구매량, 구매시점, 구매지역 등은 2차 가격차별의 대표적인 가격장벽이다. 이러한 가격장벽이 어떻게 적용되는지는 다음 절에서 상세히 다룰 것이다. 한편 세 번째 조건 역시 크게 보면 두 번째 조건과 연관된 것이다. 만약 소비자들이 재판매를 할 수 있다면 기업이 의도한 가격장벽이 적용될 수 없는 것이다.

이상의 내용을 살피면 가격차별에서 가격장벽의 역할이 핵심이 되며, 가격차별의 유형도 사용되는 가격장벽의 차이를 반영한 것으로 이해된다. 다음은 효과적인 가격장벽의 조건들을 정리하고 있다.

① 소비자들이 용인할 수 있는 저항감이 작은 것이어야 한다. 예를 들어 성별에 따라 다른 가격을 적용한다면 쉽게 받아들여지기 어렵다. 또한 노인들에게 필수품이라고 해서 노인들에게 더 높은 가격을 적용한다면 부당하다고 인식될 것이다.

② 식별이 용이한 것이 바람직하다. 사용량, 인구통계, 지역 등은 상대적으로 차이를 식별하기 용이하다. 그러나 사용지역과 같은 특성은 판매자가 식별할 수 없는 것이다. 예를 들어 가정용 그릴과 야외용 그릴은 사용지역에 따른 구분이 아니다. 이는 내구성이나 휴대 편이성 같은 추구하는 편익의 차이 관점으로 보는 것이 더 타당하다. 즉 사용지역의 차이가 제품의 특성에 반영되어 소비자들의 선호가 제품 선택 시점에 드러나야만 의미가 있다.

③ 세분시장별 명확한 차이가 있는 요인이어야 한다. 이용량에 따라 가격을 차별화 하기 위해서는 세분시장별 이용량의 차이가 커야 한다. 품질의 차이를 이용한 버저닝이라면 품질에 대한 욕구 차이가 커야 한다. 산업용 전동 드릴과 가끔 사용하는 가정용 전동 드릴은 작은 품질 차이가 높은 가격 차이를 발생시킨다.

03 :: 3차 가격차별

버스요금이 학생과 일반인에게 서로 다르게 적용되는 것은 사회적으로 보호받아야할 대상에 대해 편의를 제공하는 행위로 이해될 수 있다. 실제로 서울시에서 수돗물 공급 시 가정용 수도요금은 낮게, 고급 목욕탕에 대한 수도요금을 높게 책정하는 경우나 버스요금과 같은 경우 이러한 정책적 의지가 반영된 것으로 이해할 수 있다. 그러나 많은 경우에서 소비자들에게 상이한 가격을 적용하는 것은 소비자들의 가격민감도를 반영하여 높은 이윤을 추구하기 위한 것으로 이해된다.

이를 정확히 이해하기 위해 [그림 7-1]을 살펴보자. 그림에는 두 개의 세분시장으로 구성된 시장이 표현되어 있다. 소득 등이 낮은 이유로 지불의사가격이 낮고 그에 따라 구매량이 낮은 세분시장 B의 수요곡선 D_B와 한계수입곡선 MR_B가 표현되어 있으며, 지불의사가격이 높고 구매량이 많은 세분시장 A의 D_A와 MR_A 또한 표현되어 있다. 각 세분시장의 수요곡선은 선형함수로 주어져 우하향하는 직선($P=a-bQ$)이며, 한계수입곡선 역시 선형($P=a-2bQ$)으로 나타나 있다. 전체 시장의 수요곡선은 두 세분시장의 수요곡선을 수평적으

그림 7-1 두 개의 세분시장에서의 3차 가격차별

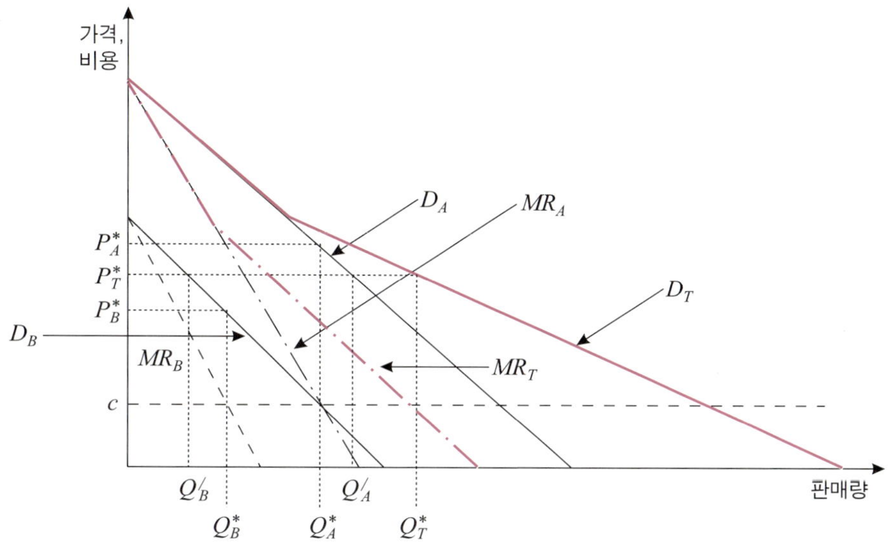

로 더한 D_T로 표현되며, 한계수입곡선 또한 두 개의 한계수입곡선을 수평적으로 더한 MR_T로 표현된다. 두 개의 선형 수요곡선이 합쳐졌으므로 전체시장의 수요곡선과 한계수입곡선은 꺾어진 직선의 형태로 나타난다. 한편 기업의 한계비용은 상수 c이며, 수평선으로 표현되어 있다.

만약 두 세분시장에서 각각 이윤을 극대화하는 가격을 설정하는 경우 각 세분시장의 한계수입곡선과 한계비용이 만나는 점에서 생산량이 결정되며(각각 Q_A^*, Q_B^*), 가격은 각 수요곡선에서 이들 구매량과 대응되는 P_A^*와 P_B^*로 결정될 것이다. 한편 전체 시장에서 하나의 가격을 설정할 경우 이윤극대화 가격과 구매량은 P_T^*와 Q_T^*로 나타난다. 이제 각 시장의 이윤극대화 가격과 전체 시장의 이윤극대화 가격을 비교하면 P_T^*는 A시장 입장에서는 너무 낮고 B시장 입장에서는 너무 높은 가격이다. P_T^*가 각 시장의 이윤극대화 가격 P_A^* 및 P_B^*와 다르다면, P_T^*로는 세분시장 A와 B 각각의 이윤을 극대화 하지 못함을 의미한다. 다른 방식으로 말하면 전체 시장에 P_T^*를 적용하는 것보다 각 세분시장에 각각 P_A^*와 P_B^*를 적용할 때 이윤이 증가한다.

이를 더 세부적으로 살피면 P_T^*가 양 시장에 적용되면 Q_T^*가 판매되며 이는 양 시장의 판매량 Q_A'와 Q_B'의 합과 같다. 그런데 Q_A'에서는 시장 A의 한계수입(MR_A)이 한계비용 c보

다 작게 나타난다. 따라서 시장 A에 적용되는 가격을 증가시킨다면 이윤이 증가한다. 반면 Q_B'에서는 시장 B의 한계수입(MR_B)이 한계비용 c보다 높아 가격을 낮출 경우 이윤이 증가한다. 결국 전체 시장의 이윤을 극대화 하기 위해서는 양 시장에서 한계수입이 한계비용과 같아지는 Q_A^*와 Q_B^*의 생산량이 선택되어야만 하며, P_A^*와 P_B^*의 가격이 각기 적용되어야 한다. 이를 이해하였다면 결국 3차 가격차별이 이윤을 증가시키게 됨을 이해할 것이다.

앞서 제4장에서 한계수입과 한계비용이 만나는 점에서 이윤이 극대화되며, 이 경우 마진((가격−한계비용)/가격)이 가격탄력성의 역수와 같다(역탄력성 법칙)고 설명하였다. 3차 가격차별에서는 특정 기준을 통해 시장을 분할하므로 각 시장별로 역탄력성 원칙에 따른 이윤극대화 가격이 별도로 설정된다. 결국 가격민감도가 낮은(가격탄력성이 높은) 소비자들에게 낮은 가격이, 가격민감도가 높은(가격탄력성이 낮은) 소비자들에게 높은 가격이 설정된다.

버스요금의 경우 학생들은 가용한 소득이 크지 않으므로 가격에 민감하다. [그림 7-1]를 보면 전체적으로 지불의사가격이 낮고, 동일 가격에서 소비량이 작은 것이다(이런 경우 가격탄력성이 대체로 높게 나타난다). 따라서 낮은 가격을 적용해 주는 것은 학생들을 보호하는 의미도 있으나 버스회사의 이윤을 늘리는 역할도 할 수 있다. 학술저널들의 경우에도 대학도서관에서 구독하는 경우는 구독료가 상당히 높고 개인이 구독하는 경우 구독료가 낮게 적용되는 경우가 많다. 대학도서관들은 저널을 구독하면 많은 교수들과 학생들이 공동으로 이용할 수 있으므로 상대적으로 지불의사가격은 높고 가격탄력성이 낮게 나타난다. 따라서 동일한 저널에 대해서도 더 높은 가격을 적용하게 되는 것이다. 이동전화회사들도 학생들이나 노인층만 가입할 수 있는 더 낮은 요금제를 제공한다. 극장에서는 학생들에게 입장료를 더 낮게 받는다.

그런데 이러한 사례들을 생각해 보면 사회적 약자의 보호가 목적인 것인지 이윤의 극대화를 추구하는 것인지 혼란스러울 수 있다. 3차 가격차별을 적용할 때 기업은 특정 기준을 가지고 소비자들을 나누어 다른 가격을 적용하게 된다. 그런데 이 기준이 사회적으로 받아들여지기 어려운 것이라면 3차 가격차별이 적용될 수 없다. 만약 여성들이 선호하는 감성적인 영화를 상영하는 극장에서 여성들에게 남성들 대비 더 높은 가격을 적용했다고 생각해 보자. 이는 여성들이 이 영화에 대한 가격민감도가 낮으므로 3차 가격차별의 원리를 이용해 이윤을 증가시키려는 행위이다. 그러나 이러한 가격차별을 소비자들이 받아들일 것인가? 아마도 많은 여성들이 항의를 할 것이고, 고소에 나서는 사람도 있지 않을까 싶다.

3차 가격차별에서는 소비자들을 특정 기준으로 구분해야 하며, 이 구분이 사회적으로 용인되는 것이 아니라면 적용되기 어렵다. 사회적 약자의 보호라는 사회적 선(善)과 가격민감도가 높은 소비자에게 낮은 가격을 적용한다는 기업의 이윤극대화 추구가 결합될 경우 적용이 용이한 것이다.

이와 달리 명확히 이윤을 추구하는 3차 가격차별도 있다. 이동전화사업자들의 경우 동일 사업자를 유지하면서 단말기를 변경할 때 지급하는 단말기 보조금과 사업자를 변경하면서 단말기를 구입하는 전환가입 시의 단말기 보조금이 상이하다. 이는 사업자를 유지하는 가입자들은 사업자를 변경하는 가입자들 대비 충성도가 높아 가격탄력성이 낮기 때문이라고 해석할 수 있다. 이러한 가격차별이 소비자들에게 받아들여지는 것은 산업의 관행이 초창기부터 그렇게 유지되어 왔기 때문일 것이다. 이것은 제3장에서 논의한 공정성의 판단에서 개인적 공정성이 주로 관행 또는 관습에 의존한다는 점과 연관된 것이다.

한편 국내 자동차 회사들이 국내에서 판매하는 가격 대비 해외에서 판매하는 가격이 상당히 낮다는 말들을 들어본 적이 있을 것이다. 이 경우 국내 소비자들이 분개하기도 하는데 이는 3차 가격차별이라고 해석할 수 있다. 예를 들어 미국 시장은 전세계 자동차 브랜드들의 각축장이다. 따라서 경쟁의 강도가 심하며, 우리 나라 브랜드들에 대한 충성도도 낮다. 결과적으로 미국 시장에서는 우리 나라 자동차들에 대한 가격탄력성이 국내 대비 크게 높을 것이다. 따라서 더 낮은 가격에 수출하는 상황이 발생한다. 이 경우 3차 가격차별을 적용하기 위한 세분시장은 국경이라는 명확한 기준에 의해 구분된다. 아마도 소비자들은 다른 국가이므로 완전히 다른 시장이라고 생각하고 가격이 다른 것에 대해 덜 분개하는지도 모른다.

04 ∷ 2차 가격차별

2차 가격차별이란 모든 소비자들이 동일한 가격표를 접하지만 구매량이나 구매시점, 구매장소 등에 따라 다른 가격이 적용되는 경우를 의미한다. 제12장에서 상세히 다루겠지만 이동전화사업자들은 선택형 요금제를 제시한다. 학생요금제나 실버요금제와 같이 특정 소비자 집단만이 선택할 수 있는 요금제(3차 가격차별)가 아닌 경우 소비자들은 각자 자유로이 요금제를 선택할 수 있다. 그런데 선택의 결과 각 소비자들이 통화당 지급하는 비용(가격)은 모두 달라진다.

이러한 2차 가격차별 역시 단일한 가격을 모든 소비자들에게 적용하는 경우보다 기업의 이윤을 증가시킬 수 있다. 이제 2차 가격차별이 적용되는 원리를 이해하기 위해 수량할인이 적용되는 상황을 간단한 가정을 통해 고려해 보자.

4.1 수량할인의 기본원리

[그림 7−2]의 D_A와 D_B는 상이한 수요량을 가지는 두 유형의 소비자 A와 B의 수요곡선이라고 해석하자. 시장에 이 두 가지 유형의 소비자가 동일한 비율로 존재한다고 생각하면 단 두 명이 있는 경우로 단순화하여 생각할 수 있다. 이제 각각의 한계수입곡선 MR_A와 MR_B가 수요곡선에 의해 결정되고, 두 명의 수요를 합산한 시장 수요곡선은 D_T로 한계수입곡선은 MR_T로 나타난다. 한계비용은 역시 상수 c로 주어져있다. 그런데 이 그림에서 두 수요자의 수요곡선은 선형의 형태로 가정되었을 뿐 아니라 Y절편도 양 수요자에서 같게 가정되었다. 이런 가정 하에서는 각 수요자에게 별개의 이윤극대화 가격을 설정할 경우 각 가격이 P^*로 같으며, 두 수요자에게 동일한 가격을 설정할 경우의 이윤극대화 가격 역시 P^*로 같게 나타난다. 이는 특정한 수요함수를 가정한 결과이며, 일반적으로 이런 현상이 나타나는 것은 아니다. 아무튼 이러한 상황에서는 앞의 절에서 다루어진 3차 가격차별을

그림 7-2 두 유형의 소비자에 대한 수량할인 가격

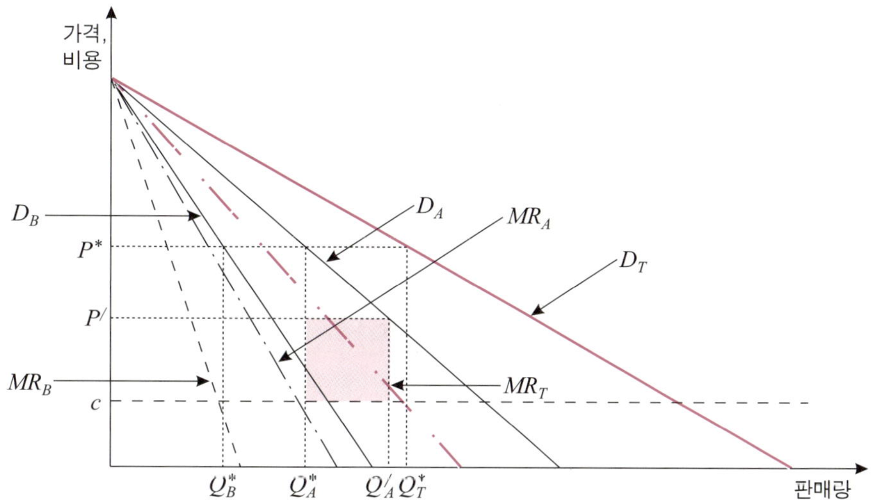

적용하는 것은 의미가 없다.

그런데 이 상황에서 기업이 가격을 Q_A^* 이하까지의 수량에 대해서는 P^*의 가격을 적용하고 Q_A^* 이상의 수량에 대해서는 $P^/$의 가격을 적용한다고 생각해 보자. 이 경우 소비자 A는 소비량을 $Q_A^/$까지 증가시킨다. 이는 Q_A^* 이상을 구입하는 경우에도 한계효용(지불의사가격)이 낮아진 가격 $P^/$보다 높음으로 구매량을 늘린 결과이다. 소비자 B는 구매량을 Q_B^* 이상으로 늘리지 않는다. Q_B^* 이상의 구매량에서는 지불의사가격(한계효용)이 P^*나 $P^/$ 대비 낮으므로 추가구매가 도리어 순효용을 감소시키기 때문이다. 결국 P^*의 가격을 적용받는 구매량은 양 소비자에게 동일한 반면 $P^/$의 가격으로 구매하는 추가적인 소비($Q_A^/$-Q_A^*)가 발생하는 것이다. $P^/$ 또한 한계비용 c보다 높으며, 추가 판매량은 이윤을 증가시킨다. 결과적으로 기업이 수량할인을 적용하지 않은 이윤극대화 가격 P^*를 적용하는 경우 대비 이윤이 [그림 7-2]의 회색 면적만큼(($Q_A^/$-Q_A^*)($P^/$-c)) 증가하게 된다.

위의 간단한 모형을 통해 기업이 수량할인을 적용할 경우 이윤이 증가할 수 있음을 보였다. 이 때 각 소비자들은 구매하는 수량에 따라 1단위당 평균가격이 달라짐을 알 수 있다. Q_B^* 이하의 구매량에서는 평균가격이 P^*이나 그 이상에서는 구매량이 증가할수록 단위당 평균가격이 하락한다. 결과적으로 상이한 수요곡선을 갖는 소비자들은 각기 다른 수량을 선택하고 다른 단위당 평균비용을 지불하는 것이다.

이 때 기업은 모든 소비자들에게 동일한 가격표를 제시하고 있으나 소비자들이 각자 다른 구매량과 그에 따른 평균가격을 선택한다는 점에 유의해야 한다. 소비자들은 많은 수량을 구매해야만 낮은 가격을 적용받을 수 있으며, 유형 A와 같이 수요량이 많은 소비자들만이 낮은 가격을 적용받는다. 결국 수량할인은 수요량의 차이에 따라 소비자들을 구분하고 구매량을 가격장벽으로 사용한 가격차별이라고 할 수 있다.

4.2 포장 단위에 따른 수량할인

여러분은 다른 형태의 수량할인으로 포장단위에 따라 가격이 달라지는 경우를 볼 수 있다. 낱개로 포장된 무우를 구매하면 1,000원, 두 개가 포장된 경우에는 1,500원과 같이 판매된다면 이는 동일한 제품에 대해 개당 가격을 1,000원 또는 750원의 가격을 적용하는 상황이다. 채소나 과일의 경우 오래 보관하기 어려운 제품들이다. 따라서 제품을 사용할 수 있는 기간 내에 적은 양만을 소비할 수 있는 소비자와 많은 양을 소비할 수 있는 소비자들이 구분된다. 따라서 기업은 구매량을 가격장벽으로 사용하여 2차 가격차별을 실행할 수 있는 것이다.

[그림 7-3]은 특정 채소 소비자들이 두 가지 전형적인 한계효용을 가지고 있다고 가정하여 그려진 것이다. 소비자들은 1개 또는 2개만을 구입한다. 얇은 가로 실선은 소비자 A의 단위당 한계효용을 보여준다.[2] 한계효용체감을 고려하여 두 번째 단위에서 더 낮게 그려져 있다. 굵은 가로선은 소비자 B의 한계효용을 의미한다. 이제 기업이 고려할 수 있는 가격은 P_1, P_2, 그리고 P_3이다. 만약 P_1의 가격을 설정하면 A는 한 단위, B는 두 단위를 구매할 것이다. P_2를 설정하면 양 소비자가 각기 한 단위를 구매할 것이며, P_3로 설정하면 소비자 B만 한 단위를 구매한다.

논의를 단순하게 하기 위해 기업은 양 소비자들에게 최소한 하나는 판매하는 정책을 사용한다고 생각해 보자. 그렇다면 기업은 P_1 또는 P_2의 가격을 설정해야만 한다. 그러나 만약 1개를 사면 P_1의 가격을 적용하고 두 개를 사면 P_2의 가격을 적용한다면 소비자 A는

2) 통상 수요곡선은 한계효용체감의 법칙을 반영하여 우하향 곡선으로 그려진다. 그러나 이와 같이 구매량이 매우 작은 경우에는 곡선으로 그려질 수 없으므로 직접 한계효용을 표시하였다.

그림 7-3 포장 단위에 따른 수량할인

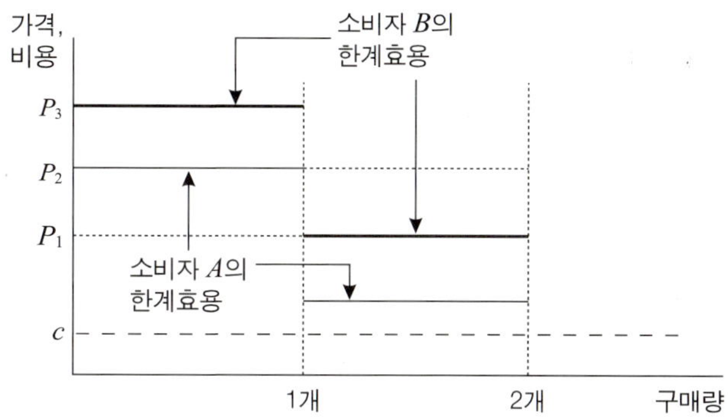

한 개를, 소비자 B는 두 개를 사게 된다. 이 경우 기업의 이윤은 단일 가격 P_1 또는 P_2를 적용하는 경우보다 크게 증가함을 확인할 수 있을 것이다.

이제 포장 단위를 다르게 하여 구매량에 따른 가격차별을 실행할 수 있음을 이해했을 것이다. 과일의 경우 박스로 구매하는 경우와 낱개로 구매하는 경우 가격이 달라지는 상황도 이와 동일한 유형의 가격차별이다. 이러한 상황은 4.1절의 수량할인의 특수한 상황으로 이해할 수 있다. 기업은 수량할인을 통해 구매량을 증가시키고 그에 따른 매출 증가에서 추가적인 이윤을 얻는 것이다.

공산품의 경우에도 낱개와 대량포장에서 개당 가격이 다르게 판매되는 경우를 쉽게 볼 수 있다. 그런데 이 경우는 조금 다른 상황으로 이해하는 것이 맞다. 공산품의 경우 장기간 보관하여 사용할 수 있으므로 채소나 과일과는 달리 모든 소비자들이 개당 가격이 낮은 대량 포장상품을 선호한다고 생각할 수 있다. 그러나 대량 포장을 구매하는 소비자들은 집안에 남은 물건들을 보관하기 위해 공간을 소비하며, 보관 과정에서 제품의 손실이 발생하기도 한다. 또한 일정 기간 동일한 제품만을 소비해야 하므로 다양한 제품을 사용하고자 하는 욕구를 희생해야만 한다. 따라서 이 경우는 이러한 불편을 감수하려는 세분시장과 그렇지 않은 세분시장을 구분하는 것이라고 생각해야 한다.

한편 유의해야 할 점은 소량포장 제품과 대량포장 제품은 단위당 비용이 다른 것이 일반적이다. 개별 포장은 포장 자체에 더 많은 자재와 인건비가 소요된다. 또한 낱개 판매에서 판매관리비가 더 많이 소요될 것이다. 따라서 두 유형은 동일한 제품이 아니라고 볼 수 있으며, 상이한 가격이 적용되는 것이 단지 한계비용의 차이를 반영하는 것으로 이해할 수 있다. 그러나 두 유형의 제품에서 가격의 차이가 한계비용의 차이로 설명되기에 지나치게 큰 경우가 많으며, 이는 소비자들 간 특성의 차이를 이용한 가격차별로 이해하는 것이 타당하다. 만약 한계비용의 차이로 인해 다른 제품으로 인식한다면 뒤에 설명될 버저닝이라고 볼 수도 있다.

4.3 2차 가격차별의 조건

앞서 가격차별이 실행될 수 있는 조건으로 독점력, 세분화 가능성, 재판매 불가능성의 세 가지 조건을 제시하였다. 그런데 2차 가격차별이 적용되기 위해서는 일반적으로 다음의 두 가지 조건이 추가로 성립해야 한다.

① 자발적선택조건(Self-selection Constraint or Incentive Compatibility Constraint) : 각 세분시장이 각기 상이한 욕구를 보유하고 있는 차별적인 소비자집단이어야 하며, 각 세분시장의 소비자들은 자신에게 주어진 가격체계를 선호하고 타 세분시장을 위한 가격체계를 선호해서는 안 된다.

② 참여조건(Participation Constraint or Individual Rationality Constraint) : 표적시장 내 각 세분시장의 소비자들은 선택대안(선택요금제)들 중 적어도 하나의 요금제에서는 양의 순효용을 얻을 수 있어야 한다.

자발적 선택조건은 2차 가격차별의 정의에 해당되는 부분이다. 3차 가격차별과는 달리 소비자들은 기업의 강제에 의해 요금제를 선택하지 않고 여러 가지 선택 대안 중 자신의 순효용을 극대화하는 대안을 자발적으로 선택해야 한다는 것이다. 자발적 선택이 이루어지기 위해서는 기업이 제시하는 각 요금제는 각 세분시장에 특화된 소구점(所求點)을 가져야 한다. 기업이 제시하는 각 요금제는 처음부터 어떤 세분시장을 지향하여 설계되는 것이다. 수량할인에서 단위당 가격이 높은 요금제는 구매량이 작은 세분시장을 대상으로 작은 구매량을 허용한다는 소구점을 갖는다. 만약 이 세분시장의 소비자들이 나중에 쓸모가 없더라도 낮은 가격을 위해 많은 구매량을 선택한다면 결국 높은 단위당 가격은 의미가 없어지며, 가격차별이 발생하지 않게 된다. 한편 특정 세분시장을 위해 특화된 소구점을 얻기 위해서는 타 세분시장을 위한 소구점을 희생해야 한다. 즉, 낮은 가격을 얻기 위해서는 소량 구매의 편리성을 희생해야 한다. 따라서 상이한 소구점은 그 자체로 가격장벽으로 작용한다.

한편 2차 가격차별에서 각 요금제는 서로를 제약하는 면이 있다. 수량할인에서 할인된 가격이 주어진 경우 정상가격이 일정 수준보다 높아야만 대량구매자들이 소량구매의 편리성을 희생할 것이다. 반대로 정상가격이 주어진 경우 할인가격이 지나치게 낮지 않아야만 소량 구매자들이 할인 가격 대비 높은 정상가격을 선택할 것이다. 자발적 선택조건은 이러한 요금제 간 상호제약을 의미하는 것으로 볼 수 있다.

이러한 요금제 간 상호제약을 고려하면 한 요금제의 가격수준이 높아지면 다른 요금제의 가격도 높아질 수 있음을 이해할 것이다. 그렇다면 각 세분시장을 지향하는 요금제의 가격수준을 가능한 높은 수준으로 올릴 필요가 있다. 그런데 여기에 제약을 작용하는 것이 참여조건이라 할 수 있다. 가격을 가능한 올리되 그 표적시장 소비자들의 순효용이 0보다 크게 유지되어야만 하는 것이다. 이를 앞서 참여조건이라고 하였다.

이번 장에서는 2차 가격차별을 수량할인 중심으로 설명하였다. 그러나 제2장에서 소개되었던 복합기의 판매/리스와 같은 선택요금도 2차 가격차별의 유형이다. 또한 다음 장에서 설명되는 동태적 가격설정도 2차 가격차별 유형에 포함된다. 각 유형에 대한 상세한 설명은 이후의 장 들에서 상세히 다루어질 것이다.

05 :: 버저닝

세분시장별 제품에 대한 선호의 차이를 이용해 가격차별을 실행할 수 있다. 예를 들어 동일한 책이 하드커버(Hard Cover)와 소프트커버(Soft Cover)의 두 가지 유형으로 발행될 수 있다. 비싼 하드커버를 구매하는 소비자는 이 책에 높은 가치를 부여하여 고급스럽게 보관하고 싶은 소비자일 것이다. 즉, 가격민감도가 낮은 소비자일 것이다. 버저닝

(Versioning)은 이렇듯 제품에 차이를 둠으로써 가격민감도가 다른 세분시장을 구분하여 상이한 가격을 적용하는 방식이다. 만약 제품 자체에 차이가 있다면 그의 생산을 위한 비용도 달라질 것이며, 그에 따라 가격이 달라지는 것도 당연한 것으로 생각될 수 있다. 그러나 차별화된 제품의 가격 차이가 비용의 차이로 설명되지 못할 만큼 큰 경우가 많다. 이러한 상황은 전체적인 가치의 향상보다 가격차별을 적용함으로써 이윤을 증가시키려는 의도로 해석할 수 있다.

버저닝에서는 기업이 기본 제품을 기획한 이후 기능이 약간씩 다른 다수의 제품을 만들어 시장에 내놓음으로써 소비자로 하여금 자신에게 최적의 것을 자발적으로 선택하게 한다. 이러한 자발성을 생각하면 제품의 특성 차이를 가격장벽으로 사용한 2차 가격차별이라고도 해석할 수 있다.

5.1 유형제품의 차별화와 버저닝

Kotler(2003)에서는 상품을 다섯 가지 계층으로 분류하고 있다. 핵심제품은 소비자가 얻게 되는 혜택을, 통상제품은 핵심제품을 전달하기 위해 구성된 기본적이고 유형적인 특성, 기능들을 의미한다. 기대제품은 통상제품 수준을 넘어 보통의 제품 구매자들이 제품에 포함되리라고 생각하는 기능들이 추가된다. 반면 확장제품은 경쟁기업과 차별화를 위해 추가적으로 고려되는 부가적인 특징들을 의미하며, 잠재제품은 향후 제품개발이나 기술발전을 통해 추가될 수 있는 기능들을 의미한다. 이러한 제품의 분류는 저자가 보기에는 특정제품이 포괄할 수 있는 기능들을 소비자들의 기대수준에 따라 열거하고 필수적으로 포함되어야 하는 기능들과 차별화를 위해 고려해야 하는 기능들로 분류하는데 유용한 것으로 생각된다.

이 중 통상제품에 해당되는 기능들은 잠재시장 내에 모든 소비자들이 공통적으로 필요로 하는 기본적인 서비스, 기능들이라고 볼 수 있다. 따라서 출시되는 제품들은 이러한 기능들을 포함해야만 한다. 반면 기대/확장/잠재제품에 해당되는 기능들은 세분시장별로 그 요구수준이 다르게 나타난다. 따라서 세분시장별로 이들 기능들의 포괄수준을 달리함으로써 제품의 차별화가 가능해진다. 이러한 제품의 차별화는 각 세분시장의 욕구에 최적화된 제

표 7-1 제품 유형별 버저닝의 사례

제품 유형	버저닝의 사례
IBM 레이저 프린터	시간당 출력량(저속 프린터는 기본 사양에 지체장치 추가)
MS Office	전문가판, 학생판
각종 소프트웨어	베타버전(Beta Version), 쉐어웨어(Shareware)
도서	하드커버, 소프트커버, 문고판
자동차의 옵션	내장 내비게이션, 썬루프, 좌석 및 핸들의 난방장치 등

품을 제공한다는 의미 외에도 소비자들을 구체적인 욕구에 따라 세분화하여 가격장벽으로 작용할 수 있다. 더 싼 가격을 추구하고자 하면 자신이 요구하는 기능을 희생해야만 하는 것이다. 결과적으로 차별화는 소비자들을 가격민감도에 따라 세분화하고 가격을 차별하는 버저닝의 수단이 될 수 있다.

이러한 기능의 차이를 반영하는 버저닝의 사례들을 〈표 7-1〉에서 정리하고 있다. 저속 프린터는 고속프린터보나 지세장치가 추가되이 도리어 원가가 증가하지만 고속프린터의 가격을 낮추지 않으면서도 가격민감도가 높은 소비자들에게 저가로 판매하기 위해 속도를 낮추어 출시된다. MS Office와 각종 소프트웨어들의 경우 전문가판이나 유료제품에 비해 학생판이나 베타버전의 원가가 그다지 낮다고 볼 수 없다. 이미 개발된 기능들을 포함하지 않았을 뿐이지 CD에 복사함으로써 생산되는 소프트웨어 제품의 생산 단가가 그다지 다르지 않을 것이다. 역시 전문가판을 비싸게 팔면서도 가격민감도가 높은 학생 등에게 저가로 판매하기 위해 기능을 제거하거나 불편하게 만든 학생판을 추가하는 것이다. 반면 도서나 자동차 옵션의 경우 원가의 차이가 명확함으로 버저닝인지 원가의 차이를 반영하는 것인지 다소 모호할 수 있다. 그러나 이러한 제품들에서도 각 사양의 가격 차이가 원가의 차이만을 반영한다고 보기 어렵다.

5.2 부가서비스와 버저닝

한편 Kotler는 제품을 핵심제품, 유형제품, 확장제품의 3단계로 분류하기도 하였다. 이때 핵심제품은 소비자가 그 제품으로부터 원하는 편익이며, [그림 7–4]의 핵심제품과 같은 개념이다. 한편 이러한 핵심제품의 개념은 유형제품 및 확장제품을 통해 구체화 된다. 유형제품은 제품을 구성하는 구체적인 물리적 속성들을 의미하는 것으로 우리가 보통 제품이라고 부르는 것이다. [그림 7–4]에서는 유형제품의 개념을 통상제품에서 잠재제품으로 세분화하고 있다. 그런데 마지막 확장제품은 유형제품 이외에 판매원의 서비스, 할부와 같은 신용의 공여, 다년간의 품질보증과 같은 부가서비스들을 포괄한 것으로 앞서 5단계로 분류된 제품의 분류에서 언급된 확장제품과는 다른 개념이다. 이러한 부가서비스들이 제품의 개념에 포함되는 것은 기업이 유형적 제품만으로 경쟁우위를 확보하려 해서는 안되며, 부가서비스에 대해서도 경쟁우위를 증가시킬 가능성이 있는지를 면밀히 검토해야 함을 강조하는 의미가 있다. 또한 이러한 부가서비스들도 제품을 차별화하고 버저닝에 응용할 수 있음을 유의해야 한다.

부가서비스들은 대체로 제품의 본질적 기능과는 구별되는 것이다. 따라서 세분시장별로 상이한 욕구를 가지기 마련이며, 이러한 기능들이 포함되는지 여부에 따라 세분시장을 구분하고 제품을 차별화 하는데 응용될 수 있다. 〈표 7–2〉는 서비스 분야에서 정리된 가격장벽의 유형들을 정리하고 있다. 이러한 개념들은 통상적인 서비스를 고려하여 개발된 것이나, 유형적인 제품들에서도 부가서비스를 활용하여 버저닝이 가능하다.

그림 7–4 제품의 다섯 가지 수준(자동차의 경우)

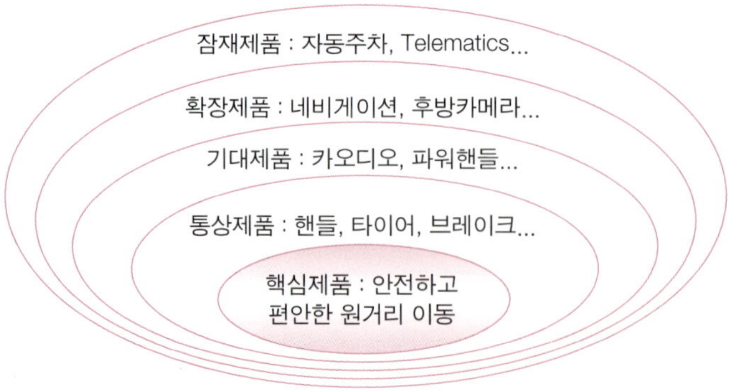

표 7-2 서비스산업에서의 가격장벽 유형 분류

<table>
<tr><th colspan="3">제품 유형</th><th>버저닝의 사례</th></tr>
<tr><td rowspan="3">유형적 장벽</td><td colspan="2">기본상품</td><td>- 비행기 좌석 등급 : 이코노미, 비즈니스
- 기차 : KTX, 새마을호, 무궁화호
- 호텔 객실의 크기와 시설
- 경기장이나 극장의 좌석 위치</td></tr>
<tr><td colspan="2">편의시설</td><td>- 호텔의 무료 조식, 공항 픽업 서비스
- 골프장의 무료 카트
- 발레 파킹</td></tr>
<tr><td colspan="2">서비스수준</td><td>- 우선 대기, 대기시간이 짧은 분리된 카운터
- 양질의 음식료 선택
- 전담 서빙</td></tr>
<tr><td rowspan="9">무형적 장벽</td><td rowspan="3">거래 특성</td><td>예약 시기</td><td>- 사전예약 할인</td></tr>
<tr><td>예약 장소</td><td>- 온라인 예약고객 할인</td></tr>
<tr><td>변경의 허용여부</td><td>- 예약의 취소, 변경에 따른 위약금</td></tr>
<tr><td rowspan="2">소비 특성</td><td>사용 시기</td><td>- 극장의 조조할인
- 식당의 오후 6시 이전 할인메뉴
- 최소 5일 이상 숙박 할인</td></tr>
<tr><td>소비 위치</td><td>- 위치에 따른 가격 차별화(중심가와 변두리)</td></tr>
<tr><td rowspan="4">구매자 특성</td><td>소비의 빈도와 구매량</td><td>- 우수 고객을 위한 사은품이나 특별 할인</td></tr>
<tr><td>그룹 맴버십</td><td>- 아이, 학생, 노인 특별 할인
- 법인고객 요금제</td></tr>
<tr><td>고객 집단의 크기</td><td>- 단체 요금의 할인</td></tr>
<tr><td>지리적 위치</td><td>- 지역고객은 관광객보다 할인</td></tr>
</table>

자료원 : 'Lovelock, Wirtz and Chew(2011), 서비스 마케팅. 김재욱, 김종근, 김준환, 이서구, 이성근, 이종호, 최지호, 한계순 옮김, 시그마프레스', P153의 편집.

여기서 제시된 가격장벽들도 고가격을 지불하는 세분시장이 저가격 시장의 이익을 누릴 수 없도록 고가치 시장과 저가치 시장을 구분하는 역할을 한다. 한편 무형적 장벽 중 구매자 특성과 관련된 요소들은 버저닝과는 관련성이 낮으나 참고로 같이 표시해 두었다.

핵심 주제 및 키워드

- 가격차별(Price Discrimination)
- 버저닝(Versioning)
- 1차 가격차별(First-degree Price Discrimination)
- 완전가격차별(Perfect Price Discrimination)
- 2차 가격차별(Second-degree Price Discrimination)
- 3차 가격차별(Third-degree Price Discrimination)
- 가격장벽(Price Fence)
- 수량할인(Volume Discount)
- 자발적선택 조건(Self-selection Constraint or Incentive Compatibility Constraint)
- 참여 조건(Participation Constraint or Individual Rationality Constraint)

생각해볼 문제

1) CRM의 발전이 가격차별의 적용과 어떤 관련성이 있는지 설명하시오.

2) 통상적인 차별화와 버저닝이 어떻게 구분되는가?

3) 2차 가격차별과 3차 가격차별을 구분하는 핵심 특성은 무엇인가?

4) 가격차별을 가능하게 하는 일반적인 세 가지 조건과 2차 가격차별에서 추가로 필요로 하는 두 가지 조건을 설명하시오.

5) 3차 가격차별에서 이용되는 가격장벽의 특성을 설명하시오.

6) 유형제품의 속성과 부가서비스를 활용한 버저닝의 사례를 생각해 보시오.

제8장 장기관점의 동태적 가격관리

1. 동태적 가격관리의 필요성
2. 스키밍전략과 침투가격전략
3. 가격 기대
4. 모방제품과 진입저지가격

01 동태적 가격관리의 필요성

가격을 비롯한 기업의 경영의사결정은 현재 뿐 아니라 미래의 기업이윤에 영향을 미친다. 기업이 장기간 존속될 것이라고 생각한다면 미래에 미칠 영향을 충분히 숙고하여 의사결정이 이루어져야만 한다. 그러나 여러 기간에 걸친 영향을 파악하는 것은 의사결정의 복잡성을 크게 증가시키기 때문에 우선 현재 상황에 미칠 영향을 분석하여 대안을 평가하고 이후 장기적 영향을 고려하여 의사결정을 조정하는 방식이 현실적이다. 앞서 가격설정 관련 개념들은 주로 단기이윤 극대화 측면만을 고려하여 설명된 것이다. 이제 장기이윤 극대화 관점에서 가격의 문제를 검토할 필요가 있다.

한편 제5장에서 설명하였듯이 제품의 수명주기에 따라 경쟁의 강도가 달라지고 제품의 원가 또한 변할 것이다. 따라서 제품의 가격도 시간에 따라 달라질 것이라고 생각하는 것이 자연스럽다. 그러나 단지 경쟁환경의 변화에 대응하여 가격을 변경한다는 것은 지나치게 수동적인 방식이다. 기업은 미래의 경쟁환경을 예측하여 선도적으로 대응할 필요가 있다. 특히 신제품이 도입되는 경우 제품의 수명주기 전체에 걸친 이윤극대화를 고려하는 것이 필수적이다. 아무튼 가격은 여러 기간에 걸쳐 변화해 갈 것으로 생각해야 하며, 여러 기간에 걸친 가격의 관리를 현재의 단기이윤만을 고려한 정태적 가격관리와 구분하여 동태적 가격관리라고 부른다.

동태적 가격관리를 논의하기 위해 우선 현재의 의사결정이 미래의 가격과 판매에 영향을 미치는 경로를 개략적으로 파악할 필요가 있다. 이러한 미래에의 영향을 이월효과(Carry-over Effect)라고 하는데 매우 다양한 요인들을 통해 발생할 수 있다. 본서에서는 이를 소비자 측면과 기업의 원가측면으로 분류하여 제시하도록 한다.

1.1 소비자 측면에서의 이월효과 발생 요인

현재의 가격은 현재의 판매량과 소비자들의 가격인식 등을 통해 미래의 가격수준 및 판매량에 영향을 미친다. 주된 요인들을 정리해 보면 다음과 같다.

① 상표 애호도(Brand Loyalty) : 소비자가 어떤 제품을 사용한 이후에는 그 제품에 대해 호의적 또는 비호의적 태도를 가지게 된다. 이 때 태도란 제품에 대한 평가, 감정 또는 행동경향을 의미하는 것이며, 이러한 태도는 그 제품의 향후 구매여부에 영향을 미친다.[1)]

② 구전효과(Word of Mouth Effect) 및 과시효과(Demonstration Effect) : 소비자들은 제품에 대한 신념과 태도를 타인에게 구술을 통해 알린다. 또한 이러한 적극적인 행위를 하지 않더라도 제품 자체와 사용의 효과를 타인에게 보여주게 된다. 이러한 구전과 과시는 타인의 구매행동에 영향을 미친다.

③ 교체비용(Switching Cost) : 교체비용이란 소비자가 현재 사용하는 제품이나 서비스가 아닌 다른 제품이나 서비스로 전환할 때 발생하는 비용이다(상세한 내용은 제5장을 참조하라). 교체비용이 존재할 경우 소비자들이 현재 소비하는 제품을 유지하는 고착효과(Lock-in Effect)가 발생하게 된다.

④ 망외부성(Network Externality) : 해당 제품의 사용자가 늘어날수록 그 제품의 가치가 증가하는 현상을 의미한다. 망외부성이 존재하는 제품이라면 현재의 제품 이용자 수가 미래의 구매자가 느끼는 가치의 수준에 직접적인 영향을 미친다. 망외부성과 관련해 별첨 8.1을 참고하기 바란다.

⑤ 준거가격(Reference Price) : 앞서 제2장에서 준거가격이 과거 제품의 구매 시 경험하였던 가격에 의해 영향을 받음을 설명하였다. 따라서 초기에 가격이 낮았다가 증가하면 준거가격 대비 제품가격이 높다고 인식되는 경향이 있다. 또한 반대 경우에서는 준거가격 대비 가격이 낮다고 인식될 수 있다. 결과적으로 현재의 가격은 미래의 소비에 영향을 미치게 된다.

⑥ 내구재(Durable Good) : 신선식품과 같이 구매 이후 곧 소비되는 제품들의 경우 오

---

1) 마케팅에서는 소비자가 제품을 경험한 이후 그 제품에 대한 신념 즉, 대상물에 대해 가지게 되는 서술적인 생각들을 형성하게 된다고 한다. 또한 이러한 신념들이 종합되어 그 제품에 대한 태도를 형성하게 된다.

별첨 8.1 망외부성과 멧칼프의 법칙(Metcalfe's Law)

외부성은 누군가의 행위가 타인에게 편익 또는 비용을 유발함에도 그 대가가 지불되지 않는 경우를 의미한다. 친한 친구가 핸드폰을 가입할 경우 내가 비용을 지불하지는 않지만 나 또한 친구와 편하게 통화할 수 있는 기회가 생겨 효용이 증가한다. 이런 경우 친구의 행위는 나에게 양의 외부성을 미친것이다. 반면 공해를 내뿜는 공장이 동네 주민에게 어떠한 보상도 하지 않는다면 음의 외부성이 발생하였다고 말한다.

한편 망외부성은 이용자 네트워크의 규모가 증가함으로 인해 발생하는 외부성을 의미한다. 이러한 망외부성의 개념은 디지털시대에 매우 중요한 의미를 갖는 개념이다. 이 개념을 다소 도식적인 방식으로 설명하고 있는 것이 멧칼프의 법칙이다. Bob Metcalfe는 Xerox의 연구소인 PARC(Palo Alto Research Center)에서 근거리통신망(LAN)의 원조기술인 Ethernet을 발명한 인물이다. 그는 네트워크의 총 가치는 연결된 노드(Node) 수가 증가할 경우 노드 수의 제곱 형태로 증가한다고 주장하였다. 5명이 전화기로 연결되어 있는 경우와 100명이 전화기로 연결된 경우 통화의 유형이 몇 가지나 가능한지 생각해보라. 5명이 있는 경우는 5명이 각기 4명에게 전화할 수 있어 5×4의 통화유형이 발생한다. 100명이라면 100명이 나머지 99명에게 전화할 수 있다(100×99). 따라서 전화 네트워크에 N명이 연결되어 있다면 $N(N-1)$만큼의 통화유형이 발생한다. 만약 네트워크의 가치가 통화유형의 수에 비례한다면 연결된 노드(연결된 전화기의 수 또는 사람의 수)의 제곱에 비례한다고 볼 수 있다.

멧칼프의 법칙이 작용한다면 새로운 노드 즉, 이용자는 나머지 모든 이용자들에게 가치의 증가를 유발한다. 즉, 망외부성이 발생하게 된다. 이 때의 망외부성은 이용자들 간 직접적인 상호작용에 의해 발생하며, 직접 망외부성(Direct Network Externality, Same-side Network Externality)이라고 한다. 만약 어떤 기업에서 대부분 직원들이 한글과컴퓨터의 워드프로세서를 사용하는 경우 혼자 MS Word를 사용한다면 문서를 공유하는데 상당한 어려움을 겪을 것이다. 이 때 우리 부서 직원들이 모두 MS Word를 사용하기로 했다면 나에게 직접 망외부성이 발생한다고 볼 수 있다.

반면 아이폰이나 안드로이드폰의 이용자가 많다면 이들 폰을 위한 응용소프트웨어를 생산하는 기업들은 판매의 기회가 증가할 것이다. 이 경우 아이폰의 이용자들 간 직접 망외부성과는 구별된다. 아이폰 이용자 네트워크가 응용소프트웨어 생산자라는 다른 네트워크에 긍정적인 영향을 미치는 것이다. 이러한 현상을 간접 망외부성(Indirect Network Externality, Cross-side Network Externality)이라고 한다. 한편 아이폰 이용자의 증가는 응용소프트웨어 기업들의 수를 증가시킬 수 있으며, 이는 다시 아이폰 이용자들이 다양한 소프트웨어를 이용할 수 있게 한다. 이 또한 간접 망외부성이라고 볼 수 있다. 결국 이용자는 판매자의 수를 증가시키고 이는 다시 이용자의 효용을 증가시켜 이용자 집단의 규모를 키우는 선순환이 발생한다.

위의 예에서 스마트폰의 OS는 이용자와 소프트웨어 판매자라는 두 집단 간 상호작용을 증진시키는 역할을 한다. 이러한 기능을 하는 것을 플랫폼(Platform)이라고 한다. 또한 플랫폼을 중심으로 상호작용·거래하는 집단을 양면시장(Two-sided Market)이라고 부른다. 이는 최근에 주목받고 있는 개념이다. 신용카드사는 카드 이용자들과 가맹점들 간의 거래를 유발하는 플랫폼이다. 비디오게임기는 게임 이용자들과 게임 개발자들과의 거래를 유발하는 플랫폼이다.

늘의 구매가 향후의 구매를 제한하지 않는다. 그러나 TV, 자동차, 가구와 같이 한번 구매하면 오랜 기간 사용되는 제품들의 경우 현재의 구매는 향후 상당 기간 그 제품의 구매를 억제하게 된다.

⑦ 다양성 추구(Variety Seeking) : 한계효용체감의 법칙과 같은 이유 또는 새로움의 추구로 소비자들은 기존에 구매하지 않은 새로운 제품을 구매하기를 희망하기도 한다. 따라서 현재의 구매가 추후의 구매를 억제하기도 한다.

이상의 개념들 중 상표애호도, 구전효과, 교체비용, 망외부성과 같은 요인들은 주로 현재의 판매증가가 미래의 판매를 증가시키는 방향으로 영향을 미친다. 물론 제품의 기대 품질과 실제 품질에 차이가 있어 소비 이후 부정적인 태도를 형성한다면 상표애호도나 구전효과 측면에서 미래의 판매를 감소시킬 수도 있다. 그러나 일반적인 경우 상품의 구매는 제품과 관련된 불확실성을 제거하고 제품에 대한 애착과 기대를 형성하며, 제품 자체의 인지도를 증가시키는 방식으로 미래 판매를 증가시킨다. 한편 교체비용은 제품의 전환 또는 교체를 어렵게 함으로써 미래 판매를 증가시키게 된다. 앞서 제5장에서는 망외부성도 제품의 교체비용을 발생시키는 한 원인으로 설명하였는데 망외부성의 경우 지식정보화 사회의 도래에 따라 특히 주목받는 개념이므로 별도로 언급하였다.

한편 현재의 가격은 소비자들의 준거가격에 영향을 미침으로써 미래의 판매에 영향을 미친다. 이 효과의 경우 현재의 가격과 미래 가격의 상대적 수준에 따라 그 영향이 달라질 수 있음에 유의해야 한다. 다음으로 내구재와 다양성 추구의 개념에서는 현재의 판매가 미래의 판매를 감소시키는 방향으로 작용한다.

1.2 원가측면에서의 이월효과

현재의 가격과 그에 따른 판매량은 소비자들의 미래 의사결정에도 영향을 미치나 규모의 경제 및 경험효과를 통해 기업의 미래 원가에도 영향을 미친다.

① 경험효과/학습효과(Experience Curve Effect/Learning Curve Effect) : 제품의 누적생산량이 증가함에 따라 제품의 평균생산비용이 감소하는 현상을 의미한다. 이는 일정 기간의 생산량에서 발생하는 규모의경제와는 구별되는 개념으로 작업자들이 생산을 반복함에 따라 숙련도가 증가하거나, 공정에서의 낭비와 비효율을 없애는 등의 원인에 의한 비용의 감소를 의미한다.

② 규모의경제(Economies of Scale) : 규모의경제는 특정 기간 단위에서 판매량의 증가가 평균비용의 감소를 발생시킴을 의미한다. 그런데 앞서 소비자 측면에서의 이월효과와 같은 원인으로 현재의 점유율 또는 판매량은 미래의 점유율 또는 판매량과 밀접한 양의 상관관계를 발생시키는 경우가 많다. 이를 고려하면 현재의 높은 판매량은 현재 및 미래의 평균비용을 감소시킬 수 있다.

위의 두 가지 효과에 대해서 제4장에서 상세히 설명한 바 있으나 동태적 가격관리 차원에서 다시 한번 강조한다. 경험효과 또는 학습효과는 명시적으로 누적판매량에 영향을 받는 요인이다. 그러나 규모의경제는 이전 기(회계기간)의 판매량과 무관하게 현재 기의 판매량과 관련되는 것이다. 그러나 각 기의 판매량 간 상관관계를 고려하면 이월효과의 한 유형으로 볼 수 있다. 그러나 경우에 따라 규모의경제 측면에서 현재의 판매량 증가가 미래 원가를 증가시킬 수 있다. 특히 내구재의 경우를 유의해야 한다. 자동차 기업이 올해 특정 이유로 공격적인 프로모션을 실시하는 경우 내년에 차를 교체하거나 신규로 구매하려던 소비자들도 올해로 그 시점을 변경할 수 있다. 이 경우 올해의 판매량 증가는 내년의 판매량 감소를 발생시키게 된다. 결과적으로 내년의 평균비용을 증가시키는 요인으로 작용할 수 있다. 이러한 평균비용의 변화는 미래의 가격 및 결과적인 판매량에 영향을 미치게 된다.

02 스키밍전략과 침투가격전략

앞서 이월효과의 개념들을 설명하였는데 이를 고려하면 단기이윤을 극대화하는 가격과 장기 이윤을 극대화하는 가격이 상이할 수 있다. 따라서 장기 이윤극대화의 개념을 고려할 필요가 있다. 특히 신제품을 도입하는 상황에서 제품의 수명주기 전기간에 걸친 이윤극대화를 고려한 동태적 가격관리의 개념이 중요해진다. 이와 관련하여 침투가격전략과 스키밍전략의 개념을 검토해 보자.

2.1 스키밍전략

스키밍전략(Skimming Price Strategy)이란 제품 도입 초기에 높은 가격을 설정하다가 점차로 가격을 낮춰나가는 전략을 의미한다. 스키밍전략의 기본적 사고를 이해하기 위해 [그

그림 8-1 스키밍전략과 기업의 이윤

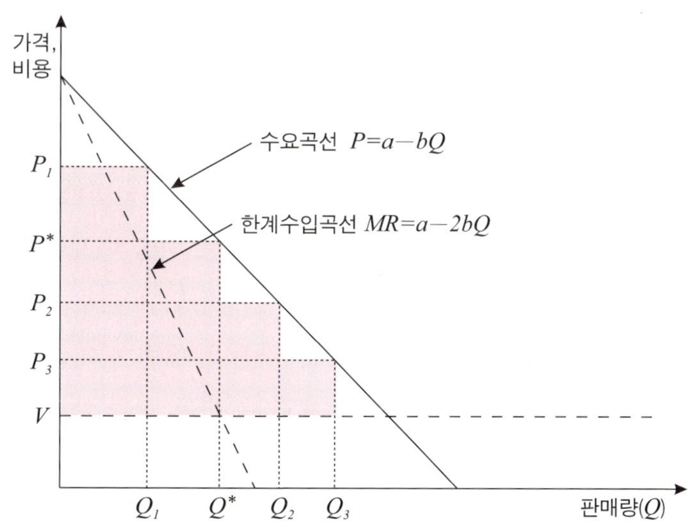

림 8-1]을 살펴보자. 수요곡선은 제품의 지불의사가격(한계효용)이 높은 소비자들부터 낮은 소비자들까지를 순서대로 나열한 것으로 이해할 수 있다. 만약 기업이 하나의 가격을 적용한다면 제4장의 독점가격 설정에서와 같이 한계수입곡선과 한계비용곡선이 만나는 점에서 판매량 Q^*를 정하고 가격을 P^*로 하여 $(P^*-c)Q^*$의 이윤을 얻을 수 있을 것이다. 그런데 만약 기업이 우선 $P1$의 가격을 설정하여 Q_1을 판매한 이후 P^*로 가격을 내려 Q^*-Q_1을 추가적으로 판매하고, 다시 가격을 P_2, P_3로 단계적으로 인하하는 상황을 생각해 보면 기업의 이윤은 회색빛으로 칠해진 면적이 되며, 독점가격에서보다 높은 이윤을 창출할 수 있게 된다.

이러한 가격전략은 일종의 가격차별에 해당한다. 제품의 가치를 높게 생각하는 소비자들은 높은 가격에라도 바로 구매하여 이용하며, 가치를 낮게 생각하는 소비자들은 구매를 지연하여 가격이 인하된 후에 구매를 하는 상황을 염두에 둔 것이다. 즉, 시간이 가격장벽으로 작용하여 소비자별로 다른 가격을 적용받게 되는 것이다. 이러한 상황을 염두에 두면 점진적으로 가격을 인하함으로써 기업은 이윤을 크게 증가시킬 수 있을 것이다.

그러나 이런 전략은 제품이 내구재에 해당하는 경우에 사용될 수 있는 것이다. 제품의 내용연수(사용기간)가 5년이라고 생각해 보면 소비자들은 5년 동안 단 한번만 구매할 것이다. 이 경우 처음부터 P_3의 낮은 가격에 제품을 팔 경우 5년간의 수요량과 매년 가격을 점진적으로 내릴 경우의 5년간의 총 수요량이 같을 수 있으며, 이로 인해 스키밍전략이 높은 이윤을 발생시킬 수 있는 것이다. 만약 소비자들이 매년 1회씩 제품을 구매한다면 매년 P^*의 가격을 설정하여 유지하는 것이 이윤을 극대화할 수 있다. 즉, 내구재로서 내용연수가 충분히 길어 내용연수 안에 점진적으로 가격을 인하할 수 있으며, 내용연수 기간 안에 수요량의 총 규모가 가격의 변화에 크게 영향을 받지 않아야만 스키밍전략이 유효한 것이다.

이런 스키밍전략은 핸드폰, 개인용 PC, TV 등 기술변화가 빠른 전자제품에서 주로 관찰된다. 만약 특정 제품군에서 5년 주기로 새로운 기술의 제품이 출시된다고 생각해 보자. 가격은 신제품이 출시되는 시점에 매우 높게 형성되고 이후 점진적으로 인하된다. 소득이 높고 신제품의 가치를 높게 평가하는 소비자들은 매번 신제품을 높은 가격에 구매한다. 반면 가치를 낮게 평가하는 소비자들은 신제품 출시 후 한참 후에나 또는 이미 새로운 제품이 나온 후에 예전 사양의 제품을 낮은 가격으로 구매한다. 결과적으로 기업은 스키밍전략을 통해 시간에 따른 가격차별을 하고 있는 것이며, 독점가격보다도 높은 이윤을 얻게 된다.

이런 스키밍전략이 기술변화가 빠른 산업에서 주로 발생하는 원인을 저자는 가격의 재인상이 어렵기 때문이라고 생각한다. 만약 제품의 수명주기(또는 신제품의 출시 주기)가 소비자들의 내용연수보다 상당히 긴 경우 점진적으로 독점가격보다 낮은 가격이 형성되고 나면 지불의사가격이 높은 소비자들이 재구매할 시점에 상당히 낮은 가격에 판매를 해야 한다. 만약 제품의 가격을 적정 시점에 다시 인상할 수 있다면 이런 문제가 발생하지 않을 것이나 통상 가격의 인상은 소비자들의 거센 반발에 부딪히기 쉽다. 이를 가격저항 또는 가격의 상방경직성이라고 한다. 제3장에서 살폈듯이 설득력 있는 사유 없이 가격을 인상할 경우 소비자들은 공정성에 반한다고 생각하고 반발할 것이다. 따라서 적정 시점에 가격을 올리는 수단이 필요한데 신제품의 도입이 그 역할을 하는 것이다. 만약 신제품의 출시 주기가 매우 길다면 스키밍전략에서 가격인하의 하한은 독점가격이 되는 것이 타당해 보인다. 아무튼 기업들은 제품의 수명주기와 가격전략을 연계하여 다기간의 이윤을 극대화 한다.

스키밍전략이 내구재에 적합하며, 제품의 수명주기가 스키밍전략에서 중요하게 고려되어야 함을 설명하였다. 이 외에도 스키밍전략의 선택에 영향을 미치는 상황요인들이 여러 가지 존재한다.

① 초기의 가격이 소비자들의 준거가격을 높여 이후의 판매에 긍정적인 영향을 줄 수 있는 경우 스키밍전략이 선호된다. 통상 소비자들은 신제품의 속성을 제대로 파악하기 힘들며, 합리적인 방식으로 준거가격을 형성하기 어려울 수 있다. 초기의 높은 가격은 신제품의 혁신성을 소비자들에게 각인시키는 역할을 할 수 있다. 또한 단지 비싸다는 이유로 그 제품을 열망하기도 한다.

② 잠재소비자 집단이 다수의 세분시장으로 구분되며, 각 시장의 지불의사가격 차이가 큰 경우 스키밍전략이 선호된다. 스키밍전략은 시간에 따른 가격차별로 이해될 수 있다. 그런데 소비자들을 세분화하기 어렵거나 소비자들 간 지불의사가격의 차이가 크지 않다면 가격차별이 그다지 의미 없다. 앞서 스키밍전략이 핸드폰, 개인용 PC, TV와 같은 기술변화가 빠른 산업들에서 주로 관찰된다고 하였는데 그 한 요인은 이들 산업에서 신기술을 빨리 흡수하고 이를 과시하려는 소비자들과 기타의 소비자들 간 지불의사가격의 차이가 크게 나타난다는 점이라고 생각된다.

③ 진입장벽이 존재하여 잠재적 경쟁자의 영향이 크지 않아야 한다. 잠재적 진입자가 예

상되는 경우 기업은 경쟁도입 이전에 이윤을 확보하거나 점유율을 확보해 놓는 것이 중요해진다. 따라서 스키밍전략을 통해 판매의 실현을 지연시키기 어려울 수 있다.

④ 경험효과가 크게 작용하지 않는 경우여야 한다. 경험곡선효과가 크게 나타나는 산업에서는 초기에 빠른 제품의 확산을 통해 생산경험을 축적하여 원가우위를 달성하는 것이 추후 경쟁에 중요한 역할을 할 수 있다. 따라서 잠재적 경쟁자를 고려해야하며, 경험효과가 큰 경우 스키밍전략이 선호되기 어렵다.

⑤ 수요탄력성이나 소비자들의 준거가격수준 등을 기업이 충분히 파악하지 못하는 경우 초기에 높은 가격으로 접근하는 것이 바람직하다. 가격을 낮게 책정했다가 올리는 것보다는 높은 가격에서 시작하는 것이 안전한 방식이 된다.

정리하자면 스키밍전략은 내구재에 주로 적용된다. 제품의 수명주기(신제품 출시 주기)는 스키밍전략에서 가격의 인하 주기 및 가격의 하한에 영향을 미친다. 또한 이러한 전략의 유용성은 준거가격 및 소비자별 지불의사가격의 차이에 많은 영향을 받는다. 명확한 대체재가 존재하여 객관적인 준거가격이 형성되기 쉬운 경우가 아니라면 초기의 높은 가격이 소비자들의 준거가격을 높여 전반적인 가격수준을 향상시키는데 기여할 수 있다. 또한 소비자들 간 지불의사가격의 차이가 큰 경우 스키밍전략이 의미가 있다. 마지막으로 잠재적 진입자의 위협수준과 원가행태, 수요 관련 불확실성도 의사결정에서 중요하게 고려되어야 한다.

2.2 침투가격전략

침투가격전략(Penetration Price Strategy) 또는 도입가격(Introductory Pricing)은 신제품의 도입 초기에 가격을 낮게 설정하고 점진적으로 가격을 인상하는 동태적 가격관리방식이다. 이는 제품의 도입 초기에 낮은 가격을 통해 높은 판매량을 달성할 경우 추후 전략적인 이득을 얻을 수 있기 때문이다.

1. 망외부성 및 표준경쟁

망외부성의 개념은 앞서 대략적으로 설명되었으나 추가로 하나의 예를 더 생각해 보자. 여러분이 궁금한 사항을 인터넷 상에서 검색하거나 타인의 궁금증에 대해 답해주는 활동을 Naver의 지식인 서비스를 통해 하고 있다고 생각해 보자. 그 이유는 무엇이겠는가? 많은 인터넷 이용자들이 활용하고 있어 궁금증을 올렸을 때 빨리 답변을 얻을 수 있다는 점이 중요하지 않겠는가? 답변을 올리는 사람 입장에서도 많은 사람들이 이용하고 있어 자신의 글을 많은 사람들이 읽을 수 있다는 점이 중요하게 작용한다. 즉, Naver의 지식인 서비스 이용자가 많다는 것이 그 서비스의 가치에 큰 영향을 미치는 것이다. Naver의 지식인 서비스는 별첨 8.1에서 언급된 플랫폼의 한 유형으로 지식의 공급자와 이용자라는 두 집단을 매개한다.

이러한 망외부성은 특히 정보통신산업에서 많이 나타난다. 망외부성이 작용하는 경우 그 제품의 가치는 제품의 이용자가 증가함에 따라 증가하며, 이러한 관계를 [그림 8-2]가 보여주고 있다. 신제품의 경우 이용자가 없는 상태이므로 이 제품 또는 시비스의 기치는 매우 낮은 상황이다. 이제 이용자 수가 증가함에 따라 제품의 가치는 지속적으로 증가한다. 따라서 망외부성이 작용하는 경우 이용자 수가 일정 수준 이상, [그림 8-2]를 보면 Q^* 이상 되기 전에는 제품의 가치를 제대로 인정받지 못한다.

그림 8-2 망외부성 : 이용자수와 제품의 가치

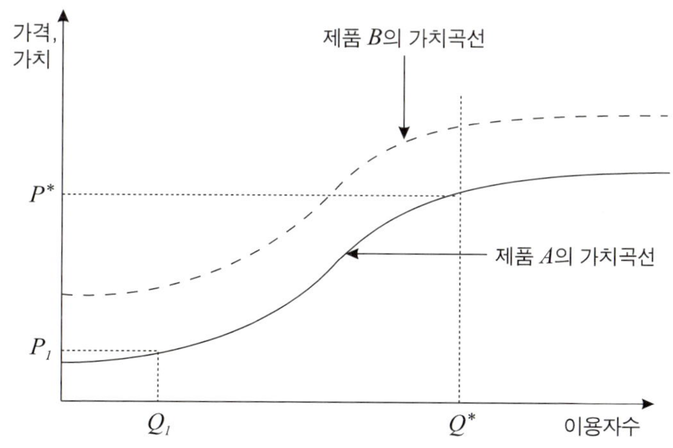

이러한 관계를 고려하면 초기에 P^*와 같이 높은 가격수준을 설정할 경우 제품의 판매가 이루어질 수 없다. 초기에 낮은 가치를 반영하여 낮은 가격을 설정하고 이용자 수가 증가함에 따라 가격을 높이는 것이 현실적인 판매방식이 될 것이다. 실제 많은 소프트웨어들이 초기에 베타버전(Beta Version)과 같은 방식으로 무료로 배포된 후 일정 수준의 이용자층이 형성되면 이후 유료화 정책을 가져가는 것을 본 바 있을 것이다. 별첨 8.2에서는 응용소프트웨어에서 망외부성을 응용한 Adobe의 요금전략을 다루고 있다. 이 경우에서는 Acrobat Reader를 무료로 배포하여 망외부성을 확보하고 Acrobat Editor를 유료로 판매하여 수익을 확보하는 전략이 사용되었다.

위의 설명은 경쟁자를 고려하지 않은 것이었다. 그런데 추후 경쟁자의 진입이 예상된다면 망외부성의 개념은 더욱 중요한 역할을 한다. 먼저 진입하여 이용자 규모를 확보한 제품은 이용자를 확보하지 못한 신제품 대비 가치측면에서 우월해진다. 경재자의 진입 전에 이용자 규모를 확보하는 것이 향후의 경쟁 대응에 중요한 역할을 하는 것이다. [그림 8-2]에서 제품 B는 제품 A 대비 향상된 제품으로 동일한 이용자 규모라면 제품 A 대비 높은 가치를 지닌다. 그러나 이미 제품 A가 이용자 규모를 확보한 상황이라면 기술적으로 우월한 제품 B가 동일한 가격에서 판매될 수 없다. 기술적으로 우월하나 시장진입에 실패하고 사라진 제품으로 Dvorak자판의 사례는 매우 유명하다. 현재 사용되는 컴퓨터 키보드를 QWERTY(키보드 좌상단의 문자 배열)자판이라고 한다. 이 자판은 타자기 시절부터 사용되던 것으로 기술적으로 그다지 훌륭한 것으로 평가되지 않는다. 이후 더 효율적이라고 평가되는 Dvorak자판이 출시되었으나 이미 넓은 사용자층을 확보한 QWERTY자판을 대체하지는 못하였고 시장에서 사라지고 말았다. 이렇듯 기존에 망외부성을 확보한 기술로 인해 효율적인 신기술이 채택되지 못하는 현상을 경로의존성(Path Dependence)이라고 한다. 이러한 사례는 망외부성의 개념과 초기 이용자층 확보의 중요성을 보여주는 것이다.

경로의존성은 두 제품이 시차를 두고 시장에 출현할 때 먼저 진입한 제품이 나중에 진입하는 기술 대비 열위에 있더라도 먼저 이용자기반을 확대하여 지배적인 제품이 될 수 있음을 의미한 것이다. 비슷하지만 다른 결과를 낳은 예로 지금은 거의 쓰이지 않는 플로피디스크를 생각해 보자. 초기에 대부분 컴퓨터들은 5.25inch 플로피디스크 드라이버(Driver)를 탑재하고 있었다. 따라서 플로피디스크 생산업체들도 모두 5.25inch 제품만을 생산하였다. 그런데 추후에 3.5inch 플로피디스크가 출시되었고 저장용량이나 휴대성 등에서 이

별첨8.2 Adobe의 무료 다운로드 전략과 망외부성[2)]

Adobe라는 기업은 Photoshop 및 Acrobat Reader로 널리 알려져 있다. 주로 그래픽과 출판산업에 첨단소프트웨어를 공급하는 회사이다. 이 회사는 초기부터 자사의 프로그램 일부를 외부의 다른 개발업자들이 자유롭게 이용하도록 하는 정책을 사용하였는데 이는 이 산업에서 표준의 수립이 매우 중요한 역할을 함을 일찍부터 깨달았기 때문이다.

현재 거의 모든 컴퓨터 사용자들이 PDF라 불리는 통합문서형식을 사용해보았을 것이다. 이 PDF파일을 편집하고 읽을 수 있도록 하는 프로그램이 Adobe의 Acrobat이다. 초기에 이 프로그램은 기업고객을 대상으로 유료로 판매되었으나 초기 시장침투가 기대에 미치지 못하였다. 이후 Adobe는 전략을 바꾸어 기업이 아닌 일반 개인고객들에게 Acrobat Reader를 무료로 배포하는 정책을 사용하였다. Acrobat Reader는 PDF파일을 생성하지는 못하지만 만들어진 PDF파일을 보고 프린트하는 기능을 제공한다. 이를 위해 Adobe는 미국의 최대 온라인서비스 업체인 AOL과 제휴하여 AOL 고객들이 Acrobat Reader를 자유롭게 이용하게 하였으며, 컴팩, 델, 소니 등의 컴퓨터 판매업자들과도 제휴하여 컴퓨터에 기본적으로 Acrobat Reader 무료파일을 탑재하도록 하였다. 결과적으로 Acrobat Reader는 인터넷 이용이 급증하던 1997년에서 2000년 7월까지 총 1억 9천 7백만개 이상이 다운로드 되었다. 즉, Acrobat Reader로 만드는 PDF파일은 어디서나 통용되는 형식이 되었으며, 시장의 표준적인 문서형태로 자리잡게 된 것이다.

그런데 Acrobat Reader가 무료로 배포되었다면 Adobe사는 어떻게 수익을 창출할 수 있었겠는가? Adobe사는 별도로 PDF파일을 생성 · 편집할 수 있는 Acrobat Editor를 유료로 판매하였다. 그 가격은 299달러로 상당히 비싼 가격에 판매하였다. 한편 개인고객들에게는 이 가격이 상당한 부담이 될 수 있으므로 월 또는 연 단위 이용료 형태의 낮은 요금을 선택적으로 제시하기도 하였다. 만약 대다수 컴퓨터 사용자들이 Acrobat Reader를 보유하지 않았다면 Acrobat Editor를 비싼 가격에 구매할 수 있겠는가? Acrobat Reader의 이용자 네트워크가 확대됨으로써 망외부성이 발현된 것이다. 결국 Adobe사는 무료인 Acrobat Reader를 통해 망외부성을 확보하여 제품의 가치를 끌어올리고 Acrobat Editor를 통해 그 가치를 회수하였던 것이다.

제품이 압도적으로 우위에 있었다. 그럼에도 불구하고 3.5inch 제품 출시 초기에는 모든 컴퓨터들이 5.25inch 드라이버를 장착하고 있었고 소비자들이 보유한 제품도 5.25inch 디스크였다.

---

2) 장세진(2007) "경영전략 제5판"의 제14장의 사례를 요약 편집하였다.

그림 8-3 3.5inch 플로피디스크와 5.25inch 플로피디스크

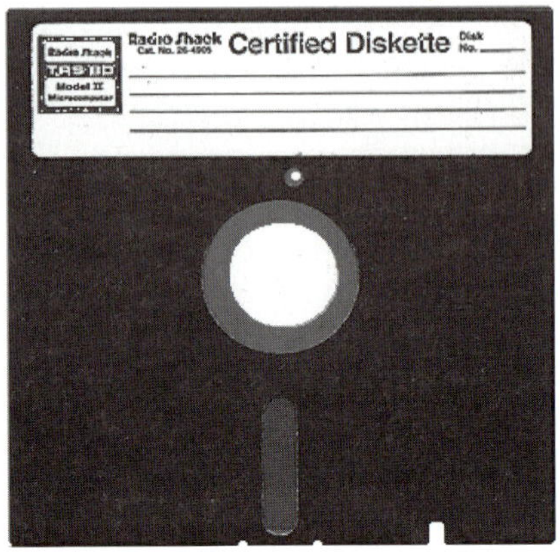

이 경우 소비자들이나 제조업체 모두 3.5inch를 받아들여야 하는지 큰 고민거리였을 것이다. 소비자들은 3.5inch 디스크를 사면 사용할 수 있는 컴퓨터가 거의 없으므로 사용을 꺼렸을 것이며, 제조업체의 경우 이를 우려하여 생산을 기피할 수 있었다. 그러나 이 경우에는 제품의 가치 또는 품질의 차이가 망외부성을 상쇄할 만큼 충분히 컸기 때문에 3.5inch 디스크가 시장에 받아들여지고 5.25inch 디스크는 시장에서 사라졌다. 아마도 젊은 독자들은 5.25inch 디스크를 [그림 8-3]에서 처음 보았을 수도 있다. 한편 3.5inch 디스크는 CD로 다음에는 DVD로 점차 휴대용 저장장치들이 진화해 왔고 이전 제품들은 시장에서 소멸되었다. 이렇게 제품이 성공적으로 진화해 간 것은 역시 신제품의 우월성이 매우 컸기 때문이다. 또한 제조사들이 초기에 원가 대비 낮은 가격을 제시함으로써(침투가격전략) 새로운 기술을 더 용이하게 정착시켰을 것이라고 생각된다.

한편 Dvorak자판의 사례와 같이 기존 제품 대비 신제품이 강력한 우위에 있지 못한 경우 경로의존성에 의해 신기술이 소멸될 수도 있다. 이 때 신제품은 기존제품과 호환성을 갖춤으로써 기존 제품의 망외부성을 공유하여 시장에 진입할 수도 있다. 예를 들어 흑백TV가 먼저 시장에 확산되어 있는 상황에서 컬러TV가 시장에 출현하는 경우를 생각해보자. 컬러TV에서는 흑백 방송을 볼 수 없고 흑백TV는 컬러방송을 볼 수 없다면 컬러TV가 시장에 진입할 수 있었을까? 방송사들은 새로이 컬러 방송을 송출하기 위해서 프로그램의 제작장비부터 송출장비까지 막대한 신규투자를 해야 하는 상황이다. 따라서 컬러TV가 일

정 수준 보급될 것이라는 확신이 없이 장비투자를 하기 곤란하다. 그러나 소비자들은 대부분 방송이 흑백인 상황에서 컬러TV를 살 이유가 없을 것이다. 결과적으로 컬러TV는 보급될 수 없었을 것이다. 이러한 망외부성의 상황을 인식하고 있는 TV 제조사들은 컬러TV에서 흑백방송도 볼 수 있도록 호환성(후방 호환성)을 부여한다. 또한 방송사들은 컬러 방송을 흑백TV에서도 흑백으로 볼 수 있도록 제작한다(전방 호환성). 이렇게 되면 새로 TV를 사는 소비자들도 미래를 예상하고 컬러TV를 구매하게 되며, 방송사들도 컬러방송장비를 투자할 수 있게 되는 것이다. 즉, 호환성의 확보를 통해 기존 흑백TV의 망외부성을 공유하여 신기술을 점진적으로 보급하는 것이다. 앞서 3.5inch 디스크가 출시되던 초기에는 컴퓨터에 5.25inch 드라이버와 3.5inch 드라이버가 모두 탑재되었는데 그 원인도 유사한 것으로 이해된다.

이제 유사하지만 조금 다른 상황을 생각해 보자. 두 개의 상이하고 호환이 안되는 제품 또는 기술이 유사한 시점에 출시되는 상황이다. 망외부성이 존재하는 경우 두 제품 중 하나의 제품은 시장에서 소멸될 것이라고 보아야 한다. 유명한 사례로 대부분 가정에서 사용하고 있는 VHS방식의 VTR은 초기에 Beta방식의 VTR과 경쟁관계에 있있다. 제휴와 낮은 가격 등으로 초기 시장에서 빨리 소비자 기반을 확보한 VHS방식은 시장의 표준이 되었고 Beta방식은 특수한 경우에만 사용되는 부차적인 방식으로 시장에 남게 되었다.

망외부성이 크게 작용하는 제품들의 경우 시장에서 표준으로 자리잡는 것이 생존에 필수가 된다. 이러한 상황을 표준경쟁이라고 하며, 표준경쟁의 상황에서는 침투가격전략이 채택될 것이라고 보는 것이 타당하다.

2. 기타 영향요인

상표 애호도, 구전효과 또한 초기에 낮은 가격이 발생하는 원인이 된다. 소비자들은 생각보다 기존의 소비행태를 바꾸는데 소극적인 경우가 많다. 이런 상황에서 초기에 낮은 가격을 통해 진입장벽을 낮춰주면 시용을 통해 제품에 대한 이해를 증진시키고 소비행태도 변화되면서 장기적으로 반복적 소비를 끌어낼 수 있다. 코카콜라나 신라면과 같은 제품의 경우 소비자들이 장기간 이용하여 그 제품에 심리적 애착이 형성되거나 제품의 품질에 대한 불확실성이 제거되어 제품에 대한 긍정적 태도(상표 애호도)가 형성된 것으로 볼 수 있다. 이러한 긍정적 태도가 형성되기 전까지 낮은 가격을 통해 소비를 촉진하는 것이 필요할 수 있다.

한편 낮은 가격을 통한 제품 사용 증가는 그 제품의 활용을 지켜보는 지인들에게도 영향을 미쳐 제품에 호의적인 태도를 형성할 수 있다. 이러한 과시효과 이외에도 낮은 가격은 고객의 적극적인 제품 추천행위에 영향을 미칠 수 있다. Biyalogorsky et al.(2001)에서는 제품의 사용자들이 가격 대비 가치가 일정 수준 이상일 경우 즉, 고객만족 수준이 임계선(Threshold) 이상일 경우 가족이나 친지 등에 제품을 추천한다고 생각한다. 결국 가격을 인하할 경우 고객만족 수준이 증가하고 제품추천이 적극적으로 나타날 수 있다.[3] 이러한 과시효과나 적극적인 제품의 추천 등이 구전효과라고 언급되는 것이다.

또 다른 요인으로 경쟁자가 존재하거나 예상되는 경우 교체비용이 매우 중요한 영향을 미친다. 교체비용이 존재하는 경우 현재의 점유율이 미래의 점유율에 결정적인 영향을 미치는 것이다. 이미 어떤 제품을 사용하고 있는 소비자들의 입장에서는 경쟁제품이 교체비용을 상쇄하고 남을 만큼 높은 가치를 제공하거나 가격을 낮추지 않는 한 기존 제품을 사용할 것이다. 이를 고려하면 아직 소비자들이 특정 제품에 고착(Lock-in)되기 전에 점유율을 확보하는 것이 중요해진다.[4]

한편 침투가격전략이 원가에 미치는 긍정적 영향이 중요하게 고려되어야 한다. 앞서 규모의경제 및 경험효과는 이런 영향을 압축적으로 표현하고 있는 개념으로 현재의 높은 판매량이 미래의 평균비용을 감소시킬 수 있음을 의미하는 것이다.

정리하자면 상표 애호도나 구전효과, 그리고 기존 이용자들이 갖게되는 교체비용, 원가에의 영향 등에 의해 낮은 가격을 통한 초기 판매의 증가는 추후 판매에 긍정적인 영향을 미칠 수 있는 것이다.

이상의 개념들을 고려하면 정태적 이윤극대화 가격보다 낮은 가격을 설정하여 높은 판매

---

3) Biyalogorsky et al.(2001)에서는 가격이 고객추천 행위에 미치는 영향을 고객추천의 인센티브 제공과 비교하고 있다. 여기서 인센티브란 타인에게 추천을 하는 기존 고객에게 금전적 보상 등을 제공하는 행위를 말한다. 가격의 인하는 위에서 언급한 것과 같이 고객만족 수준을 높여 고객추천 행위를 증가시킬 수 있을 뿐 아니라 직접적인(추천에 의한 것이 아닌) 구매자 수의 증대 효과를 낳는다. 반면 추천을 하지 않는 이용자에게도 낮은 가격의 혜택을 주기 때문에 추천의 유도 관점에서는 고객추천 인센티브가 효율적인 측면이 있다. 따라서 저자들은 기업들이 고객추천을 적극적으로 활용하기 위해 가격의 인하와 직접적인 인센티브의 제공을 적절히 혼용해야 한다고 주장하고 있다.

4) Klemperer(1995)는 2기간을 가정한 수리모형을 통해 소비자들의 최초 선택이 이루어지는 1기에는 가격을 정태적 가격 대비 가격을 낮추고 교체비용이 작용하는 2기에는 가격을 정태적 가격보다 높이는 것이 최선의 결과를 도출한다고 설명하였다.

량을 달성함으로써 장기이윤을 극대화 할 수 있음이 납득될 것이다. 이 때 초기의 낮은 가격은 심지어 평균비용이나 한계비용보다 낮은 상황도 될 수 있다. 앞서 언급하였듯이 망외부성을 확보하기 위해 Acrobat Reader를 공짜로 배포한 사례나 Beta Version과 같은 형태는 가격이 0원이므로 한계비용 이하에 가격이 설정된 경우이다. 이는 이용자층의 확보를 통해 미래 가격을 인상시킬 수 있는 가능성을 확보하는 의미가 있다. 침투가격전략의 전형적인 형태는 초기에 가격을 낮게 가져가다가 점차로 가격을 인상해 가는 것이다.

그러나 여기서 유의할 점은 가격을 인상할 경우 소비자들의 저항에 부딪히기 쉽다는 것이다. 초기의 낮은 가격이 소비자들의 준거가격에 영향을 미친다면 미래의 인상된 가격이 설사 평균비용에 조금의 마진을 얹은 것일지라도 소비자들은 비싸다고 인식하기 쉽다. Monroe(2002)에서는 가격을 낮추었다가 올릴 경우 처음부터 가격을 높게 유지한 경우 대비 장기적인 판매량이 더 작을 수 있다고 설명하고 있다. 가격을 낮추었다가 올릴 경우 준거가격에 미치는 영향 또는 가격저항을 생각해 보면 수긍될 수 있는 결과이다. 침투가격전략은 점유율 등에 변화를 초래하여 구조적인 영향을 미칠 수 있어야 기대하는 효과를 달성할 수 있다. 단기간의 낮은 가격만으로는 기대하는 효과를 얻을 수 없으며 단지 준거가격만을 낮게 형성시킬 수 있다.

그런데 실제 가격이 장기간 일정 수준으로 유지되는 경우도 면밀히 살피면 침투가격전략에 해당되는 경우가 많다. 현 시점에서 볼 때 평균비용 이하일지라도 현재의 판매에 기반하여 미래에 높은 점유율과 누적판매량이 달성될 수 있다면 규모의경제와 경험효과로 인해 평균비용은 지속적으로 하락할 것이다. 결과적으로 기업은 동일한 가격에서도 미래에 마진을 확보할 수 있는 것이다. 가격이 일정하더라도 마진은 점진적으로 증가하게 되며, 결과적으로는 침투가격전략을 사용한 것이 된다. 비용의 동태적 변화를 예측함으로써 가격인상에 대한 저항을 피하면서 효과적인 침투가격전략을 달성하는 것이다.

반면 공짜로 베타버전을 배포하는 경우는 실제로 가격을 올려가는 침투가격전략에 해당한다. 제한판 또는 쉐어웨어(Shareware)와 같은 용어도 베타버전과 유사한 의미를 가지는데 무료의 불완전한 제품을 통해 이용자층을 확보하여 망외부성을 발생시키고, 소비자들을 그 제품에 익숙하게 만들어 교체비용을 발생시킨다. 이후 본제품(완전판)을 유료로 출시하여 수익을 얻는 것이다. 이 때 베타버전의 불편사항들을 제거하고 적용되지 않았던 기능들을 부가함으로써 유료화 또는 가격의 상승에 대한 저항을 해소하는 것이다. 실제로 많은 산업에서 신제품의 출시 또는 제품의 업그레이드 시점에 가격을 인상하는 것을 볼 수 있는데 이는 가격상승의 저항을 회피하기 위한 것이라고 볼 수 있다.

2.3 스키밍전략과 침투가격전략의 선택

이상의 논의를 통해 스키밍전략과 침투가격전략의 두 가지 동태적 가격전략을 개략적으로 살펴보았다. 또한 실제 동일한 가격이 유지되는 경우도 경험효과나 규모의경제를 생각한다면 침투가격전략에 가깝다는 점도 납득하였을 것이다.

이상의 논의를 정리하는 차원에서 이 장의 초기에 언급한 다양한 이월효과들이 어떻게 동태적 가격전략의 선택에 영향을 미치는지 검토해 보자. 대체로 스키밍전략은 내구재이면서 일정한 주기로 신제품이 출시되는 경우 선택되기 쉽다. 특히 초기의 높은 가격을 통해 준거가격을 높이는 것이 가능하며, 경쟁자를 크게 의식하지 않아도 되는 경우 더욱 선호된다. 또한 경험효과, 규모의경제가 높지 않음, 소비자들이 가격민감도 측면에서 세분화될 수 있음, 수요와 관련된 불확실성의 존재와 같은 요인도 중요하게 작용한다. 반면 초기 판매의 증대가 상표 애호도, 구전효과, 교체비용, 망외부성과 같은 요인들로 미래의 판매 증대에 기여할 수 있고 경험효과, 규모의경제가 존재해 판매량의 증대가 비용우위를 제공할 수 있는 경우 침투가격전략이 선호될 것이다.

이러한 개념들을 생각해보면 산업의 특성에 따라 어떤 동태적 가격전략이 선택될지를 판단해 볼 수 있을 것이다. 그런데 산업 자체의 특성 외에도 산업 내에서 제품의 수명주기에 따라 동태적 가격전략의 선택이 달라질 수 있다. 앞서 제5장에서는 제품의 수명주기에 따라 산업의 특성이 상당히 다르게 나타남을 언급한 바 있다. 직관적으로만 살펴도 경쟁의 강도, 소비자들의 세분화 정도, 수요 관련 불확실성 등 동태적 가격전략의 선택에 영향을 미치는 요인들이 수명주기에 따라 다르게 나타남을 이해할 수 있을 것이다. 따라서 수명주기가 상당히 긴 경우 특정 단계에서는 스키밍전략이, 다른 특정 단계에서는 침투가격전략이 사용될 수 있다.

대체로 망외부성이 중요하게 작용하는 정보통신산업에서는 침투가격전략이 채택될 필요가 있다고 생각된다. 그러나 제5장에서 언급되었듯이 많은 신제품들에서 캐즘이 발생하며,

본격적인 성장기를 맞이하기까지 오랜 기간이 소요된다. 이러한 캐즘을 고려하면 도입기에 침투가격전략이 그다지 의미가 없다. 도입기 소비자들을 구성하는 기술애호가(Techies)나 선각자(Visionaries)들은 가격민감도가 대체로 낮다고 평가된다. 낮은 가격보다는 특정한 용도를 추구하는 세분시장(틈새시장)을 공략하면서 성공적인 소비 사례들을 구축하는 것이 중요하다고 생각된다. 도입기에 특정 세분시장에서 성공사례를 구축하고 점진적으로 틈새시장의 폭을 넓혀 나가는 전략을 은유적으로 보울링앨리(Bowling Alley)전략이라고 한다. 이러한 성공사례들이 축적되면서 성장기 소비자들을 구성하는 실용주의자(Pragmatists)들에게 구전효과를 발생시키고 제품의 가치를 확신시키는 것이 중요하다는 것이다. 이러한 보울링앨리전략은 제품의 가치를 가장 높게 인식하는 소비자들부터 점진적으로 시장을 확대해 나가는 방식으로 동태적 가격전략의 관점에서는 스키밍전략에 가까운 모습으로 이해될 수 있다. 물론 아직 가치를 확신하지 못하는 세분시장에 저가격을 설득의 수단으로 사용할 수도 있을 것이다. 그러나 캐즘의 돌파를 확신할 수 없는 도입기에는 침투가격전략이 중요치 않을 수 있다는 것이다.

반면 캐즘을 돌파하고 성장기를 맞이하게 되면 조만간 신규 경쟁자들의 진입이 예상되므로 점유율을 확보하고 시장의 실질적인 표준으로 자리잡는 것이 매우 중요해진다. 결과적으로 표준화된 제품을 싼 가격으로 확산시키는 것이 중요해지는 것이다. 이 때에는 침투가격전략이 유효하게 된다. 이후 시장이 안정화되면서 경쟁이 강화되며, 소비자들의 욕구도 다양해지는 시점이 도래하면 점차 제품의 차별화를 도모하고 일부 고급제품 도입을 통해 가격을 인상시키는 방향으로 변화해 나가는 것이 통상적인 동태적 가격전략의 모습이 된다. 추가로 성숙기, 쇠퇴기 시장에서는 향후 퇴출을 염두에 두어야 하며, 단기적 이윤극대화 즉, 정태적 가격전략 관점의 중요성이 증가한다. 이러한 성숙기, 쇠퇴기 상황에서는 경쟁자는 많은 반면 시장이 축소되므로 대체로 낮은 가격이 유지되기 쉽다.

이상의 논의는 엄밀한 이론적 근거를 가지는 것은 아니나 제품의 수명주기에 따라 가격이 하락하다 상승하고 다시 하락하는 현상이 발생할 수 있음을 보여주는 것이다. 동태적 가격전략의 선택은 산업의 특성이 제품의 수명주기에 따라 변화함을 고려하여 이루어져야만 한다.[5)]

5) 제품의 수명주기에 따른 가격전략의 변화와 관련하여 '김상훈(2008), 하이테크 마케팅, 박영사'의 제3장 "캐즘모형과 하이테크 마케팅 전략"을 주로 참고하였다.

03 가격 기대

동태적 가격관리는 기업이 장기이윤을 극대화하기 위해 정태적 가격과는 다른 가격을 책정할 수 있음을 의미한다. 그런데 이 경우 소비자들 또한 기업의 가격전략을 예측하고 그에 따라 장기효용을 극대화할 것이라고 예상해야 하지 않는가? 예를 들어 기업이 스키밍전략을 사용할 때 [그림 8-1]에서는 가격보다 지불의사가격이 높은 소비자들이 바로 구매할 것이라고 가정하였다. 그러나 이들이 가격이 추후 낮아질 것이라고 예상한다면 구매를 지연하리라고 생각하는 것이 자연스럽다.

앞서 제품의 수명주기에 따라 스키밍전략과 침투가격전략의 선택이 바뀔 수 있음을 설명하기도 하였으나 많은 경우 산업의 특성상 반복적으로 스키밍전략이 사용되는 경우를 볼 수 있다. 앞서 언급하였듯이 기술변화가 빠른 전자제품들 즉, 핸드폰, 개인용 PC, TV 등의 경우에서 이런 사례들이 발견된다. 그리고, 이들 제품들에 대해 소비자들이 가격이 낮아질 때까지 구매를 지연하는 경우가 많다는 것을 독자들도 인지하고 있을 것이다. 초기에 높은 가격을 감수하는 소비자들은 신기술을 빨리 흡수하고 이를 과시하려는 소비자들을 비롯해 높은 가격을 희생해서라도 소비의 지연을 회피하고자 하는 소비자들인 것이다. 아무튼 소비자들이 미래에 낮은 가격을 기대/예측하는 상황을 염두에 두고 스키밍전략이 사용되어야 한다. 만약 제품의 특성상 소비의 지연을 싫어하는 소비자들이 많지 않다면 또는 더 기다려서 신제품을 구매하려는 소비자들이 많다면 스키밍전략이 타당하지 않다. 이 경우 도리어 가격이 유지될 것이라는 점을 소비자들에게 확신시키는 전략을 구사하는 것이 필요할 수 있다.

한편 이러한 가격기대의 문제를 회피하는 수단으로 제품의 시간에 따른 차별(Versioning)을 사용하는 것을 고려할 수 있다. 서적의 경우 초기에 하드커버로 높은 가격에 책을 판매하고 이후 소프트커버를 출시하면서 가격을 낮출 수 있다. 또 더 시간이 지난 후에는 문고판으로 더 낮은 가격을 적용할 수 있다. 앞서 스키밍전략을 시간에 따른 가격차별이라고 설명한 바 있는데 버저닝을 통한 가격차별과 시간에 따른 가격차별이 결합될 수 있는 것이다. 이런 상황에서는 낮은 가격을 기대하여 소비를 지연하는 행위가 적게 발생할 것으로 생각된다. 유사한 전략이 주로 사용되는 경우가 영화산업이다. 통상 영화는 영화관에서 먼저 상영되고 이후 비디오가 출시된다. 그리고 마지막에 가서야 TV에서 방영되는 것이 일반적이다. 이렇듯 제품의 품질을 약화시키는 형태의 버저닝은 경쟁의 강도가 약한 경우 적용되기 쉽다. 책이나 영화의 경우 차별화의 정도가 매우 크며, 어느 정도 독점성을 가지는 제품이다.. 반면 전자제품과 같이 기업 간 경쟁이 큰 경우 제품에 기능을 삭제하는 방식으로 가격을 인하할 경우 브랜드 충성도의 약화나 경쟁사의 반격을 초래할 수 있으므로 쉽게 적용되기 어렵다.

스키밍전략에서 가격기대의 영향과 대응을 간단히 검토했는데 아마도 일부 독자들은 침투가격전략에서도 유사한 영향을 생각할 것이다. 침투가격전략이 적용될 것이라고 예측하는 소비자들은 미래의 가격상승을 염두에 두고 제품의 구매를 더 빨리 할 수 있을 것이다. 그러나 침투가격전략이 사용되는 원인들은 망외부성, 상표애호도의 형성, 원가에의 영향 등이다. 망외부성을 고려하면 초기에 소비자 기반이 없는 상황에서 이 제품이 시장에 표준으로 자리잡고 확산될 것인지를 소비자가 확신하기 어렵다. 또한 원가에의 영향을 고려하면 침투가격전략이 미래의 가격인상을 의미하지 않을 수 있음을 앞서 언급하였다. 더욱이 가격인상에 대한 저항을 고려하여 품질을 향상시키는 방식의 버저닝이 침투가격전략과 결합된다. 이런 측면들을 고려하면 침투가격전략에서는 가격기대 효과가 나타나리라 보기 어렵다.

가격기대의 효과는 상황에 따라 달라질 수 있는 것이다. 아무튼 기업이 어떤 가격전략을 채택할 때 소비자들의 가격기대를 고려해 보는 것이 중요하다. 여러분은 이동전화시장에서 핸드폰 구매시 보조금이 이동전화회사를 전환할 경우 더 높은 것을 경험한 적이 있을 것이다. 기업들은 경쟁사 가입자들을 끌어오기 위해 전환가입 시 높은 보조금을 주는 것이다. 그런데 조금 더 생각해 보면 전환가입에 대한 높은 보조금이 충성가입자들까지도 전환시킬 수 있다. 특정 회사를 상당히 선호하는 소비자가 이번 구매에서 높은 보조금을 받기 위해 다른 회사를 선택할 의지가 없을 수 있다. 그러나 만약 다른 회사를 선택한 후 다시 선호하는 회사로 옮겨오면 선호하는 회사로부터도 보조금을 더 많이 받을 수 있다. 결국 내가 선호하는 회사로부터 더 많은 보조금을 받기 위해 경쟁사를 선택한 후 다시 선호회사로 돌아오는 상황이 발생하는 것이다. 우리 기업이 전환가입에 대해 높은 보조금을 주는 행위가 경쟁사 가입자를 끌어오는 효과만 내는 것이 아니라 우리 기업의 충성가입자가 이탈하게 하는 효과를 내기도 하는 것이다. 이런 상황은 소비자간 보조금 정책이 변하지 않을 것이라는 기대 하에서 이루어지는 것이다.[6)]

Lewis(2005)에서도 신문과 같은 가입형 상품에서 프로모션을 자주 실행할 경우 소비자들이 할인을 기대하여 현 시점에서 가입을 하지 않을 수 있음을 지적하였다. 또한 이를 고려하여 소비자들을 세분화하여 소비자별로 다른 프로모션 전략을 사용하는 기법을 제시하였다. 가격과 관련하여 기업은 더 많은 가격을 받기 위해 소비자는 더 낮은 가격을 내기 위해 상대방의 전략을 탐색하는 게임의 상황이 발생한다.

04 모방제품과 진입저지가격

제5장에서 산업 내 경쟁이 치열해지면 개별 기업의 이윤은 물론 산업전체의 이윤이 감소함을 살펴보았다. 경쟁이 존재하면 산업의 이윤을 극대화하는 독점가격보다 낮은 가격이 설정되므로 개별 기업 및 산업의 이윤이 감소하는 것이다. 따라서 기업은 가능한 진입장벽을 높여 산업 내 경쟁을 완화하는 방식을 고려해야 한다. 진입장벽의 개념들은 제5장에서 기본적으로 다룬 바 있는데 가격전략을 통해 진입장벽을 구축할 수도 있다.

진입저지가격(Entry Preventing Price)의 개념을 설명하기 위해 [그림 8-4]를 살펴보자. 먼저 진입한 독점기업이 이윤을 극대화 하기 위해서는 한계수입곡선이 한계비용곡선과 만나는 Q^*의 판매량을 선택하고 P^*의 가격을 설정해야 할 것이다. 그런데 여기서 잠재적 진입기업이 하나 있다고 생각하자. 이 기업은 기존 기업과 동일한 기술을 가지고 있어 시장에 진입하여 동일한 가격에 경쟁하여 시장점유율 50%($Q^*/2$)를 확보할 수 있다고 가정해보자. 이 때 [그림 8-4]에서 회색빛으로 칠해진 면적은 각 기업의 고정비 수준을 나타내는 것으로 고정비를 고려하지 않은 독점이윤의 절반이 안되는 것으로 그려진 것이다. 그렇다면 두 기업이 모두 독점가격 하에서 양의 이윤을 얻을 수 있다.

6) 송재도(2011a)은 이러한 상황을 수리모형을 통해 분석하고 있다.

그림 8-4 진입저지가격의 개념

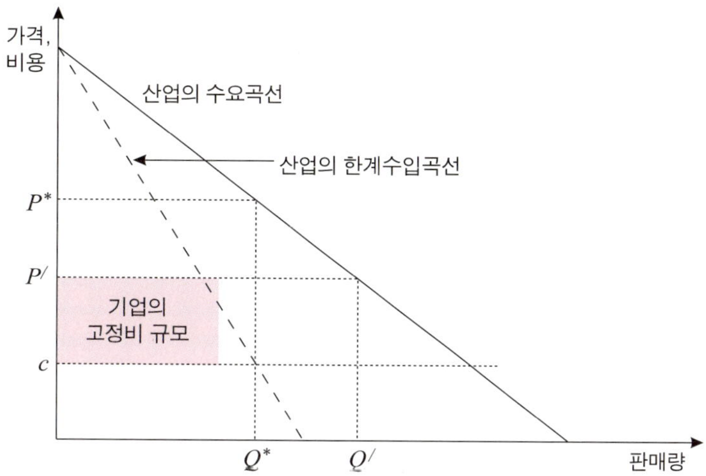

그런데 기존 기업이 현재의 이윤을 극대화하는 P^*의 가격이 아니라 $P^/$의 가격을 설정하고 $Q^/$를 판매한다고 생각해 보자. 이 경우에는 신규 기업이 진입하여 동일 가격에서 50%의 점유율을 확보한다고 해도 산업의 이윤은 각 기업의 고정비의 두 배가 못되는 상황으로 잠재적 진입기업은 진입을 할 수 없을 것이다. 그렇다면 기존 기업은 현재의 이윤을 극대화 하지 않더라도 가격을 $P^/$로 낮추어 유지함으로써 신규 기업의 진입을 막고 장기적으로 볼 때 진입을 허용하는 것 대비 높은 이윤을 얻을 수 있다. 이러한 가격을 진입저지가격이라고 한다.

진입저지가격은 근본적으로 잠재적 진입자가 진입하여 양의 이윤을 얻지 못하게 하는 가격수준을 의미하는 것이다. 기존 사업자가 진입저지가격을 사용할 경우 잠재적 진입자가 기존 사업자 대비 높은 효율성을 가져 시장을 석권할 수 없는 한 진입이 이루어질 수 없다.

여기서 한 가지 추가로 고려할 점은 매몰비용의 개념이다. 제4장에서 우리는 판매량 의사결정에서는 변동비만이 고려되며, 퇴출에 대한 의사결정에서는 비매몰성 고정비용의 회수 여부까지 고려됨을 살펴보았다. 반면 매몰비용의 경우 이미 지출되어 회수가 불가능한 비용을 의미하며, 미래의 의사결정에 고려되지 않는다고 설명하였다. 이를 조금 다른 방식으로 생각하면 이미 제품을 생산하여 판매하는 기업과 새로이 진입을 고려하는 기업 간 고려되는 비용의 범주가 달라짐을 알 수 있다. 기존 기업의 경우 고정비의 상당 부분을 매몰

별첨8.3

스타켈버그균형과 진입저지가격

진입저지가격의 개념을 엄밀히 살피기 위해 제5장에서 다루었던 스타켈버그경쟁의 개념을 다시 생각해 보자.

수요함수와 비용함수는 조금 단순화하여 $P=1-Q(Q=Q_1+Q_2)$와 $TC=f+cQ$를 가정한다$(1>c)$. 이 경우 양 기업의 이윤함수와 추종자인 기업2의 반응함수는 다음과 같다.

$$\Pi_i=(1-(Q_i+Q_j))Q_i-f-cQ_i=(1-(Q_i+Q_j)-c)Q_i-f$$

$$Q_2=\frac{1-Q_1-c}{2}$$

기업1은 기업2의 반응함수를 고려하여 자신의 이윤극대화 판매량을 결정하며, 결과적으로 양 기업의 판매량과 균형가격, 이윤은 다음과 같다.

$$Q_1^*=\frac{1-c}{2},\ Q_2^*=\frac{1-c}{4},\ P^*=\frac{1+3c}{4}$$

$$\Pi_1=\frac{(1-c)^2}{8}-f,\ \Pi_2=\frac{(1-c)^2}{16}-f$$

여기까지는 진입저지의 개념을 고려하지 않은 스타켈버그 균형이며, $f<\frac{(1-c)^2}{16}$ 를 가정하여 두 사업자가 시장에서 모두 판매를 하는 것으로 가정하였었다.

그런데 이제 기업1이 먼저 진입한 상황을 생각해보자. 기업1이 Q_1을 결정하면 기업2는 앞서 구한 반응함수로 판매량을 결정하며 그 때의 이윤은 다음과 같다.

$$\Pi_2=\left(1-Q_1-\frac{1-Q_1-c}{2}-c\right)\frac{1-Q_1-c}{2}-f=\left(\frac{1-Q_1-c}{2}\right)^2-f$$

이제 기업1이 $\Pi_2=0$이 되는 Q_1을 구하면

$$Q_1'=1-c-2\sqrt{f}$$

이 된다. 기업1이 이와 같이 판매량을 설정하면 기업2는 진입해도 이윤을 얻을 수 없기 때문에 진입을 할 수 없게 된다. 이제 기업1이 Q_1'를 선택하게 되면 시장에는 기업1만이 존재하게 되며, 기업1은 다음의 가격과 이윤을 얻게된다.

$P^{l}=c+2\sqrt{f}$, $\Pi_1=2\sqrt{f}\,(1-c)-5f$

만약 f가 $\frac{(1-c)^2}{16}$ 에 근접한 값이면 기업1은 진입저지가격을 통해 기존(스타켈버그균형)보다 더 높은 이윤을 얻을 수 있음을 알 수 있다. 만약 고정비 수준이 상당히 낮다면 진입저지가격은 기업의 이윤을 상당히 낮출 수 있다. 극단적으로 고정비가 0에 가깝다면 진입저지를 위해 가격이 한계비용 수준까지 낮아져야 하기 때문이다.

비용으로 인식하므로 매몰비용을 제외한 비용들만을 고려하게 되나, 신규진입을 고려하는 잠재적 진입자는 미래에 투자될 모든 비용 즉, 기존 사업자 입장에서 매몰비용으로 인식되는 비용까지도 회수할 수 있어야만 시장진입이 정당화될 수 있는 것이다. 잠재적 진입기업은 고정비의 상당 부분을 차지하는 매몰비용을 고려해야 하므로 경제적 의사결정 상황에서 기존 기업 대비 열위에 있다고 할 수 있다.

한편 앞서 설명된 상표 애호도, 구전효과, 교체비용, 망외부성, 경험곡선효과, 규모의경제와 같은 이월효과의 개념들은 시장에 먼저 진입하여 점유율을 확보하고 있는 기업이 신규로 진입하는 기업 대비 우위를 가질 수 있는 요인들이라고 생각할 수 있다. 이러한 개념들을 선발자 우위요소(First Mover Advantage)라고 설명하기도 한다. 매몰비용과 선발자 우위요소를 고려하면 기존 기업은 진입저지가격을 유지하면서도 상당한 이윤을 확보할 수 있다.

이러한 진입저지가격의 개념은 많은 연구자들에 의해 검토되었는데 일부 연구자들은 이윤극대화 가격 대비 낮은 가격을 신호효과(Signal Effect)로 해석하기도 한다. 기업들은 다른 기업들의 비용구조를 정확히 파악하기 어렵다. 따라서 잠재적 진입자 입장에서 기존 기업이 가격을 낮게 유지하는 행위는 기존 기업의 한계비용이 낮은 수준이라는 신호로 해석될 수 있다. 따라서 진입해도 기존 사업자와 경쟁에서 우위를 차지하기 어려우며, 양의 이윤을 확보할 수 없다고 판단하도록 작용할 수 있다. 결과적으로 진입을 저지하는 효과가 있다는 것이다.

또한 가격을 이윤극대화 가격보다 낮추지 않더라도 생산용량을 충분히 확보하는 것만으로도 진입저지의 효과가 있다고 설명된다. 생산용량이 많다는 것은 잠재적 진입자에 대응하여 언제든지 판매량을 늘리고 가격을 낮출 수 있다는 위협으로 작용하여 진입을 저지하는 효과를 낼 수 있다.

그러나 여기서 주의해야 할 점은 고정비용의 규모가 크고 결과적으로 시장의 규모 대비 최소효율 규모가 일정 수준 이상이 되어 소수의 기업만이 시장에서 살아남을 수 있는 경우에만 이러한 진입저지 가격의 개념이 적용될 수 있다는 점이다. 최소효율규모가 상당히 낮은 경우에는 많은 수의 기업들이 시장에서 생존할 수 있으며, 개별 기업이 시장가격에 미칠 수 있는 영향력 자체가 낮음으로 인해 진입저지가 가능한 수준을 고려하는 것이 무의미하다. 또한 이미 진입한 기업들 간 경쟁이 치열해 잠재적 진입자를 고려하지 않더라도 이미 상당히 낮은 가격이 설정될 것이라고 생각할 수 있다. 위의 별첨 8.3에서도 다루었지만 시장규모 대비 고정비용이 상당히 낮은 경우에는 진입저지가격이 한계비용에 가까워진다. 이런 경우 기존 기업이 진입저지가격을 통해 경쟁사의 진입을 저지하는 것이 그다지 의미가 없다.

그러나 고정비용이 작고 진입장벽이 낮은 산업에서도 신제품 도입 초기에는 경쟁이 매우 낮으나 이후 점진적으로 모방제품들이 등장하는 상황이 발생한다. 또한 특허 등에 의해 상당기간 독점상황이 유지되다가 특허 만료와 함께 경쟁이 발생하기도 한다. 앞서 침투가격전략의 논의에서는 추후의 경쟁에 대비하여 낮은 가격을 통해 점유율을 확보하고 이월효과를 통해 장기적으로 이윤을 극대화하는 개념을 설명한 것이다. 이러한 침투가격전략의 개념은 경쟁사들의 진입을 염두에 둔 것이기는 하지만 적극적인 침투가격전략은 경쟁자의 진입을 사전에 봉쇄하는 역할을 할 수 있다.

물론 경쟁자의 진입 이전에는 어느 정도 높은 가격을 통해 이윤을 확보하는 것이 효과적인 대안이 될수도 있다. 이는 그 제품의 특성이 이월효과를 많이 발생시키는지 여부에 의해 판단될 문제이다. 그러나 적어도 경쟁사의 진입이 예상되는 경우에는 진입 이후 최적가격수준을 판단하고 진입 이전에 선도적인 대응을 하는 것이 바람직하다고 평가된다.

핵심 주제 및 키워드

- 이월효과(Carry-over Effect)
- 과시효과(Demonstration Effect)
- 망외부성(Network Externality)
- 멧칼프의 법칙(Metcalfe's Law)
- 플랫폼(Platform)
- 양면시장(Two-sided Market)
- 스키밍전략(Skimming Price Strategy)
- 침투가격전략(Penetration Price Strategy)
- 도입가격(Introductory Pricing)
- 경로의존성(Path Dependence)
- 가격 기대
- 진입저지가격(Entry Preventing Price)

생각해볼 문제

1) 소비자 관점에서 이월효과가 발생하는 원인들을 정리해 보시오.

2) 핸드폰, 개인용 PC, TV 등 기술변화가 빠른 전자제품에서 스키밍전략이 자주 활용되는 원인을 설명하시오.

3) 침투가격전략이 사용되는 원인을 망외부성 및 표준경쟁관점에서 설명하시오.

4) 망외부성 및 표준경쟁의 문제에서 제품 간 호환성이 미치는 영향을 설명하시오.

5) 가격이 오랜 기간 유지되는 상황도 침투가격전략으로 해석될 수 있는 이유를 설명하시오.

6) 제품수명주기에 따라 스키밍전략과 침투가격전략의 선택이 바뀔 수 있는 이유를 설명하시오.

7) 소비자들의 가격기대가 스키밍전략과 침투가격전략의 선택에 미치는 영향을 설명하시오.

8) 시장규모와 고정비용의 수준은 진입저지가격수준에 어떻게 영향을 미치는가?

9) 진입저지가격 상황에서 기존 사업자의 매몰비용이 기존사업자의 우위요인으로 작용하는 원인은 무엇인가?

제9장 단기관점의 동태적 가격관리

기업들이 가격을 자주 조정하지 않는 하나의 원인은 가격을 조정하는데 따른 비용이 들기 때문이다. 가격의 변경을 위해서는 소비자에게 가격변경 사실을 알려야 하며, 이를 위해 제품가격표와 메뉴판을 전부 새로 만들어야 하는데 이러한 가격조정 비용을 메뉴비용(Menu Cost)이라고 한다. 전통시장에서는 메뉴비용이 높기 때문에 가격이 고착되고, 공급과 수요의 미세한 변화에 대응이 곤란하였다. 또한 소비자 입장에서도 가격이 자주 변하고 구조가 복잡해질 경우 가격정보에 대한 탐색비용이 증가하여 불편을 초래할 수 있다. 그러나 인터넷을 비롯한 정보기술의 발달에 따라 기업들이 가격을 조정하고 이를 소비자들에게 공지하는 비용이 상당히 줄어들었다. 단지 홈페이지의 내용을 수정함으로써 가격의 조정이 가능해지는 것이다. 또한 소비자가 요구하는 시간대와 상황을 고려하여 가격을 맞춤형으로 변경하는 방식도 가능해졌다.

물론 동태적 가격전략의 개념은 오래전부터 존재했던 것이나 최근들어 이의 중요성이 더욱 부각되고 있는 것이다. 골프장의 경우 내일 갑자기 비가 내린다는 예보가 나올 경우 많은 예약자들이 예약을 해지하는 상황이 발생한다. 이 경우 골프장들은 매몰비용에 해당하는 설비들을 놀려야 하는 상황이니 가격을 낮춰서라도 설비의 활용률을 높이는 방안을 생각해야만 한다. 이 때 과거에는 가능치 않았던 SMS나 e-mail 등을 통해 할인된 가격을 공지하여 비를 맞더라도 낮은 가격에 골프를 치겠다는 소비자들을 모을 수 있게 되는 것이다. 즉, 공급능력과 수요의 일시적 차이를 동태적 가격과 정보기술을 통해 해소하여 이윤을 극대화하는 것이다.

이번 장에서는 전통적인 경매 및 가격차별 수단으로서의 일시적 가격할인 및 기타의 동태적 가격결정방식을 다룰 것이다. 한편 제10장에서 다루는 수익관리와 최대부하 요금제(Peak-Pricing) 또한 수요와 공급의 조정을 추구하는 단기 동태적 가격관리에 해당한다.

01 경매제도[1)]

경매(Autcion)는 통상 물건을 사려는 사람이 여러 명일 때 값을 가장 높게 부르는 사람에게 파는 행위를 의미한다. 여러분은 영화를 통해 고대 그리스나 로마제국에서 노예들을 놓고 경매가 이루어지는 장면들을 본 적이 있을 것이다. 경매는 매우 오랜 역사를 가진 가격의 결정방식이다.

경매는 판매자 입장에서 볼 때 상당한 장점을 가지고 있다. 첫 번째 판매자가 수요자들의 지불의사가격에 대한 정보를 알지 못하는 경우 발생하는 비효율성을 감소시킬 수 있다. 뒤에서 설명할 것이나 경매는 수요자들의 지불의사가격에 대한 정보를 공개하는 절차로 볼 수 있으며, 이를 근거로 가격이 결정된다. 따라서 가격을 너무 높이 불러 판매가 안되거나 너무 낮게 불러 수익의 기회를 상실시키는 가능성을 감소시킨다. 두 번째로 경매는 경매에 부쳐진 제품을 대상으로 수요자들 간 경쟁을 유도하는 방식으로 판매자가 높은 가격에 판매할 기회를 제공한다.

이러한 장점에도 불구하고 전통적으로 경매는 청과물, 생선과 같이 상품의 질이 쉽게 변하는 제품의 도매 판매, 미술품이나 골동품과 같이 상품가치에 대한 불확실성과 격차가 큰 경우에 제한적으로 사용되어 왔다. 이는 경매제도가 중재자를 필요로 하는 등 운영비용이 크고, 거래를 원하는 사람들이 한 공간에 모여 있어야 제대로 된 경매가 이루어진다는 시·공간의 제약을 받기 때문이다. 유일하게 존재하는 미술품, 상황마다 품질이 달라지는 청과물, 생선과 같이 경매에 사용되는 제품들은 동일 제품이 단 1회 거래된다는 특징이 있다. 동일 제품들이 반복적으로 거래되는 경우 판매자가 수요자들의 지불의사가격을 학습하기 용이하다. 반대로 1회성 거래에서는 수요자들의 지불의사가격 파악이 어려우므로 경매가 주는 효과성이 높다. 또한 반복적인 거래에서 매번 경매의 번거로운 절차를 거치는 것이 비효율적이다(높은 거래비용).

그러나 인터넷은 사람들로 하여금 시간과 공간의 제약을 넘어서 의사소통을 가능하게 하

1) 이 절은 권남훈, 왕규호, 오정숙(2000)과 박동욱, 왕규호, 김원식, 이승훈(2002)을 주로 참조하였다.

였고 조정에 드는 비용을 획기적으로 감소시켰다. 이에 따라 우리는 최근 많은 전자상거래 시스템에서 경매가 사용되는 것을 볼 수 있다. 전세계적으로는 1995년 Onsale이나 eBay가 효시적 사례가 되었으며, 국내에서도 Auction이나 G-market을 비롯해 대다수 온라인 쇼핑몰들에서 경매제가 시행되고 있다. 보편적인 공산품들을 비롯해 다양한 제품들이 경매를 통해 거래되고 있는데 이를 생각해 보면 수요자의 지불의사가격의 불확실성이 경매가 사용되는 주된 원인이라고 생각할 수 있는지 다소 의문이 들 수 있다. 그러나 수요와 공급 상황은 시간에 따라 지속적으로 변화하므로 각 시점마다 이러한 변화를 반영한 가격을 책정한다는 점에서 경매제도는 의미가 있으며, 기타 판매자 입장에서 많은 장점들을 보유하고 있다. 이를 구체적으로 이해하기 위해 경매제도의 유형과 가격결정원리를 구체적으로 살펴보자.

1.1 경매의 유형

상이한 경매의 운영방식들이 존재하며 그 대표적인 유형으로 다음의 네 가지를 들 수 있다.

① 영국식 경매(English Auction, Ascending Auction) : 영국식 경매는 최저가에서 시작하여 더 이상 높은 가격이 제시되지 않을 때까지 경매가격이 올라가는 방식이며, 더 이상 높은 경매가가 제시되지 않으면 마지막 제출된 입찰가에서 가격이 결정된다.

② 네덜란드식 경매(Dutch Auction, Descending Auction) : 판매자가 제시한 최고가로부터 점차 가격이 내려가며, 최초로 제시가를 수락하는 입찰자에게 낙찰된다. 가격은 최초 수락이 발생한 제시가가 된다. 입찰자가 없으면 가격은 지속적으로 낮아진다.

③ 최고가 밀봉경매(First-price Sealed-bid Auction) : 위 두 방식과 달리 밀봉경매에서는 입찰자들이 비밀리에 단 한번 입찰가를 제출한다. 최고가 밀봉경매에서는 최고가의 입찰자에게 최고가의 입찰가격으로 판매된다.

④ 차가 밀봉경매(Second-price Sealed-bid Auction) : 역시 단 한번 입찰가를 제출하며, 최고가의 입찰자에게 판매된다. 그러나 가격은 최고가가 아닌 두 번째 높은 입찰

가에 결정된다.

위 네 가지 입찰방식 중 위의 두 가지 경우는 누가 경매에 참여하고 있는지를 참여자 모두가 알 수 있는 방식이다. 특히 영국식 경매에서는 경매가 진행되는 순간마다 그 이전에 어떤 가격에서 누가 입찰가를 제시하였는지 알게 되는 방식이다. 반면 밀봉입찰의 경우 참여자와 참여자들의 입찰가에 대한 정보를 알 수 없다. 인터넷 상의 대부분의 경매사이트에서는 주로 영국식 경매방식이 사용된다고 한다.

한편 경매방식을 순경매와 역경매로 구분하기도 한다.

① 순경매 : 구매자들이 경매에 참여하여 구매자 간 경쟁을 통해 가격을 결정하는 방식이다. 앞서의 네 가지 경매방식은 순경매를 상정하여 설명된 것이다.
② 역경매 : 판매자들이 경매에 참여하여 판매자간 경쟁을 통해 가격을 결정하는 방식이다. 즉, 더 낮은 가격을 제시하는 판매자를 선택하기 위한 방식이다. 구매자는 입찰자가 제시한 상품/서비스의 내용과 가격을 고려하여 판매자를 선택한다. 정부나 대기업들이 입찰을 통해 구매를 하는 방식이 역경매에 해당한다.

1.2 경매가격의 결정 원리

1. 독립-사적가치모형

독립-사적가치모형(Independent Private Value Model)이란 경매의 참여자들이 제품에 부여하는 가치 즉, 지불의사가격이 각자 독립적으로 결정되며, 각 참여자들의 지불의사가격이 각기 상이할 경우를 다룬다. 이 경우는 구입되는 제품을 참여자 스스로 소비할 것을 염두에 둔 경우라고 할 수 있다. 반면 공통가치모형(Common Value Model)은 도매업자가 제품을 구입하여 타인에게 파는 경우를 생각하면 된다. 각 참여자들은 추후에 이 제품을 다시 판매할 때 얼마에 팔 수 있을까를 고민하게 되며, 되팔 때의 가격은 모든 도매업자들에게 같을 것이라고 생각해야 한다. 다만 되팔 때의 가격에 대한 예측이 서로 상이한 상황이다.

우선 영국식 경매방식에서 독립–사적가치모형의 경매가격 결정원리를 살펴보자. 우선 n명의 경매 참여자가 제품에 대해 각각 $v_i(i=1, 2, \ldots, n)$의 지불의사가격을 갖는다고 생각해 보자. 경매의 참가자들은 경매가격이 자신의 지불의사가격보다 낮다면 그 가격에 제품을 구매하는 것이 합리적이다. 따라서 참여자 i는 현재 타인이 제시한 가격이 v_i 이하인 경우 타인보다 조금 높은(v_i보다 낮은) 가격을 불러 제품을 낙찰받는 전략을 써야 한다. 반면 제시된 가격이 v_i 이상이 된다면 경매에 참여하지 않아야 한다. 이를 생각하면 결국 n개의 v_i 중 두 번째로 높은 값까지 입찰가가 상승한다. 가장 높은 지불의사가격을 지닌 참여자가 두 번째 높은 v_i보다 조금 높은 가격을 제시하면 더 이상 입찰가가 상승하지 않는 것이다. 이를 생각하면 낙찰가는 참여자들의 지불의사가격 중 두 번째로 높은 값에서 결정되는 것이다.

다음으로 차가 밀봉경매에서 각 입찰자가 제출하는 입찰가는 자신의 지불의사가격과 같아야만 한다. 만약 지불의사가격보다 높은 가격을 입찰할 경우 지불의사가격보다 높은 가격에 제품을 구매하게 될 가능성이 있다. 반면 낮은 가격을 입찰할 경우 타인이 더 높은 가격을 제출해 지불의사가격보다 낮은 가격에 제품을 구매할 기회를 상실할 수 있다. 결과적으로 각 참여자들은 자신의 지불의사가격을 제출하는 것이 최선의 전략이며, 낙찰가는 두 번째로 높은 지불의사가격에서 결정된다.

결국 차가 밀봉경매의 결과와 영국식 경매의 결과는 같아지는 것이다. 이 두 가지 경매방식은 각 참여자들이 자신의 지불의사가격을 제출함으로써(영국식에서는 지불의사가격보다 낮으면 참여하고 아니면 포기하는 식으로) 경매가격이 결정된다. 낙찰자는 자신의 지불의사가격과 다음 순위의 지불의사가격의 차이만큼의 순효용을 얻게 된다.

반면 네덜란드식 경매 또는 최고가 밀봉경매에서는 자신의 지불의사가격을 제출해서는 순효용을 얻을 수 없다. 만약 지불의사가격을 제출할 경우 낙찰자는 지불의사가격과 경매가가 같아져 0의 순효용만을 얻게 된다. 따라서 다른 참가자들이 어떤 가격을 제출할 것인지를 고려하여 제출가를 결정해야 한다. 즉, 낙찰받고자 하는 자는 두 번째 높은 지불의사가격을 예측하고 그에 기초하여 입찰가를 제시해야만 한다.

지불의사가격에 대한 통계적 분포를 가정한 이론연구들에 따르면 네덜란드식 경매 또는 최고가 밀봉경매에서도 경매가격의 기대 값은 차상위 지불의사가격이 되어 영국식 경매나 차가 밀봉경매와 같아진다고 한다. 이는 각 참여자들이 자신의 지불의사가격보다 조금 낮은 가격으로 입찰을 시도할 것이라는 점을 생각하면 직관적으로 이해될 수 있을 것이다. 그러나 네덜란드식 경매 또는 최고가 밀봉경매는 다른 참여자들의 지불의사가격을 예측해야만 한다. 따라서 예측이 정확하지 못하면 경매의 결과 가장 높은 지불의사가격을 가진 자가 낙찰을 받지 못할 수 있으며, 타인의 지불의사가격을 추측하는 데 따른 비용 및 불확실성을 감수해야 한다는 점을 고려하면 다소 비효율적인 방식이다.

아무튼 구체적인 운영방식의 차이에도 불구하고 경매는 각 참여자들의 지불의사가격 또는 타인의 지불의사가격의 예측을 제시하게 함으로써 판매자의 불확실성을 감소시키는 역할을 한다. 또한 결정되는 가격은 차상위 지불의사가격수준이 되어 판매자 입장에서 최선에 가까운 결과를 준다.

2. 공통가치모형

공동가치모형(Common Value Model)의 예로 특정 사업권을 판매하는 경우를 생각할 수 있다. 만약 금광의 채굴권을 판매한다고 생각해 보자. 가능한 채굴량이나 미래의 금 가격에 대해 불확실성이 존재하나 누가 채굴권을 얻던 그 가치에는 변화가 없다고 생각할 수 있다. 그러나 각 참여자들은 정보의 불확실성에 의해 그 가치에 대한 평가가 달라질 것이다. 이 경우 정부가 알아서 가격을 정하고 원하는 자에게 판매하는 것보다는 경매방식을 통해 참여자들 중 그 가치를 높게 생각하는 자에게 판매하는 것이 효과적일 수 있다. 2011년 정부가 이동통신사업자들에게 주파수를 경매에 부쳤던 것은 이러한 공통가치 모형의 실례라고 할 수 있다.

이 경우에도 참여자들의 입찰가격은 결국 자신이 평가하는 기대가치(주관적인)에 근거할 것이다. 경매방식마다 조금씩 다르지만 자신의 기대가치를 제출하거나 차상위 기대가치수준을 평가하여 제출함으로써 기대가치와 경매가의 차이를 이윤으로 획득하려고 시도할 것이다.

그러나 독립-사적가치모형에서는 지불의사가격이 참여자의 제품에 대한 가치를 그대로 반영하는 반면 공통가치모형에서는 기대가치와 추후에 확인될 객관적인 가치 간 괴리가 존재한다. 경매가격의 결정원리를 고려한다면 여러 참여자들 중 기대가치가 가장 높았던 참여자에게 낙찰될 것이며, 그 가격은 객관적인 가치보다 높을 것으로 예상할 수 있다. 만약 객관적인 가치가 각 참여자들의 주관적 기대가치의 평균이라고 가정한다면 낙찰가는 분명 이보다 높을 것이다.

결과적으로 판매자의 입장에서는 가격을 높이는 효과가 있어 바람직하지만 낙찰을 받는 참여자는 지나치게 높은 가격에 구매하는 결과가 발생하기 쉽다. 이렇듯 공통가치 모형의 상황에서 경매의 승자가 결과적으로 피해를 보는 현상을 승자의 저주(Winner's Curse)라고 표현한다.

1.3 인터넷 경매의 특성

인터넷의 등장에 따라 경매는 매우 다양한 제품들에 적용되고 있다. 최근 연구가 부족하여 2000년 자료를 제시한 [그림 9-1]을 참고하면 거래되는 제품의 유형이 매우 다양함을 알 수 있다. 컴퓨터, 책, 의류, 전자제품 등 일반적인 공산품들이 특히 높은 비중을 차지하고 있다. 또한 같은 자료원에 따르면 일주일에 1회 이상 인터넷 사용인구(2000년 1,752만 추정) 중 10.2%가 경매 이용경험이 있다고 하니 매우 많은 소비자들이 광범위하게 참여하고 있다.

그림 9-1 인터넷 경매 참여자의 주요 구매 제품(국내, 2000년)

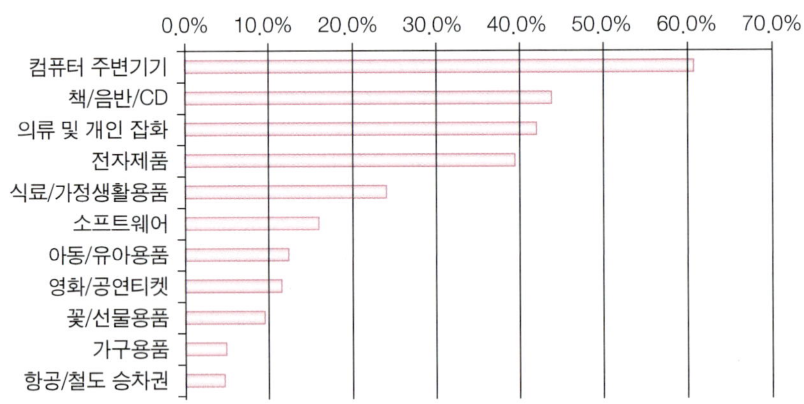

자료원 : 권남훈, 왕규호, 오정숙(2000), 디지털경제에서의 경매제도 분석 : 인터넷 경매의 현황과 이론, 정보통신정책연구원, P122.

전통적으로 경매는 상품가치에 대한 불확실성과 격차가 크며, 동일 제품의 반복적 거래가 이루어지지 않는 제품들에서 이용되었다고 설명한 바 있다. 그러나 거래되는 품목들을 보면 동일 제품이 반복적으로 거래되는 공산품들을 포함하고 있다. 이 경우 반복적 거래에 의해 소비자들의 지불의사가격도 파악이 용이하므로 전통적인 경매의 사용 목적과는 다소 다른 유인이 작용하고 있는 것으로 생각된다. 또한 공산품 등의 경우 동일 제품들이 일반적인 형태의 가격으로 널리 거래되고 있으므로 경매에 참가하는 구매자들은 일반 가격보다 높은 경매가를 지불할 이유가 없다. 따라서 소비자들이 지불의사가격을 제시하게 하여 가능한 높은 가격에 판매하고자 하는 의도라고 해석하기도 어렵다. 실제로 경매가는 시중 판매가보다 낮은 경우가 많다.

저자가 볼 때는 공급자들이 일반적인 가격을 유지하면서도 경매를 병행하고 있는 것은 다음과 같은 이유로 해석된다.

① 일반 소비자들로부터 경매에 참여하는 불편을 감수하면서라도 낮은 가격을 지불하려는 소비자들을 분리/세분화하여 가격차별을 실행할 수 있다. 대체로 경매에 참여하는 소비자들은 가격민감도가 높을 것이다.

② 일시적으로 수요보다 공급이 많은 경우 경매를 통해 재고를 처분하려는 수요/공급의 조정기능을 한다.

③ 기업의 입장에서 경매라는 이벤트를 통해 소비자들에게 흥미와 재미를 유발함으로써 프로모션의 효과를 볼 수 있다.

1. 오픈마켓과 경매

한편 경매가 활성화되는 또 다른 이유는 온라인 쇼핑 업체들의 비즈니스 모델 변화를 생각할 수 있다. 김선기(2006)에서는 인터넷 쇼핑몰을 종합쇼핑몰과 오픈마켓(Open Market, 온라인 마켓플레이스)으로 구분하고 있다. 종합쇼핑몰은 공급자로부터 물건을 구입한 후 이를 판매하여 판매마진을 수익원으로 취한다. 반면 옥션이나 G Market과 같은 오픈마켓의 경우 입점업체들을 유치하는 방식이며, 이들 입점업체들로부터 수수료를 수취하는 방식으로 운영된다.

표 9-1 종합쇼핑몰과 오픈마켓의 비교

	종합쇼핑몰	오픈마켓(온라인 마켓플레이스)
수익구조	공급가와 판매가의 차액(마진)	입점업체로부터의 수수료(업체/제품 등록 수수료, 경매 낙찰 수수료, 부가서비스 수수료 등)
비용구조	재고비, 창고비, 물류비 등 직접 부담	재고비, 창고비, 물류비 등 입점업체 부담
판매물품	제한된 물품만이 거래됨	입점업체수가 이론적으로 무제한, 동종 입점업체간 높은 경쟁
판매방식	고정가 판매	경매, 고정가 판매

이 때 오픈마켓은 재고비용이나 창고비, 물류비 등의 부담을 지지 않는다. 이를 모두 입점업체들이 부담하는 구조이다. 또한 온라인 쇼핑몰의 이런 특성으로 인해 입점업체의 수를 무한정 늘려도 많은 자원이 소요되지 않는다. 또한 물리적 매장에서는 진열공간의 한계가 존재하지만 온라인에서는 그렇지 않으며, 검색기능을 통해 무수한 제품들을 소비자들이 쉽게 탐색하여 이용할 수 있는 것이다. 이 결과 많은 입점자들을 확보할 수 있으며, 많은 입점자들이 몰리는 곳에 소비자들도 몰리는 것은 당연하다. 또한 소비자들이 몰리면 더 많은 입점업체들이 모이고 그들 간의 경쟁이 다시 소비자들을 늘리는 선순환 구조가 발생할 수 있다. 한국인터넷진흥원(2007)에 의하면 TV홈쇼핑, 오픈마켓, 기타 인터넷쇼핑, 카탈로그 쇼핑의 네 가지 유형 중 오픈마켓의 매출 비중은 2006년 38.4%에 이르며, 오픈마켓 매출의 2005년 대비 성장률은 58.3%에 이른다. 오픈마켓은 제8장에서 언급된 플랫폼 또는 양면시장의 중요한 사례이다.

이렇듯 오픈마켓이 온라인쇼핑에서 차지하는 비중은 날로 증가하고 있다. 그런데 오픈마켓에서는 경매라는 방식을 통해 구매자에게 낮은 가격으로 구매할 수 있는 기회를 제공함으로써 기존 유통망과 차별화를 시도하고 있다. 이러한 구조가 가능한 것은 운영사는 수수료를 수익원으로 취하므로 낮은 낙찰가의 부담을 지지 않는다는 점과 오픈마켓 입점자들간 강한 경쟁으로 인해 입점자들이 이러한 낮은 낙찰가를 받아들이고 있다는 점이 원인이라고 생각된다.

또 하나의 오픈마켓의 특징은 C2C(Consumer to Consumer) 거래가 활성화 되고 있다는 점이다. 소비자들이 보유하던 중고제품이나 개인이 수공예 방식으로 제작한 물건들의 경우 물리적인 매장이나 종합쇼핑몰과 같은 형태에서는 거래되기 어렵다. 그러나 판매를 전문으로 하지 않는 일반 소비자들도 자신이 보유한 물건을 오픈마켓에서 적은 수수료로 등록하고 판매할 수 있는 것이다. 그런데 이 경우 개인이 보유한 물건은 수작업으로 만들어져 동일한 제품이 존재하지 않거나 중고물품이어서 그 가치가 통상의 가격으로 평가되기 어려운 경우가 많다. 즉, 시중가가 존재하지 않는 것이다. 이런 경우 경매는 그 물건의 구매를 희망하는 사람들의 지불의사가격을 파악하고 가능한 높은 가격에 판매하기 위한 수단으로 사용될 수 있다.

결과적으로 현재 인터넷에서 공산품 등이 일반가격(고정가 판매)과 함께 경매를 통해 판매되고 있는 것은 입점자들의 경쟁을 통해 더 낮은 가격에 소비자들을 끌어모으는 역할을 수행한다고 볼 수 있다. 반면 C2C거래의 대상이 되는 시중가가 형성되지 않은 제품들의 경우 경매는 소비자들의 지불의사가격을 파악하고 가능한 높은 가격에 판매하려는 판매자의 목적과 결부된 것으로 생각된다.

2. 공동구매와 소셜커머스[2)]

경매와 관련하여 공동구매(Group Purchase, 공동경매)라는 용어도 사용되고 있다. 통상적으로 언급되는 공동구매와 공동경매는 그다지 차이점을 발견하기 어렵다. 한국에서 오픈마켓으로 대중적인 인지도를 확보하고 있는 옥션(Auction)의 경우 공동경매에서 판매자는 3단계의 가격을 설정한다. 각 단계별로 가격이 하락하는데 다음 단계의 낮은 가격을 적용받기 위해서는 구매자들의 수가 일정 기준을 넘어가야 한다. 예를 들어 사전에 공지된 기간 내에 50명 이하의 구매자(신청자)가 신청할 경우 1단계 가격 5,000원이 적용되며, 100명 이상인 경우 2단계 가격 4,000원, 마지막으로 200명이 넘는 경우 3단계 가격 3,000원이 적용되는 방식이다. 이 경우 입찰자는 자신이 구매할 최종 가격을 알 수 없는 상황이다.

이와 유사한 방식으로 소셜커머스(Social Commerce)라고 불리우는 형태도 나타났다. 이 경우 단계 구분없이 공지 기간 내에 최소 X명 이상이 신청하면 할인가격으로 구매가 가능해진다. 결제시점 등의 세부적인 차이를 무시한다면 공동경매와 소셜커머스는 매우 유사

2) 좀더 세부적인 내용은 '손미향, 구현아, 이지인(2011), 내 가게 소셜커머스로 대박나기, 한빛미디어'를 참조하라.

한 형태로 보인다. 이 경우 구매자들은 신청자가 일정 수를 넘어야만 할인된 가격을 적용받을 수 있다. 따라서 이러한 서비스를 제공하는 각 사이트는 신청자들이 각종 SNS(Social Network Service)와 연동하여 지인들의 참여를 유도할 수 있는 기능들을 제공하며, 이를 통해 사업자들의 프로모션에 해당하는 기능을 소비자들이 직접 수행하도록 유도한다.

공동경매나 소셜커머스는 결국 소비자들이 프로모션 기능을 대신하고 그 대신 가격을 할인하는 방식으로 해석할 수 있다. 실제 기업들의 원가에서 유통, 판매 관련 비중이 매우 높으므로 이를 소비자들이 대체해준다면 가격의 인하가 정당화될 수 있다. 특히 이런 판매방식을 통해 모집되는 구매자들이 기존 구매자들과 중첩되지 않는다면 즉, 새로운 세분시장에 판매를 가능하게 한다면 기업에게 긍정적인 효과를 줄 수 있다. 따라서 기존 표적시장의 소비자들과 새로운 세분시장의 가격을 차별화하는 방식으로 해석할 수 있으며, 일시적으로 적용되는 가격이라는 점에서 프로모션 가격의 형태로 이해할 수도 있다.

02 일시적 가격할인

여러분은 대다수 제품이나 유통망에서 가격할인 행사 즉, 세일을 하는 것을 기억할 것이다. 어떤 형태의 가격할인은 소위 '땡처리'처럼 회사가 부도가 나는 경우 또는 예상치 않은 불황의 결과로 발생하는 과도한 재고의 처리같이 예측가능하지 않은 일시적인 형태이다. 이런 경우는 예상치 못한 환경의 변화에 대응하기 위한 행위로 전략적인 의미를 가지는 것은 아니다. 그러나 백화점 같은 경우 많은 소비자들이 계절별로 즉, 1, 4, 7, 10월에 세일을 하는 것으로 알고 있다. 이렇듯 상당히 예측 가능하고 반복적, 주기적으로 실시되는 가격할인의 경우는 기업의 전략적인 의도를 반영하는 것이다. 만약 연중 75%의 기간에는 100의 가격에 판매하고 25%의 기간에는 80의 가격에 판다면 항상 85의 가격에 판매하는 것과 동일한 결과를 내지 않을까? 아마도 그렇지 않을 것이다. 기업이 왜 반복적으로 가격할인을 하게 되는지 이해하는 것은 상당히 의미있다.

별첨9.1 수요의 증가는 가격을 상승시키는가?[3)]

전통적인 수요-공급이론에 따르면 다른 요인들이 고정된 상황에서 수요가 증가하면 균형가격이 상승할 것이다. 그러나 현실에서 수요의 증가가 가격을 하락시키는 상황도 쉽게 관찰 가능하다. 예를 들어 크리스마스 시즌에 많은 소매점들은 가격할인을 진행한다. 매 계절이 바뀔 때에도 백화점들이 시즌(Season)세일을 실행하며, 주말에 가격할인 행사가 집중된다. 크리스마스, 계절의 변화, 주말 모두가 수요가 집중되는 시점이다. 이 때에는 다른 시점들 대비 수요가 증가하니 가격이 상대적으로 상승해야 옳지 않은가? 이 문제를 어떻게 해석해야 할 것인가?

이와 관련하여 가격이 안정적으로 유지되는 상황을 설명하는 이론으로 굴절수요곡선(Kinked Demand Curve)모형을 소개한다. 이 모형은 한 기업이 가격을 낮출 때와 올릴 때 여타 기업들의 행태가 달라짐을 가정하고 있다. 만약 특정 기업이 가격을 낮춘다면 여타 기업들은 수요를 빼앗기게 되므로 모두가 같은 수준으로 가격을 인하하는 보복전략을 사용한다. 이 경우 모두가 가격을 낮추게 되므로 초기에 가격을 낮추었던 기업은 의도했던 점유율 증가를 달성하지 못하고 수요량이 그다지 증가하지 않는다. 반면 특정 기업이 가격을 인상한다면 여타 기업들은 피해를 보지 않는 상황이므로 기존 가격을 유지한다. 결과적으로 가격을 높인 기업은 혼자만 높은 가격을 유지하므로 수요량이 상당히 감소하게 된다. 이러한 상황을 가정한다면 특정 기업이 가격을 낮출 때는 수요량이 그다지 증가하지 않는 반면 가격을 높일 때에는 수요량이 크게 감소하게 된다. 결국 현재의 지배적 가격을 중심으로 수요곡선의 기울기가 다르게 나타나는 것이다. 때문에 이 모형을 굴절수요곡선 모형이라 부르는 것이다. 이러한 상황을 가정하면 기업은 현재의 지배적인 가격에서 변화를 시도하기 어려워진다. 가격을 낮춘다고 해도 수요가 크게 증가하지 않아 마진만 감소할 것이며, 가격을 올리면 수요량이 크게 감소해 이윤이 감소할 것이기 때문이다. 결과적으로 산업에서 정착된 가격이 크게 변동하기 어렵게 된다.

굴절수요곡선 모형에서 하나의 중요한 가정은 가격인하 시 여타 경쟁사들이 같이 가격을 인하하는 보복을 실행한다는 것이다. 정확히 따지면 먼저 가격을 인하한 회사는 일시적으로 많은 이익을 얻을 수 있다. 그러나 경쟁사들이 모두 가격을 낮춘다면 이후부터는 모두가 이윤이 작아지는 상황이 발생한다. 결국 처음 가격을 인하했을 때에 일시적으로 이윤이 증가하고 이후 감소된 이윤이 상당 기간 유지될 것이다. 따라서 일정 기간의 이윤을 합산하여 고려하면 가격을 인하하는 것이 이익에 도움을 주지 않게 되는 것이다.

그런데 수요가 일시적으로 증가하는 상황을 고려해 보자. 이 경우 한 기업이 먼저 가격을 낮추면 경쟁사들이 반응하여 보복을 가하기 전까지 증가되는 수요의 혜택은 상당히 클 수 있다. 따라서 이후의 경쟁사들의 가격 인하를 고려해도 이윤이 증가될 수 있다. 따라서 수요가 증가하는 시점에 가격을 인하할 유인이 생긴다. 또한 이러한 상황을 모두가 예측한다면 모든 기업들이 수요가 증가하는 시점에 가격을 인하하는 상황이 발생한다.

이를 보완하는 또 하나의 가설은 크리스마스 시즌이나 주말에는 개별 소비자들의 구매량이 상당히 증가한다. 소량의 구매를 할 때 소비자들은 가격정보를 탐색하는데 많은 시간을 할애하지 않지만 구매량이 증가하면 가격에 민감해지고 가격정보를 더 많이 탐색한다. 결국 기업들은 이에 반응하여 더 경쟁적이 되며, 가격을 인하하게 된다는 설명이 가능하다.

경쟁의 상호작용을 고려하면 수요-공급의 일반적 이론과는 다른 결과가 나타날 수 있는 것이다.

1. 경쟁적 가격할인

전통적인 경제학(게임이론을 응용한 산업조직론 분야)에서는 일시적 가격할인을 경쟁자가 예측하지 못하는 방식의 가격인하로 해석하기도 한다.[4] 만약 기업이 항시적으로 가격을 인하하면 경쟁자도 같이 또는 그 이하로 가격을 인하할 가능성이 높으며 가격을 인하하는 것은 불리할 경우가 많다. 그러나 상대방이 높은 가격을 유지할 경우 자신만 가격을 인하한다면 큰 이익을 얻을 수 있다. 결과적으로 항상 가격을 높은 수준으로 유지하거나 항상 낮은 가격으로 유지하는 것은 최선의 전략이 되지 못하며, 치고 빠지기 식의 반복적인 가격할인이 최선의 전략이 된다는 것이다. 이 때 이론적으로 중요한 것은 경쟁기업이 예측하지 못하는 방식(확률적 방식)으로 할인이 이루어져야 한다는 것이다.[5] 만약 경쟁기업이 예측한다면 반복적인 가격전쟁이 발생할 수 있다. 이러한 관점이 주는 의미는 기업은 일시적인(경쟁기업이 예측하기 어려운 방식으로) 할인을 통해 가격전쟁을 회피하면서 이익의 증대를 추구할 수 있다는 것이다. 물론 모든 기업들이 항시적으로 높은 가격을 유지하는 경우와 모든 기업들이 일시적 가격할인을 할 경우를 비교하면 전자에서 산업의 이윤 수준이 높을 것으로 생각되며, 이 관점의 가격할인은 죄수의 딜레마적 특성을 갖는다. 즉, 경쟁지향적인 가격할인인 것이다.

3) Monroe(2002), Chap 3의 P56 참조
4) Varian(1980), Narasimhan(1988), Raju, Srinivasan, and Lal(1990) 등.
5) 게임이론에서는 주어진 상황에서 확정적으로 특정 행동을(항상 가격을 낮게 유지 또는 항상 높게 유지) 하는 경우를 순수전략(Pure Strategy)이라고 한다. 이와 대비되는 개념으로 특정 상황에서 여러 개의 행동 가운데 하나를 확률적으로 선택하는 경우를 혼합전략(Mixed Strategy)이라고 한다. 또한 양 기업이 혼합전략을 사용하는 균형을 혼합전략균형(Mixed Strategy Equilibrium)이라고 한다. 여기서 설명된 일시적 가격할인은 혼합전략에 해당한다.

2. 할인을 통한 가격차별

일시적 가격할인이 가격차별을 통해 기업들의 이윤을 증가시키는 수단이 될 수 있음을 보이는 연구들도 많다. Richards(2006)에서는 일시적 가격할인을 다섯 가지 유형으로 분류하였다. 그 중 두 가지는 시장수요의 불확실성에 대응하기 위한 형태의 일시적 가격할인과 경쟁자의 가격인하에 대응하기 위한 위협행위와 같이 비계획적인 형태의 가격할인이다. 또 한 가지 유형은 제8장에서 설명되었던 침투가격전략 또는 도입가격(Introductory Pricing)과 관련된 것이다. 나머지 두 가지 유형은 가격차별에 해당한다.

첫 번째 가격차별은 제품에 높은 가치를 부여하는 소비자들과 낮은 가치를 부여하는 소비자들에게 상이한 가격을 적용하는 방식이다. 예를 들어 백화점의 의류세일과 같은 경우 유행에 민감한 소비자들은 막 출시된 신상품에 높은 가치를 부여한다. 반면 유행보다는 실용성에 관심이 많은 소비자들은 세일기간을 기다렸다가 제품을 구매할 것이다. 더 가격민감도가 높은 소비자들은 이월상품을 주로 구매하기도 한다. 결과적으로 의류에 높은 가치를 부여하는 소비자들은 정상가격에 주로 구매를 하게 되고 반면 그 가치를 낮게 부여하는 소비자들은 세일가격으로 구매할 것이다. 이러한 가격차별은 세일기간까지 제품의 소비를 미루는 시간가치를 높게 평가하는지 여부에 따라 소비자들을 차별하는 것으로 이해할 수 있다.[6)]

두 번째 유형의 가격차별은 탐색비용이 높은 소비자들과 탐색비용이 낮은 소비자들에게 다른 가격을 적용하는 방식이다. 일부 소비자들은 어떤 유통망을 통해, 어떤 시점에 제품이 할인판매 되는지 다양한 경로로 파악하여 제품을 구매한다. 이런 소비자들은 쇼핑과 관련된 정보를 탐색하는데 들어가는 시간을 그다지 아깝게 생각하지 않으며, 도리어 쇼핑지식의 축적에 기쁨을 느끼고 쇼핑전문가로서의 입장을 즐기기도 한다. 반면 어떤 소비자들은 바쁘고, 시간에 대한 가치를 높게 평가하여 쇼핑정보의 탐색을 매우 높은 비용으로 인식한다. 이런 소비자는 쇼핑정보 탐색을 통해 5만 원을 절약하는 것 보다는 그 시간에 5만 원을 버는 것이 더 생산적이라고 생각한다. 결국 탐색비용이 높은 소비자들은 정상가격에

6) 의류나 핸드백과 같은 제품은 개별 디자인의 제품수명주기가 매우 짧은 특성을 가지고 있다. 이 경우 매장 단위에서의 일시적 가격할인은 개별 디자인의 스키밍 가격전략이 반복되는 것으로 이해할 수도 있다. 짧은 기간 동안 발생하는 스키밍 가격전략이 반복되면 매장 단위에서는 일시적 가격할인의 형태로 보이게 된다.

제품을 구매하고 탐색비용이 낮은 소비자들은 할인가격에 구매를 하게 된다. 여러분들은 탐색비용이 낮은 소비자들이 대체로 가격민감도가 높은 소비자들이라는데 동의할 것이다.

한편 탐색비용의 개념과는 다르지만 유사하게 기타 거래비용에 대한 민감도에 따라 가격차별이 발생하는 경우도 있다. 예를 들어 데이 마케팅(Day Marketing)이라고 불리는 경우를 생각해 보자. 베스킨라빈스 31의 경우 매월 31일에 특정 사이즈를 구매하면 같은 가격으로 대용량 사이즈를 제공한다. 또한 미샤화장품은 매월 10일에 20% 할인행사를 진행한다. 이러한 사례들은 이벤트를 통해 제품을 광고하는 커뮤니케이션 전략으로 이해할 수도 있지만 행사일까지 구매를 연기하는 즉, 특정 거래비용을 감수하는 소비자들에게 가격을 할인하는 것으로 이해할 수 있다. 결국 가격민감도가 높은 소비자들이 이러한 거래비용을 감수하게 된다. 탐색비용을 비롯한 다양한 거래비용들이 가격차별에 활용될 수 있다.

마지막으로 Richards(2006)의 분류에는 해당하지 않는 다른 방식의 가격차별이 가능하다. 송재도(2010b)에서는 일시적 가격할인이 브랜드 교체 시 교체비용이 발생하는 충성소비자(Loyal or Locked-in Consumer)와 브랜드와 무관하게 싼 가격을 추구하는 비충성소비자(Non-loyal Consumer or Shopper)를 차별화하는 수단이 될 수 있다고 설명하고 있다. 충성소비자들은 할인 여부와 관계없이 특정 브랜드만을 선택하여 평균적으로 높은 가격에 구매를 하게 된다. 반면 비충성 소비자들은 할인 중인 브랜드만을 선택하여 낮은 가격에 구매를 한다. 특히 기업들이 시점을 중복시키지 않고 교대로 할인을 하는 교차할인전략(Alternating Promotion Strategy)에서 이러한 가격차별 효과는 극대화 된다.

정리하자면 위의 세 가지 유형 모두 가격민감도에 따라 소비자들을 구분하여 상이한 가격을 적용함으로써 이윤을 증가시키는 가격차별에 해당한다. 세일까지 기다리는 소비자들, 낮은 가격을 추구하여 많은 정보를 수집하는 소비자들, 제품 브랜드와 무관하게 할인제품을 구매하는 소비자들은 대체로 가격민감도가 높은 소비자 유형이라 하겠다.

한편 일시적 가격할인에서 사용되는 가격장벽은 세일기간까지 제품의 소비를 미루는 데 따른 소비의 시간가치, 할인시점이나 할인 유통망을 파악하기 위한 탐색비용, 브랜드에 대한 충성도 같은 요인이다. 소비자 집단 간 이들 요인의 차이가 클수록 일시적 가격할인의 가격차별 효과가 클 수 있다.

3. 일시적 가격할인 수단

가격차별 외에도 가격할인이 실행되는 원인은 다양할 수 있다. 제품이 충분히 알려지지 않은 경우 시험적 이용을 유도하거나, 관심을 가지고 있는 소비자들의 즉각적인 구매를 유도하기 위한 목적으로 실행될 수 있다. 또한 할인가격은 수요가 일시적으로 감소할 경우 판매목표를 달성하기 위해서 반대로 크리스마스나 주말과 같이 수요가 집중되는 시기를 적극적으로 활용하기 위해서 사용되기도 한다. 이렇듯 다양한 가격할인의 목적으로 인해 가격할인의 빈도와 폭, 구체적 방식도 다양할 수 있다.

할인의 빈도와 폭을 결정하는 데에는 소비자들의 특성 파악이 중요하다. 촉진 둔감형이라 불리는 가격에 민감하지 않은 세분시장은 할인에 반응을 거의 하지 않는다. 또한 사재기형 충성고객들은 해당 제품을 지속적으로 이용하지만 할인이 있을 때 대량으로 구매하는 방식으로 소비한다. 이들 소비자들에 대해서 할인은 판매를 증가시키기보다 미래 수요를 앞당기는 역할만을 한다. 또한 브랜드에 무관하게 할인하는 제품만을 선택하는 촉진 민감형 고객들도 있다. 이러한 소비자들의 구성을 제대로 파악해야만 할인의 효과를 예측하고 관련 의사결정을 할 수 있다.

한편 구체적인 할인의 방법은 단지 가격표만 바꾸는 방식 이외에도 다양한 방식이 사용될 수 있다. 경연대회 등과 연계하거나 단골 고객 프로그램의 형태로 할인이 제공될 수 있다. 또한 쿠폰, 리베이트 등이 사용되기도 한다. 이 중 쿠폰과 리베이트의 특성을 간단히 살펴본다.

① 쿠폰은 구매가격에서 일정 수준 할인해준다는 것을 표기한 서식이다. 쿠폰은 신문 지면 또는 우편 등을 통해 배포된다. 쿠폰은 사용을 위해 획득, 보관되어야 하므로 불편을 야기하며, 이러한 불편을 감수하는 소비자들과 그렇지 않은 소비자들을 가격차별하는 수단으로 이용될 수 있다. 그런데 쿠폰은 기업 입장에서 발행비용과 이를 수령하여 처리하기 위한 비용을 유발한다. 문헌에 의하면 쿠폰이 발행된 대비 이용률이 5% 이내이며, 그 이용률이 점차 감소하고 있다고 한다.[7] 또한 소비자들에게 불편을

7) 'Levy and Weitz(2011) 소매경영, 오세조, 박진용, 송영욱, 노원희 역, 한올출판사', P458 참조.

야기하고 쿠폰을 이용치 않는 이용자들에게 불만을 유발한다는 문제점이 지적되고 있다.

② 리베이트는 구매가의 정도에 따라 매입자에게 돌려주는 돈을 의미한다. 소매업체에서 구입한 이후 제조업체에게 구매 증거를 우편 등을 통해 전송하면 해당 액수를 돌려주는 방식이 이용된다. 소비자 입장에서 절차가 더 까다롭기 때문에 금액이 큰 제품에서 주로 사용될 수 있다. 리베이트는 기업 입장에서 실제 청구하는 소비자들에 대해서만 비용을 발생시킴으로 쿠폰보다 효율성이 있다. 한편 소비자들이 리베이트를 염두에 둔 가격으로 구매하지만 추후 실제 청구를 하지 않는 경우도 많다고 한다. 결국 소비자는 할인가로 지각하지만 기업은 정상가로 판매하는 결과를 낳으며, 이런 현상을 착각할인이라고 한다. 한편 리베이트는 고객이 청구를 할 때 각종 개인정보를 제공하게 되므로 고객자료를 확보하는 수단으로 인식되기도 한다.

03 기타 동태적 가격결정

앞서 설명된 유형들 외에도 최근에는 흥미로운 단기적 가격의 변화가 관찰된다. 우선 흥미로운 사례들을 몇가지 살펴보자.

① Amazon.com은 CRM(Customer Relationship Management)을 통해 축적된 고객자료를 기반으로 특정 고객의 욕구와 자산 수준, 구매행동에 맞추어 고객화된 상품을 제안하고 그에 맞추어 가격을 책정한다고 한다. 또한 L.L.Bean이나 Spiegel 같은 카탈로그 소매업체들은 특정 품목의 가격을 수요나 원가의 변화를 반영해 매일 또는 시간 단위로 변경한다.

② 컴퓨터 소매점으로 유명한 델(Dell)은 실시간으로 재고를 검토하고 그에 따라 가격을 조정한다. 만약 40Gbyte의 하드드라이브 재고가 부족하다면 단 한 시간 동안만 60Gbyte 하드드라이브에 단기적 할인을 적용한다. 40Gbyte 제품을 주문하는 고객

들은 거의 유사한 가격에 더 높은 사양의 제품을 구매하게 되는 것이다. 재고관리의 시간 단위가 엄청나게 단축되고 있으며, 그 상황이 가격에 반영된다는 점이 흥미롭다.

③ 이동전화의 위치기반 서비스 기능을 이용하여 특정 쇼핑몰 지역에 위치한 소비자들에게만 쿠폰을 발행한다. 이 때 쿠폰은 향후 두 시간 이내와 같이 초단기 할인을 제공할 수 있다. 소비자들의 즉각적인 반응을 초래하는 좁은 지역에서의 초단기 가격할인이 실행되는 것이다.

이상의 사례들은 기업들이 CRM, SCM(Supply Chain Management)과 같은 정보통신시스템을 통해 외부환경의 변화를 빠르게 인지하고 반응할 수 있는 능력을 갖추었기 때문에 가능한 것이다. 소비자들이 각종 정보통신기기를 통해 기업들의 단기적인 가격변화를 인지하고 활용할 수 있는 능력을 갖춘 것도 중요한 원인이다.

정재영(2011)의 경우 Price 2.0이라는 개념을 제시하였으며, 이를 '개별 고객의 컨텍스트에 최적화 되어 제시되는 유연한 가격'이라고 정의하였다. 가격은 이제 기업의 각종 정보시스템과 연계되면서 매우 유연한 방식으로 결정되고 바로 적용될 수 있는 대상이 되고 있다.

핵심 주제 및 키워드

- 메뉴비용(Menu Cost)
- 경매(Auction)
- 영국식 경매(English Auction, Ascending Auction)
- 네덜란드식 경매(Dutch Auction, Descending Auction)
- 최고가 밀봉경매(First-price Sealed-bid Auction)
- 차가 밀봉경매(Second-price Sealed-bid Auction)
- 역경매(Reverse Auction)
- 독립-사적 가치 모형(Independent Private Value Model)
- 공통가치 모형(Common Value Model)
- 승자의 저주(Winner's Curse)
- 오픈마켓(Open Market)
- 공동구매(Group Purchase)
- 소셜커머스(Social Commerce)
- 일시적 가격할인
- 데이 마케팅(Day Marketing)
- 교차할인전략(Alternating Promotion Strategy)

생각해볼 문제

1) 전통적으로 경매가 사용되는 제품들의 특성들은 무엇인가?

2) 독립–사적가 모형(Independent Private Value Model)을 통해 경매에서 입찰자들이 자신의 지불의사가격을 드러내게 하는 원리를 설명하시오.

3) 공통 가치모형에서 승자의 저주가 발생하는 이유는 무엇인가?

4) 전통적인 경매와 구분되는 인터넷 경매가 활용되는 이유를 서술하시오.

5) 공동구매 또는 소셜커머스의 프로모션적 기능을 설명하시오.

6) 가격경쟁을 회피하면서 가격을 하락시키는 수단으로서 일시적 가격할인을 설명하시오.

7) 데이 마케팅(Day Marketing) 등 일시적 가격할인이 가격차별의 역할을 수행하는 방식을 설명하시오.

8) 단지 가격표를 바꿔 붙이는 방식 이외의 일시적 가격할인 방법들을 생각해 보시오.

9) CRM, SCM과 같은 정보통신 시스템의 도입이 가격의 변동성에 미치는 영향을 생각해 보시오.

제10장 서비스산업에서의 가격전략 : 수익관리

이번 장에서는 서비스의 가격설정 이슈들을 검토한다. 현대경제에서 서비스의 중요성은 날로 증가하고 있다. 그 원인은 다양하게 생각될 수 있다. 첫 번째, 금융, 비즈니스 컨설팅과 같은 지식 중심의 서비스 산업들의 중요성이 증가한다. 두 번째, 물질적 풍요로움이 달성되면서 노동력을 절감하거나 삶의 질을 향상시키기 위한 서비스 영역들이 산업화되는 추세를 보인다. 세 번째, 자동차와 같은 제조업에서 제품의 물리적 품질이 성숙되면서 기업간 차별화가 힘들어지고 있으며, 서비스 요소를 추가함으로써 경쟁우위 확보를 추구하는 경향이 나타난다. 네 번째, 선진국 경제에서 인건비 상승으로 제조업이 국외로 이전되는 반면 서비스는 해외로 이전되지 못하여 서비스산업의 비중이 올라간다. 마지막으로 경쟁이 강화되는 상황에서 개별 기업들은 특정 활동에 전문화되는 경향이 생겨난다. 결과적으로 마케팅, 회계 · 세무, R&D 등 기존에 제조업 내에서 수행되던 활동들이 독립적인 서비스 기업들에 의해 수행되고 별도의 산업으로 존재하게 되었다.

이러한 요인들로 인해 서비스의 경제 내 비중은 점차 증가하는 추세를 보인다. 중국의 경우 GDP의 40%, 대한민국은 57%, 일본은 73%, 미국은 78%를 서비스 부문이 담당하고 있다.[1] 경제가 발달된 국가일수록 GDP에서 서비스 부문이 차지하는 비중이 높아지는 경향을 보인다. 따라서 서비스에 대한 이해가 날로 중요해지고 있으며, 이 책에서도 서비스와 관련한 가격설정의 문제를 다루는 것이 의미가 있다.

대다수 서비스 관련 문헌들에서 서비스는 '고객의 욕구 충족을 목적으로 사람의 노력이나 설비 등을 통해 제공되는 무형의 행위나 활동'으로 정의된다. 이러한 정의에서는 무형의 활동이 강조되고 있다. 통상의 물리적 제품들이 손에 잡히고 느낄 수 있는 유형적인 제품을 포함하고 있기 때문에 이와 대조적인 무형성이 강조되는 것이다. 이 때 무형성은 정신적 측면과 물질적 측면을 모두 의미한다. 정신적 무형성이란 쉽게 시각화되거나 이해되기 어려움을 의미하는 것이다. 예를 들어 치과서비스를 받아보지 않은 사람에게 그 서비스를 설명하는 것은 매우 힘든 일이다. 반면 물질적 무형성이란 구매 이전에 감각에 의해 지각되거나 경험될 수 없음을 의미한다. 이러한 무형성은 이후 설명될 서비스의 특성들에 지대한 영향을 미친다.

---

1) The World Factbook 2007의 내용을 Lovelock, Wirtz, and Chew(2009) P7을 통해 재인용.

한편 Lovelock, Wirtz, and Chew(2009)에서는 서비스의 제공에서 소유권의 이전이 발생하지 않음을 강조하고 있다. 복사기나 집을 임대해 주는 사업을 생각해보라. 일반적으로 이러한 사업들은 서비스로 분류될 것이나 실제 물리적인 제품이 제공되고 있다. 소유권이 임대되지 않는다는 점을 제외하고는 물리적인 제품을 구매하는 것과 동일하다. 미용실을 이용하는 경우에도 미용사의 기술을 이용하지만 미용사의 기술을 가격을 지불하고 소유한다고 말하기 어렵다. 소유권이 이전되지 않는다는 점은 서비스의 중요한 특성이다.

이번 장에서는 우선 서비스의 특성들을 정리하고 가격설정 관점에서 그 시사점들을 살펴볼 것이다. 이후 서비스 산업에서 중요한 화두가 되고 있는 수익관리(Yield Management)를 2~6절에 걸쳐 집중적으로 살펴볼 것이다. 다음으로 최대부하 요금제, 결합상품으로서 서비스의 특성과 관련된 이슈들을 다룰 것이다.

01 서비스의 특성 및 가격에의 시사점

앞서 서비스를 정의하면서 소유권이 이전되지 않는다는 점이 강조되었다. 또한 제품과

표 10-1 서비스의 특성과 가격에의 시사점

특 성	시사점
소유권이 이전되지 않음	물리적 제품의 임대를 통한 서비스화 가능
제품-서비스의 연속성 (서비스의 결합)	연관된 부가서비스 : 묶음상품 vs. 개별 가격
가격산출지표의 다양성	가격산출지표의 선택을 통한 차별화
무형성	- 품질 불확실성 해소를 위한 단서, 보증의 제공 - 무형적 가치의 객관화와 회수
이질성	서비스 제공에 소요되는 비용, 소비자들의 인지 가치, 소비자들의 비금전적 비용의 차이를 반영한 가격차별
비분리성	
소멸성	가격을 활용한 수요 변동성에의 대응 및 주어진 용량 활용 극대화

서비스는 명확히 구분되지 않고 두 가지 요소를 모두 포함하는 경우가 많다. 다음으로 서비스의 경우 가격산출지표를 정의하기가 쉽지 않다. 이러한 특성들은 가격전략에 중요한 의미가 있다. 한편 일반적인 서비스의 특성으로 무형성(Intangibility), 이질성(Heterogeneity), 비분리성(Inseparability), 소멸성(Perishability)의 네 가지가 언급된다. 이러한 특성들이 가격전략에 주는 시사점들을 차례로 정리해 보자.

1.1 소유권이 이전되지 않음[2)]

물리적인 제품일지라도 임대방식이 활용된다면 서비스로 분류된다. 많은 서비스들이 실제 물리적 재화를 임대 방식으로 제공된다. 내구재에 대한 소비자들의 욕구가 종종 일시적인 경우가 있으며, 공원의 자전거 임대소는 이러한 일시적 욕구를 활용한 것이다. 또한 빌딩이나 리조트 같은 대형의 값비싼 시설의 경우 구매가 어렵다. 임대를 통해 다른 사람들과 공유함으로써 이용을 활성화 하고 규모의경제를 얻을 수 있다. 따라서 유형 제품일지라도 임대 방식을 통해 사업모델을 혁신하고 경쟁우위를 확보할 수 있는지 생각해 보아야 한다. 이 때 임대방식은 가격의 부과방식과 수준 면에서 일반 판매와는 매우 달라질 것이며, 그 자체로 차별화요인이 될 수 있다.

한편 임대사업의 경우 제품 판매와 구분되는 몇 가지 특성이 있음을 고려해야 한다. 임대의 경우 소유권을 전적으로 이전하지 않음으로 서비스 제공자가 이용자들을 더 많이 통제해야 한다. 이러한 통제는 이용 대상, 이용 기간, 이용 방법 등 다양한 측면에서 나타날 수 있다. 한편 소비자들이 임대와 구매에서 사용하는 선택기준이 다를 수 있음을 고려해야 한다. 자동차를 구매할 때에 경제성과 내구성 등이 중요하다면 자동차를 임대(Rent)할 때에는 편리성, 서비스 직원의 태도 등이 상대적으로 중요해진다.

2) Lovelock, Wirtz, and Chew(2009) P14 참조.

그림 10-1 유형 제품과 서비스의 연속성

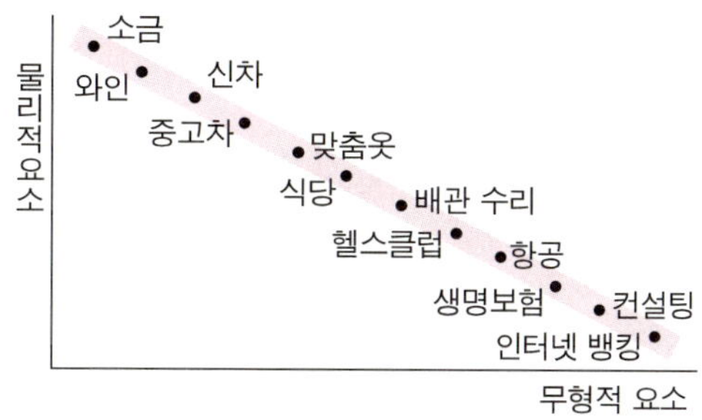

1.2 제품-서비스의 연속성(서비스의 결합)

서비스와 유형제품은 명확히 구분되지 않는다. 많은 제품들은 무형적인 요소와 유형적 요소를 결합하여 제공되고 있다. 특히 유형제품들의 품질이 성숙되면서 무형적 요소 즉, 서비스를 결합함으로써 경쟁우위를 획득하려는 시도들이 자주 발견된다. 자동차산업에서 할부 서비스를 제공하거나 일정 기간 동안 무상 수리서비스를 제공하는 것이 그 예이다. 또한 대다수 제품, 서비스는 다수의 서비스를 결합판매하는 것으로 이해할 수 있다. 식당은 주차서비스, 좌석의 임대, 안내와 서빙, 결제 등 다양한 서비스의 결합이라고 볼 수 있다.

다수의 서비스가 결합될 때 이들 서비스를 하나의 가격 하에 결합상품으로 제공할 것인지 각 서비스들을 개별적으로 판매할 것인지는 중요한 의사결정 대상이다. 전통적으로 컴퓨터를 사면 제품의 수리나 제품사용 관련 문의 등은 무료로 제공되는 경우가 많았다. 이는 관련 서비스들을 결합상품으로 판매하는 것이다. 그러나 이러한 서비스에 대한 기업의 비용부담, 소비자별로 서비스의 요구수준이 상이함, 무상제공 시 소비자들 간 비용부담의 형평성 등이 문제가 될 수 있다. 최근에는 이러한 문제로 인해 서비스에 별도로 가격을 부과하고 주제품의 가격을 낮춤으로써 전반적인 가격체계를 합리화하는 사례들도 자주 관찰된다.

1.3 가격산출지표의 다양성

물리적인 제품의 경우 1개당 얼마라는 식으로 가격이 정의되는 것이 일반적이다. 가격의 적용 대상 또는 가격을 부과할 때 사용하는 단위를 가격산출지표라고 하는데 물리적 제품에서는 단위 상품이 가격산출지표로 주로 사용되며, 이를 당연하게 생각한다. 그런데 서비스를 생각하면 당연하게 생각되는 가격산출지표를 찾기가 쉽지 않다. 이미 관행화되어 당연하게 생각하지만 택시요금을 생각해보라. 운전시간, 탑승 횟수, 운전거리, 연료소비량, 도착 지역(시외, 시내) 등 원가와 소비자들이 인지하는 가치에 영향을 미치는 요인이 매우 다양하다. 무엇을 중심으로 가격을 설정해야 하는 것인가? 현재의 택시요금은 탑승 횟수(기본료), 거리, 시간을 종합적으로 고려하고 있다. 그러나 얼마든지 다른 형태의 가격산출지표가 적용될 수 있으며, 그 선택은 사업에 지대한 영향을 미친다.

1.4 무형성(Intangibility)

서비스가 쉽게 시각화되거나 이해되기 어려운 정신적 무형성과 감각에 의해 지각되거나 경험될 수 없는 물질적 무형성을 가짐을 설명한 바 있다. 이로 인해 소비자들은 구매 이전에 서비스가 제공하는 가치나 품질을 이해하기 힘들며, 불확실성을 크게 느끼게 된다. 따라서 서비스 기업은 품질의 불확실성을 해소시키기 위한 수단을 강구할 필요가 있다. 이때 다양한 품질단서(Quality Cue)가 활용될 수 있다. 통상 인테리어, 자격증, 종업원의 복장 등 눈에 보이는 요인들을 고급화함으로써 품질에 대한 단서를 제공할 수 있다. 한편 가격 또한 중요한 품질의 단서가 됨을 인지할 필요가 있다. 또한 기본 서비스에 품질보증, 보상과 같은 요인들을 포함시키는 것도 품질 불확실성을 완화하는 수단이 된다.

한편 소비자들은 무형적인 서비스에 대해 가격을 지불하는데 익숙하지 않은 경우가 많다. 인터넷의 정보서비스에 대해 소비자들의 가격저항이 심하다는 것은 익숙한 문제이다. 한편 소비자들이 쇼핑몰에서 다양한 정보와 쾌적함을 누리고 빈손으로 나가는 경우는 어떻게 생각해야 하는가? 소비자는 가치를 누렸으며, 기업은 이를 위해 비용을 지불한다. 물론 상품의 판매를 통해 이러한 비용을 회수하겠지만 불합리한 측면이 있다. 서비스는 무형성으로 인해 가치를 이해, 인지하기 어려우며, 가치를 표준화, 객관화 하기 어렵다. 앞서 제품-서비스 연속성의 문제에서 부가서비스에 대한 개별판매의 이슈를 다루었는데 이 경우 가치를 객관적으로 인지시키고 가격을 부과시키는 것은 단순한 문제가 아니다. 이는 관행의 문제와도 연관되며, 제3장에서 다루었던 공정가격모형을 다시 생각해 볼 필요가 있다.

1.5 이질성(Heterogeneity)

서비스의 생산과 인도 과정에는 여러 가지 가변적 요소가 발생한다. 생산자의 활동은 그날의 기분, 컨디션에 따라 달라지며, 결과적으로 서비스 품질을 다르게 만든다. 또한 소비자의 요구사항은 소비자별로 다르며, 생산과정에서 요구되는 서비스의 내용도 상이해진다. 서비스의 이질성이란 이런 요인들이 반영되어 서비스의 가치가 상황별로 소비자별로 상이해지며, 서비스 품질의 표준화와 품질통제가 어려움을 의미한다.

소비자들이 요구하는 서비스와 결과적인 가치가 매우 상이하다는 점은 가격 관점에서 중요한 시사점을 준다. 서비스에서 발생하는 가치와 관련 비용이 상이하다면 소비자들의 상이한 욕구를 반영한 다양한 세분화와 그에 따른 가격차별, 버저닝이 가능해진다. 서비스의 이질성을 적극적으로 가격전략에 활용하는 것이 필요하다.

1.6 비분리성(Inseparability)

서비스는 생산과 소비가 분리될 수 없다. 즉, 동시에 발생한다. 통상의 제품에서 생산과 구매를 거친 이후 소비가 순차적으로 발생하는 것과 구별된다. 의사가 진료를 하거나 미용사가 머리를 손질하는 과정은 서비스를 생산하는 과정이자 소비하는 과정인 것이다. 따라서 서비스산업에서는 생산자와 소비자 간의 직접적인 상호작용이 매우 중요해지고 직원들의 교육에 많은 노력을 기울이게 된다.

비분리성과 관련된 또 하나의 중요한 시사점은 소비자들이 서비스 제공 과정에 적극적으로 관여하게 되며, 공동 생산자의 역할을 수행한다는 점이다. 따라서 소비자들이 지불하는 비금전적 비용이 상당히 커진다. 이러한 비금전적 비용에는 다양한 요인들이 포함된다. 서비스 대기 · 이용과 관련된 시간, 이 과정에서 나타나는 피로감, 불편함과 같은 물리적 비용이 발생한다. 또한 치과나 미용 서비스에서 나타나는 두려움, 자문서비스 등에서 나타나는 정신적 노력 등 다양한 형태의 심리적 비용이 발생한다. 마지막으로 덥거나 추움, 불쾌한 냄새 등 불쾌함이 수반되는 감각비용이 발생할 수 있다. 이를 고려하면 소비자들의 비금전적 비용을 감소시킴으로써 가격을 높일 수 있다. 특히 비금전적 비용의 감소에 대한 세분시장별 지불의사가격은 상당히 다르게 나타나며, 비금전적 비용의 감소를 위한 서비스를 통해 가격차별을 시도하는 것이 가능해진다.

1.7 소멸성(Perishability)

서비스는 생산과 동시에 소비가 이루어지며 보관이 불가능하다. 즉, 재고로 보관될 수 없는 것이다. 이는 수요의 변동성에 대응하는 기업의 능력에 큰 영향을 미친다. 에어컨은 여름에 집중적으로 수요가 발생하는 수요의 변동성이 큰 제품이다. 그러나 겨울에 미리 만들어서 재고로 보관함으로써 여름철의 집중적 수요에 대비할 수 있다. 그러나 재고를 보관할 수 없는 서비스업에서는 용량을 초과하는 수요는 포기해야 한다. 또한 수요가 용량에 미달하는 경우 생산설비들을 활용치 못하여 무의미한 비용이 발생한다. 따라서 기업들은 생산용량을 탄력적으로 조정할 수 있도록 설계하거나 수요의 변동성을 최소화하는 방법을 고안한다. 성수기에 가격을 높이고 비수기에 가격할인을 제시하는 전략 또는 비수기에 서비스의 질을 향상시키는 전략은 수요의 변동성을 최소화하기 위한 전략이다. 조금 다른 방식으로 표현하면 서비스는 소멸성을 가짐으로 용량 활용을 극대화 할 필요가 있다는 것이다. 초과수요 시점의 수요를 용량초과 시점으로 이전시킴으로써 용량을 효율적으로 사용하고 매출과 이윤을 극대화 할 수 있다.

02 수익관리 개요

서비스의 특성들을 살펴보면 다양한 가격차별이 가능해짐을 알 수 있다. 서비스들은 물리적 제품과 함께 제공되거나 다수의 서비스가 결합되어 제공되는 경우가 많으므로 어떤 서비스를 포함시키느냐에 따라 가격의 지불 내역이 달라지며 이를 통해 가격차별이 가능해진다. 또한 서비스의 이질성으로 인해 소비자들이 요구하는 서비스와 결과적인 가치가 매우 상이하며, 비분리성에 의해 소비자들의 비가격 비용이 높아 이를 활용한 가격차별이 가능해진다. 다양한 가격산출지표를 적용할 수 있다는 점도 가격차별을 용이하게 할 수 있는 요인이다. 한편 소멸성으로 인해 주어진 용량을 최대한 활용하는 것이 중요한 과제가 됨도 설명하였다. 결국 서비스에서는 주어진 용량을 최대한 활용하고 가격차별을 통해 주어진 용량의 가치를 극대화해야 한다.

이러한 개념이 구체화된 것이 수익관리(Yield Management, Revenue Management)라고 할 수 있다. Kimes and Chase(1998)에서는 수익관리를 '올바른 소비자들에게 올바른 가격으로 적정 생산용량을 판매하기 위한 정보시스템과 가격전략의 활용'으로 정의하였다. 여기서 올바른 소비자란 주어진 용량에 가장 높은 가치를 부여하는 소비자를 의미하며, 올바른 가격은 소비자가 체감하는 가치를 반영하는 것을 의미한다. 즉, 주어진 용량을 가장 높은 가치를 지니는 소비자에게, 가능한 높은 가격으로 판매하기 위한 방법론이라고 생각할 수 있다.

수익관리의 개념은 항공산업에서 가장 먼저 구체화 되었다. 미국의 항공산업이 자율화되면서 치열한 경쟁에서 살아남기 위한 효율화 차원에서 도입된 것이다. 한국어로는 수익이라고 번역된 Yield라는 개념은 항공산업에서 하나의 좌석이 1마일(Mile)당 발생시키는 수익을 의미하는 것이다. 항공산업에서의 수익관리는 크게 다음의 두 가지 요소로 설명될 수 있다.

① 초과예약 : 예약을 통해 좌석이 판매가 되며, 이 경우 예약을 취소하거나 예약하고

도 실제 이용하지 않는 승객들이 발생한다. 이를 위해 총 용량보다 더 많은 예약을 받는다.

② 할인의 배분 : 승객들의 가치부여 수준에 따라 가격을 달리한다. 가치의 차이는 예약 시점, 이용 거리(경유 노선의 이용 여부) 등을 통해 구분하며, 이에 따라 각 좌석의 가격이 다른 수준으로 할인된다. 또한 용량이 부족하면 가격을 높이고 용량에 여유가 발생하면 가격을 낮추는 방식을 통해 가용한 용량의 가치를 극대화 한다.

아래에서는 이 두가지 요소를 Smith et al.(1992)에서 소개된 어메리칸 에어라인(American Airline)의 사례를 중심으로 차례로 설명할 것이다. 여기서 소개될 개념들은 항공산업 외의 다양한 서비스산업들에서 적용이 가능하다.

한편 수익관리는 가격차별의 일종으로 생각할 수 있다. 그러나 앞서 물리적인 제품을 고려하여 설명된 가격차별과 수익관리는 상당히 다른 특성을 갖는다. 제7장 등에서 설명된 가격차별이 가격수준을 조정함으로써 실제 소비량이 결정되는데 반해 수익관리에서는 주어진 소비량(용량)을 달성하기 위해 가격이 이에 맞춰 조정되는 방식이다. 일반 물리적인 제품의 가격차별은 고정적인 수요곡선을 가정하고 있으며, 생산량은 충분히 조정이 가능하므로 가격에 따른 수요량의 변경에 관심을 집중하는 것이다. 반면 수익관리에서는 용량이 주어진 상황이며, 수요곡선의 변화에 적극적인 대응을 하는 방법이 고려되고 있다. 이의 구체적 방법을 설명하고자 한다.

03 초과예약

항공산업에서는 예약을 통해 좌석을 배정하는 것이 일반적이다. 그런데 중간에 예약을 취소하거나, 취소 없이 출발시간에 나타나지 않는 승객들의 비율이 상당히 많다. 이로 인해 승객을 태우지 못하는 좌석이 발생한다면 해당 좌석은 아무런 가치도 창출하지 못하고 사라지게 된다. 이러한 문제를 해소하기 위해 도입된 정책이 초과예약(Overbooking)이다.

그림 10-2 초과예약을 통한 용량의 효율적 사용

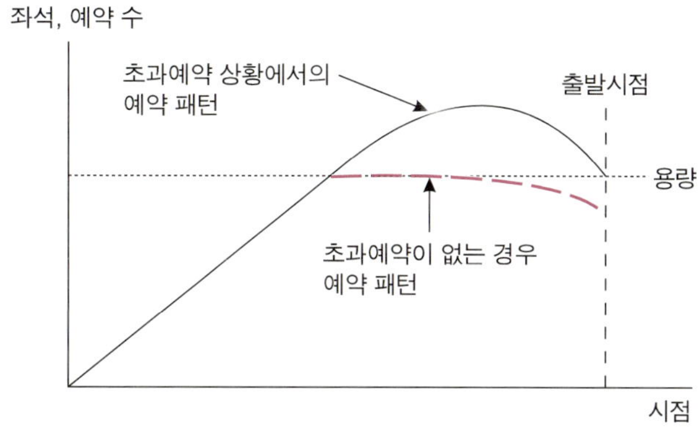

초과예약이란 의도적으로 용량을 초과하는 예약을 받는 것을 의미한다. 어메리칸 에어라인의 추정에 의하면 아무런 조치가 없을 경우 총 예약의 50% 수준이 예약을 취소하거나 당일 나타나지 않는다고 한다. 일찍 취소를 하여 새로운 예약을 받는 것까지 감안했을 때 초과예약이라는 수단을 활용하지 않을 경우 판매된 좌석의 15% 수준이 승객을 대우지 못하고 출발하게 된다고 한다. 초과예약을 도입함으로써 이러한 문제를 최소화하는 것이다.

[그림 10-2]는 초과예약이 용량을 효율적으로 사용하게 하는 원리를 설명하고 있다. 초과예약이 없을 경우 예약자 수가 용량에 도달하면 예약을 받지 않게 되는데 출발시점이 다가오면서 추가예약은 발생치 않으면서 취소가 발생하며, 출발시점에 나타나지 않는 승객들로 인해 상당수 좌석을 사용하지 못하는 상황이 발생한다. 그러나 취소나 나타나지 않는 승객들을 예측하여 초과예약을 허용할 경우 용량을 모두 활용할 수 있게 된다.

이 때 문제가 되는 것은 출발시점에 좌석 수 대비 더 많은 승객이 나타날 수 있다는 점이다. 이러한 문제를 예방하기 위해 기본적으로 예약취소나 나타나지 않는 승객들의 수에 대한 통계적 예측력을 확보하고 초과승객이 발생하지 않을 수준으로 초과예약을 받는다. 그러나 이러한 문제는 확률적인 것으로 실제 초과승객이 발생하는 상황이 있다. 이러한 경우 어메리칸 에어라인에서는 보상을 제시하여 자발적으로 탑승하지 않을 승객을 모집한다. 다음 비행기에 탑승할 수 있는 기회를 제공하며, 그 때까지 숙소와 식사를 제공한다. 또한 미래에 사용할 수 있는 비행기 탑승권 또는 할인권을 제공하기도 한다. 초과승객이 많을 경우 더 많은 자발적 미탑승자가 필요하므로 더 많은 보상이 제공된다. 경우에 따라서는 가장 늦

그림 10-3 초과예약을 통한 용량의 효율적 사용

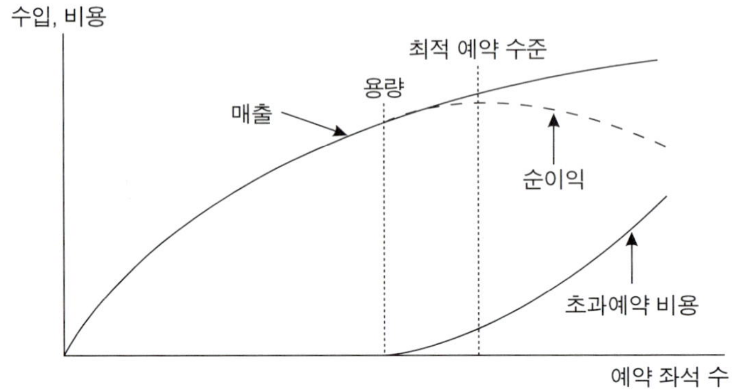

게 도착하는 승객이 탑승기회를 제한받기도 하며, 이 경우에도 보상은 제공된다.

초과예약의 효과를 극대화하기 위해서는 예약취소와 나타나지 않는 승객 수의 예측 정확성을 높여야 하며, 적정 초과예약 수준을 정의하는 논리를 개발해야 한다. 적정 초과예약 수준은 미시경제학의 한계분석 개념에 의해 결정된다. [그림 10-3]은 초과예약 수준의 결정 논리를 설명하고 있다.

그림에서 매출은 기본적으로 '좌석 수×가격'으로 이해할 수 있다. 그런데 이후 설명되겠지만 더 많은 좌석을 판매하기 위해서는 가격을 낮춰줄 필요가 있다. 따라서 좌석 수가 증가할수록 가격은 하락하며 매출곡선의 기울기는 예약 좌석 수가 증가할수록 감소한다. 초과예약 비용은 '초과승객 수×보상비용'으로 이해할 수 있다. 그런데 초과승객 수는 다시 '초과예약 수×초과승객 발생 확률'로 보아야 한다. 초과예약 수가 낮은 경우 초과승객이 발생할 확률은 낮다. 초과예약 수가 일정 수준 이상인 경우 그 확률은 증가할 것이다. 또한 초과승객 수가 많을 경우 자발적인 협조를 얻기 위해 지불해야 할 보상액도 크게 증가할 것이다. 이러한 요인들이 반영되어 초과예약 비용은 그 기울기가 초과예약 수가 많아질수록 증가한다. 이제 순이익은 매출과 비용의 차이로 결정된다. 매출의 기울기는 점점 낮아지며, 초과예약 비용의 기울기는 점점 증가함으로 결국 순이익은 일정 수준에서 감소하기 시작한다. 결국 순이익이 극대화 되는 수준이 존재하며, 그 수준이 최적 예약수준으로 정의된다. [그림 10-3]에서는 최적 예약수준은 순이익을 극대화하는 점으로 표현되어 있다. 그림에서는 표현되지 않았지만 최적 예약수준은 좌석 수의 증가에서 발생하는 한계수입(매출곡선의 기울기)과 좌석 수 증가에 따른 한계비용(초과예약비용의 기울기)이 교차하는 점에 해당한다.

적정 초과예약 수준의 결정 논리는 매우 명쾌한 것이다. 그러나 이러한 논리는 좌석이 얼마 수준에 판매되고 미탑승에 대한 보상이 얼마가 될지, 그리고 예약취소나 나타나지 않는 승객의 비율이 얼마나 될지에 대한 자료가 충분히 있어야만 적용 가능하다. 따라서 특정 노선, 특정 시점의 초과예약 수준을 결정하기 위해서는 동일 노선, 유사한 상황의 과거 예약추이와 취소율 등의 자료를 데이터베이스로 저장하여 활용해야 한다. 또한 현 시점의 예약상황을 과거 상황과 비교하여 예약률이 과거보다 높고 취소율이 작다면 초과예약 수준을 낮추고, 반대의 경우 높이는 방식을 사용한다. 즉, 지속적으로 상황을 관찰하면서 의사결정을 조정해 나가는 것이다. 이러한 작업이 운영비용을 크게 증가시키지 않으면서 수행되기 위해서 자동화된 의사결정시스템과 데이터베이스관리기술이 활용되어야만 한다.

04 할인의 배분

소비자들은 동일한 서비스에 대해 서로 다른 가치를 지각한다. 가격차별이 추구하는 바는 소비자들의 가치 수준에 가능한 근접한 가격을 설정하여 이윤을 극대화하는 것이다. 또한 기업 입장에서 초과수요 상황과 초과공급 상황에서 단위 용량의 가치가 다르다. 초과수요가 존재할 경우 누군가에게 그 좌석을 판매하면 누군가는 서비스를 이용할 수 없게 된다. 따라서 가능한 가격을 높여 그 좌석이 가장 높은 가치를 갖는 소비자에게 판매되어야 한다. 반면 용량이 수요를 초과하는 상황에서는 그 좌석은 아무런 가치를 창출하지 못한다. 결국 변동비용을 초과하는 수준의 어떤 가격에도 판매를 하는 것이 빈 좌석으로 출발하는 것보다 이윤을 증가시킬 것이다. 결국 소비자들의 가치수준에 따라, 용량 대비 초과수요가 발생하는지 여부에 따라 가격을 달리 적용할 필요가 있다. 항공산업에서는 이러한 가격차별을 적용하기 위해 예약시점에 따라 가격을 달리 적용하는 방식을 사용하고 있다.

우선 소비자들의 가치수준에 따라 가격을 달리 적용하는 논리를 생각해 보자. 일반적으로 예약을 빨리 할 경우 일정에 대한 불확실성을 감수해야 한다. 미리 예약했다가 예기치 못한 일이 생겨 예약을 취소하게 되면 비행기, 호텔 등에 대해 위약금을 물거나 새로이 절차를 밟아야 하는 비용을 지불해야 한다. 이러한 불확실성을 감수하면서까지 빨리 예약을 하는 승객들은 가격에 민감한, 지불의사가격이 낮은 승객들일 것이다. 반면 가격 민감성이 낮은 승객들은 이런 불확실성과 불편을 겪지 않기 위해 높은 요금을 지불하면서라도 모든 일정이 명확해진 이후에 예약을 한다. 특히 업무상 여행을 하는 승객들은 비용을 회사가 지불하기도 하고 일정이 변경될 경우 기회비용이 매우 크므로 출발에 임박해 좌석을 예매하는 경향이 있다. 반면 가족여행이 목적인 경우 가격에 민감해지는 경향이 있다. 이렇듯 예약시점에 따라 승객들의 가치수준이 다르다면 예약시점별로 요금을 달리 적용함으로써 가격차별을 적용할 수 있다. 예약시점이 가격장벽으로 작용하는 것이다.

이러한 논리를 [그림 10-4]를 통해 다시 생각해 보자. 예약은 일정 기간 발생하며, 지불의사가격이 낮은 소비자들부터 순차적으로 예약이 발생함을 가정한다. 이 항공사는 성수기 프리미엄요금과 정상요금, 일반 할인, 높은 할인의 네 가지 요금 수준을 운영하고 있다. 예약은 6개월 전부터 가능하다고 생각하자. 이제 붉은 선으로 표시된 낮은 수요곡선 상황을 먼저 고려해 보자. 출발 시점 6개월 전, 예약을 받기 시작하는 시점에서는 높은 할인을 적용한다. 만약 초기에 더 높은 요금을 적용하면 용량만큼 예약을 받을 수 없을 것이다. 초기에는 지불의사가격이 낮은 구간 L에 해당하는 승객들이 예약을 할 것이다. 이제 일정 시

그림10-4 가치 수준과 추가수요 발생 여부에 따른 요금 수준

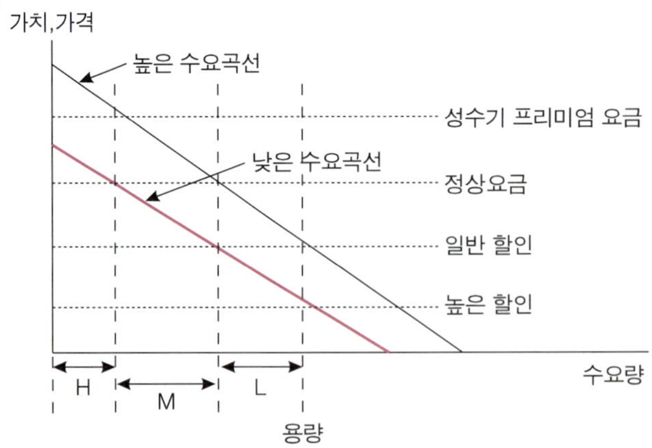

점이 지나 L명 수준의 예약이 이루어졌다면 이제부터는 일반할인을 적용하기 시작한다. 이후 추가로 M명이 예약을 했다면 이제부터는 정상요금을 적용한다. 이렇게 해서 용량을 모두 활용하는 한편 가능한 높은 요금을 적용하게 되는 것이다.

다음으로 수요의 수준이 어떻게 반영되는지 살펴보자. 즉, 특정 시점, 특정 노선에서 수요가 상대적으로 높을 것으로 예상된다고 생각해 보자. 이 경우는 [그림 10-4]에서 높은 수요곡선으로 표시된 상황이다. 낮은 수요곡선 상황에서는 높은 할인부터 적용하기 시작했으나 이 경우에는 높은 할인을 적용치 않아도 용량을 모두 채울 수 있다. 따라서 이 상황에서는 초기에 일반 할인을 적용하는 것으로 시작하여 성수기 프리미엄요금까지 단계적으로 적용하는 방식을 사용할 것이다.

4.1 요금별 좌석 수의 할당

이상은 수요에 대한 정보가 확실하게 주어졌으며, 지불의사가격이 낮은 승객들부터 차례로 예약을 할 것임을 가정하여 할인의 배분을 설명한 것이다. 이는 설명을 쉽게 하기위한 이론적 상황이다. 실제 상황에서는 불확실성을 고려한 좌석의 가치를 반영하여 전체 좌석을 요금제에 할당하는 방식을 사용한다.

기업의 입장에서 각 좌석의 가치는 요금과 동일하다고 생각할 수 있다. 그런데 좌석이

그림10-5 요금별 좌석의 할당 수에 따른 가치

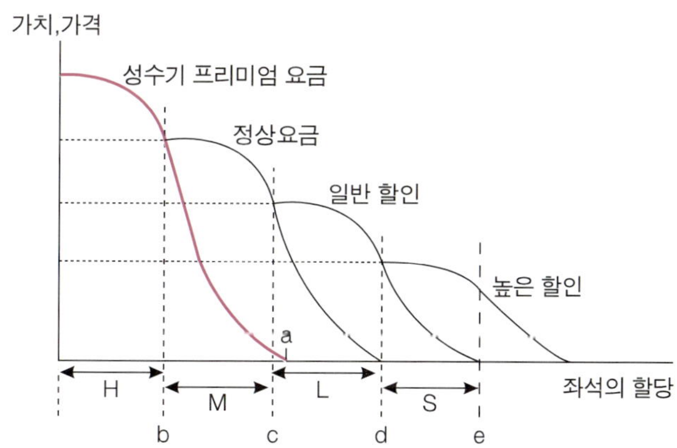

판매되지 않는다면 가치는 0이 될 것이다. 따라서 좌석의 가치는 '요금×판매될 확률'로 정의될 수 있다. 만약 좌석에 비싼 요금을 부과하여 판매되었을 경우 가치는 높지만 판매 확률이 감소될 것으로 생각할 수 있다. [그림 10-5]의 붉게 그려진 곡선은 성수기 프리미엄요금을 적용할 좌석의 가치를 보여준다. 프리미엄요금에 좌석을 적게 할당했을 경우 할당된 모든 좌석이 판매될 수 있을 것으로 생각할 수 있다. 따라서 좌석의 가치는 요금과 동일한 수준으로 시작된다. 그러나 할당된 좌석 수가 늘어나면 마지막 한 단위가 판매될 확률은 감소하며 '요금×판매될 확률'로 정의된 가치는 감소하게 된다. 할당된 좌석 수를 한 단위씩 증가시킬수록 마지막 한 좌석의 가치는 점점 감소하게 되며, 어느 순간에는 판매될 확률이 0이 되어 가치가 없어지게 된다. 가치곡선이 X축과 만나는 점(그림의 a)은 마지막 좌석의 가치가 0이 되는 프리미엄요금 좌석 할당 수를 의미한다.

이제 각 요금제별로 동일한 방식으로 가치를 곡선으로 표시하면 [그림 10-5]와 같이 여러 곡선이 교차하는 점이 나타난다. 이 때 b이하에서는 프리미엄요금 좌석의 가치가 더 높고, b 이상에서는 정상요금 좌석의 가치가 더 높게 나타난다. 마찬가지로 c에서는 정상요금 좌석과 일반할인 좌석의 가치가 같게 나타난다. 따라서 전체 용량에 대해 H만큼은 프리미엄요금, M만큼은 정상요금, L만큼은 일반 할인요금, S만큼은 높은 할인요금에 좌석을 할당하는 것이 이윤을 극대화하게 된다.

4.2 네스팅

비행기의 좌석들은 좌석의 크기나 위치 등 차이로 인해 소비자들이 지각하는 가치가 다르다. 실제 좌석의 할당은 이러한 가치의 차이를 반영하여 어떤 요금에 몇 개의 좌석을 할당할지 결정한다. 예를 들어 프리미엄요금을 지불할 승객들은 어떤 좌석이던 선택할 수 있다. 다음으로 정상요금을 적용받는 승객들은 일반적으로 가장 선호되는 좌석들을 제외한 범위 하에서 선택할 수 있다. 다음으로 일반 할인요금을 적용받는 승객들은 역시 더 좁은 범위 하에서 좌석을 선택하게 된다.

이러한 좌석의 할당을 네스팅(Nesting)이라고 한다. [그림 10-6]은 네스팅의 개념을 간략히 보여준다. 낮은 요금에 할당된 좌석은 더 높은 요금에 할당된 좌석의 부분집합이 되

그림10-6 네스팅(Nesting)을 통한 좌석 할당

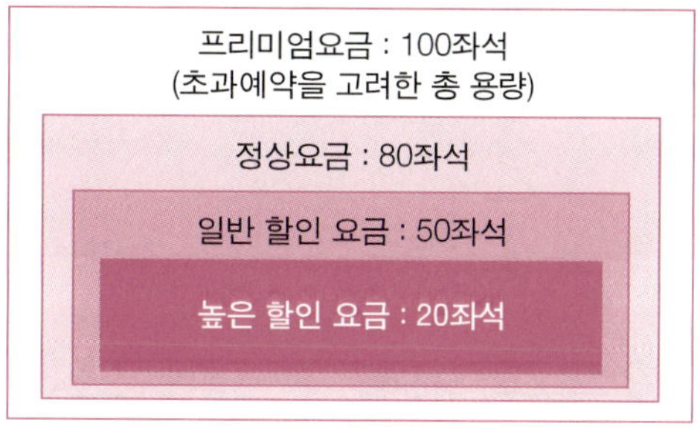

는 것이다. 결국 예약을 시작하는 시점에 소비자들은 자신이 지불할 요금에 따라 주어진 범위 내에서 좌석을 예약할 수 있다. 요금 수준에 따라 예약할 수 있는 범위가 달라지는 것이다. 그러나 보편적으로 낮은 요금의 좌석이 먼저 매진된다. 따라서 일정 시간이 지나고 나면 높은 할인의 좌석은 모두 매진되고 일반할인 이상의 좌석만이 남아있게 된다. 더 시간이 지나면 정상가격 이상의 좌석만 남게 되는 식으로 예약시점에 따라 적용받는 요금이 달라지는 것이다. 이를 고려하면 예약시점과 함께 좌석의 위치가 가격장벽의 역할을 한다고 볼 수 있다.

실제 좌석의 할당은 예약을 시작하는 시점에 결정된다. 이 때 과거 유사한 상황에서의 예약실적을 고려할 것이다. 만약 과거에 유사한 상황에서 수요가 많았다면 높은 할인좌석은 아예 할당되지 않게 된다. 반대의 경우라면 높은 할인좌석의 수가 더 늘어나며, 경우에 따라서는 추가적인 특판이 계획될 수도 있다. 한편 실제 예약이 시작된 이후 예약 추이를 살펴보며 좌석의 할당을 조정하게 된다. 만약 예약이 과거 유사한 상황 대비 빠르게 진행된다면 높은 할인의 좌석 수를 줄이고 다른 요금의 좌석 수를 증가시키는 방식이다. 역시 과거 예약 추이 관련 자료를 데이터베이스에 보관하고 현재의 예약상황이 실시간으로 파악되어 과거와 비교 가능해야만 이러한 시스템이 운영될 수 있다.

4.3 가상 네스팅 : 경유노선시스템의 고려

항공사들은 더 많은 항공편을 효율적으로 운영하기 위해 경유노선(Hub-and-spoke)시

그림10-7 경유노선시스템의 효율성

스템을 운영하는 경우가 많다. 대비되는 시스템이 점대점(Point-to-point)시스템인데 [그림 10-7]을 보면 경유노선시스템이 더 효율적인 이유를 알 수 있다. 미국의 서부와 동부의 각 세 개의 도시를 연결할 때 점대점시스템을 사용할 경우 9개의 노선이 필요하지만 경유노선시스템을 사용할 경우 6개 노선만이 필요하다. 만약 연결해야 할 도시의 수가 증가한다면 경유노선시스템의 효율성은 기하급수적으로 증가한다.[3] 때문에 많은 항공사들이 경유노선시스템을 운영하고 있는데 이러한 시스템은 가격결정에 있어 새로운 과제를 발생시킨다.

경유노선시스템에서 승객들이 항공사에게 지불하는 가치는 동일 노선에서도 달라지게 된다. 예를 들어 포틀랜드에서 달라스로 가는 노선을 생각해 보자. 단지 달라스까지 가는 승객들에 비해 달라스를 경유하여 보스턴까지 가는 승객은 항공사에게 추가적인 매출을 발생시킨다. 또한 달라스를 경유하여 타 지역으로 이동하는 승객들도 도착지에 따라 발생시키는 가치가 상당히 다를 수 있다. 예를 들어 보스턴으로 가는 항공편은 수요가 많은 상황이고 마이애미로 가는 항공편은 빈 좌석이 많은 상황이라면 마이애미로 가는 승객을 놓칠 경우 항공사가 상실하는 가치는 더 커진다.

결국 포틀랜드에서 달라스로 가는 정상요금 승객들도 이후 경유노선을 이용하는지 여부와 또 어디로 가는지에 따라 차별을 할 필요가 생긴다. 그런데 이러한 차이를 모두 반영하면 승객들의 분류가 지나치게 증가하는 상황이 발생한다. [그림 10-7]의 상황을 예로 생각해 보자. 경유를 안 하는 승객과 3개 경유지를 이용하는 승객들을 고려하면 '4(포틀랜드에서

3) 경유노선시스템은 승객들이 기착점에서 내렸다 타야 하며, 항공사 입장에서 수화물을 옮겨 싣는 등의 추가적 업무가 발생한다. 이러한 문제로 인해 사우스웨스트 항공사 등은 점대점시스템을 유지하기도 한다.

그림10-8 가상 네스팅

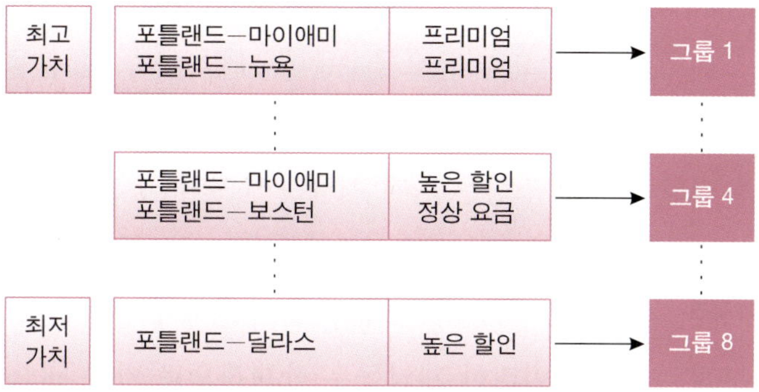

달라스까지의 요금 유형)×[1(경유 안함) + 3(3개 최종 목적지)×4(달라스에서 최종 목적지까지의 요금 유형)]'의 52개 유형의 소비자들이 존재한다. 간단하게 생각하면 52개 유형의 소비자별로 가치의 순서를 결정하여 52개 유형별로 네스팅을 실행하면 요금과 좌석할당의 최적화가 가능하다. 그러나 이러한 방식은 문제를 지나치게 복잡하게 만든다. 이상의 문제를 단순화하여 해결하는 방식이 가상 네스팅(Virtual Nesting)이다. 가상 네스팅에서는 52개 유형의 소비자들을 몇 개의 그룹으로 재분류한다. [그림 10-8]은 이를 예시적으로 보여준다. 예를 들어 포틀랜드–마이애미 노선 중 프리미엄요금의 경우는 최고 가치를 부여받아 그룹 1로 할당된다. 같은 포틀랜드–마이애미 노선이라도 높은 할인요금의 경우라면 상대적으로 낮은 가치를 부여받아 그룹 4에 할당된다. 마지막으로 경유도 안하는 포틀랜드–달라스 노선에 높은 할인의 경우는 최저 가치의 그룹 8에 할당된다.

가상 네스팅의 운영방식은 네스팅과 동일하다. 위 예에서는 8개 그룹(어메리칸 에어라인은 Bucket이라는 용어를 씀)을 사용하고 있다. 그룹1은 모든 좌석을 선택할 수 있으며, 하위 그룹들은 상위 그룹의 부분집합의 형태로 선택 가능한 좌석이 배정된다. 이 때 가상이라는 용어가 사용되는 것은 실제 예약 담당자는 특정 노선의 어떤 요금이 어떤 그룹에 속하는지를 알 필요가 없기 때문이다. 단지 승객이 요청한 노선을 입력하면 어떤 요금유형에 몇 개의 좌석이 있는지만 단말기에서 확인하면 된다. 승객은 가용한 좌석 중 선택을 하며, 이러한 선택 결과는 시스템에 반영되어 전체 좌석의 할당에 영향을 미친다. 높은 그룹은 늦게 예약해도 좌석이 있을 수 있지만 그룹 8과 같이 낮은 가치를 지니는 좌석은 초기가 아니면 예약이 불가능해진다.

위와 같은 시스템을 통해 좌석의 위치, 경유노선의 이용 여부, 예약시점에 따라 각기 다른 가격이 적용되며, 이를 통해 좌석당 매출을 극대화 한다. 가상 네스팅이 실현되기 위해서는 경유노선의 예상 수요량과 요금수준에 대한 예측 및 활용이 필요하며, 이 또한 실시간으로 변경되므로 매우 정교한 시스템이 운영되어야 한다.

여기서 설명된 가상 네스팅은 단지 경유노선 및 경유노선에서의 요금 수준만을 반영하고 있다. 그러나 비행기 좌석에는 일등석, 비즈니스석, 이코노미석과 같은 차등이 있다. 또한 승객들도 자주, 대규모로 이용하는 대규모 기업에서 충성고객, 뜨내기 손님 등 다양한 방식으로 구분될 수 있다. 이러한 개념들은 잠재적으로 가상 네스팅에 적용될 수 있다.

05 성과의 측정

모든 경영시스템에서 성과의 측정은 중요한 역할을 한다. 성과 측정이 정교해지면 성과의 향상 또는 감소를 정확히 판단할 수 있으며, 이를 기반으로 경영시스템을 개선할 수 있게 된다. 수익관리시스템이 도입되면서 성과의 측정방식도 상당히 개선되었는데 이를 살펴보는 것이 의미있다.

예를 들어 초과예약시스템의 성과는 출발시점에 초과 승객이 발생한 인원(Oversales) 또는 잉여좌석(Spoilage) 수로 평가할 수 있을 것이다. 그러나 해당 항공편에 초과수요가 있는데도 잉여좌석이 3인 상황과 수요가 없는 상황에서 잉여좌석이 10인 경우 어느 쪽이 더 높은 성과를 보였다고 하겠는가? 성과 측정을 잉여좌석으로 한다면 잉여좌석 3인 상황을 더 높게 평가할 것이나 이는 상황의 특수성을 고려하지 않은 것으로 부적절하다. 만약 이렇게 불합리한 성과 측정방식을 사용한다면 잘못된 의사결정의 원인이 된다. 이제 수익관리시스템에서 사용되는 성과 측정방식을 살펴보자.

수익관리시스템의 성과 측정시스템은 완벽한 통제를 한 경우와 전혀 통제를 하지 않은 경우의 이윤 차이를 X라 정의하고, 실제 발생한 이윤과 전혀 통제를 하지 않은 경우의 이윤 차이를 Y로 정의하여 Y/X의 비율을 성과로 평가한다. 이의 구체적인 방법을 초과예약과 할인 배분의 각 상황에서 살펴보자.

5.1 초과예약시스템의 성과 측정

초과예약시스템의 성과 측정을 위해서는 실제 시간에 따라 발생한 예약요청, 예약거절(초과예약 한도를 초과한 예약요청) 및 결과적으로 발생한 초과 승객(Oversales) 또는 잉여좌석(Spoilage)의 수를 파악하고 있어야 한다. [그림 10-9]에서 실선으로 표현된 곡선은 실제 상황에서 발생한 예약 패턴을 보여준다. 얇은 점선으로 표시된 곡선은 최적 초과예약에서의 예약 패턴이다. 최적 초과예약은 사후적으로 파악된 모든 정보(실제 예약 요청과 예약거절 자료)를 고려한 최선의 의사결정을 의미한다.마지막으로 붉은 점선은 초과예약을 적용치 않고 용량수준까지만 예약을 받고 실제 출발시점에 상당한 잉여좌석이 발생한 상황이다. 이 또한 실제 자료로부터 추정된다.

이런 자료들이 확보되면 다음의 3개 상황의 이윤이 정의될 수 있다.

① x : 실제 발생한 잉여좌석에 의한 매출감소가 반영된 실제 이윤

② y : 최적 초과예약을 달성한 경우 이윤

그림10-9 초과예약의 성과 측정

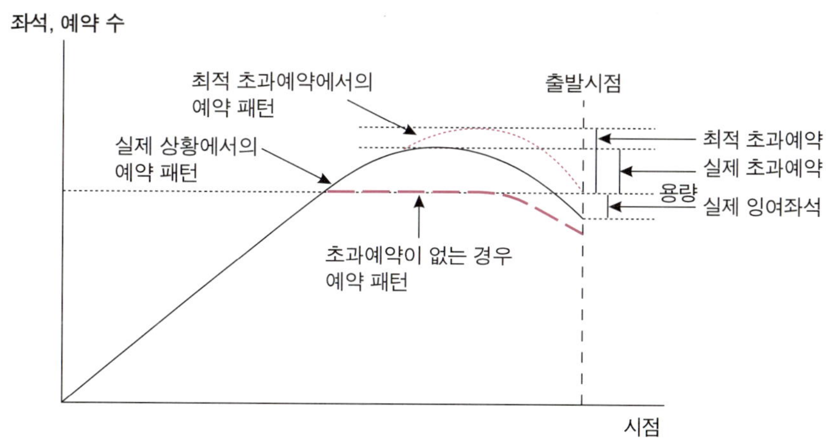

③ z : 초과예약이 없었을 경우 이윤

이제 초과예약의 성과는 아래와 같이 정의된 성과측정 계수에 의해 표현된다.

$$\text{성과측정 계수} = \frac{\text{초과예약을 통한 증가 이윤}}{\text{초과예약의 이윤 기회}} = \frac{x-z}{y-z}$$

위의 예에서는 실제 잉여좌석이 발생한 경우를 설명한 것이다. 만약에 실제 초과승객이 발생했다면 최적 초과예약은 더 낮은 값을 가질 것이며, 실제 이윤 x에는 초과승객을 해소하기 위해 지불한 보상이 비용으로 반영될 것이다.

성과측정 계수는 항상 $0 \leq$성과측정계수≤ 1의 관계를 만족하며, 이 값을 향상시키는 것을 시스템의 목표로 삼을 수 있다. 이러한 성과측정 계수는 해당 항공편의 수요가 증가하거나 감소하여도 일관되게 적용될 수 있다. 단지 초과승객이나 잉여좌석의 수로만 성과를 측정한다면 수요변화와 같은 외부 상황의 변화에 따라 시스템의 성과가 다르게 나타나는 문제가 발생했을 것이다.

5.2 할인배분시스템의 성과 측정

할인배분시스템의 성과 측정도 기본적인 논리는 동일하다. 이 경우 실제 예약 및 예약거절 자료가 누적되어 이용된다. 〈표 10-2〉에서 총 좌석은 4개의 그룹으로 분류되었고 총 90석임을 가정한 것이다. 이제 90석이 실제 활용된 내역을 정리한 것이 실제 탑승 인원이다. 이 때 가상 네스팅이 이용되어 그룹 4가 매진된 이후 해당 좌석을 요청하였다 거절된 인원이 예약거절 열의 15인으로 집계되었다. 마찬가지로 그룹 3에서 예약이 거절된 인원은 14명이다.

만약 가상 네스팅을 통해 통제를 하지 않고 요청이 있는 대로 예약이 이루어졌을 경우 추정된 탑승 인원이 미통제 탑승 인원 열에 표시되었다. 그룹 4에서 예약거절이 발생치 않았을 경우 28+15명인 43명이 그룹 4의 좌석을 배정받았을 것이다. 그룹 3에서도 유사한

표 10-2 할인 배분시스템의 성과 측정을 위한 기초 자료(총 좌석 90 가정)

가상 네스팅	가 격	승 객				수 입		
		실제탑승 인원	예약거절	미통제탑승 인원	최적탑승 인원	실제수입	미통제수입	최적수입
그룹 1	300	12	0	0	12	3,600	0	3,600
그룹 2	250	20	0	7	20	5,000	1750	5,000
그룹 3	200	30	14	44	44	6,000	8,800	8,800
그룹 4	150	28	15	43	14	4,200	6,450	2,100
합 계		90	29	90	90	18,800	17,000	19,500

계산이 가능하다. 이미 그룹 4와 3에 좌석이 너무 많이 배정되어 그룹 2의 잉여좌석은 7개만 남고 이 좌석이 모두 이용되었을 것으로 판단한다. 가장 높은 가격의 그룹 1에는 좌석이 배정되지 못하고 탑승인원은 0이 된다.

반면 이상적인 네스팅이 이루어졌을 경우 그룹 1과 2, 3에는 요청하는 모든 승객에게 좌석 배정이 이루어지고 가장 가치가 낮은 그룹 4에서는 예약 요청이 상당 수 거절되어 14명의 승객만이 배정되었을 것이다.

각 경우의 승객 수와 가격을 곱하여 수입을 정의한 것이 마지막 3개 열(수입)에 표현되어 있다. 〈표 10−2〉를 이해하였다면 성과측정 계수가 아래와 같이 계산되는 것을 납득할 수 있을 것이다. 할인배분시스템의 성과측정계수도 $0 \leq$ 성과측정계수 ≤ 1의 관계를 만족한다.

$$\text{성과측정계수} = \frac{\text{실제 수입} - \text{미통제 수입}}{\text{최적 수입} - \text{미통제 수입}}$$

06 수익관리 개념의 적용

앞에서는 항공산업에서 적용된 수익관리의 구체적 내용들을 설명하였다. 설명된 방법론은 여타 서비스산업에서도 적용될 수 있는 것이며, 여러 서비스산업을 대상으로 위에서 설명된 개념들이 어떻게 적용될 수 있는지 간단히 살펴본다. 다음으로 Kimes and Chase (1998)에 의해 제시된 포괄적인 개념적 틀 안에서 수익관리를 다시 논의해보도록 한다.

6.1 기타 서비스산업에서의 수익관리

항공산업의 수익관리시스템은 초과예약을 통해 보유하고 있는 용량을 최대한 이용할 수 있도록 하며, 수요의 수준에 따라 요금수준을 달리하여 매출을 극대화 한다. 또한 이용자별로 예약시점과 경유노선의 이용여부, 경유노선의 가치, 좌석의 위치와 시설과 같은 요인들을 이용해 가격차별을 시행함으로써 매출 수준을 높이고 있다. 항공산업에서 설명된 수익관리의 개념들이 호텔산업에서는 어떻게 활용될 수 있는지 생각해 보면 아래와 같이 정리될 수 있다.

① 초과예약 : 예약의 취소나 당일 나타나지 않는 손님의 빈도가 낮고, 용량 대비 초과된 손님에 대해 지불해야 하는 보상의 수준이 지나치게 높을 경우 초과예약은 활용되기 어렵다. 이 경우 예약 시 요금을 미리 수취하고 예약취소에 대한 위약금 수준을 높임으로써 이 문제를 해결하는 방식이 활용되기 쉽다. 그러나 인근 지역에 제휴한 호텔을 통해 새로이 방을 얻어주고 향후 숙박권을 제공하는 등의 방식으로 초과 손님에 대한 보상을 제공하는 방식도 고려할 수 있다.

② 할인의 배분 : 1) 성수기, 비수기에 따라 요금을 달리 적용한다. 계절, 숙박 요일 등이 이에 활용될 수 있다. 2) 예약여부 및 예약시점에 따라 가격을 달리 받는 방식도

표10-3 서비스 산업별 특성

산 업	용 량	기업에 제공하는 가치의 변화요인	소비자가 인지하는 가치의 변화요인
항공산업	좌석 수	경유노선 이용여부, 경유노선의 가치, 이용 시점	좌석의 위치, 좌석의 시설(일등석, 비즈니스, 이코노미), 예약 여부/시점
호텔, 리조트	방 수	숙박일 수, 이용 시점	전망, 싱글/더블/스위트, 예약 여부/시점
렌터카	자동차 수	이용일 수, 이용 시점	자동차 모델, 예약 여부/시점
실내 골프	방 수	이용 라운드(홀) 수, 음료 등 부대서비스 이용 여부, 이용 시점	방별 시설 수준, 방별 이용자 수, 예약 여부/시점
식 당	테이블 수	테이블 당 이용자 수, 주문 내용, 이용 시점	테이블의 위치, 테이블 별 이용자 수

적용 가능하다. 3) 방의 시설, 전망, 손님의 숙박 기간 등을 고려해 가상 네스팅 방식이 적용될 수 있다.

항공산업 이외의 서비스산업에서도 수익관리 개념들이 적용될 수 있는 것이다. 많은 서비스산업에서 소멸성(Perishability)의 문제로 인해 용량의 효율적 활용을 위한 예약시스템을 이용하고 있다. 또한 이용량과 서비스 질의 차이를 활용하여 유사한 수익관리시스템의 활용이 가능하다. 〈표 10-3〉은 대표적인 서비스산업을 대상으로 수익관리시스템의 활용과 연관된 요인들을 정리해본 것이다. 대다수 서비스들은 용량이 단기적으로 주어져 있으며, 수요수준 등에 따라 서비스 한 단위가 기업에게 줄 수 있는 잠재적 가치가 달라진다. 따라서 개별 수요가 기업에 제공하는 가치수준을 고려하여 차별적인 가격을 제시할 수 있다. 이 때 소비가 인지하는 가치의 변화요인들은 가격장벽으로 활용될 수 있다.

〈표 10-3〉을 살펴보면 많은 서비스산업들이 수익관리를 도입할 수 있는 잠재적 가능성을 가지고 있다. 그러나 현 시점에서 실내 골프나 식당들이 수익관리의 개념을 적극적으로 활용하고 있는 것으로 보이지는 않는다. 그런데 수익관리는 기본적으로 매출의 극대화를 목표로 한다. 결국 이용자 입장에서 수익관리는 가격을 증가시키는 수단으로 부당하게 인식될 수 있다. 예를 들어 식당에서 음식값과 별도로 테이블 요금을 부과하면서 이용자 수와 예약시점에 따라 그 요금을 달리 받겠다고 선언할 경우 대부분의 소비자들이 이를 부당하다고 생각하고 저항할 것이다. 제4장에서 논의되었던 공정가격모형을 생각해 보라. 가격, 요금의 변동은 저항을 불러일으키기 쉽다.

항공산업의 경우 미국의 항공산업이 자율화되면서 경쟁이 격화되고 저가항공사들이 진입하던 시점에 수익관리가 도입되었다. 기존 항공사들은 저가항공사들에 대응하여 전면적인 가격인하를 실행하는 대신 수익관리시스템을 통해 가격에 민감한 승객들만을 대상으로 할인을 제공하는 방식으로 대응했던 것이다. 결국 수익관리는 차별적인 가격인상이 아니라 차별적인 가격인하의 수단으로 활용된 것이다. 그렇기 때문에 소비자들의 저항없이 수용될 수 있었던 것이다.

수익관리 개념이 도입되지 않았던 산업이 총 매출을 증대시키겠다는 개념으로 수익관리를 도입한다면 소비자들의 저항을 초래할 것이다. 가급적 소비자들이 쉽게 인식하지 못하는 방식으로 도입이 되거나, 일부 소비자들을 대상으로 가격을 인하하는 방식으로 적용됨으로써 소비자들에게 실질적인 혜택을 주고 판매량을 증가시키는 방식으로 적용되는 것이 현실적인 방안일 것이다.

6.2 서비스 수익의 증대를 위한 접근법

Kimes and Chase(1998)에서는 이용기간의 예측가능성과 가격의 변동 가능성(가격차별)의 두 가지 관점에서 수익관리를 설명하고 있다. 이 때 이용기간이란 호텔이나 리조트의 경우 숙박기간을 의미하며, 항공산업의 경우 경유서비스를 통해 추가로 자사의 항공편을 이용하는지 여부 등 다양한 의미로 해석될 수 있다. 이용기간을 예측할 수 있는지 여부는 용량의 효율적 활용에 중요한 영향을 미친다. 식당을 예로 들자면 손님이 언제 도착할지 그리고 도착 이후 얼마나 오래 머무를지를 예측할 수 없다. 결과적으로 초과수요가 발생하는지 여부를 정확히 파악하기 힘들며, 초과수요가 있는 경우에도 이를 감소시키기 위한 효과적인 통제방식을 개발하기 어렵다.

가격의 변동가능성은 소비자들이 인지하는 가치수준에 따라 상이한 가격을 적용할 수 있는지 즉, 가격차별이 가능한지의 문제이다. 영화관의 경우 손님들이 일정 시점에 입장하고 영화 상영시간이 끝나면 일시에 퇴장한다. 따라서 수요에 대한 예측이 더 용이하고 관리가 효율적일 수 있다. 그러나 대부분의 영화관은 가격차별을 실행하고 있지 않다. 영화의 상영시간이나 좌석의 위치에 따라 소비자가 인지하는 가치에 차이가 있다. 따라서 항공산업

표10-4 산업별 기간과 가격에 대한 통제 수준

		가 격	
		고 정	변 동
이용 기간	예측 가능	영화관, 경기장, 컨벤션센터	호텔, 항공, 렌트카, 크루즈
	예측 불가능	식당, 골프코스	미국의 메디케어

의 네스팅과 같은 방식이 적용될 수 있는 잠재적 가능성이 있다. 그러나 조조할인 정도의 소극적인 방식이 활용되고 있는 수준이다. 결국 요금의 동태적 변화를 통해 용량을 최대한 활용하지 못하며, 가격차별을 통해 수익을 극대화하지 못하고 있는 것이다.

Kimes and Chase(1998)에서는 위에서 설명된 두 가지 차원을 이용해 산업들을 〈표10–4〉와 같이 분류하고 있다. 또한 수익관리의 도입은 이용기간을 예측 가능하게 만들고 변동가격을 통한 가격차별을 실행하여 산업을 변화시키는 과정으로 설명하고 있다.

식당의 예를 통해 이용기간의 예측가능성을 증가시키는 방식들을 살펴보자.

① 통계시스템을 활용해 식사시간이 얼마나 걸리는지에 대한 예측력을 증가시킬 수 있다. 만약 레스토랑에 2명의 손님이 올 경우 식사에 평균 45분, 4인이 오는 경우 75분이 걸린다는 것을 안다면 주어진 테이블의 활용도를 증가시킬 수 있다.

② 예약 시 신용카드 번호를 묻고 예약 취소 시 위약금을 물리는 등의 방법으로 예약의 불확실성을 감소시킬 수 있다. 또한 정시 도착 후 식사가 지연될 경우 할인이나 무료티켓을 발부함으로써 정시 도착의 유인을 제공할 수 있다.

③ 전산화된 테이블 관리시스템을 도입하여 식사의 진척 상황, 청구서가 지불되는 시점, 손님이 떠나는 시점 등을 모니터링 하고 종업원들에게 이를 통지하는 시스템을 도입하여 테이블 활용율의 증대와 통제력을 증가시킬 수 있다.

④ TGI Friday는 메뉴와 서비스 제공 시스템을 개선함으로써 식사시간을 단축시킴은 물론 식사시간의 편차를 감소시키려고 노력하였다.

이상의 방법들을 통해 이용기간의 예측가능성과 통제력을 증가시키는 것은 용량의 효율적 활용을 가능케 한다. 또한 이러한 예측가능성이 확보되면 수요량에 따라 가격을 차별화하는 대안들을 개발할 수 있다. 점심메뉴, 주말메뉴, 그날의 메뉴 등이 상이한 가격과 품질로 제공되는 것이 대표적인 사례이다. 예약이나 초과수요 여부에 따라 상이한 가격을 적용하기 어렵다면 좌석의 품질(전망, 시설) 등을 차별적으로 구성하고 이를 통해 품질차별을 하는 방안도 고려할 수 있다.

위의 설명은 하나의 예시적인 것이다. 수익관리의 기본적 개념을 이해하고 이를 적용하는 창의적인 방안들을 도입함으로써 수익의 개선과 경쟁우위를 도모할 수 있다.

07 최대부하 요금제

최대부하 요금제(Peak–load Pricing) 또한 수요량이 시점에 따라 변동하나 저장이 불가능한 서비스에 대한 가격의 문제를 다루는 방식이다. 주로 이동전화나 전력과 같은 가입형 서비스들에서 이용되어 왔다. 이 경우 예약시점과 같은 소비자들의 차별방식이 적용될 수 없다. 따라서 이용 시간대에 따라 요금을 달리하는 방식이 주로 사용된다. 이는 호텔에서 성수기 가격과 비수기 가격을 달리하는 방식과 동일한 개념이다. 최대부하 요금제 논의의 주요 특성은 용량 이내에서 발생하는 수요(비부하 시간대 : Non–peak Time)에 대응하는 비용과 용량을 초과하는 수요(최대부하 시간대 : Peak Time)에 대응하는 비용을 구분하여 정의하고 그에 따라 시간대별 가격을 최적화 한다는 것이다.

최대부하 요금제는 대체로 공익사업(Utility)에서 많이 논의되어 왔으며, 이윤극대화 논리보다는 사회후생을 극대화하기 위한 관점에서 연구들이 많이 진행되었다. 그러나 이러한 연구들은 유사한 상황에 있는 민간사업들에도 많은 시사점을 줄 수 있다. 최대부하 요금제의 논리들을 이해하기 위해 수요량의 변경이 비용에 미치는 영향에 대한 개념을 명확히 할 필요가 있다.

7.1 최대부하와 증분비용

제4장에서 원가에 대해 논의하면서 변동비와 고정비의 구분이 매우 중요함을 설명하였으며, 원가범위(고려하는 판매량의 수준)에 따라 고정비와 변동비의 구분이 달라질 수 있음을 논의하였다. 이러한 문제로 인해 다소 성격이 모호한 증분비용의 개념이 소개된 바 있다. 이제 전기서비스를 기준으로 증분비용과 변동비용의 개념을 다시 살펴보겠다.

① 고정비(전력 소비량과 무관하게 모든 가정이 전기를 사용할 수 있는 가능성을 제공하기 위한 비용) : 최소한의 전력을 생산하기 위한 최소규모 발전설비, 발전소에서 특정 지역까지의 송전선, 각 가정까지 전기를 전달하기 위한 배전선

② 증분비용(전력 소비량의 현재 용량을 초과할 경우 추가로 발생하는 추가 비용) : 발전소의 용량 증설, 송전설비 용량 증설

③ 변동비용(주어진 용량 내에서 전력 소비량이 증가할 경우 추가 비용) : 발전소의 가동비용(화력발전소의 경우 석유값), 인선비 등

위에서는 용량 내 사용량의 증가와 용량을 벗어나는 사용량의 증가가 비용에 미치는 영향이 상이하므로 변동비용과 증분비용이 구분된 것이다. 또한 사용량이 아무리 적어도 기본적으로 들어가는 비용이 존재하므로 고정비용과 증분비용이 구분된다.

가장 전력소비량이 많은 시간대의 소비증가는 변동비용과 증분비용을 증가시키며, 기타의 시간대에서의 소비량 증가는 단지 변동비용만을 증가시킨다. 따라서 각 시간대별로 비용이 다르게 인식되어야 하며, 결과적으로 가격이 달라지는 것이다. 이러한 원가의 분류 개념과 가격에의 영향은 전력시장 외의 다른 사례들에도 유사하게 적용될 수 있다.

7.2 사회후생 극대화 관점의 최대부하 요금제[4)]

논의의 편의를 위해 가장 소비량이 많은 시간대를 최대부하 시간대(Peak Time), 기타의 시간대를 비부하 시간대(Non-peak Time)로 정의하고, 수요는 두 시간대에 따라 각기 주어진다고 가정해 보자. 또한 아직 용량이 정해지지 않은 상황에서 가격과 용량을 동시에 결정한다고 가정한다. 한계비용(변동비 관련)은 c, 증분비용(용량 한 단위 증가에 따른 비용)은 C, 고정비용은 없는 것으로 가정한다.[5)]

일반적으로 사회후생을 극대화하기 위한 가격은 한계비용에서 결정되어야 한다. 그런데 최대부하 시간대에는 용량이 그 수요에 맞게 설정되어야 하므로 이 시간대의 한계비용은 실제 $c+C$로 인식되는 것이 맞다. 즉, 최대부하 시간대의 수요량이 한 단위 늘면 그에 해당하는 용량증설 비용과 통상의 한계비용이 합산된 만큼 비용이 증가하는 것이다. 따라서 최대부하 시간대에는 가격이 $c+C$로 결정되어야 한다. 반면 비부하 시간대의 가격은 용량증설과 무관하므로 c의 가격이 결정되어야 한다.[그림 10–10]의 (a)의 고정 최대부하 상황(Firm–peak Case)은 이러한 경우를 설명하고 있으며, 소비량은 각 시간대에 Q_P^*(최대부하 소비량)과 Q_N^*(비부하 소비량)으로 결정된다.

그런데 (b)의 상황은 추가적인 고려가 필요하다. 가격을 각 시간대에 $c+C$과 c로 결정할 경우 각 시간대의 소비량은 $c+C$과 c의 수평선과 수요곡선들의 교차점으로 결정된다. 그런데 이 경우 도리어 비부하 시간대에 소비량이 더 많아지며, 용량은 비부하 시간대에 의해 결정된다. 그렇다고 비부하 시간대의 사용량 때문에 용량 증설이 필요하니 증분비용을 모두 비부하 시간대에 부과하면 이제 최대부하 시간대의 소비량이 당연히 더 많아진다. 이러한 상황 때문에 변동 최대부하 상황(Shifting–peak Case)이라고 이름이 부쳐진 것이다. 이 경우에는 최대부하시간대와 비부하 시간대의 수요량이 같도록 조정하고 증분비용을 양 시간대에 배분하는 것이 사회후생을 극대화 한다. [그림 10–10]의 (b)에는 두 시간대의 수요를 수직으로 더한 곡선이 표현되어 있다. 이 곡선과 두 시간대의 비용을 합산한 $2c+C$(용량을 증설하는 비용과 각 시간대의 한계비용 합계)가 만나는 점에서의 소비량을 구한

---

4) Crew, Fernando, and Kleindorfer(1995)의 내용을 주로 참고하였다.

5) 보통 용량의 증설은 자산으로 남으며, 감가상각비의 형태로 비용에 반영된다. 여기서 C는 한 단위 용량증설 비용의 감가상각비를 그 시간에 배분한 결과이다. 예를 들어 장비가 1년 사용가능하며, 구매 및 설치에 365만 원이 들었다면 여기에서 사용된 C는 하루에 해당하는 1만 원을 의미하는 것이다.

그림10-10 최대부하 요금제의 가격결정원리

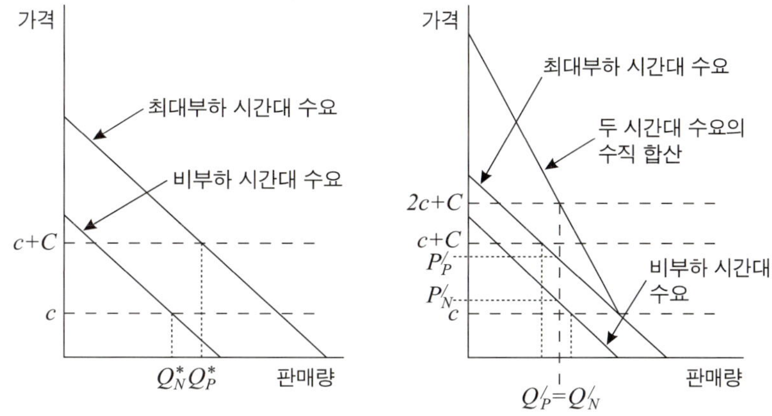

(a) 고정 최대부하 상황 (b) 변동 최대부하 상황

것이 사회후생을 극대화 하게 되며, 각 시간대의 수요량은 $Q'_P=Q'_N$으로 결정된다. 가격은 그 수요량에 대응하는 각 수요곡선의 값(P'_P 및 P'_N)으로 결정된다. 위에서 수직으로 합산된 수요곡선과 $2c+C$가 교차되는 점에서 수요량이 결정되었으므로 $P'_P+P'_N$는 $2c+C$가 되며, 투입된 비용이 모두 가격으로 회수됨을 알 수 있다.

만약 최대부하 시간대와 비부하 시간대의 수요가 비슷하면 (b)의 변동 최대부하 상황이 발생한다. 이 경우에는 양 시간대에서 용량의 증설과 관련된 비용 즉, 증분비용이 양 시간대의 가격에 비슷하게 배분된다. 그런데 최대부하 시간대의 수요가 상대적으로 더 커지게 되면 증분비용 중 최대부하 시간대에 배분되는 비중이 더 증가한다. 이는 (b)의 그림에서 수요곡선을 조정하여 생각해 보면 쉽게 이해될 것이다. 또한 용량 증가의 책임을 어떤 시간대에 주로 물어야 하는지에 대한 직관적인 사고와 일맥상통하는 결과이다. 만약 최대부하 시간대의 상대적 수요가 충분히 크다면 고정 최대부하 상황이 발생하게 되며 증분비용이 모두 최대부하 시간대에 배분된다.

이상의 개념은 사회후생 극대화를 목표로 삼는 것으로 설명되었다. 그러나 여기서 사용된 개념들은 이윤극대화에도 그대로 적용될 수 있다. 용량을 효율적으로 사용하는 요금을 설계하는 기본 원칙은 용량보다 수요가 높은 경우 용량증설을 고려한 증분비용을 한계비용 개념에 추가하고, 용량에 수요가 미달하는 경우 일반적인 한계비용을 사용한다는 것이다.

한계비용을 다르게 인식하고 일반적인 이윤극대화의 원리를 적용하면 이윤을 극대화하는 가격을 결정할 수 있다.

08 :: 소멸성에의 대응 : 수요-공급 불일치의 해소

최대부하 요금제가 논의되었던 근본적인 이유는 수요량이 시점에 따라 변동하나 서비스의 소멸성에 의해 재고를 통해 수요의 변동에 대응할 수 없기 때문이다. 앞서 설명에 사용된 전력서비스에서 비부하 시간대의 여유용량을 전력생산에 사용하고 이를 충전장치에 저장하여 사용할 수 있다면 수요변동의 문제를 해결할 수 있다. 실제 야간이나 전력이 풍부할 때 펌프를 가동해 아래쪽 저수지의 물을 위쪽 저수지로 퍼 올렸다가 전력이 필요할 때 방수하여 발전하는 양수발전(Pumping-up Power Generation)이 이러한 목적으로 사용된다. 그러나 이러한 여유용량의 활용과 서비스의 저장이 수요의 변동에 대응할 만큼 충분하지 못하기 때문에 최대부하 요금제가 논의되는 것이다.

앞서 이러한 문제는 대다수 서비스에서 발생함을 언급한 바 있다. 그런데 일부 서비스들의 경우 수요와 공급의 불일치 문제를 서비스의 지연을 통해 해소하기도 한다. 택배서비스의 경우 추석기간에는 배달이 지연된다. 또한 스키장의 리프트(Lift)나 놀이공원 입장의 경우도 서비스의 지연이 발생한다. 이들 사례에서는 서비스 지연 여부를 가격장벽으로 사용해 가격차별이 실행될 수 있다. 택배서비스의 경우 특정 기간 내 배달을 보장하는 익스프레스 서비스가 더 비싼 가격에 제공된다. 또한 스키장이나 놀이공원의 경우 정기권을 가진 소비자들에게는 별도의 입장구를 마련해 대기시간을 감소시켜주는 서비스를 제공한다.

그러나 음식점이나 사무실 밀집지역의 미용실에서는 점심시간에 이용자들이 서비스를 받기 위해 지나치게 기다리며, 그로 인해 상당한 수요를 상실하는 경우가 많다. 이 경우 서비스 용량과 수요의 차이를 해소하는 수단을 적용하지 못하고 있는 사례라고 할 수 있다. 회원제 입장이나(비회원은 좌석이 여유가 있는 경우만 입장) 시간대에 따라 다른 가격을 적용하는 방안을 적용한다면 이러한 문제를 다소 완화할 수 있을 것이다. 이런 방식이 광범위하게 이용되지 못하는 것은 이러한 차별방식이 사회적으로 쉽게 받아들여질 수 있는가에 대한 의구심 때문인 것으로 생각된다. 공정성, 기술적 규범의 문제가 고려되어야 하는 것이다. 그러나 저녁시간에 주로 손님이 몰리는 고급 레스토랑들의 경우 오후 다섯 시 이전에 할인가격(점심식사 특별 메뉴)이 적용되는 경우 등은 최대부하 요금제의 개념이 적용되고 있는 사례라고 할 수 있다. 최대부하 시간(저녁식사 시간)에는 서비스 공간의 제약이 발생하며 공간 증설에 필요한 증분비용을 반영한 가격을 설정하고 그 외의 시간에는 한계비용만을 반영한 것으로 이해된다.

리조트나 호텔의 경우 하루 단위가 아닌 주(week) 또는 계절을 단위로 성수기 요금제와 비성수기 요금제를 구분하는 방식으로 이 문제를 해결한다. 역시 성수기 요금제는 서비스 용량의 증설을 위한 증분비용을 반영하는 것으로 이해되어야 한다.

한편 성수기 요금제는 미리 수요량을 예측하여 가격을 설정해 두는 방식이다. 그러나 조금 더 적극적으로 수요와 공급의 불일치 문제에 대응하는 경우를 생각할 수 있다. 앞서 설명된 수익관리에서는 실제 발생하는 예약수준에 따라 지속적으로 가격을 변경해 나간다. 가장 적극적인 방식에 해당한다.

09 결합상품으로서의 서비스

통상 물리적인 제품들은 원가를 회수하는 방식이 상대적으로 단순하다. 즉, 제품단위당 가격을 적용하는 것이다. 그러나 서비스의 경우 가격산출지표가 매우 다양하다. 가격산출지표의 문제에 대해서는 이미 제6장에서 다룬바 있다. 또 하나의 특수성은 서비스가 통상 다수의 활동들이 결합되어 이루어진다는 점이다. 결합상품으로서의 서비스의 문제는 또 다른 이슈가 되며, 가격산출지표의 다양성 이슈와 밀접히 연관된다.

예를 들어 의류를 판매하는 서비스는 제품을 진열하여 보여주는 행위, 점원이 특정 상품에 대해 설명하고 추천하는 행위, 실제 판매하는 행위의 결합이라고 볼 수 있다. 각각의 행위는 모두 소비자들에게 일정 수준의 가치를 발생시킨다. 그런데 문제는 각각의 행위에 대해 별개의 가격을 설정하기 어렵다는 것이며, 소매점은 다양한 행위에 발생하는 원가를 판매에서 발생하는 마진을 통해서만 회수한다. 결국 어떤 소비자들은 진열된 제품을 살펴보고 점원에게 다양한 정보를 얻고서는 아무런 대가도 지불하지 않고 점포를 나선다. 따라서 서비스의 가격설정에서는 가격의 설정 또는 원가의 회수에서 물리적인 제품과는 다른 접근법을 고려해야 한다. Frei(2008)에서는 이러한 문제를 네 가지 방식으로 해소할 수 있다고 설명하고 있다.

① 소비자가 선호하는 방식으로 원가를 회수

요즘 커피전문점에서는 커피는 물론 편안한 소파와 분위기, 무선인터넷 서비스 등의 서비스를 제공한다. 커피전문점은 다수 서비스의 전체 원가를 커피 판매를 통해 회수한다. 이는 너무나 당연한 것으로 받아들여진다. 하나의 대안으로 이용시간에 따라 가격을 부과할 수 있다. 그러나 이 경우 시간을 측정하기 위한 추가적인 비용이 발생하며, 소비자들이 부담을 느껴 편안한 분위기를 즐기는데 방해가 될 수 있다. 따라서 최고의 커피 제공을 주된 가치로 설정하고 커피에 가격을 부과하는 것이 소비자들이 가장 선호하는 또는 가장 저항감이 작은 방식일 것이다. 그러나 실제로는 다른 방식으로 가격이 부과되기도 한다. 민들레영토라는 카페는 입장료를 내면 주어진 범위 내에서 음료와 간식을 무한정 이용할 수 있다. 또한 세미나실도 이용할 수 있는데 세미나실은 3시간을 기본으로 하고 시간이 초과되면 추가 요금을 받는다. 물론 고급커피나 식사는 따로 가격을 부과하기도 한다. 이 경우 기업의 주된 가치제안은 음료가 아닌 편안하고 자유로운 공간의 임대이다. 말하자면 뷔페와 같은 유형인 것이다. 저자가 강조하는 바는 서비스에서 가격의 부과방식은 다양할 수 있다. 가격의 부과방식은 기업의 포지셔닝 또는 가치제안에 기반해야 한다. 다양한 서비스 활동 중 기업의 핵심 서비스를 정의하고 그에 맞춰 다른 서비스 요소들을 조율함으로써 소비자들이 그 가치를 받아들이고 가격부과에 저항감을 갖지 않게 된다. 이러한 의사결정에서 산업의 관행은 무척 중요한 의미를 갖는다. 그러나 관행과 다른 독특한 가치제안과 가격부과 방식은 기업을 차별화 하는데 크게 기여할 수 있다.

② 서비스 활동을 통해 다른 유형의 원가를 감소

Progressive Casualty Insurance사는 사고가 발생하면 바로 현장에 서비스 차량을 보내는 서비스로 유명해졌다. 이러한 서비스를 통해 현장에서 귀책사유와 피해상황을 정확히 파악함으로서 소비자들의 불안감을 감소시키고 서비스의 가치를 크게 향상시킨다. 그러나 이러한 서비스의 향상은 추가적인 비용을 발생시킨다. 그런데 이 회사에 따르면 이러한 서비스는 가치의 향상과 함께 원가의 절감에도 기여했다고 한다. 통상 보험사기에 의한 비용지출, 이를 막기 위한 조사와 소송처리 비용 등은 보험사 원가에서 큰 부분을 차지한다. 이 회사는 현장서비스를 통해 보험사기의 가능성을 원천적으로 차단함으로써 원가의 절감에 성공한 것이다. 소매점은 점원 수를 증가시켜 서비스의 질을 올리면서 물건의 도난을 감소시키는 원가절감 효과를 낳을 수 있다. 새로운 서비스 활동의 추가를 통해 서비스의 향상과 함께 다른 원가의 감소를 추구하는 방안을 고려할 수 있다.

③ 장기적인 원가의 절감

다양한 소프트웨어를 판매하는 Intuit는 소프트웨어 관련 소비자들의 불만 및 문의를 처리하는 콜센터를 무료로 운영하여 서비스의 질을 크게 향상시켰다. 더욱이 소프트웨어 개발자들을 고객불만 처리업무에 파견하여 전문성을 더 향상시켰다. 업계에서는 이러한 서비스가 예외적으로 받아들여졌는데 이는 콜센터의 운영에 상당한 비용이 발생하기 때문이다. 그러나 이 회사는 단기적으로 발생하는 이러한 비용이 장기적으로 큰 원가절감을 낳을 수 있다고 생각한다. 고객불만을 적극적으로 수집하고 이로부터 소프트웨어의 개선점을 빠르게 파악함으로써 품질을 향상시킴은 물론 궁극적으로 고객들의 콜센터 수요를 감소시킬 수 있다는 것이다. 특정 서비스의 향상이 궁극적으로 원가를 절감시킬 수 있다.

④ 셀프서비스의 활용

서비스 활동 중 일부를 소비자들이 직접 수행하도록 함으로써 서비스 원가를 절감할 수 있다. 항공사들은 항공기 수속업무에 키오스크(Kiosk)를 도입함으로써 고객들이 직접 수속업무를 처리하게 하였다. 이로써 직원들의 업무 부담을 줄여 원가를 절감함은 물론 대기시간을 감소시키고 소비자들이 좌석 위치를 스크린 상에서 확인할 수 있게 하는 등 서비스를 향상시켰다. 이러한 키오스크는 소매점에서도 활용되어 소비자들이 제품과 관련된 상세 정보를 파악토록 하는 기능을 수행한다. 정보통신 기능의 발전으로 인해 많은 서비스 업무들이 셀프서비스의 형태로 바뀌어가고 있다.

정리하자면 다양한 서비스 활동 중 소비자들에게 가장 선호되는 또는 저항감이 작은 활동에 가격을 부과하거나, 특정 서비스 활동이 원가절감에 기여토록 하는 방식, 셀프서비스를 통해 원가를 소비자들에게 이전시키는 방식이 고려될 수 있다는 것이다.

이상은 다양한 서비스 활동 중 특정 활동으로부터 전체 원가를 회수하는 방식을 염두에 두고 설명된 것이다.

그러나 개별 서비스에 대해 각기 가격을 부과하는 방식도 고려될 수 있다. 개별 서비스에 가격을 설정하기 위해서는 가격 부과의 대상이 명확히 정의되어야 한다. 우리가 식당에서 제공하는 서비스를 하나의 서비스로 인식한다면 전체 서비스에 단일한 가격이 부과될 수밖에 없다. 그러나 음식과 별도인 종업원의 서비스를 별개의 서비스로 인식할 경우 서비스료(Tip)를 손님에게 부과하는 것이 가능하다. 또한 발레파킹(Valet Parking)에 대해서도 별도로 가격을 지불할 수 있다. 다시 말하지만 대다수 서비스는 다수의 서비스 활동이 결합된 것이다. 기업은 자신의 서비스를 어떻게 분류하고 개념화하느냐에 따라 소비자들에게 단일한 서비스로 또는 다수의 서비스로 인식시킬 수 있다. 다수의 서비스로 인식될 수 있다면 서비스 활동별로 별개의 가격을 부과할 수 있게 된다.

선 마이크로시스템(Sun Microsystems)의 경우 자신들의 고객지원 서비스에 '선 스펙트럼 서포트(Sun Spertrum Support)'라는 브랜드를 부여하였다. 이로 인해 고객들은 고객지원 서비스를 별개의 서비스로 인식하게 되고 이 기업은 이에 별도의 가격을 부과할 수 있게 된다. 더욱이 이 회사는 서비스 수준에 따라 플래티늄, 골드, 실버, 브론즈라는 별도의 브랜드를 부여하였다. 예를 들어 브론즈는 AM8:00~PM5:00 사이에 전화에 의한 상담이 가능하며, 플래티늄은 365일 24시간 어느 때나 방문지원이 가능하며, 2시간 내에 응대가 이루어진다. 이러한 브랜드에 따라 각기 다른 가격이 부여될 수 있었다. 서비스의 하위 구성요소들에 별도의 브랜드를 부여하는 방식은 소비자들로 하여금 서비스의 내용과 품질에 대한 정보를 제공할 뿐 아니라 개별적인 가격 부과를 가능하게 한다.

핵심 주제 및 키워드

- 제품-서비스의 연속성
- 무형성(Intangibility)
- 이질성(Heterogeneity)
- 비분리성(Inseparability)
- 소멸성(Perishability)
- 품질단서(Quality Cue)
- 수익관리(Yield Management, Revenue Management)
- 초과예약(Overbooking)
- 할인의 배분(Discount Allocation)
- 네스팅(Nesting)
- 가상 네스팅(Virtual Nesting)
- 성과 측정
- 최대부하 요금제(Peak-load Pricing)
- 비부하 시간대(Non-peak Time)
- 최대부하 시간대(Peak Time)
- 증분비용(Incremental Cost)
- 결합상품(Bundling)

생각해볼 문제

1) 물리적 제품이 제공되나 소유권이 이전되지 않는 사례들을 생각해 보시오.

2) 서비스의 특성들이 가격 문제와 어떻게 연관되는지 정리해 보시오.

3) 수익관리의 정의에 기초해 그 주된 특성을 정리하시오.

4) 초과예약 수준을 결정하는 논리를 설명하시오.

5) 항공산업의 수익관리에서 소비자들의 가치인식 수준이 어떻게 가격에 반영되는지 설명하시오.

6) 항공산업의 수익관리에서 여러 상이한 가격의 좌석 수를 어떻게 결정하는지 또한 수요의 변동이 어떻게 가격에 반영되는지 설명하시오.

7) 항공산업의 수익관리에서 소비자들의 가치 수준, 좌석의 위치, 경유노선의 이용 여부, 예약시점 등의 복잡한 요인들을 단순화 하여 가격차별을 적용하는 핵심 논리는 무엇인가?

8) 본문에서 소개된 성과측정의 핵심 개념을 요약해 보시오.

9) 수익관리의 개념이 도입될 수 있는 새로운 산업을 예시해 보고 그 방법을 정리해 보시오.

10) 사회후생 극대화를 위한 최대부하 요금 수준은 어떤 비용들을 반영하는가? 이 개념이 이윤극대화에 그대로 이용될 수 있는가?

11) 서비스의 소멸성 문제에 대응하는 다양한 방식을 생각해 보시오.

12) 결합상품으로서의 서비스에 대한 가격설정 원칙들을 정리해 보시오.

제11장 보완재와 결합상품

개별적인 제품으로 판매되는 상품들 간에도 상당한 연관성이 있는 경우들이 많다. 커피가 팔리지 않는다면 프림이 팔릴 수 없다. 컴퓨터 본체와 모니터, 키보드, 마우스와 같은 제품들도 독립적으로 존재할 수 없는 제품들이다. 이런 제품들의 경우 상호 보완재라고 말한다. 경제학에서는 보완재를 상품들을 따로따로 소비할 때보다 함께 소비할 때 더 큰 만족감을 주는 제품들이라고 설명한다.[1)] 앞서 예시한 제품들은 보완관계가 매우 큰 경우이다. 컴퓨터의 경우 시스템이라는 용어를 사용하기도 한다. 시스템이란 어떤 과업의 수행이나 목적달성을 위해 공동 작업하는 조직화된 구성 요소의 집합을 의미한다. 컴퓨터의 경우 모니터, 키보드, 마우스 등이 구성요소가 되며, 이들 구성요소들은 상호 매우 강한 보완성을 갖는(완전 보완재) 것으로 해석할 수 있다.

이번 장 이전의 논의들은 주로 제품 간 대체성 즉, 경쟁의 문제를 고려한 것인데 이번 장에서는 보완성을 고려한 가격의 이슈들을 살펴본다.

01 :: 보완성과 외부성

이전 절에서는 완전 보완재를 가정하여 보완성이 있는 경우 가격의 이슈를 검토해 보겠다. 완전 보완재란 두 제품이 항상 같이 사용되어야 하는 경우를 의미한다. 이런 보완재들을 독립적인 기업들이 생산할 경우 한 기업의 이윤을 증가시키기 위한 행위가 다른 기업의 이윤을 감소시킬 수 있다. 이를 이해하기 위해 다소 비현실적인 예이지만 단 하나의 기업만이 신발 양쪽을 모두 생산하는 경우와 두 개의 기업이 왼쪽 신발과 오른쪽 신발을 각기 생산하는 경우를 생각해 보자.

독점기업이 양쪽을 모두 생산할 경우 이윤을 극대화하는 가격을 P_M^*이라고 하자. 만약 이 기업이 가격을 조금 올려 가격이 $P_M^*+\varepsilon$이 될 경우 마진의 증가에 의한 이윤증가를

1) 한 제품 대신에 다른 제품을 소비해도 얻는 만족에 별 차이가 없는 제품들을 대체재라고 하는 것과 대비된다. 한편 한 제품의 소비가 다른 제품의 소비에 아무런 영향을 미치지 않는 제품들은 독립재라고 한다.

$+\Delta\Pi$라고 정의하고 판매량의 감소에 의한 이윤감소를 $-\Delta\Pi$라고 해보자. 이 때 $+\Delta\Pi$와 $-\Delta\Pi$의 절대값은 같다. 이윤극대화 가격은 한계비용과 한계수입이 같은 점에서 정해지며, 이 경우 약간의 가격변화는 이윤을 변동시키지 않기 때문이다($d\Pi/dP=0$).

이제 두 개의 기업 A와 B가 각각 한쪽만을 생산하여 판매하는 경우를 생각해 보자. 각 기업이 $P_M^*/2$의 가격을 설정하면 신발 한 컬레의 가격이 P_M^*이 되어 시장에서의 소비량은 독점의 경우와 동일할 것이며, 양 기업은 독점이윤의 절반씩을 획득할 것이다. 그런데 기업 A가 가격을 $P_M^*/2$에서 ε만큼 올려 신발 한 컬레의 가격이 $P_M^*+\varepsilon$이 되었다고 생각해 보자. 기업 A의 마진 증가에 따른 이윤의 증가는 독점기업이 ε만큼 가격을 올리는 경우와 같다($+\Delta\Pi$). 이것은 증가된 마진의 전부를 기업 A가 전유하기 때문이다. 그러나 판매량 감소에 따른 이윤의 감소는 $-\Delta\Pi$의 절반에 해당한다. 판매량 감소는 기업 A뿐 아니라 기업 B에게도 발생하는데(신발을 한쪽만 신는 사람은 없을테니) 기업 B의 판매량 감소는 기업 A의 이윤 감소에 영향을 미치지 않기 때문이다. 결국 기업 A는 가격인상을 통해 이익을 증가시킬 수 있으며, 상대 기업 B는 이윤이 감소하는 현상이 발생한다.

이러한 특성을 기업 간 외부성이라고 표현한다. 위와 같은 상황에서 기업 A가 가격을 올려 혼자만 이윤을 증가시키려 한다면 기업 B도 같이 가격을 올리려 할 것이다. 결과적으로 보완재를 생산하는 기업들은 산업이윤을 극대화하는 가격 대비 더 높은 가격을 설정할 것이며, 결국 전체 시스템(양쪽 신발)의 가격은 독점가격보다 증가하는 것이다. 결과적으로 산업의 이윤도 감소하게 된다. 만약 보완재를 구성하는 제품들을 하나의 기업이 생산한다면 이러한 문제는 발생하지 않는다. 한 요소 가격의 상승이 다른 요소의 판매량 감소에 미치는 영향을 고려하여 가격을 설정하기 때문이다. 이렇듯 다른 요소에 미치는 영향을 고려하여 최적 의사결정을 하는 상황을 외부성이 내재화(Internalization)되었다고 한다.

위의 설명에서는 극단적인 형태의 완전 보완재를 고려한 것이나 보완성이 있는 제품들 간에는 이러한 외부성의 문제가 항상 발생한다. 보완재를 구성하는 다른 제품의 가격이 올라가면 그 제품의 판매량은 감소할 수밖에 없는 것이다. 따라서 한 기업 내에서 보완관계에 있는 여러 제품들을 별개의 부서들에서 판매할 경우 각 부서가 지나치게 가격을 올리는 것을 통제하기 위한 수단들이 고려되어야 한다.

다른 기업들이 보완적인 제품을 판매할 경우에도 상호 가격 인상을 억제하기 위한 수단들이 강구될 수 있다면 바람직할 것이다. 그러나 각자의 이윤을 극대화하는 상황에서 외부성을 내재화하는 수단을 개발하기란 어려운 일이다. 따라서 구조적인 방식으로 이 문제를 해결하는 것이 자연스럽다. 보완재를 생산하는 산업을 더 경쟁적인 구조로 유지시키는 것이 가능하다. 보완재 산업이 경쟁적일 경우 이 분야에서의 가격이 한계비용에 가깝게 감소하므로 외부성의 문제가 사라진다. 예를 들어 컴퓨터시스템을 생산하는 산업의 경우 CPU나 운영체제(Operating System)와 같은 분야는 인텔과 마이크로소프트와 같은 기업이 독점구조를 유지하고 있다. 그러나 컴퓨터시스템에 대한 Interface는 완전히 공개되어 있어 모니터, 키보드, 마우스를 비롯한 기타의 모듈(Module)들의 경우 완전경쟁에 가까운 구조를 가지고 있다. 결과적으로 컴퓨터시스템은 값싼 가격으로 많은 수요를 창출하면서도 인텔이나 마이크로소프트는 높은 마진을 유지하는 상황이 발생한다.

그러나 어떤 경우에는 기업 간 관계에 의해 외부성의 내재화가 실현되기도 한다. 유통서비스 없이 제품을 이용하는 것은 어려운 일이며, 제품과 유통서비스는 보완관계에 있다고 해석할 수 있다. 제품의 생산자는 제품 생산비에 마진을 붙여 도매가격을 결정하고 유통업자는 도매가격에 다시 마진을 붙여 소매가격을 결정한다. 이 때 생산자와 유통업자가 상대기업의 이윤을 고려하지 않는다면 양 기업의 각 마진이 지나치게 높아져 산업의 이윤을 감소시킬 수 있다. 이런 상황에서 만약 특정 기업이 상대 기업에게 강한 영향력을 미칠 수 있다면 즉, 강한 협상력을 가지고 있다면 이러한 문제를 완화시킬 수 있다.[2)] 생산자가 소매가격을 통제한다던가 유통업자가 도매가격을 낮추는 행위는 결국 산업입장에서 이윤을 증가시키는 행위가 될 수 있다.

위에 설명된 생산자와 유통업자 간 문제의 해결방식은 어느 한편이 강한 협상력을 가지고 있기 때문이다. 그러나 대등한 기업 간 관계에서는 이런 방식의 외부성 내재화를 기대하기 어렵다. 대신 특별한 방식을 통해 증가된 산업이윤을 배분할 수 있는 방식이 존재한다면 외부성의 내재화가 가능할 것이다. 예를 들어 보완재를 생산하는 업체들이 공동투자를 통해 공동의 유통업체를 설립하고 각 업체가 제품을 원가에 납품하도록 계약을 체결할 수 있다면 외부성의 문제는 해소될 수 있다. 유통업체를 통해 공동이윤을 극대화하고 지분

2) 기업 간 협상력을 결정하는 요인에는 각 기업이 소속된 분야의 경쟁정도 즉, 산업구조가 포함된다. 보완재를 생산하는 한 분야는 독점적인 반면 다른 분야는 완전경쟁적인 상황이라면 독점분야의 기업이 매우 높은 협상력을 가질 것이다. 결국 협상력의 논의는 바로 앞에서 설명한 구조적인 해결 방식과 동일한 것이 될 수 있다. 그러나 협상력을 결정하는 요인에는 산업구조의 문제 외에도 상대 기업의 제품/가격/비용구조 등에 대한 정보력, 공급선의 교체와 관련된 교체비용, 수직적 통합(상대 기업의 인수)에 대한 위협 등이 포함된다.

율에 따라 이윤을 배분할 수 있는 것이다.

한편 이동전화산업에서는 이동전화서비스와 단말기가 완전 보완관계에 있다. 단말기 없이 서비스 이용이 불가능하며, 서비스 없이 단말기만 구매한다는 것도 생각하기 어렵다. 그런데 이 산업에서는 단말기 보조금이 보편적으로 지급되고 있다. 단말기 보조금은 단말기 구입에 필요한 실제 비용을 감소시킴으로써 이동전화 가입을 활성화시킨다. 이런 의미에서 보면 단말기 보조금이 보완재 간에 발생하는 외부성을 내재화하는 수단으로 쓰인다고 생각할 수 있다.[3] 그러나 이동전화사업자가 단말기 보조금을 통해 비용을 증가시키는 대신 이동전화 서비스의 가격을 낮추는 방식을 사용하면 되지 않을까 하는 의문이 발생한다. 별첨 11.1은 단말기 보조금이 활용되는 원인을 조금 다른 각도에서 논의하고 있다. 뒤에서는 면도기와 면도날, iTunes와 ipod와 같은 보완재들의 가격설정 문제가 다루어질 것이다. 보완성의 문제를 고려해 둘 중 하나의 가격을 낮게 설정할 때 면도날보다는 면도기, ipod보다는 iTunes가 주로 활용된다. 왜 이러한 선택이 발생하는지 생각해 보는 것도 의미가 있다.

별첨11.1 단말기 보조금의 특성[4]

이동전화사업자 입장에서는 단말기 보조금과 서비스 요금의 인하가 대체성을 갖는 선택안이다. 그럼에도 불구하고 단말기 보조금이 외부성의 내재화에 주로 사용되는 원인을 단말기 보조금의 고유한 특성에서 찾을 수 있다. 우선 소비자들이 단말기를 교체하는 시점에 서비스 사업자를 선택한다는 점에 주목해야 한다. 단말기 보조금은 사업자 선택 시점에 지불되어 사업자 간 비교가 용이하다. 요금의 인하는 소비자들에게 장기적으로 영향을 미치며, 그 인하의 효과는 소비자의 입장에서 다소 불확실하고 인지하기 어려운 면이 있다. 반면 단말기 보조금은 사업자 선택시점에 바로 혜택을 주는 방식이므로 소비자가 민감하게 반응하며, 가입자를 유인하기에 더 효과적인 수단이 될 수 있다.

두 번째로 단말기 보조금은 충성/전환/신규가입자간 차별적 적용이 가능하다. 서비스 사업자 입장에서는 점유율 경쟁이 격화된 상황에서 이미 고착화(Lock-in)된 충성가입자보다는 경쟁사로부터 전환해 오는 가입자나 신규가입자에게 더 낮은 가격을 제시할 유인이 있다. 서비스 요금의 경우 가입자 간 차별이

3) 박진우, 안일태(2006)에서 이러한 견해를 제시하고 있다.

4) 송재도, 김주한(2010) 참조.

어려우나 단말기 보조금에서 차등이 가능하다는 점은 매우 중요한 장점이다. 단말기 보조금은 가입자 간 가격차별의 수단으로 사용될 수 있는 것이다.

세 번째, 요금인하에 비해 단말기 보조금의 증가는 매출감소 요인 없이 수요를 증가시킬 수 있으며, 지급수준을 상황에 따라 변화시키기에 용이하다. 대체로 사업자들은 이윤 이외에도 매출의 증대에 지대한 관심을 갖는다. 따라서 매출을 감소시키는 요금의 인하보다는 매출 감소없이 비용만 증가시키는 단말기 보조금을 통한 경쟁을 선호할 수 있다. 또한 요금은 한번 인하되면 다시 인상이 어려워 지속적인 매출의 감소를 초래할 수 있으므로 사업자들이 매우 보수적으로 고려할 수밖에 없으나 단말기 보조금은 수시로 변경시킬 수 있으므로 상대적으로 위험이 낮은 경쟁수단이다.

네 번째, 보조금은 단말기 선택에 영향을 미쳐 전략서비스(위성 DMB, 스마트폰) 확산의 수단이 될 수 있다. 또한 단말기 보조금의 존재는 이동전화사업자가 유통망을 장악하고 단말기 제조사에 영향력을 발휘하는 핵심 수단이라는 점도 주목해야 한다.

이러한 요인들을 살펴보면 가격의 인하에 비해 보조금의 지급이 상당한 강점을 지니고 있음을 납득할 수 있을 것이다. 이동전화 산업을 예로 들었으나 어느 산업에서나 사은품이나 쿠폰(Coupon)과 같이 가격의 조정과 유사한 효과를 내는 다양한 수단들이 존재한다. 각 수단들은 본질적으로는 유사하나 구체적인 면에서 상이한 속성들을 가지며, 가격의 조정과 이러한 수단들을 적절히 조합함으로써 마케팅의 효과를 극대화 할 수 있다.

02 결합상품

결합상품(bundling)이란 두개 또는 그 이상의 제품을 묶어 판매하는 행위를 의미한다. 이러한 결합상품 판매방식은 많은 산업에서 관찰되고 있으며, 최근에는 통신산업에서 중요한 이슈가 되고 있다. 통신산업에서는 각 기업 또는 기업집단들이 시내/시외전화, 이동전화, 초고속인터넷, 케이블/IPTV 등을 제공하고 있으며, 이들 서비스를 결합상품의 형태로 제공하면서 경쟁이 격화되는 양상을 보이고 있다.

결합상품 판매는 크게 두 가지로 분류되어 설명될 수 있다. 첫 번째는 완전히 독립된 제품들에 대한 거래조건을 제약하는 경우이다. 식탁과 식탁의자의 경우에는 별도의 판매도 가능하지만 두 제품을 같이 구매하는 것만 가능한 경우가 많다. 이와는 달리 통신산업의 결합상품은 별개로 구매하거나 같이 구매하는 것이 모두 가능하며, 같이 구매할 경우 가격을 할인해준다. 따라서 결합상품에 대한 연구자들은 별개로만 판매하는 경우를 개별판매전략(Pure Component Strategy), 결합상품으로만 구매할 수 있도록 하는 경우를 순수 결합상품전략(Pure Bundling Strategy), 개별로도 결합상품으로도 구매할 수 있는 경우를 혼합결합상품전략(Mixed Bundling Strategy)으로 구분하기도 한다.

두 번째 유형은 호환성(Compatibility)을 통제하는 등의 수단을 통해 제품을 같이 구매하도록 강제하는 방식이다. 예를 들어 특정 회사의 수동 면도기에는 그 회사의 면도날만 사용할 수 있는 경우가 많다. 기업이 면도기와 면도날을 굳이 같이 사도록 강제하지 않아도 결국 소비자는 두 제품을 같이 구매하게 된다. 즉, 특정 면도날에만 호환성을 부여하여 결합판매를 하는 것이다. 프린터와 토너, 오디오의 앰프와 튜너(Tuner), 볼트와 너트 같은 경우들에서 호환성을 이용한 결합판매가 관찰된다. 이러한 형태의 극단적인 경우는 일체화된 오디오, MP3 기능과 전화가 결합된 이동전화기와 같은 경우이다. 제품을 물리적으로 결합시킨 것이다.

그렇다면 기업들은 왜 제품들을 개별로 판매하지 않고 묶어서 판매하게 되는가? 그 원인은 크게 네 가지로 정리될 수 있다.

① 효율성의 제고 : 개별 제품들이 결합상품으로 제공될 경우 비용의 감소나 제품의 품질 향상을 기대할 수 있다. 전화와 초고속인터넷, IPTV가 결합판매 될 경우 하나의 통신회선으로 다수의 서비스를 제공하는 것이 가능하다(회선의 다중화). 또한 단 하나의 청구서로 다수 서비스에 대한 이용료 청구가 가능하며, 판매단계에서도 비용의 감소가 가능하다. 서비스의 결합이 제품혁신을 발생시키기도 한다. 전화기에 MP3나 디지털 카메라, DMB와 같은 기능들이 결합되어 소비자들의 편의성을 크게 증가시킨다. 또한 인터넷 상의 포털들은 다수의 서비스를 하나의 사이트에서 제공함으로써 시너지(Synergy)를 발생시킨다.

② 결합판매는 보완재들의 품질을 유지시키기 위한 수단으로도 활용된다. 특정 브랜드의 프린터에 자사의 토너만이 사용될 수 있도록 함으로써 인쇄 질을 떨어뜨리거나 제품의 고장을 발생시킬 수 있는 토너의 사용을 원천적으로 봉쇄할 수 있다. 면도기와 면도날과 같은 경우 또한 유사한 사례가 될 수 있다.

③ 시장지배력의 전이 : Microsoft사는 워드프로세서, 엑셀, 파워포인트 등을 오피스라는 제품으로 결합판매 한다. 국내에서 워드프로세서의 경우 한글과 컴퓨터의 제품과 치열한 경쟁이 있으나 엑셀의 경우 독점적 지위를 누리고 있다고 생각된다. 소비자들이 엑셀을 사기 위해서 Microsoft의 워드프로세서를 사야만 한다면 엑셀에서 가지는 시장지배력을 워드프로세서 시장으로 전이시키는 효과가 발생한다. 또한 이동전화사업자들은 단말기에 자사가 제공하는 무선인터넷 포털을 위한 Hotkey를 포함시킨다. 결과적으로 SK텔레콤 가입자들은 Nate를, KT 가입자들은 Magic N을 주로 사용하게 된다. 이 또한 이동전화시장의 시장지배력을 무선포털에 전이시키기 위한 조치로 판단된다.

④ 가격전략 : 개별 제품으로 구매하는 소비자들과 묶음으로 구매하는 소비자들에게 다른 가격을 제시함으로써 가격차별을 실행하거나, 매출을 증가시키는 수단으로 활용될 수 있다.

이 중 효율성의 제고나 시장지배력의 전이를 위한 결합판매는 가격의 이슈와는 직접적인 관련이 없어 보인다. 따라서 네 번째의 가격전략 관점에서 더 세부적인 논의를 진행하겠다. 그러나 이후 논의되는 가격전략 관점의 결합판매들도 효율성의 제고나 시장지배력의 전이를 동시에 추구하는 경우가 많다.

2.1 지불의사가격의 차이[5]

상품에 대한 각 소비자들의 평가가 매우 상이한 경우 기업은 제품의 가격을 설정하기 곤란한 경우가 있다. 예를 들어 신문이나 주간지, 월간지 등에는 다양한 분야의 기사가 실려있다. 매우 흥미로운 기사의 경우 건당 매우 높은 비용을 지불하더라도 반드시 기사를 읽고자 할 것이며, 어떤 기사는 인쇄비만 들일 뿐이지 그 소비자에게 전혀 필요가 없을 수 있다. 이를 고려한다면 신문사는 각 기사마다 별도의 가격을 설정하여 개별 판매를 할 수 있

5) '손용엽, 이상호(2001) 사이버 시장의 경쟁원리, SigmaInsight' P194~198을 참조하였다.

표11-1 각 기사에 대한 소비자들의 지불의사가격

	정치	경제	생활	문화	연예	합계
유형 A	100원	100원	50원	50원	10원	310원
유형 B	10원	100원	100원	10원	10원	320원
유형 C	10원	10원	50원	100원	100원	270원

다. 만약 신문사가 가장 흥미로울 것이라고 예상하는 기사들은 매 건마다 50원의 가격에 다소 흥미가 떨어지는 기사는 10원에, 그마저도 어렵다고 생각하는 기사는 1원에 판매한다고 생각해 보자. 아마도 기업의 매출을 증가시킬 수 있으리라 생각할 수 있다. 그런데 여기서 문제가 되는 것은 소비자별로 흥미를 가지는 기사가 너무나 상이하다는 것이다. 지나치게 전형적인 표현인지 모르나 한 가족이 신문을 읽을 때 아버지는 정치와 경제면을 주로 보고, 어머니는 생활/문화면에, 아이들은 연예란을 주로 볼 것으로 생각할 수 있다. 기사마다 가격을 정할 때 이런 상이함을 어떻게 해소하여 최적의 가격구조를 설정할 것인지는 매우 어려운 문제이다.

이제 〈표 11-1〉을 고려해 보자. 세 가지 유형의 소비자가 각 1명씩 존재하며, 각 소비자는 기사 유형별로 다른 지불의사가격을 가지고 있다. 각 기사에 개별 가격을 설정하여 매출을 극대화한다면 기사 유형별로 100원의 가격을 설정하는 것이 타당할 것이다. 기사별로 하나의 소비자 유형 또는 두 개의 소비자 유형에 판매가 가능할 것이며, 총 600원의 매출을 발생시킬 수 있다. 반면 전체 기사를 묶어 전체를 270원에 판매한다면 세 유형의 소비자가 모두 구매를 할 것이며, 총 810원의 매출을 올릴 수 있다. 결과적으로 결합판매를 하는 경우 더 높은 수익을 달성할 수 있는 것이다. 다른 조합들과 비교해 보아도 전체를 묶어 270원에 판매하는 것이 매출을 극대화함을 확인할 수 있을 것이다.

실제 신문에서 다루는 기사의 수와 유형은 훨씬 다양하며, 소비자들이 기사별로 평가하는 지불의사가격도 매우 다양할 것이다. 또한 이왕 신문을 배달해야 하는 입장에서는 다양한 유형을 종류별로 제공하는 것보다 모든 내용을 포괄하는 한 종류의 신문이 제작 · 배달 비용을 더 줄일 수 있다. 결국 개별 제품의 조합을 생산하는 비용과 결합상품을 생산하는 비용 상에 큰 차이가 없으며, 각 제품에 대한 소비자의 지불의사가격이 상이하다면 결합상품을 통해 평균적인 지불의사가격을 반영한 가격으로 판매하는 것이 기업에게 긍정적인 결과를 줄 수 있다.

이 사례에서의 핵심은 결합상품을 구매하는 소비자들이 구성 제품 각각에 대해서는 매우 상이한 지불의사가격을 가지나 결합된 상품에 대한 총 지불의사가격에서는 그 차이가 크게 감소한다는 점이다. 이 경우 결합상품으로 판매함으로써 기업은 소비자들의 총 지불의사가격의 많은 부분을 기업의 매출로 수취할 수 있는 것이다. 소비자들 또한 결합판매가 아닌 경우 구매하지 않았을 제품들로부터 조금이나마 추가적인 효용을 얻을 수 있다.

이와 유사한 사례로 생각되는 것이 마이크로소프트의 통합소프트웨어 오피스(Office)이다. 이 통합소프트웨어에는 워드프로세서와 엑셀, 파워포인트, 액세스(Access : 데이터베이스 프로그램) 등이 결합되어 제공된다. 오피스를 구입하는 소비자는 당장에는 워드프로세서만 주로 사용하고 다른 소프트웨어들은 사용하지 않더라도 미래의 어느 시점에는 기타의 프로그램을 사용할 잠재적인 욕구를 가지고 있다. 또한 어떤 소비자는 엑셀이나 파워포인트가 주로 필요하며, 기타의 소프트웨어는 있으면 좋으나 반드시 필요하지 않을 수 있다. 만약 개별 제품으로 각 소프트웨어를 판매한다면 각 소프트웨어는 결합판매 가격과 크게 차이가 나지 않는 높은 가격에 상대적으로 적은 판매량을 기록할 것으로 예상할 수 있다. 그러나 기업은 각 소프트웨어의 평균적인 지불의사가격의 합으로 결합판매 가격을 설정함으로써 대다수 소비자들을 만족시키면서 매출을 증가시킬 수 있다.

이와 유사한 사례들이 정보재(잠재적으로 파일화 되어 컴퓨터에 저장될 수 있는 모든 제품)들에서 자주 발견된다. 케이블사업자들이나 IPTV에서 각종 채널을 묶어서 단일 서비스처럼 제공하는 경우, 유료 포털에 다양한 서비스들이 같이 제공되는 경우 등이 이에 해당한다. 이러한 정보재들의 경우 제품의 개발비는 많이 소요되나 이에 대한 판매량이 증가할 때 발생하는 한계비용은 매우 낮다. 오피스 프로그램을 추가 생산하는 데에는 CD만이 필요하며, 제품의 복사(Copy)에는 거의 비용이 들지 않는다. 따라서 결합판매 시 비용의 증가는 그다지 없으며, 매출의 증대효과는 상대적으로 크게 나타난다.

이런 유형의 결합판매는 서비스산업에서도 자주 관찰된다. 여행사에서 패키지 상품을 구성하여 판매하는 경우 동일 원리가 응용되었다고 생각할 수 있다. 숙소와 교통편의 경우 핵심 상품으로 소비자들은 이 두 가지만 구매하는 것을 선호할 수 있다. 그러나 각종 부대서비스들이 결합될 때 각 부대서비스에 대한 개별 소비자들의 선호는 크게 다를 수 있다. 그러나 이런 부대서비스들 중 일부는 소비자들의 마음을 사로잡기도 하며, 그 이유로 도움이 안될 여러 부대서비스들이 같이 구매된다. 결과적으로 기업은 전체 매출을 확대하는 방편으로 결합상품의 개념을 활용하는 것이다. 호텔에서 숙박과 함께 조식서비스, 수영장을 비롯한 부대서비스를 결합판매하는 경우도 마찬가지로 생각할 수 있다. 이 경우에도 관심있게 봐야 할 것은 호텔의 경우 이미 설비를 갖추고 있으므로 결합서비스로 이용자 수가 많아져도 그다지 원가가 상승하지 않는다는 점이다. 즉, 결합판매에 추가된 서비스들의 한계비용은 그다지 높지 않은 것이다. 여행상품의 경우 부대서비스로부터 기업이 커미션과 같은 추가적인 이윤을 발생시키기도 한다.

2.2 개별판매와 결합판매의 가격차별

앞서 결합상품을 구성하는 각 요소제품들에 대한 지불의사가격이 소비자별로 상이한 경우를 살폈다. 이제 조금 다른 경우를 생각해 보자. 오디오의 경우 앰프, 튜너, CD플레이어 등의 요소제품들이 결합판매로 판매되는 경우가 많다. 또한 컴퓨터의 본체, 모니터, 키보드, 마우스 등도 유사한 사례이다. 이들 제품들은 소위 시스템이라고 할 수 있는 유형들인데 제품을 사용하기 위해서는 각 요소들이 모두 필요하며, 특정 요소제품에 지불의사가격이 소비자별로 크게 상이하다고 보기 어렵다.

이런 유형의 제품들에서는 각 요소제품들이 별개로도 판매되며, 결합상품으로도 판매되는 경우들도 볼 수 있다. 앞서 결합상품과 관련한 가격전략을 개별판매전략(Pure Component Strategy), 순수 결합상품전략(Pure Bundling Strategy), 혼합 결합상품전략(Mixed Bundling Strategy)으로 구분될 수 있음이 설명되었다. 이제 각 전략들이 어떤 장·단점을 가지는지 살펴보도록 하자.

제5장 경쟁에서는 제품차별화를 다루면서 수평적 차별화모형(Hotelling 모형)을 제시한 바 있다. 이 경우 수평선 상에서 소비자들의 위치를 각 소비자들의 선호로, 기업의 위치와 소비자의 위치 간의 거리를 소비자의 선호와 제품의 사양 간 차이로 보았다. 또한 선호와 제품 간 차이가 커질수록 효용이 감소하는 상황이다. Matutes and Regibeau(1988, 1992)는 이러한 수평적 차별화모형을 변형하여 개별판매와 결합판매의 차이를 분석하였다.

Matutes and Regibeau(1988, 1992)에서는 두 개의 기업 1과 2가 각각 두 개의 요소제

품 X_i와 Y_i(i=1 or 2)을 생산한다. 소비자들은 각 요소제품에 대해 독립된 선호를 가지고 있으며, 소비자들의 선호는 두 개의 축(Dimension)으로 이루어진 평면공간 상에 균일하게 분포되어 있다고 가정하자. [그림 11-1]의 각 정사각형 내의 점들이 각각 개별 소비자의 선호위치를 표현하는 것이다. 그리고 정사각형의 각 모서리에는 두 개의 요소제품의 조합으로 구성된 시스템들이 위치해 있다. 각 시스템에 대한 지불의사가격은 모든 소비자들에게 동일하게 U로 주어져 있으며, 시스템의 사양과 소비자의 위치(선호)와의 차이(거리 D)는 tD의 효용감소를 유발한다고 생각해 보자. 예를 들어 그림에 표현된 (x, y)에 위치한 소비자는 시스템 (X_1, Y_1)과 D_1만큼 거리를 가지고 있으며, 이 소비자가 시스템 (X_1, Y_1)을 선택할 경우 효용은 $U-tD_1$이 된다. 순효용은 여기서 시스템을 구매하는데 소요되는 비용(가격)을 차감한 것이다.

이제 기업들이 각 요소제품에 동일한 가격 P_C를 설정하고 모든 소비자들은 어떤 요소제품이던 구매 후 결합하여 시스템을 구성할 수 있다고 생각해 보자. 시스템을 구성하는데 드는 비용($2P_C$)이 어떤 시스템이던 동일하므로 소비자들은 모두 자신의 선호위치에서 가장 가까운 시스템을 선택할 것이다. 예를 들어 [그림 11-1]의 (x, y)에 위치한 소비자는 자신의 선호에 가장 부합하는(거리가 가장 짧은) (X_1, Y_1)를 선택할 것이다. 이제 기업들이 P_C를 계속 증가시켜 보자. 어느 수준 이상 올리다보면 정 중앙부에 위치하여 어떤 시스템을 선택하던 선호 차이에 의해 효용이 작은 소비자들의 효용이 음의 값을 가지게 되어($U-tD-2P_C<0$) 어느 시스템도 구매하지 않는 상황이 된다. 이 점까지는 가격을 올려도 수요는 감

그림11-1 기업의 가격전략에 따른 소비자들의 선택

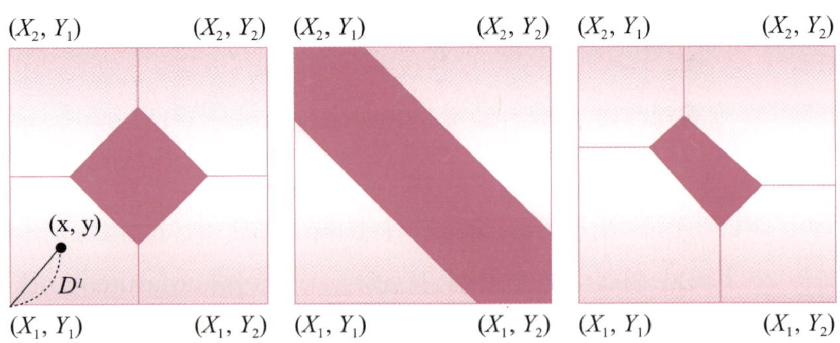

(a) 개별판매 (b) 순수 결합 (c) 혼합 결합

소하지 않고 마진만 증가한다. 가격을 더 올리면 마진은 증가하나 수요가 감소하는(중앙부에 위치한 소비자들이 시스템 구매를 포기하기 때문에) 상황이 발생하며, 기업들은 마진 증가에 의한 이윤 증가와 수요감소에 따른 이윤 감소가 같아지는 수준에서 가격을 결정하게 된다. 결국 균형가격에서 중앙부에 위치한 소비자들은 구매하지 않고 나머지 소비자들은 가장 가까운 위치의 시스템을 선택한다. [그림 11-1]의 (a) 개별판매에서는 붉은색으로 칠해진 네 개의 다각형이 각 시스템을 선택한 소비자들을 의미한다.

그림 (b)와 (c)의 경우도 유사한 논리로 그려진 것이다. 순수 결합판매에서는 개별 기업이 두 제품을 같이 구매할 경우의 가격 P_B만을 제시한다. 따라서 양 기업의 요소제품을 결합한 시스템((X_2, Y_1), (X_1, Y_2))을 구성하려면 두 기업의 결합상품을 모두 구매해서 조립해야 한다. 따라서 지나치게 높은 비용이 소요된다. 경우에 따라서는 아예 각 기업이 자사 요소제품들 간에만 호환성을 부여하여 타 기업 요소제품을 결합한 시스템이 작동하지 못하도록 만들기도 한다. 만약 P_B가 (a) 상황에서의 $2P_C$와 같다면 결국 상이한 기업의 요소제품을 결합한 시스템을 선호하는 소비자들(그림의 우하향 대각선상의 소비자들)은 시스템을 구매하지 않게 된다. 한편 (c)의 혼합 결합판매의 경우에서는 시스템 가격 P_B와 개별 요소제품가격 P_C를 모두 제시하며, 소비자들은 모든 시스템을 구성할 수 있다. 결국 개별판매와 유사한 결과가 나타난다. 그러나 기업들은 자사 요소제품만으로 구성된 제품의 판매를 선호하여 시스템에 대해서만 할인을 제공하는 경우($P_B<2P_C$)가 일반적이다. 결과적으로 (X_1, Y_1)와 (X_2, Y_2)를 선택하는 소비자들의 면적이 증가하는 것이다. 일부 소비자들은 할인을 위해 자신의 선호시스템을 포기하고 결합시스템을 구매하는 것이다.

이제 [그림 11-1]에서 (a)와 (b)의 경우를 비교해 보자. 개별판매에서는 소비자들이 다른 기업의 요소들을 결합하여 시스템을 구성할 수 있으므로 (X_2, Y_1)와 (X_1, Y_2)를 선호하는 소비자들도 시스템을 구매한다. 그러나 (b) 순수 결합판매의 경우에는 (X_2, Y_1)와 (X_1, Y_2)를 구성할 방법이 없으므로 이 시스템들을 선호하는 소비자들은 시스템을 구매하지 않는다. 따라서 개별판매에서 판매량이 더 많아지는 결과가 나타난다. 이러한 효과는 개별판매를 통해 소비자들이 선택할 수 있는 시스템의 다양성이 증가한 결과이다. 순수 결합판매에서는 시스템의 다양성이 감소하며, 전반적으로 수요가 감소할 수 있다.

한편 결합상품의 경우 두 요금전략의 차이는 시스템의 다양성뿐 아니라 가격경쟁의 특성에서도 발생한다. 만약 기업1이 개별판매에서 X_1의 가격을 높일 경우를 생각해 보자. 이 경우 (X_1, Y_1)과 (X_1, Y_2)의 시스템을 구성하는 비용이 증가한다. 따라서 이들 시스템의 구매량이 감소할 것이다. 그런데 이 경우 자사 요소제품의 수요만 감소하는 것이 아니라 경쟁기업의 요소제품 Y_2의 수요도 감소한다. 또한 (X_1, Y_1) 대비 상대적으로 가격이 낮아진 (X_2, Y_1)의 판매가 증가해 결국 자사의 요소제품 $Y1$의 수요량이 늘어나기도 한다. 결국 X_1 가격의 상승이 경쟁사 요소제품(Y_2)의 판매를 감소시키는 한편 자사 요소제품(Y_1)의 판매를 증가시키기도 한다. 이러한 현상을 가격과 관련된 요소제품의 보완성(Complementarity)이라고 하며, 시스템이 아닌 경우 가격의 인하가 자사 제품의 판매만을 감소시키고 경쟁사 제품의 판매만을 증가시키는 경우와 대조된다.[6] 이러한 측면 때문에 기업들은 개별판매에서 가격을 증가시킬 유인이 커진다. 결국 보완성은 가격경쟁을 완화시키고 기업의 이윤을 증가시키는 결과를 발생시킨다. 한편 순수 결합판매에서는 이러한 보완성이 나타날 여지가 없다.

결국 개별판매는 시스템의 다양성 증가로 인한 판매량 증대와 보완성에 의한 가격경쟁의 완화로 인해 순수결합판매 대비 기업들에 의해 선호된다. 한편 혼합 결합판매에서는 시스템의 다양성 문제는 해소되나 자사제품만으로 결합된 시스템을 할인해서 팔려는 유인으로 결합시스템의 가격이 개별판매 대비 다소 낮아지는 현상이 발생한다. P_C에 대해서는 보완성이 작동하나 P_B의 경우 보완성이 작용하지 않기 때문이다. 따라서 개별판매 대비 혼합 결합판매도 부정적인 측면이 있다. 그러나 개별 기업은 할인된 P_B를 통해 자사 시스템의 점유율을 높이려는 유인이 있어 혼합 결합판매를 선호하기도 한다. 그러나 상호 P_B를 인하시키려는 유인으로 인해 전체 산업의 이윤이 감소하는 상황이 발생하며, 이는 제5장에서 설명된 죄수의 딜레마(Bertrand 경쟁 참조) 상황과 같다.

[그림 11-1]은 소비자들의 지불의사가격 U가 요소제품 생산의 한계비용 대비 매우 크지 않은 경우를 가정하여 그린 것이다. 이 경우 기업들의 가격전략 선택은 앞서 설명한 것과 같이 개별판매나 혼합 결합판매가 된다. 그런데 지불의사가격이 한계비용 대비 매우 큰 경우에는 모든 소비자들이 구매하는 상황이 발생할 수 있다. 즉, [그림 11-1]에서 정사각

6) 한 제품의 가격이 올라갈 경우 다른 제품의 판매량도 같이 줄어드는 경우 두 제품은 보완관계에 있다고 말한다. 반면 한 제품의 가격이 내려갈 때 다른 제품의 판매량이 증가한다면 대체재로 볼 수 있다. 따라서 경쟁사의 제품은 일반적으로 대체재라고 보아야 한다. 그런데 이 경우 경쟁사 제품이 우리 제품의 가격 증가의 결과 판매량이 늘어나는 현상 즉, 보완재 관계에서 나타나는 현상이 발생하는 것이다. 따라서 위 경우 경쟁사 제품은 본질적으로 대체재이나 가격전략의 관점에서는 보완성이 나타난다고 표현한다.

형 내에 제품을 구매하지 않는 소비자(붉은색으로 칠해진 면적)이 없어지는 것이다. 이 경우 기업 간 가격경쟁은 더욱 치열해진다. 즉, 각 시스템 구매자들의 경계면이 넓어진다. 경계면에 있는 소비자들은 양 기업의 가격에 매우 민감하게 반응하게 되며, 기업 간 경쟁이 치열해 지는 것이다. 따라서 혼합 결합판매에서 기업 간 경쟁에 의한 이윤 감소의 영향이 커진다. 따라서 기업들은 경쟁을 줄이는 요금전략을 선호하게 되며, 보완성이 작동하지 않는 결합시스템 판매(P_B)를 회피할 유인이 생긴다. 결과적으로 Matutes and Regibeau(1992)에서는 지불의사가격이 상대적으로 큰 경우(대다수 소비자들이 시스템을 구매하는 상황)에는 기업들이 개별판매만을 선택할 것이라고 하였다.

그런데 앞서 언급하였던 통신산업을 생각해 보라. 초고속인터넷이나 이동전화, 시내전화 등은 거의 모든 소비자들이 구매하고 있어 지불의사가격이 상대적으로 큰 경우라고 할 수 있다. Matutes and Regibeau(1992)의 결과에 따르면 이 산업에서는 결합판매가 나타나서는 안된다. 그러나 이 산업은 혼합 결합판매가 매우 보편적으로 관찰되는 산업이다.

송재도(2013)에서는 모형의 특성을 조절한(소비자들이 정사각형 안에서 균일하게 분포하지 않는 경우를 고려) 분석을 통해 지불의사가격이 상대적으로 커서 대다수 소비자들이 시스템을 구매하는 상황에도 동일 기업의 요소제품으로 구성된 시스템을 선호하는 소비자들([그림 11-1]의 우상향 대각선상의 소비자들)의 비중이 크다면 혼합 결합판매를 선택하는 것이 옳다는 결과를 도출하였다. 결합판매는 주로 우상향 대각선 상의 소비자들을 지향한 것이다. 이들 소비자들의 비중이 커질 경우 결합서비스를 통한 할인을 제공하여 이 소비자들에 대한 점유율을 높이려는 기업들의 유인이 더 커지는 것이다. 설사 그 결과가 양 기업 모두의 이윤을 감소시키더라도 말이다. 또한 이 모형에서는 동일 기업 제품으로 구성된 시스템(결합상품)이 이종 제품으로 구성된 시스템 대비 원가가 적게 발생한다는 점도 고려하였다.

통신산업에서는 기업들이 개별 제품을 광고하기도 하지만 기업 단위(유선/무선전화, 초고속인터넷 등을 모두 제공하는 기업연합)에서의 통합적 브랜드마케팅이 보편화되고 있다. 또한 동일 기업의 제품들을 결합할 경우 추가적인 강화된 서비스를 받을 수 있다. 예를 들어 동일 브랜드의 초고속인터넷과 이동전화를 쓸 경우 유무선 연동서비스(집에서는 이동전화를 써도 유선전화 요금만 낼 수 있는 등)를 추가로 이용할 수 있는 것이다. 이런 추세로 말미암아 다른 기업의 요소제품을 구매하기 보다는 동일 기업의 시스템을 구매하는 것이 더 선호될 수 있다. [그림 11-1]의 우상향 대각선상의 소비자 비중이 증가하는 것이다. 결과적으로 이

표11-2 결합상품 가격전략의 특성

유 형	장 점	단 점
개별판매	소비자의 시스템 선택 폭 증가 및 그에 따른 수요 증대 가능성, 요소제품의 보완성 발생으로 인한 경쟁 완화 가능성	이종 제품을 결합한 시스템 판매증가에 따른 기술적 비효율성
순수 결합상품	자사 제품의 점유율 증대, 결합상품 판매 증대로 인한 원가 절감 등 기술적 효율성 활용	경쟁의 심화, 소비자들의 선택 폭 감소
혼합 결합상품	개별판매와 순수 결합상품의 특성이 혼합됨	

산업에서 혼합 결합판매가 관찰될 수 있다. 한편 결합서비스의 도입 이후 소비자들은 결합상품을 통해 할인된 서비스를 이용하는 편익을 누리고 있다.

〈표 11-2〉는 이상의 논의를 정리하고 있다. 이러한 장 · 단점이 종합된 결과 구체적인 시장 상황에 따라 경쟁완화에 중심을 둔 개별판매, 또는 점유율 확보에 중심을 둔 혼합 결합판매가 선택될 수 있다. 대체로 점유율 경쟁에 중점을 준 혼합 결합판매에서 경쟁이 강화되고 산업의 전반적인 이윤이 감소하는 결과가 나타난다. 어떤 경우에서든 순수 결합판매를 선택하는 것은 바람직하지 않은데 순수 결합판매는 경쟁을 강화시킬 뿐 아니라 시스템의 다양성 감소로 소비자들의 편익이 감소(수요가 감소)되는 효과를 낳기 때문이다.

03 공짜경제와 플랫폼

나준호(2009) '공짜경제학'은 제품들 사이의 전략적 연계를 주로 다루고 있다. 여기서 저자는 공짜경제를 '제품 및 서비스를 무료 또는 매우 저렴하게 제공하되, 대신 고객의 관심이나 시간, 애정, 참여, 시장의 평판, 명성, 특수한 권리, 사용자 기반 등을 확보해 이를 바탕으로 관련 영역에서 2차 수익을 창출하는 것이다'라고 정의하고 있다. 나준호는 공짜경제의 유형으로 사업 재정의형, 후원자형, 가치 이전형, 공유 촉진형의 네 가지를 제시하였다. 이 중 사업 재정의형은 특정 제품을 저가 또는 공짜로 주고 그 대신 보완적인 제품에 대한 소비를 유도해 수익을 창출하는 방식으로 전통적으로 종속제품가격결정이라고 불리던 방식이다. 후원자형은 동일 소비자의 보완적 제품 소비가 아니라 제3자로부터 수익을 창출하는 방식으로 주로 광고를 수익원으로 하는 서비스들을 의미한다. 가치이전형은 경쟁회사의 고객기반 탈취나 시장표준 확보 등을 목적으로 공짜 제품을 제공하는 경우를 말하며 제8장에서 설명된 침투가격전략과 맥을 같이 한다. 마지막으로 공유촉진형은 사용자들의 자발적 공유를 촉진하기 위한 유형으로 위키피디아, 오픈소스 소프트웨어, P2P 프로그램 등을 의미한다. 공유촉진형의 사업모델은 최근 많은 관심을 끌고 있는 플랫폼 개념에 해당한다. 아래에서는 침투가격전략 개념과 유사한 가치이전형을 제외한 나머지 유형들을 각각 상세히 살펴보도록 한다.

3.1 종속제품 가격전략

상품간 보완성을 활용해 어떤 제품의 판매를 기반으로 다른 제품에서 수익을 창출할 수 있다. 특히 면도기와 면도날과 같이 주제품(면도기)을 구매하면 반드시 동일 브랜드의 종속제품(면도날)을 이용해야 하는 경우는 주제품가격을 낮추고 종속제품에서 수익을 얻는 전략을 사용하는 경우가 많다. 만약 많은 소비자들이 특정 기업의 면도기를 가지고 있다면 이 소비자들은 이 기업의 면도날만을 사용할 것이다. 다른 기업의 면도날을 사용하려면 면도기를 새로 사야하므로 교체비용이 발생한다. 결국 특정 기업의 면도기를 구매한 소비자들은 면도기라는 교체비용으로 인해 그 기업에 고착화(Lock-in Effect) 되는 것이다. 결국 낮은 가격으로라도 면도기를 판매하면 이후 면도날 시장에서 높은 가격을 설정해도 수요를 확보할 수 있는 것이다. 실제 질레트(Gillette)사는 곧 면도를 시작할 나이인 고등학교 졸업생들에게 면도기를 공짜로 나눠주는 행사를 자주 한다. 이 사례는 두 가지 제품의 보완성을 이용하여 낮은 주제품가격을 통해 소비자들을 고착화시키고, 고착화된 소비자로부터 종속제품 판매를 통해 높은 매출을 획득하는 방식이다. 이러한 가격전략은 통상 면도기-면도날(Razor and Blades) 가격전략이라고 불리운다. 이런 전략은 앞서 설명된 이동전화시장의 단말기 보조금 사례, 에스프레소 기계와 캡슐, 프린터와 토너 등 보완성을 갖는 제품들에서 일반적으로 관찰된다.

별첨11.2 코닥(Kodak) : 종속제품 가격의 변화를 통한 차별화[7)]

HP, Epson, Canon, Lexmark는 $500억 수준의 프린터 산업을 면도기-면도날 가격전략을 통해 지배해 왔다. 예를 들어 HP의 잉크젯 프린터는 $69.99에 팔리는데 반해 컬러토너는 $28.99에 팔린다. 또한 10.16×15.24cm 사진 인쇄용지는 $22.99에 팔린다. 결국 HP는 프린터 판매 대비 토너와 용지로부터 4배의 매출을 창출하고 있다.

이러한 사업모델이 지배적인 상황에서 코닥은 $129.99~299.99로 경쟁사들 대비 $50 정도 높은 가격대로 프린터를 출시하였다. 반면 컬러토너는 $14.99로 경쟁사들 대비 절반 수준으로 판매하였다. 이 제품은 경쟁사들과 차별화되는 기술적 혁신들을 포함하기도 했지만 새로운 가격측면에서 소비자들에게 상당한 혜택을 줄 수 있었다. 한 분석에 의하면 하루에 평균 4장 정도 프린트 할 때 경쟁사 제품들 대비 연간 $110를 절감할 수 있다고 한다. 결국 코닥의 제품은 프린터 사용량이 많고 토너 가격에 민감한 소비자들에게 소구할 수 있었다.

경쟁이 치열한 산업에서 산업의 일반적인 관행과 다른 가격전략을 채택함으로써 경쟁사들과 차별화하고 자신만의 세분시장을 확보할 수 있다.

이러한 종속제품 가격결정이 새로이 주목 받는 이유는 전통적인 사례 외에 매우 새로운 형태로 이러한 전략이 활용될 수 있기 때문이다. 어떤 주점은 안주를 무료로 주면서 주류 판매를 증가시키기도 한다. 또한 음반이나 MP3 파일을 무료나 저가로 배포한 이후 핸드폰의 벨소리 판매를 통해 수익을 올릴 수 있다. 컨텐츠 산업에서는 이와 유사한 사례들이 매우 많은데 인터넷 소설이나 인터넷 만화, 블로그 작가들은 작품을 통해 입소문과 인기를 획득하고 강연이나 영화, 드라마, 게임판권과 같은 영역에서 수익을 창출한다. 관련된 제품들은 그 자체로 명확한 보완·종속성을 갖지는 않는다. 그러나 사업모형(Business Model) 상에서 연관성을 확보한 관련 서비스를 통해 매출을 창출한다는 점에서 종속제품 가격전략과 맥을 같이한다. 제품들 간 본질적인 보완성에 의존하는 것이 아니므로 창의적인 사고를 통해 이러한 전략이 다양하게 응용될 수 있다.

이상에서 설명된 종속제품 가격전략은 기본료(면도기, 에스프레소 기계, 프린터, 이동전화 단말기의 가격)와 서비스 이용료(면도날, 캡슐, 토너, 통화료 가격)를 별개로 받는 이부제요금으로

7) Kotler and Armstrong(2012) P341을 참조하여 재편집.

이해할 수 있다. 그러나 지금 논의하는 종속제품 가격설정은 제7장에서 이동전화 시장 등의 사례로 논의된 이부제요금과는 상당히 다른 관점을 가지고 있으므로 유의해 볼 필요가 있다. 이동전화에서의 이부제요금은 단말기와는 별개로 통화료를 기본료(월정액 요금)와 이용료(종량요금)로 구분하여 받는 개념이다. 월정액 요금이 소비자를 고착시키는 것은 단지 1개월의 효과를 지닐 뿐이므로 소비자를 고착시키는 수단으로 사용되지 않는다. 이 경우는 종량요금을 낮추어 증가시킨 소비자잉여를 수취하는 수단으로 월정액 요금이 이용된 것이며, 높은 면도날 가격이 부과되는 종속제품 가격전략과는 반대의 수익창출 방식이다. 두 가지 상황의 차이를 명확히 이해하기 바란다. 이부제요금은 다음 장에서 더 깊이 논의할 것이다.

3.2 광고의 활용

나준호(2009)에서 제시한 '후원사형' 공짜경제는 공급자와 소비자 간에는 금전거래가 없으나 제3자 즉, 후원자가 소비자의 비용을 대신 지불하는 경우이다. 주로 광고형 사업모형에서 이런 사례들이 나타난다. TV 시청자는 무료로 서비스를 이용하나 광고주들에게 광고를 판매하여 얻는 수익으로 방송사는 원가를 회수한다. 포털들이 검색광고 등을 통해 수익을 얻는 대신 소비자들에게는 공짜로 서비스를 제공하는 경우도 후원자형에 포함된다. 유투브(You-tube)에서 동영상 앞에 기업광고가 들어가는 경우도 동일한 유형이다. 이 때 광고주들이 제3자 즉, 후원자가 되는 것이다. 대체로 정보재들이 이러한 사업모형을 채택하고 있다.

그러나 정보재가 아닌 경우에도 이러한 사업모형은 무수히 많다. 광고를 포함한 노트가 공짜로 학생들에게 배포될 수 있다. 아일랜드의 저가 항공사인 라이언에어(Ryanair)는 일반 버스 등받이에 광고가 게재되는 것과 같이 비행기 좌석에 광고를 실음으로써 추가 수익을 얻고 이를 통해 좌석가격을 더 할인할 수 있었다. 사실 이러한 모델 또한 새로운 전략이라기보다 전통적인 전략이 새로운 분야에서 응용되고 있는 것이다. 모든 산업들에서 경쟁이 치열해지고 소비자들의 관심을 얻기가 어려워지며, 마케팅 비용의 효율화를 추구하면서 목표시장에 효과적으로 정보를 전달하기 위한 수단에 대한 욕구가 증대되고 있다. 따라서 항공사와 호텔과 같이 동일한 표적시장을 공유하는 산업들의 경우 이러한 후원자형 사업모델에 관심을 가짐으로써 새로운 형태의 사업모델을 구축할 수 있다.

후원자형 사업모델의 경우 소비자 입장에서 제품 간 보완성이 존재하는 경우가 아니다. 사실상 기업의 수익 추구 관점에서 즉, 사업모형(Business Model) 차원에서 제품들이 보완성을 갖는 것이다. 소비자 입장에서는 드라마와 광고가 보완재는 아닌 것이다. 나준호(2009)에서는 항공사 마일리지나 OK캐쉬백과 같은 제휴서비스들도 후원자형 사업모델에 포함시키고 있다. 제휴를 통해 항공사 마일리지를 호텔에 사용할 수 있도록 하는 것은 항공사가 호텔 이용자들을 후원하는 형태가 된다. 어떤 형태이던 사업상의 보완성이 존재한다면 후원자형 사업모델이 적용될 수 있다.

3.3 플랫폼 전략

보완성을 고려한 전략적 가격설정과 관련하여 주목할 개념이 플랫폼이다. 칼 and 학주(2010)에서는 플랫폼을 둘 이상의 서로 다른 집단을 만나게 해주고 거래가 이루어지도록 하는 장(場)이라고 정의하고 있다.[8] 또한 경영전략으로서 플랫폼 전략을 관련 집단들을 플랫폼에 모아 네트워크 효과를 창출하고 새로운 사업의 생태계를 구축하는 전략이라고 하였다. 이 때 네트워크 효과라는 용어가 나오는데 이는 앞서 설명된 망외부성을 의미하는 것이다. 이를 신용카드를 예로 생각해 보자.

신용카드는 일반 소비자들 입장에서는 현금을 사용하지 않고 대금을 지불하는 수단으로서 편리함을 제공한다. 반면 이 카드로 결제를 허용하는 사업자들 입장에서는 현금이 없어도 제품을 구입할 수 있는 기회를 제공하므로 판매기회를 확대하는 효과가 있으며, 특정 신용카드를 보유한 소비자들에게 가격할인 등을 제공하여 충성고객을 확보하는 수단으로 사용되기도 한다. 결국 금융회사들이 제공하는 신용카드는 소비자와 사업자라는 상이한

8) 플랫폼이라는 용어는 많은 경우 상당히 다른 용어로 사용된다. 사전적 의미로는 강단이나 무대를 의미하는데 이는 무엇인가가 활동하거나 다른 사람들에게 보여지는 기반 환경을 의미한다고 생각된다. 컴퓨터나 이동전화단말기의 경우 운영체제는 각종 소프트웨어들이 그 위에서 사용되기 위한 기반환경을 제공한다. 그런 의미에서 운영체제가 플랫폼이라고 불리운다. 또한 자동차 등의 경우 다양한 모델에서 공통적으로 사용되는 부분을 플랫폼이라고한다. 이 경우 플랫폼을 기반으로 변화를 가해 다양한 제품들이 만들어질 수 있다는 의미에서 붙여진 이름으로 생각된다.

집단을 만나게 해주고 거래가 이루어지도록 하는 플랫폼의 역할을 하는 것이다. 그런데 이 관계에서는 매우 특이한 현상이 관찰된다. 그다지 사용하는 소비자가 없는 특정 신용카드에 대해서는 사업자들이 이를 이용한 결재를 허용하거나 할인을 제공할 유인이 거의 없다. 이 신용카드를 사용한 결제를 거부해도 상실되는 잠재소비자들이 거의 없기 때문이다. 반대로 신용카드를 사용해 결제할 수 있는 사업자가 거의 없다면 소비자들 또한 이 신용카드를 이용할 이유가 없다. 반대로 많은 소비자가 이용하는 신용카드에 대해서는 사업자들이 반드시 결제를 허용하고 할인을 제공할 유인이 있으며, 많은 사업자로부터 혜택을 얻을 수 있는 신용카드는 많은 소비자들이 이용하고자 할 것이다. 결국 마치 거울 앞에 선 것과 마찬가지로 이용자가 많아지면 사업자가 늘어나고 사업자가 늘어나면 이용자가 늘어나는 선순환 관계가 형성되는 것이다. 이를 망외부성 그 중에서도 간접 망외부성이라 부른다. 또한 이러한 두 집단 간 상호작용의 특성을 반영하여 플랫폼을 거래의 장(場)으로 이용하는 경우를 양면시장(Two-sided Market)이라고도 부른다. 이렇듯 간접 망외부성이 발생하는 경우 규모를 확대한 플랫폼이 시장의 지배적 위치를 공고히 하는 경우가 많다.

우리가 플랫폼이라고 부를 수 있는 것들에서는 대체로 이러한 간접 망외부성이 나타난다. 포털의 지식검색이나 위키피디아와 같은 경우 지식을 검색하려는 자들과 지식을 제공하려는 자들 간 간접 망외부성이 발생한다. 컴퓨터나 이동전화 단말기의 운영체제(Operating System)에서는 특정 운영체제를 사용하는 소비자들과 이 운영체제에서 작동하는 소프트웨어를 판매하려는 사업자들 사이에서 간접 망외부성이 발생한다. 앞서 제9장에서 언급된 오픈마켓에서는 소비자들과 입점하려는 업체들 간에서, 닌텐도 DS나 소니의 플레이스테이션의 경우 게임 이용자들과 소프트웨어 제공자들 간에서 간접 망외부성이 발생한다.

이렇듯 많은 산업들이 플랫폼이라는 개념과 간접 망외부성의 개념을 통해 설명될 수 있으므로 이 개념이 주목받고 있는 것이다. 그런데 이러한 특성들은 가격전략 관점에서도 중요한 시사점을 제공한다. 어떤 플랫폼이 성공하기 위해서는 양면시장의 한 측이 먼저 규모를 형성해야만 한다. 앞서 제8장의 침투가격전략은 망외부성을 확보하기 위해 초기에 가격을 낮추었다가 다시 올리는 방식을 의미한 것이다. 역시 플랫폼 또는 양면시장의 상황에서도 참여하는 한 집단에게 가격을 징수하지 않는 경우들이 많이 관찰된다.

신용카드의 경우 소비자들로부터는 사용료를 받지 않음으로써 소비자들을 많이 끌어모으고 이후 이 소비자들에게 물건을 팔려는 사업자들에게 수수료를 통해 수익을 얻을 수 있다. 반면 마이크로소프트는 윈도우 운영체제를 소비자들에게 유료로 판매하지만 이를 이용하여 응용소프트웨어를 개발하는 사업자들에게는 라이센스료를 받지 않는다. 결국 두 거래집단 중 간접 망외부성을 통해 선순환 구조를 발생시키기 위한 집단과 수익을 창출하기 위한 집단을 전략적으로 선택해야 하는 것이다. 이러한 선택과 관련하여 Eisenmann et al.(2006)에서는 어떤 집단으로부터 비용을 주로 회수할 것인지를 결정하는 원칙으로 여섯 가지 고려요인을 제시하였다. 플랫폼의 구축 및 운영 비용을 회수하는데 주로 기여하는 집단을 비용지불 집단(Money-side), 상대적으로 낮은 비용을 지불하거나 비용을 지불하지 않으면서 망외부성을 유발시키는데 기여하는 집단을 피보조 집단(Subsidy-side)으로 정의하여 여섯 가지 요인을 살펴보자. 각 고려요인을 제9장에서 설명된 e-bay나 G-market과 같은 오픈마켓을 구성하는 판매자와 소비자라는 두 집단을 중심으로 설명하면 다음과 같다.

① 비용지불 집단은 자사의 플랫폼을 이용해야만 간접 망외부성의 효과를 수취할 수 있는 집단이어야 한다. 경쟁 플랫폼을 이용해도 자사의 피보조 집단과 거래할 수 있다면 비용지불 집단이 될 수 없다. 과거 MS Explorer 이전에 인터넷 브라우저 시장을 석권했던 넷스케이프(Netscape)는 정보제공자들인 서버 운영자들에게 비용을 부과하고자 시도했었다. 그러나 서버운영자들은 넷스케이프 서버를 구매하지 않더라도 넷스케이프 브라우저 이용자들에게 정보를 전달할 수 있었다. 결과적으로 넷스케이프는 플랫폼 운영으로부터 수익을 창출할 수 없었다. 오픈마켓의 판매자는 해당 플랫폼에 가입없이는 판매가 불가능하므로 비용지불 집단이 될 수 있다.

② 가격에 대한 민감도가 높은 측이 피보조 집단이 되어야 한다. 오픈마켓을 이용하는 중요한 이유로 다양한 판매자들 간 경쟁으로 인해 낮은 가격으로 제품을 구매할 수 있다는 점을 들 수 있다. 반면 판매자들은 프로모션 비용을 지불하더라도 소비자들을 유인하고자 한다. 따라서 판매자들 보다는 소비자들이 민감도가 높으며, 소비자들이 피보조 집단이 되는 것이 타당하다.

③ 품질에 대한 민감도가 높은 측이 피보조 집단이 되어야 한다. 이는 얼핏 직관과 배치될 수 있다. 그러나 품질 향상을 위해 비용을 지불하는 측이 높은 고정비를 회수하기

위해 규모의경제를 확보해야 하며, 수요측을 보조할 필요가 있다. 오픈마켓에서는 판매자의 신용을 보증하기 위한 절차 수립에 많은 비용이 발생한다. 이의 회수를 위해서는 소비자들이 많아 판매가 활성화 되어야 하며, 소비자들에게 수수료를 부과함으로써 참여를 저해하는 것은 바람직하지 않다.

④ 플랫폼 참여에 비용이 크지 않은 측이 피보조 집단이 되어야 한다. 오픈마켓의 판매자는 제품의 등록, 결제수단 확보 등 비용이 많이 발생하며 이를 보조하기는 어려운 반면 소비자들은 투자를 필요로 하지 않는다. 따라서 소비자들이 피보조 집단이 된다. 과거 무료로 PC를 공급하고 이들 PC에 광고를 배포하는 플랫폼사업을 시도한 기업이 있으나 PC를 무료로 배포하는데 지나친 비용이 발생하여 이 비용을 회수할 수 없었고 사업을 포기해야만 했다.

⑤ 집단 내 음의 직접 망외부성이 발생할 수 있다면 피보조 집단이 될 수 없다. 오픈마켓의 소비자들이 증가할 경우 서버의 속도가 느려지거나 수요과다로 인해 가격이 상승할 수 있다면 소비자들 간 음의 직접 망외부성이 발생할 수 있다. 그러나 이러한 문제는 서버의 증설이나 판매사 간 경쟁을 통해 해결될 수 있었으므로 소비자들이 피보조 집단이 될 수 있는 것이다. 반면 판매자들의 증가는 경쟁의 확대로 상호 음의 직접 망외부성을 발생시키며, 이는 쉽게 해결되기 어렵다. 일부 오픈마켓에서는 판매자들의 자격을 제한하기도 하는데 이는 이런 음의 직접 망외부성을 고려한 결과일 수 있다. 자동차 부품공급과 관련한 B2B 전자상거래의 경우 부품 공급자들에게 수수료를 부과하는 대신 일정 수준의 배타적 공급권을 제공하는 방식이 사용되기도 한다.

⑥ 일부 브랜드 가치가 높은 참여자는 피보조 대상이 될 수 있다. 오픈마켓에서도 브랜드 가치가 높으나 자발적으로 참여하지 않는 공급자가 있다면 수수료를 면제해서라도 플랫폼에 참여시키는 것이 소비자들의 규모를 확대하는데 도움이 될 수 있다.

위에서 설명된 조건들이 만족되는 집단이 있다면 한 측으로부터 집중적으로 플랫폼 비용을 회수할 수 있다. 그러나 경우에 따라서는 어떤 집단에게도 비용을 회수하지 못하는 상황도 발생한다. 지식검색 서비스나 구글의 스마트폰 운영체제 안드로이드와 같은 경우가 이에 해당한다. 그러나 지식검색 서비스는 플랫폼의 활성화를 통해 검색광고의 형태로 제3자로부터 수익을 창출한다. 반면 구글은 안드로이드를 통해 수익을 창출하기보다 모바일

별첨11.3 스마트폰 운영체제의 수익구조

2011년 현재 구글(Google)의 안드로이드를 적용하는 스마트폰 제조사들과 i-phone 운영체제를 적용한 애플 간 경쟁이 치열한 상황이다. 본문에서 언급한 것과 같이 각 운영체제 상에서 구동되는 소프트웨어 및 각종 서비스의 개발사들과 각 운영체제를 탑재한 단말기의 구매자들 간에는 운영체제라는 플랫폼을 기반으로 양면시장의 구조가 형성된다. 또한 각 운영체제와 호환되는 다른 기기들도 이 양면시장의 구조에 포함된다. 결과적으로 두 진영의 대결에서 어느 한쪽이 강한 우위를 보일 경우 시장에서 지배적인 사업자로의 쏠림 현상이 가속화되리라고 생각할 수 있다. 따라서 이를 둘러싼 경쟁은 치열할 수밖에 없다.

그런데 스마트폰 운영체제에 대한 사업모형은 양 기업에서 상이하게 나타난다. 스마트폰을 대중화시키는데 선도적 역할을 했던 애플의 경우 운영체제의 개발과 스마트폰 제조를 수직통합하고 있어 기기의 판매에서 발생하는 이윤을 운영체제 개발부문과 공유하는 구조라고 할 수 있다. 또한 i-phone에서 구동되는 응용소프트웨어 판매 사이트를 운영하여 이 사이트에서 판매되는 소프트웨어 판매수입의 30% 수준을 수수료의 형태로 수취하고 있다. 이렇듯 애플은 i-phone 운영체제의 각 거래집단들로부터 각기 수입을 창출하고 있다.

2011년 8월 구글은 모토로라를 인수하였으나 구글은 안드로이드 운영체제를 상당수 스마트폰 제조사들에게 제공하고 있다. 또한 구글은 제조사들로부터 운영체제에 대한 라이센스료를 청구하지 않으며, 응용소프트웨어의 개발자들로부터도 수익을 창출하지 않는다. 구글도 응용소프트웨어 판매사이트를 운영하고 있으나 각 단말기 제조사나 이를 채택한 이동전화사업자들에 의해서도 판매가 이루어지며, 판매 수수료 등도 제조사나 이동전화사업자들이 결정하고 수취하는 구조를 유지하고 있다. 결국 안드로이드 운영체제를 통해 구글이 적극적으로 수익을 창출하고 있지 않은 상황이다. 이 플랫폼의 주된 거래 당사자들인 최종 단말기 구매자나 응용소프트웨어의 개발자들은 대부분 구글과는 직접적인 관계를 가지지 않는다. 스마트폰 운영체제에서 후발사업자 지위인 구글은 이 플랫폼의 채택에 주된 영향을 미치는 제조사와 이동전화사업자들에게 수익기회를 제공함으로써 스마트폰 운영체제라는 플랫폼 확장을 추구하고 있는 것이다. 이는 구글이 검색포털이라는 비즈니스 구조를 운영체제라는 플랫폼으로 확장해 나가는 과정에서 발생한 전략적 의사결정이라 하겠다.

운영체제 분야에서의 시장지배력을 확보하는 것을 목표로 한다. 이 경우는 플랫폼의 확장을 통해 양면시장의 참가자가 아닌 제3자에게서 수익을 확보하거나 별도의 전략적 목표를 달성하기 위한 것으로 보아야 한다.

3.4 보완성의 전략적 고려

세 가지 유형을 통해 다양한 형태의 보완성이 가격결정에 미치는 영향을 살펴보았다. 양면시장에서 작용하는 간접 망외부성은 어떤 의미에서는 집단 간 상호 보완성이라고 표현할 수 있을 것이다. 앞서 설명된 종속제품가격설정은 소비자의 수요관점에서, 광고의 활용은 기업의 수익창출 관점에서 보완성이 존재하는 경우이다. 이렇듯 다양한 관점에서 보완성을 고려할 수 있으며, 보완성이 존재한다면 기업은 전략적인 가격설정 개념을 가져야 한다. 개별제품만의 이윤을 극대화하려는 사고가 기업의 이윤창출 기회를 상실시킬 수 있다. 기업은 가격설정 과정에서 보완재들을 종합적으로 고려하여 전체적인 이윤의 극대화를 추구해야 한다.

04 개별판매의 장점

이상의 논의에서는 제품, 서비스들 간 보완성을 고려한 가격전략을 다루었다. 그런데 본래 하나의 제품으로 인식되던 제품을 다시 몇 가지 요소제품으로 분리하여 판매하는 경우도 관찰된다. 굳이 용어를 부여하자면 적극적인 개별판매(Unbundling)라고 할 수 있다. 왜 이러한 적극적 개별판매가 나타나는지에 대해서 살펴보자.

① 선택의 폭 확대

앞서 개별판매와 결합판매의 핵심적인 차이로 다양성의 증대를 꼽았다. 개별판매를 통해 상이한 기업들의 요소제품을 구매하여 새로운 시스템을 구축하는 것을 가능케 함으로써 개별 소비자들이 자신의 선호에 최적화된 다양한 시스템을 구축할 수 있음을 말한 것이다. 그런데 이를 좀더 적극적으로 활용하여 통상 하나의 제품으로 인식되던 것을 다시 모듈화(요소제품으로 분리)하여 제공하는 경우를 볼 수 있다. 컴퓨터 본체의 경우 용산전자상가 등에서는 각종 부품을 구입하여 조립 PC를 구성할 수 있도록 서비스를 제공한다. Dell과 같은 컴퓨터 제조사는 CPU, 그래픽 카드 등 각 모듈을 소비자가 선택하여 PC를 맞춤형으로 제작할 수 있는 주문시스템을 구축한 것으로 유명하다. 이러한 행위들은 개별판매를 적극적으로 활용하여 소비자의 선택권을 증가시킨 사례로 볼 수 있다. 애프터 서비스의 수준, 배달여부 등 각종 부가서비스를 분리하는 행위도 소비자의 선택권을 넓혀 각 소비자에게 맞춤형 서비스를 제공하려는 노력으로 해석할 수 있다.

② 가격인상에 대한 저항을 최소화 하는 수단

통상 가격인상에는 소비자들의 저항이 수반된다. 구매를 포기하거나 경쟁사 제품으로 전환하는 행위 등 구체적인 행동으로 표현되기도 하지만 기업에 대한 태도가 부정적으로 변화하는 잠재적 손실도 발생한다. 따라서 소비자들의 저항을 최소화 하는 가격인상방식이 고려되어야 한다. 이 때 가격인상정책의 일환으로 개별판매정책(Unbundling)이 사용되기도 한다. IBM은 과거에는 컴퓨터 본체와 같은 기본제품의 가격을 비싸게 매기고 다른 주변장치나 서비스를 무료로 제공하였다. 그러나 점차 기본제품을 포함한 모든 주변장치 및 서비스의 값을 따로 따로 부과하는 방향으로 전환하고 있으며, 기본제품의 값은 전보다 싸졌지만 주변장치와 서비스를 포함한 전체 시스템의 가격은 전보다 훨씬 비싸졌다. 이러한 방식은 소비자들이 실질적으로 가격이 인상되었음을 체감하는 것을 방해한다.

③ 비경제적인 소비자들의 배제

개별판매정책은 비경제적인 소비자들을 추려내는 수단이 될 수 있다. 일반적으로 제품의 판매에는 각종 부가서비스들이 무료로 제공된다. 이러한 부가서비스에는 제품에 대한 애프터서비스, 무료 배달, 제품의 불만족에 따른 환불이나 교환 등이 포함된다. 그런데 일부 소비자들은 부가서비스를 지나치게 활용한다. 결과적으로 이들 소비자들은 매출보다 비용을 더 많이 유발할 수 있다. 어떤 학자들은 '전체 결과의 80%가 전체 원인의 20%에서 일어나는 현상'을 의미하는 파레토법칙이 이윤에서도 적용된다고 하며, 이윤의 대다수는 상위 일부 소비자들에서 발생하며, 어떤 소비자들은 단지 비용만을 유발할 뿐이라고 주장한다. 산업재나 소프트웨어 등 소비 과정에 많은 전문성이 요구되는 경우 실제 많은 애프터서비스의 비용이 발생하고 적자를 발생시키는 소비자들이 많다. 이 경우 애프터서비스, 배송 등의 부가서비스에도 가격을 설정하는 방식이 고려될 수 있다. 이는 기존의 단일 제품을 개별판매하는 상황으로 이해할 수 있다. 이를 통해 소비자들이 꼭 필요한 부가서비스들만을 사용하도록 하고 비경제적인 소비자들을 배제할 수 있다. 개별판매가 소비자들의 불만을 발생시킬 수 있으나 비경제적인 부가서비스의 제공을 위해 발생하는 비용들을 감소시킴으로써 기본제품에 대한 경쟁력을 제고시킬 수 있다.

핵심 주제 및 키워드

- 기업 간 외부성
- 외부성의 내재화(Internalization)
- 결합상품(bundling)
- 개별 판매전략(Pure Component Strategy)
- 순수 결합상품전략(Pure Bundling Strategy)
- 혼합 결합상품전략(Mixed Bundling Strategy)
- 시스템(System)
- 호환성(Compatibility)
- 요소제품의 보완성(Complementarity)
- 공짜경제
- 종속제품가격결정(Razor and Blades)
- 후원자형(광고형) 공짜경제
- 플랫폼(Platform)
- 간접 망외부성(Indirect Network Externality, Cross-side Network Externality)
- 비용지불 집단(Money-side)
- 피보조 집단(Subsidy-side)
- 개별판매(Unbundling)

생각해볼 문제

1) 보완관계에 있는 제품을 생산하는 업체들 간 외부성이 발생하는 이유를 설명하시오. 또한 이러한 외부성이 내재화 되는 방식에는 어떤 것들이 있는지 서술하시오.

2) 결합상품을 구성하는 개별 제품에 대한 지불의사가격이 소비자별로 매우 상이할 경우 결합상품이 선호되는 이유는 무엇인가?

3) 순수 결합상품전략이 실행될 경우 발생하는 소비자들의 선택권 감소가 가져오는 문제점을 설명하시오.

4) Matutes and Regibeau(1988, 1992)의 모형에서 나타나는 요소제품의 보완성을 설명하시오.

5) 기업 입장에서 개별 판매전략, 순수 결합상품전략, 혼합 결합상품전략의 장 · 단점을 논하시오.

6) 양면시장에서 비용지불 집단(Money-side)과 피보조 집단(Subsidy-side)을 결정하는 고려요인들을 설명하시오.

7) 적극적인 개별판매(Unbundling)가 발생하는 원인들을 설명하시오.

제12장 이부제요금, 정액요금

1. 기본료를 통한 순효용의 이윤 전환
2. 사용량 증가를 통한 이윤의 증가
3. 가격차별로서의 이부제요금
4. 고정비와 이부제요금
5. 정액요금제
6. 수량할인과 이부제요금

이부제요금(Two-part Tariff)이란 이동전화 서비스에서와 같이 서비스 이용량과 무관하게 부과되는 기본료(Lump-sum Price or Fixed Price)와 서비스 이용량에 따라 부과되는 이용료(Marginal Price or Variable Price)가 각기 부과되는 요금제를 말한다. 현실에서 이부제요금은 매우 다양한 산업에서 다양한 형태로 적용되고 있다. 특히 이동전화, 시내전화, 회원제 유료웹사이트와 같은 가입형 서비스에서는 이러한 이부제요금이 적용되는 사례를 많이 볼 수 있다. 이 외에도 설비와 유지보수, 프린터와 토너, 면도기와 면도날 같이 고정성 장비와 소모성 장비 또는 서비스가 결합되는 서비스 유형들도 이부제요금과 밀접한 관련이 있다.

이부제요금이 사용되는 원인으로 원가의 일부를 기본료로 회수함으로써 이용료를 낮추어 서비스 수요를 증가시키고자 하는 유인이 대표적이라 할 수 있다. 또한 이부제요금은 기본료와 이용료의 상대적 크기를 조정함으로써 가격차별의 수단으로 활용되기도 한다. 한편 정액제는 이부제요금의 특수한 경우로 이해할 수 있다. 이러한 이부제요금과 정액제의 특성을 더 자세히 살펴보기로 하자.

01 기본료를 통한 순효용의 이윤 전환

이부제요금에서는 통상 단위당 설정되는 가격 외에 기본료가 추가된다. 이 때 기본료는 소비자가 소비로부터 얻는 효용의 일부를 기업의 이윤으로 전환시키는 역할을 한다. 이를 이해하기 위해 개인 단위의 수요곡선을 고려해보자. [그림 12-1]은 제4장(원가)에서 다루어졌던 독점 하에서의 이윤극대화 가격설정을 수정하여 제시한 것이다. 제4장에서는 시장 수요곡선으로 설명하였는데 여기에서는 특정 소비자 1인의 한계효용곡선을 의미하는 것으로 생각하자.

[그림 12-1]에서 소비자 A만을 고려하여 독점가격을 설정한다면 한계수입곡선 A와 한계비용 c가 만나는 판매량 Q^*를 결정하고 그에 따라 가격을 P^*로 설정하는 것이 이윤을

그림12-1 기본료를 통한 순효용의 이윤 전환

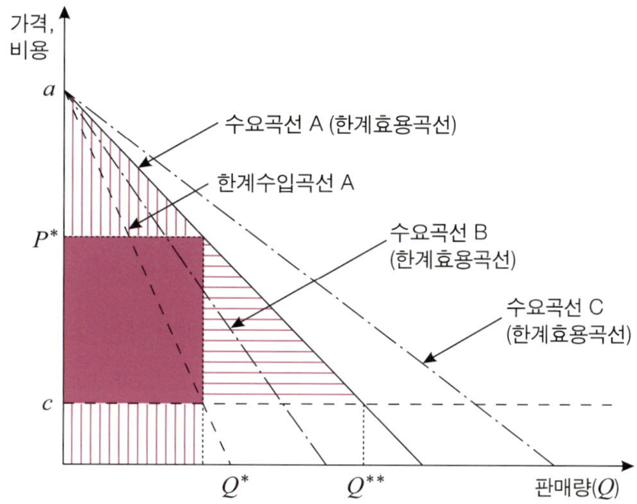

극대화 할 것이다. 이 경우 소비자 A가 얻는 순효용(소비자잉여)은 세로줄무늬 삼각형의 면적에 해당한다.[1)] 반면 기업의 이윤은 $(P^*-c)Q^*$ 즉, 붉은색 사각형의 면적이 될 것이다(고정비는 의사결정에 영향을 미치지 않으므로 고려하지 않았다).

이제 기업이 기본료를 추가로 부과하는 경우를 고려해 보자. 소비자의 구매를 유지하면서 제시할 수 있는 최대 기본료는 얼마가 되겠는가? 그 답은 이 가격에서의 순효용 즉, 세로줄무늬 삼각형의 면적에 해당한다. 이러한 기본료가 부과되면 소비자는 제품 소비에서 얻는 순효용이 0이 된다. 이 경우 소비자는 제품을 소비하나 소비하지 않으나 무차별함으로 소비가 이루어질 수 있다. 이러한 표현은 설명을 단순화 하기 위한 것이며 기본료를 세로줄무늬 삼각형보다 조금 작게 설정하면 소비자는 소비를 통해 순효용을 얻을 수 있다. 만약 이러한 기본료가 적용된다면 기업의 이윤은 세로줄무늬 삼각형의 면적만큼 증가할 것이다. 결과적으로 기업은 소비자의 행태를 바꾸지 않으면서도 소비자의 순효용을 기본료를 통해 기업의 이윤으로 전환할 수 있는 것이다.

---

1) 한계효용곡선은 해당 소비량에서의 한계효용을 보여주는 곡선이다. 따라서 1~Q^*의 소비에서 발생하는 총효용은 1~Q^*의 각 단위에서 한계효용의 합계라고 할 수 있다. 이 총효용은 1~Q^*의 범위에서 한계효용곡선을 적분한 값 즉, 세로줄무늬 삼각형과 붉은색 사각형 및 세로줄무늬 사각형 면적의 합과 같다. 반면 Q^*의 소비를 위해 소비자가 지불한 비용은 $P^* \times Q^*$ 즉, 회색 사각형 및 세로줄무늬 사각형 면적의 합에 해당한다. 따라서 총효용과 비용의 차이 즉, 순효용(소비자잉여)은 세로줄무늬 삼각형의 면적에 해당한다.

그런데 현실에서 기업이 하나의 소비자만을 상대하지는 않는다. 이제 다수의 소비자를 상대하는 경우를 고려해보자. [그림 12-1]에는 소비자 A외에 이보다 수요량이 더 작은 소비자 B와 수요량이 더 많은 C의 수요곡선도 같이 그려져 있다. 만약 기업이 개별 소비자에게 각각 다른 기본료를 적용할 수 있다면 개별 소비자의 순효용이 0이 되도록 하는 기본료를 설정함으로써 이윤을 증가시킬 수 있다.

그러나 개별 소비자마다 다른 가격을 적용하는 것은 현실적으로 어렵다. 그렇다면 이 세 소비자에게 동일한 기본료를 적용할 때 얼마의 기본료를 제시해야 하는가 고려해 보자. 만약 가장 수요량이 작은 소비자 B의 순효용에 해당하는 기본료를 부과한다면 세 소비자 모두 소비를 유지할 것이다. 반면 소비자 A의 순효용에 해당하는 기본료를 부과한다면 소비자 B는 순효용보다 기본료가 높아 전체적인 효용이 음의 값이 될 것이며, 소비를 포기할 것이다. 대신 소비자 A와 B로부터의 이윤은 증가하게 된다. 정리하자면 모든 소비자들에게 동일한 기본료를 적용할 경우 기본료가 높아지면 일부 소비자들이 소비를 포기하여 이윤이 감소하는 반면 소비를 유지하는 자들로부터 이윤이 증가한다. 이러한 상충관계(Trade-off)를 적절히 조율함으로써 기업은 이윤을 극대화하는 기본료를 정의할 수 있게 된다. 어쨌든 기업은 기본료의 도입을 통해 소비자의 순효용 일부를 이윤으로 전환할 수 있으며, 이윤을 증가시킬 수 있다.

02 사용량 증가를 통한 이윤의 증가

이부제요금을 도입할 경우 기본료와 이용료의 조율을 통해 추가적으로 이윤을 증가시킬 수 있다. 앞서 기본료는 소비자의 순효용의 일부를 기업의 이윤으로 전환시키는 역할을 함을 설명하였다. 그런데 이용료가 낮아져 소비자의 이용량이 많아지고 순효용이 증가한다면 기본료를 증가시킬 수 있다. 반대로 이용료를 높이면 순효용이 작아지고 기본료를 부과할 수 있는 여지가 작아진다. 즉, 기본료와 이용료 간에도 상충관계가 존재하는 것이다. 이를 더 구체적으로 이해하기 위해 우선 하나의 소비자만을 대상으로 이용료를 한계비용 c로

그림12-2 이용료에 따른 기본료의 변화

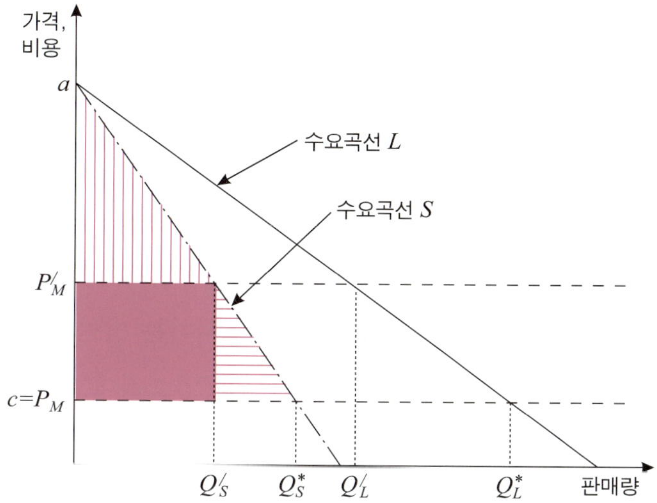

낮출 경우를 고려해 보자.

이용료(P_M)가 한계비용 c라면 [그림 12−2]에서 소비자 S의 구매량은 Q_s^*가 되고 소비자 잉여는 세로줄무늬 삼각형과 붉은색 사각형, 가로줄무늬 삼각형 면적의 합으로 증가한다. 반면 기업의 이윤은 0이 된다. 가격과 한계비용이 같아져 공헌이익이 0이 되는 것이다. 이 상태에서 기업이 소비자 S에게 부과할 수 있는 최대의 기본료는 소비자 S의 순효용(세로줄무늬 삼각형과 붉은색 사각형, 가로줄무늬 삼각형 면적 합)이 될 것이다. 이제 P_M'의 이용료에 세로줄무늬 삼각형만큼 기본료를 부과한 경우와 기업의 이윤을 비교해 보면 [그림 12−2]의 가로줄무늬 삼각형만큼 증가하였음을 알 수 있다.

여기서 Q_s'~Q_s^*의 이용량 증가에서는 소비자가 얻는 효용이 한계비용보다 높았음에 주목해야 한다. 증가된 효용보다 비용이 낮으므로 그 차이만큼 기업의 이윤을 증가시킬 수 있는 것이다. 언급하였던 것처럼 이부제요금은 소비자의 순효용 전부를 이윤으로 수취할 수 있다. 이 경우 사회후생과 이윤이 같아지며, 사회후생을 극대화하는 한계비용 수준의 이용료를 설정하는 것이 이윤을 극대화할 수 있다.

이상의 설명은 한 명의 소비자를 가정한 것이다. 이제 다수의 소비자가 있는 경우를 생각해보자. 논의를 단순화하기위해 소비량이 많은 소비자 L과 소비량이 작은 소비자 S의 2명이 존재하며, 기업은 2명의 소비자 모두에게 서비스를 제공함을 가정해 보자. [그림

12−2]를 살펴보면 한계비용 c에서 이용료를 설정할 경우 기본료는 소비자 S의 순효용까지 책정할 수 있다. 만약 이를 초과하면 소비량이 작은 소비자 S가 소비를 포기할 것이다. 결국 소비량이 많은 소비자 L의 경우 순효용 대비 낮은 수준의 기본료를 적용받게 된다. 한명의 소비자만을 고려할 경우 소비자의 순효용을 극대화하고 이 순효용을 모두 기본료로 수취하는 것이 가능했으나 다수의 소비자들에게 서비스할 경우 순효용 수준이 낮은 소비자를 고려하게 되어 소비자의 순효용 모두를 수취하지 못하게 되는 것이다.

소비자의 순효용을 모두 수취하지 못할 경우 이용료를 한계비용 이상으로 책정하여 소비자의 기본료를 고려하지 않은 순효용을 감소시키는 방안도 고려해야 한다. [그림 12−2]에서 이용료를 한계비용 이상으로 증가시키면(P_M') 최대 기본료는 세로줄무늬 삼각형의 면적(소비자 S의 순효용)으로 감소하나 이용료에 의해 의한 이윤은 0에서 $(P_M'-c)(Q_S'+Q_L')$로 증가하게 된다. 각 소비자별 이윤의 변화를 살피면 소비자 S로부터의 이윤은 가로줄무늬 삼각형의 면적만큼 감소한다. 반면 소비자 L로부터의 이윤은 $(P_M'-c)(Q_L'-Q_S')$에서 가로줄무늬 삼각형의 면적만큼을 제외한 면적만큼 증가함을 알 수 있다. 결과적으로 $(P_M'-c)(Q_L'-Q_S')$가 가로줄무늬 삼각형 면적의 2배 이상인 경우 기업은 한계비용 이상으로 이용료를 증가시킴으로써 기본료를 포함한 이윤의 증가를 꾀할 수 있는 것이다.

이상의 설명은 직관적인 이해를 위한 것이며, 이윤을 극대화하는 이부제가격을 설명한 것은 아니다. 제1절에서는 기본료를 통해 소비자의 순효용 중 일부를 기업의 이윤으로 전환시킬 수 있음을, 제2절에서는 이용료를 낮추어 소비자들의 이용량을 증가시켜 소비자의 순효용을 증가시키고 증가된 순효용을 기본료를 통해 회수할 수 있음을 보았다. 이를 고려하면 이부제요금 하에서 기업의 이용료는 대체로 기본료가 없는 독점적인 가격보다는 낮고 한계비용보다는 높은 상황이 될 것이라고 생각할 수 있다. 별첨 12.1은 구체적인 가정들을 통해 이윤을 극대화하는 이부제요금을 보여주고 있으며, 그 결과는 직관과 동일하다.

별첨12.1 단일 이부제요금에서의 이윤극대화

두 명의 소비자가 존재하는 경우 이부제요금을 통한 이윤극대화에 대해 살펴본다. 이를 위해 각 소비자의 수요함수(한계효용곡선)은 $P=a-b_iQ(Q=(a-P)/b_i)(i=L,\ S,\ b_L<b_S)$이며, 기업의 한계비용은 $c(a>c)$라고 가정한다. 이러한 수요곡선의 가정에서 양 소비자의 최초 소비의 한계효용이 a이며, 한계효용의 감소가 소비자 S에게 더 커 $P<a$의 가격에서 소비자 S의 수요량이 더 작다.

이후 이윤극대화 이부제요금과 비교하기 위해 독점에서 기본료 없이 단위당 가격만을 설정할 경우 이윤 Π^M을 극대화하는 단위당 가격을 구하면

$$\Pi^M=(P-c)\left[\frac{a-P}{b_L}+\frac{a-P}{b_S}\right]=(P-c)(a-P)\left[\frac{1}{b_L}+\frac{1}{b_S}\right]$$

$$\frac{\partial \Pi^M}{\partial P}=[(a+c)-2P]\left[\frac{1}{b_L}+\frac{1}{b_S}\right]$$

$$P^*=\frac{a+c}{2}$$

와 같다. 이제 기업이 이용료를 $P_M(0<P_M<a)$으로 설정하고 기본료를 P_L로 설정하며, 양 소비자 모두 서비스를 이용함을 가정하면 기업의 이윤식은 아래와 같다.

$$\Pi=(P_M-c)(a-P_M)\left[\frac{1}{b_L}+\frac{1}{b_S}\right]+2P_L$$

이 식은 위의 기본료가 없는 요금제 하에서의 이윤 Π^M에 양 소비자로부터 기본료 P_L이 더해진 것이다. 한편 이용료가 P_M으로 주어질 경우 양 소비자 모두 서비스를 이용하기 위해서 기본료 P_L의 최대값은 수요량이 더 적은 소비자 S의 순효용이 되며

$$P_L=\int_0^{\frac{a-P_M}{b_S}}(a-b_SQ-P_M)dQ=\left[(a-P_M)Q-\frac{b_SQ^2}{2}\right]_0^{\frac{a-P_M}{b_S}}=\frac{(a-P_M)^2}{2b_S}$$

로 구해진다(이러한 적분식의 결과는 [그림 12-2]의 세로줄무늬 삼각형의 면적에 해당한다). 이제 양 소비자 모두 서비스를 이용한다면 기업의 이윤은

$$\Pi=(P_M-c)(a-P_M)\left[\frac{1}{b_L}+\frac{1}{b_S}\right]+\frac{(a-P_M)^2}{b_S}$$

이며, 이로부터 기업의 이윤극대화 이용료는

$$P_M^*=\frac{a(b_S-b_L)+c(b_S+b_L)}{2b_S}=\frac{a+c}{2}-\frac{b_L(a-c)}{2b_S}$$

로 주어진다(이계도함수의 조건에 대한 증명은 생략하였다).

이제 $a>c$와 $b_L<b_S$를 고려하면 $c<P_M^*<P_M$을 확인할 수 있다.

03 가격차별로서의 이부제요금

앞서 2절의 내용을 정리하면 기업은 이부제요금을 통해 이용료를 낮추고(독점가격 대비) 기본료를 높이는 방식으로 이윤을 증가시킬 수 있다. 이 때 이용료의 인하에 의해 사회 전반의 효용(사회후생 : 모든 소비자들의 순효용과 기업이윤의 합)은 증가하게 되나 증가된 효용을 기업이 이윤으로 수취함으로 인해 소비자의 효용이 감소하는 결과를 낳는다. 다수의 소비자들이 존재하는 상황에서 이부제요금이 적용되면 소비량이 작은 소비자들은 순효용의 대부분을 기업에게 기본료로 지불하게 되며, 소비량이 많은 소비자들은 상대적으로 순효용의 많은 부분을 보유하게 된다.

이러한 현상이 발생하는 원인을 개별 소비자의 한 단위 소비당 평균가격을 통해 해석할 수도 있다. 모든 소비자들에게 동일한 기본료와 이용료가 적용되고 있기 때문에 이용량이 작은 소비자는 작은 이용량에 상대적으로 많은 기본료가 할당되어 평균가격이 높게 나타난다. 반면 이용량이 많은 소비자는 평균가격이 낮게 나타난다. 결과적으로 이부제 가격은 소비량에 따라 상이한 가격을 적용하는 가격차별의 일종인 것이다.

그런데 이부제 가격을 상이한 기본료와 이용료 조합으로 제시함으로써 더 적극적인 가격

그림 12-3 선택요금제 하에서 요금제와 사용량에 따른 총비용

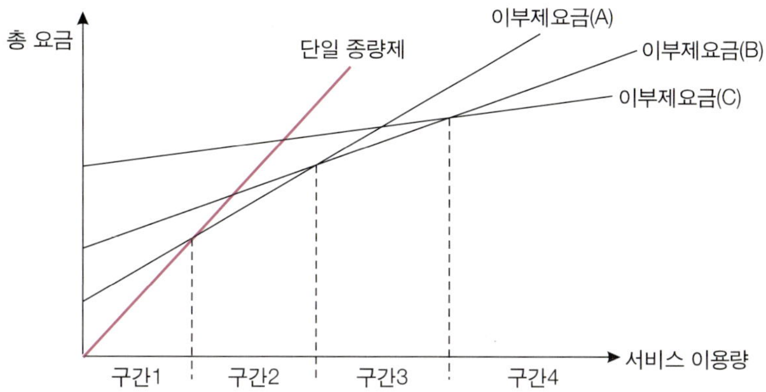

차별을 실행할 수 있다. 여러분들은 이동전화 시장에서 각 기업들이 높은 기본료와 낮은 이용료, 낮은 기본료와 높은 이용료의 조합을 제시하는 경우 즉, 선택요금제를 이미 경험해 보았을 것이다.

선택요금제가 제시되는 경우 소비자들이 어떻게 요금을 선택하게 되는지 논의해보자. [그림 12-3]에서 Y축은 소비자들이 지불하는 총비용을 의미하며, X축은 서비스 이용량이다. 기본료가 없는 단일 종량제에서는 사용량이 0인 경우 요금도 0이 되어 사용량에 따른 비용이 원점을 통과한다. 기타의 이부제요금제들은 Y절편이 기본료에 해당하며, 기본료가 높은 요금제는 한계가격이 낮게 설정되어 있다. 총비용 곡선의 모습들을 살펴보면 사용량이 구간 1에 해당하는 소비자는 단일 종량제를 이용함으로써 총비용을 최소화할 수 있다. 또한 사용량이 많을수록 기본료가 높은 이부제요금을 선택해야 한다. 결과적으로 이용량에 따라 요금제를 달리 선택하게 되는 것이다. 또한 소비자들은 단일 종량제만 제시되는 경우 대비 이부제요금이 존재하므로 요금을 절감할 수 있음을 알 수 있다.

소비자들의 이용량이 주어진 것으로 보면 선택요금제는 소비자들의 요금을 절감시키는 효과가 있으므로 기업의 이윤이 감소한다고 생각할 수 있다. 그러나 이부제요금제를 통해 기본료를 높이고 한계가격을 낮추게 되면 소비자들의 이용량이 증가하며, 이를 고려하면 기업의 이윤 또한 증가할 수 있다. 이를 이해하기 위해 다음을 살펴보자. 향후 논의의 편의를 위해 하나의 이부제요금을 (P_M, P_L) 표기하도록 한다. 괄호의 앞 항은 이용료(Marginal Price)를 뒤 항은 기본료(Lump-sum Price)를 의미한다.

그림 12-4 선택요금제에서의 기본료와 이용료

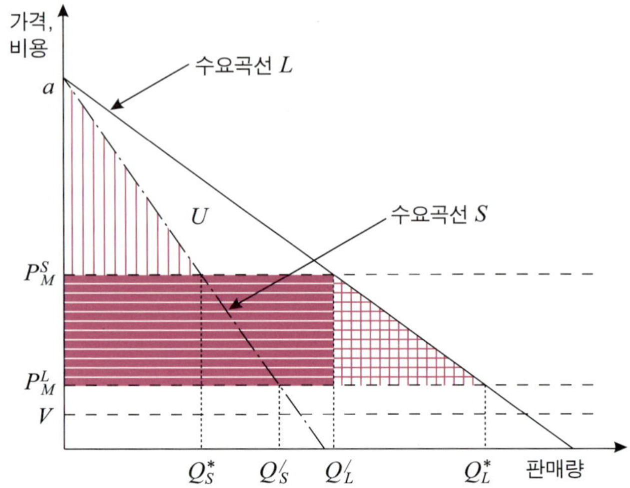

별첨12.2 선택요금제의 예시

(P^S_M, P^S_L)가 2절에서 설명된 S와 L의 소비자가 존재하는 상황에서 이윤을 극대화하는 단일 이부제요금이라고 생각해 보자. 이 때 P^S_L는 [그림 12-4]의 세로줄무늬 삼각형의 면적에 해당한다. 이 경우 수요량이 작은 소비자 S는 Q^*_S의 이용량을 선택하며, 순효용의 전부를 기본료로 지불하고 있으며, 소비자 L은 Q'_L의 이용량을 선택하며, 순효용(세로줄무늬 삼각형 면적 및 U로 표기된 흰색 삼각형 면적의 합)의 일부(세로줄무늬 삼각형 면적)만을 기본료로 지불하여 양의 순효용(U로 표기된 흰색 삼각형 면적)을 얻고 있다. 이 상황에서 새로운 이부제요금을 추가하여 선택요금제를 만들고 이를 통해 소비자 S로부터의 이윤을 변화시키지 않으면서 수요량이 큰 소비자 L로부터의 이윤을 증가시킬 수 있다면 기업은 선택요금제를 통해 이윤을 증가시킬 수 있다.

이제 두 가지 이부제요금으로 구성된 선택요금제 (P^S_M, P^S_L)와 (P^L_M, P^L_L)을 고려해 보자. P^L_M은 $P^L_M<P^S_M$를 만족하며, P^L_L이 [그림 12-4]의 붉은색으로 칠해진 다각형의 면적으로 정해졌다고 생각해 보자. 소비자 L이 (P^L_M, P^L_L)을 선택하면 Q^*_L을 소비하면서 $P^L_M \times Q^*_L$를 이용료로, 붉은색 다각형만큼을 기본료로 지불하여 U라고 표기된 흰색 삼각형의 면적만큼을 순효용으로 얻는다. 이를 살펴보면 소비자 L은 어떤 요금제를 선택하더라도 U의 면적만큼 순효용을 얻는다. 반면 소비자 S는 (P^S_M, P^S_L)를 선택하면 순효용이 0이며, (P^L_M, P^L_L)을 선택하면 순효용이 음의 값이 된다. 이는 소비자 S가 (P^L_M, P^L_L)를 선택하여 Q'_S만큼을 이용할 때 얻는 순효용 대비 기본료 P^L_L이 더 크기 때문이다.

결과적으로 (P_M^S, P_L^S), $(P_M^L, P_L^L\text{-}\varepsilon)$의 선택요금제를 제시하면 소비자 S는 (P_M^S, P_L^S)를, 소비자 L은 $(P_M^L, P_L^L\text{-}\varepsilon)$을 선택한다. 소비자 S로부터의 이윤은 단일한 이부제요금 (P_M^S, P_L^S)를 제시한 경우와 같으나, 소비자 L로부터의 이윤은 L이 (P_M^S, P_L^S)를 선택할 경우보다 많다. 즉, 선택요금제를 통해 기업의 이윤이 증가한다.

별첨 12.2는 이동전화서비스에서 소비량이 많은 소비자 L과 소비량이 작은 소비자 S의 두 명의 소비자가 존재하는 상황을 통해 선택요금제의 특성을 보여주고 있다. 별첨 12.2의 상황을 구체적인 이동전화서비스 요금을 예시하여 다시 살펴보자. (12,000원/월, 20원/10초)의 요금제 하에서 소비자 L은 한달에 10시간(3,600도수 : 10시간×60분×6도수)을 사용하며, 소비자 S는 한달에 3시간(1 ,080도수 : 3시간×60분×6도수)을 사용하고 있다(1도수는 10초를 의미한다). 기업의 한계비용은 5원/도수이다. 이제 (48,000원/월, 10원/10초)의 요금제가 추가로 제시되었다고 생각하자. 소비자 L은 신규 요금제에서 현재의 사용량을 유지할 경우 통화료가 36,000원 감소하며, 기본료가 36,000원 증가하여 기존과 동일한 결과를 얻는다. 그러나 이용료의 감소는 소비자 L에게 통화량을 증가시킬 수 있는 기회를 제공한다([그림 12-4]에서 이용량이 Q_L' 에서 Q_L^*로 증가). 이로 인해 소비자 L은 순효용이 증가한다([그림 12-4]에서 격자무늬 삼각형의 면적만큼 증가). 또한 기업은 이용량 증가에 의해 $(Q_L^*-Q_L')(P_M^L-c)$의 이윤이 증가한다. 반면 소비자 S는 통화량이 본래 너무 작아 48,000원/월의 기본료를 지불하기에는 곤란하다. 따라서 본래의 요금제를 유지하며, 변화가 발생하지 않는다. 결국 선택요금제를 통해 소비자 L의 순효용과 기업의 이윤이 증가하게 된다.

결국 (P_M^S, P_L^S)의 이부요금제가 주어진 상태에서 $P_M^S > P_M^L$과 $P_L^S < P_L^L$의 관계를 만족하는 새로운 이부요금제 (P_M^L, P_L^L)가 선택요금제의 형태로 제시될 때 기업의 이윤이 증가될 수 있다. 이용료가 상대적으로 싼 (P_M^L, P_L^L)의 요금제는 소비량이 많은 소비자 L을 위해 설계된 것이다. L에게는 낮은 이용료를 제시하여 순효용을 증가시킨다. 이 때 기본료의 증가분 $P_L^L - P_L^S$이 L의 순효용의 증가분보다 작고 기업의 이용료 수입 감소분보다 크다면 소비자 L이 (P_M^L, P_L^L)의 요금제를 선택하여 기업의 이윤과 소비자 L의 순효용이 모두 증가될 수 있다. 한편 소비자 S는 소비량이 작아 이용료의 감소$(P_M^S > P_M^L)$가 순효용을 크게 증가시키지 못함으로 인해 (P_M^S, P_L^S)의 선택을 유지하게 된다.

이상의 설명은 이용량이 많은 소비자들을 위한 요금제를 추가하는 방식이었다. 반대로 이용량이 많은 소비자들만을 위한 요금제(48,000원/월, 10원/10초)만 존재하던 상황을 생각해 보자. 이 경우 이용량이 3시간/월 수준의 소비자들은 기본료가 너무 높아 가입을 하지 못할 수 있다. 이 때 (12,000원/월, 20원/10초)의 요금제가 추가로 만들어진다면, 기존 이용량이 많은 소비자들은 이 요금제를 선택하지 않는 반면 가입하지 않던 소량 이용자들이 추가로 가입하면서 기업의 이윤을 증가시킬 수 있게 된다. 물론 소량 이용자들도 서비스를 이용할 수 있게 되어 효용이 증가한다.

결과적으로 선택요금제는 특정 소비자집단에 맞춤형 요금제를 제시하고 이를 통해 증가된 순효용의 일부를 기업이 수취하는 형태라고 생각할 수 있다. 이러한 선택요금제는 결국 시장을 몇 개의 세분시장으로 구분하여 가격차별을 적용하는 경우라고 생각할 수 있으며, 제7장에서 설명된 2차 가격차별에 해당한다.

제7장에서는 2차 가격차별이 성립되기 위한 조건으로 참여조건과 자발적 선택조건을 언급한 바 있다. 위에서 제시된 선택요금제는 이 두 가지 조건을 만족한다. 이 두 가지 조건은 매우 중요한 의미를 지니는 것이므로 그 의미를 다시 생각해 보자. 여러분이 대상 고객을 몇 개의 세분시장으로 나누어 선택요금제를 제시한다고 생각해 보자. 특정 세분시장의 소비자들에게 참여조건이 만족되지 않는다면 그 세분시장의 소비자들은 시장에서 이탈할 것이다. 따라서 참여 조건이 만족되지 않는다면 그 세분시장은 의미가 없어진다. 반면 각 세분시장을 위한 요금제를 각기 마련하였으나 특정 세분시장의 소비자들이 다른 세분시장을 위해 설계된 요금제를 선호한다면(타 세분시장을 위한 요금제에서 더 높은 효용을 얻는다면) 그 세분시장을 위한 요금제는 의미가 없다. 즉 없는 경우와 동일한 것이다. 따라서 각 세분시장과 각각의 요금제가 의미 있기 위해서는 위의 두 가지 조건이 만족되어야 하는 것이다. 위에 제시된 선택형 이부제요금에서는 두 유형의 소비자들이 모두 구매를 할 의사가 있다. 따라서 참여조건이 성립된 것이다. 또한 소비자 L은 자발적으로 기본료가 높은 이부제요금을 소비자 S 또한 자발적으로 기본료가 낮은 이부제요금을 선택하므로 자발적 선택조건도 만족된다.

04 고정비와 이부제요금

이부제요금의 사례를 생각하다보면 이동전화 및 시내전화와 같은 통신산업, 전력산업의 전기요금, 웹사이트의 가입비와 이용료 등이 쉽게 떠오른다. 그런데 이들 산업들의 공통적인 특성으로 높은 수준의 고정비를 들 수 있다. 별첨 12.3에서는 이동전화 서비스의 원가 분류를 보여주고 있으며, 많은 부분이 고정비용에 해당하는 것을 알 수 있다. 이론적으로나 실무적으로 볼 때 이부제요금과 고정비는 상당히 밀접한 관계가 있다.

앞서 사회적 효용을 극대화하기 위해서는 완전경쟁에서와 같이 가격이 한계비용과 같아야 함을 언급한 바 있다. 그러나 산업 내 기업들이 상당한 고정비를 지불한 경우 한계비용에서 가격을 설정하면 기업들은 비매몰 고정비용을 회수하지 못해 퇴출하거나 회계적으로 적사를 보세 되어 산입이 징기직으로 유지될 수 없다.[2] 그렇다면 고정비가 높은 경우 사회후생을 극대화하는 것은 단일 가격으로 불가능하게 된다. 이 때 대안이 되는 것이 이부제요금이다. 한계비용에서 이용료를 설정하고 고정비는 기본료로 회수하는 방안을 고려할 수 있는 것이다. 기본료를 대가로 일단 가입을 하는(기본료를 내는) 소비자들은 낮은 이용료로 서비스를 자주 활용할 수 있게 된다. 만약 이동전화서비스에서 기본료가 없을 경우 이용료 수준은 상당히 증가할 것이며, 여러분 대다수는 매 통화마다 핸드폰을 쓸지 유선전화를 쓸지 고민하게 될 것이다.

그러나 이부제요금이 문제를 완전히 해소하는 것은 아니다. 이동전화서비스가 매우 보편적이나 아직 가입을 하지 않는 소비자들이 많다. 예를 들어 가입되지 않은 초등학생의 경우 부모가 긴급한 연락을 하고 싶은 경우가 많다. 가끔 발생하는 특별한 경우에 한계효용은 서비스의 한계비용보다 상당히 높다. 문제는 매달 지급하는 기본료나 단말기 가격과 같은 고정성비용에 의해 가입이 이루어지지 않는 것이다. 이들 기본료 부담을 느껴 가입이

2) 비매몰 고정비용을 회수하나 매몰비용을 회수하지 못하는 경우 기업이 퇴출하지는 않는다. 그러나 기존 기업이 추가투자를 하거나, 동일한 기술을 가진 기업이 시장에 진입을 하지는 않을 것이다. 추가 투자나 신규 진입의 상황에서는 모든 비용이 비매몰비용에 해당하기 때문이다. 따라서 산업의 장기적 유지가 불가능하다.

별첨12.3 이동전화산업 원가구조

〈표 12-1〉은 이동전화서비스 제공과 관련된 가치활동들(Value Activities)을 분류하고 각 가치활동에 의해 발생되는 비용들을 고정비/변동비로 구분하고 있다. 유의할 점은 변동비에도 통화량과 관련된 변동비와 가입자의 확보·유지 관련 변동비가 구분되어 있다는 점이다. 이동전화사업자 입장에서는 변동비가 두 가지 유형으로 구분되는 것이다. 하나는 가입자 증가에 따라 발생하는 변동비이다. 이는 변동비 유형에 속하나 통화량 증대와는 직접 관련이 없으며, 가입자 확보·유지 관련 변동비로 분류되고 있다. 반면 주어진 가입자 수 하에서 통화량 증대가 유발하는 변동비가 통화량 관련 변동비로 구분되고 있다.

표를 살피면 통화량 관련 변동비를 유발하는 가치활동은 N/W Coverage와 접속에 관련된 부분을 제외한 본원적 서비스에 해당된다. 표에서는 각 가치활동에 해당하는 비용 규모를 제시하고 있지는 않으나 통화량 증대와 관련된 변동비의 비중은 그다지 크지 않다. 본원적 서비스 중 일부만이 포함되는 것이다. 이동전화서비스의 이용료(통화료)가 단지 통화량 증대와 관련 한계비용만을 반영한다면 즉, 통화량 관련 변동비만을 회수한다면 이용료의 비중은 기본료 대비 매우 낮을 수밖에 없다.

표 12-1 이동전화산업 원가구조

<table>
<tr><th colspan="5" rowspan="2">가치활동</th><th colspan="2">원가 유형</th></tr>
<tr><th>고정/변동비</th><th>변동비 유형</th></tr>
<tr><td colspan="5">마진 또는 투자보수</td><td colspan="2">이윤</td></tr>
<tr><td colspan="5">기업 이미지 광고</td><td colspan="2" rowspan="2">고정비·공통비</td></tr>
<tr><td rowspan="5">판매
영업
기능</td><td colspan="4">광고·선전</td></tr>
<tr><td colspan="4">단말기보조금</td><td rowspan="8">변동비</td><td rowspan="7">가입자 확보·유지
관련 변동비</td></tr>
<tr><td rowspan="2">유통망
유지·관리</td><td colspan="3">가입자 단위 판매촉진</td></tr>
<tr><td colspan="3">서비스 단위 판매촉진</td></tr>
<tr><td colspan="4">단말 Sourcing</td></tr>
<tr><td rowspan="3">고객
서비스
기능</td><td colspan="4">마일리지·멤버십 서비스</td></tr>
<tr><td colspan="4">가입자 관리: 서비스 계약·해지, 전출입,
서비스 개선 등</td></tr>
<tr><td colspan="4">과금자료 생성, 청구·수납</td></tr>
<tr><td rowspan="2">본원적
서비스</td><td>음성</td><td>N/W
부가서비스</td><td>무선
인터넷</td><td>인터넷
접속</td><td>통화량 관련 변동비</td></tr>
<tr><td colspan="4">N/W Coverage, 접속</td><td colspan="2" rowspan="2">고정·공통비</td></tr>
<tr><td colspan="5">일반관리</td></tr>
</table>

자료원 : 송재도·김주한 (2010)에서 발췌.

한편 상당수 변동비를 유발하는 가치활동들이 통화량보다는 가입자 확보 · 유지와 관련된 것이다. 이들 가치활동들은 기업입장에서는 변동비이나 개인의 통화량과는 무관하며, 개별 가입자 관점에서는 고정비용으로 분류될 수 있다. 결과적으로 사회적 효용 극대화 관점에서는(한계비용가격설정 원칙) 이들 비용들이 이용료보다는 기본료, 가입비에 의해 회수되는 것이 바람직하다.

이루어지지 않는 소비자들로 인해 사회적 효용이 극대화되지는 못한다. 그러나 선택요금제를 통해 즉, 기본료가 낮은 요금제나 기본료가 없는 선불요금제를 통해 이러한 문제는 완화될 수 있다.

정리하자면 이부제요금제은 기본료를 통해 일정 수준의 고정비를 회수함으로써 이용료를 한계비용에 근접시키며, 결과적으로 이용 활성화를 통한 사회후생 극대화에 기여한다. 이러한 논의는 사회적 관점이며, 다소 기업의 입장과는 동떨어진 것이다. 그러나 이동전화 서비스나 전력산업과 같이 사회 인프라에 해당하며, 요금설정 과정에 정부의 개입이 발생하는 분야에서 현실을 설명하는데 중요한 의미를 지닌다.

이제 사회적 관점이 아닌 기업의 관점에서 논의를 전개해 보자. 앞서 이부제요금의 논의에서 기업은 이용료를 낮추어 소비자의 순효용을 증가시키고 이를 기본료로 회수함으로써 이윤을 증가시킬 수 있음을 살펴보았다. 그런데 제4장 원가의 6.3절에서와 같이 고정비가 높고 변동비의 비중이 낮은 기술을 사용하는 경우와 고정비가 낮고 변동비의 비중이 높은 경우를 비교하여 생각해 보자. 후자의 기술에서는 이용료를 낮출 수 있는 수준 자체에 상당한 제약이 있다. [그림 12-5]를 통해 기업의 기술선택을 살펴보자. 동일한 제품을 생산하는데 있어 두 개의 기술을 선택할 수 있다고 가정하였다. 기술 A는 고정비가 없으며, 한계비용(MC_A)이 제품 수량과 무관하게 상수(Constant)로 주어져 있다. 이 경우 평균비용(AC_A)은 한계비용곡선과 동일하게 수평선으로 그려진다. 반면 기술 B는 고정비의 비중이 높으며, 한계비용(MC_B)은 0에 가까운 상황이다. 이 경우 기업의 평균비용(AC_B)는 판매량의 증가에 따라 감소하며 한계비용곡선에 수렴하는 모양일 것이다.

우선 각 기술을 채택한 경우 이윤극대화 독점가격을 살펴보자. 이윤극대화 가격은 한계수입곡선과 한계비용곡선에 의해서만 결정되므로 고정비가 없는 경우 대비 고정비가 크고 한계비용이 낮은 기술에서 이윤극대화 가격이 낮게($P_A^* > P_B^*$) 나타남을 알 수 있다.

그림 12-5 고정비의 수준에 따른 이용료의 선택 가능성

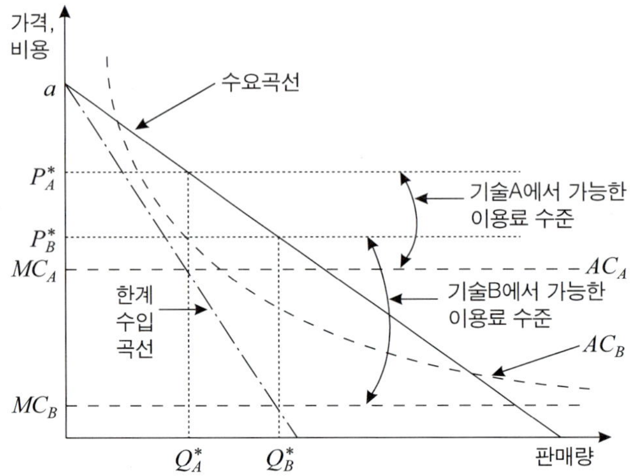

이제 이부제가격의 도입을 고려해 보자. 이부제가격에서도 이용료가 한계비용보다 낮은 경우는 비효율이 발생하므로 선택되지 않는 것이 일반적이라고 언급한 바 있다. 보편적으로 이부제가격에서의 이용료는 한계비용과 독점가격 사이에서 발생할 것이라고 생각된다. 결과적으로 기술 A에서는 한계비용 자체가 상당히 높아 이용료가 낮아질 수 있는 수준에 한계가 있다. 반면 기술 B에서는 이용료가 0에 가까운 한계비용보다 높은 수준에서 다양하게 선택될 수 있다. 즉, 기술 B에서 낮은 이용료와 높은 기본료(낮은 이용료에서 발생하는 소비자들의 순효용의 수취) 간의 상충관계의 선택 범위가 훨씬 커지며, 이부제요금의 채택 가능성이 커진다. 이러한 설명은 동일 제품을 생산하면서 기술을 선택할 수 있는 경우를 가정한 것이었다. 이러한 논리는 기술의 성격이 다른 산업 간 설명에도 적용할 수 있다. 고정비용의 비중이 매우 큰 산업에서는 한계비용이 상대적으로 낮으므로 이부제요금의 선택을 고려해 보는 것이 타당하다.

05 정액요금제

독자들은 이부제요금보다도 정액요금제(Flat Rate Fee)를 더 흔하게 보지 않았을까 생각된다. 이부제요금이 적용되는 대표적인 산업인 이동전화산업에서도 이용료 없이 기본료만 부과하는 요금제가 있다. 이와 유사하게 초고속인터넷, IPTV와 같이 높은 고정비를 특징으로 하는 여타 통신산업들에서는 정액제 즉, 이용료 없이 기본료만이 부과되는 경우가 많다. 또한 헬스클럽이나 골프연습장, 기타 인터넷상의 유료사이트 등에서 정액제가 흔히 사용되고 있다.

이런 정액요금제는 사실상 이용료가 0으로 설정된 이부제요금이라고 생각할 수 있다. 산업에 따라서는 한계비용이 매우 낮아 0에 근접하는 경우도 있으며, 이 경우 이용료를 0으로 설정하는 것이 가능하지 않겠는가?

다소 기술적일 수 있으나 초고속인터넷과 이동전화서비스를 비교해 보는 것은 의미가 있다. 통신산업에서 가장 많은 비용을 유발하는 부분은 교환기로부터 서비스이용자까지의 연결성(가입자 회선)을 확보하는 것이다. 초고속인터넷의 경우 소비자까지 유선회선을 끌어온다. 이 경우 그 회선이 수용할 수 있는 한계까지는 통화량에 따른 비용의 차이가 발생하지 않는다(교환기간 Backbone망에는 물론 영향을 미친다.). 그러나 이동전화망의 경우 기지국을 설치하여 가입자 회선을 대체하는데 이 경우 통화량의 증대는 기지국용량의 확대를 필요로 하게 된다. 결과적으로 원가에 중요한 비중을 차지하는 가입자회선이 유선 초고속인터넷에서는 고정비로, 이동전화망에서는 변동비(증분비용)로 인식되는 것이다. 결과적으로 초고속인터넷의 경우 한계비용이 상대적으로 더 낮다고 생각되며, 정액제가 활용될 개연성이 크다.

한편 앞서 한계비용보다 이용료가 낮으면 한계효용 대비 한계비용이 더 큰 비효율적인 이용이 발생함을 지적한 바 있다. 따라서 한계비용 대비 낮은 이용료는 비효율적이라는 것이 이론이 제공하는 원칙이다. 그러나 여기서 고려하지 않은 것은 이용료가 발생시키는 제반 비용이다. 이용료를 받기 위해서는 서비스 이용량을 측정하고 요금으로 환산하는 과정

별첨12.4 초고속인터넷에서의 정액제 논쟁[3)]

한국의 초고속인터넷 서비스는 이미 2008년 8월 말에 1,500만 회선을 초과하여 보편적으로 이용되는 중요 통신서비스가 되었다. 이러한 서비스의 확산 과정에서 정액요금은 소비자들의 요금에 대한 불확실성을 제거하고 다양한 서비스들에 대한 접근을 가능케 하는 등 지대한 영향을 미쳤다고 평가되고 있다. 그러나 이용자 수 증가가 정체되고 사업자간 경쟁이 심화됨에 따라 사업자 측에서 서비스의 단위당 요금 즉, 이용료를 부과하는 종량제로 전환해야 할 필요성이 제기된 바 있다.

기업의 수익측면을 고려하지 않고 사회적 관점에서 볼 때 정액제의 주된 문제점은 이용료가 0으로 한계비용보다 낮아 비효율적인 이용이 발생한다는 것이다. 즉, 한계비용보다 효용이 낮은 상황에서 서비스가 이용될 경우가 많다. 예를 들어 대용량 영화를 지속적으로 다운로드 받는 소비자중 일부는 100MByte 당 100원의 이용료를 추가로 내야 한다면 영화를 다운로드 받지 않을 것이다. 이는 그 소비자에게 다운로드에서 발생하는 효용이 이용료에 미치지 못함을 의미한다. 그러나 이러한 다운로드 서비스가 망의 부하를 증가시켜 발생시키는 비용은 상당히 클 수 있다. 따라서 이용료를 통해 비효율적인 이용을 막자는 논의가 의미가 있는 것이다. 한편에서는 정액요금 하에서는 소량이용자와 대량이용자가 모두 동일한 요금을 내야 하므로 소량이용자들이 형평성의 문제를 제기하기도 한다.

그러나 이런 문제들에도 불구하고 정액제가 유지되고 있는 것은 정액제가 나름의 효율성이 있기 때문이다. 이용료 방식에서는 소비자들이 특정 인터넷 서비스 이용시 발생하는 총비용을 확실히 알 수 없다. 이러한 불확실성은 소비자(위험을 회피하는) 입장에서 추가적인 비용으로 인식된다. 또한 정액제에서는 소비자들이 자유롭게 서비스를 이용하여 많은 서비스들이 활성화되고 있다. 또한 이런 활성화가 소비자들에게 다양한 서비스 이용가능성을 열어준다. 이는 일종의 망외부성으로 해석될 수 있다. 또한 이용료를 징수하기 위해서는 사업자가 각 가입자들의 트래픽 이용량을 측정하고 그에 따라 이용료를 매겨야 하며, 결과적으로 추가적인 비용이 발생한다.

이와 같이 소비자들의 비용 지불에 대한 불확실성의 인지, 망외부성의 영향, 트래픽 측정비용 등의 문제를 고려하면 한계비용이 매우 낮은 경우에는 이용료가 없는 정액제가 도리어 사회후생을 극대화할 수 있다. 이를 고려하면 정액제 기조를 유지하면서 지나친 이용에 대한 억제방안, 소량이용자를 위한 선택 요금제의 마련 등 보완적 수단들을 강구하는 것이 타당할 수 있다.

3) 송재도(2009), "초고속인터넷 요금제 유형에 대한 비교 검토 : 정액제, 종량제," 경영과학, 제26권, 1호, pp.21-35 참조.

이 필요하며, 이는 그만큼 추가적인 비용을 유발한다. 또한 소비자들은 이용료로 인해 미래에 지급해야 하는 총비용을 예측하기 어려워지며, 이러한 불확실성을 추가적인 비용으로 인식한다. 또한 비효율적이더라도 서비스 이용의 활성화를 추구해야 할 경우도 있다. 이러한 측면들을 고려하면 한계비용이 매우 낮은 경우에는 이부제요금보다 정액제가 더 효과적인 대안이 될 수 있는 것이다. 앞서 초고속인터넷과 같이 한계비용이 매우 낮은 상황이라면 정액제(한계비용 대비 낮은 이용료)의 비효율성이 언급된 부대적인 비용보다 낮을 수 있으므로 정액제가 이용될 수 있는 것이다.

헬스클럽이나 골프장에서는 회원이 너무 많은 경우가 아니라면 손님이 추가된다고 해서 비용이 증가되는 부분이 그다지 없다. 인터넷사이트의 경우 컨텐츠를 생산하는 데에는 많은 비용이 들지만 접속하는 이용자가 늘어난다고 해도 비용은 크게 늘지 않는다. 이러한 사례들은 한계비용 대비 고정비의 비중이 매우 큰 산업들에 해당된다. 여러분의 기업이 고정비의 비중이 매우 큰 반면 한계비용이 그다지 발생하지 않는다면 정액제를 고려해볼 수 있다.

06 수량할인과 이부제요금

앞서 제7장에서 2차 가격차별의 유형으로 수량할인을 설명한 바 있다. 또한 이번 장에서는 선택요금제가 아니더라도 이부제요금이 가격차별을 발생시킴을 언급하였다. 그런데 이 수량할인과 이부제요금은 매우 유사한 특성을 갖는다.

이를 이해하기 위해 다음과 같은 수량할인과 이부제요금을 고려해 보자.

① 수량할인 : q_c보다 작은 구매량에서는 P_H, 그 이상의 구매량에서는 $P_L(<P_H)$을 적용

② 이부제요금 : 기본료는 $q_c(P_H-P_L)$이며, 한계가격은 P_L

이제 구매량에 따른 소비자의 총비용을 그래프로 표현하면 [그림 12-6]과 같다. 이부제

그림 12-6 요금제와 사용량에 따른 총비용

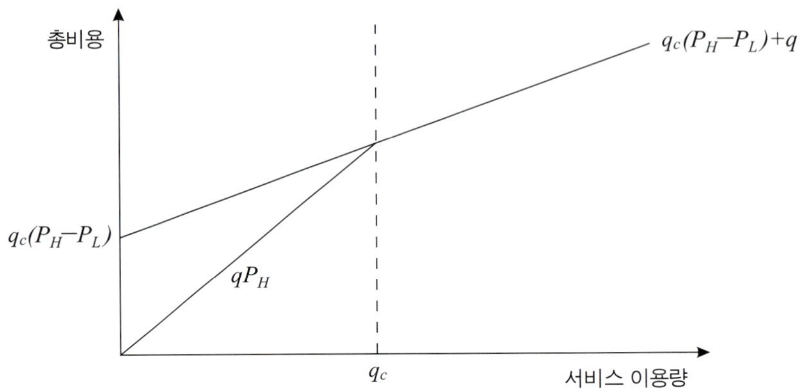

요금을 선택한 소비자들의 총비용은 $q_c(P_H-P_L)+qP_L$으로 결정된다. 반면 수량할인을 선택한 소비자의 총비용은 q_c 이하의 구매량에서는 qP_H의 형태로 나타나다가 q_c이상의 구매량에서는 이부제요금을 선택한 경우와 동일해진다. 이는 q_c의 구매량에서 양 요금제에서의 총비용이 q_cP_H로 같으며, q_c 이상의 구매량에서 양 요금제의 한계가격이 P_L로 동일하다는 점을 생각하면 납득이 될 것이다.

결국 이부제요금은 일정 수준 이상의 구매자들에게는 수량할인과 동일한 효과를 미치는 반면 그 이하의 구매자들에게는 더 높은 비용을 물리게 된다.

핵심 주제 및 키워드

- 이부제요금(Two-part Tariff)
- 기본료(Lump-sum Price, Fixed Price)
- 이용료(Marginal Price, Variable Price)
- 정액요금제(Flat rate Fee)
- 수량할인(Quantity Discount)

생각해볼 문제

1) 단일 가격 대비 이부제요금에서 기업의 이윤이 증가하는 원인을 기본료를 통한 순효용의 이윤 전환, 소비자들의 이용량 증가 관점에서 설명하시오.

2) 이부제요금에서 기본료와 이용료의 조합을 통한 선택요금제가 소비자의 효용과 기업의 이윤을 동시에 증가시키는 메커니즘을 설명하시오.

3) 고정비가 큰 산업에서 이부제요금이 사용될 가능성이 큰 원인을 설명하시오.

4) 정액요금제와 이부제요금의 차이를 설명하시오.

5) 이부제요금과 수량할인의 차이를 설명하시오.

제13장 기업 간 거래 및 소매점의 가격관리

1. 기업 간 거래의 특성
2. 기업 간 가격결정의 특성(협상 관점)
3. 유통업체의 기능
4. 소매(재판매)가격 유지의 문제
5. 유통기능의 담당 주체와 가격전략
6. 도매가격의 할인
7. 소매점 가격 전략

기업 간 거래되는 제품들은 소매점에서 거래되는 제품들과는 상당히 다른 특성을 갖는다. 그 중 가장 핵심적인 차이는 구매의 목적이다. 소매거래의 경우 최종소비자가 이를 구매하며, 효용을 얻기 위해 사용된다. 반면 기업 간 거래되는 제품들은 구매 기업이 이를 이윤창출을 위해 활용한다. 이러한 목적의 차이는 결국 구매의사결정과정에서 고려하는 요인의 차이를 발생시킨다. 또한 소매거래에서 수요자들은 개인이지만 기업 간 거래의 경우 수요자가 기업이라는 조직의 형태이다. 따라서 구매의사결정이 사전적으로 정의된 절차를 따르며, 객관적이고 분석적인 과정을 거쳐 이루어진다. 또한 이 과정에서는 다수의 의사결정자들이 조직적으로 참여한다. 이 외에도 기업 간 거래의 경우 소매거래와는 다른 구체적인 다수의 특성들이 고려되어야 한다. 따라서 기업 간 거래의 특수성을 이해하고 가격정책에의 시사점을 파악하는 것이 필요하다.

통상 거래되는 제품들을 분류하는 하나의 방법으로 생산재(Production Goods)와 소비재(Consumption Goods)를 구분한다. 소비재란 인간이 자신의 욕망을 충족시키기 위해 직접 소비하는 재화를 말하며, 소매시장에서 거래되는 제품들은 소비재에 해당한다. 반면 생산재는 소비재를 생산하기 위해 사용되는 재화이며 생산자가 구입, 이용하므로 생산재라고 한다. 따라서 생산재는 기업 간 거래의 대상이 된다. 그러나 기업 간 거래는 생산재뿐만 아니라 소비재도 포함된다. 유통업체들은 제조업체들로부터 소비재를 구매하여 이를 재판매한다. 도매업을 담당하는 유통업체들은 소비재를 소매상 또는 타 도매업체에게 재판매하며, 소매업체들은 최종소비자를 대상으로 재판매를 한다. 결과적으로 기업 간 거래에는 제조업체를 수요자로 하는 생산재의 거래와 유통업체를 대상으로 하는 소비재 거래가 모두 포함된다.

이번 장에서는 생산재와 소비재를 구분하지 않고 기업수요자들의 특성을 먼저 검토하고 이후 유통업체들을 대상으로 하는(소비재) 거래에 대해 집중적으로 살펴보겠다.

01 기업 간 거래의 특성

기업 간 거래는 객관적, 경제적 가치에 기초한다. 이는 개인의 효용창출을 위한 소비재 거래와는 매우 다른 특성이다. 효용이라는 것은 본질적으로 주관적인 것이다. 따라서 객관적인 측정수단이 존재하지 않으며, 효용수준에 대해 옳고 그름을 판단하는 것이 불가능하다. 그러나 경제적 이익의 창출을 목적으로 하는 생산재의 거래에서는 그 재화의 소비로부터 발생하는 경제적 가치를 객관적으로 측정할 수 있다. 물론 경제적 가치를 측정하기 위한 자료의 가용성이나 분석의 복잡성이 문제가 될 수 있으나 원론적인 측면에서는 객관적 측정이 가능하다는 것이다. 기업이 제품을 구입하여 가치를 창출하는 과정을 거쳐 이윤을 발생시키는 과정을 이해하는데 유발수요(Derived Demand)라는 개념이 매우 유용하다.

1.1 유발수요

유발수요의 개념을 이해하기 위해 우선 제품을 구매하여 바로 최종소비자에게 판매하는 소매업체를 생각해 보자. 이 제품을 판매하는 소매업체는 그 동네에 하나만 존재하는 독점의 상황이다. 제품의 구입가는 P_W이며, 제품의 판매에 별도의 비용이 발생하지 않는다고 가정하면 소매업체의 한계비용은 제품의 구입가격 P_W와 같아진다. 이제 소매업체는 제품의 한계비용 P_W와 수요함수로부터 도출되는 한계수입을 고려하여 가격과 판매량을 결정할 것이다.

[그림 13-1]에서는 도매업체의 이윤극대화 과정이 표현되어 있다. 이는 앞서 다루었던 독점에서의 이윤극대화 가격결정과 다름이 없다. 다만 한계비용이 자체의 생산기술에 의해 결정되는 것이 아니라 제조업체의 도매가격에 의해 결정된다. 이제 제조업체의 입장에서 이 상황을 고려해 보자. 만약 제조업체가 가격을 P_W^1에서 P_W^2로 올릴 경우 소매업체는 증가한 한계비용을 반영하여 소매가격을 $P1$에서 P^2로 올리며, 판매량은 $Q1$에서 Q^2로 감

소한다. 이 과정을 살펴보면 소매업체의 한계수입곡선이 제조업체의 입장에서 수요함수와 같은 역할을 하게 된다. 즉, 소매업체의 한계수입곡선과 도매가격이 만나는 수준에서 판매량이 결정되는 것이다.

결국 제조업체의 수요는 소매업체의 이윤극대화 과정에 의해 정해진다. 소매업체는 제품 한 단위를 더 구매했을 때 추가로 벌어들일 수 있는 수입을 도매가격과 비교하여 구매량을 결정하는 것이다. 제조업체의 수요는 최종 소비자들의 수요함수로부터 직접 결정되는 것이 아니라는 점에서 유발수요라는 용어가 사용된다.

위에서 언급한 경우는 단순히 제품을 재판매하는 경우이다. 만약 제품을 구매하는 기업이 이 제품을 기타의 생산요소와 결합하여 최종 소비재를 만들어서 판매하는 경우, 즉, 판매되는 제품이 생산재의 경우라면 조금 더 상황이 복잡해진다. 만약 생산재의 가격이 올라가면 수요 측 기업의 한계비용이 이를 그대로 반영하여 증가하지는 않는다. 예를 들어 기계설비와 노동력을 사용하여 제품을 만드는 기업은 인건비가 증가할 경우 기존 생산과정을 그대로 유지하는 것이 아니라 노동력의 사용을 감소시키고 기계설비의 사용을 증가시킬 것이다. 즉, 생산재 가격의 변화는 생산과정의 변화를 수반한다. 결과적으로 생산요소의 가격이 변동하면 이 가격의 변동과 생산과정의 변화가 종합적으로 반영되어 수요 측 기업의 한계비용이 변화한다. 이러한 한계비용의 변화가 최종재의 수요함수와 상호작용하여 그

그림13-1 도매가격이 주어진 경우 소매업체의 이윤 극대화

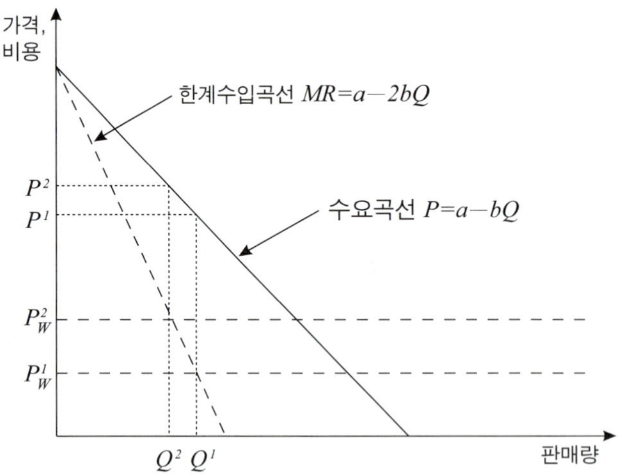

생산요소의 구매량에 영향을 미치는 것이다.[1)]

유발수요 개념으로 인해 기업 간 거래에서의 수요는 비탄력적이기 쉽다. 도매거래를 예시하였던 [그림 13-1]에서 보듯이 통상 수요곡선 대비 한계수입곡선은 기울기가 더 심하다. 즉, 가격을 많이 변화시켜도 상대적으로 수요량의 변화가 작게 나타난다. 생산요소의 경우 이러한 효과가 더 극적으로 나타나게 되는데 직관적인 설명을 위해 예시적 상황을 생각해 보자. 최종제품은 여러 부품을 결합하여 생산되며, 100원에 판매된다. 이 최종제품 생산에 소요되는 부품 A는 1원에 판매되고 있다. 이제 부품 A의 가격이 100% 인상되어 2원이 되었다고 생각해 보자. 이러한 비용인상 요인에 의해 최종제품의 가격이 상승한다고 생각해 보자. 그 가격의 인상은 단순히 생각하면 1% 내외가 될 것이다. 최종제품의 탄력성이 1이라면 최종제품의 판매량은 1%가량 감소할 것이다. 따라서 부품 A의 판매량도 1%가량 감소하게 된다. 결국 부품 A의 가격이 100% 인상되어도 판매량 변화는 1% 수준이 되어 탄력성이 0.01 정도로 나타나게 된다. 생산요소의 가격이 크게 변화해도 유발수요라는 특성과 비용에서 차지하는 비중이 작다는 이유로 생산요소의 판매량은 크게 변화하지 않는 것이다. 결국 기업 간 거래의 수요는 비탄력적인 경우가 많다.

그러나 비탄력적이라는 것이 기업 간 거래의 수요가 변동성이 낮음을 의미하는 것은 아니다. 기업 간 거래의 수요는 더 변동이 심한 것이 일반적이다. 생산설비를 예로 생각해 보자. 생산설비는 생산용량을 증가시킬 때에만 수요가 발생한다. 결국 최종제품의 수요가 감소하거나 유지될 때에는 구매가 고려되지 않는다. 최종제품의 수요가 생산용량 이상 증가할 것으로 예상되는 경우에만 구매가 발생하는 것이다. 결국 생산설비의 수요는 '없다' 또는 '있다'의 변화를 보일 것이다. 한편 생산설비가 아니더라도 기업 간 거래품은 재고로 비축되는 경우가 일반적이다. 최종수요의 변화가 발생할 때 최종 판매자는 초기에 재고비축량의 변화로 대응하기 쉽다. 재고의 비축량이 일정 수준 이상으로 감소 또는 증가할 때 주문량을 변화시킨다. 이 때 주문량은 누적된 재고의 변화량을 반영하게 되어 그 변화폭이 최종 수요의 변화보다 더 크게 나타난다. 결국 최종 판매의 변화를 바로 반영하지 않기 때문에 기업 간 거래의 수요는 더 심한 변동을 보이게 된다. 최종수요의 변동이 후방(Upstream)으로 진이될수록 더 큰 변동으로 니디니는 현상을 체찍효과(Bullwhip Effect)라

1) 생산요소의 가격변화의 결과 발생하는 유발수요에 대한 더 엄밀한 설명은 이준구(1989) 미시경제학의 P464 생산요소에 대한 수요를 참고하라.

고 부르기도 한다.

한편 이러한 유발수요의 특성으로 인해 일부 기업은 직접 거래대상이 아닌 최종제품의 수요자들에게 마케팅을 펼치기도 한다. 인텔(Intel)은 컴퓨터에 삽입되는 CPU(Central Processing Unit) 생산업체로 일반 소비자들과의 거래는 거의 발생하지 않는다. 그러나 Intel Inside 캠페인이 널리 알려져 있다. 만약 최종 수요자들이 인텔 CPU를 선호한다면 유발 관계로 인해 결국 컴퓨터 제조업체들이 인텔로부터 더 많은 CPU를 구매할 것이다. 그러나 그 효과는 단지 수요량의 증가 이상일 것이다. Intel Inside의 로고(Logo)가 최종제품의 판매 경쟁력을 증가시킨다면 인텔이 CPU가격을 두 배로 올린다고 해도 컴퓨터 제조사들은 인텔 CPU를 구입하게 될 것이다. 앞서 유발수요의 특성으로 인해 수요가 비탄력적이 됨을 설명한 바 있다. 이를 다시 한번 생각해 보라. 아웃도어 의류에서 많이 사용되는 Gore-tex의 경우도 유사한 사례이다.

1.2 기업수요자들의 특성

유발수요의 개념을 생각해 보면 기업 간 거래는 주관적 효용이 아닌 객관적, 경제적 가치에 기초한 거래임이 더 분명해질 것이다. 이러한 측면 뿐 아니라 거래의 상대방이 개인이 아닌 기업이라는 특성도 여러 가지로 기업 간 거래에 영향을 미친다.

① 기업 간 거래에서 가치의 평가는 매우 분석적인 특징을 가지며, 각 기업들은 이러한 분석을 가능케 하는 전문가 조직(구매부서)을 운영하고 있다. 따라서 여러 단계의 의사결정을 거치며, 각 의사결정단계에서 상이한 고려요소들이 반영된다. 통상 실무자들은 거래에서 발생하는 직접적인 가치나 해당 제품을 판매하는 다양한 경쟁기업들에 대한 평가를 진행한다. 반면 상위 직급자들은 더 전략적이고 장기적인 관점에서 의사결정에 영향을 미친다. 기업 간 거래에서 판매자들은 구매의사결정에의 참여자들과 각 단계에서의 고려요인들을 충분히 파악하여 대응할 수 있어야 한다. 또한 다수의 의사결정자들을 설득할 수 있는 객관적이고 차별화된(경쟁사 대비) 가치를 입증하기 위한 노력이 필요하다.

② 기업 간 거래에서 수요자는 협상력을 가진 구매자이다. 통상의 소비재들이 소수의 공급자들(기업)과 매우 많은 수의 소비자들 간 거래이나 생산재들의 경우 수요자들이 소수이며, 각 수요자들이 구매하는 구매량이 전체 수요에서 상당한 비중을 갖는다. 따라서 개별 수요자들이 가격을 조정할 수 있는 능력을 가지고 있으며, 이는 소비재 수요자들이 대체로 가격의 수용자라는 점과 대조된다. 대규모 수요자들이 소규모 중소기업과의 거래조건을 지나치게 나쁘게 유지하는 것이 사회문제가 되는 것은 이러한 측면을 반영하는 것이다. 또한 대규모 구매자들은 제품을 구매하기 위해 입찰을 붙이거나, 나아가 B2B(Business to Business) 거래를 위한 전자상거래 사이트를 구축하여 운영하기도 한다. 즉, 구매자가 시장의 운영자가 되기도 하며, 이는 거래의 규칙(Rule)을 구매자 측에서 결정할 수도 있음을 의미한다.

③ 기업 간 거래에서 수요자는 구매의 전문가라고 할 수 있다. 다양한 대체재(경쟁제품)들의 사양, 품질 그리고 가격수준에 대한 정보를 구체적으로 파악하고 있으며, 매우 분석적인 방식으로 자신의 이윤을 극대화 한다. 또한 일반 소비자들과 달리 제품탐색에 있어 지리적/언어적 제약을 극복할 수 있는 자원을 보유하여 전 세계를 대상으로 제품을 조달한다. 따라서 인지적 차별화를 통해 충성도를 확보하기 힘들며, 경쟁의 강도도 강해지기 쉽다. 또한 프레이밍을 통해 거래조건을 기업에게 유리하게 인지시키는 방식을 고려하기도 어렵다. 한편 기업수요자들은 판매자들의 가격전략을 예측하고 활용하는 능력을 가지고 있다. 어떤 판매자들은 판매목표를 정해두었다가 판매목표가 달성되지 못하면 연말에 대폭 할인된 가격을 적용하기도 한다. 이러한 행위가 수차례 반복되면 수요자들이 연말에 가격할인이 발생하기 전까지 구매를 미루는 현상이 나타나며, 결국 할인된 가격이 정상적인 구매가로 작용하게 되는 악순환이 발생할 수 있다. 물론 개인 소비자들도 이러한 전략적인 행동들을 취하나 기업고객의 경우 훨씬 더 적극적으로 이러한 행태들을 보인다는 것이다.

④ 그러나 생산재 소비자들이 항상 대립적, 경쟁적인 관계를 가지는 것만은 아니다. 기업들은 경쟁력 있는 제품을 생산하기 위해 효과적인 생산요소(생산재)를 필요로 한다. 따라서 생산재를 공급하는 기업들의 제품생산에 관여하고 적극적으로 연구개발을 지원하기도 한다. 통상 소비재의 경우에도 소비자들의 의견이 매우 중요한 역할을 하지만 생산재의 경우 소비자의 역할이 더 적극적으로 나타나는 것이다. 어떤 경우에는

생산재의 공급자와 소비자가 상호간에 고착화 되는 경우도 나타난다. 공급자는 특정 소비자에 특화된 제품을 주로 생산하게 되는 경우가 많으며, 결국 그 소비자를 상실하면 기업 존폐의 문제가 발생한다. 반면 소비자도 그 공급자측이 제공하는 생산요소에 적합하게 생산을 구조화 하여 해당 공급자에 기업의 경쟁력을 의존하는 경우가 발생한다. 이러한 상호간 고착화 정도가 공급자와 소비자 간 상당히 다르게 나타나기도 하는데 이 경우 위에서 언급한 양자 간 상대적 협상력에 큰 영향을 미치게 된다. 그러나 이러한 대립적인 측면만이 중요한 것은 아니다. 양자는 이러한 고착관계를 협력관계로 발전시켜 장기적인 이윤극대화를 추구할 필요가 있다. 따라서 가격정책에 있어서도 이러한 협력을 염두에 둔 동태적 관점이 중요해진다.

이상의 논의는 수요자 자체의 특성을 설명한 것이다. 이와는 조금 다른 관점에서 기업 간 거래와 최종 소비자를 대상으로 한 거래의 차이점을 정리하고 있는 것이 〈표 13-1〉이다. 기업 간 거래의 경우 기업을 대상으로 하기 때문에 최종 소비자들에 비해 거래대상의 수가 적을 수 밖에 없다. 또한 개별 수요자와의 거래규모가 크므로 개별 수요자의 요구에 대응한 서비스의 제공(Customizing)이 중요해진다. 이러한 과정은 공급자에게 상당한 비용을 수반하기 때문에 수요 대상을 지나치게 넓히기 보다는 수익성이 있는 소수를 대상으로 특화된 제품을 판매하는 경우가 많다.

표 13-1 기업 간 거래와 최종 소비자를 대상으로 한 거래의 차이점[2)]

	기업 간 거래	최종 소비자 대상의 거래
거래대상 및 거래규모	소수의 Right Customer를 대상으로 한 대규모 판매	불특정 다수를 대상으로 하며, 개별 거래의 규모가 작음
교체비용	높다	낮다
관계의 지속성	장기적	단기적
거래관계의 형성 원인	가치, 파트너쉽, 지분관계	브랜드, 구전, 가격, 광고
구매요인	객관적/경제적 가치에 의한 거래, 상호 연관된 수요사슬의 형성	주관적 효용에 근거한 거래, 즉흥적, 일상적 구매

2) 백주현, 천세학, 주지호(2004), 디지털 경영과 인터넷 비즈니스, P134의 표 5-1 '기업간 전자상거래와 기업-소비자간 전자상거래의 차이점'을 수정하였다. 본래 전자상거래의 특성을 요약하고 있는 것이나 일반적인 거래특성의 차이를 보여주는 데에도 적합하다고 생각된다.

한편 이러한 커스터마이징과 특화된 서비스의 제공은 상당한 매몰비용을 발생시키기 쉬워 공급자 입장에서 교체비용이 높아진다. 또한 구매자 측에서도 자신의 요구에 특화되어 있는 공급자를 새로운 공급자로 대체하기 쉽지 않다. 결국 양자의 관계는 장기적인 형태가 되기 쉽다.

02 기업 간 가격결정의 특성(협상 관점)

기업 간 거래에서는 수요자들이 협상력을 가지고 있다. 이러한 협상력의 존재로 인해 기업 간 거래에서의 가격결정은 최종 소비자들을 대상으로 한 가격결정과 큰 차이를 보이게 된다. 이번 장 이전에 설명되었던 가격설정의 원리들은 주로 다수의 수요자들을 대상으로 한 것이었다. 이 경우 기업들이 가격을 결정하면 소비자들은 가격을 주어진 것으로 보고 그에 기초하여 효용을 극대화 한다. 이러한 상황은 앞서 제5장에서 설명되었던 Stackelberg 경쟁상황으로 인식할 수 있다. 기업들은 Stackelberg 선도자(Leader)의 입장에서 가격을 결정하며, 추종자(Follower)의 입장에 있는 소비자들은 가격을 주어진 것으로 보고 구매량을 결정하여 효용을 극대화 하게 된다. 한편 선도자인 기업은 소비자들의 반응함수(가격이 주어질 경우 구매량의 선택)를 고려하여 이윤을 극대화하는 가격을 설정하는 것이다. 앞에서 기업과 소비자들의 관계를 굳이 Stackelberg경쟁 관계로 설명하지 않은 것은 가격을 주어진 것으로 보는 소비자들의 행태가 너무나 자연스럽게 인식되고 다른 유형의 소비자들의 행태를 유형화 할 필요를 느끼지 않았기 때문이다.

이렇듯 소비자들을 추종자로 인식하게 되는 원인은 시장에서 개별 소비자들이 차지하는 비중이 워낙 작기 때문에 판매자에게 영향력을 행사할 수 없기 때문이다. 또한 소비자들은 제품에 대한 전문성, 정보력 등이 부족하기 쉬우며, 가격에 영향을 미치기 보다는 주어진 대안들 중에서 최선의 대안을 선택하는 것 이상의 적극적인 행동을 취할 유인이 상대적으로 적다고 생각되는 것이다.[3)]

3) 전통시장 등에서는 가격표가 제시되지 않거나, 가격표의 권위가 크지 않아 실질적으로 판매가격이 명확히 정해지지 않

그러나 기업 간 거래에서는 개별 구매자의 구매량이 전체 판매량에서 상당한 비중을 차지하며, 구매자들의 전문성과 정보력이 높다. 따라서 가격에 영향력을 행사할 수 있는 경우가 많다. 이런 특성을 앞에서는 협상력으로 표현한 것이다. 이번 장에서는 구매자의 협상력이 존재하는 경우 가격설정이 어떤 방식으로 이루어지는지 개괄적으로 살펴볼 것이다. 구매자의 협상력이 존재하는 상황을 크게 소수의 구매자가 다수의 공급자를 상대하는 상황과 구매자와 공급자가 모두 소수인 경우로 구분하여 생각할 수 있다.

2.1 소수의 구매자와 다수의 공급자 상황

구매자가 소수이고 공급자가 많은 경우 개별 공급자 입장에서 특정 수요자에게 제품을 판매할 수 있는지 여부는 기업의 매출에 큰 영향을 미치게 된다. 반면 구매자들은 제품을 공급받을 수 있는 대안이 매우 많은 상황이므로 구매자가 협상력에서 극단적인 우위를 가지게 된다. 이 경우 가격은 제5장에서 설명된 Bertrand 경쟁의 형태로 결정되기 쉽다.

Bertrand 경쟁의 결과를 다시 간단히 정리해 보자. 공급자들이 모두 특정 가격 P(P>한계비용)를 유지하고 있는 상황에서 특정 구매자가 가장 낮은 가격을 제시하는 공급자를 선택한다고 생각해 보자.

공급자들은 만약 조금 가격을 낮출 경우 대규모 수요를 확보할 수 있는 상황이므로 다소 마진이 감소하더라도 가격을 낮추어 제시하는 것이 합리적이다. 따라서 가격이 한계비용보다 높아 마진이 존재하는 상황이라면 이 가격은 균형가격이 될 수 없다. 경쟁사들의 가격보다 아주 조금이라도 가격을 낮추어 수요자에게 선택되는 것이 중요해지는 것이다. 결국 가격은 마진이 0에 가까운 수준(한계비용)에서 결정될 것이다. 이러한 상황은 완전경쟁의 상황으로도 설명될 수 있다. 공급자들은 이윤 0(정상이윤)의 상황이 될 것이며, 수요자들은 낮은 가격을 향유하게 된다. 공급자의 마진이 0이 되므로 제11장에서 설명된 사업자간

고 판매자와 소비자가 가격을 협상(흥정)하는 경우를 경험한다. 이 경우 협상과정을 소비자들이 불편하게 생각하기 쉬우며, 구매한 소비자들도 적절한 가격에 구매한 것인지에 대해 불확실성을 갖게 되므로 실질적으로 비용이 발생한다. 즉, 거래비용의 한 부분인 협상비용이 증가하게 되어 시장의 효율성이 감소한다고 볼 수 있으며, 판매자에 의해 가격이 정해지는 정찰제의 비중이 증가한다고 생각된다. 한편 판매자의 규모가 증가하는 추세에서 이러한 경향성은 더 크게 나타난다.

외부성의 문제(유통 상황에서는 이중마진의 문제)는 발생하지 않을 것이다.

공급자 입장에서 이러한 상황을 회피하기 위해서 자신만의 독특한 차별화 요인을 가져 일정 수준의 독점력을 행사할 수 있어야만 한다. 공급자가 다수인 경우라도 특정 기업의 제품이 구매자들에게 차별화된 가치를 제공할 수 있다면 경쟁사들 대비 그 가치만큼 높은 가격을 설정해도 구매자들이 그 제품을 구매하게 될 것이다. 즉, 어느 정도 가격에 대한 통제력(독점력 또는 협상력)을 가질 수 있게 되는 것이다. 또한 이미 거래하고 있는 수요자에게 교체비용을 발생시킬 수 있다면 이 또한 독점력을 제공한다. 교체비용은 제5장에서 설명하였듯이 다양한 원인에서 발생할 수 있다. 새로운 거래처를 발굴하기 위한 거래비용, 제품 관련 학습비용, 이미 투자된 보완재들, 구매자의 상황에 대한 이해 등은 기업 간 거래에서도 교체비용의 원인이 된다. 이러한 교체비용이 발생된 경우 고착현상이 발생하게 되며, 이들 고착된 구매자에 대해서는 교체비용에 해당하는 만큼의 가격 통제력을 가질 수 있게 된다.

2.2 구매자와 공급자가 모두 소수인 상황

공급자들이 소수인 경우에는 구매자들도 선택 대안이 많지 않으므로 공급자들도 일정 수준의 협상력을 가질 수 있다. 한편 공급자들은 가능한 판매량을 늘리기 위해 경쟁하는 반면 구매자들은 특정 공급업체를 선택하는 문제이기 때문에 구매자 또한 협상력을 가지는 것으로 보아야 한다. 따라서 양자가 일정 수준의 협상력을 가지는 상황이라고 볼 수 있다.

이 경우 시장에서 결정되는 가격을 예측하기는 매우 힘들다. 만약 공급자들이 모두 동질적인 제품을 생산하며, 생산용량이 수요 대비 상당히 크다면 Bertrand적인 경쟁이 발생하여 생산자의 한계비용에서 가격이 결정될 수 있다. 반면 공급자들의 공급용량이 수요에 미치지 못한다면 가격이 낮게 형성될 수 없다. 도리어 물량을 확보하기 위한 수요자들 간 경쟁으로 말미암아 가격이 독점가격에 가깝게 형성될 수 있다. 앞서 제5장에서 과점경쟁의 균형은 다양한 형태로 발생할 수 있다고 하였는데 구매자와 공급자가 모두 일정 수준의 협상력을 가지는 경우에도 균형가격은 하나로 존재하지 않으며, 상대적인 협상력 수준에 따라 다양한 결과가 나올 수 있는 것이다.

다만 구매자와 공급자가 결합되어 하나의 기업인 상황을 가정하여 이윤을 극대화 할 수 있는 가격을 협상의 기준점으로 삼을 수 있다. 즉, 공동이윤을 극대화시키고 이를 구매자와 공급자가 적정 수준에서 나누어 갖는 협상이 바람직하다는 것이다. [그림 13-1]에서 만약 도매가격(또는 생산재 가격)이 한계비용과 같다면 기업 간 외부성의 문제가 사라지며, 소매업자(구매자)는 산업의 이윤(결합이윤 : 양 당사자 이윤의 합계)을 극대화하는 가격과 판매량을 결정할 것이다. 그렇다면 구매자와 공급자는 결합이윤을 극대화하는 판매량(결과적인 소매가격)을 결정하고 그 판매량에서 발생하는 산업의 이윤을 배분하는 방식을 협상할 수 있는 것이다.

그러나 양 당사자 간 각자의 이윤을 극대화하는 상황에서는 결합이윤을 극대화하는 결과가 도출되지 않는 것이 일반적이다. 따라서 각 거래의 주체들은 협상력을 증가시키는 구체적인 대안들을 고려해야 한다. 그러나 협상의 준거점으로서 결합이윤의 극대화는 매우 중요한 역할을 한다.

위의 두 가지 경우를 살피면 구매자와 공급자들의 수로 대표되는 산업구조가 가격결정에 중요한 영향을 미친다. 통상적으로 진입장벽이 낮은 산업에서는 다수의 기업들이 경쟁하게 된다. 앞서 공급자들이 많은 경우에도 차별화나 교체비용의 수준을 올릴 수 있다면 가격 통제력(협상력)을 확보할 수 있다고 설명하였다. 그러나 진입장벽이 낮다는 것은 일면 유지 가능한 차별화나 교체비용을 창출하기 어렵다는 것을 의미하기도 한다. 소수의 공급자들이 협상력을 가질 수 있는 원인은 소수의 기업들만이 가질 수 있는 독특한 기술력이나 희소한 생산요소, 독자적인 유통망의 보유 가능성, 자본력과 같은 진입장벽 관련 요인들로 설명될 수 있다.

그럼에도 불구하고 개별 기업들은 산업구조를 주어진 것으로 보지 않고 혁신을 통해 차별화 요인과 교체비용을 창출해야만 하며, 이를 위해 구매자 측의 욕구와 전략에 대한 깊이 있는 이해가 필요하다. 또한 잠재적 구매자들의 존재를 명확히 파악하고 가능한 구매자들의 수를 증가시키는 노력이나, 구매자들의 원가구조나 마진 수준과 같은 정보들을 파악하여 협상력을 증가시키는 방안들이 필요하다. 반대의 입장에 있는 구매자들도 구매단가를 낮추기 위해 협상력을 증가시키기 위한 노력이 필요하다. 특정 기업에 고착되지 않도록 다수의 공급자들을 유지하거나, B2B 거래 사이트의 개설 등을 통해 공급자 간 경쟁을 유도하는 것 등이 이에 해당할 것이다.

한편 앞서 기업 간 거래에서 장기적 협력관계가 중요하다고 한 바 있다. 양자가 자신만의 이윤을 극대화할 경우 결합이윤이 감소하게 된다. 따라서 구매자와 공급자는 경쟁적 협력(Copetition : Cooperation + Competition)의 관계를 유지할 필요가 있다. 즉, 결합이윤의 극대화를 전제로 상호 이윤의 배분을 고려해야 한다. 공급자와 구매자는 최종 제품의 가치를 극대화하고 비용을 낮추기 위해 협력하는 관계이며, 단지 도매가격을 유리하게 도출하는 것만이 최선은 아닌 것이다. 더 중요한 경쟁은 최종제품의 판매에서 발생한다. 구매자와 공급자가 협력해 생산하는 최종 제품이 경쟁력을 갖지 못할 경우 공멸한다고 보아야 한다. 따라서 공급자와 구매자는 넓은 관점에서 하나의 가치사슬(Value Chain) 안에서 협력하는 관계이며, 전체 가치사슬의 최적화에 협력해야 하는 것이다.

전체 가치사슬의 최적화 과정은 상호간의 투자를 필요로 한다. 예를 들어 SCM(Supply Chain Management)시스템을 구축하여 상호 정보를 공유한다면 양자 모두의 원가를 절감하고 이윤을 증대시킬 수 있는 것이다. 이러한 시스템에 투자가 발생하면 관련 비용은 매몰비용화 되고 양자 모두의 교체비용을 증가시킨다. 결국 양자 모두 서로에게 고착되며, 장기적 협력관계를 유지해야 하는 상황이 될 수 있다. 적절한 상대와 장기적 협력관계를 구축한다는 것은 양자의 장기적 이윤극대화에 필수적인 요소이다. 기업 간 거래에서는 장기적이고 전략적인 관점이 더욱 중요해진다.

03 유통업체의 기능[4)]

앞서 기업 간 거래의 일반적인 특성들을 살펴보았다. 그런데 기업 간 거래에서 중요한 비중을 차지하는 것이 제조업체와 유통업체 간 거래이다. 이번 절부터는 제조업체와 유통업체간 거래의 특수성을 주로 살필 것이며, 제조업체가 협상력을 가진 경우를 주로 가정하여 설명할 것이다. 이를 논의하기에 앞서 우선 유통업체들이 수행하는 기능을 개괄적으로

4) 이 절은 '안광호, 한상린(2006) 유통원론, 학현사'를 기반으로 내용을 수정 · 정리하였다.

살펴본다.

유통은 생산과 소비를 연결시켜주는 역할을 수행한다. 즉, 유통은 편리한 시간과 장소에 제품을 제공하여 소비자의 구매를 가능하게 하는 활동이라 하겠다. 제조업체가 직접 유통기능을 수행할 경우 유통기능에서 발생하는 비용은 단순히 제조업체의 한계비용에 포함되며, 전체 과정의 효율화를 위한 추가적인 노력이 필요치 않게 된다. 그러나 유통이 단순히 제품의 재분배 역할만 하지 않고 다양한 서비스를 포함하게 되면서 제조업체들이 이러한 기능들을 통합하여 제공하기 어려운 것이 현실이다. 따라서 독립된 유통업체들이 이들 기능을 전문적으로 수행하게 되면서 가격설정의 문제에도 영향을 미친다. 이번 절에서는 우선 유통기능과 독립적인 유통망의 존재가 발생시키는 효율성, 유통망의 유형 등을 검토해 보자.

3.1 유통이 제공하는 기능

유통기능은 제조된 제품의 판매를 용이하게 하고 소비자의 효용을 증대시키기 위한 다양한 기능을 제공한다. 유통이 제공하는 각종 기능들을 정리하면 아래와 같다.

① 장소효용과 시간효용의 제공 : 일반적으로 제조업체와 소비자들은 물리적으로 상당히 먼 장소에 위치해 있다. 따라서 소비자들이 구매가 용이하도록 근접한 장소에 유통망이 구축될 필요가 있다. 제품에 따라 필요한 근접성에 차이가 있을 것이나 필요한 수준의 근접성을 확보하기 위해서는 많은 수의 소매점이 필요하며, 이를 제조업체가 직접 구축·관리하는 데에는 한계가 있다. 또한 편의점과 같은 소매점들은 최종소비자가 구매하기에 편리한 시간대에 유통기능을 제공하기도 한다.

② 제품 구색의 불일치 완화 : 일반적으로 제조업체는 전문성과 규모의경제를 실현하기 위해 소수 제품의 생산에 집중하게 된다. 그러나 소비자들은 한번 쇼핑에 나설 때 필요한 다양한 물품들을 모두 구매할 수 있기를 희망한다. 따라서 다양한 제품을 취급하고 있는 소매상이 필요해진다. 또한 특정 제품을 구매하려는 경우에도 소비자들은 가능한 많은 대안들 중에서 특정 제품을 선택하고자 하며, 다수의 제조업체들의 제품

을 동시에 비교 · 선택하기를 희망한다. 개별 제조업체들이 유통기능을 직접 수행할 경우 이러한 구색의 기능을 효과적으로 수행할 수 없다.

③ 거래의 촉진 : 소비자들은 제품의 구매에 앞서 다양한 정보를 수집한다. 소매상들은 제품을 진열하고 제품의 시용(Trial Use)을 도우며, 제품에 대한 설명 등을 제공함으로써 정보수집과 관련한 거래비용을 감소시킨다. 또한 적극적으로 제품을 광고하고 무료 샘플(Sample)을 배포하는 등 소비자들의 구매의욕을 고취시킨다. 어떤 경우에는 제품 구매 시 할부나 외상과 같은 신용공여 기능을 수행하기도 한다. 이러한 상당수 촉진활동은 소비자들에게 근접한 장소에서 이루어져야 하며, 소매상들이 이러한 기능을 수행한다.

④ 고객 서비스의 제공 : 거래의 촉진활동 이외에도 소매상들은 편리한 구매단위로의 분할, 배달, 설치, 사용방법의 교육, 애프터서비스와 같은 고객서비스 제공 기능을 수행한다.

⑤ 정보의 획득 : 최근 마케팅에서는 단지 만들어진 제품을 판매하기보다 고객의 욕구를 파악하여 반영하는 것이 더 중요하다고 강조한다. 좋은 제품을 만드는 것이 최선의 마케팅활동이라는 것이다. 이를 위해서는 소비자들의 세부적인 욕구와 욕구의 변화 트랜드를 파악하는 것이 필요하다. 또한 수요량의 변화에 대한 예측이나 경쟁 제품의 동향과 같은 정보도 매우 유용한 것이며, 이러한 정보들이 소비자와 근접하게 위치하고 다양한 제품을 취급하고 있는 소매상들에 의해 효과적으로 수집될 수 있다.

위에서 언급된 기능들 이외에도 소매상들은 매우 다양한 기능들을 수행한다. 이러한 기능들 중 장소효용과 시간효용의 제공, 제품 구색의 불일치 완화와 같은 기능들은 제조업체들이 직접 수행하는데 특히 한계가 있다. 대규모 기업들은 직접 운영하는 유통망을 통해 이들 기능을 수행하기도 한다. 그러나 자체 유통망을 보유하는 기업들도 독립 유통망과 병행 운영하는 경우들이 더 많으며, 소규모 기업들의 경우 독립 유통망에 전적으로 의존하는 것이 일반적이다. 기타의 기능들은 제조업체가 직접 수행하는 것이 가능하며, 실제 대다수 제조업체들이 이러한 기능들을 수행한다. 그러나 소매업체들이 더 효율적으로 수행할 수 있는 부분들이 있으며, 상당 부분을 소매업체들에 의존하거나 상호 협력적으로 수행하는 경우가 일반적이다.

한편 이상에서 언급된 기능들은 주로 소매업체의 입장에서 설명된 것이다. 제조업체가 지리적으로 분산되어 있는 다수의 소비자들을 직접 대응하기에 한계가 있다는 것이 소매상 존재의 중요한 이유가 될 것이다. 결국 소매상의 수가 매우 많은 것이 일반적이며, 제조업체가 직접 소매상들을 관리하기 어려울 수 있다. 따라서 많은 산업에서 제조업체와 소매업체의 연결기능을 수행하는 도매업체들이 존재한다. 이들 도매업체들 역시 다양한 기능들을 수행하며, 제조업체들의 관리비용을 절감해준다.

① 물류 및 재고관리의 효율화에 기여 : 도매업체들은 제조업체들을 대신하여 특정 지역의 소매업체들을 관장하며, 물류(제조업체와 소매업체간 제품의 흐름)의 허브(Hub) 기능을 수행한다. 또한 소매상들을 대신하여 재고를 보유하고 소매상들의 요구에 따라 신속히 재고를 보충해준다.

② 소매업체들이 필요로 하는 제품 구색을 갖춰주며, 소매업체들의 규모에 맞추어 소규모 판매를 제공하기도 한다. 또한 소매업체들을 위한 신용의 공여, 기술지원 등을 수행한다.

3.2 유통업체들이 발생시키는 효율성

위에서 설명된 기능들을 독립적인 유통업체들이 수행함으로써 제조업체들은 판매를 확대하고 판매비용을 절감시킬 수 있다. 한편 유통업체들의 이러한 기능은 경제전반의 효율성을 증진시키기도 한다. 이와 관련하여 대표적인 몇 가지 개념들을 소개한다.

① 분업을 통한 전문성의 제공 : 유통을 위해서는 수요와 공급의 조절(재고 등을 통한), 보관, 위험부담(판매의 불확실성), 정보수집, 신용의 제공(외상거래, 할부 등) 등 다양한 기능들이 수행되어야 하는데 제조업체가 이들 기능에 전문성을 갖추기에 어려움이 있다. 이들 기능은 유통만을 전문화한 기업들에 의해 더 효율적으로 수행될 수 있으며, 규모의경제가 발생하기도 한다.

② 총 거래 수 최소화의 원칙 : 중간상의 참여는 생산자와 소비자 간 직접거래에 비해

그림13-2 총 거래 수 최소화의 법칙

거래빈도를 감소시키며, 총 거래비용을 낮춘다. [그림 13-2]는 이러한 총 거래 수 최소화의 원칙을 보여주고 있다. 각 소비자가 개별 생산자와 직접 거래할 경우 총 9건의 거래가 발생하는데 중간상이 낄 경우 중간상을 통해 필요한 제품을 모두 구매함으로 총 거래 수는 6회가 된다. 이러한 효과는 거래되는 제품의 수가 많아질수록 더 커진다. 따라서 중간상이 개입할 경우 생산자 및 소비자들에게 모두 거래비용 감소 효과가 나타난다.

③ 집중 준비의 원리 : 제품의 판매를 위해서는 재고를 비축해야만 한다. 시점별로 판매되는 수량에는 차이가 있으며, 이러한 수요의 변동성에 대응하기 위해서는 일정 수준의 재고가 필요하다. 다수의 제품을 취급하는 소매상들이 제조업체로부터 직접 제품을 조달할 경우 제품의 주문에서 실제 조달까지 상당한 시간이 소요될 것이다. 예를 들어 조달에 10일이 걸린다면 소매상들은 10일의 수요에 대응한 재고를 갖추어야 한다. 그런데 도매상이 소매상들이 필요한 제품 구색을 모두 갖추고 소매상들이 필요로 할 때 빠르게(2일 내에) 대응을 해 줄 수 있다면 소매상들은 2일의 수요에 대응하는 재고만을 비축해도 된다. 또한 개별 소매상은 하루에 50%의 확률로 2개, 50%의 확률로 1개를 판매한다면 하루 2개분의 재고를 비축해야 할 것이다. 그러나 100개의 소매상을 상대하는 도매상은 하루에 150개에 약간의 추가 물량만을 보유해도 될 것이다. 개별 소매상의 변동성은 커도 전체적으로는 평균 150개에서 크게 벗어나지 않을 것이기 때문이다. 결국 50개 수준의 재고 감축이 가능해 지는 것이다.

3.3 제조업체의 유통기능 통합 의사결정

제조업체가 유통기능과 관련한 전문성의 확보와 규모의경제 달성이 가능하다면 이를 직접 수행하는 것도 가능하다. 사실 별도의 유통망이 존재하는 경우에도 제조업체가 이를 인수 · 합병하는 것이 항시 가능하므로 제조업체가 유통기능을 수직통합할지 여부는 선택의 대안이라고 할 수 있다. 이러한 선택과 관련하여 제조업체가 고려해야 하는 요인들은 아래와 같이 다양하다.

① 기업이 가지고 있는 자원, 통제의 용이성 및 조직문화의 적합성 여부에 따른 시너지 확보 가능성 등 일반적인 인수 · 합병의 고려요인
② 제품의 특성에 적합한 독립 유통망의 존재 여부
③ 비용구조와 판매량 등에서 규모의경제, 범위의경제가 달성 가능한지 여부

이들 다양한 요인들을 여기서 모두 설명하는 것은 적합지 않다고 생각되며, 비용구조와 관련한 개념들만을 살펴보도록 하자.

유통망의 구축에는 많은 고정비용이 발생한다. 부지를 확보하고 시설들을 구축하는 비용이나 기본적인 관리비용 등이 이러한 고정비용에 포함된다. 만약 제조업체가 유통망을 직접 구축하는 경우에는 이러한 비용들이 고정비용으로 인식되는 것이 자연스럽다. 그러나 제조업체가 독립적인 유통망을 이용할 경우 이러한 고정비용은 독립 유통업체들이 부담

그림13-3 판매량에 따른 비용구조의 선택

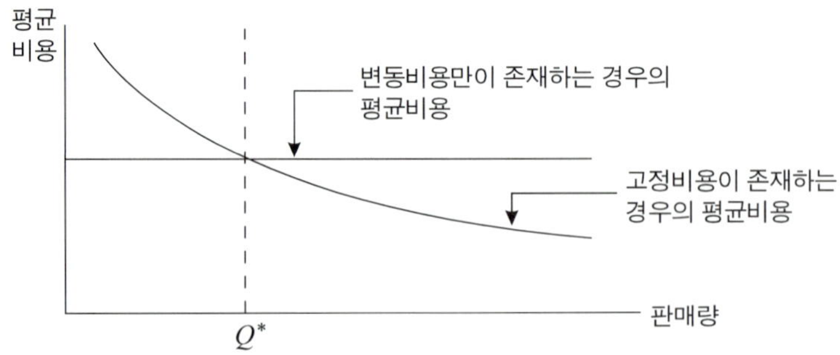

하며, 제조업체는 판매 수량에 따른 수수료를 제공하던가 소매가격보다 낮은 도매가격을 통해 마진을 소매업체에 전이시키게 된다. 결국 유통기능의 통합은 고정비용을 발생시키는 반면 분리시킬 경우 변동비용이 증가(소매상에 떼어주는 마진은 변동비의 증가와 동일한 효과를 발생시킨다)하게 된다. 즉, 수직통합 여부는 비용구조의 차이를 발생시키는 것이다.

[그림 13-3]을 살펴보면 판매 수량에 따라 어떤 비용구조가 유리한지 납득할 수 있을 것이다. 그림에서 판매량이 Q^*이하인 경우 유통망을 분리하여 변동비의 형태로 비용을 지불하는 것이 비용을 최소화 할 수 있으며, 반대로 판매량이 Q^*이상인 경우 유통기능을 통합하여 고정비 형태의 비용을 지불하는 것이 바람직할 것이다.

한편 고정비가 크고 규모의경제가 발생하는 분야에서 소매업체는 특정 제조사만이 아닌 다수의 제조사 제품들을 취급함으로써 범위의경제를 확보하기도 한다. 하나의 제조업체의 제품만을 전문적으로 다룰 경우 범위의경제 측면에서 상대적으로 비효율적일 수 있다. 범위의경제란 다수의 제품을 개별적으로 취급할 경우 총비용 대비 그 제품들을 하나의 기업이 같이 취급할 때 평균비용이 더 낮을 수 있음을 의미하는 것이다. 앞서 소매업체의 중요한 특징으로 구색의 제공을 인급하였다. 단일 제품만을 다루는 것에 비해 여러 제품을 같이 취급할 경우 공통비용의 절감이 이루어질 수 있을 뿐 아니라 소비자들의 선택의 폭을 확대시켜 판매를 촉진하는 효과도 얻을 수 있다. 제품에 따라서는 이러한 범위의경제가 크게 나타나는 경우들이 있다. 범위의경제가 큰 경우에는 독립된 유통업체가 다수의 제조업체의 제품을 취급하도록 하는 것이 효율적이다. 따라서 유통망의 수직통합은 범위의경제가 작게 나타나거나, 제조업체가 다양한 제품 구색을 제공할 수 있는 경우, 여타 제조사들의 제품을 함께 조달하여 판매할 수 있는 경우에나 가능한 것이다.

한편 기업들이 선택할 수 있는 대안에는 수직통합과 수직분리의 이원적인 대안만이 존재하는 것이 아니다. 제조업체와 유통업체 간의 전략적 제휴나 부분적인 지분의 참여 등 중간적인 형태의 대안들이 존재한다. 이러한 중간적인 형태를 통해 개별 기업들은 자원을 절약함과 동시에 수직통합의 경우와 유사한 협력적인 의사결정을 할 수 있다.

04 소매(재판매)가격 유지의 문제

4.1 이중마진과 과도한 소매가격의 문제

소매업체에게 제품을 판매하는 제조업체의 입장에서는 소매가격을 통제하고자 하는 유인이 존재한다. 앞서 제11장의 기업 간 외부성의 논의에서 각 기업이 모두 이윤 극대화를 추구할 경우 각각의 높은 마진이 소매가격을 지나치게 높여 산업이윤을 감소시킬 수 있음을 논의한 바 있다. 제조업체와 소매업체의 관계도 전형적인 보완적인 관계이며, 이러한 외부성의 문제가 발생한다. 제조업체와 소매업체 간 발생하는 외부성의 문제를 통상 이중마진의 문제라고 하여 많은 학자들이 이에 대한 연구를 진행해 왔다.

이런 이중마진의 문제를 해소하기 위해 제조업체는 소매가격을 강제적으로 유지하는 경우가 있다. 즉, 소매가격을 독점가격으로 정하여 그 이상으로 가격을 올리지 못하게 강제하는 것이다. 이는 제조업체의 협상력이 매우 강한 경우 가능한 것이다. 그러나 소매업체들이 자신의 이윤을 극대화하는 가격 대비 소매가격이 낮게 강제되는 경우 소매업체들은 별도의 수단을 통해 마진을 증가시키려고 한다. Economides(1999)는 이런 상황에서 소매업자가 해당 제품에 대한 판매촉진이나 애프터 서비스 등 소매서비스 품질을 감소시킴으로써 마진을 증가시킬 수 있다고 하였다. 낮아진 가격을 반영해 그만큼 소매활동과 관련된 비용을 감소시켜 대응을 한다는 것이다. 따라서 가격뿐 아니라 소매활동 전반을 제조업체가 관찰 · 통제할 수 있는 경우에만 소매가격의 통제가 의미를 가질 수 있다.

이중마진의 문제를 도매가격 구조를 통해 해소하기 위한 방안으로 Jeuland and Shugan(1983) 및 Moorthy(1987)는 기업 간 이윤을 배분하는 가격구조를 제안하였다. 특히 Moorthy는 이를 위한 간편한 방식으로 이부제 가격을 제시하였다. 이를 이해하기 위해 제조업체의 제조 관련 한계비용이 c_W, 소매업체의 소매 관련 한계비용은 c_R인 경우를 생각해 보자. 소매업체의 실질적인 한계비용은 제조업체의 도매가격 P_W와 소매 관련 한계비용을 합친 P_W+c_R가 될 것이다. 이제 만약 제조업체가 한계가격(한 단위 가격)을 한계비용

별첨13.1 이중마진 문제의 수리적 분석

통상 제조업체가 도매가격을 정하면 이후 소매업체가 도매가격을 주어진 것으로 보고 최종 소매가격을 정한다. 따라서 제조업체와 소매업체를 대등한 입장(두 기업 모두 추종자, Follower)인 경우를 가정하기보다 Stackelberg 경쟁을 가정하여 제조업체를 선도자(Leader), 소매업체를 추종자로 보아 분석하는 것이 일반적이다.

제조와 소매에서의 한계비용이 각기 c_W와 c_R로 주어진 것으로 가정하고 제조업체와 소매업체가 분리된 경우 균형가격을 분석해 보자. 소매시장에서의 수요함수는 $Q=a-bP$로 표현된다($a>b(c_W+c_R)$). 분석에 앞서 비교를 위해 한 기업이 두 분야를 수직통합하고 있는 경우 이윤극대화 가격과 판매량, 이윤은 아래와 같이 정해진다.

$$P_M^*=\frac{a+b(c_W+c_R)}{2b},\ Q_M{}^*=\frac{a-b(c_W+c_R)}{2},\ \Pi_M^*=\frac{[a-b(c_W+c_R)]^2}{4b}$$

이러한 결과는 한계비용이 c_W+c_R인 독점기업의 이윤극대화 결과와 같다.

이제 제조업체가 도매가격 P_W를 우선 제시하고 이후 소매업자가 이를 고려해 소매가격 P_R을 결정한다고 생각해 보면 각 기업의 이윤은 다음과 같다.

$$\Pi_W=(a-bP_R)(P_W-c_W),\ \Pi_R=(a-bP_R)(P_R-P_W-c_R)$$

이제 소매업체가 P_W를 주어진 것으로 보고 이윤극대화 가격 P_R을 구한다면

$$\frac{\partial \Pi_R}{\partial \Pi_R}=a-2bP_R+bP_W+bc_R \rightarrow P_R=\frac{a+b(\mathrm{P}_W+c_R)}{2b}$$

이 된다. 이제 위의 P_R의 식(반응함수)를 Π_W에 대입하여 제조업체의 이윤극대화 P_W^*를 구하면

$$\frac{\partial \Pi_W}{\partial P_W}=\frac{a-2bP_W+b(c_W-c_R)}{2} \rightarrow P_W^*=\frac{a+b(c_W-c_R)}{2b}$$

가 된다. 이제 P_W^*를 소매업체의 반응함수에 대입하여 P_R^*, Q^*를 구하면 아래와 같다.

$$P_R^* = \frac{3a+b(c_W+c_R)}{4b} \quad Q^* = \frac{a-b(c_W+c_R)}{4}$$

이를 살피면 위의 독점가격 대비 가격이 높아지고 판매량이 줄어든다. 각 기업의 이윤을 구하지 않았으나 양 기업의 이윤 합계는 독점 대비 감소할 것이다. 이는 양 기업이 외부성을 내재화 하지 못한 결과이다. 즉, 이중마진의 문제로 이윤이 감소한 것이다.

으로 설정한 경우($P_W=c_W$) 소매업체의 입장에서 실질적인 한계비용은 c_W+c_R이 될 것이다. 그렇다면 소매업체의 한계비용은 제조와 소매를 수직통합한 기업의 한계비용과 동일해지며, 결국 산업의 이윤을 극대화하는 가격을 설정하게 된다. 소매가격을 별도로 통제하지 않아도 양자의 이윤이 극대화 되는 것이다. 문제는 소매업체가 모두 수취하는 마진을 제조업체가 어떻게 배분받을 것인가이다. 이때 이부제요금의 기본료가 이윤의 배분 수준을 결정하는 역할을 한다. 정리하자면 도매에서 한계가격을 제조 관련 한계비용으로 설정하여 자발적으로 산업의 이윤을 극대화하는 소매가격을 유도하고 기본료를 통해 제조업체와 소매업체 간 이윤수준을 조정하는 것이다.

Moorthy가 제안한 이부제 가격은 구조가 단순하고 소매업체에 대한 직접적인 통제가 필요치 않음으로 이중마진의 문제에 대한 효과적인 대안이 될 수 있다. 그런데 프랜차이즈와 같이 하나의 제조업체가 다수의 규모가 다른 소매업체들을 상대해야 하는 경우가 있다. 이 경우 Moorthy의 이부제 가격을 통해 산업이윤의 극대화는 가능하지만 이윤의 배분에 문제가 생길 수 있다. 상대적으로 큰 시장을 가지고 있는 소매업체와 반대로 작은 시장을 가지는 소매업체에게 동일한 기본료를 적용할 경우 문제가 발생한다. 큰 시장의 소매업체에서 발생하는 산업이윤이 상대적으로 크므로 이 시장에서 제조업체가 적절한 이윤배분을 하기 위해서는 높은 기본료를 적용해야 한다. 그런데 이 높은 기본료가 작은 시장의 소매업체에게는 너무 높아 이윤배분이 적절치 않거나 소매업체의 적자를 유발할 수 있다. 이러한 문제를 고려하여 송재도(2012)에서는 한계가격은 한계비용으로 고정하되, 소매업자들의 판매량에 따라 기본료를 달리 적용하는 선택요금제를 제안한 바 있다.

4.2 높은 소매가격 유지의 유인

앞 절에서는 소매가격이 지나치게 높게 설정되는 문제를 다루었다. 그러나 제조업체는 소매가격을 높게 유지하려는 유인도 존재한다. 이러한 유인으로는 아래의 세 가지 유형이 대표적이다.

① 유통마진 보장을 통한 판매 장려

높은 소매가격을 유지할 경우 소매업자들은 판매에 따른 마진을 보장받음으로 인해 해당 제품 판매에 적극적일 수 있다. 만약 소매업자 간 경쟁으로 인해 제품가격이 낮아지면 단기적으로 판매가 증진될 수 있으나 일부 소매업자들은 제품의 판매를 포기하는 상황이 발생하게 된다. 또한 소매업체들 간 경쟁이 없는 경우에도 소매업체가 다수의 제품(브랜드)을 취급하고 있는 경우 자사 제품의 마진을 높여줌으로써 상대적으로 자사제품의 판매에 더 적극적으로 나서도록 유인을 제공하기 위해 소매가격을 높게 유지할 수 있다.

② 염가판매로 인한 제품 이미지 훼손의 방지

소매가격이 지나치게 낮게 유지되는 염가판매의 경우 소비자들은 제품을 저가품으로 인지할 수 있다. 즉, 준거가격이 낮아지는 결과를 초래할 수 있다. 한편 소매업자가 염가판매를 하는 경우 마진을 줄이는 반대급부로 애프터서비스 등 부가서비스를 부실하게 제공할 수 있으며, 이 또한 제품에 대한 이미지 손실을 발생시킨다.

③ 무임승차의 방지

소매업자들은 자신의 노력과 비용으로 제품에 대한 광고 등을 통해 제품의 인지도를 높이고 구매를 촉진시킨다. 이러한 활동들은 비용을 수반함으로 이를 위해 일정 수준의 마진을 제공할 필요가 있다. 그러나 일부 소매업자들은 이러한 촉진활동을 회피한 채 타 소매업자들이 높여놓은 구매의사를 가격할인을 통해 수취하려고 할 수 있다. 즉, 타 소매업자들로부터 제품을 소개받고 가격이 낮은 소매업자로부터 제품을 구매하는 소비자들이 생겨나는 것이다. 따라서 정상적인 소매업자들이 지속적인 판매촉진활동을 유지할 수 있도록 가격을 유지할 필요가 있다.

이러한 유인들을 살펴보면 대체로 제조업체 간, 소매업체 간 경쟁의 존재가 소매가격을 높게 유지하려는 유인을 제공할 수 있음을 알 수 있다. 앞서 이중마진의 문제는 소매분야에 경쟁이 없어 지나치게 가격이 높아지는 상황을 고려하고 있다는 점과 대조된다. 한편 이중마진의 문제에서 소매가격을 강제적으로 낮게 유지할 경우 기타 서비스 품질의 하락 문제가 발생하나 소매가격을 높게 유지하려는 경우에는 이러한 문제를 해소할 수 있다. 다만 소매가격을 제조업체가 특정 수준으로 유지하려고 할 경우 법적 문제가 될 수 있다. 이에 대해서는 제14장 가격규제에서 다룰 것이다.

05 유통기능의 담당 주체와 가격전략

소매업체들이 제공하는 기능들이 반드시 소매업체들에 의해서만 수행되어야 하는 것은 아니다. 장소효용과 시간효용은 소매업체들의 본질적 기능에 해당하지만 기타의 기능들은 제조업체에 의해 수행될 수도 있다. 제조업체는 해당 제품군에서 다양한 차별화 제품들을 제공함으로써 제품 구색의 불일치 문제를 직접 해결할 수 있다. 또한 광고나 무료 샘플, 고객서비스, 정보의 획득 등도 제조업체 측에서 적극적으로 수행하고 소매업체의 역할을 최소화 할 수도 있는 것이다.

결국 제품의 판매를 위한 유통기능들을 제조업체와 소매업체 간 역할분담의 문제로 인식하는 것이 더 타당하다. 만약 대다수 기능들을 제조업체에서 수행할 수 있다면 제조업체들의 협상력이 증가하며, 이 경우 최종적인 제품의 판매에서 발생하는 부가가치(소매가격에서 원재료 비용을 뺀 값)에서 제조업체가 수취하는 부가가치(도매가격과 원재료 비용의 차이)가 상대적으로 커질 것이다. 반면 소매업체가 유통기능들을 주로 수행한다면 그만큼 소매업체들의 협상력이 증가할 것이며, 소매업체들의 부가가치(소매가격과 도매가격의 차이)도 커질 것이다. 이러한 부가가치의 배분문제는 협상력의 문제일 뿐 아니라 가치를 창출하기 위한 전체 가치활동들에서 제조업체와 소매업체가 차지하는 비중 또는 전체 원가에서 각 업체가 차지하는 비중과 관련된 것이다. 이제 이러한 유통기능의 배분과 가격전략과 관련된 시사점들을 검토해 보자.

5.1 판매전략과 가격 : 풀 전략과 푸시 전략

네이글, 호건, 송기홍(2006)의 경우 제품의 판매전략을 풀 마케팅(Pull Marketing)과 푸시 마케팅(Push Marketing)으로 구분하였다. 풀 마케팅은 고객이 제품의 명성을 보고 매장으로 찾아오도록 하는 전략을 말한다. 예를 들어 전기면도기의 경우 필립스나 브라운의 제품이 가장 널리 알려져 있으며, 소비자들은 특정 브랜드에 상당한 충성도를 가지고 있는 것으로 생각된다. 이 경우 소매업체들이 제품의 판매에서 차지하는 역할은 매우 제한적이다. 장소효용과 시간효용의 제공, 다양한 브랜드를 통한 구색의 제공 이외에 촉진활동이나 소비자 정보의 획득 등에서는 제조업체가 주도적인 역할을 수행한다.

반면 푸시 마케팅은 잘 알려져 있지 않은 브랜드의 제품을 손님이 많이 드는 매장을 통해 고객들에게 밀어내는 전략을 의미한다. 푸시 마케팅을 사용하는 제조업체는 마케팅 권한을 유통업체에 위임한다. 스타벅스에 커피와 빵을 납품하는 업체들의 경우 자사의 브랜드 인지도가 형성되어 있지 않다. 소비자들은 제조업체의 이름을 보고 제품을 구매하는 것이 아니라 유통업체에 해당하는 스타벅스의 브랜드 인지도와 신뢰성에 기초하여 제품을 구매하는 것이다. 이 경우에는 촉진활동과 소비자 정보획득과 같은 역할들도 유통업체가 전적으로 수행하는 것으로 이해할 수 있다.

이러한 두 가지 개념은 판매전략의 상반된 두 가지 측면을 압축적으로 보여주고 있으며, 제조업체가 유통업체에게 판매하는 도매가격은 두 가지 전략 중 어떤 전략을 선택하는지에 따라 크게 달라진다.

우선 풀 마케팅을 수행하는 경우 소매업체의 기능이 매우 제한되므로 소매업체들의 역량이 그다지 중요하지 않게 된다. 따라서 제품의 취급을 원하는 대부분의 소매업체들에게 제품을 공급해도 그다지 문제가 되지 않는다. 결국은 다수의 소매업체들을 유치하고 소매업체들 간 경쟁을 유도하는 방식으로 유통업체들이 관리된다. 그렇다면 도매가격 결정과 관련하여 제조업체 측의 협상력이 높을 것이다. 또한 소매업체들에서 제공하는 기능이 많지 않으므로 소매업체들에게 높은 마진(소매가격과 도매가격의 차이)을 부여할 필요가 없다. 결국 소매업체 간 경쟁을 유도하거나 별도의 재판매 가격 유지 수단을 활용하여 소매가격을 낮게 유지시키는 반면 도매가격을 높게 유지시키는 방식이 적용되기 쉽다. 소매가격 대비 상대적으로 높은 도매가격은 제조업체의 유통기능 수행 비중이 높음에 따른 보상이라고 해석할 수 있으며, 유통업체들의 차별화나 경쟁우위가 중요해 지지 않음에 따른 협상력 차이를 반영하는 것으로 이해할 수 있다.

반면 푸시 마케팅이 사용되는 경우 양질의 유통업체의 중요성이 증가한다. 수요자가 특정 세분시장으로 국한되는 제품들의 경우 해당 세분시장에 접근능력이 뛰어난 소매업체의 중요성이 증가한다. 또한 제조업체가 자체의 브랜드 인지도를 확보하지 못하는 경우이므로 제품에 대한 신뢰를 유통업체의 인지도와 신뢰도에 의존하게 되며, 제품의 차별화 요인을 소비자들에게 설득하여 가치를 인식시킬 수 있는 판매능력을 보유한 유통업체가 중요해진다. 결국 유통업체들의 상대적인 협상력이 높아지게 되며, 유통업체들이 수행해야 하는 기능들의 비용을 보전하기 위해 높은 마진을 부여해야만 한다.

결국 풀 전략과 푸시전략은 유통기능에 대한 주도권을 제조업체와 유통업체 중 어느 쪽에서 가져가야 할지에 대한 선택이며, 이러한 전략의 선택에 따라 도매가격수준이 크게 달라질 것으로 생각된다.

5.2 판매전략의 선택

판매전략의 선택은 일정 부분 제품의 성격에 영향을 받는다. 마케팅에서 제품을 분류하는 하나의 방식으로 편의품(Convenience Good), 선매품(Shopping Good), 전문품(Specialty Good)의 분류가 사용된다. 편의품은 자주 구매되고 소비자가 제품구매에 최소한의 시간과 노력을 투입하는 제품을 말하며, 선매품은 고객들이 가격, 품질 등 객관적으로 비교 가능한 속성들을 중심으로 다수의 경쟁제품을 비교하여 구매하는 제품이다. 반면 전문품은 이미 확립된 제품이미지를 통해 소비자들로부터 높은 충성도를 확보한 브랜드의 제품에 해당된다. 이러한 제품의 분류에 따라 각 제품의 판매전략은 달라지게 된다.

편의품에는 우유나 치약, 라면과 같은 상대적으로 낮은 가격의 생활필수품들이나, 즉흥적으로 구매되는 잡지, 껌과 같은 충동구매품, 특정 상황에서 긴급히 필요로 하는 우산이나 1회용 반창고 같은 비상용품 등이 포함된다. 이러한 제품들은 소비자들이 구매 상황에서 여러 제품들을 신중히 비교하여 구매하지 않으며, 제품 판매자로부터 정보나 조언을 구하는 일도 그다지 없다. 소비자의 눈에 띄기 쉽게 광범위한 유통망을 구축하는 것이 중요하지만 개별 소매점에서 판매자들의 역할에 의지할 부분은 그다지 없다. 그보다는 제조업체들이 광고를 비롯한 대중적인 프로모션(Mass Promotion)을 수행하여 제품의 인지도와 신뢰를 구축하는 것이 중요해진다. 결과적으로 풀 마케팅의 성격이 강해지는 것이다.

선매품의 경우 편의품에 비해 고가이며, 구매빈도가 높지 않은 제품들이다. TV나 자전거, 카메라, 컴퓨터, 의류와 같은 제품들이 이에 해당할 것이다. 이들 제품의 경우 소비자들이 상당히 신중을 기하여 제품을 선택하므로 기본적으로 브랜드가 널리 알려지고 신뢰를 구축한 제품들 간 경쟁이 발생한다. 그런데 전자제품과 같은 선매품들의 경우 제품의 속성들이 탐색적인 특성을 갖는 경우들이 많으나, 기능들이 복잡하여 제품들 간 우위요소가 다르고 그 우위 여부를 소비자들이 이해하여 선택하기에 어려움이 큰 경우들이 많다. 이런 경우 소비자들은 구매시점에 판매원이 제공하는 정보나 권유에 상당히 영향을 받을 수 있다. 의류나 신발과 같은 제품도 제조사의 브랜드에 영향을 많이 받기도 하지만 매장의 분위기나 진열상태, 판매원의 조언과 같은 요소들이 많이 영향을 미친다. 따라서 제조업체 차원의 대중적인 프로모션(풀 마케팅)과 함께 유통업체가 적극적으로 자사의 제품을 프로모션 할 수 있도록 지원하고 유인(Incentive)을 제공하는 것(푸시 마케팅)이 중요해진다. 즉, 풀 마케팅과 푸시 마케팅이 병행되어야 할 경우가 많다.

마지막으로 전문품에는 소위 명품(Prestige Good)이라고 불리는 제품들이 포함된다. Rolex시계, Gucci핸드백, BMW자동차와 같은 제품들이 예가 될 수 있다. 전문품의 정의상 이미 확립된 제품이미지가 존재하며, 이를 위해서는 제조업체 차원에서 관련 세분시장을 대상으로 상당한 프로모션이 수행되어야 한다. 그러나 전문품들은 매우 고급화된 유통망에 상당부분 의존한다. 이런 제품들을 구매하는 시점에도 자부심과 만족감을 느낄 수 있도록 고급스러운 분위기와 상당한 예우가 제공되어야만 하며, 잠재적 수요자들 사이에서의 구전이 중요하게 작용한다. 이를 위해서는 유통단계에서 상당한 인적자원을 필요로 하며, 이를 제공할 수 있는 엄선된 유통망이 중요해지는 것이다. 전문품 유통에서의 또 하나의 특징은 편의품이나 선매품들에 비해 유통망의 소비자 근접성이 그다지 높지 않아도 된다는 점이다. 일단 제품 이미지가 확립되고 나면 소비자들은 멀리 떨어져 있는 유통망이라도 스스로 찾아서 소비하게 된다. 결국 높은 전문성과 자원의 수준을 보유한 소수의 유통망에 의존하게 된다. 전문품의 경우 역시 풀 마케팅과 푸시 마케팅이 병행되어야 한다.

정리하자면 제품의 유형에 따라 마케팅전략이 상당히 다르게 나타나는 것이다. 그러나 동일한 제품군에 속하는 제품들에서도 제조사가 가지는 경쟁우위 요소(원가우위 또는 차별화)나 제조업체의 자원 보유 수준에 따라 전략이 상이해질 수 있다. 핸드백에도 Gucci와 같은 널리 알려진 전문품 유형과 전통시장에서 팔리는 저가제품이 존재한다. 각자가 가지는 경쟁우위 요소가 다르며, 그에 따라 마케팅전략이 달라진다. 결국 도매가격이나 소매분야의 마진이 크게 달라질 수 밖에 없는 것이다. 전형적인 편의품의 예인 두부와 같은 경우에도 제조업체의 브랜드가 거의 영향을 미치지 못하는 제품들이 있는 반면 제품의 높은 품질을 주장하면서 제조업체의 브랜드를 내세워 판매되는 제품이 있다. 후자의 경우 제조업체가 담당하는 유통기능이 상대적으로 크므로 제조업체가 부가가치의 상당 부분을 점유할 것이다.

한편 제조업체가 보유하는 자원의 수준이 낮다면 유통기능을 직접 수행하는데 한계가 있을 수밖에 없으며, 결국 푸시 마케팅의 성격이 강해질 수밖에 없을 것이다. 또한 제품의 판매량과도 관련이 있다. 만약 제품의 판매량이 많지 않다면 제조업체에서 높은 고정비를 유발하는 프로모션을 수행하기 어렵다. 따라서 유통업체에게 높은 마진을 제공하여 푸시 마케팅을 수행하도록 함으로써 유통기능 관련 비용을 변동비의 형태로 지불하는 것이 유리해진다.

이상의 논의는 제조업체와 유통업체 간 유통기능의 배분 방식이 크게 다를 수 있다는 점을 주로 다룬 것이다. 이러한 기능의 배분은 결국 도매가격수준과 그에 따른 부가가치 배분에 영향을 미친다. 최근에는 상당한 규모와 전문성을 갖는 유통망의 비중이 전통시장으로 대표되는 영세 유통망에 비해 증가하는 추세이다. 이에 따라 유통기능의 주도권이 유통업체들에게 점차 이전되는 현상이 많은 산업에서 관찰되고 있다. 이러한 추세는 제조업체들의 가격전략에 상당한 영향을 미칠 것이다.

06 도매가격의 할인

제조업체와 유통업체 간 거래에서는 대규모 물량이 거래된다. 따라서 거래조건이 조금만 변경되어도 이윤 규모에 상당한 영향을 미칠 수 있다. 또한 구매물량의 차이는 제조업체의 생산 및 유통비용에도 상당한 영향을 미친다. 따라서 구매물량, 지급조건(현금 또는 어음), 구매 시점(신상품과 이월상품)에 따라 정규 도매가격에서 일정 수준의 할인이 적용되거나 장려금이 지급되는 경우가 많다. 이러한 할인은 실질적으로 도매가격을 조정하는 역할을 수행하며, 이를 통해 제조업체들은 유통업체들에 대한 가격차별을 실행할 수 있다.

6.1 수량할인

유통업체별로 상권의 크기가 상이하므로 판매량에 차이가 발생하기 마련이다. 또한 동일한 제품을 어떤 위치에 진열하는지, 판매원이 얼마나 적극적으로 소개 · 권유하는지와 같은 판매정책에 따라 역시 판매량에 차이가 발생한다. 이러한 유통업체별 판매량의 차이는 제조업체가 그 유통업체를 유지 · 관리하는 비용에 영향을 미친다. 특정 유통업체를 유지 · 관리하기 위해서는 일정 수준의 고정비가 발생하며, 주문 · 배달 등 건당 발생하는 비용은 물량의 크기와 정비례하지 않는다. 판매량이 많은 유통업체에서 제품의 단위당 비용이 적게 발생하는 것이 일반적이다. 따라서 이러한 비용의 차이가 가격에 반영되는 것이 경제적이다. 구매량에 따른 도매가격의 할인은 이러한 비용의 차이를 반영하는 것으로 생각할 수 있다.

그러나 그보다 중요한 것은 수량할인(Quantity Discount)이 유통업체들에게 자사 제품을 적극적으로 판촉할 유인을 제공한다는 점이다. 특정 기준 판매량 이상을 판매할 경우 물량할인을 제공한다면 대부분 유통업체들이 기준 판매량 이상을 달성하기 위해 노력할 것이다.

수량할인은 결국 규모의경제와 관련된 비용의 반영과 판매의 장려(유통기능의 적극적 수행 유인 제공) 목적으로 실행되는 것이다. 이러한 수량할인은 특정 물량 이상에 대해서는 개당 가격을 낮추어 주는 방식이나, 이중마진의 문제에서 다루었던 이부제요금의 형태(기본료로 말미암아 판매량이 늘어날수록 평균비용이 감소)로 제시될 수 있다. 실제 이 두 가지 방식은 판매량이 기준점 이상인 유통업체들에게 동일한 효과를 발생시킨다.[5)]

도매가격의 할인은 사후적으로 수수료나 리베이트(Back-end Rebate) 형태로 제공될 수도 있다. 일정 판매량 이상에서 가격을 할인해 주는 것이나 동일한 도매가격에서 리베이트를 사후적으로 제공하나 결과는 동일한 것이다. 그러나 도매가격 할인의 경우 유통업체들이 할인을 목적으로 대량으로 구매한 이후 판매하지 못하고 반품하는 상황이 발생하기도 한다. 이를 고려하면 할인에 비해 리베이트는 실제 성과에 기초한 것으로 더 효율적일 수 있다.

한편 수량할인을 모든 유통업체에게 동일하게 적용하는 대신 유통업체별로 전기 대비 판매량 증가에 대해서 할인을 적용함으로써 판매촉진 유인을 강화하고 할인에 의한 매출감소(비용 증가)를 줄일 수도 있다.

6.2 판매촉진 지원금

앞서 풀 마케팅과 푸시 마케팅의 개념에서 언급하였듯이 제조업체와 유통업체 간 유통기능의 배분 정도는 상이할 수 있다. 역시 동일한 제품을 취급하는 업체들 간에도 유통기능의 수행 수준이 다를 수 있다. 예를 들어 백화점에 입점한다는 자체가 제품의 브랜드 인지도나 품질에 대한 인식을 크게 달리할 수 있다. 백화점에서 적자를 보더라도 이를 통해 얻어지는 프로모션 효과를 다른 유통망에서 향유할 수 있게 된다. 한편 모든 유통망에서가 아니라 유동인구가 많은 특정 유통망들과의 협력을 통해 일시적 · 부분적 프로모션이 수행되기도 한다.

결과적으로 유통업체별로 전략적인 중요도나 유통기능 수준이 상이할 수 있다. 따라서

5) Weng(1995)의 pp. 1516~1519 참조. 이 책의 제12장 6절에서도 그 이유가 설명되었다.

이를 반영하여 도매가격을 달리 적용하거나 수수료 또는 지원금을 유통업체별로 차별할 필요가 있다. 이는 유통업체들 간 발생하는 외부성을 내재화 한다는 의미가 있다. 만약 특정 유통업체가 프로모션을 실시할 경우 해당 업체는 비용을 보전하기 위해 높은 가격을 책정해야 한다면 소비자들은 그 업체로 인해 구매의도가 증가하지만 다른 유통업체를 통해 그 제품을 구매하는 상황이 발생할 수 있으며, 이는 전형적인 외부성의 사례가 된다. 따라서 제조업체는 유통업체별 유통기능의 수행 수준이나 전략적 중요성을 고려한 차별적 지원을 수행해야 한다.

6.3 기타의 도매가격 할인

다른 차원의 도매가격 할인으로 현금할인과 계절할인을 들 수 있다. 통상 기업 간 거래에서 어음지급과 같은 외상거래가 자주 발생한다. 이렇게 외상거래를 통해 대금의 지급을 지연하는 경우 제조업체 입장에서는 물건의 인도와 함께 바로 현금을 지급받는 경우 대비 추가 비용이 발생한다. 이러한 비용에는 어음을 관리하고 회수하기 위한 비용과 같이 실제로 발생하는 명시적 비용과 기회비용(암묵적 비용)이 포함된다. 기회비용이란 현금으로 받았다면 이를 다른 목적으로 활용하거나 예금을 통해 이자수익을 얻는 것과 같은 기회가 상실됨에 따른 손실을 의미한다. 따라서 이러한 비용의 반영 차원에서 또는 현금거래를 장려하기 위해 현금거래에 대한 할인이 적용되는 것이 일반적이다.

한편 거래시점에 따라 도매가격을 달리하는 경우도 있다. 이는 소매거래에서 제품의 가치에 대한 인식이 시간의 경과에 따라 감소하는 경우가 많음을 반영하는 것으로 이해할 수 있다. 핸드폰이나 의류와 같이 신상품에 대한 선호가 높은 경우 가격이 시간의 경과에 따라 점차 하락한다. 이는 소비자들이 인지하는 가치의 감소를 반영하는 것일 수도 있으며, 제8장에서 언급한 스키밍 전략으로도 이해할 수 있다. 어떤 논리이건 제품의 출시 이후 소비자 가격이 점차 낮아지는 경우를 쉽게 관찰할 수 있다. 만약 소매가격이 점차 하락한다면 감소하는 마진을 보전하기 위해 도매가격도 점차 하락하는 것이 자연스럽다.

그러나 소매가격을 유지시키면서 도매가격을 하락시키는 경우도 있다. 여러분이 주목해야 할 점은 소매가격의 인하와 소매점에 제공하는 마진 증가를 통한 판매촉진활동의 강화가 상호 대체적인 관계에 있다는 점이다. 특히 소매가격의 인하는 해당 제조사 제품의 준거가격을 하락시키는 경향이 있어 장기적인 수익에 부정적인 효과를 초래할 수 있다. 만약 도매가격만을 하락시켜 소매점의 판매촉진을 강화하는 것이 소매가격을 인하하는 것과 동일한 판매량을 달성할 수 있다면 기업 입장에서 더 선호되는 측면이 있는 것이다. 제품의 가치가 시간의 경과에 따라 감소한다면 소매가격의 하락과 도매가격의 하락의 적절한 조합을 가져갈 필요가 있다.

시점에 따른 가격할인의 또 다른 유형으로 계절할인을 생각할 수 있다. 에어컨이나 난방기와 같이 제품판매에 계절성이 작용하는 경우 수요와 공급의 시간적 불일치가 커지므로 이를 완화하기 위해 비수기에 낮은 소매가격을 적용하는 것이 가능하다. 그런데 이 경우에도 소매가격을 인하하는 방식과 도매가격만을 하락시켜 소매점의 판매촉진을 강화하는 방식이 대체적인 관계를 가진다. 역시 소매가격 인하와 도매가격 인하의 적절한 조합이 고려되어야만 한다.

6.4 불확실성을 고려한 거래 조건

기업 간 거래는 대체로 거래량이 많고 장기간 유지된다. 기업 간 거래를 위해서는 SCM(Supply Chain Management System)이나 상대방의 요구에 맞춘 새로운 제품 개발과 같은 초기 투자가 발생할 수 있다. 그러나 제조업체는 소매업체에게 이러한 초기투자 비용을 기본료(Lump-sum Fee)의 형태로 부과하지 못한다. 대신 일정 기간 동안 구매할 물량과 가격을 계약을 통해 미리 확정함으로써 초기투자를 분산시켜 회수하는 방식을 사용한다. 그러나 이러한 장기계약은 소매업체에게 불확실성을 유발하기도 한다. 미래에 어느 가격수준에서 어느 정도 수요가 발생할지에 대해 확신할 수 없으므로 가격과 구매량을 미리 확정한다면 판매치 못하는 물량을 소매점이 떠안게 되거나 물량이 부족하여 판매를 못하는 상황이 발생하는 것이다. 반대로 물량과 가격을 확정짓지 않는다면 제조업체가 상당한 불확실성을 감수해야 한다.

따라서 소매업체와의 거래에서는 누가 얼마만큼의 불확실성을 수용하는지의 문제가 중요한 이슈가 된다. 이와 관련하여 마진 보장, 입점비, 매입기간, 독점권과 같은 이슈들이 도매가격 결정과 연계된다.

① 마진 보장 : 상품이 계획된 만큼 판매되지 않는 경우 소매점은 가격할인을 실행하게 되며, 이 경우 계획된 이윤 수준을 달성할 수 없게 된다. 따라서 계약조건에 판매목표 달성을 위한 할인이 발생할 경우 제조업체가 수익 감소분의 일부를 보상토록 하는 조건이 포함될 수 있다. 그러나 마진 보장이 지나칠 경우 소매점은 판매가 예상보다 작아도 큰 손실을 보지 않기 때문에 판매 노력을 기울이지 않을 수 있다. 이를 고려하여 광고 등 구체적인 판매촉진활동 계획을 포함하여 마진 보장 조건이 협상될 수 있다.

② 입점비 : 소매점은 통상 도매가격과 소매가격의 차이에 해당하는 마진을 수취함으로서 이윤을 창출한다. 그러나 판매는 미래에 발생하기 때문에 그 수준을 예측하기 어렵다. 특히 신상품이나 브랜드가 널리 알려지지 않은 제품의 경우 이러한 불확실성이 더 크다. 이러한 불확실성을 감소시키기 위해 소매점은 고정적인 입점비를 요구할 수 있다. 이는 제조업체가 소매업체에게 제시하는 이부제요금의 반대 현상으로 이해할 수도 있다. 고정적인 입점비를 받는 것과 개당 가격을 낮추는 것은 같은 결과를 낳을 수 있지만 제조업체와 소매업체가 감수하는 위험의 수준은 달라진다.

③ 매입 기간 : 계약의 적용 기간 또한 양 측의 위험 수준에 영향을 미친다. 일반적으로 제조업체가 안정적인 판매처 확보를 위해 장기간 계약을 선호할 수 있다. 그러나 소매업체의 입장에서도 안정적인 제품 확보는 위험을 감소시키는 것으로 볼 수 있다.

④ 독점권 : 소매업체는 독점 판매권을 확보함으로써 소매업체 간 경쟁에서 자유로워질 수 있다. 또한 매력적인 제품에 대한 독점 판매권은 소비자들의 충성도를 확보하고 소매점을 차별화 하는 중요한 수단이 된다. 반면 제조업체는 판로를 제한받게 되지만 대신 도매가격을 인상시킬 수 있다. 또한 독점권을 부여함으로써 소매점이 해당 제품을 적극 판촉하도록 유인을 제공할 수 있다.

위의 설명들은 위험이라는 관점에서 도매 계약의 부가적인 조건들을 검토한 것이다. 한가지 유의할 점은 통상 위험의 제거가 수익률의 감소를 초래한다는 점이다. 제조업체가 장기 계약을 요구할 경우 소매업체는 더 낮은 도매가격을 요구하기 쉽다. 또한 예상보다 수요가 많을 경우 가격을 인상시킬 기회를 상실할 수도 있다. 위험의 제거와 수익률에 대한 선택이 필요하다. 한편 위에서 설명된 다양한 조건들은 위험의 분담 수준 뿐 아니라 판매 유인 또는 상호 협력의 증진 등 다양한 부대효과를 창출할 수 있다. 따라서 상호이익의 증대를 추구하는 것이 필요하다.

07 :: 소매점 가격 전략

통상 소비자들의 의사결정을 제품의 선택으로 인식하는 경우가 많다. 그러나 계란이나 두부 같은 일상용품의 구매에서는 소매점의 선택이라고 보는 것이 더 타당하다. 소매점들은 점차 대형화 되고 있으며, 소비자들은 한번 점포를 방문할 때 필요한 모든 제품을 일괄 구매(One-stop Shopping)하는 것이 일반적이다. 더 싼, 더 선호하는 제품을 구매하기 위해 제품별로 다른 점포를 방문하여 구매하는 것은 소비자들의 거래비용을 증가시켜 전체적인 편익을 감소시키는 것이다.

그렇다면 소비자들이 점포를 선택하는 기준은 무엇일까? 일반적으로 1) 점포가 취급하는 제품의 종류, 제품 내 브랜드 및 품목의 다양성, 2) 주차, 제품탐색의 편리성, 결제 수단, 운영 시간 등 서비스 품질, 3) 가격수준이 중요한 요인으로 생각된다. 이 때 제품의 다양성이나 서비스 수준이 증가하면 가격수준이 높아지는 상충관계가 있을 것으로 생각된다. 아무튼 가격수준은 소비자들의 점포 선택에 중요한 영향을 미친다.

한편 앞서 설명되었듯이 제조업자가 제품의 소매가격을 결정하기도 하지만 소매업자들이 소매가격에 상당한 재량권을 행사하는 경우가 많다. 이 경우 제조업체는 단지 도매가격을 통해 간접적으로 소매가격에 영향을 미치게 된다. 소매점의 가격결정은 두 가지 측면에서 제조업체들의 가격결정과 근본적인 차이를 가지고 있다.

① 소매업체들은 다수의 제품을 판매하며, 개별 제품의 이윤극대화가 아닌 전체 제품군의 이윤극대화를 추구한다. 예를 들어 특정 제품에 매우 낮은 가격을 제시해 손실이 발생하더라도 이를 통해 많은 고객들을 유인하고 다른 제품의 판매를 증가시킬 수 있

다면 전체적으로 긍정적인 효과를 얻을 수 있다.

② 소매점들은 최종 소비자들과 직접 접촉하며, 시장의 수요 변화에 더 민첩하게 반응해야 한다. 일반적으로 도매거래는 대량의 상품을 거래하며, 장기간 거래관계를 유지하는 경향이 있다. 이러한 장기계약은 거래 당사자들의 위험수준을 감소시키고 전략적 협력을 가능케 한다. 그러나 소매점이 한번 정해진 가격을 지속시키는 것은 현실적으로 어려운 일이다. 시장환경에 빠르게 대처함으로써 수익을 증대시킬 수 있다.

첫 번째 문제와 주로 관련된 것이 EDLP와 HiLo전략의 선택, 손실유도품 전략이다. 다음으로 단수가격과 감산치의 적용 이슈는 두 번째 문제와 관련이 있다. 각각을 살펴보도록 하자.

7.1 EDLP와 HiLo

평균적인 가격수준이 유사하더라도 소매업체가 선택하는 가격전략은 상이할 수 있다. 소매점들의 기본적인 가격전략으로 HiLo(High-low)와 EDLP(Every Day Low Price)전략을 들 수 있다. HiLo전략은 정상가격을 높게 책정하는 반면 수시로 특정 품목들에 대해 상당한 할인가격을 제공하는 방식을 의미한다. 반면 EDLP전략은 경쟁자의 정상적인 비할인가격과 할인가격의 중간선에서 변화하지 않고 가격을 유지하는 전략을 의미한다. 그러므로 EDLP 가격이 반드시 최저 가격을 의미하는 것은 아니다.

한편 많은 소매점들이 전형적인 HiLo 또는 EDLP전략으로 분류되지 못한다. 예를 들어 한국의 보편적인 할인점들은 EDLP전략을 쓰는 것으로 알려져 있지만 매 시점마다 특정 상품군들을 선별하여 매우 높은 할인을 제공하고 있으며, 이를 전단지 등을 통해 적극적으로 홍보하고 있다. 두 전략의 중간적 행태를 보이는 것이다. 따라서 석관호 등(2012)에서는 할인의 빈도와 폭에 따라 소매점들의 가격전략을 분류하고 있으며, HiLo전략은 할인의 빈도가 매우 낮은 반면 할인의 폭이 상당히 큰 경우를, EDLP전략은 할인의 빈도가 매우 높으나 할인의 폭이 상당히 낮은 경우를 의미한다고 설명하였다. 즉, 현실에서 두 가지 상이한 전략에 대한 다양한 조합이 가능하다는 것이다.

표 13-2 HiLo 및 EDLP전략과 기타 요인과의 관련성

		HiLo전략	EDLP전략
업 태		슈퍼마켓 (식음료, 생활용품 중심)	슈퍼센터/할인점 (가전, 공구, 식음료, 생활용품, 등 더 많은 구색)
서비스 수준		高	低
고객특성	소득 수준	高	低
	주변 인구밀도	高	低
경쟁 수준		低	高

한 가지 유의할 점은 소매점의 전체적인 가격수준(평균가격)은 EDLP전략에서 HiLo전략 대비 낮게 나타나는 것이 보편적이라는 점이다. 이러한 소매점의 가격전략은 소매점의 기타 마케팅믹스 및 입지와 연관되어 결정될 것이라고 보는 것이 타당하다. Gauri et al.(2008)에서는 두 가지 가격전략이 기타 요인들과 어떻게 연관되는지 검토한 바 있는데 〈표 13-2〉는 이를 요약해 보여주고 있다.

대체로 HiLo전략은 식음료와 생활용품을 중심으로 상대적으로 서비스 수준이 높은 슈퍼마켓에서 주로 사용되며, 가격에 덜 민감한 높은 소득수준의 고객들을 유치한다. 또한 인구밀집 지역에서 소비자와 근접해 위치하며, 주변에 많은 경쟁업체들이 존재하지 않는 경우에 사용되고 있다. EDLP전략은 더 다양한 구색을 갖추고 있는 슈퍼센터에서 사용되며, 기타의 특성은 HiLo전략과 상반되는 것으로 볼 수 있다. 위 결과는 점포의 규모가 상대적으로 큰 미국에서 연구된 것이며, 한국에 그대로 적용될 수 있는지 생각해 볼 필요가 있다. 그러나 대체로 EDLP전략에서 평균적인 가격이 낮음을 고려하면 표준화와 대량판매를 통해 가격우위를 지향하는 슈퍼센터 또는 할인점들이 EDLP전략을 주로 사용하며, 기타 요인들은 이러한 특성과 관련된다고 생각된다.

일반적으로 HiLo전략의 장점은 다음과 같이 정리될 수 있다.[6)]

① 가격차별을 통한 수익 증대 : HiLo전략 하에서 일부 소비자들은 많은 할인을 제공하

6) Levy and Weitz(2011) 소매경영, 오세조, 박진용, 송영욱, 노원희 역, 한올출판사. P460~461을 참조하여 재구성.

는 몇몇 제품들을 구매하기 위해 해당 점포를 방문한다. 반면 일부 소비자들은 단지 가까운 위치와 높은 서비스를 기대하여 HiLo점포를 선택한다. 결국 가격에 민감하면서 할인을 기대하는 소비자들에게는 낮은 가격을, 가격민감성이 낮고 지불의사가격이 높은 소비자들에게는 더 높은 가격을 적용시킴으로써 수입을 극대화 할 수 있다.

② 재미와 흥분의 제공 : 시기별로 일부 품목들에 대해 많은 할인을 제공하기 때문에 소비자들은 보물찾기를 하는 마음으로 점포를 방문하게 된다. 오늘은 어떤 제품에서 할인을 할지 기대를 하게 되는 것이다. 할인은 군중을 모으고, 모여든 군중은 흥분을 자아낸다. 이와 더불어 상품 시연, 경품 제공 등의 이벤트를 결합함으로써 효과를 극대화 할 수 있다.

다음으로 EDLP전략의 장점은 다음의 두 가지를 들 수 있다.

① 고객에게 낮은 가격에 대한 확신 부여 : HiLo전략에서 일부 소비자들은 할인을 하지 않으면 제품을 구매하지 않는 경향을 보인다. 반면 EDLP전략은 가격이 낮다 또는 가격이 공정하다는 인식을 심어줄 수 있다. 결과적으로 성공적인 EDLP전략은 지나친 할인 또는 판매촉진 압력에서 벗어날 수 있게 하며, 소비자들이 더 자주 지속적으로 소비할 수 있다.

② 광고와 운영비의 감소 : 가격을 일정 수준으로 유지하여 할인과 판매촉진의 필요를 제거할 경우 광고와 판매촉진 비용을 감소시킬 수 있다. 또한 빈번한 할인에 의한 수요변화가 발생하지 않아 재고관리의 효율화와 재고회전율의 증가를 통해 운영비를 감소시킬 수 있다.

전반적으로 운영비 관점에서 EDLP전략이 우월하다고 할 수 있다. 반면 HiLo전략은 평균적인 가격을 높게 유지하면서도 소비자들을 유인할 수 있는 방식이다. 한편 어떤 기업들은 HiLo전략과 EDLP전략을 혼합한 전략을 사용하기도 한다. 주력 제품에 대해서는 EDLP의 전략을 사용하고 기타 제품에 대해서는 HiLo전략을 사용하는 방식이 가능하다.

중요한 점은 표적시장의 소비자들이 자사를 선택할 수 있도록 가격전략을 선택해야 한다는 것이다. 이 때 가격수준과 제품 구색, 서비스 간의 상충관계를 고려해야 한다. 또한 평균적인 가격이 낮지 않아도 인지되는 가격이 낮을 수 있다는 점이 고려되어야 한다. 소비자들은 다양한 구색을 갖추고 있는 소매점들의 평균적인 가격수준을 알기 어렵다. 실질적인 가격수준보다 소비자들이 인지하는 가격수준을 낮추는 방법론에 관심을 가질 필요가 있다. 표적시장 소비자들이 주로 찾는 주력 제품만을 싸게 판다던지 다음에 설명될 손실 유도품 전략과 같은 방식이 인지되는 가격을 낮추는 전략으로 고려될 수 있다.

7.2 손실유도품

손실유도품 가격전략은 손님을 유인하기 위해 정상보다 낮은 가격으로 제품을 제공하는 것을 말하며, 미끼상품(Loss Leader)이라고 불리기도 한다. HiLo전략에서 제공하는 일부 품목에 대한 깊은 할인도 동일한 기능을 수행하지만 손실유도품(Loss Leader)은 항시적으로 낮은 가격을 유지한다는 점에서 다르다.

소비자들이 소매점들의 가격수준을 정확히 인지하는 것은 어려운 일이다. 따라서 몇몇 가격을 잘 알고 있는 제품들의 가격을 비교함으로써 전반적인 가격수준을 비교할 가능성이 높다. 따라서 소비자들이 일상적으로 구매하는 라면, 계란, 우유와 같은 제품들을 상시적으로 낮은 가격으로 판매함으로써 점포의 가격수준이 낮다는 단서를 제공할 수 있다. 약국이라면 박카스 같은 제품이 사용될 수 있다.

또한 손실유도품은 가격단서 이외에도 그 자체로 소비자들을 유인하는 역할을 수행할 수 있다. 손실유도품을 구매하기 위해 점포를 방문하는 소비자들도 있는 것이다. 손실유도품은 때로 원가보다 낮은 가격에 판매되기도 하는데 여기서 발생하는 손실은 이를 통해 유인된 소비자들이 다른 제품들도 같이 구매함으로써 회수될 수 있다.

7.3 단수가격

단수가격(Odd Pricing)이란 가격의 끝자리가 홀수, 통상 9로 끝나는 가격을 의미한다. 단수가격은 초기에 종업원들의 절도에 의해 발생하는 문제를 완화하기 위해 도입되었다고 한다. 단수가격이 적용되면 종업원들은 거스름돈을 주기 위해 금전 등록기에 매출을 기록해야하기 때문이다.

그런데 이후 단수가격이 사용될 경우 소비자들이 제품의 가격을 낮게 인지한다는 점을 알게 되었다. 이러한 현상에 대한 한 설명은 소비자들이 가격의 마지막 숫자를 알지 못한다는 가설이다. 예를 들어 19,000원은 1만 원 대의 가격으로 21,000원은 2만 원 대로 인지한다는 것이다. 그런데 한 연구에 따르면 드레스의 가격을 $34에서 $39로 인상시켰을 때 수요가 1/3 증가했다고 한다. 이에 반해 가격을 $34에서 $44로 인상했을 때에는 수요에 별반 차이가 나타나지 않았다고 한다. 이 현상은 소비자들이 가격에 대한 정보를 정확히 파악하지 못하고 가격의 변화에 적절히 대응하지 못함을 의미한다. 또한 소비자들이 홀수로 끝나는 가격을 그 자체로 낮은 가격에 대한 단서로 인지함을 의미한다. 이는 마치 가격에 변화를 주지 않은 상태로 세일 표지판을 걸어두는 것과 같은 효과라고 볼 수 있다.

따라서 많은 소매점들이 단수가격을 일상적으로 사용하고 있다. 그러나 단수가격을 아무런 상품이나 남발하는 것은 좋지 못하다는 견해가 있다. 이와 관련하여 가격의 마지막 숫자를 정하기 위해 다음의 가이드라인을 제시하고 있다.[7]

① 가격 민감성이 높은 상품, 점포에서는 가격 끝자리 수가 9로 끝날 수 있도록 가격을 올리거나 낮추는 것이 유리할 수 있다.

② 가격 민감성이 높지 않은 시장일 때는 단수가격이 소매업체의 이미지를 실추시킬 위험성이 수익보다 클 수 있다. 이 경우 짝수의 가격과 올림 수를 사용하는 것이 더 적절하다.

③ 많은 고가 제품을 취급하는 소매업체들은 주기적인 할인을 통해 가격이 민감한 소비자들에게도 판매를 시도한다. 그렇다면 정상가격에서는 끝자리를 짝수의 가격으로, 할인을 할 경우에는 단수가격을 사용하는 혼합된 방식을 사용하는 것이 적절하다.

7) Levy and Weitz(2011) 소매경영, 오세조, 박진용, 송영욱, 노원희 역, 한올출판사. P466 참조.

7.4 시간에 따른 가격 인하의 적용

통상 의류나 전자제품의 경우 신상품이 초기에 비싼 가격으로 판매되다가 이후 점차로 가격이 하락되는 경우가 많다. 이는 제8장, 9장에서 다루었던 동태적 가격관리와 관련된 것이기도 하지만 단지 소비자들이 인지하는 가치가 시간에 따라 감소하기 때문이기도 하다. 신제품은 최신의 기술이나 트랜드를 반영하기 때문에 이에 민감한 소비자들은 최신 제품에 더 높은 가치를 부여한다. 그러나 이러한 최신성은 시간의 경과에 따라 감소하며, 다른 신제품들의 출현에 의해 그 가치가 더욱 하락하게 된다. 또한 의류와 같은 경우 판매의 막바지에는 사이즈나 색상 등 일부 구색에서 재고가 떨어져 판매의 효율성이 감소하기도 한다. 이 경우 남은 재고를 할인을 통해 빨리 처분하고 신상품을 도입하는 것이 필요해진다. 이와 같은 이유로 시간에 따른 점진적인 가격의 인하가 발생하게 된다. 이러한 가격의 인하분을 감산치라고 부르기도 한다. 감산치에는 판매의 촉진을 위한 일시적인 할인도 포함된다.

이러한 감산치로 인해 실제 평균적인 판매가격은 초기 가격 대비 낮아지게 된다. 통상 제조업체와 도매가격을 협상하거나 자금의 운영계획을 수립하기 위해서는 판매가격의 예측이 필요해진다. 그런데 예측 판매가격으로 초기 정상가격을 이용할 경우 실질적인 오류가 발생한다. 따라서 제조업체와의 계약기간 또는 자금운영 계획 기간 동안 발생하는 감산치를 예측하고 이를 통해 평균적인 판매가격을 별도로 예측할 필요가 있다. 이는 이윤과 매출의 증대를 위한 가격전략과는 별개의 문제이지만 구매의사결정과 운영의 효율성을 위해 중요하게 생각해야 할 문제이다.

핵심 주제 및 키워드

- 생산재(Production Goods)
- 소비재(Consumption Goods)
- 유발수요(Derived Demand)
- B2B(Business to Business)
- 채찍효과(Bullwhip Effect)
- 협상(Negotiation)
- 경쟁적 협력(Copetition)
- SCM(Supply Chain Management)
- 장소효용
- 시간효용
- 구색(Assortment)
- 총 거래 수 최소화의 원칙
- 집중 준비의 원리
- 이중마진의 문제(Double Marginalization Problem)
- 소매가격 유지
- 풀 전략(Pull Strategy)
- 푸시 전략(Push Strategy)
- 편의품(Convenience Good)
- 선매품(Shopping Good)
- 전문품(Specialty Good)
- 수량할인(Quantity Discount)
- HiLo(High-low)
- EDLP(Every Day Low Price)
- 손실유도품(Loss Leader)
- 단수가격(Odd Pricing)
- 감산치

생각해볼 문제

1) 기업 간 거래의 수요가 유발수요라는 특성이 제품의 탄력성과 수요의 변동성에 미치는 영향을 설명하시오.

2) 기업 간 거래의 외부성 문제와 결합이익 극대화의 문제를 논하시오.

3) 기업 간 거래에서 협상력에 영향을 미치는 요인들에는 어떤 것들이 있는가?

4) 유통이 제공하는 기능들을 설명하시오.

5) 유통업체들이 발생시키는 사회적 효율성을 설명하시오.

6) 제조업체와 유통업체 간 유통기능의 배분에 영향을 미치는 요인들을 정리하시오.

7) 이중마진의 문제와 제조업체들이 높은 소매가격을 유지하려는 유인을 비교 설명하시오.

8) 풀 전략과 푸시 전략이 사용되는 경우를 각각 설명하시오.

9) 도매가격을 할인하는 이유 및 구체적인 방식의 유형들을 설명하시오.

10) 도매 거래에서 발생하는 불확실성 수준을 통제하는 수단들을 정리하시오.

11) 제조업체와 소매업체의 소매가격 책정에서 나타나는 중요 차이점은 무엇인가?

12) HiLo와 EDLP전략이 주로 사용되는 상황을 각각 정리하고 장 · 단점을 설명하시오.

13) 소매업체의 가격전략에서 소비자들이 인지하는 가격수준을 낮추는 전략으로 실질적인 가격인하 이외의 방식들을 설명하시오.

14) 소매점에서 감산치를 적용하는 원인에는 어떤 것들이 있는가?

제14장 소비자 반응의 조사 및 가격규제

1. 소비자 반응의 조사유형과 특징
2. 설문을 통한 소비자 반응 조사기법
3. 가격 관련 규제

가격결정기법을 적용하기 위해서는 소비자들의 가격에 대한 반응을 파악하는 것이 필수적이다. 앞서 시장의 수요곡선을 알고 있는 상황을 가정하여 설명된 경우가 많은데 실제 수요곡선 또는 소비자들의 반응을 파악하는 것은 매우 어려운 일이다. 이번 장에서는 이를 파악하기 위한 기법들을 설명할 것이다.

또한 이전에 다루어진 가격차별이나 재판매가격 유지의 문제 등은 현상의 이론적 설명을 위한 것인데 이 중 일부는 공정거래법 상에서 위법으로 보고 있다. 따라서 실제 이론의 적용에서는 법적 규제 여부를 검토하는 것이 필요하다. 이번 장에서는 공정거래법이 규정하는 규제들을 정리할 것이다.

01 소비자 반응의 조사유형과 특징

1.1 설문조사

설문에 의한 조사방법은 피설문자들을 모집하여 이들에게 수용 가능한 가격의 범위, 인지하는 가치 수준, 제품의 속성(Attribute) 수준에 대한 선호 등의 내용을 직접 질문하여 소비자들의 반응을 조사하는 방식이다. 설문조사(Survey)는 비용과 시간이 상대적으로 적게 들고 다양한 조사가 가능하기 때문에 흔히 사용되는 방식이다.

그러나 설문조사는 소비자들의 실제 구매상황과는 매우 다르며, 잘못 이용할 경우 잘못된 정보를 제공할 수 있다. 예를 들어 어떤 제품에 특정 수준의 가격을 지불할 용의가 있는지 묻는다면 소비자들의 가격에 대한 관심이 증가된다. 평소에는 가격에 크게 차이가 없다면 선호하는 브랜드를 선택하던 소비자도 이런 방식으로 물으면 가격의 조그마한 변화에도 제품의 선택을 달리한다고 답할 수 있다. 대체로 설문을 이용한 방식은 다음과 같은 문제들을 포함한다.

① 피설문자들은 설문자(Interviewer)가 희망하는 대답을 예측하거나 사회적으로 바람직한 답을 고려하여 응답하기 쉽다. 예를 들어 여러 가격 중에 선택하라는 방식으로 가격에 대해 직접 물으면 피설문자들은 가장 합리적 · 이성적 답변을 찾으려 하고 가장 낮은 가격을 선택하는 경향이 생긴다. 결과적으로 가격민감도를 과대추정하기 쉽다.

② 소비자가 실제 고려하는 경쟁제품들이 나열되어 있는 경우와 그렇지 않은 경우 소비자들의 반응이 달라질 수 있다. 유사한 경쟁제품이 1,000원에 팔리고 있는데 이런 정보를 제시하지 않는다면 피설문자는 해당 제품을 1,200원에 구매할 수 있다고 답할 수 있다.

③ 제품의 구매에 관심이 없는 집단은 고민 없이 응답하기 쉬우며, 구매를 고려하는 집단의 응답과 크게 다를 수 있다. 특히 구매에 관심이 없는 사람들은 가격에 대한 민감도가 낮으므로 이들이 피설문자로 포함될 경우 가격탄력성을 과소추정하기 쉽다.

④ 설문의 구체적인 제시 방법에 따라 소비자들의 반응이 크게 달라질 수 있으며, 결과의 해석이 모호해질 수 있다. 예를 들어 어떤 식당의 가격에 대해 "이 식당의 가격이 적점합니까?"라고 질문했다고 생각해 보자. 어떤 사람들은 페스트푸드 가게를 떠올리면서 가격이 너무 높다고 생각하여 부적절하다고 응답할 수 있다. 반면 어떤 사람들은 고급식당을 떠올리며 가격이 낮다고 생각할 수 있다. 따라서 이 식당 가격의 적절성을 질문할 때 해당 식당의 특성을 정확히 묘사하여 전달해야 하며, 상이한 식당들의 특성과 가격을 같이 제시한 후 가격의 적절성을 질문할 때 더 정확한 응답을 기대할 수 있다. 별첨 14.1도 설문방식에 따라 피설문자들의 반응이 크게 달라질 수 있음을 보여주고 있다.

이상의 설명은 몇 가지 예시적인 문제점을 제시한 것일 뿐이다. 설문은 실제 구매상황과 상이하며, 실제 반응을 추론하기 위해서 신중을 기할 필요가 있다. 또한 설문이 가지는 한계를 이해하고 설문결과를 해석할 때 유의해야만 한다. 설문을 이용한 구체적인 조사방법들은 2절에서 제시될 것이다.

별첨14.1 설문의 방식에 따른 가격 반응의 차이[1)]

피설문자들은 자신들이 가격에 대한 반응에 대해 답변하고 있다는 것을 알게 되면 이론적으로 타당한 답변을 추구하게 되며, 실제 행동과는 다른 응답을 하기 쉽다. [그림 14-1]에는 가격에 따른 이용률을 상이한 방식으로 조사한 결과를 보여주고 있다. 점선으로 표시된 선은 개별 소비자에게 다수의 가격을 제시하고 그에 따른 이용률을 질문한 결과이다. 한 가지 흥미로운 점은 높은 가격부터 낮은 가격 순으로 질문한 결과인 굵은 점선과 낮은 가격부터 높은 가격 순으로 질문한 결과인 얇은 점선이 매우 다른 결과를 보였다는 것이다. 실제 제시된 가격의 범위는 동일하였는데도 초기에 높은 가격을 제시한 쪽의 이용률이 훨씬 높게 나타나고 있다. 두 곡선을 비교해 보면 초기의 높은 가격(굵은 점선의 오른쪽 끝)과 초기의 낮은 가격(얇은 점선의 왼쪽 끝)의 결과가 대략 유사하지만 이후는 가격의 제시 방향이 달라져 각기 이용률의 변화 방향도 다르게 나타난 결과이다.

한편 실선은 개별 피설문자들에게 하나의 가격만을 제시하여 조사된 이용률을 보여주고 있다. 점선들은 일반적인 수요곡선의 논리에 따라 가격이 높을 때 이용률이 작게 나타나지만, 단일 가격이 제시된 경우는 일정 가격수준 이후에서나 가격의 증가가 이용률을 감소시킨다. 소비자들은 가격이 일정 수준 이하일 경우 품질을 의심할 수 있음을 언급한 바 있다. 또한 소비자들은 특정 제품군에 대해 적정 수용가격대를 가지고 있는 경우가 많다.

이 결과를 살피면 사람들은 이론적으로 타당하다고 생각되는 방식으로 응답하기 쉬우며(점선), 이는 가격수준과 이용량의 관계를 고려할 수 없는 경우(실선)의 결과와 상당히 다를 수 있음을 알 수 있다.

그림14.1 설문 방식에 따른 가격 반응의 차이

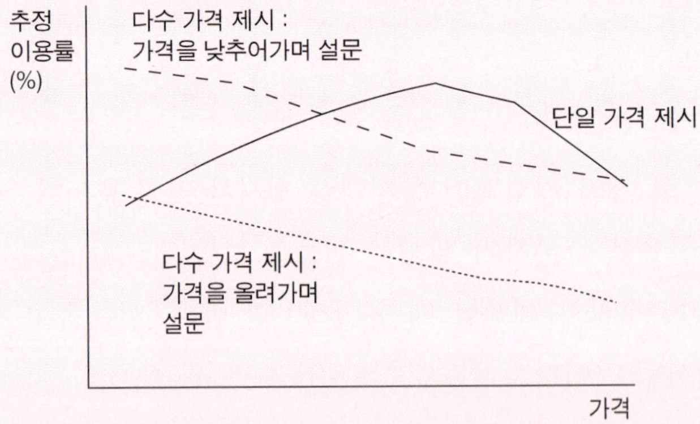

1) Monroe(2002) p.223 참조.

1.2 관찰(Observational Research), 실험(Experiment)

실제 상황(일부 지역을 선정)에서 가격을 변화시켜 보고 그에 따른 반응을 측정할 수 있다. 예를 들어 특정 지역의 일부 점포와 계약을 맺고 신제품을 진열해 줄 것을 요청한다. 이 때 어떤 경쟁사 제품들과 어떤 진열대 위치에 배치될 지를 실험의 구체적인 목적에 따라 실험자가 지정할 수 있다. 이후 실제 소비자들이 점포에 입장하여 신제품에 관심을 가지는지, 경쟁사 제품과 신제품의 구매 빈도가 어떻게 나타나는지 등을 관찰 · 기록할 수 있다. 보조적인 도구로서 해당 점포에 비디오 카메라를 장치해 소비자들의 행동을 녹화하여 관찰하는 등의 수단을 병행할 수 있다.

이러한 현장 실험은 실제 구매환경과 가장 유사한 형태로 소비자들의 반응을 추정할 수 있다는 점에서 설문을 이용한 방식과 구별된다. 소비자들은 이러한 구매환경이 실험이라고 인식하지 않으므로 실제 구매행동과 가장 유사한 반응을 보여줄 것이다. 현장 실험에서는 다양한 조작이 가능하다. 가격, 진열대의 위치, 점포 내 광고 등을 변경해 가면서 그 영향을 관찰할 수 있을 것이다.

문제는 이러한 실험은 비용과 시간이 매우 많이 소요된다는 점이다. 또 다른 중요한 문제는 실험의 결과가 날씨나 경쟁자의 가격 변화, 경쟁자의 광고량 등 실험에서 통제하지 못한 변수들(외생변수)에 영향을 받는다는 점이다. 유사하다고 생각되는 A지역과 B지역에서 통조림 요리에 각각 다른 가격을 적용해 반응의 차이를 실험하려 했는데 유독 A지역이 날씨가 더워져 사람들이 주로 외식을 하는 상황이 발생했다면 가격의 차이에 의한 영향과 날씨의 영향을 어떻게 구분할 수 있겠는가? 또한 기업이 특정 세분시장에 관심을 갖고 있을 경우 점포에 방문하는 소비자들을 선별할 수 없다는 점도 문제가 될 수 있다.

이러한 문제점 때문에 실험실 환경을 이용할 수 있다. 이 실험에서는 피실험자들을 선발한 후 쇼핑에 필요한 현금을 지급한다. 피실험자들은 점포에 입장하여 제품을 구매하거나 현금을 이용하지 않고 퇴장하는 등 최대한 자유롭게 평소의 구매상황과 동일한 행동을 할 수 있도록 배려한다. 이후 퇴장하는 피실험자들에게 선택의 이유나 신제품에 대한 느낌, 적정 가격수준 등에 대해 인터뷰 또는 설문조사가 병행될 수 있다. 이런 방식을 통해 기업이 관심을 가지고 있는 변수(가격, 진열대 위치, 광고 내용 등) 외의 변수들(외생변수 : 입장하는 소비자들의 유형, 경쟁사의 일시적 프로모션 등)을 통제할 수 있다. 실험환경은 점포를 임대하거나 새로 구축하는 방식 등으로 설계될 수 있다.

1.3 통계적 모형

회귀분석(Regression) 등 계량경제(Econometrics) 모형을 이용할 수 있다. 이 경우 과거의 실제 가격과 구매량 및 기타 변수(소득, 인구밀도, 점포의 위치 등)들을 활용하여 각 변수들 간 관계를 함수의 형태로 파악한다. 실제 자료를 활용하며, 다양한 변수들의 관계를 살필 수 있다는 점이 장점으로 꼽힌다.

그러나 가용한 자료의 한계로 인해 이 방식이 이용될 수 있는 경우가 제한적이다. 또한 변수들 간 관계가 매우 안정적인 즉, 시간에 따라 변하지 않아야만 과거 자료를 사용한 통계적 분석이 의미 있다. 과거 자료를 이용해 파악된 관계가 현재나 미래에도 적용된다고 보장할 수 없는 것이다. 따라서 설문이나 실험을 통해 획득된 자료를 이용해 통계적 분석을 진행해야 할 경우가 많다. 사실 설문, 실험은 자료를 획득하는 방식들로 보아야 하며, 획득된 자료를 통해 의미 있는 시사점을 도출하기 위해서는 다양한 통계적 분석이 병행된다.

1.4 2차 자료의 활용

위에서 설명된 방식들은 대체로 필요한 자료를 직접 조사 · 획득하는 방법에 해당한다. 이렇게 의사결정을 위해 직접 획득한 자료를 1차자료(Primary Data)로 분류한다. 이에 반해 다른 목적으로 이미 작성된 자료들을 2차자료(Secondary Data)라고 한다. 저자가 강조하고 싶은 것은 자료의 획득에서 2차자료는 매우 중요한 의미를 갖는다는 점이다.

예를 들어 신규 출시될 자동차의 미래 수요량을 추정하고 싶을 때 유사한 사양의 자동차의 과거 판매실적 추이를 파악할 수 있다면 이를 근거로 신규 출시될 자동차의 판매량을 유추하는 것이 가능할 것이다. 이러한 2차자료의 활용은 비용이 적게 들고 빠르게 적용할 수 있다는 점이 중요한 장점이다.

또한 설문이나 관찰을 통해 자료를 획득하고자 할 경우에도 기존에 존재하는 다양한 2차 자료를 수집 · 분석함으로써 문제를 정확히 이해하고 조사의 목적을 정교하게 정의하는 것이 필수적이다. 이를 통해 꼭 필요한 자료만을 1차자료로 수집해야만 주어진 시간과 자원을 통해 최대한 정확한 정보를 추출할 수 있다.

02 설문을 통한 소비자 반응 조사기법

2.1 전문가 설문법[2)]

소비자들의 가격반응을 추정하기 위해 전문가들의 의견을 수렴하는 방식이 이용될 수 있다. 이 방식은 비용이 적게 들고 이용이 용이하다는 장점이 있다. 전문가 설문법을 이래의 예를 통해 살펴보자.

한 회사가 신규 약품을 도입하고자 한다. 이 회사는 의약품 관련 마케팅 전문가들에게 향후 1년간 경쟁제품이 출현하지 않을 경우 수요량을 아래와 같이 질문하였다.

① 현실적으로 판매가 가능한 이 제품의 최고가격과 그 가격에서 예상되는 첫 해의 판매량은 얼마인가?

② 현실적으로 가능한 이 제품의 최저가격과 그 가격에서 예상되는 첫 해의 판매량은 얼마인가?

③ 가격이 최고가격과 최저가격의 중간일 때 예상되는 첫 해의 판매량은 얼마인가?

한 전문가가 위에 제시된 설문에 답했을 경우 가격과 판매량의 평면 위에 세 개의 점을 지정할 수 있으며, 세 점을 연결하는 곡선을 구하여 하나의 수요곡선을 추정할 수 있다. 한 명의 전문가에게 의지하는 것은 부적절하므로 다수의 전문가들에게 동일한 방식을 적용하

2) 유필화(2010)의 P42~47을 참조하여 정리.

여 다수의 수요곡선을 그릴 수 있다. 이제 도출된 수요곡선들을 이용해 각 가격수준에서 평균 수요량을 구하면 이를 통해 다수의 전문가들의 의견을 하나의 수요곡선으로 정리할 수 있다.

경우에 따라서는 특정 브랜드의 경쟁제품이 진입할 경우 예상 가격과 판매량 등을 추가적으로 질문함으로서 시나리오에 따른 수요곡선을 도출할 수도 있다. 이러한 전문가 설문법은 관련 종사자들의 과거 경험과 전문성에 근거한 것으로 설문에 응하는 전문가들의 제품과 시장에 대한 이해 정도에 따라 추정치의 신뢰성이 크게 영향받음을 고려해야 한다.

2.2 직접 질문법[3)]

제6장에서는 어떤 제품군에 대해 소비자들이 수용가능 가격대(Acceptable Price Range)의 개념을 활용할 수 있다고 설명한 바 있다. 제품가격이 지나치게 싸면 제품에 하자가 있는 것으로 판단하고 구매를 거부하게 되는데 이 때 경계가 되는 가격수준을 최저수용가격이라고 정의한 바 있다. 또한 소비자들은 최대 지불의사가격을 마음속에 가지고 있다. 물론 제품의 사양에 따라 지불의사가격이 달라지겠지만 보통의 소비자들이 어떤 제품군에서 선택할 때 자신이 구매할 제품가격의 상한을 염두에 둘 것이라고 보는 것이 타당하다. 이러한 수용가능 가격대의 개념을 통해 적정 가격수준을 파악하는 방법 중 하나가 직접질문법(Direct Question Approach)이다.

이를 위해 피설문자들에게 다음의 두 가지 질문을 제시할 수 있다.

① 제품 A에 대해 지불 의향이 있는 최저가격은 얼마인가?(어떤 가격수준 이하일 때 제품의 품질을 불신하게 되는가?)

② 제품 A에 대해 지불 의향이 있는 최고가격은 얼마인가?(어떤 가격수준에서 더 이상 지불하는 것이 가치가 없다고 생각하는가?)

3) Monroe(2002) P227~232 참조.

표 14-1 직접 질문법에 의한 가격 분석

가격	최소가격		최고가격		수용가능확률 $B(P)=1-L(P)-H(P)$
	빈도	수용불가 누적확률 $L(P)$	빈도	수용불가 누적확률 $H(P)$	
4,000원	25%	100%	0%	0%	0%
6,000원	25%	75%	0%	0%	25%
8,000원	30%	**50%**	0%	0%	50%
10,000원	15%	20%	0%	0%	80%
12,000원	5%	5%	5%	5%	**90%**
14,000원	0%	0%	5%	10%	**90%**
16,000원	0%	0%	15%	25%	75%
18,000원	0%	0%	25%	**50%**	50%
20,000원	0%	0%	30%	80%	20%
22,000원	0%	0%	15%	95%	5%
24,000원	0%	0%	5%	100%	0%

이러한 질문으로부터 각 피설문자에게 최저가격과 최고가격을 응답받았다면 〈표 14-1〉과 같은 분석표를 작성할 수 있다. 최소가격 빈도에서는 왼편의 가격수준을 최저가격으로 제시한 피설문자들의 빈도가 표시되어 있으며, $L(P)$는 해당 가격수준 이하에서는 제품의 품질을 불신하게 되어 수용할 수 없다고 판단하는 피설문자들의 비율이 표시되어 있다. $L(P)$는 좌측 빈도의 누적값이다. 최고가격도 유사하게 작성된 것이며, $H(P)$는 그 가격 이상에서는 더 이상 지불할 가치가 없다고 판단하는 피설문자들의 비율을 의미한다. 마지막으로 $1-L(P)-H(P)$는 해당 가격이 수용할 수 있는 범위 내에 있다고 판단하는 피설문자들의 비율을 의미한다.

이런 분석표에 근거하여 Monroe(2002)에서는 추정 최저가격과 추정 최고가격, 적정 수용가격을 다음과 같은 방식으로 결정한다. 여기서 추정 최저가격과 추정 최고가격은 개별 피설문자들의 최소가격 또는 최고가격의 중앙치(Median)에 해당하며, 적정 수용가격은 $B(P)$를 극대화하는 가격이다.

① 추정 최저가격 : $L(P)$가 50%가 되는 8,000원이 최저가격이 된다.

② 추정 최고가격 : $H(P)$가 50%가 되는 18,000원이 최고가격이 된다.

③ 적정 수용가격 : $B(P)$가 가장 높은 값이 되는 12,000원 또는 14,000원이 적정 수용가격이 된다.

적정 수용가격을 찾는 이러한 방법론은 피설문자들의 최저가격 및 최고가격에 대한 판단에만 의존하고 있다. 그러나 위에 제시된 설문에 가장 적절한 가격수준에 대한 질문을 추가로 제시할 수 있다. 이러한 최적 가격수준을 평균한 값 또는 최적 가격수준의 중앙치(Median)를 위의 분석에 의한 적정 수용가격과 비교해 보는 것도 의미가 있다. 〈표 14-1〉에 의해 $B(P)$를 극대화하는 값이 다수가 나오거나 여러 가격에서 $B(P)$의 수준이 유사하게 나타날 경우 설문에 의한 최적 가격수준을 참고할 수 있는 것이다.

이러한 분석방식은 기획중인 제품으로 제품의 컨셉트(Concept)만이 제시된 경우 또는 소비자들이 제품의 사용경험을 갖고 있지 않아 제품의 품질을 명확히 파악하기 힘든 경우 가격 결정에 응용될 수 있다. 위의 설문은 어떤 가격수준에서 제품의 품질을 불신하게 되는지에 대한 질문을 포함하고 있으며, 제품의 품질이 명확히 파악될 수 있다면 의미가 없는 형식이다.

이런 설문과 분석은 적정 수용 가격 이외에도 제6장에서 설명된 제품라인 의사결정에서 응용될 수 있다. 제품라인 의사결정에서는 제품의 최대가격과 최고가격을 결정해야 하며, 이에 따라 적정 제품 수가 결정된다. 이 경우 위 분석에서 제시되는 최저가격과 최고가격의 파악이 필수적이다. 제품라인 의사결정에서는 특정 제품을 제시하는 상황이 아니며, 소비자들은 제품의 품질이 주어진 것으로 보지 않고 설문에 답한다는 점에서 품질을 파악하지 못한채 설문에 응하게 된다.

2.3 준거가격 설문법

소비자들이 인지하는 가치 수준은 매우 주관적이며, 소비자들 스스로도 판단하기에 어려움이 있다. 또한 소비자들은 구매상황에서 다수의 제품 중 선택하는 경우가 많으며, 제품으로부터 얻는 가치의 절대 수준보다는 제품들에 대한 상대적인 비교가 더 의미가 있다. 따라서 비교 대상 제품과 그 가격수준에 대한 정보를 출발점으로 하여 적정 가격수준을 판단해 보도록 유도하는 것이 적정 가격수준을 추정하는데 도움이 될 수 있다.

직접 설문법에서는 피설문자들이 제품의 품질을 명확히 파악하지 못하는 상황에서 적정 가격수준을 추정하는 방식을 다루었다. 품질을 명확히 파악하지 못한다면 비교 가능한 대체재를 명확히 파악할 수 없음을 의미하는 것이라고 볼 수 있다. 그러나 제품에 대한 상세 설명, 제품의 시용 등을 통해 제품의 특성에 대한 정보들을 충분히 전달할 수 있고, 소비자들이 해당 제품군의 구매경험이 많아 대체재를 충분히 정의할 수 있는 상황이라면 제2장에서 제시된 준거가격의 개념을 설문에 응용할 수 있을 것이다.

제품의 가격이 싸고 비쌈을 판단하는 기준으로서 준거가격은 다음과 같이 정의되었다.

준거가격 = 차선의 제품가격 + 양의 차별화 가치 − 음의 차별화 가치

여기서 유의해야 할 점은 소비자들은 각기 차선의 제품을 다르게 정의할 수 있으며, 차별화 가치에 대해서도 상당히 주관적인 판단을 할 수 있다는 것이다. 예를 들어 오디오에는 제품 특성(품질수준)과 가격수준이 다른 다수의 제품들이 존재할 것이다. 80만 원대 제품의 사양과 유사한 제품 A에 대한 가격을 확정하려는 상황을 생각해 보자. 30만 원대 제품을 가장 선호하는 소비자들은 제품 A 이외에서 제품을 선택하라고 한다면 30만 원대 제품 중 가장 좋아하는 제품 B를 선택할 것이다. 즉, 해당 소비자들에게 차선의 제품은 B가 되는 것이다. 이들이 제품 B 대비 제품 A에 추가된 특성들에 대해 50만 원 수준의 차별화 가치를 부여할 것인가? 아마도 그들은 이보다 훨씬 낮은 차별화 가치를 부여하기 때문에 30만 원대 제품을 선호할 것이다. 반면 150만 원대 제품을 가장 선호하는 소비자들의 경우 차선의 제품은 150만 원대 제품 C가 될 것이며, 제품 A의 제품 C 대비 부족한 특성들에 대해 음의 차별화 가치를 70만 원 이상으로 생각하기 때문에 150만 원대 제품을 선호할 것이다.

이러한 상황을 고려한다면 세분시장별로 제품에 부여하는 준거가격이 상당히 다를 것임을 납득할 수 있을 것이다. 소비자별로 어떤 제품을 차선의 제품으로 정의하는지 그 제품과 비교해 차별화 가치를 얼마로 생각하는지를 파악하는 것이 의미가 있을 것이다.

그림14-2 준거가격 개념을 이용한 설문 예시

① 대상 제품(*A*)의 상세 설명

② 비교 대상 제품들 (제품 *A*의 가격은 제시하지 않음)

	가격	브랜드	출력	사이즈, 무게 MP3 재생 여부 …
제품 *A*				
제품 *B*				
:				

③ 아래의 질문들에 응답해 주십시오.

1) 당신이 위 제품들 중 제품 A 이외에서 선택해야 한다면 어떤 제품을 선택할 것입니까?

2) 당신이 선택한 제품과 제품 A의 특성 차이 중 당신이 의미 있다고 생각하는 특성 차이는 무엇입니까?(다수 선택 가능)

3) 만약 당신이 선택한 제품 대신 제품 A를 선택한다면 1)에서 선택한 제품 대비 추가로 얼마를 지불할 수 있는지(얼마를 덜 지불할지) 적어주십시오.

이제 소비자들의 준거가격수준 추정을 위해 [그림 14-2]와 같은 설문을 생각해 보자. 우선 고려되는 제품 *A*에 대한 속성(Attribute) 수준들을 설명한다. 이 때 [그림 14-2]의 ②에서 묘사되는 속성들에 대해 피설문자들이 충분히 이해할 수 있도록 정보를 제공한다. 다음으로 비교 대상 제품들의 속성을 제품 *A*와 비교하여 제시한다. 이 때 다른 비교 대상들에 대해서는 가격을 제시하지만 고려되는 제품 *A*의 가격은 제시하지 않는다. 다음으로 개별 피설문자들이 차선의 제품을 무엇으로 판단하는지, 중요하게 고려하는 속성은 무엇인지, 제품 *A*의 준거가격수준은 얼마가 되는지 차례로 질문한다. 이러한 과정을 통해 피설문자들의 차선의 제품, 차별화 가치 수준 및 그에 따른 준거가격수준을 파악할 수 있다.

이 때 비교 가능 대상 제품들의 선택에 상당한 주의를 기울여야 한다. 이미 제품의 사양이 결정되고 해당 제품의 구매 가능성이 매우 높은 세분시장을 대상으로 조사할 경우 가장 유사한 경쟁제품들을 비교 가능 제품들에 포함시키는 것이 바람직할 것이다. 이 때 제품 자체의(유형제품) 중요 특성들 이외에도 브랜드, 애프터 서비스가 가능한 지점의 수 등 소비자들이 제품 선택에서 고려하는 기타 중요 요인들이 모두 나열되어야만 한다.

반면 제품의 사양 자체가 검토 대상인 경우 유사한(가격과 특성 면에서) 제품 이외에 가격 수준별 대표적인 제품들을 비교 가능 제품들에 포함시킴으로서 세분시장별 선호되는 제품과 차별화 속성에 대한 가치판단이 어떻게 달라지는지를 폭넓게 파악하는 것이 필요할 수 있다. 이 경우 인구통계적 특성과 제품군에 대한 관심정도 등 상이한 세분시장을 정의하는데 필요한 정보들을 같이 조사하는 것이 필수적이다.

이러한 설문을 통해 수집된 자료를 이용해 세분시장별로 준거가격의 수준을 파악한다면 가격수준에 따라 어떤 세분시장이 구매대상이 될지, 가격수준별로 수요의 규모가 얼마나 될 것인지 파악할 수 있을 것이다.

2.4 중요도 척도법[4)]

여러 가지 제품 속성들의 차이에 대해 소비자들이 얼마만큼 더 가격을 지불할 의사가 있는지(차별화 가치)를 파악하기 위한 다른 접근방식들도 가능하다. 이 중 중요도 척도법(Magnitude Scaling)은 피설문자들이 고려되는 제품(실험제품)의 가격이나 속성을 준거제품(Reference Product)을 기준으로 평가하는 방식이다.

그 절차를 설명하기 위해 새로운 저가의 볼펜 출시를 계획하고 있는 회사를 생각해 보자. 중요도 척도법을 적용하기 위해 고려되어야 할 제품의 중요 속성들과 준거제품 및 다수의 실험제품들이 정의되어야 한다.

- 고려되는 속성 : 볼펜의 느낌(무게, 두께, 촉감, 균형감), 필기감(부드러움, 피로감)
- 준거제품 : 실험제품과 비교 대상이 될 제품으로 표준(평균)적인 저가 볼펜
- 실험제품 : 준거제품에 특정 하나의 속성만을 변화시킨 제품으로 고려해야 할 속성 수 만큼 실험제품을 준비

이제 피실험자들을 모은 후 다음의 절차를 통해 각 속성의 차이가 얼마만큼의 차별적 가치를 발생시키는지 측정한다.

① 피설문자들에게 준거제품을 이용 · 평가해보도록 요청한다. 이후 준거제품이 가격을

4) Mouroe(2002), p.235~239를 참조하여 재구성.

제시한다.

② 실험제품 중 하나를 제시하고 이용 · 평가하게 한 후 준거제품의 가격을 고려해 실험제품의 가격을 평가하도록 한다.

③ 다른 실험제품을 제시하고 ②의 절차를 반복한다.

모든 실험제품들에 대해 평가를 마치고 나면 어떤 속성의 변화가 어느 수준의 차별화가치를 발생시키는지 파악할 수 있다. 예를 들어 무게를 개선한 실험제품의 평가 가격(피실험자들의 평균 평가 가격)과 준거제품의 가격의 차이를 해당 속성의 차별화 가치라고 평가하게 된다. 이 과정을 통해 모든 속성의 차별화 가치가 평가되었다면 다양한 속성을 조합한 제품의 차별화 가치를 추정할 수 있게 된다. 이는 개별 속성의 차별화 가치의 합계에 해당할 것이다.

위의 설명에서는 준거제품과 실험제품을 실제 피실험자들에게 사용해 보도록 하였다. 만약 실제 제품을 제시할 수 없는 상황이라면 각 제품을 묘사하는 설명 또는 설명서로 대체할 수도 있을 것이다.

2.5 순차적 선호 비교법[5)]

경쟁제품이 명확히 정해져 있는 경우 제품 간 개별 속성들의 차이를 세부적으로 이해할 필요가 없을 수 있다. 예를 들어 기획되고 있는 신제품이 명확히 경쟁사의 제품 A에 대응하기 위한 것이라면 두 제품을 직접 비교하여 차별화 가치를 평가하는 것이 의미 있을 수 있다. 순차적 선호 비교법(Sequential Preferences)에서는 [그림 14-3]과 같은 설문지를 이용한다.

이러한 설문에 따라 피설문자들은 두 제품의 가격이 각각 주어진 경우 선호의 수준을 주어진 척도로(7점 척도) 평가하게 된다. [그림 14-3]의 설문에서 실험제품은 제품 B이며, 경쟁대상인 제품 A 대비 선호도가 높음을 가정하여 설문이 작성된 것이다. 만약 소비자에 따

5) Monroe(2002) P239~242를 참조하여 재구성.

그림14-3 순차적 선호 비교법의 설문 예시

지시사항 : 여러분이 아래 제시된 두 가지 제품을 본인이 사용하거나 친구에게 선물하기 위해 구매하려는 상황을 생각해 주십시오. 아래 표의 각 행(Row)에는 두 가지 제품의 가격이 양 끝에 표시되어 있습니다. 두 제품의 가격이 주어졌을 때 두 제품 중 어느 제품을 어느 정도 선호하는지 1~7 중 선택해 주십시오(번호에 체크).

제품 A				무차별	제품 B			
가격	제품 A 선호				제품 B 선호			가격
	강한 선호	선호	약한 선호		약한 선호	선호	강한 선호	
1,200원	1	2	3	4	5	6	7	1,200원
1,200원	1	2	3	4	5	6	7	1,250원
1,200원	1	2	3	4	5	6	7	1,300원
1,200원	1	2	3	4	5	6	7	1,350원
1,200원	1	2	3	4	5	6	7	1,400원
1,200원	1	2	3	4	5	6	7	1,450원
1,200원	1	2	3	4	5	6	7	1,500원
1,200원	1	2	3	4	5	6	7	1,550원
1,200원	1	2	3	4	5	6	7	1,600원
1,200원	1	2	3	4	5	6	7	1,650원
1,200원	1	2	3	4	5	6	7	1,700원
1,200원	1	2	3	4	5	6	7	1,750원
1,200원	1	2	3	4	5	6	7	1,800원

라 제품 A를 더 선호할 수 있다고 판단될 경우 제품 A의 가격 대비 제품 B의 가격이 더 낮은 상황도 포함시켜야 할 것이다.

설문의 결과가 수집되었다면 [그림 14-4]와 같은 분석이 가능하다. 실선으로 그려진 곡선은 제품 B의 가격이 주어진 상황에서 제품 A 대비 제품 B의 선호도(7점 척도)를 피설문자들의 평균값으로 보여주고 있다. 이 표에 따르면 평균적인 수준에서 제품 B가 제품 A 대비 선호되기 위해서는 1,530원 이하의 가격이 책정되어야 한다.

위의 예에서는 제품 B의 핵심 경쟁 제품이 제품 A 하나라고 가정한 상황이다. 만약 경쟁 제품이 제품 A 및 C의 두 개라면 제품 B와 제품 C에 대해서도 [그림 14-3]의 설문과 동일한 방식으로 조사를 할 수 있다. 또한 [그림 14-4]에서와 같이 두 가지 설문의 결과를 같이 표현할 수 있을 것이다.

한편 [그림 14-4]에서 Y축은 선도호의 평균값을 의미했다. 그런데 Y축을 제품 B의 선

그림14-4 순차적 선호 비교법을 통한 가격 차이에 대한 민감도 분석

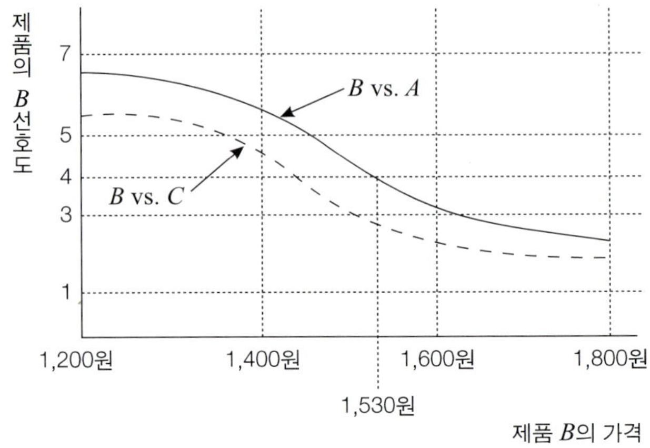

호도가 4 이상인(제품 *B*를 제품 *A* 대비 선호하는) 피설문자들의 비율로 표현할 수도 있다. 이 경우 가격에 따른 점유율 수준을 추정하는 자료로 사용될 수 있다.

이러한 순차적 선호 비교법은 제품의 교체(Switch)를 유발할 수 있는 가격의 차이를 파악하는 방법론으로 볼 수 있다. 또한 이 가격의 차이는 차별화 가치와 동일한 의미로 해석할 수 있다. 또한 이 방법론은 제품 간 선호의 차이를 소비자별로 측정하는 방법론으로 해석될 수 있으며, 이 경우 충성소비자 집단과 교체가능 집단을 세분화하는 방법으로 이용될 수 있다.

2.6 컨조인트 분석[6)]

컨조인트 분석(Conjoint Analysis)은 조사대상 제품들을 여러 개의 기준 또는 속성을 이용하여 평가할 때 각 속성별 중요도나 각 속성에서 응답자들이 이상적으로 생각하는 속성 수준(Ideal Attribute Level)을 찾아내기 위해 이용되는 분석기법이다. 또한 이러한 기법은 차별화 가치를 판단하는 데에도 시사점을 줄 수 있다. 컨조인트 분석방법을 이해하기 위해 휴대폰을 예로 다음의 과정을 살펴보자

6) 안광호, 임병훈(2006)의 제15장을 참고하여 정리.

① 중요 속성의 선정 : 사전면접이나 기존 연구결과들을 이용하여 소비자들이 제품을 선택할 때 중시하는 속성들을 선별한다. 화면크기, 저장용량, 가격대의 세 가지 속성이 선별되었다고 가정하자.

② 각 속성별로 선택 가능한 속성 수준의 결정 : 가능한 기술적 대안, 소비자들의 요구수준, 인지 가능한 속성 수준의 차이 등을 고려하여 각 속성별 가능한 속성 수준을 결정한다. 예를 들어 저장용량은 MP3 음악 10곡, 15곡, 20곡의 세 가지 수준이 가능하다고 가정할 수 있다. 이러한 방식으로 화면 크기(10줄, 12줄), 저장용량(10곡, 15곡, 20곡), 가격대(40만 원, 50만 원, 60만 원)의 속성 수준을 결정했다고 가정하자.

③ 제품 프로파일의 작성 : 각 속성 수준을 조합하여 개별 제품의 프로파일을 작성한다. 이 경우 2×3×3의 조합이 가능하여 총 18개의 프로파일이 결정될 수 있다.

④ 선호도의 평가 : 피실험자들을 모집하여 피실험자들에게 18개의 제품 프로파일을 제시하고 가장 좋아하는 프로파일부터 순위를 기록하도록 한다. 예를 들어 각 제품의 프로파일을 카드로 작성하여 제시하고 좋아하는 순서대로 카드를 배열하도록 요청한다. 그런데 프로파일의 수가 많아지면 순위를 기록하기 어려워지므로 [그림 14-5]와 같이 9점 척도(또는 7점 척도)를 이용하여 선호도를 평가하도록 요구할 수도 있다.

이러한 절차를 통해 자료가 수집되었다면 다음과 같은 회귀식을 작성하여 분석할 수 있다. 여기서 각 속성별로 (수준의 수−1)의 더미변수(0 또는 1의 값을 갖는 변수)를 이용하여 각 속성 수준을 식에 반영할 수 있음을 이해하기 바란다. 예를 들어 저장용량이 10곡이면 X_2=0, X_3=0으로 15곡이면 X_2=1, X_3=0으로, 20곡이면 X_2=0, X_3=1로 표현된다. 세 가지 속성 수준을 표현하기 위해 두 개의 더미변수가 이용되는 것이다.

그림14-5 등간척도를 이용한 선호도 측정 방법의 예

다음 각 프로파일에 대한 귀하의 선호도를 다음 척도를 이용하여 평가하여 주십시오.

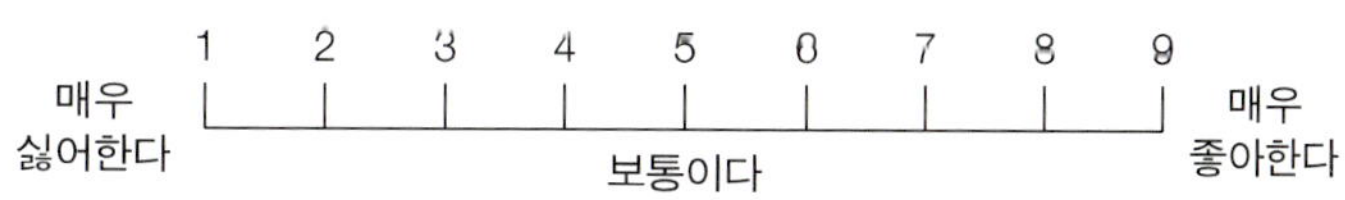

$$Y_i=\beta_0+\beta_1X_1+\beta_2X_2+\beta_3X_3+\beta_4X_4+\beta_5X_5$$

Y_i : 프로파일 i에 대한 선호도

X_1 : 화면의 크기가 10줄이면 0

: 화면의 크기가 12줄이면 1

X_2 : 저장용량이 10곡, 20곡이면 0

: 저장용량이 15곡이면 1

X_3 : 저장용량이 10곡, 15곡이면 0

: 저장용량이 20곡이면 1

X_4 : 가격대가 40만 원, 60만 원이면 0

: 가격대가 50만 원이면 1

X_5 : 가격대가 40만 원, 50만 원이면 0

: 가격대가 60만 원이면 1

Y_i 값은 선호 순위일수도 있고 [그림 14-5]와 같은 선호도 척도일 수도 있다. 통계 패키지를 이용하여 위 회귀식의 모수들을(β_i) 추정하면 소비자가 가장 선호하는 속성 수준은 무엇인지, 어떤 속성이 가장 선호 결정에 중요한 영향을 미치는지 추정할 수 있게 된다. 예를 들어 추정된 모수들이 다음과 같이 제시되었다고 생각해 보자.

$$\beta_1=2.8,\ \beta_2=5,\ \beta_3=-0.5,\ \beta_4=1.5,\ \beta_5=-1.5$$

이 계수들에 의하면 저장용량이 10곡(X_2=0, X_3=0)이면 β_2와 β_3에 의해 0의 선호가, 저장용량이 15곡(X_2=1, X_3=0)이면 β_2와 β_3에 의해 5의 효용이 부여된다. 따라서 저장용량이 10곡인 경우 대비 15곡인 경우 선호가 5만큼 증가(Y 값이 5 증가)하는 것으로 이해할 수 있다. 이런 방식으로 피실험자가 어떤 속성 수준을 가장 선호하는지를 파악할 수 있다.

또한 β_1에 의하면 화면크기는 두 속성 수준에 따라 최대 2.8의 선호 차이(10줄에서 0, 12줄에서 2.8)가 발생할 수 있다. 또한 저장용량에서는 최대 5.5의 선호 차이가 발생한다(10곡에서 0, 15곡에서 5, 20곡에서 −0.5의 선호가 부여되어 최대 차이가 5.5). 유사하게 가격수준에 따라 최대 3의 선호 차이가 발생한다. 이러한 최대 선호의 차이 비중을 통해 피실험자가 어떤 속성에 의해 선호 수준이 크게 영향을 받는지 중요도를 평가할 수 있다. 세 가지 속성 수준의 조합에 의해 최대 11.3(2.8+5.5+3)의 선호 차이가 발생할 수 있다. 이 중 화면크기에 의한 선호 차이는 24.8%(2.8/11.3), 저장용량은 48.7%(5.5/11.3), 가격은 26.5%(3/11.3)의 영향을 미친다. 이 예에서는 저장용량이 선호에 가장 큰 영향을 미친다.

한편 특정 속성 수준을 변경시켰을 때 동일 수준 선호를 유지하기 위해서는 가격이 얼마만큼 변화되어야 하는지 평가해 볼 수도 있다. 예를 들어 화면크기를 12줄에서 10줄로 변경할 경우 선호가 2.8 감소하며, 가격을 60만 원에서 50만 원으로 감소시키면 선호가 3 증가한다. 결국 화면크기를 감소시키는 것과 가격을 50만 원에서 60만 원으로 증가시키는 것은 유사한 선호 수준을 도출할 수 있다.

이상을 통해 컨조인트 분석의 개략적인 적용 방법과 도출 가능한 시사점을 살펴보았다. 한 가지 유의할 점은 고려되는 속성의 수와 개별 속성에서의 수준 수가 많은 경우 가능한 프로파일의 수가 급격히 증가할 수 있다는 점이다(5개의 속성별로 5개의 수준이 있다면 5^5=3,125의 프로파일). 이 경우 피실험자들이 많은 프로파일에 대해 적절히 선호를 부여할 수 있을지가 문제가 된다. 그러나 직교설계(Orthogonal Design)를 이용하여 프로파일의 수를 감소시킬 수 있다. 프로파일의 수는 추정되는 모수의 수의 2배 수준이면 통계적으로 의미 있는 결과를 얻을 수 있는 것으로 알려져 있다. 이러한 방법론을 여기서는 상세히 다루지 않는다. 관심 있는 독자는 일반적인 사회과학조사방법론 책을 참조하기 바란다.

03 가격 관련 규제[7]

가격경쟁은 자유시장 경제를 특징 짓는 핵심적인 요소이다. 그러나 기업이 항상 자유롭게 가격을 책정하도록 허용하지는 않는다. 정부는 다양한 목적으로 가격에 대한 규제를 하고 있으며, 가격정책의 담당자는 이러한 규제를 이해하고 합법적인 선에서 가격을 책정해야 한다.

7) 이번 절의 내용들은 '고건호(2011) 입문자를 위한 공정거래법 해설과 판례'를 주로 참조하여 작성되었다.

가격에 대한 법적 규제를 규정한 핵심 법률은 공정거래법(독점규제및공정거래에관한법률)이다. 또한 '하도급거래공정화에관한법률', '약관의규제에관한법률', '할부거래에관한법률', '표시광고의공정화에 관한 법률', '전자상거래 등에서소비자보호에관한법률' 등 다양한 법률이 가격결정과 관련될 수 있다. 이번 장에서는 공정거래법의 내용 중 중요하다고 생각되는 몇 가지 이슈들을 정리할 것이다.

구체적인 이슈들을 다루기에 앞서 왜 가격에 대해 정부가 규제하는지를 이해하는 것이 전반적인 논의에 도움이 될 것이다. 공정거래제도의 목적과 관련하여 헌법재판소는 '경제적 자유에 내재하는 경제력 집중적 또는 시장 지배적 경향으로 말미암아 반드시 시장의 자유가 제한받게 되므로 국가의 법질서에 의하여 공정한 경쟁질서를 형성하고 확보하는 것이 필요하다'라고 판시하였다. 이는 결국 공정거래법의 기본 목적이 '자유로운 경쟁의 촉진'에 있음을 분명히 한 것이다. 경쟁에 제한이 없을 경우 소수 기업이 시장지배력을 형성하게 되며, 이러한 지배력이 새로운 경쟁자의 진입을 저해한다면 결국 자유로운 경쟁을 제한하는 결과를 초래할 수 있다. 다소 모순적이지만 경쟁을 제한함으로써 자유로운 경쟁을 촉진할 수 있는 것이다. 이러한 경쟁촉진은 경제적 효율성을 확보하고 소비자 및 중소기업을 보호하는 역할을 하는 것이다.

아래에서 다룰 구체적인 이슈들은 결국 경쟁을 제한할 수 있는 가격정책을 규제하기 위한 목적으로 이해할 수 있다. 한편 아래에서는 저자가 가격과 관련해 꼭 필요하다고 생각되는 내용들만을 추려서 정리하였으며, 전반적인 이해를 위한 간단한 개념만을 설명하고 있다. 구체적인 법률적 판단을 위한 상세한 설명을 제공하고 있지 않다. 법률의 내용을 살피면 규정들이 다분히 주관적이고 추상적인 용어를 사용하고 있어 구체적인 사안이 규정에 저촉되는지 여부의 판단이 어려울 수 있다. 따라서 이번 장의 내용은 개략적인 이해를 위한 것이며, 구체적인 이슈를 다루어야 하는 상황에서는 법률서적을 별도로 참고하거나 전문가의 자문을 구할 필요가 있다.

3.1 시장지배적 지위 남용행위

공정거래법에서는 시장지배적 사업자의 남용행위를 규제하고 있다. 시장지배적 사업자란 '일정한 거래분야의 공급자나 수요자로서 단독으로 또는 다른 사업자와 함께 상품이나 용역의 가격 · 수량 · 품질, 기타의 거래조건을 결정 · 유지 · 변경할 수 있는 시장지위를 가진 사업자'라고 정의된다. 또한 남용행위로 크게 여섯 가지 유형을 규정하고 있다.

① 가격 남용행위 : 가격 남용행위란 가격의 부당한 유지 · 결정행위로 '상품의 가격이나 용역의 대가를 수급의 변동이나 공급에 필요한 비용(동종 또는 유사업종의 통상적인 수준)의 변동에 비하여 현저하게 상승시키거나 근소하게 하락시키는 경우'이다.
② 출고 조절행위 : 출고 조절행위는 '정당한 이유없이 최근의 추세에 비추어 상품 또는 용역의 공급량을 현저히 감소시키는 행위, 정당한 이유없이 유통단계에서 공급부족이 있음에도 불구하고 상품 또는 용역의 공급량을 감소시키는 경우'를 말한다. 이러한 행위는 가격을 높히거나 높게 유지하기 위한 목직이라고 생각된다. 이러한 행위를 통해 공급자가 부당하게 이익을 얻는 경우 정부가 이를 규제할 수 있다.
③ 사업활동 방해행위 : 다른 사업자의 영업을 어렵게 할 목적으로 수행되는 활동들을 규제하고 있다. 여러 가지 유형이 있을 수 있는데 해당 사업자가 독점적으로 판매하며, 다른 사업자가 사업을 수행하는데 필수적인 요소에 대한 판매를 부당하게 거절하는 행위가 이에 포함된다. 또한 마이크로소프트사가 윈도서버운영체제에 윈도미디어서버, 윈도미디어플레이어, 메신저를 결합하여 판매하는 경우도 하나의 요소만을 판매하는 경쟁자의 사업활동을 방해한 행위로 인정되어 규제를 받은 바 있다.
④ 시장진입 방해행위 : 신규 진입 사업자와 거래하는 사업자의 상품판매 또는 구매를 거절하는 행위, 생산에 필수적인 원재료의 수급을 부당하게 조절하는 행위 등이 포함된다.
⑤ 경쟁사업자 배제행위 : 부당하게 상품 또는 용역을 통상 거래가격에 비하여 낮은 대가로 공급하거나 높은 대가로 구입하여 경쟁사업자를 배제시킬 우려가 있는 경우(부당 염매, 부당 고가매입), 부당하게 거래상대방이 경쟁사업자와 거래하지 아니할 조건으로 그 거래상대방과 거래하는 것(구속조건부 거래 또는 배타조건부 거래)이 규제 대상이 된다.
⑥ 소비자이익 저해행위 : 시장지배적 지위를 남용하여 일방적으로 가격을 인상하는 행위가 포함된다. 또한 요금의 미납을 이유로 부당하게 계약을 폐기하는 경우 등도 포

함된다.

이러한 규정은 다분히 주관적이고 추상적인 용어를 사용하고 있어 구체적인 사안이 이에 저촉되는지 여부의 판단이 어려울 수 있다. 그러나 시장지배적 사업자로 판단되는 기업들은 가격의 결정에서 이러한 규정들에 유의할 필요가 있다. 한편 이상의 규정들은 아래에서 설명될 불공정거래행위의 유형들과 중첩되는 것이 많다. 동일한 규정의 위반에 대해서도 시장지배적 사업자에 대해서는 더 강한 처벌이 적용되는 경우가 많다.

3.2 부당한 공동행위

공정거래법 제19조 제1항은 '사업자는 계약 · 협정 · 결의 기타 어떠한 방법으로도 다른 사업자와 공동으로 부당하게 경쟁을 제한하는 가격, 거래조건, 거래지역, 거래상대방을 정하거나 제한하는 행위를 할 것을 합의하거나 다른 사업자로 하여금 이를 행하도록 해서는 아니 된다'라고 규정하고 있다. 부당한 공동행위에는 가격 공동행위, 거래조건 공동행위, 거래제한 공동행위, 시장분할 공동행위, 설비제한 공동행위, 상품 · 용역의 종류 · 규격제한 공동행위, 영업의 공동수행 · 관리 공동행위, 입찰담합, 기타 사업활동 방해 · 제한 공동행위의 아홉 가지 유형이 포함된다.

이 규정에는 가격 공동행위가 포함되어 있다. 가격 공동행위에는 가격에 대한 직접적인 합의는 물론 인상률, 할인율, 할증률, 이윤율 등과 같이 가격에 영향을 미치는 요소를 결정 · 유지 · 변경하는 행위와 일률적인 원가계산방법을 따르도록 함으로써 실질적으로 가격을 결정 · 유지 · 변경하는 행위 등과 같이 가격에 영향을 미치는 모든 행위들이 포함된다. 그 외 가격에 대한 허위 · 과장된 자료를 제공함으로써 공동행위 참가 사업자가 가격을 공동으로 결정하게끔 유인하는 행위, 원가분석표 등을 작성하여 참가 사업자들에게 제시하거나, 원재료 등의 구입가격을 제시하거나 이를 정하여 준수하도록 하는 행위 등도 해당한다.

한편 부당한 공동행위를 입증하는 것은 규제자 입장에서 매우 어려운 일이다. 따라서 구체적인 합의 문건 등이 존재하는 경우 외에도 사업자 간 전화 연락, 회의 개최가 있었다는 기록, 경쟁사의 가격전략을 알고 있음을 나타내는 내부 문건 등이 부당한 공동행위의 증거가 될 수 있다. 예를 들어 경쟁사가 자사의 가격을 조사하는 것은 문제가 되지 않는다. 그러나 경쟁사가 자사의 가격을 조사하는데 협조하였다면 이는 부당한 공동행위의 증거가 될 수 있다.

3.3 불공정거래행위

우리 나라는 공정거래법 제23조에서 공정한 거래를 저해할 우려가 있는 일정한 행위를 하거나 계열회사 또는 다른 사업자로 하여금 이를 행하도록 하는 것을 '불공정거래행위'로 금지하고 있다. 〈표 14–2〉에서는 법에서 정의한 불공정거래행위의 유형을 정리하고 있다.

〈표 14–2〉에서는 안전지대의 개념이 포함되어 있는데 이는 사업자의 시상점유율 등에 비추어 통상적으로 공정거래 저해성이 미미할 것으로 인정되는 경우 불공정거래행위의 외형에 해당되는 행위가 있더라도 공정거래 저해성이 없는 것으로 보아 공정거래위원회가 원칙적으로 심사절차를 개시하지 않는 것을 의미힌다. 해당 사업자들의 시장점유율이 10% 미만인 경우 또는 시장점유율의 산정이 불가능하거나 현저히 곤란한 경우, 당해 사업자들의 연간매출액 합계가 20억 원 미만인 경우를 의미한다.

이상에서 정의된 유형 중 특히 가격결정의 문제와 밀접히 관련된 것들만을 아래에서 정리한다.

① 가격차별 : 가격차별이란 부당하게 거래지역 또는 거래상대방에 따라 현저하게 유리하거나 불리한 가격으로 거래하는 행위를 말한다. 여기서는 가격자체 뿐 아니라 할인율이 포함되며, 거래 대상이 실질적으로 동일한 것이어야 한다. 위법성의 여부는 가격차별이 행위자가 속한 시장 또는 거래 상대방이 속한 시장에서의 경쟁을 제한하는지 여부를 위주로 판단한다. 예를 들어 가격차별의 행위자가 속한 시장에서의 경쟁제한성은 1) 행위자의 가격차별로 인해 시장에서의 지위를 유지 · 강화할 우려가 있는지 여부, 2) 가격차별이 경쟁사업자를 배제하려는 의도 하에서 이루어졌는지 여부, 3) 가격차별 정도가 관련 시장에서 경쟁사업자를 배제할 우려가 있거나, 가격차별에 의해 설정된 가격수준이 상품 또는 용역의 제조원가나 매입원가를 하회하는지 여부,

표 14-2 불공정거래행위 유형

기본유형 : 총 10개 유형 (법 제23조 제1항)	세부유형 : 총 28개 유형 (시행령 제36조 제1항 [별표 1])
1. 거래거절행위**	① 공동의 거래거절*
	② 기타의 거래거절(단독 거래거절)
2. 차별적 취급행위**	① 가격차별
	② 거래조건차별
	③ 계열회사를 위한 차별*
	④ 집단적 차별
3. 경쟁사업자 배제**	① 부당염매*
	② 부당고가매입
4. 부당한 고객유인	① 부당한 이익에 의한 고객유인
	② 위계에 의한 고객유인
	③ 기타의 부당한 고객유인
5. 거래강제행위	① 끼워팔기
	② 사원판매
	③ 기타의 거래강제
6. 거래상 지위 남용 행위	① 구입강제
	② 이익제공 강요
	③ 판매목표 강제
	④ 불이익 제공
	⑤ 경영간섭
7. 구속조건부 거래행위**	① 배타조건부 거래
	② 거래지역, 거래상대방 제한
8. 사업활동 방해행위	① 기술의 부당한 이용
	② 인력의 부당 유인 · 채용
	③ 거래처 이전 방해
	④ 기타의 사업활동 방해
9. 부당 지원행위	① 부당한 자금지원
	② 부당한 자산지원
	③ 부당한 인력지원
10. 기타 불공정 거래행위	

*표시가 있는 유형은 '정당한 이유 없이'를 요건으로 하는 유형이고, **표시가 있는 유형은 안전지대가 설정되어 있는 유형이다.

4) 가격차별이 일회성인지 지속적인지 여부(지속적인 경우가 더 경쟁제한효과가 클 수 있음) 등을 고려하여 종합적으로 판단한다. 거래상대방이 속한 시장에서의 경쟁제한성에 대한 판단기준도 명시되어 있다. 경쟁제한성이 있는 경우에도 가격차별이 운송비 등 비용차이나 시장상황을 반영하는 경우, 가격차별로 인해 효율성 증대효과(가격할인을 받는 사업자의 이익, 경제적 효율성 증대 등)나 소비자후생증대효과가 경쟁제한 효과를 현저히 상회하는 경우, 기타의 합리적 사유가 있는 경우에는 위반으로 보지 않는다.

② 거래조건의 차별 : 부당하게 특정 사업자에 대해(최종 소비자는 해당되지 않음) 수량·품질 등의 거래조건이나 거래내용에 관하여 현저하게 불리한 취급을 하는 행위를 말한다. 가격 이외의 거래조건을 차별하는 행위가 대상이 되는데 수량할인처럼 가격에 직접 영향을 미치는 조건을 제외한 규격, 상품 인도방법, 계약의 이행방법, 대금의 결제조건 등 거래 내용면에서의 차별을 말한다.

③ 부당염매 : 정당한 사유없이 비용보다 현저히 낮은 대가로 계속하여 공급하거나 기타 부당하게 상품 또는 용역을 낮은 대가로 공급함으로써 자기 또는 계열회사의 경쟁사업자를 배제시킬 우려가 있는 행위를 말한다. 이러한 행위는 정상적인 경쟁자의 고객을 탈취하여 경쟁자를 배제하거나 신규 시장진입을 방해하여 독점적 지위를 취득하는 수단으로 악용될 수 있기 때문에 규제되는 것이다.

④ 부당 고가매입 : 부당하게 통상거래가격에 비하여 높은 대가로 구매하여 경쟁사업자를 배제시킬 우려가 있는 행위를 말한다. 부당 고가매입의 위법성은 상품 또는 용역의 품귀현상을 가져옴으로써 자기 또는 계열회사의 경쟁사업자를 배제시킬 우려(경쟁제한성)가 있는지 여부를 위주로 판단한다. 대상이 되는 상품 또는 용역이 경쟁사업자의 사업영위에 필수적인지 여부, 대상 제품 또는 용역의 수급이 원활한지 여부와 다른 대체재를 용이하게 조달할 수 있는지 여부, 고가매입으로 인해 경쟁사업자들의 사업활동이 곤란해지거나 곤란해질 가능성이 있는자 여부 등을 종합적으로 고려하여 판단한다.

⑤ 부당한 이익에 의한 고객 유인 : 정상적인 거래관행에 비추어 부당하거나 과대한 이익을 제공 또는 제공할 것을 제의하여 경쟁사업자의 고객을 자기와 거래하도록 유인하는 행위를 말한다. 리베이트의 제공이나 가격할인, 판촉지원금 내지 판촉물의 지

급, 경쟁사의 제품을 자사 제품으로 교환하면서 덤으로 자사 제품의 과다한 제공, 요금 · 비용의 감면, 납부기한 연장, 담보제공 의무나 설정료의 면제 등이 해당한다.

⑥ 끼워팔기 : 용역을 공급하면서 정상적인 거래관행에 비추어 부당하게 다른 별개의 상품, 용역을 자기 또는 자기가 지정하는 사업자로부터 구입하도록 하는 행위를 말한다. 끼워팔기의 위법성은 끼워팔기가 바람직한 경쟁질서를 저해하는 불공정한 경쟁수단에 해당되는지 또는 경쟁을 제한하는지 여부를 위주로 판단한다.

이상에서 설명된 규정들 이외에도 〈표 14-2〉의 다른 규정들도 거래조건과 관련된 것들이 대부분이며, 가격과 연관된 것들이다. 따라서 대략적인 유형을 파악하고 있는 것이 필요하다. 한편 이상의 행위들에 대한 위법성을 판단할 때에는 해당 행위에 의해 경제적 효율성의 증대나 소비자후생 증대 효과가 경쟁제한 효과를 현저히 상회하는 경우, 기타의 합리적 사유가 있는지를 같이 고려함을 주목해야 한다.

또한 공정거래법시행령에서는 특정 분야, 특정 행위에만 적용되는 특수 불공정거래행위의 유형을 정할 수 있게 규정하고 있다. 이 규정에 따라 1) 경품류 제공에 관한 불공정거래행위의 유형 및 기준, 2) 대규모 소매점업에 있어서의 특정 불공정거래행위의 유형 및 기준, 3) 병행수입에 있어서의 불공정거래행위의 유형, 4) 신문업에 있어서의 불공정거래행위 및 시장지배적 지위 남용행위의 유형 및 기준 등 네 가지 거래 유형에 대해 별도로 고시를 정하여 시행하고 있다.

3.4 재판매가격 유지행위

재판매가격 유지행위란 사업자가 상품 또는 용역을 거래함에 있어서 거래상대방인 사업자 또는 그 다음 거래단계별 사업자에 대하여 거래가격을 정하여 그 가격대로 판매 또는 제공할 것을 강제하거나 이를 위하여 규약 또는 기타 구속조건을 붙여 거래하는 행위를 말한다. 이 때 거래가격이라 함은 사업자가 지정하는 재판매가격(지정가격)뿐만 아니라 최고가격, 최저가격, 기준가격을 포함한다. 재판매가격 유지행위는 동일한 상표의 상품을 판매하는 사업자 사이의 가격경쟁을 제한하는 행위이므로 위법으로 본다. 다만 최고가격 유지행위에 대해서는 정당한 이유가 있는 경우 위법으로 보지 않으며, 일부 대통령이 정하는 저작물이나 공정거래위원회의 지정을 받은 상품은 금지의 예외로 인정되기도 한다.

한편 관련된 문제로 가격표시제도가 이슈가 된다. 일반적으로 상품에는 다양한 형태의 가격표시가 이루어지고 있는데, 공장도가격(수입가격), 표준소매가격, 권장(희망)소비자가격 등이 그 예이다. 우리 나라에서는 소비자들에게 상품의 적정가격에 대한 정보를 제공하여 합리적인 구매를 도와주고 유통업자의 부당한 폭리를 방지한다는 취지에서 각종 가격표시제도를 시행하여 왔으나, 이러한 공급자 위주의 가격표시제가 당초 목적과는 달리 오히려 실제보다 높은 가격을 표시한 후 대폭 할인하는 방법으로 소비자를 현혹하는 등으로 소비생활의 합리화에 기여하지 못하고 제조업자의 재판매가격 유지행위의 수단으로 악용되는 폐단을 초래하였다. 그에 따라 정부에서는 공장도가격표시제, 제조업자(수입업자) 가격표시제, 의약품에 대한 표준소매가제도, 다단계판매 및 일부 품목에 대한 권장소비자가격제도를 폐지하고 2010.7.1부터는 과자 등 대부분의 제품에 권장소비자가격을 폐지하는 판매자가격표시제(Open Price)를 시행하고 있다. 재판매가격유지행위 심사지침에서도 이와 관련하여 제품에 표시된 권장소비자가격이 단순 참고사항에 불과하여 강제성이 없을 경우에는 재판매가격 유지행위에 해당되지 않지만, 권장소비자가격을 준수하지 아니함을 이유로 불이익 등 제재조치를 취하거나 권장소비자가격을 준수하도록 하는 규약이나 의무가 부과된 경우에는 재판매가격유지행위에 해당한다고 규정하고 있다.

핵심 주제 및 키워드

- 설문조사(Survey)
- 관찰(Observational Research)
- 실험(Experiment)
- 통계적 모형(Statistical Modelling)
- 1차자료(Primary Data)
- 2차자료(Secondary Data)
- 전문가 설문법
- 직접 질문법(Direct Question Approach)
- 준거가격설문법
- 중요도척도법(Magnitude Scaling)
- 순차적선호비교법(Sequential Preferences)
- 컨조인트 분석(Conjoint Analysis)
- 공정거래법
- 시장지배적 지위 남용행위
- 부당한 공동행위
- 불공정거래행위
- 재판매가격 유지행위
- 판매자가격표시제(Open Price)

생각해볼 문제

1) 소비자 반응의 조사에서 설문, 관찰, 실험, 통계적 모형, 2차자료의 활용과 같은 기법들의 특성과 장 · 단점을 정리하시오.

2) 설문을 통한 조사기법들의 유형을 정리하고 그 특성과 장 · 단점을 정리하시오.

3) 정부가 기업의 자유로운 가격결정을 규제하는 근본 원인은 무엇인가?

4) 불공정거래행위에 포함되는 규정들과 시장지배적 지위 남용행위의 규정들은 상당 부분 중복된다. 이렇듯 중복적으로 시장지배적 지위 남용행위들을 규정한 이유는 무엇인가?

5) 부당한 공동행위에서 위법으로 판단되는 가격 공동행위의 유형에는 어떤 것들이 있는가?

6) 불공정거래행위의 유형들을 정리하시오.

7) 재판매가격 유지행위가 불법으로 간주되는 원인은 무엇인가?

8) 판매자가격표시제(Open Price)가 도입된 이유를 재판매가격 유지행위의 문제와 관련하여 설명하시오.

참고문헌

1. Abrams, J. (1964), A New Method for Testing Pricing Decisions, Journal of Marketing, Vol. 28(July), 6-9.
2. Anderson, James C., James A. Narus, and Wouter van Rossum (2006), Customer Value Propositions in Business Markets, Harvard Business Review, March, 91-99.
3. Biswas, Abhijit and Edward A. Blair (1991), Contextual Effects of Reference Prices in Retail Advertisements, Journal of Marketing, Vol. 55(July), 1-12.
4. Biyalogorsky, Eyal, Eitan Gerstner, and Barak Libai (2001), Customer Referral Management: Optimal Reward Programs, Marketing Science, Vol. 20, No. 1, 82-95.
5. Crew, Michael A., Chitru S. Fernando, and Paul R. Kleindorfer (1995), The Theory of Peak-load Pricing : A Survey, Journal of Regulatory Economics, Vol. 8, 215-248
6. Economides, Nicholas (1999). Quantity Choice and Vertical Integration, International Journal of Industrial Organization, Vol. 17, 903-914.
7. Eisenmann, Thomas, Geoffrey Parker, and Marshall W. Van Alstyne (2006), Strategies for Two-sided Markets, Harvard Business Review, October, 92-101.
8. Emery, Fred (1969), Some Psychological Aspects of Price, in 『Pricing Strategy』, ed. Bernard Taylor and Gordon Wills, London: Staples, 98-111.
9. Frei, Frances X. (2008), The Four Thing a Service Business Must Get Right, Harvard Business Review, April, 70-80.
10. Gauri, Dinesh, Minakshi Trivedi and Dhruv Grewal (2008), Understanding the Determinants of Retail Strategy: An Empirical Analysis, Journal of Retailing, Vol. 84, No. 3, 256-267.
11. Gourville, John T. (1998), Pennies-a-Day: The Effect of Temporal Reframing on Transaction Evaluation, Journal of Consumer Research, Vol. 24(March), 395-408.

12. Heath, Timothy B., Subimal Chatterjee, and Karen Russo France (1995), Mental Accounting and Charges in Price: The Frame Dependence of Reference Difference, Journal of Consumer Research, Vol. 22, No. 1, 90-97.

13. Hotelling, H., (1929), Stability in Competition, Economic Journal, Vol. 39, No. 153, 41-57.

14. Jeuland, Abel P. and Steven M. Shugan (1983), Managing Channel Profits, Marketing Science, Vol. 2, No. 3, 239-272.

15. Johnson, Mark W., Clayton M. Christensen, and Henning Kagermann (2008), Reinventing your Business Model, Harvard Business Review, December, 51-59.

16. Kahneman, Daniel and Amos Tversky (1979), Prsopect Theory: An Analysys of Decision under Risk, Econometrica, Vol. 47(March), 263-291.

17. Kimes, Sheryl E. and Richard B. Chase (1998), The Strategic Levers of Yield Management, Journal of Service Research, Vol. 1, No. 2, 156-166.

18. Klemperer P. (1995), Competition When Consumers Have Switching Costs: An Overview with Applications to Industrial Organization, Macroeconomics, and International Trade, Review of Economic Studies, Vol. 62, 515- 539.

19. Kotler, Philip (2003), 『Marketing Management』, 11th edition, Prentice Hall.

20. Kotler, Philip and Gary Armstrong (2007), 『Principles or Marketing』, 12th edition, 안광호, 유창조, 전승우 역, Pearson, 시그마프레스.

21. Kotler, Philip and Gary Armstrong (2012), 『Principles or Marketing』, 13th edition, Pearson.

22. Lal, R. (1990), Price Promotions: Limiting Competitive Encroachment, Marketing Science, Vol. 9, No. 3, 247-262.

23. Levy and Weitz (2011), 『소매경영』, 오세조, 박진용, 송영욱, 노원희 역, 한올출판사.

24. Lewis, Michael(2005), Incorporating strategic Consumer Behavior into Customer Valuation, Journal of Marketing, Vol.69, 230-238.

25. Lovelock Christopher, Jochen Wirtz, and Patricia Chew (2009), 『Essentials of Services Marketing』, Pearson.

26. Lusch, Robert F., Patrick M. Dunne, and James R. Carver (2011), 『Introduction to Retailing』, 7th ed., South-western Cengage Learning.

27. Matutes, C. and P. Regibeau (1988), Mix and Match: Product Compatibility without Network Externality, RAND Journal of Economics, Vol. 19, No. 2, 221-234.

28. Matutes, C. and P. Regibeau (1992), Compatibility and Bundling of Complementary Goods in a Duopoly, The Journal of Industrial Economics, Vol. 40, No. 1, 37-54.

29. Monroe, Kent B. (2002), 『Pricing: Making Profitable Decisions』, 3ed, McGraw-Hill.

30. Moorthy, Sridhar (1987). Managing Channel Profits: Comment, Marketing Science, Vol. 6, No. 4, 375-379.

31. Narasimhan, C. (1988), Competitive Promotional Strategies, Journal of Business, Vol. 61, No. 4, 427-449.

32. Nowlis, Stephen M. and Itatamar Simonson (1997), Attribute-Task Compatibility as a Determinant of Consumer Preference Reversals, Journal of Marketing Research, Vol. 34(May), 205-218.

33. Prabhu, Jaideep and Gerard J. Tellis (2000), Do Consumers Ever Learn? Analysis of Segment Behavior in Experimental Markets, Journal of Behavioral Decision Making, Vol. 13, 19-34.

34. Raju J. S., Srinivasan V., and Lal R. (1990), The Effects of Brand Loyalty on Competitive Price Promotional Strategies, Management Science, Vol. 36, No. 3, 276-304.

35. Richards T. J. (2006), Sales by Multi- Product Retailers, Managerial and Decision Economics, Vol. 27, 261-277.

36. Rogers, Everett M. (1995), 『Diffusion of Innovaions』, 4th edition, Free Press.

37. Smith, Barry C., John F. Leimkuhler, and Ross M. Darrow (1992), Yield Management at Amarican Airlines, Interfaces, Vol. 22, No. 1 (January-February), 8-31.

38. Tellis, G.J. and Wernerfelt, B. (1987), Competitive Price and Quality under Asymmetric information, Marketing Science, Vol. 6, No. 3, 240-253.

39. Tirole, Jean (1989), 『The Theory of Industrial Organization』, The MIT Press.

40. Varian, H. R. (1980), A Model of Sales, American Economic Review, Vol. 70, No. 4, 651-659.

41. Weng, Z. Kevin (1995), Channel Coordination and Quantity Discounts, Management Science, Vol. 41, No. 9, 1509-1522.

42. 고건호 (2011), 『입문자를 위한 공정거래법 해설과 판례』, 일진사.

43. 권남훈, 왕규호, 오정숙 (2000), 『디지털경제에서의 경매제도 분석 : 인터넷 경매의 현황과 이론』, 정보통신정책연구원.

44. 김병도 (2003), 『코카콜라는 어떻게 산타에게 빨간 옷을 입혔는가? : 위기를 돌파하는 마케팅』, 21세기 북스.

45. 김상훈 (2004), 『하이테크마케팅』, 박영사.

46. 김선기 (2006), 『소문난 장터 : 오픈마켓 이야기』, 길벗.

47. 김위찬, 르네 마보안 (2005), 『블르오션 전략』, 교보문고.

48. 나준호 (2009), 『공짜짜경제학』, 원앤원북스.

49. 네이글, 호건, 송기홍 (2006), 『프라이싱 전략』, 거름.

50. 도리모 노리오 (2007), 『행동경제학 : 경제를 움직이는 인간 심리의 모든 것』, 이명희 옮김, 지형출판사.

51. 로버트 하틀리, 장대련 (2011), 『마케팅 서바이벌: 세계기업들의 도전, 성공과 실패』, 명인문화사.

52. 문영미 (2010), 『디퍼런트』, 살림Biz.

53. 박동욱, 왕규호, 김원식, 이승훈 (2002), 『주파수경매의 이론 및 사례분석』, 정보통신정책연구원.

54. 박종오, 권오영, 편해수 (2012), 『마케팅』, 북넷.

55. 박진우, 안일태 (2006), 신규 서비스시장에서의 단말기보조금의 경제적 효과, 계량경제학보, 제17권, 제3호, 1-40.

56. 백주현, 천세학, 주지호 (2004), 『디지털 경영과 인터넷 비즈니스』, 도서출판 두남.

57. 사라 맥스웰(2009), 『가격차별의 경제학』, 황선영 옮김, 밀리언하우스.

58. 석관호, 윤성아, 구지은 (2012), 소비자의 심리적 특성이 EDLP상점과 HiLo상점 선택에 미치는 영향: 조절초점과 위험추구 성향을 중심으로, 마케팅연구, Vol. 27(March), 67-84.

59. 손미향, 구현아, 이지인 (2011), 『내 가게 소셜커머스로 대박나기』, 한빛미디어.

60. 손용엽, 이상호 (2001), 『사이버 시장의 경쟁원리』, SigmaInsight.

61. 송재도, (2009), 초고속인터넷 요금제 유형에 대한 비교 검토 : 정액제, 종량제, 경영과학, Vol. 26, No. 1, 21-35.

62. 송재도, 김주한 (2010), 단말기 보조금의 특성 및 경쟁 효과, 상업교육연구, Vol. 24, No. 3, 293-323.

63. 송재도 (2010a), 준거가격이 결합상품 할인가격 인지에 미치는 영향에 대한 연구, 상품학연구, 제28권, 5호, pp.1-12

64. 송재도, (2010b), Temporal Price Reduction as Cooperative Price Discrimination, 한국마케팅저널, Vol. 12, No. 2, 135-154.

65. 송재도(2011), Equilibrium of Price Discrimination for Churn-in : Considering Consumer Re-switching, 경영학연구, 제40권, 2호, pp.469-483.

66. 송재도 (2012), Optional Tariffs for Channel Coordination, Asian Marketing Journal, Vol. 14. No. 3, 49-68.

67. 송재도, 조은성 (2011), 분리 프레이밍(Pennies-a-Day 전략) 하에서 의사결정 방식 및 효과에의 영향요인, 상품학연구, Vol. 29, No. 6, 29-39.

68. 송재도 (2013), Asymmetries in Multi-products Duopoly and Conditions for Mixed Bundling Equilibrium, Telecommunications Review, Vol. 23, No, 1.

69. 안광호, 한상린 (2006), 『유통원론』, 학현사.

70. 안광호, 권익현, 임병훈 (2012), 『마케팅』 제5판, 북넷.

71. 안광호, 임병훈 (2006), 『SPSS를 활용한 사회과학조사방법론』개정판, 학현사.

72. 유필화 (2010),『가격정책론 : 이론과 응용』수정판, 박영사.
73. 이두희 (2006),『통합적 인터넷 마케팅』, 박영사
74. 이상규, 김정현, 김성환, 김형찬, 오기석, 김종진 (2005),『통신서비스에서의 가격차별연구』, 정보통신정책연구원.
75. 이석영, 유상열 (2004),『원가회계의 이해』, 청람.
76. 이준구 (1989),『미시경제학』, 법문사.
77. 장세진 (2007),『경영전략』제5판, 박영사
78. 정재영 (2011), Price 2.0 세상 : 새로운 가격의 시대가 오고 있다, LG Business Insight, 2011.5.18., 2-17.
79. 한국인터넷진흥원(2007),『한국인터넷백서』, 한국인터넷진흥원
80. 칼, 히라노 아쓰시 and 안드레이 학주(2010),『플랫폼전략』, 천재정 옮김, 더숲(The Soup).

국문색인

영문색인

저 자 소 개

■ 송 재 도

송재도 교수는 현재 전남대학교 경영학부에서 마케팅전공 조교수로 재직하고 있다. 그는 KAIST(한국과학기술원) 테크노경영대학원에서 학사, 석사, 박사학위(2000년)를 취득하였다. 그는 (주)SK텔레콤에서 6년여 간 근무하였고, 동양미래대학 경영학부에서 교수로 재직하였다. 학교에서는 서비스마케팅, 소매경영, CRM, 마케팅관리론 등을 강의하고 있다. 그리고 국제저널(SSCI) 4편을 포함해 20여편의 논문을 게재한 바 있다.

박사과정에서 경제학적인 방법론을 습득하였고 이후 기업에서의 현업경험과 강단생활을 거치면서 마케팅 이론들을 연구해 왔다. 가격이론은 이러한 학문적 배경을 활용하는데 가장 적합한 분야라고 생각하며 그 연구에 집중해 왔다.

저 자 와 의
협 의 하 에
인지생략함

차별화와 경쟁우위 창출을 위한 **가격설정의 원리**

2013년 6월 30일 1쇄 인쇄
2013년 7월 3일 1쇄 발행

저 자 송 재 도
발행인 류 재 식 · 조 승 옥
발행처 도서출판 북 넷

서울시 용산구 효창동 5-3 대신빌딩 2층
등 록 2010년 6월 7일(제2010-000069호)
전 화 (02) 395-2341
팩 스 (02) 395-2303

정가 30,000원

ISBN 978-89-98581-07-7 e-mail : book2341@naver.com